KB176173

클라우제비츠(1780~1831)

▲예나 전투 1806년 예나 전투에서 패배한 우제비츠는 친왕 아우구스트와 함께 프랑스로가 되었다.

◀프로이센 흉갑기병 프랑스와 프로이센은 난 비용을 들여 흉갑기병을 부려 썼다.

독일의 노이루핀(Neuruppin) 1795년 보병 소위로 임관한 클라우제비츠가 1801년까지 근무하며, 사상과 문학 영교양이 모자람을 깨닫고 군 생활의 여가를 독서에 바쳤던 곳이다.

샤른호르스트(1755~1813) 프로이센 출신 군사 전략가. 클라우제비츠의 사람됨과 재능을 사랑하여, 그에게 깊은 정신적 영향을 주었다.

스몰렌스크 전투 클라우제비츠는 러시아의 제1서군(西軍)에 배속되어 버클리군의 참모부장 톨 대령의 보좌관이
되었다.

보로디노 전투 이 전투에서 클라우제비츠는 우바로프 기병단의 참모장으로 활약했다.

세계사상전집028
Karl von Clausewitz
VOM KRIEGE

전쟁론 I

클라우제비츠/허문순 옮김

동서문화사

머리글
펴내는 이

　여자의 몸으로 '전쟁'에 대한 이 저작의 머리말을 쓴다는 것이 여자답지 못한 행동이라고 의아스럽게 생각하는 분들도 있을 것입니다. 나를 아는 지인들에게는 새삼 설명할 필요가 없으나, 나의 처지를 잘 모르는 분들 중에는 분수에 넘치는 행동이라 여기는 분들이 있을 것으로 생각되어 이 머리말을 쓰게 된 이유를 간단히 말씀드려 양해를 구하고자 하는 바입니다.

　이 저작은 내가 한없이 사랑한 남편이 만년의 12년 동안[1] 거의 전념하다시피 집필한 노작입니다. 남편이 작년에 너무나도 빨리 이 세상을 떠난 것은, 조국이나 내게 더없이 애석한 일이었습니다. 이 저작을 완성한다는 것은 남편의 오랜 숙원이었지만, 그는 이 저작이 자신의 살아생전에 간행하는 것을 원하지 않았습니다. 그는 농담 삼아 그러나 죽음을 예감했는지 "이 책은 반드시 당신이 출판해야 해"라고 말하곤 했습니다.

　그가 집에 들어앉아 집필에 몰두하고 있을 당시 나는 행복한 나날을 보내고 있었습니다. 그 때문에 이 말을 진지하게 받아들이려고 하지 않았지만, 그 말이 진담이 되고 말았으니 때로는 눈물이 나기도 합니다. 그리고 친구의 의견에 따라, 남편의 유저(遺著)[2]에 간단한 머리말을 붙이는 것이 나의 의무로 생각되었습니다. 그러나 한편 저작자의 아내로서, 또 여자로서 주제넘은 행동일 수도 있어서 썩 내키지 않는 면도 있으나, 그것을 감히 물리치고 이렇게 해야만 하는 나의 충정을 이해하여 주시기 바랍니다.

　본디 나는 나에게 어울리지도 않는 저서 《전쟁론》의 간행자임을 자청한 것은 아닙니다. 다만 이 저서의 간행에 협력자의 한 사람으로서 역할을 할 수 있

---

1) 1818~1830년까지.
2) 이 머리말은 주로 '전쟁론'에 대한 것이지만, 군데군데 유작집 모두에 대해서도 언급하고 있다.

기를 바라는 것뿐입니다. 이 정도의 일이라면 내가 그것을 요구한다 해도 괜찮을 것으로 생각합니다. 이 저작의 탄생이나 완성에서 이 정도의 지위가 나에게 주어져 있기 때문입니다. 우리의 행복한 결혼이 어떠한 것이었는가를 잘 알고 있는 분들, 또 우리 부부가 모든 것—기쁨이나 슬픔뿐 아니라 일상 생활의 그 어떤 일 또 그 어떠한 관심사에 대해서도 서로 나누어 왔다는 것을 아는 분들이라면, 남편이 이 일에 전심전력을 기울이고 있는데 아내인 내가 그것을 모른 척한다는 것은 도리가 아니라는 것을 이해해 주시리라 믿습니다.

남편이 이 일에 바친 정열과 사랑, 이 저작에 품은 희망 또 이 책이 탄생하게 된 과정이나 배경에 대해서 유력한 증언을 해줄 수 있는 사람은 오직 나뿐이라고 감히 단언할 수 있습니다.

타고난 그의 재능은 젊었을 때부터 마음속에 광명과 진실을 구하는 욕구로 가득했고 또 다방면에 걸친 교양을 갖추게 되었지만, 그의 사색은 오직 군사에 관한 여러 과학 쪽으로 향하고 있었습니다. 군사 과학은 그의 직분이기도 했지만 독일연방의 안녕을 위해 매우 중요했기 때문입니다.

남편에게 처음으로 군인으로서의 올바른 길을 제시하여 준 사람은 샤른호르스트[3] 중장 각하였습니다. 얼마 뒤 남편은 베를린 일반사관학교[4] 교관으로 갔다가, 이어 황태자[5] 전하에게 최초로 군사학을 진강(進講)하는 영예를 안았습니다. 교관으로서의 책무와 진강 담당자로서의 명예는 군사 과학에 관한 그의 전공과 연구에 새로운 방향을 제시하고 또 그가 이렇게 해서 습득한 견해를 정리하고 저술하는 새로운 계기가 되기도 했습니다.

남편은 황태자 전하에 대한 진강을 1812년에 완료했습니다. 이때의 진강록[6]이

---

3) 샤른호르스트(Scharnhorst, Gerhard Johann David von, 1755~1813). 프로이센의 장군. 프로이센의 군비 개혁에 큰 공을 세웠다. 블뤼허의 참모장으로서 그로스 괴르셴의 회전(1813. 5. 2)에서 중상을 입고 프라하에서 전사했다(6. 28). 클라우제비츠는 그를 '나의 정신적인 아버지'라고 불렀다.

4) 프로이센의 사관학교는 1810년에 베를린, 쾨니히스베르크 및 브레슬라우에 설치되었는데, 1816년에 일반사관학교로 개편되어 베를린에 설치되었고, 그 뒤 1860년에 육군대학교로 승격했다. 이 서문에 일반사관학교라고 되어 있는 것은 1810년 당시 베를린 사관학교를 가리킨다.

5) 뒷날의 프로이센 왕 프리드리히 빌헬름 4세 (Friedrich Wihelm IV, 1795~1861), 프로이센 국왕(재임 1840~1861).

6) 황태자 전하 군사 진강록(Übersicht des Sr. Königlichen Hoheit dem Kronprinzen in den Jahren 1810,

뒷날 그의 저작에 훌륭한 자료가 되었음은 물론입니다. 그러나 그가 처음으로 이러한 학문적인 일에 전념해 후 4년간[7]에 걸쳐 그가 겪은 풍부한 경험은 뭐니 뭐니해도 1816년에 코블렌츠[8]로 부임한 뒤부터의 일이었습니다. 거기에서 그는 전쟁에 관한 자신의 견해를 짧은 몇 편의 논문들로 정리했습니다. 하지만 이들 논문 사이의 연관은 긴밀하다고는 할 수 없는 느슨한 것이었습니다. 나는 그의 유고에서 다음과 같은 한쪽 분량의 글을 찾아냈습니다. 날짜는 없으나 역시 그 무렵의 것으로 생각됩니다.

'내가 쓴 이들 몇 편의 논문은 소위 전략의 주요 사항에 관한 것이다. 이것은 아직 단순한 자료에 지나지 않지만 그러나 나로서는 상당한 정도까지 나름대로 내적 연관을 주어 하나의 책으로 정리할 수 있으리라 생각한다.

요컨대 이들 문장은 어느 것이나 자료일 뿐이지 전체적인 기획하에 쓴 것은 아니다. 나의 처음 의도는, 우선 체계와 여러 사항 사이의 엄밀한 연관성을 고려하지 않고, 먼저 전략이라고 하는 가장 중요한 일에 대해서 내가 항상 고찰하고 또 해결할 수 있었던 문제를 정확 간명하게 적어 두고자 하는 것이었다. 이때 몽테스키외가 자신의 문제를 해결한 방법이 나의 머리에 떠올랐다. 그래서 나는 경구(警句)와 같은 표현이 풍부한 짧은 글을 여러 장(章) 쓴 것인데, 그것들은 어느 것이나 거기에서 줄기나 잎이 나게 할 수 있는 씨앗과 같은 것이었다. 따라서 이들 장 그 자체에 서술되어 있는 내용보다도 오히려 그것을 바탕으로 해서 거기에서 다시 발전하는 것이 어쩌면 독자들의 마음을 끌지도 모른다고 생각한 것이다. 즉, 나는 이런 문제에 이미 정통하고 있는 독자를 전제로 한 셈이다. 그런데 문제를 발전시켜서 모든 주요 사항을 하나의 체계로 완성하고자 하는 나의 버릇이 여기에서도 또 고개를 들었다. 분명히 처

1811 und 1812 vom Verfasser ertheilten militärischen Unterrichts). 클라우제비츠 유작집 제3권에 처음으로 수록되어 뒤에 《전쟁론》의 여러 판에도 부록으로 수록되어 있다.

7) 1812년(나폴레옹의 러시아 원정), 1813년(라이프치히 회전), 1814년(동맹군의 프랑스 침공) 및 1815년(벨 아리안스[워털루] 회전)의 4년을 가리킨다.

8) 코블렌츠(Koblenz). 라인강 중류의 도시로 모젤강과의 합류점에 위치하여 당시의 요충지였다. 클라우제비츠는 1816년 그곳에 신설된 군단사령부의 참모장에 임명되었다. 사령관은 프로이센의 원수 그나이제나우(August Wihelm Anton, Graf Neidhardt von Gneisenau, 1760~1831)였다.

음 얼마 동안은 몇몇 문제에 대해서 쓴 몇 가지 논문으로부터 저마다 중요한 결론만을 이끌어 내어 그 정수(精髓)를 비교적 작은 한 권의 책으로 마무리할 작정이었다. 또 나는 이들 논문을 씀으로써 처음으로 나의 사상을 명철하고 확실한 것으로 만들 수가 있었다. 그러나 타고난 성질은 어찌할 수 없는 것으로, 결국 나는 이들 논문을 더욱 발전시켰다. 그렇게 되자 아직 전쟁 문제에 정통하지 못한 독자들까지 고려에 넣지 않을 수 없게 되었다.

계속 이 일에 매달리고 또 연구적 정신으로 몰입함에 따라, 나는 더욱더 체계를 세우지 않을 수 없게 되었다. 그래서 몇 가지 장을 차례로 끼워 넣게 된 것이다.

그래서 나는 전쟁에 관한 모든 사항을 다시 한 번 검토하여, 처음에 쓴 논문 중에서 몇 가지 것을 근본적으로 재검토하고 또 그 뒤의 논문에서 시도한 약간의 분석을 하나의 결론으로 집약해서 전체를 작은 옥타브판[9] 한 권 정도로 마무리하려고 했다. 그러나 이 경우에도 이제까지 여러 차례 반복되어 언급되고 굳이 설명을 하지 않아도 자명한, 따라서 통설이 되어 있는 것들은 가급적 배제하기로 했다. 2, 3년이 지나면 곧 잊는 책은 쓰고 싶지 않았고, 군사학에 관심 있는 사람이라면 누구나 오래도록 읽고 간직할 수 있는 책을 쓰고 싶었다.'

그러나 남편은 코블렌츠에서 여러 가지 임무를 맡고 있었기 때문에 개인적인 일에는 약간의 시간밖에 할애할 수가 없었습니다. 그가 이 저작에 대한 내용을 부연하고 또 근대의 전쟁을 다룬 전사(戰史)로부터 풍부하게 인용하여 보충할 수 있는 여가를 얻은 것은, 그가 1818년 베를린 일반사관학교 교장으로 임명된 뒤의 일이었습니다. 이 신기한 임무는 다시없는 여가를 그에게 주었습니다. 그 무렵 사관학교 학제에 따르면, 수업의 학문적인 면은 학교장 권한 밖에 있는 별도의 학무위원회가 운영하고 있었기 때문입니다. 남편은 천한 허영심이나 오직 자기 이익만 챙기는 명예심은 가지고 있지 않았습니다. 진정으로 세상에 쓸모 있는 일을 하고 싶어 했고 또 신이 준 재능을 사용하지 않고 헛되이 낭비해서

---

9) 전지를 8절로 접은 판. 전지의 크기에 따라 보통 옥타브판·대·소옥타브판의 구별이 있다. 독일에서 작은 옥타브판은 세로 185㎜ 내의 판을 가리킨다.

는 안 된다는 그 어떤 책임감과도 같은 욕구를 깊이 느끼고 있었습니다. 하지만 본디 군 생활로 말하자면, 학교장이란 직무는 그의 이러한 욕구를 채우기에 충분한 지위가 아니었고 또 장래 그러한 지위에 오를 소망도 품고 있지 않았습니다. 그래서 그는 모든 노력을, 학문과 그의 저작에 대한 효용의 영역으로 돌릴 수 있었습니다. 그럼에도 그가 이 책을 '자신의 사후에 출간하겠다'고 결심한 일이야말로, 이 저작이 영원히 읽혀서 전쟁에 관심을 갖는 분들에게 이바지하는 것만을 염두에 두었으며, 세상의 찬사나 찬동을 얻으려는 헛된 욕구나 그 어떤 이기적 관심은 티끌만치도 섞여 있지 않았다는 것을 뜻하는 가장 유력한 증거라고 말할 수 있습니다.

그러나 이 신기한 직무는 1830년 봄, 포병으로 전출됨으로써[10] 이제까지와는 전혀 다른 양상의 활동을 필요로 했습니다. 그는 갑자기 바빠져 적어도 당분간 문필적인 일에서 손을 놓아야 했습니다. 그는 원고를 정리하여 몇 개의 꾸러미로 나누어 각 꾸러미에 내용을 적어놓고, 이제 많은 애착을 느끼게 된 일에 아쉬운 작별을 고해야 했습니다. 그는 같은 해 8월 브레슬라우[11]의 제2포병감부 포병감으로 전보되었습니다. 그러나 12월에는 다시 베를린으로 소환되어 이번에는 백작 그나이제나우 원수의 참모장에 임명되었으며, 1831년 봄에는 백작을 수행해 포젠[12]에 부임했습니다. 이윽고 남편은 그곳에서 심한 타격을 받아, 11월에 포젠에서 브레슬라우로 돌아오게 되었습니다. 그러자 다시 저술을 계속하여 어쩌면 그해 겨울 안에 완성할 수 있을 것이라는 밝은 전망에 고무되었습니다. 그러나 신의 뜻은 그의 희망과는 반대로 되어 갔습니다. 그가 11월 7일에 브레슬라우로 돌아온 지 불과 열흘 만인 16일에는 이미 이 세상 사람이 아니었습니다. 이렇게 해서 그가 자신의 손으로 묶어 둔 원고 꾸러미는 그가 죽은 뒤 비로소 개봉된 것입니다.

---

10) 클라우제비츠의 본디 병과는 보병이었다.

11) 브레슬라우(Breslau). 슐레이젠의 수도. 현재 폴란드의 브로츠와프.

12) 포젠(Posen)은 폴란드의 주요 도시로 당시 프로이센에 속해 있었다. 1830년 11월, 러시아령 폴란드에서 주민의 계획적 반란이 일어나 한때 최고조에 달했다. 프로이센은 이 반란이 프로이센 영도에도 파급되는 것을 두려워하여 이듬해인 1831년 3월 그나이제나우를 제4동방사령관으로서 포젠에 파견했으나, 그는 당시 독일에 만연한 콜레라에 걸려 그곳에서 병사했다 (8. 24). 그나이제나우와 친교가 두터웠던 클라우제비츠에게 그의 죽음은 큰 타격이었다.

이번에 몇 권[13]으로 나누어서 간행하는 것이 바로 이 유고입니다. 그리고 어느 저작도 모두 원문 그대로이며 일언일구도 더하거나 빼지 않았습니다. 막상 간행할 단계가 되자, 정리하고 상의할 일들이 많이 있었습니다. 그때 나에게 많은 원조를 아끼지 않은 몇몇 친한 친구분들에 대해, 특히 교정지나 유저 안의 전사(戰史)에 관한 부분[14]에 필요한 지도의 검토를 맡아 준 에첼 소령[15]에게 감사를 드리지 않을 수 없습니다. 말이 난 김에, 나의 불행에 임하여 좋은 버팀목이 되었을 뿐만 아니라, 이 유고를 출간하기까지 많은 협력을 해 준 동생[16]도 빠뜨릴 수 없습니다. 그는 유고를 꼼꼼하게 통독하여 정리하고 있는 동안 남편이 개정에 대비해서 적은 메모를 발견하기도 했습니다. 이것은 1827년에 쓰인 것으로, 이 머리말 다음에 실은 '방침'이 그것입니다. 남편은 그 속에서 본서의 구성에 대해 말했으므로 동생은 충실히 고인의 의도에 따라 '전쟁론'의 원고를 저마다 지정된 곳에—방침서에는 그 이상의 것은 쓰여 있지 않습니다—배당했습니다.

그 밖에 많은 친구들이 나에게 보내 준 조언이나 동정과 우정에 대해서도 감사의 말씀을 드립니다. 이분들의 이름을 하나하나 들 수는 없으나 여러분께서는 나의 감사의 마음을 알아 주리라 믿습니다. 또 나에게 보여 준 따뜻한 호의는 비단 나뿐만 아니라, 너무나 일찍 세상을 떠난 고인에 대한 것이라고도 믿어 나의 감사의 마음은 더욱더 간절해지는 것입니다.

나는 21년이란 세월을 사랑하는 남편의 손에 이끌려 더없이 행복하게 살아 왔습니다. 이와 같은 남편을 잃는다고 하는, 그 무엇과도 바꿀 수 없는 손실에도 불구하고 나의 마음속에 쌓인 많은 추억과 희망이라고 하는, 값으로 칠 수 없는 보물, 또 고인의 여덕으로 나에게 주어진 동정과 우정의 풍요로운 유산 그리고 남편의, 드물게 보는 높은 가치가 이토록 명예를 가지고 널리 인정된다고 하는, 마음이 뜨거워지는 감정에 사로잡힌 나 자신에 대하여 지금도 다시없는 행복으로 여기고 있습니다.

---

13) 유작집은 모두 10권으로 처음 3권은 '전쟁론'에 할애되어 있다.
14) 유작집의 제4권에서 제8권까지가 전사 부분이다.
15) 에첼(O'Etzel, Franz August, 1783~1850). 프로이센의 군인. 나중에 육군 소장이 된다.
16) 프리드리히(Friedrich Wilhelm von Brühl, 1791~1859)를 말한다. 나중에 육군 중장이 되었다.

빌헬름[17]친왕 전하 및 비 전하께서는 저를 친히 초청해 주셨습니다. 전하의 신뢰는 황송하옵게도 저에게 베풀어 주신 새로운 인자(仁慈)이십니다. 저는 이 것을 하느님에게 감사해야 합니다. 저는 두 전하의 신뢰에 보답해 드리기 위해 최선을 다하여 이 명예로운 사명을 수행할 생각입니다. 바라건대 이 새로운 사 명에 행운이 있기를, 또 바라건대 양육을 저에게 위탁하신 나이 어린 친왕 전 하[18]께서 뒷날 이 책을 읽으시고 이 책으로 조상님들의 영광스러운 위업에 필 적할 만한 공적을 세우시기를!

1832년 6월 30일 포츠담의 마르모르궁[19]에서
빌헬름 친왕비 전하 여관장
마리[20] 폰 클라우제비츠
브륄 백작의 딸

---

17) 뒷날 빌헬름 1세(1797~1888). 프로이센 국왕(재위 1861~1888), 독일 황제(재위 1871~1888). 비 (妃)는 아우구스타(Augusta, 1811~1890), 작센 바이마르 대공 카를 프리드리히의 딸. 당시의 황 태자, 후에 프로이센의 국왕 프리드리히 빌헬름 4세에는 아들이 없었기 때문에 그의 동생 빌 헬름은 프리드리히가 즉위한 해(1840)에 황태자가 되었다. 한편 당시의 프로이센 국왕 프리드 리히 빌헬름 3세의 장남, 또 빌헬름은 차남이었다.

18) 뒷날 프리드리히 3세(1831~1888). 프로이센 국왕, 독일 황제(재위 1888. 3~6).

19) 마르모르궁은 베를린 서남방의 도시 포츠담의 성호(聖湖, der Heiliger See) 서안(西岸)에 프리 드리히 2세가 만들게 한 신원(新苑, der Neuer Garten) 안에 있으며 18세기 말에 건축되었다. 마 르모루는 대리석이란 뜻.

20) 마리(Marie Sophie von Clausewitz, 1779~1836). 브륄 백작 카를 아돌프(Karl Adolf von Brühl, 1742~1802)의 장녀.

방침
지은이

　처음 6편은 이미 정서되어 있기는 해도 내가 보기에는 아직 상당히 불비한 원고여서 다시 한 차례 전체적으로 개정할 필요가 있다. 개정할 때에는 저마다 목적을 달리하는 두 유형의 전쟁의 구별을 좀 더 선명하게 부각시키고 싶다. 그렇게 하면 전쟁에 관한 모든 사상이 보다 분명한 의의와 명확한 방향을 얻을 수 있고 또 정확한 적용이 가능해질 것이다. 지금 두 유형의 전쟁이라고 말했는데, 그 첫째는 적의 완전한 타도를 목적으로 하는 전쟁이다. 이 경우 국가로서의 적국을 정치적으로 말살하든가 그렇지 않으면 단순히 저항하지 못하게 하는 것으로 따라서 우리가 이쪽이 원하는 대로 강화에 응하지 않을 수 없게 할 것인가는 문제의 본질이 아니다. 둘째는 적국의 국경 부근에서 적의 국토 일부를 빼앗으려고 하는 전쟁이다. 이 경우 빼앗은 지역을 그대로 영원히 영유하는가 그렇지 않으면 강화 때의 유리한 교환 조건으로 하는가는 문제가 되지 않는다. 물론 이 두 전쟁 사이에는 여러 중간 단계가 있다. 그러나 두 전쟁이 추구하는 목적이 전혀 다르다는 것은 어느 경우에나 철저하게 인식해야 하고 또 두 전쟁이 양립할 수 없는 성질을 확연하게 구별해야 한다.

　그런데 이 두 전쟁에 실제로 존재하는 이 차이도 차이이지만 그 밖에도 전쟁의 고찰에서 실제로 필요한 관점이 명백하고 정확하게 확립되어야 한다. 그것은—전쟁은 정치적 수단과는 다른 수단을 가지고 계속되는 정치라는 것이다. 항상 이 관점에 선다면 전쟁에 대한 고찰은 이제까지보다도 훨씬 정연한 통일을 얻을 수가 있고 또 모든 복잡한 문제는 쉽게 해결될 것이다. 이와 같은 관점은 오직 제8편에 적용되지만, 그러나 이미 제1편에서 충분히 전개되어야 하고 또 처음 6편을 수정할 때에도 도움이 될 것이다. 이러한 개정에 의해 처음 6편에서 필요치 않은 잡다한 부분이 제거될 것이고 또 여러 가지 빠진 부분이 보완될 것이다. 그러나 그뿐만 아니라 여러 일반적인 고찰이 더욱 명확한 형태의 사상을 갖추게 될 것이다.

제7편은 '공격에 대해서'인데 본편의 여러 장에 대한 초안은 이미 되어 있다. 또 이 편은 제6편의 '방어'를 말하자면 뒤집은 것이므로, 지금 말한 바와 같은 명백한 관점에 따른다면 당장에라도 완성할 수가 있을 것이다. 따라서 이 제7편은 새로운 개정을 필요로 하지 않을 뿐만 아니라 오히려 처음 6편의 개정에 규범으로서 쓸모가 있을 것이다.

전쟁 계획, 즉 전쟁 전체의 계획을 일반적으로 논하는 제8편에 대해서는 이미 몇몇 장의 초안이 되어 있다. 그러나 이들 장은 현재로는 소재라고도 볼 수 있을 정도의 것은 아니지만 이 소재 덩어리에 대체적이지만 전반적으로 손을 가한다면 그때 비로소 문제의 소재가 확실해질 것이라는 정도밖에 되지 않는다. 그러나 그 정도라면 이미 되어 있는 장에서도 충분히 목적을 달성하고 있다. 그래서 제7편의 개정이 끝나면 곧 제8편의 마무리에 착수하고 싶다. 그럴 경우 위에서 말한 두 가지 관점이 부각되어 전쟁의 모든 현상을 단순화하게 되지만, 그와 동시에 또 모든 것에 내적인 연관을 주어 전체를 생생하게 만들어 낼 수가 있을 것이다. 또 나는 이 제8편에서 전략가나 정치가의 머릿속에 잘못 주입된 주름을 다리미로 펴서 이를 정상으로 되돌리기를 바라고 있다. 적어도 나는 전쟁에 있어서 무엇이 중요한 문제인가 또 전쟁에 임해서 본디 고찰되어야 하는 것이 무엇인가를 이 편에서 명시하고 싶은 것이다.

그런데 제8편을 마무리해서 전쟁에 대한 나의 생각을 분명히 하고 이에 따라 전쟁 요강을 확정하게 되면, 이 정신을 처음 6편에도 도입하여 이러한 요강을 이들 6편을 통해서 제시한다는 것은 나에게 보다 쉬운 일이 될 것이다. 따라서 우선 제8편을 완성한 다음 처음 6편의 개정에 착수할 작정이다.

만일 내가 일찍 죽어서 이 일이 거기에서 중단되어 현재의 상태로 남겨진다면 틀림없이 그것은 형태를 이루지 못한 사고(思考)의 덩어리에 지나지 않으므로, 끊임없이 부당한 오해를 초래하여 미숙한 비판의 정면에 서게 될 것이다. 실제로 전쟁에 관한 고찰에 관련될 때, 대부분의 군사비평가들은 펜을 잡으면서 언뜻 생각난 것도 그것을 말하거나 인쇄하거나 할 만한 가치가 있다고 생각하며, 또 자기 의견을 '2×2=4'라고 하는 수학의 명제와 마찬가지로 확실하다고 생각한다. 만일 이러한 비평가가 나처럼 여러 해에 걸쳐서 전쟁을 고찰하고 그것을 전사(戰史)와 비교하는 일에 노력한다면 아마도 그는 비판에 신중해질 것이다.

그래서 나의 원고는 아직은 불완전한 형태임에도 불구하고, 선입견에 현혹되지 않고 진리를 탐구하여 확신을 갈망하여 마지않는 독자라면 처음 여섯 편으로부터도 전쟁에 관한 다년간의 고찰과 진지한 연구의 성과를 올바르게 읽어 내 줄 것이고, 또 어쩌면 그 가운데서 전쟁의 근본 사상, 즉 전쟁 이론에서 혁신적인 출발점이 될 수 있을 만한 사상을 찾아내 줄 것이라고 믿는다.

(베를린 1827년 7월 10일)

이와는 별도로 유고 더미 속 안에서 다음과 같은 미완성의 서류가 발견되었다. 이것은 위의 방침서보다도 훨씬 나중에 쓰인 것 같다.

'대규모 전쟁에서의 전쟁 지도를 논한 원고[1]'는 아마도 내가 죽은 뒤에 발견될 것이다. 이 원고는 현재 그대로의 형태로는 말하자면 건축 용재로서의 잘라낸 돌—바꿔 말하면 대규모 전쟁에 관한 이론을 구축하는 재료가 될 만한 돌무더기에 지나지 않는다. 또 그 밖의 원고도 그대로는 나의 뜻에 차지 않고 특히 제6편은 단순한 시안에 지나지 않는다. 만약에 이것을 모두 개정할 수 있다고 한다면, 나는 이 편에서 논한 문제에 대해서 따로 타개하는 길을 모색했을 것이다.

그러나 나는 이들 소재에 질서를 부여하고 있는 요강은 모두 올바른 전쟁관으로 간주되어도 좋다. 이들 요강은 실제의 전쟁에 끊임없이 눈을 돌리고, 또 경험이나 탁월한 군인과의 교제에서 배운 것을 끊임없이 상기하며 다방면에 걸친 고찰로 얻은 성과이기 때문이다.

제7편에서는 '공격'을 논했지만 이 영역에서의 여러 문제를 대충 훑어 본 데에 지나지 않는다. 제8편에서는 '전쟁 계획'을 논했다. 이 편에서는 특히 전쟁의 정치적·인간적 방면을 다루었다.

---

1) 제8편을 가리킨다.

요컨대 완전하다고 여겨지는 것은 제1편 제1장뿐이다. 적어도 이 장은 내가 이 저서 전체에 부여하려고 한 방향을 지시하는 데에 쓸모가 있을 것이라고 생각한다.

대규모 전쟁에 관한 이론, 즉 일반적으로 전략이라고 일컬어지고 있는 것은 많은 난점을 포함하고 있다. 그러므로 이 영역에서의 제반 문제를 분명하고 명확하게 분석함으로써 수많은 현상 중 필연적인 것들만 뽑아, 이들 사이의 내적 연관을 간파할 수 있는 사람은, 전무하다 싶을 만큼 아주 극소수에 불과하다고 해도 과언이 아니다. 그래서 대부분의 장수는 익숙한 판단에만 의거해서 행동하는데, 이 판단은 이런 장수들에게 본디 주어져 있는 천부적인 재능의 많고 적음에 따라 적중하기도 하고 빗나가기도 한다.

이제까지도 훌륭한 장수나 위대한 장군은 모두 이와 같이 행동해 왔는데 그들의 숙달된 판단이 항상 정곡(正鵠)을 잃지 않았다고 한다면 이러한 판단에는 부분적일망정 그들의 위대함이나 천부적인 재능이 드러나게 되었다고 해도 과언은 아니다. 앞으로도 행동할 뿐이라면 그것으로도 좋을 것이고 또 이를 위해서는 숙달된 판단만으로도 충분할 것이다. 그러나 직접 행동하지 않고 회의 자리에서 동료나 부하를 설득하려면 아무래도 분명한 생각이 필요하고 또 여러 요건 사이의 내적 관련을 제시하는 일이 중요해질 것이다. 그런데 이와 같은 이론적인 면에서의 진보 발달은 아직은 더디며, 따라서 대부분의 회의는 아무런 확고한 기초를 가지지 않는 공론(空論)을 주고받는 장이 되어, 거기에서는 자기 생각을 고집하거나 그렇지 않으면 서로 대립하는 견해를 적당히 버무려 이른바 중도에서 타협하거나 둘 중의 하나이다. 그러나 이런 옳음도 그름도 없는 중도라는 것은 결국 아무런 가치도 없다.

따라서 전쟁에 관한 중요한 사항에 대해서 명쾌한 개념을 갖는다는 것은 결코 쓸데없는 일이 아니다. 게다가 또 인간 정신은 그 본성으로 보아 매사에 명석함을 구하고 또 사물 사이의 필연적인 연관을 알려고 하는 욕구를 가지게 마련이다.

이와 같이 전쟁술을 이론적으로 구축하는 것이 매우 곤란하고 또 많은 시도가 실패로 돌아간 점에서 많은 사람들이 다음과 같이 말하게 되었다. '전쟁 이론과 같은 것은 결국 불가능하다. 전쟁에서의 여러 현상들은 정해진 법칙 아래에 포섭될 수 없는 것이기 때문이다.' 그러나 우리는 이러한 견해에 동의하여 이론을 건설하려는 시도를 포기해서는 안 될 것이다. 실제로도 이 영역에서의 다수의 명제는 손쉽게 실증될 수 있는 것이다.

이를테면—방어는 소극적 목적을 갖지만 그러나 공격보다도 강력한 전쟁 형식이다—어떤 전장에서 거둔 대대한 성과는 동시에 다른 전장에서의 작은 성과도 결정한다. 따라서 이들 회전의 전략적 효과는 어떤 약간의 중심으로 돌릴 수가 있다—양동(陽動 : 적의 주의를 딴 곳으로 돌리기 위해 일부러 본래의 목적과는 다른 행동을 함)을 위해 사용되는 병력은 실제의 공격에서보다도 약세이다. 또 양동을 실시하기 위해서는 특별한 조건이 있어야 한다—전승이란 단지 전장의 공략에만 한정되는 것이 아니라, 적의 물리적, 정신적 전투력을 파쇄하는 데에 있다, 그리고 이 파쇄는 회전에서 승리를 거둔 뒤 다시 적을 추격함으로써만 달성된다—일반적으로 전쟁에서의 성과는 승리가 회전에 의해 획득되었을 경우에 최대가 된다. 그러므로 회전을 피해서 어떤 전선 및 방향으로부터 다른 전선 및 방향으로 바꾼다는 것은 어쩔 수 없는 해악으로서만 허용이 되는 데에 지나지 않는다—우회 운동이 시인되는 것은 아군이 일반적으로 우세하거나 또는 아군 부대의 연락선과 후퇴선이 적의 그것보다 우세한 경우에만 한정된다—따라서 측면 진지도 또한 이것과 마찬가지 사정에서만 인정될 수 있다—대체로 공격은 군이 전진함에 따라 약화된다. 등등.'

머리글
지은이

   학문적이라고 하는 개념은 구태여 체계나 체계화가 완성된 학문에만 한정된 것이 아니다. 또 주로 그러한 것만을 가리키는 것도 아니다. 이것은 매우 명백한 일로 오늘날에는 전혀 논의가 필요치 않을 정도이다—이 책의 서술에도 체계 다운 것은 어디에서도 찾아볼 수가 없다. 거기에 있는 것은 완성된 학설이 아니라 앞으로 체계를 건설하기 위한 건재용 돌밖에 되지 않는다.

   그렇다면 이 책의 학문적인 형식이라고 하는 것은 도대체 어떠한 점에 있는 가? 그것은—전쟁에서의 여러 현상의 본질을 구명하고 또 이들 현상과 그것을 구성하는 여러 가지 요건의 성질과의 연관을 제시하려고 하는 데에 있다. 저자는 어떤 경우에도 사고의 일관성을 추구했다. 그러나 이러한 사고의 실이 점점 가늘어져서 이윽고 소멸될 염려가 있을 경우에는 거기에서 일단 이 실을 끊고, 이번에는 그것에 상응하는 경험적 현상으로 연계하기로 했다. 식물의 경우를 보아도 가지와 잎이 너무 무성하면 오히려 열매를 맺지 않는 법이다. 마찬가지로 실제 생활에서의 여러 기술을 봐도 이론적인 잎이나 꽃을 너무 무성하게 해서는 안 된다. 이론은 항상 이들 기술의 본디 토양인 경험 근처에 놓여야 하는 것이다.

   밀알을 분석해서 얻은 화학적 성분에 입각해서 이 밀알에서 발육하는 이삭의 형태를 구명하려는 시도가 잘못이라는 것은 두말할 필요가 없다. 완전한 모양의 이삭을 보고 싶으면 밀밭으로 가기만 하면 된다. 연구와 관찰, 이론적 사색과 경험은 결코 서로 멸시해서는 안 되고 하물며 서로 배제해서도 안 된다. 이론은 경험을 보증하고, 경험은 이론을 보증하는 것이다. 따라서 이 책에서의 모든 명제는 서로 맞물려 하나의 둥근 천장을 구성한다. 그리고 이들 명제는 어느 것이나 내적 필연성을 갖는 구성요소로서 또는 경험이나 전쟁 그 자체의 이론적 개념을 외적인 받침으로서 떠받치고 있는 것이다. 바꿔 말하면 외부에 이러한 받침이 없으면 성립할 수 없는 것이다.[1]

정신과 실질을 겸한 체계적인 전쟁 이론을 쓴다는 것은 아마도 불가능한 일은 아닐 것이다. 그러나 이제까지 나타난 수많은 이론과 우리가 바라는 것 사이에는 거리가 멀다. 이들 이론은 쓸데없이 체계로서의 연관과 완벽에 너무 신경을 쓰고, 또 이를 위해 일상적인 다반사나 말할 필요도 없는 쓸데없는 말에 시종일관하고 있다. 만약에 이런 종류의 이론을 보고 싶으면 리히텐베르크[2]의 풍자 작품 〈소방 조례〉의 한 구절을 읽어 보기 바란다.

'집에 화재가 나면, 무엇보다도 먼저 그 왼쪽에 있는 가옥의 오른쪽 벽과 오른쪽에 있는 가옥의 왼쪽 벽의 방화에 힘써야 한다. 이 경우 왼쪽 가옥의 오른쪽 벽은 오른쪽에 있어서 (우리의 생각으로는 이 가옥은 화재를 일으킨 가옥의 왼쪽에 있다) 왼쪽 벽보다도 화재에 접근해 있으므로, 비록 왼쪽 벽이 보호되어도 문제의 오른쪽 벽이 보호되지 않으면 왼쪽 벽에 물이 묻기 전에 오른쪽 벽이 불타서 무너질지도 모른다. 또 이 집의 왼쪽 벽이 보호되지 않는 경우에도, 이 벽이 타서 무너지기 전에 오른쪽 벽이 먼저 불타서 무너질 염려가 있다. 그러므로 이 가옥에 대해서 말하자면 왼쪽 벽을 내버려 두고 우선 오른쪽 벽을 보호해야만 하는 것이다. 이것을 명기(銘記)하기 위해서는 다음과 같이 말하면 된다.— 화재가 일어난 가옥의 오른쪽 집은 그 왼쪽 벽을, 또 왼쪽에 있는 가옥은 그 오른쪽 벽을 보호해야 한다고.'

이와 같은 말할 필요도 없는 말을 가지고 현명한 독자를 어리둥절하게 하거나 약간 단맛에 물을 더 타서 맛이 없게 하는 것 같은 일은 저자가 삼가는 일이다. 그래서 저자는 전쟁에 대한 여러 해에 걸친 사색, 전쟁 경험이 있는 총명한 군인들과의 교제 그리고 저자 자신이 겪은 많은 경험 등에 의해서 저자의 내부에 형성되어 승화된 것을 가짜가 섞이지 않은 순수한 금속 낟알로 제공하

---

1) 이제까지 많은 군사평론가, 특히 전쟁 그 자체를 학문적으로 연구하려고 하는 평론가가 이와 같은 고찰 방법에 관심을 두려고 하지 않았다는 것은 많은 사례가 이것을 증명하고 있다. 그들이 쓸데없이 논쟁으로 하여 자기주장에 대한 찬부를 다투고 서로 헐뜯는 모양은 마치 두 마리의 사자가 서로 물어뜯어 결국 양쪽 다 꼬리밖에 남기지 않는 것과 마찬가지이다.

2) 리히텐베르크(Lichtenberg, Georg Christoph, 1742~1799) 독일의 물리학자. 인간과 세상의 약점을 찌른 풍자 작가로서도 유명했다.

는 쪽을 택했다. 비록 이 책의 각 장이 서로 긴밀하게 연결이 되지 않은 것처럼 보이더라도 지금 말한 취지에 따라서 성립된 것이라고 한다면 이들의 여러 장이 내적인 연관이 결여되지는 않을 것이라고 여겨진다. 뒷날 저자보다도 우수한 이론가가 나타나서 저자가 제공한 약간의 금속 낱알 대신에 잡물이 섞이지 않은 순수한 금속으로 이루어진 큰 덩어리로 만들어 주리라 믿는다.

전쟁론 I II
차례

전쟁론 I

전쟁론Ⅱ

제6편 방어

제7편 공격(초안)

제1편
전쟁의 본질

제1장
전쟁이란 무엇인가

1 머리말

우리는 앞으로 전쟁이라는 문제를 고찰하게 되는데, 지금 여기에서 고찰의 대상이 되는 것은, 우선 전쟁을 구성하고 있는 개별 요소이며, 다음으로 이들 요소의 집합으로 이루어지는 개별적인 부분 그리고 마지막으로 내적 관계를 가진 전체로서의 전쟁이다. 즉, 단순한 것으로부터 복잡한 것으로 나아가게 되는 것이다. 그러나 전쟁 문제를 논하는 경우에는 전체로서의 전쟁의 본질을 우선 명백하게 해둘 필요가 있다. 부분에 관한 고찰도 고찰이지만 항상 전체가 고려되어야 하기 때문이다. 부분의 고찰과 동시에 끊임없이 전체를 돌아보는 방법은 전쟁 이론에서는 다른 이론의 경우보다도 더 중요하기 때문이다.

2 전쟁의 정의

우리는 공법학자(公法學者)들 사이에서 흔히 논의되는 것 같은 번거로운 정의를 지금 여기에서 왈가왈부할 생각은 없다. 우리로서는 전쟁을 구성하고 있는 궁극적인 요소, 즉 두 사람 사이에 이루어지는 결투에 착안해 보고자 한다. 전쟁이란 확대된 결투 바로 그것이기 때문이다. 그런데 이러한 무수한 결투의 집합을 한 덩어리로서 생각하기 위해서는 두 결투자의 행동을 생각해 보는 것보다 더 좋은 일은 없다. 요컨대 결투자는 어느 쪽이나 물리적인 힘으로 상대에게 이쪽의 의지를 강요하려고 하는 것이다. 그가 명백히 목적으로 삼는 것은 상대를 완전히 제압하여 앞으로의 저항을 완전히 불가능하게 하는 일이다.

이렇게 보면 전쟁은 하나의 강력 행위이며, 그 뜻은 상대에게 이쪽의 의지를 강요하는 데에 있다.

이와 같은 강력 행사는, 여러 기술과 과학의 모든 발명을 끌어다 쓰기 위해서 장비를 갖추고 상대의 강력 행사에 대항하려고 하는 것이다. 이 강력 행사는 국제법적 관습이라고 일컬어지는 여러 제한을 받지만, 그러나 이들 제한은 어느 것이나 약한 것으로, 거의 언급할 가치도 없기 때문에 강력 행위가 갖는 본래의 강제력을 본질적으로 약화시키지 못한다. 그러기 때문에 전쟁에서는 이러한 강력 행위, 즉 물리적 강력 행위는—정신적인 강력 행위라는 것도 있기는 하지만, 이것은 국가 및 법률이라고 하는 개념에만 포함되는 것이기 때문에—수단이며, 상대에게 이쪽의 의지를 강요하는 것이 곧 목적이다. 그런데 이 목적을 달성하기 위해서는 우선 적의 방어를 완전히 무력한 것으로 만들어야 한다. 그리고 강력 행위라고 하는 체면으로 말하자면 이것이야 말로 모든 군사적 행동의 목표인 것이다. 요컨대 군사 행동 그 자체에서는 이러한 목표가 우선 전쟁의 목적을 대신하고, 이 목적을 말하자면 전쟁 행위에 속하지 않는 것이라고 해서 일단은 무시하는 것이다.

3 극도의 강력 행사

그런데 인도주의자들은 자칫 이런 말을 하고 싶어 한다—전쟁의 본뜻은 저편과 이편의 협정에 의해서 상대의 무장을 해제하거나 상대를 항복하게 만드는 것만으로 족하다, 구태여 적에게 지나친 손상을 줄 필요는 없다, 그리고 이것이 전쟁술의 본디 의도인 것이다라고. 이와 같은 주장은 그 자체로서는 듣기 좋은 말이지만, 우리는 이와 같은 잘못된 생각을 버려야 한다. 전쟁과 같은 위험한 사업에서는 선량한 마음에서 생기는 잘못된 생각이야말로 최악이기 때문이다. 물리적 강력의 전면적 행사라고 해도 그것은 결코 지성의 협력을 배제하는 것이 아니다.

따라서 이러한 강력을 가차 없이 행사하여, 유혈을 마다하지 않고 사용하는 자는 상대가 같은 행동을 하지 않는 한 우세를 차지할 것임에 틀림없다. 이렇게 해서 그는 자기 의지를, 말하자면 율법으로서 상대에게 강요하는 것이다. 그러나 서로가 상대에 대해서 같은 행동을 한다고 하면 저편과 이편의 강력 행사는 차차 고조되어 극도에 달하게 된다. 만약에 이것을 제한하는 것이 있다고 하면, 그것은 전쟁에 내재하여, 강력의 절대적인 발휘를 저지할 수 있는 여러 가지 대항물일 것이다.

로마인과 야만족 사이의 전투   4~5세기 고트족이나 반달족과 같은 가난한 야만족들의 목표는 새로운 땅과 풍요를 얻는 것이었다. 476년 서로마제국은 야만족에 의해 멸망했다.

우리는 전쟁을 이와 같은 것으로 여겨야 한다. 전쟁에 포함되어 있는 조잡한 요소를 혐오한 나머지, 전쟁 그 자체의 본성을 무시하려는 것은 무익한, 아니 일의 앞뒤를 그르친 생각이다.

문명 국가 사이의 전쟁이, 미개 민족의 전쟁에 비해서 잔학과 파괴면에서 그 정도가 훨씬 미약하다고 한다면, 그 원인은 여러 문명 국가의 국내 및 이들 여러 국가 간의 사회 상태에 있다. 본디 전쟁은 이러한 사회 상태와 여러 가지 사정에서 발생하는 것이지만, 다른 한편으로는 이와 같은 사회 상태에 의해서 제약·한정되고 완화되기도 한다. 하지만 이와 같은 것들은 전쟁 그 자체에 속하는 것은 아니고, 전쟁의 입장에서 보자면, 다른 데에서 주어진 이질적인 것에 지나지 않는다. 그러기 때문에 전쟁 철학 속에 무언가 완화 원리를 도입한다는 것은 불합리한 상태에 빠지지 않을 수가 없는 것이다.

인간 사이의 투쟁은 본디 서로 다른 두 요소로 이루어져 있다. 적대적 감정과 의도가 그것이다. 우리는 이 두 요소 중 후자, 즉 적대적 의도를 우리 정의의 특징으로 채택했다. 이쪽이 전자보다 훨씬 일반적이기 때문이다. 우리는 본능적이라고까지 말할 수 있을 정도로 가장 거친 격정적 증오에, 적대적 의도가 수반되지 않은 것을 생각할 수가 없다. 이에 반해서 적대적 감정을 전혀 수반하지 않은 또는 적어도 유력한 적대 감정을 수반하지 않은 적대적 의도는 얼마든지 있다. 미개 민족에서는 감정과 결부된 의도가 유력하고, 이에 반해 문명 국민에게서는 냉정한 타산과 결부된 의도가 지배적이다. 그러나 이와 같은 차이는 야만과 문명 자체의 본질에 있는 것은 아니고, 이들 사회 상태에 각기 수반하는 여러 가지 사정이나 그 밖의 것에 따른 것이다. 요컨대 이러한 차이는 반드시 개개의 경우에 명백하게 나타나는 것이 아니라 다수의 경우를 지배하고 있을 뿐이라는 것이다. 극히 문명적인 국민이라도 때로는 격렬한 격정에 사로잡혀 서로 적대하는 경우도 생길 수가 있다.

그렇기 때문에 문명 국민 사이의 전쟁을, 단지 각 정부가 타산적인 행위에서 나온 것으로 돌리고, 격정과는 전혀 무관한 것이라고 생각한다면, 따라서 또 전쟁은 결국 전투력의 물리적인 양을 실제로 사용해서 결전을 구하는 것이 아니라, 저편과 이편 서로가 갖는 물리적 양의 비율을 감안하여 승패를 결정하는 데에 지나지 않는, 다시 말하면 하나의 대수학에 지나지 않는다고 생각한다면, 이러한 견해가 잘못되었다는 것은 위에서 말한 점으로 보아 분명하다.

최근 이루어진 여러 전쟁이, 이제까지의 사고방식의 잘못을 바꿨을 때부터, 전쟁 이론은 이미 위에서 말한 방향을 따라가기 시작하고 있는 것이다. 전쟁이 하나의 강력 행위라고 한다면, 전쟁은 또한 필요에 따라 감정과 결부되지 않을 수 없다. 하기야 전쟁은 감정에서 발생하는 것은 아니라고 하지만, 전쟁은 많건 적건 간에 감정에 입각한다. 그리고 이 '많고'와 '적음'은 문명의 정도에 따라 정해지는 것이 아니라 교전 국가 간의 적대적 이해관계의 중요성과 그 지속의 장단에 의존한다.

현대의 문명 국민은 함부로 포로를 처형하지 않고 또 적의 도시나 국토를 파괴하지 않는 것이 통례이다. 그 이유는, 지성이 문명 국민이 하는 전쟁에 개입하여, 본능의 이러한 조잡한 발현보다도 오히려 지성 쪽이 강력을 행사하는 데에 보다 효과적인 수단이라는 것을 가르쳤기 때문이다.

화약의 발명과 더불어 더욱더 발달하는 화기는, 전쟁의 본디 의도, 즉 적을 격멸하려고 하는 의도가, 실제로 문명의 진보에 의해 저지되거나 또는 다른 방향으로 전환되거나 하지 않았던 사실은 증명하고도 남음이 있다.

그래서 우리는 앞서 든 명제를 여기에서 되풀이해서 말하고자 한다. '전쟁은 일종의 강력 행위인데 이런 강력 행사에는 한계가 존재하지 않는다. 그러므로 교전자 중 어느 한쪽이 자신의 의지를, 이른바 정해진 규범으로서 상대에게 강요하게 된다. 따라서 저편과 이편 사이에 상호작용이 발생하고, 이론적으로 말하자면 이 상호작용은 극도로 달성되지 않을 수 없다.' 이것이 전쟁의 첫 번째 상호작용이며, 또한 우리가 경험하는 제1의 극도이다. (제1의 상호작용)

4 전쟁 목표는 적의 방어를 완전히 무력화하는 데에 있다

우리는 지금 군사 행동의 목표는 적의 방어를 무력하게 만드는 데에 있다고 말했다. 여기에서는 이것이 적어도 이론적인 사고방식으로서는 필연적이라고 하는 것을 증명하고자 한다.

적에게 우리의 의지를 강요하려고 한다면, 우리가 적에게 요구하는 것만큼의 희생[1]을 적에게 지불하게 하는 것만으로는 모자란다. 우리는 적을 되돌릴 수 없는 상태로 몰아넣어야 한다. 말할 필요도 없이, 이러한 불리함은 일시적이라고 여겨져서는 안 된다. 만일 일시적이라는 것을 알면, 적은 나중에 도래할지도 모르는 좋은 기회를 기다리게 될 것이므로, 결국 굴복하지 않을 것이다. 따라서 이쪽이 군사적 행동을 계속함으로써 생기게 하는 어떠한 변화도, 적을 현재보다 더 불리한 상태에 몰아넣는 것이어야 한다. 혹은 적어도 적으로 하여금 그렇게 생각하도록 여기게 하는 것이어야 한다. 전쟁 지도에 임하는 장수가 빠지는 최악의 상태는 실로 이와 같은 완전한 무방어 상태가 아닐 수 없다. 따라서 군사 행동에 의해서 이쪽의 의지를 적에게 강요하려고 한다면, 실제로 적의 방어를 완전히 무력한 것으로 만들든가, 그렇지 않으면 확실하게 무방어 상태가 되었다고 여겨질 때까지 몰아넣어야 한다. 따라서 적의 무장 해제 또는 항복이 군사 행동의 목표일 경우, 이러한 무장 해제나 항복이 실제로 어떠한 것이어야 하는가는 위에서 말한 것으로부터 명백해졌으리라고 생각한다.

그런데 전쟁이란 살아 있는 힘을 죽은 물질에 가하는 일이 아니다. 아마도 절대 수동적인 것은 전쟁이라고 할 수가 없을 것이다. 요컨대 전쟁은 항상 두 개의 살아 있는 힘의 충돌이다. 따라서 앞서 말한 것과 같은 군사적 행동의 목표

---

1) 병사들의 사상(死傷), 포로와 포획된 화기나 자재 운반용 고리짝을 가리킨다.

라는 것은 저편과 이편 서로에 대해서 생각해야 한다. 그래서 여기에 또한 상호 작용이 생긴다. 즉, 우리 쪽이 적을 타도하지 않는 한, 적이 우리 쪽을 완전히 타도할 것이라는 것을 두려워해야 할 것이다. 그렇게 되면 우리 쪽은 이미 자주적으로 행동할 수가 없게 되어, 적은 그들의 의지를, 말하자면 규범으로서 우리에게 강요하게 되는 것이다. 이것이 바로 두 번째 상호작용이며, 이 작용은 마침내 제2의 극도에 이르는 것이다. (제2의 상호작용)

5 저편과 이편 서로의 힘의 극한적 사용

우리가 적을 완전히 타도하려고 한다면, 우리의 힘의 사용을 적의 저항력과 견주어야 한다. 그런데 적의 저항력은 서로 분리되지 않는 두 가지 요인에 의해 나타난다. 그 요인이라고 하는 것은 바로 현존하는 자재(資材)[2]의 양과 의지력의 강도(强度)이다.

현존하는 자재의 양은 비교적 쉽게 결정될 것이다. 이러한 양은 (비록 전체라고까지는 할 수 없어도) 숫자로 표시할 수 있기 때문이다. 그러나 의지력의 강도는 결정하기가 훨씬 힘들다. 이것은 전쟁의 동기의 강약에 의해서 평가할 수밖에 없을 것이다. 이렇게 해서 적의 저항력을 상당히 확실한 정도까지 알 수 있다면, 이쪽의 힘의 사용을 이것과 견주어 볼 수 있게 된다. 즉, 이쪽의 힘을 증대해서 적보다도 우세하게 만들 수 있고, 이쪽의 능력이 불충분한 경우에는 될 수 있는 대로 이를 증대시킬 수도 있다. 그러나 적도 나와 같은 일을 한다면 다시 저편과 이편은 경합을 하게 되므로 서로의 힘의 사용은 생각에 의해서 만이라도 다시 극단에 이르게 된다. 이것이 바로 세 번째 상호작용이며 우리가 경험하는 제3의 극도이다. (제3의 상호작용)

6 현실적 수정

이와 같이, 오직 개념만을 다루는 추상적인 영역에서는, 순수한 사변(思辨)을 일삼는 오성(悟性)은 극도에 이를 때까지 멈출 줄을 모르는 법이다. 여기에서 오성이 문제 삼는 것은, 저편과 이편 서로의 힘의 극단적인 사용이며, 따라서 또

---

2) 전투원과 전투 기재를 포함한다.

이러한 힘의 충돌이기 때문이다. 실제로 이 경우에 서로의 힘은 그 무엇에도 억제됨 없이 마음껏 발휘되어 그 자신의 내적인 법칙 이외의 그 어떤 법칙에도 따르려고 하지 않는다. 따라서 우리가 실제로 설정해야 하는 목표나 또 실제로 사용해야 하는 수단을 규정하는 절대적인 요소를, 전쟁의 순수한 개념으로부터 도출하려고 한다면, 위에서 말한 세 가지 상호작용 때문에 우리는 극도에 이르게 될 것이다. 게다가 또, 이러한 끊임없는 상호작용 그 자체도 논리적인 사고가 빼내는, 보이지 않는 실에 조종당하는 관념의 놀이에 지나지 않는 것이다. 그러기 때문에 이러한 절대적인 것을 핑계 삼아 현실 세계의 모든 곤란을 펜 끝만으로 회피하거나 또 논리적 엄밀성을 고집해서 항상 극한적인 경우를 규준으로 하여, 여기에 힘의 극한적인 사용을 적합시켜야 한다면, 이러한 펜 끝만의 지정은 결국 종이 위의 법칙에만 그칠 뿐 현실 세계에 적합한 법칙일 수는 없는 것이다.

가령 힘의 극도의 사용, 즉 절대적인 것을 생각하기란 쉬운 일이라 해도, 인간의 정신은 이와 같은 논리적인 몽상에는 좀처럼 따르려 하지 않을 것이다. 또 전쟁에서는 힘의 낭비가 자주 생기는 법이다. 그러나 이러한 낭비를 억제하는 것은 전쟁의 원칙과는 다른 정치의 원칙에서 찾아야 한다. 또 전쟁은 의지의 극한적인 긴장이 필요하다고 말하지 모르지만, 의지의 긴장만으로는 전쟁의 목적을 달성할 수 있는 것이 아니므로, 이러한 긴장이 실제로 환기되는 일은 없을 것이다. 요컨대 인간의 의지는 논리적 사변에 의해 힘을 얻는 것이 아닌 것이다.

그런데 우리가 추상적 세계에서 나와 현실 세계로 들어가면 사정은 모조리 돌변한다. 추상 세계에서는 모든 것이 낙관론으로 지배되지 않을 수 없었다, 그리고 저편과 이편은 어느 쪽이나 완전을 추구할 뿐만 아니라 또 실제로도 이 완전을 달성할 수 있다고 생각하지 않을 수 없다. 그렇다면 현실 세계에서도 역시 그대로 될까. 가령 다음과 같은 세 가지 조건이 성립된다고 하면 분명히 그대로 될 것이다.

1. 만약에 전쟁이 완전히 고립된 행위라고 한다면, 즉 전쟁은 돌발 행동으로, 그 이전의 국가 생활과 아무런 관계가 없다고 한다면,
2. 만약에 전쟁이 단순히 한 번의 결전 또는 동시에 이루어지는 몇 개의 결

전으로 이루어진다고 한다면,

3. 만약에 전쟁이 그 자체로 완결된 한 번의 결전을 포함한 것뿐이며, 이에 이어 일어날 정치적 상태에 대한 고려가 현재 수행되고 있는 전쟁에 영향을 미치지 않는 것이라면.

7 전쟁은 고립된 행동이 아니다

우선 첫째 조건에 대해서 말하자면, 저편과 이편 어느 쪽이나 상대에게 추상적인 존재가 아니다. 또 상대가 저항력을 형성하는 두 가지 인자 중, 외적인 사물인 자재(資材)에 입각하지 않는 것, 즉 의지에 대해서도 추상적인 존재는 아닌 것이다. 또 이 경우에 의지는 반드시 전혀 알 수 없는 것은 아니다. 의지는 오늘 있는 곳에서 내일 있어야 할 것을 이미 나타내고 있는 것이다. 또 전쟁은 그 이전의 사태와는 전혀 관계없이 갑자기 일어나는 것이 아니다. 전쟁의 확대는 결코 한 순간의 사건이 아닌 것이다. 그러기 때문에 저편과 이편은 제각기 상대의 현재 상태와 행동으로 이미 상대 동정의 거의 전부를 판단할 수 있는 것으로, 엄밀하게 말한다면 상대는 이렇게 있을 것이 틀림없다거나 또는 이렇게 행동할 것임에 틀림없다고 하는 추정에 따라 판단하는 것이 아니다. 그런데 인간의 심신(心身) 기구는 본디 불완전하므로, 절대적 최선의 영역에 도저히 다다를 수는 없다. 그래서 서로에게 같은 결함이 생기기 때문에 이들 결함이 절대적인 것을 완화하는 원리가 되는 것이다.

8 전쟁은 연속성이 없는, 단 한 번의 결전으로 이루어지는 것이 아니다

둘째 조건에 대해서는 다음과 같은 고찰이 필요하다.

만약에 전쟁에서의 결전이 단 한 번의 결전 또는 동시에 이루어지는 일련의 결전으로 이루어진다고 하면, 이러한 결전에 대한 모든 준비를 극도로까지 추진하려고 하는 경향이 생기는 것은 당연한 추세이다. 오직 한 번밖에 주어져 있지 않은 기회를 놓치면, 이 실책은 끝내 회복할 수가 없기 때문이다. 그렇게 되면 현실의 세계로부터는 상대의 준비—그것도 우리에게 알려져 있는 한의 준비가 우리 쪽에서 취해야 할 대책으로서 주어질 뿐이고, 그 밖의 모든 것은 추상 세계로 몰입되는 것이다. 이에 반해서 결전이 몇 차례의 계속적 행동으로 이루어진다면 선행하는 행동은 그 행동 모든 것이 후속하는 행동을 규정하는 척도가 될 수 있다. 그렇게 되면 이 경우에도 현실의 세계가 추상적인 것으로 바뀌고 따라서 또 극도를 향해 치닫는 노력을 완화하게 되는 것이다.

그런데 모든 전투 자재가 동시에 사용되든가 또는 사용할 수 있다고 하면, 아마도 전쟁은 단 한 번의 결전 또는 동시에 이루어지는 몇 차례의 결전으로 결정될 수밖에 없을 것이다. 저편과 이편 어느 쪽에게 불리한 결전은 패자 쪽의 자재를 현저하게 소모하게 되는 것이므로, 만약에 첫 번째 결전에서 모두 소비된다고 하면, 두 번째 결전 같은 것은 논할 필요가 없을 것이다. 또 이 경우에 패자가 첫 번째의 결전에 이어 그 어떤 군사 행동을 일으킬 수 있다고 해도, 이러한 행동은 본디 첫 번째 결전의 여파이자 이 결전의 계속에 지나지 않을 것이다.

그러나 앞서 말한 바와 같이, 이미 전쟁을 준비하는 경우까지도, 현실의 세계가 단순한 개념으로 바뀌고, 현실의 척도가 극단적인 가정으로 바뀌는 것이다. 그렇다면 저편과 이편은 제아무리 그 상호작용을 거듭했다고 해도, 힘의 극단적인 사용에 이를 염려는 없을 것이다. 따라서 또 모든 힘을 동시에 사용하는 일도 없을 것이다.

그러나 전쟁에 사용할 수 있는 힘이 모두 동시에 작용하기 시작하는 것이 아니라는 것은, 이미 이들 힘과 그 사용과의 본성에 입각한다. 전쟁에 사용되는 모든 힘이라고 하는 것은 ⑴본래의 전투력, ⑵면적과 인구를 갖는 국토, ⑶동맹 제국이다.

면적과 인구를 갖는 국토는 본래의 전투력을 마련하는 자원일 뿐만 아니라 그 자체가 전쟁에서 효력을 발휘하는 양(量)의 유력한 부분을 이룬다. 물론 그것은 온 국토 중에서 전장에 속하거나 또는 전장에 현저한 영향을 주는 부분에 한한다.

그런데 가동적인 전투력³⁾이라면 그 모두를 동시에 작용하게 할 수가 있지만 모든 요새·하천·산악·주민 및 그 밖의 것—간단히 말하자면 온 국토를 동시에 움직이게 할 수는 없다. 그러나 국토가 매우 좁고 최초의 군사적 행동에 의해서 국토 전체가 포괄되는 경우라면 이야기는 다르다. 다음에 동맹 제국의 협력은

---

3) 병력뿐 아니라 전장, 지형, 요새 등도 전투력에 들어간다. 가동적 전투력이란 전투력 중 병력 및 전투 자재를 가리킨다.

전쟁 지도자의 의지에 좌우되는 것이 아니다. 동맹국이 종종 뒤늦게 참전하거나 또는 교전국 간의 전투로 일단 잃어버린 균형을 회복하기 위해 동맹관계가 강화되거나 하는 것은 당해 국가 간의 관계의 성격에 입각한다.

한 나라의 저항력은 반드시 그 모든 부분이 동시에 작용을 하기 시작하는 것이 아니다. 그러나 이러한 부분은 대개의 경우, 저항력 전체에 대해 상당한 비율을 차지하는 것이고, 적어도 보통 생각할 수 있는 것보다는 훨씬 크다는 것, 또 비록 첫 번째의 결전이 강력하게 이루어져, 그 때문에 저편과 이편의 균형이 현저하게 손상되었을 경우에조차도, 이 상실된 균형은 얼마 뒤 회복될 수 있는 것이라는 점에 대해서는 나중에 자세히 설명하겠다. 여기에서는 다만 전쟁에서 여러 힘이 완전히 결집하기 위해서는 시간이 필요하다는 사실이 전쟁의 본성에 위배된다는 것을 지적하는 데에 그치려고 한다. 하지만 이 일 자체는 저편과 이편이 첫 번째의 결전을 위해 각자의 힘을 극도로 행사하려고 하는 경향을 완화하는 진정한 이유는 되지 않을 것이다. 불리한 결전은 패자에게 아무래도 불리하므로, 새삼스럽게 이러한 불리는 자청해서는 안 되고, 또 비록 처음의 결전이 단 한 번뿐만이 아니라도, 그 결전이 대규모적인 것이라면 후속되는 결전에 미치는 영향도 더욱더 크기 때문이다. 그러나 결전이 단 한 번뿐만이 아니고 두 번째의 결전도 가능하다면 인간의 정신은 처음의 결전에 전력을 기울이는 위험을 고려해서 다음 번의 결전에 기대를 거는 것이다. 그러기 때문에 첫 번째의 결전에서는, 한 번만의 결전에서보다도 병력을 집결하고 또 사용하지 않는 것이 통례이다. 그런데 저편과 이편 어느 쪽이, 병력의 열약(劣弱)을 고려하여 결전을 포기한다면, 이것은 상대 쪽에는 힘의 극도의 사용을 완화하는 참다운 객관적 이유가 되고, 또 이 경우에 생기는 상호작용도 극도로 달하려고 하는 노력을 억제하여, 힘의 사용을 일정한 한도에 머물게 하는 것이다.

9 전쟁과 거기에서 생기는 결과는 어느 것이나 절대적인 것이 아니다

마지막으로 제3의 조건에 대해서 말하자면, 어떤 전쟁을 통해서 이루어진 몇 차례의 결전의 총괄조차도 반드시 절대적 결전이라고 여길 수 있는 것이 아니다. 패전국 쪽에서는 이러한 불리한 결전을 종종 일시적인 재난에 지나지 않는 것으로 여겨서 그 구제책을 전후의 정치적 관계에서 이 재난을 극복할 수 있기 때문이다. 이와 같이 전쟁에서 생기는 결과를 고려하는 것도 저편과 이편의 극도의 긴장과 힘의 극도의 사용을 현저하게 완화시키게 됨은 두말할 것도 없다.

10 그래서 실제의 전쟁에서 확실하다고 인정되는 것이 개념에서의 극단적인 것, 절대적인 것과 교체된다

이렇게 해서 군사적 행동은 저편과 이편의 힘을 극한으로 몰아세우려고 하는 철칙을 벗어난다. 그리하여 이미 극도에 달할 염려도, 또 극도를 추구할 필요도 없어지면 이번에는 힘의 극단적인 사용 대신에 힘의 사용에 대한 한도를 인식하는 것이 저편과 이편의 판단 대상이 된다. 그렇게 되면 이 판단은 현실 세계에 여러 현상이 우리에게 제시하는 이미 아는 것에만 입각하여, 개연성의 법칙에 따라 이루어지게 되는 것이다. 교전 상대가 단순한 개념적인 존재가 아니라 어느 쪽이나 국가이자 정부가 되면 전쟁은 이미 개념적인 행동이 아니라 각기 독자적인 형태를 갖춘 구체적 행동이 된다. 그렇게 되면 현재 존재하고 있는 것이 이미 아는 사실로서, 앞으로 발견하게 될 알지 못하는 것, 기대되는 것을 분명히 아는 발판이 되는 것이다.

이렇게 해서 저편과 이편이 상대의 성격·시설·현황 및 여러 관계에 입각하여 '개연성의 법칙'에 따라 상대의 행동을 추정하고 이것을 기준으로 이쪽의 행동을 결정하는 것이다.

11 거기에서 다시 정치적 목적이 나타난다

그러면 앞서 우리가 고찰로부터 제쳐놓았던 (제2절) 문제가 여기에서 새삼 고찰의 대상이 된다. 즉, 그것은—전쟁의 정치적 목적이다. 이제까지의 고찰에서는, 전쟁에서는 힘을 극도로 사용해야 한다는 법칙, 다시 말하면 상대의 방어를 완전히 무력화시켜 그를 완전히 타도하려고 하는 의도가, 전쟁의 정치적 목적을 제쳐놓고 있었던 것이다. 그러나 이 법칙의 힘이 약해져서 이 의도가 본디 목표에서 후퇴하면 정치적 목적이 다시 나타나게 된다. 그런데 이 경우, 고찰이 어떤 전쟁에서 한 번 교전을 치른 두 교전 국가와 이들 사이에 존재하는 관계로만 향해져, 이에 입각해서 개연성을 계산하게 된다면, 정치적 목적은 전쟁의 본디 동인(動因)으로서 이러한 계산의 결과에 매우 중요한 영향을 주는 요인이 되어야 한다. 그러면 이렇게 된다―우리가 적에게 희생을 요구할 경우, 이 희생이 작으면, 그에 따라서 상대가 이러한 희생을 거부하기 위해 사용하는 힘 또한 작다고 생각해도 좋다. 그러나 이 경우에 상대가 사용하는 힘이 작으면 이쪽에서 사용하는 힘 또한 작아도 되는 것이다. 그런데 이쪽의 정치적 목적이 작아짐에 따라서 이러한 목적에 부여하는 가치도 더욱더 작아지므로 때로는 이 목적을 손쉽게 파기하는 일이 생길 수도 있는 것이다. 요컨대 이와 같은 이유로 해서도 이쪽이 사용하는 힘은 더욱더 작아지게 될 것이다.

따라서 전쟁의 본디 동인으로서의 정치적 목적은, 군사 행동으로 이루어야 할 목표를 설정하기 위한 척도가 될 뿐만 아니라, 또 전쟁에서 힘의 사용을 규정하기 위한 척도이기도 하다. 그러나 이 척도는 그 자체로서, 또는 그 자체만으로 이러한 뜻의 척도가 될 수 있는 것이 아니다. 도대체 우리가 여기에서 논하는 것은 단순한 개념이 아니라 모든 현실의 사태인 것이다. 그러기 때문에 정치적 목적이 저편과 이편의 교전 국가에 대해서 척도가 될 수 있는 것이다. 그런데 동일한 목적이라도 서로 다른 국민에 있어서 또는 때를 달리하면 같은 국민에서까지도 각기 매우 다른 결과를 나타내는 일이 있다. 대개 전쟁 때 민중의 마음을 움직이는 것은 이 정치적 목적이다. 그러기 때문에 정치적 목적을 척도로 인정하는 것은, 정치적 목적이 오직 대중에게 미치는 영향에 관련되는 경우이다. 그래서 민중의 성격이 고찰의 대상이 되는 것이다. 군사 행동을 강화 또는 약화시키는 원리가 민중 가운데에서 발견될 수 있느냐 없느냐에 따라서, 정치적 목적에 의한 결과 또한 현저하게 달라진다는 것은 두말할 나위가 없다. 두 국민 또는 두 국가 사이에 위험한 긴장이 성립하고 또 많은 적대적 요소가 집결하면 전쟁 동인이 그 자체로서는 매우 작은 경우에도 이러한 동인의 본성을 훨씬 넘을 정도의 결과, 즉 폭발에 못지않은 사태를 초래하는 경우가 있다.

앞에서 말한 것은, 두 교전 국가의 정치 목적이 각기 규정하는 바의 힘의 사용에 대해서 말할 수 있고 또 이 정치 목적이 각기 군사 행동에 대해서 설정하는 목표에 대해서도 말할 수가 있다. 때로는 정치 목적이 그대로 이러한 목표가 될 수 있는 경우도 있을 것이다. 예를 들어 적국의 어떤 주나 군을 공략하는 경우가 그것이다. 또 때로는 정치적 목적이 군사 행동에 대해서 적절한 목표를 설정하지 못하는 일도 있을 수 있다. 그러면 그런 경우의 목표는, 정치적 목적과 동등한 가치를 갖는, 따라서 또 강화(講和) 때에 이 목적을 대신할 수 있는 것이 되어야 한다. 그러나 이 경우에도 또한 두 교전국의 특이성을 미리 고려를 할 필요가 있다. 더 나아가 이 정치적 목적을, 이와 동등한 가치를 갖는 전쟁 목표에 의해 달성하기 위해서는 이것이 당해 정치적 목적보다도 훨씬 커야 할 것이다. 그런데 만약에 두 교전 국가 국민이 어느 쪽이나 전쟁에 대해서 냉담하고 또 두 나라 사이의 긴장이 미약할 뿐만 아니라 국내 사정의 긴장도 더욱더 이완됨에 따라, 군사적 행동을 규정하는 척도로서의 정치적 목적이 더욱 더 지배적, 결정적인 것이 되어 실제로는 이 목적이 거의 단독으로 결정되는 것과 같은 경우도 생기는 것이다.

그런데 군사 행동의 목표가 정치적 목적과 동등한 가치를 가질 경우에는 대개 정치 목적은 군사 행동의 목표와 함께 낮아진다. 더욱이 정치 목적이 지배적인 것이 되어 감에 따라 이러한 사정은 더욱 심해진다. 그리고 본디의 격멸전(擊滅戰)에서 단순한 무장 감시에 이르기까지, 저마다 중요성과 수행력을 달리하는 다종다양한 전쟁이 아무런 내적인 모순 없이 존립할 수 있는 이유가 이것으로 명백해진다. 그런데 이러한 사정은 다른 문제를 일으키기 때문에 이 문제를 더욱 발전시킴과 동시에 이에 대답해야 하는 것이다.

12 군사 행동에 정지 상태가 생기는 이유는 위에서 말한 설명만으로는 아직 분명치 않다

저편과 이편이 주장하는 정치 요구가 아무리 미미해도, 또 이들이 사용하는 수단이 아무리 허술해도, 더 나아가 군사 행동에 저마다 설정하는 목표가 아무리 작아도—도대체 이 군사 행동 자체는 한 순간이라도 쉴 수 있을까? 이것은 전쟁의 본질에 관련되는 심각한 문제가 아닐 수 없다.

모든 행동은 실행하는 데에 얼마쯤 시간이 필요하다. 우리는 이 시간을 지속이라고 부르기로 하자. 그리고 행동하는 자[4]가 일을 진행시킬 때 완급(緩急) 어느 쪽을 고르는가에 따라서 지속에 장단의 차이가 생긴다.

그러나 우리는 이와 같은 뜻의 완급을 여기에서 문제 삼으려는 것은 아니

---

4) 행동하는 자라 함은 장수를 가리킨다.

다. 장수라고 하는 사람은 저마다 자기 방식에 따라 일을 진행시킨다. 그런데 본디 행동이 완만한 사람이 일을 처리하는 데 있어 다른 사람보다도 완만한 것은, 그가 새삼 시간이 소요되게 하려고 하기 때문이 아니다. 그가 많은 시간을 필요로 하는 것은 그 자신의 성격에 따른 것이고, 만약에 그가 그에게 어울리지 않게 서두른다면 틀림없이 일을 그르칠 것이다. 따라서 어떤 장수가 일을 진행시키는 데에 소요되는 시간은 그의 심적인 이유에 의한 것으로, 말하자면 그의 행동이 본디 가지고 있는 지속이라 해도 좋다.

그런데 전쟁에서 장수의 행동에 이와 같은 뜻의 지속은 허용된다 하더라도, 이러한 지속과는 별도로 소비되는 시간, 다시 말하면 군사 행동에서의 정지 상태는 모두 전쟁의 본성에 위배되는 것처럼 여겨진다—우리는 적어도 언뜻 보기에 이렇게 생각하지 않을 수가 없는 것이다. 또 우리가 여기에서 문제 삼고 있는 것은 저편과 이편 어느 한쪽의 군사적 행동의 정지가 아니라, 서로의 군사적 행동의 전면적 정지에 관한 것임을 잊어서는 안 된다.

13 군사적 행동을 정지시킬 수 있는 이유는 단 하나 있다. 그리고 그 이유는 항상 한쪽에만 있는 것처럼 여겨진다

저편과 이편이 모두 전투 준비를 갖추고 있다면, 무엇인가 적대적인 원리가 있어서 그들을 여기까지 이르게 했을 것이다. 그리고 서로가 전쟁 준비를 갖춘 채로 있는 한, 다시 말하면 아직 강화를 체결하지 않는 한, 이 원리는 여전히 존속하고 있음에 틀림없다. 만약에 이 원리가 중단된다고 하면 그것은 어느 한쪽이 단 하나의 조건에 따르는 경우뿐이다. 즉 어느 한쪽이 군사 행동을 일으키기에 보다 유리한 시기를 기다린다는 것이다. 그런데 언뜻 보기에 이 조건은 항상 한쪽에만 있을 수 있는 것처럼 여겨진다. 한쪽에 이와 같은 조건이 있으면 상대쪽은 당연히 그 반대가 되기 때문이다. 즉, 한쪽이 행동에 관심을 가지면 다른 한쪽은 저절로 기다리는 것에 관심을 가지지 않을 수 없게 되는 셈이다.

비록 저편과 이편 사이에 완전한 균형이 유지되어 있다 해도 군사적 행동의 정지는 생길 수 없다. 이러한 균형 상태에서도 적극적 목적을 갖는 쪽(공격자)이 항상 적에 대해 행동을 일으킬 것임에 틀림없기 때문이다.

그러나 또 다음과 같은 균형 상태를 생각할 수도 있다. 즉, 저편과 이편 중 어느 한쪽이 적극적인 목적을 품고 있고, 따라서 다른 쪽보다도 강력한 동인을 갖지만 사용할 수 있는 힘은 상대보다 약할 경우가 있다. 이렇게 되면 다른 한쪽은 저절로 반대가 되니까 이들 저마다의 동인과 힘을 곱한 값은 결국 서로 같게 된다. 그런데 이와 같은 균형 상태에 변화가 생길 가망성이 없다고 하면 역시 서로가 화의(和議)를 강구하지 않을 수 없을 것이다. 그러나 변화가 일어날 전망이 서면 그 변화는 한쪽에만 유리하므로 이에 대항해서 다른 한쪽은 아무래도 행동을 일으키게 된다. 우리는 균형이라고 하는 개념이, 군사적 행동에 정지 상태가 생기는 이유를 설명할 수 없다는 것, 또 저편과 이편의 균형 상태는, 결국 그 한쪽이 보다 유리한 시기를 기다린다고 하는 결과를 초래하는 데에 지나지 않는다는 것을 알고 있다. 따라서 두 교전 국가 어느 한쪽이 적극적 목적—예를 들면, 다른 국가의 주나 군을 공격해서 강화 때 이를 유리한 교환 조건으로 삼으려는 의도를 가질 경우, 이러한 전략이 성공하면 이에 대한 정치적 목적은 일단 달성되므로 행동의 필요성은 끝나고 여기에 정지 상태가 생긴다. 그리고 다른 한쪽도 이 성과를 감수할 작정이라면 그는 강화를 체결하지 않을 수가 없다. 그러나 그가 이것을 원하지 않는다면 역시 행동을 일으켜야 한다. 그런데 1개월이 더 지나면 그가 행동을 위한 조직을 완료한다는 경우도 생각할 수 있다. 그러면 이제까지 행동을 연기하는 것은 충분한 이유가 있는 처사이다.

그런데 이 순간부터 전승자는 패자에게 재기의 시간을 주지 않기 위해 행동의 준비를 갖추어야 한다는 책무를 지게 된다. 그리고 이것은 전승자 쪽 행동의 논리적 책무로 여겨진다. 더욱이 이 경우에는 서로가 현재 사태를 완전히 잘 알고 있어야 한다는 것은 두말할 필요가 없다.

14 이와 같은 사정은 군사적 행동에 어떤 연속성을 주고, 이 연속성은 다시 저편과 이편의 행동을 극도에 이르게 하는 것처럼 여겨진다

군사 행동의 연속성이라고 하는 것이 실제로 존재한다면, 이 연속성에 의해서 저편과 이편의 행동은 또다시 극도에 이르게 될 것이다. 끊임없는 군사적 행동에 의해서 저편과 이편의 감정은 더욱 부채질되고 전쟁 전체는 점차 고조되어, 전쟁에 본디 따르게 되는 격렬한 힘은 더욱 조장될 것이다. 그러나 이와 같은 일은 별도로 하고라도, 행동의 연속성은 이유와 귀결을 더욱 엄격하게 결부시켜 인과 관계를 보다 긴밀한 것으로 만든다. 그리하여 이러한 엄밀한 조건 아래에서는 그 어떤 행동도 더욱 중대한 의의를 갖고 따라서 더욱 위험을 안게 될 것이다.

그러나 군사 행동이 이와 같은 연속성을 갖는 것은 매우 드물거나 또는 전혀 없다고까지 말할 수 있을 것이다. 전쟁을 통해서 군사적 행동 그 자체가 차지하는 시간은 매우 적고, 나머지 시간은 모두 정지 상태에 있는 전쟁도 많다. 그럼에도 이런 종류의 전쟁을 일괄적으로 변칙이라고 말할 수는 없다. 실제로 우리는 군사적 행동에 정지 상태가 생길 수 있다는 것을 인정하지 않을 수 없다. 그리고 이러한 정지 상태는 결코 전쟁의 본성에 모순되는 것은 아니다. 그래서 전쟁의 실정이 이와 같으며 또 그것이 어째서 그러한가를 다음에서 언급해 보고자 한다.

15 따라서 양극성이라는 원리를 세울 필요가 있다

이제까지 우리는 저편과 이편 가운데 한쪽 장수의 이해와 다른 쪽 장수의 이해는 항상 상반되는 식으로 생각해 왔다. 즉, 여기에 양극성을 상정한 것이다. 이 양극성 원리의 설명에는 따로 하나의 장[5]을 설정할 작정이므로 거기에서 자세하게 살펴보기로 하고 여기에서는 다만 다음과 같은 것만을 말해 두기로 한다.

양극성의 원리는, 이 양극성이 동일한 대상에 대해서 고려되고 또 그때 정량(正量)이 그 반대물, 즉 부량(負量)을 정확하게 소멸시킬 수 있는 경우에만 타당하다. 교전에서 저편과 이편 모두가 승리를 원하고 있다. 이것이 바로 본디의 양극성이다. 한쪽의 승리는 다른 쪽 승리의 소멸을 의미하기 때문이다. 그러나 서로 다른 두 사물, 이를테면 공격이나 방어가 그것과는 별도로 하나의 공통 관계, 예를 들면 저편과 이편 간의 결전이라는 관계를 갖는다면, 이 경우 양극성은 공격 및 방어 그 자체에 있는 것이 아니라, 이들의 공통된 관계에 있다.

---

5) 여기에 해당하는 장은 존재하지 않는다.

16 공격과 방어는 종류와 강약을 달리하는 두 개의 서로 다른 것이므로 여기에 양극성의 원리를 적용할 수 없다

만일 저편과 이편 모두가 상대를 공격할 뿐, 어느 쪽에도 방어가 없다고 한다면, 다시 말해서 공격과 방어는 적극적 동인의 유무에 의해서만 구별되고, 이 동인이 공격에만 있고 방어에는 존재하지 않는다면, 그리고 또 투쟁이 서로에 공통된다고 하면, 이러한 투쟁에서 한쪽의 유리는 그대로 다른 쪽의 불리이므로 여기에 양극성이 성립하게 될 것이다.

그러나 실제로는 군사 행동 그 자체가 나뉘어서 공격과 방어라는 두 형식을 취하는 것이다. 여기에 대해서는 기회를 보아 실례를 들어 설명하겠지만 요컨대 공격과 방어는 현저하게 종류가 다르고 또 강약이 같지 않다. 그러기 때문에 이 경우 양극성은 공격과 방어 그 자체에 있는 것이 아니라 둘이 함께 관계하는 것, 즉 저편과 이편 간의 결전에 있다. 만약에 한쪽 장수가 결전의 연기를 바란다면, 다른 편 장수는 결전의 조급한 실시를 바랄 것임에 틀림 없다. 그러나 이것은 두말할 필요도 없이 서로가 공격이라고 하는 동일한 전쟁 형식을 채용하는 경우에 한한다. 그런데 만약에 A가 적 B를 즉시가 아닌 4주 뒤에 공격하는 것이 유리하다고 생각하면, 반대로 B는 A로부터 4주 뒤가 아닌 지금 바로 A로부터 공격을 당하는 것이 유리하다고 생각하게 된다. 즉, A와 B의 생각은 정반대이다. 그러나 그렇다고 해서 A를 지금 바로 공격하는 것이 B에게 유리하다고는 말할 수 없다. B가 A를 즉시 공격하는 것과 A가 B를 1개월 뒤에 공격하는 것은 전혀 별개의 사항이다.

17 일반적으로 방어는 공격보다도 강력하며, 이러한 사정이 양극성의 작용을 때때로 소멸시킨다. 또 군사적 행동에 정지 상태가 생기는 이유도 이것으로 잘 설명된다

나중에 자세히 설명하겠지만 방어라고 하는 전쟁 형식이 공격이라고 하는 전쟁 형식보다도 강력하다면 여기에 문제가 생긴다. 즉 저편과 이편 가운데 한쪽은 결전의 연기를 유리하다 보고, 다른 쪽은 방어가 유리하다고 보는데, 도대체 전자의 유리는 후자의 유리만큼 큰가 하는 것이다. 만약에 한쪽의 유리, 즉 결전을 연기하는 유리가, 다른 쪽 방어의 유리에 미치지 못한다면 결전을 연기하는 유리는 방어의 유리를 소멸시킬 수가 없으므로 따라서 군사적 행동을 정지할 수 없게 되는 것이다. 그러기 때문에 비록 저편과 이편의 이해관계에서의 양극성이 결전을 촉진하는 힘을 갖는다 해도, 이 힘은 방어가 공격보다도 강력한 전쟁 형식이라고 하는 차이 앞에서는 잠시도 지탱하지 못하고, 따라서 그 작용 또한 소멸되는 것이다.

따라서 저편과 이편의 한쪽이 현황을 유리하다고 여기면서도 감히 방어의 유리함을 버리고 공세로 옮길 수 있을 정도로 우세하지 않다고 하면, 그는 적어도 현재보다는 불리한 장래를 맞이해야 한다는 것을 알고 있는 셈이다. 그에게는 지금 곧 공격으로 옮기거나 강화를 체결하는 것보다는 비록 불리한 장래라 할지라도 방어라고 하는 전쟁 형식을 가지고 싸우는 쪽이 낫기 때문이다. 그런데 우리가 확신하는 바로는, (올바른 의미의) 방어는 공격보다도 현저하게 강력하며, 더욱이 그것은 우리가 겉으로만 상상하는 것보다도 훨씬 강력하다. 따라서 전쟁에서 정지 시기가 가끔 나타나고 그것이 시간적으로 매우 큰 부분을 차지하는 이유는 이러한 사정으로 잘 설명된다. 더욱이 이 경우, 이러한 정지 상태가 전쟁의 본성에 모순되는 것이 아니라고 하는 것은 새삼 밝힐 필요도 없다. 또 군사적 행동의 동인이 박약해짐에 따라 이 동인은 방어가 공격보다도 강력하다고 하는 한계 앞에 더욱 그 작용력을 잃고, 군사적 행동은 더욱 빈번하게 중단되게 된다. 그리고 경험 또한 이것을 증명하고 있는 것이다.

18 군사적 행동을 정지시키는 두 번째 이유는 불완전한 상황 판단에 있다

그러나 그 밖에도 군사 행동을 정지시키는 또 하나의 이유가 있다. 그것은—불완전한 상황 판단이다. 장수가 정확하게 전체를 훑어 볼 수 있는 것은 그 자신 쪽의 상황이고, 적의 상황은 불확실한 정보에 의해서 알 수밖에 없다. 그 결과 그는 적정 판단을 잘못하여, 행동을 일으키는 것은 본디 이쪽임에도 불구하고, 오히려 이것을 적에게 있다고 잘못 아는 일이 있다. 그리고 이와 같은 인식 부족은 확실히 때이른 행동의 원인임과 동시에 또 때이른 정지의 원인이기도 하다. 따라서 그 자체로서는 군사적 행동을 지연시키는 일도 되고 또 이것을 촉진하는 일도 될 것이다. 그러나 이런 종류의 인식 부족은 전쟁의 본질에 모순되는 것이 아니라 군사적 행동을 정지시키는 자연적 원인의 하나로 여겨야 할 것이다.

또 장수라 해도 인정의 상례로 보아 적의 역량을 과소평가하는 것보다는 과대평가하는 경향이 있고, 실제로 그렇게 하기 쉽다는 것을 생각하면, 불완전한 상황 인식은 일반적으로 군사 행동을 억지하고 극단을 그 뜻으로 하는 행동 원리를 완화하는 데에 현저하게 기여할 것임에 틀림없을 것이라 해도 좋을 것이다.

그런데 이와 같은 정지 상태가 생길 수 있다고 하는 것은 신기한 완화의 원리를 군사적 행동으로 도입한다. 즉 이 완화의 원리는 군사적 행동을 시간을 가지고 희석하고 위험의 진행을 저지하여, 저편과 이편 간에 상실된 균형을 회복하기 위한 수단을 증대시키는 것이다. 본디 전쟁은 저편과 이편 간의 긴장에서 발생하는 것이지만, 이 긴장이 심해짐에 따라, 또 전쟁을 수행하는 힘 또한 증대함에 따라 이러한 정지 기간은 더욱 단축되고 이에 반해 전쟁의 본디 원리가 약화됨에 따라서 이 정지 기간은 더욱 길어지는 것이다. 정쟁의 동인이 강력하면 이러한 동인은 교전자의 의지력도 강화하기 때문이다. 또한 이 의지력은 전쟁에서 여러 힘을 작용하게 하는 요인임과 동시에 또 여러 힘에서 생긴 결과이기도 하다.

19 군사적 행동이 빈번하게 정지되면 전쟁은 그 절대적 형태로부터 더욱 멀어져서 개연성의 계산이 된다

그런데 군사적 행동이 완만한 경과를 거침에 따라, 또 그것이 빈번하게 정지되어 이 정지 기간이 길어짐에 따라, 그 사이에 장수는 적정 판단의 잘못을 더욱더 신속하게 수정할 수가 있다. 그래서 그는 이 인식에 입각해서 이쪽에 형편이 좋은 가설을 세우는 데에 급급하여, 극단을 취지로 하는 전쟁의 본성으로부터 더욱 멀어져, 개연성과 추측을 기초로 하여 모든 것을 구상할 것이다. 그러기 때문에 구체적인 경우라고 하는 것만으로도 이미 현존하는 사정에 입각한 개연성의 계산을 필요로 하는데, 거기에 군사적 행동의 경과가 길어지면 이 계산에는 그만큼 시간적 여유가 더 주어지게 되는 것이다.

20 그러기 때문에 전쟁을 도박으로 만들기 위해서는 우연성이 부가되면 된다. 전쟁에 우연은 따라다니기 마련이다

전쟁은 그 객관적 성질로 보아 개연성의 계산이라고 하는 것은 위에서 말한 점으로 보아 분명하다. 그런데 전쟁이 도박이기 위해서는 여기에 단지 하나의 요소가 첨가되기만 하면 된다. 더욱이 이 요소는 본디 전쟁에 따라다니는 것이다. 그것은 '우연'이라는 요소이다. 인간이 영위하는 일들 중에서 우연과의 끊임없는 접촉이 일상의 다반사와 같은 영역은 전쟁 이상 가는 것이 없다. 그러나 또 이 우연에 따르는 것은 불확실성이고 또 이 불확실성에 따르는 것은 요행이다. 그리고 전쟁에서는 이들 요소가 넓은 범위를 차지하는 것이다.

21 전쟁은 그 객관적 성질로 말해서 도박이지만 또 그 주관적 성질로 말해도 역시 도박이 된다

전쟁의 주관적 성질, 즉 전쟁 지도를 담당하는 장수에 필요한 심적 여러 능력을 고찰하면 전쟁은 더욱 도박처럼 보이지 않을 수 없다. 본디 군사 행동이 이루어지는 전장은 위험하다. 그런데 장수의 심적인 여러 능력 중에서, 위험에 처해도 가장 탁월한 작용을 나타내는 힘은 무엇일까. 그것은 용기이다. 하기야 용기도 분명히 빈틈없는 계산과 일치하는 경우가 있을 수 있다. 그러나 이 둘은 종류를 달리하는 것으로 각기 마음의 서로 다른 면에 속하는 것이다. 이에 반해 감행, 요행의 배격, 용감, 저돌, 맹진 등은 어느 것이나 바로 용기의 발현이다. 그리고 용기의 발로로서 이들 심적 방향은 모두가 불확실성과 연관되어 있다. 불확실성이야말로 이들 심적 방향이 작용하는 본디의 장이기 때문이다.

그러기 때문에 전쟁에서 절대적인 것, 말하자면 엄밀하게 수학적인 것은 본디 실제의 전쟁을 기준 삼아 계산하는 전쟁술에 확실한 근거를 찾아내는 것이 아니라는 것, 또 전쟁술에는 가능한 일이나 확실하다고 여겨지는 것, 행운과 불운이 여러 가지 실로 짜내는 도박이 애당초부터 포함되어 있다고 하는 것은 이것으로도 분명하다. 그리고 이러한 도박이 인간이 영위하는 모든 부문 중에서 전쟁을 카드놀이에 아주 닮게 만들고 있는 것이다.

22 이것은 일반적으로 인간 정신에 잘 합치된다

매사에 정확(精確)함을 밝히는 인간 오성은 항상 명석함과 확실성을 추구하지만, 다른 한편으로 우리의 정신은 때때로 불확실한 것에 이끌린다. 오성과 함께 철학적 연구와 논리적 추론의 오솔길을 따라가는 사람이 자기도 모르게 도달하는 종착역은 낯선 장소이고, 거기에서는 이제까지 잘 알고 있었던 사물이 모두 시계에서 사라지는 것처럼 여겨진다. 그러나 그것과의 교환으로 그가 상상력을 가지고 우연과 요행의 나라에 머문다면 그는 빈약한 논리적 필연성 대신에 풍요로운 가능성을 마음껏 누릴 수 있다. 그러면 이 무한한 가능성에 신이 나서 용기는 어쩔 수 없이 고양된다. 그리하여 그는 마치 용감한 수영 선수처럼 과감히 실행함과 위험 속으로 몸을 던지는 것이다. 이 감행과 위험이야말로 용기 있는 사람이 앞으로 나아가는 본질이기 때문이다.

이런 경우 전쟁 이론은 이 행위자를 버리고 여전히 절대적 추리와 추상적 규칙을 가지고 놀면서 신이 날 수 있을까? 만약에 그렇다고 한다면 이론은 실제의 전쟁에 대하여 무용지물이다. 이론은 인간적인 것도 고려해야 한다. 따라서 용기, 대담, 때로는 저돌, 맹진에까지 저마다의 지위를 지니게 해야 하는 것이다. 전쟁술은 발랄한, 살아 있는 힘과 정신적인 힘을 핵심으로 삼아야 한다. 전쟁술이 그 어느 경우에도 절대적인 것, 확실한 것에 도달할 수 없다는 것은 이것으로도 분명하다. 그러기 때문에 불확실한 것이 발호할 여지가 곳곳에 남아 있는 것이다. 더욱이 이와 같은 여지가 존재하는 것은 일의 크고 작음을 가리지 않는다. 그런데 한쪽에 이러한 불확실한 것이 있으면, 다른 한쪽에는 용기와 자신이 나타나서 이 사이의 틈이 메워져야 할 것이다. 그리하여 이런 경우에 용기와 자신이 크면 이 불확실한 것이 발호할 여지가 아무리 커도 지장이 없는 것이다. 따라서 용기와 자신은 어느 것이나 전쟁에서 본질적인 원리이며 또 군인이 지켜야 할 여러 덕목 중에서 가장 고귀한 덕목이다. 따라서 전쟁 이론의 본뜻은 이 두 덕목이 갖는 정도와 변화에 따라 각기 자유롭게 발현할 수 있는 법칙을 정립하는 데에 있다. 감행이라 할지라도 현명을 겸할 수 있고 또 깊은 생각을 배제하는 것이 아니다. 다만 이들은 과감히 실행함은 별개의 기준에 따라서 평가되는 것들인 것이다.

23 하지만 전쟁은 역시 엄숙한 목적을 달성하기 위한 엄숙한 수단이다. 전쟁의 보다 자상한 규정

이상 말한 것과 같은 것들이 바로 전쟁이며 또 전쟁 지도에 임하는 장수이며, 또 전쟁을 학문적으로 정돈하는 이론인 것이다. 그렇지만 전쟁은 결코 단순하며 한가한 놀이도 아니고, 쓸데없이 과감히 실행함과 성공을 즐기는 것도 아니고, 또 분방한 감격을 가지고 영위되는 사업도 아니다. 요컨대 전쟁은 엄숙한 목적을 달성하기 위한 엄숙한 수단이다. 전쟁에 수반되는 것에는 요행의 눈부신 변화가 있고, 또 전쟁에 도입되고 있는 것으로는 격정·용기·상상·감격 등 예사롭지 않은 고양(高揚)이 있다. 그러나 이와 같은 것들은 결국 전쟁이라고 하는 수단의 여러 특성에 지나지 않는다.

공동체의 전쟁—다시 말하면 저편과 이편 그 어느 쪽이나 온 국민이 참가하고, 특히 문명 국민 사이에서 일어나는 전쟁은 항상 정치적 상태에서 발생하며, 정치적 동인에 의해 비롯된다. 그러기 때문에 전쟁은 정치적 행위이다. 그런데 만약에 전쟁이 외부로부터의 영향에 의해서 조금도 방해를 받지 않는 완벽한 전쟁이자, 앞서 전쟁의 순수한 개념에 입각해서 설명한 바와 같이 강력의 절대적 발현이라고 한다면, 전쟁은 정치에 의해 비롯된 순간부터 정치를 대신하여 정치와는 아무런 관련이 없는 것으로서 정치를 밀어내고, 자기 자신의 법칙 이외에는 따르려고 하지 않을 것이다. 그것은 마치 파열하는 지뢰가 매몰 때 주어진 방향과 지휘관 지휘에 따르지 않을 수 없는 것과 마찬가지이다. 이제까지 정치와 전쟁 지도 사이에 조화가 결여되어, 이들의 성질을 이론적으로 구별하려고 하는 시도가 이루어질 때마다, 이 문제는 실제에도 이렇게 여겨져 왔던 것이다. 그러나 실은 그렇지 않은 것으로, 이러한 사고방식은 근본적으로 잘못되어 있다. 현실 세계의 전쟁은, 앞서 말한 바와 같이, 저편과 이편 사이의 긴장이 단 한 번의 폭발로 해소되는 것과 같은 극도의 강력 행사가 아니라, 저편과 이편의 여러 힘이 작용하는 바로 그것이다. 그리고 이들 여러 힘은 완전히 과부족 없이 항상 한결 같이 발전하는 것이 아니라, 어떤 때는 하늘을 찌를 듯한 위세로 타성과 마찰에 의한 저항을 극복하는 일도 있는가 하면, 어떤 때는 열약하여 아무런 효과를 발휘하지 못하는 경우도 있다. 따라서 전쟁은 말하자면 강력 행사의 맥박이 뛰는 그 자체이다. 즉, 격렬함에는 강약이 있고, 시간에는 빠르고 느림이 있다고 하지만, 결국 저편과 이편 사이의 긴장을 해소하고 서로의 힘을 소모하는 것이다. 다시 말하면, 전쟁은 교전자로 하여금 목표에 도달하게 만들기는 하지만, 항상 어떤 기간 동안 지속하게 되므로 전쟁이 이루어지고 있는 사이에도 전쟁 지도 그 자체에 영향을 미쳐 여기에 이러저러한 방향을 주는 일이 있다. 즉, 전쟁은 이것을 지도하는 날카로운 지혜가 있는 장수의 의지에 줄 곧 따르는 것이다. 그런데 전쟁은 반드시 정치적 목적에서 발생하는 것이라고 생각한다면, 전쟁을 야기시키는 첫 번째 동인에는 전쟁 지도에서도 우선 최고 의 배려가 있어야 함은 당연하다. 그러나 정치적 목적은, 그렇다고 해서 결코 전 제적인 입법자가 아니다. 정치적 목적은 그 수단(전쟁)의 성질에 적합해야 하고 또 때로는 이것에 의해 전적으로 변경되는 일까지도 있다. 하지만 정치적 목적 은 역시 가장 먼저 고려되어야 한다. 따라서 정치는 군사적 행동의 전반에 걸치 고 또 전쟁에서 사용되는 여러 힘의 성질이 허용하는 한 전쟁에는 끊임없는 영 향을 미치는 것이다.

24 전쟁은 정책과는 다른 수단을 가지고 하는 정치의 계속이다

그래서 전쟁은 정치적 행위일 뿐만 아니라 정치[6]의 도구이며 저편과 이편 두 나라 사이의 정치적 교섭의 계속이며, 정치에서와는 다른 수단을 사용해서 이 정치적 교섭을 수행하는 행위이다. 그렇게 볼 때 전쟁에 아직도 독자적인 것이 있다고 하면, 그것은 전쟁에서 사용되는 수단의 독자적인 성질에 관한 것뿐이 다. 그런데 이런 경우 전쟁술이 일반에게 요구할 수 있는 일, 그리고 또 개별적 인 경우에는 장수가 요구해도 지장이 없는 것이 있다. 그것은 정치의 방향과 의 도가 이들 수단과 모순되지 않아야 한다는 것이다. 하지만 이 요구는 결코 사소 하지 않다. 그러나 이러한 요구가 정치적인 의도에 제아무리 강하게 반영된다고 해도 그와 같은 것이 일일이 정치적 의도를 변경할 수 있다고 생각해서는 안 된 다. 정치적 의도가 항상 목적이며, 전쟁은 그 수단에 지나지 않기 때문이다. 그 리고 수단이 목적 없이는 도저히 생각할 수 없다는 것은 두말할 나위가 없다.

25 전쟁에는 두 가지가 있다

전쟁의 동인이 대규모가 되고 강력해짐에 따라, 이 동인이 국민의 전반적 존 재에 관계됨에 따라, 또 전쟁에 앞선 저편과 이편 두 나라 사이의 긴장이 높아 짐에 따라 전쟁은 더욱더 그 추상적, 절대적 형태에 접근하여 적의 완전한 타도

---

6) 여기에서 말하는 정치는 내정(內政)이 아니라 오직 외교를 뜻한다.

는 더욱 중요한 요건이 된다. 또 전쟁의 목표는 정치적 목적과 일치하여, 전쟁은 더욱더 순수한 것이 되고 더욱더 그 정치성을 잃는 것처럼 여겨진다. 이에 반해 전쟁의 동인이 미약해지고 저편과 이편 사이의 긴장이 이완됨에 따라 전쟁이 그 본질로 하는, 즉 강력 행사가 취하는 자연적 방향은 정치가 지시하는 선과 보다 긴밀하게 합하여, 전쟁은 그 본디 방향으로부터 더욱더 벗어나지 않을 수 없게 된다. 또 정치적 목적은 이상적 전쟁이 뜻하는 목표로부터 점점 멀어져서 전쟁은 더욱 그 정치성을 농후하게 하는 것처럼 보인다.

그런데 미리 독자의 오해를 막기 위해 다음과 같은 일에 주의해 두고자 한다. 여기에서 전쟁의 자연적 경향이라고 하는 것은, 전쟁의 철학적 경향, 즉 본디 전쟁에 갖추어져 있는 논리적 경향을 가리키는 것으로, 현재 교전하고 있는 저편과 이편의 여러 힘이 실제로 띠게 되는 경향을 뜻하지는 않는다. 다시 말하면 교전 국민의 감정과 의지, 격정 등을 가리키는 것이 아니라는 것이다. 확실히 국민의 감정과 의지, 격정이 현저하게 자극되어 정치적인 방법으로는 도저히 억제할 수 없는 경우도 있을 것이다. 그러나 대개의 경우는 정치와 국민의 의지나 감정 사이에 이러한 모순이 생기는 일은 없다. 만약에 국민 안에 전쟁에 대한 열의가 실제로 존재한다면, 이에 관련해서 정치 계획 또한 대규모로 될 것은 필연적인 일이기 때문이다. 이에 반해 정치적 계획이 노리는 것이 미미하다면 국민의 감정적 발동 또한 미미할 것이다. 그러기 때문에 이런 경우 국민은 억제보다 오히려 자극이 필요할 것이다.

26 이들 두 종류의 전쟁은 어느 것이나 정치적 행동으로 여겨도 좋다

제1종 전쟁에서는 정치가 아주 소멸된 것처럼 보이고, 이에 반해서 제2종 전쟁에서는 정치가 분명히 표면으로 등장하고 있다. 그럼에도 이들 두 전쟁은 어느 것이나 정치적 행동이라고 해도 좋을 것이다. 정치를 인격화된 국가에서의 지성이라고 해석한다면, 이러한 정치는 내외의 모든 정세를 계산에 의해서 파악해야 한다. 그렇게 되면 그중에는, 모든 사정의 성질로 미루어 제1종 전쟁, 즉 정치가 아주 소멸된 것처럼 보이는 전쟁을 발생시키는 정세도 포함되었을 것이다. 요컨대 정치는 내외의 전반적 정세에 대한 통찰(洞察)이다. 그러나 정치에 관한 전통적 개념에 사로잡혀, 정치는 오직 강력 행사를 피하고 신중을 기하는 것으로 여기고 교활한—아니, 파렴치한 수단의 사용까지도 서슴지 않는 일이 영리한 일이라고 이해하는 한, 제2종의 전쟁 쪽이 제1종 전쟁보다도 정치적인 것으로 보일지도 모른다.

27 위에서 말한 견해로부터 도출된 결론은 전사(戰史)의 이해에 유용하고 또 전쟁 이론의 기초를 이룬다

그래서 우선 첫째, 전쟁이란 결코 독립적으로 존재하는 것이 아니라, 정치의 도구로 여겨야 한다는 것을 알 수가 있다. 실제로 이와 같이 생각하지 않으면 아무래도 전사의 서술과 모순되지 않을 수가 없는 것이다. 또 이러한 사고방식이 방대한 전쟁사의 서적들을 펼쳐 투철한 통찰에 도달할 수가 있는 것이다. 둘째로는, 위에서 말한 견해는 전쟁의 동인과 전쟁을 발생시킨 사정의 성질에 따라서 두 가지 전쟁이 있어야 한다는 이유를 해명하는 것이다.

그래서 탁월한 정치적 통찰력을 갖춘 장수의 뛰어난 판단, 즉 가장 넓은 시야에 선 가장 결정적인 판단은, 그가 앞으로 수행하려고 하는 전쟁을 이런 관점에서 올바르게 이해한다고 하는 것이다. 이 경우, 장수는 전쟁을 발생시킨 사정의 성질로 미루어 이러한 전쟁은 있을 것 같지 않다고 판정하거나 새삼 있을 수 없다고 생각하는 일이 있어서는 안 된다. 그러기 때문에 큰 일에 임해서 장수가 올바른 판단을 내려야 한다는 것이 바로 모든 전략적 문제 중에서 가장 전반적인, 또 가장 중요한 과제가 되어야 한다. 우리는 나중에 전쟁 계획을 논할 때[7] 이 문제를 더 자세히 고찰해 보고자 한다.

28 전쟁 이론에 대한 성과

참으로 전쟁은 카멜레온과 같다고 하지 않을 수 없다. 전쟁은 그 구체적인 경우마다 그 성질을 약간씩 바꾸기 때문이다. 그러나 그뿐만 아니라, 전쟁이라는 현상을 전반적으로 고찰하면, 전쟁에 포함되어 있는 세 가지 주요한 경향에 따라서 기이한 삼중성을 띠고 있다.

첫째, 전쟁의 본질은 원시적인 강력 행위에 있고, 이 강력 행위는 거의 맹목

---

7) 제8편 '전쟁 계획' 참조.

적인 자연적 본능이라고까지 말할 수 있을 정도의 증오와 적의를 동반하고 있다는 것이다.

둘째, 전쟁은 개연성과 우연이 엉킨 도박이며, 이러한 성질이 전쟁에 대하여 장수의 자유로운 심적 활동을 하게 할 수 있다고 하는 것이다.

셋째, 전쟁은 정치의 도구라고 하는 종속적 성질을 띠는데, 이러한 성질로 해서 전쟁은 오직 타산을 일삼은 지적인 작업이 된다는 것이다.

이 셋 가운데 첫째의 측면은 주로 국민과 관련되고, 둘째는 주로 장수와 그 군대와 관련되며, 셋째는 오직 정부와 관련된다. 전쟁에서 불타오르는 격정은, 전쟁에 앞서서 이미 국민의 마음속에 내재해 있어야 한다. 또 우연을 동반하는 개연성의 영역에서 용기와 천재에 의한 자유로운 심적 활동이 차지하는 범위의 대소는 장수와 그의 군대의 특성에 달려 있다. 그러나 정치적 목적을 정립한다는 것은 오직 정부의 본분이어야 한다.

이 세 경향은 서로 다른 세 법칙을 부여한다. 또 어느 것이나 전쟁의 본성에 깊이 뿌리박고 있지만, 하나하나의 경우에 삼자가 관여하는 비율에는 변동이 있어서 항상 일정한 것은 아니다. 그러기 때문에 이들 경향의 어느 한 가지를 무시하거나 이 세 경향 사이에 무엇인가 임의의 관계를 원하는 대로 설정하려고 하는 이론은, 이내 현실과 모순되어 이미 그것만으로도 가치가 없다고 여겨질 것이다.

요컨대 우리에게 주어진 과제는, 이론이 이들 영역의 그 어느 경우에도 치우치지 않고, 마치 세 개의 인력점(引力點) 사이에 균형을 유지하고 있는 물체처럼 세 경향 사이에 치우침 없이 올바른 위치를 차지한다는 것이다.

어떤 방법으로 이 곤란한 과제를 우선 해결할 수 있을 것인가 하는 것은, 전쟁 이론을 논하는 제2편에서 연구하기로 한다. 여하간 전쟁의 개념을 이 장에서 정의할 수 있었다는 것은, 전쟁 이론의 기초 구조를 해명하는 최초의 광명이며, 우리는 이 빛에 의지하여 전쟁을 성립시키고 있는 수많은 요소를 각기 분리하여 다음에서 이를 유별할 수가 있다.

제2장
전쟁의 목적과 수단

앞 장에서 우리는 전쟁이 복잡하고 변화하기 쉬운 성질을 지녔다는 것을 알게 되었다. 그래서 다음으로는 이 성질이 전쟁의 목적과 수단에 어떤 영향을 주는지 고찰하고자 한다.

전쟁이 정치적 목적의 달성을 위한 적절한 수단이 되기 위해서는 도대체 어떤 목적을 설정해야 하는지 우선 문제로 삼아 보자. 그러면 이 목표 또한 변하기 쉽다는 것은, 정치적 목적이나 전쟁에 특유한 상황과 아주 동일하다는 것을 곧 알게 된다.

우선 전쟁의 순수한 개념을 여기에서 다시 들추어 보자. 그러면 전쟁의 정치적 목적은, 본디 전쟁 그 자체의 영역 밖에 있었다고 말해야 한다. 전쟁이 하나의 강력 행위이고 그것이 뜻하는 바는 적을 강요해서 이쪽의 의지에 따르게 하는 데에 있다고 한다면, 전쟁의 본분은 적을 완전히 타도하는 일, 다시 말하면 적의 방어를 완전히 무력하게 만드는 일이어야 할 것이다. 그래서 우리는 먼저 이와 같은 목적, 즉 전쟁의 순수한 개념에서 발전된 목적을 현실에 적용해서 고찰해 보려고 한다. 현실 세계에서도 이러한 목적에 매우 닮은 경우가 많이 생기기 때문이다.

우리는 나중에 전쟁 계획[1]을 논할 때 적국의 방어를 완전히 무력하게 만든다는 것이 어떤 뜻인가 하는 것을 좀 더 자세히 연구해 볼 작정이지만, 그래도 우선 당장은 세 가지 요인을 구별해야 한다. 이들은 전쟁에서의 일반적 요인으로서, 각 요인이 모든 요소를 포괄하고 있기 때문이다. 그것은 첫째는 전투력, 둘째는 국토, 셋째는 적의 의지이다.

---

1) 제8편 '전쟁 계획' 참조.

적의 전투력은 격멸되어야 한다. 다시 말하면 우리는 적의 전투력을 계속 지탱할 수 없을 정도의 상태로 몰아넣어야 한다. 우리는 나중에 '적 전투력의 격멸'이라는 말을 사용하게 되는데 그 경우 이 말은 바로 이 뜻이라는 것을 분명 다짐해 둔다.

적의 국토는 공략되어야 한다. 국토는 새로운 적 전투력의 공급원이 될 수 있기 때문이다.

그러나 위에서 말한 두 가지 일이 우리의 뜻대로 이루어졌다고 해도 적의 의지를 굴복시키지 않는 한, 즉 적의 정부 및 그 동맹국이 강화 조약에 조인하든가 그렇지 않으면 적 국민을 완전히 굴복시키지 않는 한, 적측의 여러 힘의 긴장과 작용은 여전히 존속하기 때문에 전쟁은 종결되었다고 간주할 수 없다. 비록 아군이 적의 국토를 완전히 점령했다 하더라도 투쟁은 적국의 오지에서 또는 동맹 여러 나라의 원조에 의해서 새로 발발하는 일이 가능하기 때문이다. 물론 이와 같은 일은 강화 조약 체결 뒤에도 일어날 수 있다. 그러나 그것은, 그 어떤 전쟁도 그 자체만으로 완전히 결정되고 해결되지 않는다는 증거이다. 그러나 그와 같은 경우에도, 반항하기 위하여 남몰래 불태우던 잔불은 강화가 체결되면 차차 소멸되고 긴장도 누그러진다. 그 어떤 국민 중에나 또 그 어떤 사정하에서도 강화에 희망을 걸고 있는 많은 사람들이 있는 법이다. 이들의 마음은 저항을 계속한다는 방침에서 이미 이탈하고 있는 것이다. 이리하여 강화와 함께 전쟁에 이긴 쪽의 정치적 목적은 달성되어 전쟁이 한 일은 끝난 것으로 보아야 한다.

위에서 말한 세 건 중 전투력은 본디 국토의 방위를 본분으로 하는 것이므로, 우선 첫째로 적의 전투력이 격멸되고, 이어서 적의 국토가 공략된다. 그리고 이 두 가지 일이 성취되고, 또 그때의 아군 상태가 유리하면 적으로 하여금 강화를 하게 하는 것이 자연스러운 순서이다. 그러나 적 전투력의 격멸은 일시적이 아니라 차차 이루어지는 것이 보통이므로 이에 수반하여 적의 국토도 차차 공략되게 되는 것이다. 그런데 적 전투력의 격멸과 적 국토의 공략은 대개 상호작용한다. 적측의 지역 상실은 적 전투력의 약화로 되돌아오기 때문이다. 그러나 이 순서는 결코 필연적인 것은 아니며, 따라서 언제나 이 순서대로 일이 진행되지는 않는다. 적의 전투력(군대)은 두드러지게 약화되기 이전에 자국 안을 빠져 나가 반대쪽 국경을 향해 퇴각하거나 혹은 그대로 이웃 나라 안으로 퇴각하는 경우까지도 있다. 따라서 이러한 경우에는 적 국토의 태반은 물론 때로는 국토 전체가 공략되는 것이다.

그런데 적의 방어를 되돌릴 수 없을 정도로 무력하게 만든다는 것이 추상적 전쟁의 목적이고 또 그 밖의 모든 특수적 목적을 아울러 갖는 정치적 목적을 위한 궁극적 수단이기는 하지만, 현실 세계에서는 전혀 있을 수 없는 일이고 또 강화를 체결하는 데에 필수적인 조건도 아니다. 따라서 이것을 전쟁 이론의 법칙으로서 정립시킬 수도 없다. 저편과 이편 중 한쪽의 방어가 완전히 무력 상태로 몰렸다고 여겨지기 전에, 아니 저편과 이편의 균형이 그다지 손상된 것도 아닌데 강화가 체결된 실례는 무수히 많다. 그뿐만 아니다. 구체적인 경우를 보면, 적의 완전한 타도 등은 생각할 수 없는 경우가 얼마든지 있다. 그것은 적이 아군보다도 현저하게 강대한 경우이다.

전쟁의 순수한 개념에서 발전된 목적이 일반적으로 전쟁에 적합하지 않는 이유는, 앞 장에서 말한 것처럼 실제 전쟁이 전쟁의 개념으로부터 동떨어져 있기 때문이다. 만일 전쟁이, 순수한 개념이 나타내는 것과 같은 것이라면, 저편과 이편의 힘에 현저한 격차가 있는 두 국가 사이에 전쟁이 발생한다는 것은 불합리하고 또 실제로도 일어날 수가 없을 것이다. 그러기 때문에 만약에 전쟁이 일어난다고 하면 저편과 이편 사이에 물리적 힘의 차이가 있다 해도, 그 차이는 기껏해야 정신적인 힘에 의해서 상쇄되는 정도의 것이어야 한다. 그러나 그와 같은 국가 관계는 현재 유럽의 사회 상태에서는 도저히 있을 수 없다. 그렇다면 국력이 같지 않은 국가 사이에 전쟁이 발생하는 것은 실제 전쟁이 전쟁의 본디 개념으로부터 현저하게 멀어져 있기 때문이다.

그런데 적에게 그 이상의 저항을 아주 불가능하게 하는 대신에 실제의 전쟁에서 적으로 하여금 강화를 맺게 하는 동인이 될 수 있는 것이 두 건 있다. 첫째는 승산이 없는 것이고, 둘째는 승리에 따르는 대가를 지나치게 지불해야 한다는 것이다.

앞 장에서 말했듯이, 실제 전쟁은 대개 내적인 필연성을 갖는 엄격한 법칙의 지배를 벗어나 개연성의 계산에 따르지 않을 수가 없다. 그리고 전쟁을 발생시킨 사정으로 미루어, 그 전쟁에 이러한 개연성의 계산을 손쉽게 적용할 수 있으면, 또 전쟁의 동인이 빈약하고 두 국가 사이의 긴장이 느슨해져 있으면, 이와 같은 사태는 더욱더 생기기가 쉽다. 거기에서 강화에의 동인이 개연성의 계산에서 생길 수 있는 이유도 이것으로 명백해진다. 그리고 보면 반드시 저편과 이편의 어느 한쪽을 완전히 타도할 때까지 전쟁을 계속할 필요는 없는 것이다. 따라서 전쟁의 동인과 저편과 이편 사이의 긴장이 매우 미약할 경우에는 확실하다고 여겨지는 일을 약간 시사하는 것만으로도 상대의 마음을 움직이게 해서 항복을 결의하게 만들 수가 있다. 이와 같은 경우에는, 이러한 효과를 확신하고 있는 쪽에서 그 어떤 개연성을 상대에게 시사하기만 해도 좋다. 그렇게 되면 구태여 적을 완전히 타도하는 것 같은 복잡한 방법을 강구하거나, 실제로도 그렇게 먼 길을 돌지 않아도 될 것이다.

그런데 강화에의 결의를 촉진하는 보다 일반적인 요인은, 이제까지 소비한 전력과 앞으로 소비해야 할 전력에 대한 고려이다. 전쟁은 맹목적인 격정에 입각한 행위가 아니다. 전쟁을 지배하는 것은 정치적 목적이다. 따라서 정치적 목적이 지니고 있는 가치가 이 목적을 달성하기 위해 필요한 희생의 양을 결정해야 한다. 그리고 이 양은 희생의 대소에만 관한 것이 아니라, 희생을 지불하는 시간의 장단에도 관계한다. 따라서 전력의 소모가 증대하고, 정치적 목적의 가치가 이미 이것과 균형이 맞지 않게 되면 이 목적은 파기되어 결국 강화가 체결되게 된다.

그러기 때문에 저편과 이편의 어느 한쪽이 상대측 방어를 완전히 무력하게 만들 수 없는 전쟁에서는, 서로의 강화에 대한 동인은 장래의 성과와 거기에 필요한 전력 소비에 관한 개연성의 대소에 따라서 강해지기도 하고 약해지기도 한다. 그리고 서로의 동인 강도가 같으면 이번에는 정치적 의도의 강도를 서로 뺀 나머지 중간에서 강화가 타결될 것이다. 또 강화를 구하려고 하는 동인이 한쪽에 강해지면 다른 한쪽에서 약해지는 것은 당연하다. 여하간 이렇게 해서 동인의 합이 강화를 초래하는 데 충분한 단계에 이르기만 하면 강화는 성립될 것이다. 그러나 그 경우 강화에의 동인이 약한 쪽이 유리하게 되는 것은 두말할 필요가 없다.

여기에서는 정치적 목적이 적극적 성질을 갖느냐 그렇지 않으면 소극적 성질을 갖느냐의 차이에서, 행동상 필연적으로 나타나지 않을 수 없는 차이를 의도적으로 무시했다. 이러한 차이는 나중에 말하게 되는 것처럼 매우 중요하다고 해도 여기에서는 좀 더 일반적인 입장을 취해야 하기 때문이다. 사실, 최초의 정치적 의도는 전쟁 중에 현저하게 변화하여, 마침내는 전혀 다른 것이 되어 버리기도 한다. 이와 같은 경우에 정치적 의도는, 이미 획득된 성과에 의해서 규정될 뿐만 아니라, 앞으로 확실하게 일어날 수 있다고 여겨지는 일에 의해서도 규정되기 때문이다.

그러면 장차 확실하다고 여겨지는 성과를 낳게 하기 위해서는 어떻게 하면 좋은가—하는 문제가 생긴다. 그것은 먼저, 적을 완전히 타도한다고 하는 목적을 달성하기 위한 두 가지 수단, 즉 적 전투력의 격멸과 적국 지역의 공격에 의해 달성된다. 그러나 이 두 가지는, 그 목적의 달성을 위해 전적으로 같다고는 할 수가 없다. 적의 전투력을 공격하는 경우에도 최초의 일격에 이어서 수차례 공격을 가하여 모든 것을 완전히 격멸하려고 하는 방침과, 일차 승리에서 멈추어, 이로써 적의 안전감을 상실시키고, 아군의 우세를 적에게 철저하게 느끼게 하여 장래에 대한 불안을 품게 하는 방침과는, 전혀 그 뜻이 다르다. 만약에 이 방침에 따르려고 한다면, 이쪽이 이 방침을 실시하기에 필요한 만큼의 적 전투력을 격멸하면 좋다.

또 이 경우, 적의 완전 타도가 본디 의도가 아니라고 한다면, 적의 지역 공략 또한 본디 수단이라고 말할 수는 없다. 만약에 적을 완전히 타도하려고 한다면, 적 전투력의 격멸이야말로 가장 효과적인 행동이고, 적국의 지역 공략은 그 결과에 지나지 않기 때문이다. 따라서 적 전투력을 격멸하지 않고 우선 적의 지역을 약취한다는 것은 그 어떤 사정 때문에 할 수 없이 실시해야 하는 필요악으로 여길 것이다. 그런데 이쪽은 본디 적 전투력의 완전한 타도를 생각하지 않고 있고, 또 적측도 유혈에 의한 결전을 추구하기는커녕 오히려 이것을 두려워하고 있음이 확실하면, 방어가 약한 또는 전혀 방어하고 있지 않은 지방을 약취한다는 것은 이미 그것만으로도 이쪽에 유리하다. 그리고 이 유리함이 매우 커서, 적으로서는 장래의 전반적 성과에 대해서 두려운 마음을 갖는다면, 이러한 유리함은 강화로의 지름길로 여겨도 좋다.

그러나 적의 전투력을 완전히 타도하지 않아도 장차 확실하다고 여겨지는 성과를 낳게 하는 독특한 수단이 있다. 그것은 저편과 이편의 정치적 관계에 직접 이어지는 것과 같은 기도(企圖)이다. 즉, 한쪽에서는 적측의 동맹 제국을 이간시키거나 이들 제국의 원조를 중지시키고, 다른 한편으로는 우리 쪽에 새로운 동맹국을 얻거나 내외의 정치적 기능을 활발하게 작용시켜서 우리에게 유리한 결과를 가져오도록 하는 등의 기획은 이 목적에 특히 효과적인 행동이다. 이러한 행동이 장차의 확실한 성과를 현저하게 증대시키고 또 적 전투력의 완전한 타도보다도 훨씬 신속하게 목표에 도달하는 방책이라는 것은 매우 명백하다.

두 번째는 적으로 하여금 전투력을 소비시키기 위한, 다시 말하면 적의 희생을 증대시키기 위한 수단은 어떠한 것인가 하는 문제이다.

적의 전투력 소비는 첫째, 적 전투력의 소모에 있다. 따라서 아군에 의한 적 전투력의 파괴에 있다. 둘째로는 적국의 지역 상실에 있다. 즉 아군에 의한 적 지역의 공략에 있다.

그런데 다 같이 전투력의 소비를 야기시키는 수단이라고는 하지만, 적측의 전투력 소모와 적 지역의 상실이라고 하는 두 사항은 각기 뜻이 다르기 때문에, 이들 낱말이, 전투력 소모라고 하는 것과는 다른 목적으로 사용될 경우에는, 비록 명칭은 같아도 각기 다른 뜻을 가지게 된다. 이것은 뒤에 더 자세히 고찰할 때 저절로 명백해질 것이다. 그런데 이들 의미의 차이가 대개의 경우 매우 사소하다고 해서 이를 무시해서는 안 된다. 현실 세계에서는, 전쟁의 동인이 특히 미약할 경우에는 매우 미묘한 차이라도 전력을 사용하는 방법의 결정에 영향을 주는 것이기 때문이다. 그러나 여기에서는 어떤 조건을 전제로 하면, 소정의 목표에 이르기 위해서는 다른 길도 가능하다는 것, 또 이것은 결코 전쟁의 본성에 모순되지도 않으며 논리에 위배되지도 않고, 하물며 오류가 아니라는 것만은 지적해 두고자 한다.

이상 말한 두 가지 방법 외에도 적측의 전투력 소비를 증대시키는 것을 직접 노릴 수 있는 세 가지 독특한 방법이 있다. 그 첫 번째는 침략이다. 다시 말해서 적의 한 지방의 약취를 말하는 것이지만, 점령한 지역을 그대로 영유하려는 의도가 있는 것은 아니고, 이들 지방에서 군세(軍稅)를 거두거나 약탈하기 위해서이다. 이 경우의 직접 목적은 적측 국토의 공략도 아니고, 적 전투력의 완전한 타도도 아니고, 무엇보다도 적에게 손해를 입히는 데에 있다. 두 번째 방법은 이쪽의 의도를 오직 적의 손해를 증대시킬 수 있는 물건에 집중시키는 방법이다. 이 경우, 이러한 의도의 적용 방법을 구별하기 위해서는 아군의 전투력 사용에 두 방향이 있다는 것을 생각해 보는 것처럼 좋은 일은 없다. 그 가운데 첫째는, 적의 완전한 타도를 목적으로 하는 경우라면 다른 방법보다도 훨씬 뛰어난 방향이고, 두 번째는 적의 완전한 타도가 문제가 아니고 또 문제가 될 수 없는 경우라면 다른 방법보다도 유리하다고 여겨지는 방향이다. 일반적으로 전자는, 어느 편이냐 하면 군사적 방향에 속하고, 후자는 오히려 정치적 방향이라고 일컬어진다. 그러나 보다 높은 입장에서 말하자면, 이들 방향은 모두 군사적인 것이다. 그리고 각기 주어진 조건에 적합한 경우에는 어느 것이나 목적 달성에 효과가 있다. 마지막으로 세 번째 방법은 그 미치는 방법이 광대하기 때문에 앞의 두 가지에 비하면 훨씬 중요하고, 따라서 또 세 가지 중에서 가장 중요하다. 그것은 적을 피로하게 만드는 일이다. 여기서 새삼 피로라는 말을 고른 까닭은, 어떤 사항을 지시하기 위해 어떤 말을 배치했다는 것뿐만이 아니라 이 표현이 그 내용을 잘 표현하기 때문이다. 즉, 이 말은 단순히 비유적인 표현은 아니다. 투쟁에 의해서 적을 피로하게 만든다는 개념에는, 적은 행동을 지속함으로써 물리적 힘과 의지를 점차 피폐시킨다는 뜻이 포함되어 있는 것이다.

그러나 이쪽이 전쟁을 장기전으로 끌고 가서 적을 피로하게 할 작정이라면, 될 수 있는 대로 작은 목적으로 참아야 한다. 큰 목적이 작은 목적보다도 더 큰 전투력을 필요로 한다는 것은 당연하기 때문이다. 그런데 아군에게 최소의 목적이라고 한다면 순전한 저항, 즉 적극적인 의도를 갖지 않은 투쟁이다. 따라서 이와 같은 투쟁에서 우리가 사용할 수 있는 수단은 적측에 비해서 매우 많고, 더욱이 그 성과는 아주 확실하다. 그러나 이와 같은 소극성은 어느 정도까지 허용될 수 있을까? 말할 필요도 없이 절대적 수동에까지 이르지는 않는다. 순전한 수동은 이미 투쟁이라고는 말할 수 없기 때문이다. 하지만 저항도 하나의 행동이다. 아군의 저항에 의해서 적의 전투력이 현저하게 파괴되면 적은 그 의도를 파기하지 않을 수 없다. 그리고 이것이야말로 아군이 저항에 의해서 성취하려고 하는 것이다. 아군의 의도가 소극성을 갖는다고 하는 참뜻은 바로 여기에 있다.

물론, 이와 같은 소극적인 의도가 개개의 행동으로 거두는 효과는, 투쟁이라고 하는 동일 방향으로 작용하는 적극적 의도가 성공한 경우만큼 크지 않다. 그러나 전자는 후자에 비해서 성공하기 쉽고, 따라서 그 성과는 더 확실하다. 이와 같이 소극적인 의도에 의한 효과는, 적극적 의도에 의한 효과보다 못하므로 그 몫을 시간으로, 즉 전쟁을 지연시킴으로써 메워야 한다. 요컨대 이러한 소극적인 의도는 순수한 저항의 원리이며, 투쟁을 지연시켜서 적을 피로하게 만드는 자연적 수단이기도 하다. 그리고 이것은 다름 아닌 적을 피로하게 만드는 것을 뜻한다.

전쟁의 모든 영역을 지배하는 두 형식, 즉 공격과 방어의 근원적인 차이의 뿌리는 바로 여기에 있다. 그러나 여기에서는 이들 전쟁 형식을 이 이상 구명할 수는 없다. 우리는 이러한 소극적 의도에서 유래하는 갖가지 유리함과 또 다른 전쟁 형식보다도 강력한 모든 전쟁 형식을, 이 소극적 의도 그 자체로부터 설명할 수 있다고 하는 것, 따라서 이 의도에서 생기는 성과의 양과 확실성의 관계를 규정하는 철학적=역학적 법칙은 바로 이 소극적 의도에서 실현됨을 지적하는 것으로 그치려고 한다. 이런 일들은 모두 나중에 고찰하겠다.

그러기 때문에 이와 같은 소극적 의도, 다시 말하면 모든 수단을 다해서 순전한 저항을 시도해 보는 것이 전쟁 형식으로서 우리 쪽에 유리하고, 또 가령 적이 강력하다고 해도 우리 쪽의 이러한 유리함이 적의 우세와 상쇄할 정도로 크면, 투쟁을 지속하는 것만으로 적측의 전투력 소비는 차차 증대하여, 결국 이 소비와 적의 정치적 목적은 균형이 맞지 않게 되어, 적은 전쟁을 포기하지 않을 수 없게 된다. 이와 같이 적을 피로하게 만드는 취지의 방법이 강국에 저항하려고 하는 약소국에 의해서 자주 사용된 이유는 바로 여기에 있다.

프리드리히 대왕[2]은 7년 전쟁[3]에서 오스트리아를 완전히 타도할 만한 전력을 보유하고 있지 않았다. 그럼에도 그가 카를 12세[4]를 본받아 적극적으로 행동하려고 했다면 그의 몰락은 틀림없었을 것이다. 그러나 그는 전력의 절약을

---

2) 프리드리히 대왕. 프리드리히 2세(Friedlich II, 1712~1786)를 말한다. 프로이센 왕(재위 1740~1786), 장수로서도 뛰어났다.
3) 7년 전쟁(1756~1763). 주로 프로이센과 오스트리아 사이에서 이루어졌으며 프로이센의 승리로 끝났다.
4) 카를 12세(Karl XII, 1682~1718). 스웨덴 왕(재위 1697~1718), 과감한 장수로 알려졌다. 북방 전쟁(1700~1721)에서 전사했다.

잘 알고 있었기 때문에 그를 반대하는 동맹 제국[5]에 7년간에 걸쳐서 대항할 수가 있었다. 그래서 이들 동맹 제국은 처음 생각보다도 전력의 소비가 훨씬 웃돌았기 때문에 마침내 프로이센과 강화를 체결한 것이다.

이렇게 보면, 전쟁에서 목표에 이르는 길은 수없이 많고, 모든 경우가 반드시 적의 완전한 타도를 목적으로 하는 것이 아니라는 것, 적 전투력의 격멸, 적의 지방 약취, 적 영토의 일시적인 점유나 침략, 저편과 이편의 정치적 관계에 직접적인 영향을 주려고 하는 여러 가지 기도, 적의 공격을 수동적으로 기다리는 것 등은 모두 적의 의지를 굴복시키기 위해 사용할 수 있는 수단임을 알 수가 있다. 요컨대 각 경우의 특성에 따라서 이들 수단의 어느 하나가 선택되는 것이다. 또 그 밖에도 목표에 도달하는 독특한 첩경으로서 약간의 목적을 덧붙일 수가 있다. 일반적으로 인격은 항상 목적이지 수단은 될 수가 없다. 여기에서 말하는 목적은 이러한 인격적 요소이며, 이것을 인간적 원리라고 부를 수 있다. 인간 사이의 교제의 어느 영역에나 인격적인 것이 있어서, 마치 양극 사이를 잇는 불꽃처럼 모든 물적 요소의 간극을 연락하지 않을 수가 없다. 하물며 장수의 인격이 내각에서나 전장에서 매우 중대한 역할을 다하는 전쟁에서 이러한 인간적 관계가 존립하지 않을 리가 없다. 그러나 여기에서는 이러한 사정을 지적만 해두기로 하자. 이러한 인격적 요소를 유별하려고 하면 결국 획일적인 분류가 되기 때문이다. 아무튼 이들 인격적 요소를 덧붙이면 목표에 이르는 가능한 길이 무한히 증가하게 될 것이다.

목표에 이르는 지름길을 과소평가하거나 혹은 드물게밖에 발생하지 않는 예외에 지나지 않는다고 무시하거나 혹은 이들 방법이 전쟁 지도에서 생기게 하는 차이를 본질적인 것이 아니라고 여겨서는 안 된다. 그러한 일이 없게 하기 위해서는 전쟁을 일으키는 정치적 목적이 다종다양함을 알아야 한다. 즉, 한쪽에는 국가의 정치적 존망에 관계되는 격멸 전쟁이 있고, 다른 한편에는 강요된 또는 해소 단계에 처한 동맹 관계가 참전을 불쾌한 의무로서 부과하는 것 같은 전쟁이 있다. 그리고 우리는 이 둘 사이에 존재하는 거리를 한눈에 측정할 수

---

5) 7년 전쟁의 초기에는 러시아·스웨덴·프랑스 및 작센이었고, 말기에는 러시아가 프로이센과 동맹(1761)했기 때문에 프랑스와 작센이었다. 영국·스웨덴·터키는 중립 입장을 취했다. 참고로 초기에 영국은 프로이센 편을 들었다.

있어야 한다. 요컨대 이 둘 사이에는 수많은 단계가 있고, 이들 단계는 그 어느 것이나 실제로 발생한다. 만일 이 단계의 어느 하나라도 이론적으로 부정하려고 한다면, 바로 그와 동일한 권리를 가지고 다른 모든 단계를 부정할 수 있다. 그러나 그것은 바로 현실 세계를 통틀어 무시하는 것이 될 것이다.

이상이 전쟁에서 추구되어야 할 목표의 일반 성질이다. 이번에는 이 목표에 도달하기 위한 여러 가지 수단을 살펴보겠다.

그러나 이들 모든 수단이 귀결되는 곳은 결국 유일한 수단, 즉 투쟁이다. 비록 투쟁이 어떤 방법으로 다종다양한 형태를 취하거나, 또 개인 간의 격투에서 볼 수 있는 바와 같은 증오나 적의의 조잡한 발현과는 현저하게 그 취향이 다르다고 해도 또 그 자체는 이미 투쟁이 아닌 것 같은 많은 요소가 개입된다고 해도, 그럼에도 전쟁의 개념에는 전쟁에서의 모든 현상을 낳게 하는 근본은 투쟁이어야 한다는 사상이 포함된다.

실제 전쟁이 매우 다종다양하고 또 매우 복잡하다는 것은 지극히 간단하게 증명할 수 있다. 일반적으로 전쟁에서의 현상은 모두 전투력에 의해 생긴다. 그리고 전투력, 즉 무장된 인원이 사용될 경우에는, 필연적으로 투쟁의 개념이 그 바닥에 존재해야 한다.

따라서 전투력에 관계되는 모든 것, 따라서 또 전투력의 조성과 유지 및 사용에 관계되는 것은 모두 군사적 행동에 속한다.

이 경우, 전투력의 조성과 유지는 수단에 지나지 않는다. 이에 반해서 전투력의 사용은 목적이다.

전쟁에서의 투쟁은, 개인 대 개인의 단순한 격투와는 달리, 많은 부분이 여러 겹으로 쌓여서 하나의 전체를 이루고 있는 것이다. 그런데 이 거대한 전체는 두 단위로 구별된다. 즉, 전투 주체로서의 단위와 객체로서의 단위이다. 군에 있어서는 우선 일정한 수의 병사가 기초적인 단위를 구성하고, 다음에 이들 단위가 모여서 새로운 단위를 형성하고, 다시 또 이 단계의 단위가 모여 보다 고차적인 단위로서의 군대를 편성하는 식이다. 이와 같은 군대가 행하는 투쟁은 많건 적건 간에 하나의 단위를 형성한다. 그렇게 되면 투쟁의 목적, 즉 투쟁의 객체가 다시 다른 종류를 형성하게 되는 셈이다.

그런데 투쟁에서 구별되는 이들 두 단위는 어느 것이나 전투라고 불린다.

일반적으로 전투력이 사용되는 한 그 밑바탕에는 반드시 전투의 개념이 있다고 한다면, 전투력의 사용이란 바로 어떤 장소에서 어떤 수의 전투 배치, 안배를 말한다.

따라서 모든 군사 행동은, 직접적이거나 간접적이거나를 불문하고 필연적으로 전투에 관계된다. 병사는 징집되어 피복과 무기가 지급되고 훈련을 받는다. 또 병사는 자고, 먹고, 마시고, 또 행군을 한다. 이와 같은 일은 모두 알맞은 시기와 장소에서 전투를 하기 위한 것이다.

군사 행동을 하나하나 조작하는 실(糸)이 모두 전투로 귀결된다면, 이들 실을 모조리 장악하기 위해서는 어떤 수의 전투를 안배하면 된다. 전투에서의 모든 효과는, 전투의 이러한 배치와 이들 전투의 수행 그 자체에서 생기는 것이지 전투에 선행하는 여러 조건에서 직접 생기지는 않는다. 전투에서 모든 행동은 적의 격멸, 즉 적의 전투력의 격멸을 목적으로 한다. 이것이야말로 전투 개념의 본질을 이루는 것이기 때문이다. 요컨대 적의 전투 능력 격멸이 곧 전투의 목적을 달성하기 위한 수단인 것이다.

그런데 전투의 목적이 다름 아닌 적 전투력의 격멸을 말할 때도 있다. 그러나 반드시 그렇지만은 않은 것으로, 이와는 전혀 다를 경우도 있다. 앞서 말한 것처럼 적의 완전한 타도는 정치적 목적을 달성하기 위한 유일한 수단이 아니라, 이와는 다른 대상을 전쟁의 목표로 하는 경우도 있다. 그래서 이들 대상 또한 군사적 행동의 목적이 될 수도 있고, 따라서 또 전투의 목적도 될 수 있음을 알 수 있다.

그러나 전투가 전쟁을 형성하는 부분으로서 적 전투력의 완전한 타도를 본디 임무로 하는 경우에도, 이러한 전투는 반드시 적 전투력의 격멸을 직접적인 목표로 할 필요는 없다.

거대한 전투력의 다종다양한 편성이나 이 전투력을 실제로 사용할 때 생기는 여러 가지 복잡한 사정을 고려한다면, 이러한 전투력에 의해서 수행되는 투쟁 또한 다종다양한 편성이나 종속 관계를 갖는다는 것은 명백하다. 이와 같은 경우에는 당연한 일이지만 각 부대는 저마다 서로 다른 목적을 가지게 된다. 따라서 이들 목적은 반드시 모든 적 전투력의 격멸 그 자체를 뜻하는 것은 아니다. 어떤 보병 대대가 적을 어떤 산지 또는 교량 등에서 몰아 내라는 임무를 받았다고 하자. 그 경우 이들 대상의 점령이 본디 목적이며, 해당 지역에서의 적 전투력의 격멸은 단순한 수단이거나 부대적인 임무에 지나지 않는다. 만약에 적이 아군의 양동 작전만으로 몰아 낸다고 하면 그것으로도 당면 목표는 달성된다. 하지만 아군이 이 산지, 이 교량을 점령하는 것은, 결국은 이에 의해 적 전투력의 격멸을 촉진하기 위한 것이다. 그런데 이미 전장이 이와 같은 상태라고 한다면 저편과 이편의 군뿐만이 아니라 실로 국가와 국가, 국민과 국민, 국토와 국토가 서로 대치하는 전장에서는 사태가 이보다 훨씬 심할 것이다. 이 경우에는 가능한 관계와 따라서 또 여러 요소의 조합 수는 현저하게 증가하여 전투력 배치도 더욱 다종다양하게 된다. 또 이들 목적간의 종속 관계는 수많은 단계로 나뉘므로 최초의 수단은 궁극적인 목적으로부터 동떨어진 것이 된다.

따라서 여러 가지 이유로 적 전투력, 즉 아군의 전투력에 대치하는 전투력을 격멸한다는 것은 전투의 목적이 아니라 수단에 지나지 않는 경우도 있다. 그러나 그렇게 되면 적 전투력의 격멸은 이미 문제가 되지 않는다. 이 경우의 전투는 장수로 하여금 저편과 이편의 전력을 비교하여 헤아리게 하는, 말하자면 측량자의 역할을 할 뿐이고, 따라서 그 자체로서는 전혀 가치를 가지지 않는다. 전투의 가치는 결과에 있고, 다시 말하면 그 전투에 의한 승패의 결정인 것이다.

그러나 저편과 이편의 전력에 심한 격차가 있을 경우에는 이들 전력의 측정은 어림으로 얻을 수밖에 없다. 이와 같은 경우에는 전투를 하지 않아도 열세쪽이 바로 굴복할 것이다.

만약에 전투의 목적이 반드시 적 전투력의 격멸이 아니고, 그 목적이 전투를 실제로 하지 않아도 전투에서 생긴다고 여겨지는 결과와 그 경우에 발생하는 사태를 추정하는 것만으로 달성된다고 하면, 전역(戰役)[6]에서 실제의 전투가 언급할 정도로 역할을 다하지 않아도 몇 차례의 전투가 대규모로 수행되는 이유가 이로써 분명해진다.

---

6) 전역은 넓은 뜻으로는 군대의 출정에서 귀환까지의 모든 군사적 행동을 말한다. 그러나 좁은 뜻으로는 강화 체결에 이르는 전쟁에서 장소적, 시간적으로 한정된 한 단계의 군사적 행동을 가리킨다. 따라서 이 경우, 전쟁은 단 한 번의 전역으로 끝나는 경우도 있고 몇 차례의 전역을 포함하는 경우도 있다.

실제로도 이런 종류의 전쟁이 있다고 하는 것은 전사(戰史)에서 많은 실례로 이를 증명하고 있다. 그리고 이와 같은 경우의 대부분이 유혈을 수반하는 결전에 의하지 않고 강화를 체결했다는 것은 당연하다. 즉, 이런 종류의 전쟁도 전쟁의 본성과 모순되지 않았던 셈이다. 하기야 이러한 해결에 의해서 명성을 얻은 전쟁이 모든 엄밀한 비판을 견딜 수 있을 것인가는 문제가 된다. 그러나 이에 관해서는 이 정도로 해 두고자 한다. 우리는 이와 같은 경과를 겪는 전쟁도 있음을 지적하는 데에 족하겠다.

전쟁을 수행하는 유일한 수단은 바로 전투이다. 그런데 전투를 적용하는 방법은 다종다양하기 때문에, 전쟁은 그 목적에 따라서 갖가지 양상을 띠게 된다. 그렇다면 우리로서는 전투에 대한 이상과 같은 고찰에 의해 아무런 소득을 거두지 못한 것처럼 여겨진다. 그러나 실제로는 그렇지가 않다. 전쟁의 수단은 유일하다는 근본적인 견해로부터 한 가닥의 실이 나와, 이 실은 우리가 전쟁을 고찰할 경우, 군사적 행동이라고 하는 말하자면 직물 전체를 종횡으로 관통하여 그 짜임새를 정연하게 유지하는 것이다.

그런데 우리는 적 전투력의 격멸을 우리가 전쟁에서 추구하는 많은 목적 중의 하나로 여겨왔다. 그러기 때문에 다른 여러 목적과 비교해서 이 목적의 중요성이 어떠한 것인가에 대해서는 묻지 않았다. 이것은 구체적인 경우 그때그때의 사정에 의해서 결정된다. 그래서 이 목적의 가치를 일반적으로 결정하지 않았던 것이다. 그러나 우리는 다시 한 번 이 문제로 돌아가서, 어떠한 가치가 이 목적에 필연적으로 주어져야 하는가를 구명해 보려고 한다.

전투는 전쟁에서 유일하고 효과적인 수단이다. 그리고 전투에서는 아군의 전투력에 대치하는 적 전투력의 격멸이야말로 목적을 이루는 수단이다. 비록 전투가 실제로 발생하지 않는 경우에도 이것에는 변동이 없다. 결전의 바닥에는 적 전투력의 격멸을 필수 조건으로 한다는 전제가 있기 때문이다. 따라서 적 전투력의 격멸은 모든 군사적 행동의 바탕이며, 군사적 행동의 모든 조합의 궁극적인 지점이다. 즉, 이들 조합이 이러한 지점에 의해서 유지되어 있는 것은 아치가 아치석에 의해 지지되어 있는 것과 마찬가지이다. 그러기 때문에 모든 군사적 행동의 바탕에는 무력에 의한 결정이라는 사상이 있다. 따라서 모든 군사 행동은, 만약에 무력에 의한 결정이 실제로 이루어지게 될 경우, 이 결정은 아군에 유리하다는 전제 아래 실시되는 것이다. 무력에 의한 결정과 전쟁에서의 크고 작은 모든 작전과의 관계는 현금 지불과 대체 거래와의 관계와 비슷하다. 이두 관계가 아무리 다른 것처럼 보여도 또 값으로의 환가(換價 : 집이나 토지를 바꿀 때 치르는 값)가 드물게밖에 이루어지지 않아도 이 환가는 어느 날엔가 결제되어야 한다.

무력에 의한 결전이 군사적 행동의 모든 조합의 기초라고 한다면, 적 또한 아군 쪽의 모든 조합을 유리한 결전에 의해 무효로 만드는 일도 있을 수 있다. 그러나 이 경우의 결전은 동시에 아군 전투의 조합을 직접 지지하는 것이 되기도한다. 따라서 저편과 이편 어느 쪽에 유리한 결전이라도, 그것이 가장 중요한 것이기만 하다면 어느 결전에 의해서나 이러한 결과가 발생한다. 그런데 가장 중요한 결전이란 다름 아닌 적 전투력의 격멸인데, 이와 같은 격멸은 동시에 이루어지는 여타 모든 전투에 유리한 영향을 미친다. 그것은 마치 높은 곳에 있는액체가 낮은 곳에 있는 액체의 수위를 일반적으로 높이는 것과 같다.

이와 같은 이유로 적 전투력의 격멸이야말로 다른 모든 수단에 비해서 항상우위를 차지하는 효과적인 수단인 것처럼 여겨진다.

그러나 적 전투력의 격멸이라는 수단이 다른 모든 수단에 비해서 높은 유효성을 지닌다고 하는 것은 저편과 이편이 가진 그 밖의 수단이 모두 동일하다는 것을 전제로 하고 나서의 이야기이다. 따라서 여기에서 맹목적인 저돌, 맹진은신중한 숙달보다도 승리를 획득하는 데에 적절하다는 결론을 도출하려고 한다면 그것은 예사롭지 않은 오해이다. 졸렬한 저돌, 맹진은 적 전투력의 격멸은커녕 오히려 아군 전투력의 격멸을 초래한다. 이와 같은 일이 우리의 참뜻일 리는없다. 여기에서 보다 높은 유효성이라고 하는 것은 방법에 관해서가 아니라 목표에 관한 것이다. 즉, 달성된 어떤 목표의 효과를 동일하게 달성된 다른 목표의 효과와 비교하게 되는 것이다.

그런데 적 전투력의 격멸이라고 말할 때, 독자들의 주의를 환기시켜 둘 일이꼭 한 가지 있다. 즉 우리는 전투력이라고 하는 개념을 구태여 물리적 전투력에만 국한할 일이 아니고, 그와 함께 정신적 전투력도 당연히 고려해야 한다. 이둘은 매우 상세한 부분에 이르기까지 서로 얽혀 있어서 도저히 분리할 수 없기때문이다. 그러나 가장 주요한 격멸 행위(중요한 승전)가, 동시에 이루어지고 있는 그 밖의 모든 전투에 미치는 유리한 영향에 언급하게 된다면 아무래도 정신적 요소를 다루지 않을 수가 없다. 이 정신적 요소는 말하자면 매우 유동적인 성질이어서 순식간에 승자 쪽의 모든 부대에 침투하게 된다. 그런데 적 전투력 격멸은 그 밖의 모든 수단보다 나은 탁월할 가치를 가지고 있다고는 하지만, 이 수단은 값비싼 데다가 위험하기도 하다. 그래서 이들의 불리함을 피하고자 다른 수단이 채용된다.

이 수단이 값비싼 것은 그 성질로 보아 당연하다. 아군의 전투력 사용은, 저편과 이편의 사정이 동일하다면 이쪽 의도가 어디까지나 적 전투력의 격멸을 노리는 한 더욱 커지기 때문이다.

또 이 수단이 위험한 까닭은, 이쪽에서 구하고 있는 보다 뛰어난 유효성이, 이쪽의 의도가 실패로 돌아갔을 때, 오히려 반대로 이쪽으로 돌아와 다른 여느 수단보다도 불리한 결과를 초래하기 때문이다.

따라서 그 밖의 수단은 성공한다 해도 그다지 값비싼 것이 아니고 또 실패한다 해도 그다지 위험하지 않다. 그러나 그렇게 되기 위해서는 조건이 있어야 한다. 그것은 저편과 이편이 하는 일이 동일한 수단, 즉 적도 아군과 마찬가지로 결전과는 다른 수단을 사용한다는 것이다. 따라서 만약에 적이 무력에 의한 결전이라는 수단을 고른다고 하면, 이쪽 또한 할 수 없이 적과 동일한 수단을 취하게 된다. 그러면 이 경우의 승패는 격멸 행위의 결과에 달려 있게 된다. 그래서 그 밖의 다른 모든 사정이 여기에서도 동일하다고 하면, 이와 같은 격멸 행위에서는 이쪽이 모든 점에서 불리해지는 것은 명백하다. 이것 또한 이쪽의 의도와 수단이, 부분적이지만 적이 의도하고 있는 일, 즉 결전과는 다른 일로 돌려져 왔기 때문이다. 일반적으로 서로 다른 두 가지 목적을 가질 경우, 그중의 한쪽이 다른 목적의 일부를 이루지 않는다면 이들 목적은 서로 배제하게 된다. 그 경우 한쪽 목적을 위해 사용되는 힘은, 동시에 다른 쪽의 목적을 위해 쓸모가 있는 것이어야 한다. 그런데 저편과 이편 어느 한쪽이 무력에 의한 결정을 결의하고 있을 경우, 다른 편에서 이와 동일한 수단을 취하지 않고 다른 목표를 추구하고 있다면, 이미 그것만으로도 승산이 전자에 있다는 것은 명백하다. 요컨대 아군이 결전과는 다른 목표를 설정하는 것을 상책으로 인정할 수 있는 것은, 적도 또한 결전을 바라지 않고 있음이 전제될 수 있는 경우에 한정된다.

그런데 지금 아군의 의도와 힘의 사용을 결전과는 다른 방향으로 돌린다고 말했는데, 그것은 적 전투력의 격멸 이외의 적극적 목적이란 뜻이지, 적의 전력 소모를 뜻하는 순수한 저항을 말하는 것이 아니다. 순수한 저항은 적극적 의 도를 갖는 것이 아니다. 이런 저항에서 아군의 전력은 오직 적의 의도를 분쇄 하는 것을 목적으로 하지, 적극적 의도에 입각해서 행동하지는 않는다.

여기에서 우리는 적 전투력의 격멸이라고 하는 행위의 소극적인 면, 즉 아군 의 전투력 유지에 대해서 고찰할 필요가 있다. 이 두 가지 노력은 항상 동반하 여 상호작용하기 때문이다. 아무튼 이 둘은 저마다 동일한 의도의 주요 부분을 이루고 있다. 그래서 우리는 둘 가운데 어느 한쪽이 우세를 차지한 경우에 어떤 결과가 생기는가를 연구하면 된다. 그런데 적 전투력의 격멸을 위한 노력은 적 극적인 목적을 가지며 적극적인 성과에 도달한다. 그리고 이러한 성과가 목표 로 하는 것은 곧 적의 완전한 타도이다. 다음에 아군의 전투력 유지는 소극적 인 목적을 지니고 그것이 뜻하는 바는 적의 의도의 좌절에 있으며, 따라서 아 군의 순수한 저항에 있다. 그리고 이러한 종류의 저항의 궁극적 목표는 군사적 행동을 될 수 있는 대로 오래 끌어 적을 차차 피로하게 만드는 데에 있다.

적극적 목적을 위한 노력은 상대에게 격멸 행위를 가하고, 소극적 목적을 지 닌 노력은 적이 행하는 격멸 행위를 기다리는 것이 된다.

여기에서 우리는 또다시 공격과 방어의 원천에 이르는데, 이와 같이 적의 행 동을 기다리는 것을 어느 정도까지 행하면 좋은가 또 어느 정도까지 행하는 것 이 허용되는가에 대해서는 나중에 공격과 방어의 원칙을 고찰할 때 상세하게 다루겠다. 여기에서는 기다리는 행동이 결코 절대적인 수동이어서는 안 된다는 것 또 기다리는 아군의 행동도, 이 행동에 의해서 투쟁으로 말려드는 적 전투 력의 격멸을 목표로 삼을 경우, 그것은 적극적 노력과 전적으로 같다는 것만을 지적하겠다. 따라서 소극적인 노력은 본디 적 전투력의 격멸을 목적으로 하는 것이 아니고, 오히려 유혈을 수반하지 않은 해결을 위한다는 견해는 근본적인 사고방식의 중대한 오류이다. 만약에 소극적 노력이 적극적 노력보다도 우세하 면 확실히 유혈을 수반하지 않는 해결을 가져올 수 있다. 그러나 그 경우 이 방 법이 적절성이 결여된 데에서 생기는 위험이 있다. 이와 같은 방법의 시비는, 전 혀 다른 조건, 즉 우리 쪽에 있는 것이 아니라 적 쪽에 있는 것 같은 조건에 의해서 정해지기 때문이다. 따라서 유혈이 수반되지 않는 해결 방법을 이쪽의 전투력을 유지하는 데에 알맞은 수단으로 여길 수는 없다. 이러한 방법이 정황에 적응되지 않을 경우에는 오히려 이쪽의 전투력 괴멸을 초래하게 된다. 실제로도 종래에 매우 많은 장수가 이러한 오류를 범했기 때문에 몰락했다.

소극적인 노력이 우세한 경우에 필연적으로 생기는 유일한 결과는 결전의 일시적 저지밖에 되지 않는다. 이렇게 해서 장수는 우선 결전을 피하고 결정적 순간이 오기를 기다린다. 그러면 이 결정적인 순간이 올 때까지 적의 행동을 시간적으로 지연시키게 되고 또 공간이 여기에 결부되어 있는 경우에는 정황이 허락하는 한 적의 행동을 광대한 공간으로 끌어들이게 된다. 그리고 기다리는 것을 그 이상 계속하여 현저한 분리를 초래하지 않을 수 없는 순간이 마침내 오면, 그때야말로 소극적 노력의 유리함이 소멸된 것으로 여겨야 한다. 그래서 이번에는 적 전투력의 격멸을 위한 노력이 본디 모습으로 나타나게 되는 것이다. 이 노력은 소극적 노력이라고 하는 대항물에 의해서 그때까지 저지되고 있었을 뿐, 전혀 배제된 것은 아니다.

이상의 고찰에서 우리는 다음과 같은 여러 조건을 알 수 있다. 첫째, 전쟁에서는 목표에 이르는 길, 따라서 또한 정치적인 목적을 달성하는 길은 많다는 것이다. 둘째는 그럼에도 전투야말로 목적을 달성하기 위한 유일한 수단이라는 것이다. 세 번째는 그러기 위해 모두 최고의 법칙, 즉 무력에 의한 결전이라는 법칙에 따라야 한다는 것이다. 네 번째로는 실제로 적이 무력에 의한 결전에 호소할 경우에는 우리로서도 이것을 거부할 수 없다는 점이다. 다섯째, 우리가 결전과는 다른 방법을 취하는 것은, 적 또한 결전을 구하지 않거나 또는 적이 결전에 호소해도 결국 이 최고 법정에서 패배할 것임에 틀림없다고 확신하는 경우에 한한다는 것이다. 요약하면 적 전투력의 격멸이야말로 전쟁에서 추구되는 모든 목적 중에서 가장 탁월한 목적으로 여겨진다는 바로 그 점이다.

또 군사적 행동에 대해서는 이와 다른 조합이 가능하다. 그리고 이들 조합이 전쟁에서 무엇을 성취할 수 있는가라는 것에 대해서는 뒤에 언급하기로 하고 또 그것이 어떠한 것인지는 차차 알게 될 것이다. 그러기 때문에 여기에서는 일반적으로 이런 종류의 조합은 현실이 전쟁의 순수한 개념으로부터 괴리된 경우나 혹은 특수한 정황에서만 생길 수 있다는 것만 지적해 둔다. 하지만 이미 여기에서 유혈이 수반되는 결전으로 위험을 해결한다는 것, 다시 말하면 적 전투력의 격멸을 위한 노력을 전쟁의 정실 소생의 아이로 인정할 수는 없는 것이다. 정치적 목적이 시시하고, 따라서 또 전쟁의 동기가 희박해서 아군의 힘의 긴장이 미미하면, 신중을 기해야 할 장수가 큰 위험을 저지르는 일 없이 또 유혈을 수반하는 해결 방법을 사용하지 않고, 오직 적의 본디 약점을 이용해서 강화에 이르는 우여곡절된 방법을 전장 및 내각에서 교묘하게 조종하는 것도 좋다. 만약에 그의 생각에 충분한 이유가 있고 또 행동의 성과가 시인되는 한, 우리는 그를 비난할 권리가 없는 셈이다. 그럼에도 그는 빠져 나가는 길을 걷고 있는 데에 지나지 않고, 거기에서는 전쟁의 신이 언제 그를 붙잡을지 알 수 없다는 것을 그 스스로 충분히 자각하고 있어야 한다. 또 그는 적이 날카로운 검으로 덤벼들었을 경우 의식용 칼로 대응하지 않도록 언제나 적의 상황을 주시하고 있어야 한다.

이상이 전쟁이란 무엇인가, 전쟁에서 목적이나 수단은 어떠한 작용을 하는가, 실제 전쟁은 본디의 엄밀한 개념에서 다소 멀어져 여러 가지 변태를 나타냄에도 불구하고, 이러한 엄밀한 개념이 항상 전쟁을 지배하는 최고의 법칙인 것은 왜인가와 같은 문제에 대한 결론이다. 우리는 이 모든 것을 받아들여 앞으로 여러 문제를 고찰함에 있어서 그때그때 상기해야 한다. 그렇지 않으면 이들 사항 사이의 참된 관계나 이들 사항이 갖는 본디 의의를 올바르게 이해할 수 없고, 따라서 또 현실과의 심한 모순에 빠져 결국은 우리의 취지와도 모순되게 될 것이다.

제3장
군사적 천재

무엇인가 독특한 행동이 하나의 독특한 수련으로 수행되면, 거기에는 지성과 감정의 독특한 소질이 있어야 한다. 그리고 이러한 지성과 감정이 남보다 뛰어나고 또 비범한 성과에 의해서 드러내 보여진다면 이 두 가지 것을 아울러서 갖는 정신은 천재로 불려도 될 것이다.

우리는 천재라는 말이 그 범위나 그 방향에 대해서도 매우 다양한 뜻으로 쓰이고 있으며 또 이들 대부분의 말뜻을 검토해 보아도 천재의 본질을 규정한다는 것은 매우 곤란한 일임을 알고 있다. 그러나 우리는 본디 철학자도 아니고 문법학자도 아니지만, 우선 흔히 쓰는 뜻에 따라서 천재를 '어떤 종류의 행동을 수행하는 데 가장 알맞은 매우 고도의 정신력'이라고 해석해도 좋을 것이다.

그래서 우리는 정신이 지니는 이와 같은 능력과 가치를 고찰해서, 이와 같은 정신에 천재라고 하는 명칭을 부여하는 이유가 쓸데없는 일이 아님을 증명하고 또 이 개념의 내용을 한층 명백하게 생각해 보고자 한다. 그러나 우리는 이와 같은 넓은 뜻의 천재를 논하고 있을 수는 없다. 이 경우의 천재라고 하는 개념은 명확하게 규정된 한계를 갖지 않기 때문이다. 그래서 우리는 심력(心力)이 모두 군사적 활동이라고 하는 공통된 방향을 취하는 경우만을 고려해야 한다. 그렇게 되면 우리는 이와 같은 방향을 군사적 천재의 본질로 여길 수가 있다. 그런데 지금 '공통'이라고 말한 까닭은, 군사적 천재는 예를 들어 용기와 같이 군사 행동을 본분으로 하는 단 하나의 심력에 한정되는 것이 아니기 때문이다. 만약 이 경우에, 지성이나 감정과 같은 다른 심력이 결여된다고 하면 또는 뛰어난 지성이나 감정을 갖추고 있다 해도 그것이 전쟁에 알맞지 않는다면 그와 같은 정신은 군사적 천재라고 할 수 없을 것이다. 요컨대 군사적 천재는 심적인 여러 힘의 조화로운 합일(合一) 바로 그것이기 때문이다. 따라서 이 경우 무엇인가한 가지 심력이 돋보이는 것은 상관없으나 그 어떤 심력도 다른 심력의 작용을 방해해서는 안 된다.

만약에 교전국의 한 사람 한 사람이 몇 가지 군사적 천재를 각기 간직하고 있다면 그 군대는 매우 약해질 것이다. 군사적 천재는 심적인 여러 힘의 독특한 방향을 의미한다. 그런데 한 국민 속에서 심적인 여러 힘이 저마다 다른 방향으로 작용되면, 이와 같은 독특한 방향은 좀처럼 생길 수 있는 것이 아니다. 이에 반해서 한 국민의 활동이 그다지 많이 분화되지 않고 군사적 활동만이 특히 현저하다면 군사적 천재도 널리 고르게 미칠 것이다. 그러나 이것은 군사적 천재가 미치는 범위가 크다는 것뿐이지 천재의 정도가 높다는 것은 아니다. 군사적 천재의 높이는 국민 일반의 정신적 발전의 대소에 따라 정해지기 때문이다. 미개한 호전적 국민을 관찰하면 호전적 정신이 국민 각자의 마음속에 깃들어 있는 점은 도저히 문명 국민과 비할 바가 아니다. 전자에서는 전투원 각자가 이 정신을 몸에 지니고 있다. 그런데 문명 국민은 필요에 따라 할 수 없이 전쟁에 종사하지 각자의 내적인 충동으로 투쟁에 참가하는 것이 아니다. 그럼에도 미개한 국민에게는 진정으로 위대한 장수가 나타난 적이 없고 또 군사적 천재라고 일컬을만한 사람도 매우 드물다. 군사적 천재는 지성이 발달해야 하는데 미개한 국민은 그것을 갖추고 있지 않기 때문이다. 문명 국민이라야 비로소 많건 적건 간에 군사적인 방향과 발전을 지닐 수 있다는 것도 이로써 명백해진다. 또 그렇게 되면 군사적 정신은 군이나 개개의 군인 안에서 더욱더 현저해지는 것이다. 따라서 이와 같은 사정은 고도의 군사적 정신과 일치한다. 그래서 이러한 문명 국민 사이에서 빛나는 군사적 업적이 생긴다고 하는 것은 고대 로마인과 근대 프랑스인이 이를 증명하고 있다. 또 이들 국민뿐만 아니라 전쟁에서 무명(武名)을 날린 위대한 국민의 이름은 항상 높은 교양을 가진 시대와 합치한다.

이것은 고도의 군사적 천재에게 얼마나 지성이 큰 부분을 차지하고 있는가를 말해 주고 있다.

그런데 전쟁은 위험을 그 본질로 한다. 따라서 그 무엇에 못지않게 군인의 제1의 특성은 용기이다. 용기에는 두 종류가 있다. 첫째는 전투자가 개인적인 위험을 무시하는 용기이다. 둘째는 자기 자신의 행동에 대한 책임을 지는 용기이다. 이 경우에는 무엇인가 외적인 위력에 의해서 내려진 심판에 대한 책무이거나 또는 내적인 위력, 즉 양심에 의해 내려진 심판에 책무이거나를 묻지 않는다. 그러나 여기에서는 전자의 용기의 경우에 대해서 살펴보기로 한다.

개인적인 위험을 아랑곳하지 않는 용기에도 두 가지가 있다.

첫째는 위험에 태연하다는 것이다. 그리고 이와 같은 무관심은 생물로서의 개인적 기질에서 생기는 일도 있는가 하면, 또 생명을 깃털에 비교하는 생각에서 나오는 일도 있고 또 습관에 입각하는 경우도 있다. 그러나 어느 경우이건 이런 종류의 용기는 항상적인 심적 상태로 여겨도 좋다.

둘째의 용기는 여러 가지 적극적인 동기에서 생기는 용기이다. 예를 들어, 명예심, 조국애 또는 그 밖의 고상한 감격을 동기로 하는 용기가 이것이다. 이 경우에 용기는 일정한 심적 상태라고 하느니보다는 오히려 감정의 발동이라고 볼 수가 있다.

따라서 이들 두 종류의 용기는 각기 그 작용을 달리한다. 제1종의 용기는 제2종보다도 확실하다. 만약 이 용기가 제2의 천성이 되면 그 사람과 일체가 되어 분리되는 일이 없기 때문이다. 또 제2종 쪽은 때로는 정세에 편승하여 지나치는 경우가 있다. 제1종 용기는 강직하고 씩씩한 점에서 또 제2종의 용기는 용감하다는 점에서 각기 다른 것보다 우세하다. 전자에서 지성은 항상 냉철하다. 후자는 확실히 지성의 작용을 활발하게 하지만 때로는 지성을 혼미하게 만들기도 한다. 요컨대 이 둘이 하나로 합할 때 가장 완벽한 용기가 생기게 된다.

전쟁은 육체적인 노고와 고통을 본질로 삼는다. 이와 같은 노고에 견디어 다행히 파멸을 면하기 위해서는 어느 정도의 체력과 심력을 필요로 한다. 이 경우 이러한 심신의 힘이 본래 타고난 것인지 또는 단련에 의해서 얻어진 것인지는 문제가 되지 않는다. 이들 특성을 갖추고 또 건전한 지성의 지도에 따르기만 하면, 인간은 그것만으로도 이미 전쟁의 유능한 도구이다. 그러나 이러한 특성이라면 미개 또는 개화가 다 되지 못한 민족에서는 흔히 찾아볼 수가 있다. 그런데 전쟁은 전투자에게 그 이상의 요구를 부과한다. 그렇게 되면 이번에는 탁월한 지성의 힘이 필요하게 된다. 전쟁은 불확실성을 본질로 한다. 군사적 행동의 바탕을 이루는 것의 3/4은 많건 적건 불확실이라는 안개에 싸여 있다. 그래서 장수가 수련을 쌓은 숙달된 판단에 의해서 정확하게 진실을 파악하기 위해 먼저 요구되는 것은 투철하고 날카로운 지성이다.

하기야 평범한 지성이라도 우연히 이러한 진실이 적중될 때도 있고 또 비범한 용기가 지성의 부족을 보완하는 일도 있을 것이다. 그러나 대개의 경우, 즉 그다지 성공했다고는 말할 수 없는 경우에 대해서 보면 거기에는 반드시 지성의 부족이 눈에 띈다.

전쟁은 우연을 본질로 삼는다. 인간의 행동에 대해서 전쟁에 있어서만큼 우연이란 외적인 것에 활동의 자유를 허용하는 것은 없다. 인간의 그 어떤 행동도 전쟁만큼 모든 면에서 우연과 끊임없이 접촉하는 것은 없기 때문이다. 우연은 전쟁에서 모든 정황을 어쩔 수 없이 불확실한 것으로 만들고 또한 사건의 순조로운 진행을 방해한다.

전쟁에서는, 한편으로는 예측이 모두 불확실하고 또 다른 한편으로는 우연이 끊임없이 개입한다. 그래서 장수는 그가 그때까지 기대하고 있었던 것과는 다른 사태에 끊임없이 접해야 한다. 그리고 이것은 그의 계획에, 혹은 적어도 그 계획의 실시에 관한 생각에 영향을 주지 않을 수가 없다. 이러한 영향이 매우 커서 소정의 계획을 결정적으로 파기하지 않을 수 없게 되면 그 대신에 새로운 계획을 생각해야 한다. 그런데 이러한 긴급한 경우에는 대부분 새로운 계획에 필요한 자료가 결여되어 있다. 행동의 한 가운데서 눈앞의 정황은 장수에게 신속한 결의를 강요하고 또 새로 기획을 고쳐 세우는 시간의 여유는커녕 때로는 충분히 생각할 틈도 주지 않기 때문이다.

하지만 실제로는, 우리의 생각을 시정하는 여러 가지 우연을 검토해 보면 그 정황이라는 것이 우리의 기획을 뒤엎을 정도의 것은 아니고 단지 이것을 뒤흔드는 데에 지나지 않는 경우가 훨씬 많다. 그러나 정황에 관한 지식이 늘어나도 정황의 불확실성이 감소하기는커녕 오히려 증대할 뿐이다. 그 이유는 이와 같은 경험은 일시에 이루어지는 것이 아니라 차차로 얻어진다는 데에 있다. 즉, 우리의 결의는 새로운 경험에 의해서 끊임없이 수정이 요구되므로 정신은 말하자면 항상 무장하고 있어야 한다.

그런데 정신이 예기치 못한 것과의 부단한 싸움에 잘 견디어 나가기 위해서는 무엇보다도 먼저 두 가지 특성이 꼭 필요하다. 첫째는 그와 같은 심히 불분명한 사태 안에 있어도 진실을 꿰뚫어 볼 만한 빛을 항상 간직하고 있는 지성이다. 둘째는 이 빛을 따라 행동하는 용기이다. 전자는 프랑스식 표현으로 쿠 되유(coup d'œil : 통찰력)라는 말로 표현되어 있고, 후자는 결단력을 뜻한다.

　그러면 쿠 되유란 무슨 뜻인가? 전쟁에서 먼저 사람의 눈을 가장 끄는 것은 전투이다. 또 전투에서의 중요한 요소는 시간과 공간이다. 그리고 이것은 신속한 결정을 위해 기병이 주요한 존재였던 시대에는 더욱 그러했다. 여기에서 신속하고 적절한 결의라는 개념이 우선 시간과 공간의 측정에서 생기고 여기에서 또 올바른 눈대중을 뜻하는 말이 되었다. 따라서 이제까지 많은 병법학자들은 쿠 되유라는 말을 이와 같은 국한된 뜻으로 사용해 왔다. 그러나 이윽고 이 말은 실행이 강요된 순간에서의 적절한 결의의 뜻으로 이해되게 되었다. 예를 들어 정확한 공격점을 바로 파악해야 하는 경우이다. 그렇다면 쿠 되유란 말이 뜻하는 바는 육안뿐 아니라 오히려 정신의 눈이 주라고 해도 좋다. 또 이 말도, 이 말이 의미하는 사항도 본디 전술 영역에 속했던 것은 물론이지만, 이러한 뜻으로의 쿠 되유는 전략에서도 없어서는 안 되는 것이다. 전략의 영역에서도 신속한 결단을 필요로 하기 때문이다. 그런데 이 쿠 되유란 개념에서 비유적이고 국한된 의미 내용을 제거하면 이 개념은 보통의 정신적 안광(眼光)을 가지고는 도저히 볼 수 없는 진실, 또는 장시간의 고찰과 숙고 끝에 처음으로 볼 수 있는 것과 같은 진실을 신속 정확하게 파악하는 것을 뜻한다.

　다음에 과단성은 개별적인 구체적인 경우에서의 용기의 작용이다. 이 과단성이 행위자의 성격적 특징을 이루면 그것은 마음의 습관적인 작용이 된다. 그러나 여기에서 말하는 용기는, 신체의 위험에 대항하는 용기가 아니라 책임에 대한 용기──즉 마음의 위험에 대항하는 용기이다. 이와 같은 용기를 프랑스 어로는 '쿠라주 데스프리(courage d'espri : 정신적 용기)'라고 부른다. 이러한 용기는 본디 지성에서 나오기 때문이다. 하지만 용기는 지성의 작용이 아니고 감정과 의지의 작용이다. 실제로 매우 영리하면서도 결단력이 없는 사람이 있다는 것은 우리가 자주 보는 대로이다. 따라서 지성은 우선 용기의 감정을 불러일으켜 그 지지를 받아야 한다. 위험에 처했을 때 인간을 강하게 지배하는 것은 사려보다도 오히려 감정 쪽이기 때문이다.

　그런데 여기에서 말하는 과단이라는 것은, 동인(動因)이 충분치 않은 경우에, 의혹에서 생기는 고뇌나 주저에 수반하는 위험을 제거하는 것을 본래의 임무로 하는 심적 특성을 말한다. 그다지 엄밀하지 않은 용어법에서는 과감·만용·

용감·저돌과 같은 심적 경향에도 과단성이라고 하는 명칭을 주고 있다. 그러나 과단성이 문제가 되는 것은 동인이 불충분한 경우뿐이다. 따라서 만약에 동인이 충분하다면 그것이 주관적이든 객관적이든 상관없이 또 실정에 대한 알맞음과 알맞지 아니함과는 상관없이, 그 사람이 과단성이 있는 사람인가 아닌가를 왈가왈부하는 것은 무의미한 일일 것이다. 만약에 이러한 경우에도 과단이라는 말을 사용한다면, 그것은 쓸데없이 그의 마음을 억측해서 그가 조금도 품고 있지 않은 의심을 그에게 강요하는 것이 된다.

이와 같은 경우에는 동기의 강약도 논할 수 있을 뿐이다. 그러나 우리는 통속적인 용어법을 상대로 이러한 사소한 오용(誤用)을 논할 생각은 없다. 다만 잘못된 비난을 받고 싶지가 않아서 한마디 주의한 데에 지나지 않는다.

과단성은 정황에 대한 의심을 제거하는 일이지만, 이와 같은 과단성은 지성에 의해서만 그리고 지성의 아주 독특한 방향에 의해서만 생길 수 있는 일이다. 고도의 식견과 필요한 감정이 있다는 것만으로는 아직 결단은 생기지 않는다. 가장 어려운 과제를 훌륭하게 풀 수 있을 만큼 뛰어난 정신적 시야를 갖추고 있으면서도 또 많은 곤란한 일을 견디어 낼 만한 용기가 있는데도 불구하고, 난처한 경우에 처하여 결단에 이르지 못한 사람이 있다. 즉 이 사람의 용기와 식견은 제각기여서 서로 손을 내밀지 않는다. 그래서 제3의 요인인 결단이 생기지 않는 것이다.

요컨대 결단은 과감한 행위가 필요하다는 것을 자각하고 이 필요에 비추어 의지를 규정하는 지성의 작용에 의해서 비로소 생기는 것이다. 지성의 이와 같은 매우 독특한 방향은 우선 마음의 동요와 주저를 극복하고, 이렇게 해서 마음에 잠재하는 공포를 모두 억누른다. 사실, 지성의 이와 같은 방향이야말로 강한 의지와 감정에 과단이 생기게 하는 것이다. 따라서 우리가 말하는 이와 같은 지성을 가지고 있지 않은 사람들은 끝내 과단으로 내디딜 수가 없는 것이다. 그러나 분명히 이러한 사람들이라 해도 곤란한 경우에 때로는 주저하지 않고 행동하는 경우가 있다. 그러나 그들은 그런 경우 숙고하고 행동하는 것이 아니다. 그리고 보면 생각 없이 행동하는 사람이 새삼 의심하는 마음으로 모순을 느낄 리가 없다. 하기야 이러한 행동도 때로는 성공하는 수가 있다. 그러나 그것은 위에서 말한 바와 같이 일반적인 성공에 지나지 않는다. 그리고 한편에 이러한 평범한 성공이 있기 때문에 위대한 성공은 군사적 천재를 가질 때 비로소 가능하다는 것을 알 수 있는 것이다. 그런데 깊이 생각하는 일이 없는 경기병(輕騎兵)[1] 장교가 상당히 결단력이 강하다는 사실에 비추어 우리의 주장을 기이하게 생각하는 사람이 있을지도 모른다. 그런데 이러한 사람들에 대해서 하고 싶은 말은, 우리가 여기에서 문제 삼고 있는 것은 뛰어난 사색 능력이 아니라 지성의 이러한 독특한 방향에 따른 것임을 말해 두는 바이다.

이와 같은 과단은 지성의 독특한 방향에 의해 생긴다. 더욱이 이 방향은 단지 지성이 뛰어난 사람보다도 오히려 씩씩한 지성을 가진 사람에게서 찾아볼 수가 있다. 우리는 결단의 이러한 계보를 다음과 같은 사실에 의해서도 증명할 수가 있다. 즉 하급 지위에 있었을 때에는 매우 과단했던 사람도 지위가 올라가면 이 특성을 잃어버린 예가 많다는 사실이다. 이와 같은 사람들도 결단의 필요성을 인정하고는 있다. 그러나 그 결단이 잘못되었을 경우에는 위험하다는 것도 알고 있고, 더 나아가 직면하게 될 사태를 잘 알지 못하고 있다는 두려움도 있어서 그들의 지성은 본디 가진 힘을 잃고 만다. 그래서 그들은 자기의 우유부단이 위험하다는 것을 알게 됨에 따라 또 이전에는 즉각적으로 행동하는 일에 익숙했다는 것을 생각할 때마다 더욱더 겁을 먹게 된다.

위에서 말한 통찰력과 과단성과 관련되어 이것과 밀접한 관계에 있는 침착, 즉 정신이 항상 각성되어 있는 심적 상태를 논해야 한다. 본디 전쟁은 예기치 않은 사건이 일어나는 영역이지만, 침착은 바로 이와 같은 영역에서 큰 역할을 하게 된다. 예기치 않은 사건을 적절하게 처리해서 실수를 하지 않는 고도의 심력이 곧 침착이기 때문이다. 갑자기 누군가가 말을 걸어왔을 때 이에 대하여 적절한 대답을 하는 것도 침착이고, 또 돌발적인 위험을 순간적인 기지로 벗어나는 수단을 강구하는 것도 침착이고, 이 모두는 감탄할 만한 마음의 작용이다. 그러나 이러한 응답이나 수단 등이 적절하기만 하다면 반드시 비범해야 할 이유는 없다. 조용한 숙고를 거친 뒤라면 각별히 비범이라고 할 만한 행위가 아니

---

1) 경기병은 본디 헝가리에서 편성되어(1458), 헝가리 독특한 민족적 옷차림을 군복으로 하며 날렵하고 사나운 것으로 널리 알려졌다. 17세기 말에서 점차 오스트리아, 프로이센, 러시아, 루마니아 등 거의 모든 유럽 여러 나라(이탈리아 제외)는 이 병과를 두게 되었다. 독일에서는 제1차 세계대전 초기에까지 존속했다.

라도, 따라서 우리가 받는 인상으로서는 특히 이렇다 하고 말할 수 있는 정도는 아니라도, 그것이 지성의 순간적인 작용이면 역시 우리를 기쁘게 만든다. 침착, 즉 '정신이 항상 눈뜨고 있다'는 이 표현은 지성에 의해 취해진 처리가 소리의 울림에 응하듯이 신속하다는 것을 나타내고 있는 것으로 매우 적절한 말이다.

인간 정신의 이러한 훌륭한 특성이, 지성의 특질에 입각하는가, 그렇지 않으면 의지와 감정의 균형에서 생기는가 하는 것은 그때의 경우가 어떠한 성질의 것인가에 따라 다를 것이다. 그러나 어느 경우이건 침착에는 이 가운데 하나도 결여되어서는 안 된다. 따라서 즉각적인 적절한 응답은 어느 쪽이냐 하면 재치가 있는 두뇌가 하는 일이고, 돌발적인 위험에 처해서 순간적으로 수단을 강구하기 위해서는 무엇보다도 먼저 감정과 의지의 균형이 있어야 한다.

전쟁을 둘러싼 분위기를 구성하는 것에 네 가지 요소가 있다. 즉 위험, 육체적 노고, 불확실성과 우연이다. 이들 구성 요소를 훑어보면, 전쟁이라고 하는 무거운 분위기에서 확실한 행동으로 성과를 거두기 위해서는 정의(情意)와 지성의 예사롭지 않은 큰 힘이 필요하다는 것을 알 수 있다. 이 힘은 여러 정황에 따라서 각기 다른 양상을 나타낸다. 그것은 전사(戰史)를 쓰는 사람들이 수행력·완강·불굴·정의(情意) 및 성격의 강도(强度)라고 일컫는 것들이다. 영웅적 성질의 이 네 가지 발현을, 동일한 의지력이 정황에 따라서 변용된 것으로 보는 사람이 있을지도 모른다. 그러나 이들 특성은 매우 유사하기는 하지만 결코 동일하다고는 말할 수 없다. 그래서 각각의 경우에서 심적인 힘의 자유로운 작용을 좀 더 엄밀하게 구별해 보고 싶은 것이다.

우리 생각의 명확성을 기하기 위해 첫째로 다음과 같은 일을 주의해 둘 필요가 있다. 즉 장수로 하여금 위에서 말한 심력을 불러일으키게 하는 것으로는 전쟁에서의 중압·책임 또 여러 저항, 그것들의 명칭이 무엇이 되었든 간에 이와 비슷한 것들이 많을 것이다. 그러나 적의 행동이나 저항 그 자체가 직접 장수의 마음을 움직이는 것같은 일은 우선 있을 수 없다는 것이다. 즉, 적의 행동이 장수의 마음에 영향을 끼치는 것은 그에게 신체적 위험이 있는 경우뿐으로, 지휘관으로서의 그의 활동에는 아무런 연관이 없다. 만약에 적이 2시간의 저항을 4시간으로 연장한다면, 지휘관은 2시간 대신에 4시간만큼 위험한 상태에 놓이게 된다. 이것은 분명히 대단한 일에는 틀림없으나 그 의의는 지휘관의 지위가 높아짐에 따라 감소해 간다. 하물며 장수쯤 되면 이 정도의 일을 중대하다고 생각할 리가 없다. 그에게 그것은 무(無)와 같다.

둘째로 적의 저항이 지휘관의 마음에 직접적인 영향을 끼친다고 하면, 그것은 저항이 길어짐에 따라 아군에 전투 자재의 손실이 생기기 때문이다. 더 나아가 이에 관련해서 일어나는 지휘관의 책임 문제가 있다. 이러한 경우 지휘관의 의지력은 우선 중대한 사태를 우려하는 생각에 의해 시험되고 또 환기된다. 그러나 이것은 지휘관이 부담해야 할 가장 중대한 책임이라고는 말할 수 없다. 그는 자기 자신의 심력에 부과된 문제로서 해결하면 그것으로 끝나는 일이기 때문이다. 그런데 적의 저항에서 생기는 영향은 모두 지휘관이 이끄는 전투원에게 향해 있고, 이들의 영향은 그의 지휘 아래 있는 전투원을 통해서 지휘관 자신에게 되돌아오는 것이다.

군의 사기가 좋아서 병사들이 잘 싸우고 있는 동안에는 지휘관이 전투 목적을 달성하기 위해 큰 의지력을 발휘할 기회는 좀처럼 없다. 그러나 상황이 곤란해짐에 따라—이것은 위업을 달성하려고 하는 경우에는 반드시 생기는 법이다—이미 일이 순조롭게 진행되지 않아, 윤활유가 떨어진 기계처럼 기계 그 자체가 저항을 하기 시작한다. 그러면 이 저항을 제거하기 위해 지휘관의 큰 의지가 필요하게 된다. 여기에서 저항이라고 하는 것은 반드시 상관에 대한 항명이나 항변을 뜻하는 것이 아니다. 확실히 이와 같은 반항도 개인과 개인 사이에서는 자주 생긴다. 그러나 우리가 말하는 저항이란 아군의 물리적, 정신적 여러 힘이 차차 쇠퇴하고 있다는 전반적인 인상을 말하며 또 피비린내 나는 전투에 쓰러지는 아군 희생자의 비참한 광경을 말한다.

지휘관은 이러한 인상, 이러한 광경을 우선 자기 자신의 마음속에서 견디고 또 모든 부하로 하여금 이를 견디게 해야 한다. 실제로 부하가 받는 인상, 그들의 마음을 불안하게 하는 마음 또는 이들 심로(心勞)를 극복하려고 하는 노력은 직접적이든, 간접적이든 반드시 지휘관의 마음에 반영된다. 개개 전투원의 심신의 힘이 차차 쇠약해지고, 이미 자신의 의지로는 고무되거나 지지를 받지 못하면, 군 전체의 무기력은 그대로 장수의 의지에 무겁게 걸려온다. 이때야말로 장수의 가슴에 타오르는 불길, 그의 정신의 광명은, 일단 꺼지는 것처럼 보이는 결의의 불꽃과 장병의 마음에 깃드는 희망의 광명을 또다시 붉게 타오르게 해야 한다. 장수가 이것을 할 수 있는 한, 그는 장병에게 명령을 내리고 군을 지휘할 수가 있다.

그러나 이런 일이 이미 이루어지지 않게 되면, 즉 장수 자신의 용기가 이미 장병의 용기를 다시 충분히 고무하지 못하면, 군은 장수와 함께, 동물성이라고 하는 저열한 신세—다시 말하면 위험에 처해서 뒤로 물러나는, 수치를 잊은 무인(武人)의 상태로 떨어지게 된다. 따라서 지휘관이 뛰어난 공적을 지향하는 한, 그의 용기와 심적 능력이 투쟁에서 극복해야 하는 것은 바로 이와 같은 중압(重壓)이다. 이러한 중압은 군이 커짐에 따라 더욱 증대한다. 그러기 때문에 지휘관이 항상 이들 책임의 부담을 견디려고 한다면, 그의 심적 여러 힘은 지휘관으로서의 지위가 높아짐에 따라 더욱 증대하는 것이다.

행동의 수행력은 행동을 낳게 한 동인의 강도를 나타낸다. 이 동인은 지성에 의한 확신에서 생기는 일도 있고, 감정과 의지의 활동에 바탕을 두는 경우도 있다. 특히 후자에 입각한 수행력은 큰 힘이 발휘될 경우에는 없어서는 안 된다.

격렬한 전투의 와중에 인간의 마음을 차지하는 고상한 감정 중에서 명예와 공명을 동경하는 마음처럼 강력하고도 지속적인 것은 없다. 그런데 독일어에서는 이와 같은 동경을 '명예심'이나 '공명심'이라고 해서 여기에 혐오스러운 부수적인 뜻을 덧붙이고 있다. 이것은 이러한 고상한 감정에 대한 부당한 취급이라고 하지 않을 수 없다. 확실히 이 고매한 동경의 마음이 특히 전쟁에서 남용되었기 때문에, 꺼림칙한 여러 부정한 일이 인류에게 초래되었다는 것은 부정할 수 없다. 그러나 이 감정의 근원을 따져보면, 이 감정은 확실히 인간성의 가장 고상한 감정에 속하고, 또 전쟁에서는 거대한 집단에 혼을 불어넣는 바로 생명의 본디 숨결이다. 그 밖에도 이와 비슷한 감정, 예를 들면 조국애, 이념에 대한 열정, 복수심 또는 여러 감격 등이 있다. 이들 감정은 어느 것이나 공명이나 명예를 갈망하는 감정보다도 훨씬 일반적이고 또 그중의 몇 가지는 훨씬 고상한 것처럼 여겨지기는 하지만, 그러나 이들 감정도 공명심이나 명예심을 필요 없게 만드는 것은 아니다. 확실히 이러한 감정도 널리 병사들을 고무해서 그 사기를 높일 수가 있다. 그러나 지휘관에게 부하 병사들이 바라는 것 이상의 무훈을 세우려는 의욕을 생기게 하는 것은 아니다. 더욱이 이것이야말로 뛰어난 공적

이소스 전투(B.C. 333)　알렉산더 대왕과 다리우스 3세가 참전한 전투 장면을 그린 모자이크 벽화 (부분).

을 지향하는 지휘관이 그 지위에 비추어 꼭 필요로 하는 것이다.

　요컨대 그 밖의 모든 감정은 지휘관에게 개개의 군사적 행동 보기를 마치 자기 자신의 토지를 보는 것과 같은 심정을 환기시키는 것은 아니다. 공명심이 있기 때문에 그는 애써서 땅을 갈고 씨를 뿌리고 풍요로운 수확을 거두기 위해 이 토지를 최대한으로 이용하려는 것이다. 최고 지휘관에서 최하급 지휘관에 이르기까지 지휘관 쪽에 이 정도의 노력, 이와 같은 근면, 이와 같은 경쟁, 이와 같은 격려가 있기 때문에 군의 작용을 활발하게 하고 또 효과가 있게 만든다. 특히 최고 지휘관에 대해서는 우리는 감히 이렇게 묻고 싶다. 위대한 장수치고 공명심을 품지 않을 사람이 이제까지 있었을까? 이러한 장수를 생각해 보는 것조차 불가능한 일은 아닐까 하고.

　완강(頑强)함은 투쟁의 강도에 굴복하지 않는 의지의 저항력을 나타내고, 견인(堅忍)은 투쟁의 지속을 견디는 의지의 저항력을 나타내는 것이다. 이 두 말은 매우 유사한 뜻을 가지며, 실제로도 서로 잘못 사용되는 일이 있다. 그러나 이 둘 사이에는 본질적인 차이가 있음을 소홀히 해서는 안 된다. 투쟁에서의 격렬한 인상에 대해서 동하지 않는 완강함은 강력한 감정만으로도 생기지만, 이에 반해 견인 쪽은 오히려 지성에 의해서 지지된다. 행동이 길어짐에 따라 행동의 계획성 또한 증대한다. 그래서 견인은 지성을 뜻하는 이와 같은 계획성으로부터 부분적으로도 힘을 얻게 된다.

다음에는 정의(情意)의 강도, 즉 마음 또는 성격의 강도를 논해 보고자 한다. 이때 맨 먼저 문제가 되는 것은 이 이야기를 어떻게 이해하면 좋은가 하는 것이다.

정의(情意)의 강도란 정의를 표출하는 격렬함, 즉 격정(激情)을 가리키는 것은 아니다. 이 둘을 혼동한다는 것은 언어의 관용에 위배된다. 정의의 강도란 제아무리 격렬하고 흥분된 경우에도 또 분방한 격정의 폭풍우 속에서도 지성에 순종하는 능력을 말한다. 그러면 이와 같은 능력은 오직 지성에서 유래되는 것일까? 그렇지는 않을 것이다. 그러나 세상에는 뛰어난 지성을 갖추고 있으면서도 자기의 감정을 억제할 수 없는 사람들이 있다고 하면서 정의의 강도가 지성에만 바탕을 둔다는 견해를 반박할 수는 없을 것이다. 이와 같은 사람들이라 해도 사물을 개괄하는 지성의 특질이 결여되어 있는 것이 아니지만, 그러나 지성의 어떤 특수한 성질, 즉 지성의 씩씩함이 결여되어 있다고도 말할 수 있기 때문이다. 그러나 이에 대해서는 다음과 같이 생각하는 편이 보다 진실에 가까운 것이 아닐까? 정의가 격동하는 순간에도 지성을 따르는 힘, 즉 우리가 자제(自制)라고 일컫는 것이 정의 그 자체 안에 흔들림 없이 존재하고 있다고. 요컨대 강한 정의를 갖추고 있는 사람들의 마음에는 흥분한 격정을 없애는 것이 아니라 이것과 균형을 유지하는 별개의 감정이 존재하는 것이다. 그리고 지성은 이와 같은 균형에 의해서 비로소 지배권이 보증되는 것이다. 이와 같은 보증은 인간성의 존중에 대한 감정 바로 그것이다. 이것은 인간에게 구비된 고귀한 긍지이다. 또 인간이 그 어디에 있던 식견과 지성을 갖춘 존재자에 어울리도록 행동하려고 하는 가장 깊은 마음속의 욕구이기도 하다. 그러기 때문에 우리는 이렇게 말해도 좋다―강한 의지란, 아무리 격렬한 흥분 속에서도 결코 균형을 잃지 않는 정의를 말한다고.

다음에는 인간의 여러 기질을 정의(情意)에 관련해 고찰해 보고자 한다.

첫째로 대단히 비활동적인 기질이 있는데 이것은 점액질 또는 불활성 기질이라고 불리고 있다.

둘째는 매우 활동적임에도 감정이 어떤 일정한 강도를 넘지 않는 사람이다. 감정은 풍부하지만 조용한 사람이다.

셋째는 매우 자극을 받기 쉬운 기질이다. 이와 같은 사람의 감정은 마치 화약처럼 신속하고 격렬하게 폭발하지만 오래 가지는 않는다.

마지막으로 넷째는 사소한 동기에는 움직이지도 않고 또 움직이는 경우에도 결코 신속하지 않고 서서히 움직이는 사람이다. 그러나 이런 사람들의 감정은 매우 힘차서 다른 기질에 비해 오래 지속된다. 이러한 사람을 씩씩한 감정을 안에 깊이 간직한 격정의 사람이라고 한다.

정의(情意)의 구조에 이와 같은 차이가 있다는 것은, 인간이라고 하는 유기체 안에 작용하는 신체적 힘과 밀접하게 관계하고 있을 뿐만 아니라, 또 신경 계통이라고 불리는 말하자면 양서적(兩棲的) 성질, 즉 한 면은 물질에 속하고 다른 한 면은 정신에 속한다고 여겨지는 성질과도 긴밀하게 결부되어 있다.

그러나 우리의 빈약한 철학적 사색으로는 이 이상 이 미지의 분야를 더욱 깊이 탐색하는 것은 무리이다. 그러나 이러한 서로 다른 기질이 군사적 행동에 각기 어떠한 영향을 끼치는가를 약간이나마 고찰하고, 이 기질로부터 각기 어느 정도의 마음 또는 성격의 강도를 기대할 수 있는가 하는 것을 살펴보는 일은 중요하다.

정의의 움직임이 활발하지 못한 사람은 쉽사리 마음의 균형을 잃는 일은 없다. 그러나 총체적으로 심적인 힘의 발현이 둔하기 때문에 이와 같은 정의를 마음의 강도라고 부를 수는 없다. 그러나 이러한 사람은 전쟁에서도 평상심을 잃지 않으므로 일면적이기는 하지만 일종의 능력을 갖추고 있는 셈이다. 이런 기질을 가진 사람은 가끔 행동의 적극적 동인, 즉 충동이 결여되고 활동적이 아니라는 결점은 있지만 격정에 몰려 사태를 파멸로 빠뜨릴 염려도 없다.

두 번째 기질의 특징은 사소한 사건의 자극을 받아도 이내 행동을 개시하게 되지만 큰 사건에 직면하면 곧 굴복하고 마는 데에 있다. 이런 사람은 불행한

한 사람을 구하기 위해서는 활발한 행동을 마다하지 않지만 이에 반해 국민 전체의 불행과 맞서면 쓸데없이 비탄한 감정만 가질 뿐, 행동으로 이에 맞서려고 하는 강한 감정을 나타내지 않는다.

이런 사람들이라 해도 전쟁에서 행동과 마음의 균형에 결여되는 점이 없을지도 모른다. 그러나 이러한 사람들은 도저히 큰일을 성취할 수 있는 사람이 아니다. 만약에 이와 같은 사람이 큰일을 성취할 수 있다고 한다면 그는 매우 힘찬 지성을 갖고, 더욱이 행동의 동인을 자각하고 있어야 한다. 그러나 이와 같은 사람들의 정의에 독립독행하는 힘찬 의지가 결부되는 일은 매우 드물다.

들끓는 듯한 또는 불타오르는 듯한 격렬한 감정은 그 자체로서는 실생활 자체에서나 또한 전쟁에서나 결코 적합하다고 말할 수 없다. 이런 종류의 감정은 확실히 강한 충동을 불러일으키는 것이기는 하지만, 이 충동을 오래 지탱할 수가 없다. 하지만 이러한 사람들의 격렬한 기질도 용기와 공명심이라는 방향을 지향하는 한, 전쟁에서도 하급 지위에서라면 매우 쓸모가 있다. 하급 지휘관의 명령 아래에 있는 군사적 행동은 상급 지위관이 명령하는 행동보다도 시간적으로 훨씬 짧기 때문이다. 하급 지휘관의 경우에는 용감한 결의나 심적인 여러 힘의 흥분은 대개 한 번으로 끝나는 것들이다. 실제로 대담한 습격이나 전력(全力)을 동원하는 돌격은 불과 몇 분 동안의 일이다. 그런데 시종 용기를 필요로 하는 전투는 만 하루가 걸리는 일이고, 또 전역(戰役)에 이르러서는 1년에 걸치는 사업이다.

이런 사람들은 그들의 감정이 급격하게 들끓으면 감정과 의지의 균형을 유지하는 것이 두 배 이상으로 어려워진다. 그래서 가끔 당황하게 되는데, 이것은 전쟁 지도에 있어 가장 나쁜 면이다. 자극을 받기 쉬운 사람들은 도저히 강한 정의(情意)를 가질 수가 없다고 잘라 말하는 것, 즉 몹시 흥분하면 마음의 균형을 유지하는 일이 더욱 불가능해진다고 단언하는 것은, 경험에 위배되는 조급한 단정이다. 이러한 사람들이라 해도 평소에는 고상한 성격을 갖추고 있으므로, 자기 자신의 품위를 지키려고 하는 감정이 그들 뒤에 존재하지 않을 리가 없다. 요컨대 이 감정이 그들에게 결여된 것이 아니라 다만 그것이 작용하기 시작하는 시간적 여유가 없을 뿐이다. 따라서 대개의 경우, 나중에 자책감으로 고통받게 된다. 그래서 만약에 그들이 교육, 자기 관찰, 혹은 생활의 경험 등에 의해서 자신의 격하기 쉬운 기질을 자계(自戒)하는 방법을 몸에 지니고, 그렇게 함으로써 자신의 마음 바닥에 잠들고 있는 균형을, 격렬한 흥분의 순간에도 재빨리 자각하도록 노력한다면 그들도 강력한 마음의 힘을 잘 발휘하게 된다.

마지막으로, 가볍게 마음은 움직이지 않지만 그렇기 때문에 깊이 감동하는 사람들과, 위에서 말한 세 번째 기질을 가진 사람들의 차이는 마치 빨갛게 붙은 강한 불과 활활 타오르는 불꽃과의 차이이다. 따라서 네 번째 기질에 속하는 사람들은 월등히 큰 힘을 가지고 거대한 양을 움직이는 데에 가장 적합하다. 여기에서 거대한 양이라고 말한 것은, 군사적 행동에서의 수많은 곤란을 비유적으로 표현한 것이다. 이러한 사람들의 감정 작용은, 이 거대한 양에 가해진 힘에 의해서 생긴 운동 바로 그것이다. 비록 운동은 완만하지만 무엇이든 압도하지 않으면 시원치가 않다.

이런 사람들은 세 번째 기질의 사람들만큼 격렬한 감정에 압도되는 일도 없고, 따라서 또 나중에 자책의 마음에 고통받는 일도 없다. 그러나 그렇다고 해서 마음의 균형을 잃거나 맹목적인 감정의 포로가 되는 일이 전혀 없으리라고 생각하는 것은, 이 또한 경험에 위배되는 견해일 것이다. 그들도 자제심을 잃지 않으려고 하는 긍지가 없거나, 이러한 긍지의 마음이 충분히 강하지 않은 경우에는 이와 같은 일이 끊임없이 일어나는 것이다. 그래서 우리는 이러한 현상을 특히 미개 민족의 큰인물에 대해서 매우 자주 경험한다. 미개 민족은 지성이 아직 충분히 발달하지 않아서 자칫 격정이 우위를 차지하기 때문이다. 그러나 무명 민족이나 문명 국민 중 가장 교양 있는 계급에 속하는 사람들이라 할지라도 강력한 격정에 몰리면 역시 이러한 현상이 그들의 생활을 지배하게 된다. 그것은 중세의 밀렵꾼[2]이 형벌로서 노루 등에 묶인 채 숲속을 무턱대고 달려야 하는 양상 그대로이다.

그래서 다시 한 번 이렇게 말하고 싶다―강한 정의란 쓸데없이 격렬하게 흥분하는 정의가 아니라, 제아무리 격렬하게 흥분해도 마음의 균형을 잃지 않는 정의를 말한다고. 따라서 비록 마음을 소란스럽게 만드는 폭풍우가 불어댄다고 해도, 이러한 사람들의 식견과 확신에 한 치의 차이도 생기지 않는다는 것은,

---

2) 노루를 몰래 잡는 밀렵꾼에게 가해지는 형벌을 가리키는 것 같다.

폭풍우에 휩싸인 배의 나침반과 같다고.

강한 성격, 혹은 일반적으로 성격이라고 불리는 것은, 바로 자기의 확신을 견지하는 것을 말한다. 이때 그 확신이, 다른 사람 또는 자기의 식견에 의한 것인가, 그렇지 않으면 원칙이나 견해 또는 순간적인 시사에 의한 것인가 또는 그 어떤 것이 되었든 간에 그것이 지성에서 생긴 결과인가는 물을 필요가 없다. 그러나 자신의 식견 그 자체가 빈번하게 변동하면 거기에서는 부동의 확신을 인정할 수가 없게 된다. 식견의 이러한 변동은 반드시 다른 사람으로부터의 영향의 결과라고는 할 수가 없다. 그것은 자기의 지력(知力)이 진보했기 때문에 생길 수도 있다. 하지만 견해의 변동을 낳게 하는 원인이 지성 그 자체의 불확실성에 있다는 것은 의심할 여지가 없다. 자기의 견해를 항상 바꾸는 사람은, 비록 그 변경이 자발적인 것이라 해도 성격이 있는 사람이라고는 할 수 없다. 요컨대 성격이 있는 사람이란 그의 확신이 항상 불변인 사람을 말한다. 그 경우, 성격이 깊은 근거를 가지고 있어서 변화하기 힘든 경우도 있고 또 정의의 작용이 활발치 못한 사람의 경우에는 지성의 활동도 둔하기 때문에 변화하려고 해도 변화할 수 없는 경우도 있고, 지성이 나타내는 규준에 따라 작용하는 명확한 의지가 의견의 변동을 어느 정도 배척하는 경우도 있다.

그런데 전쟁에서 정의는 끊임없이 무수한 강력한 인상의 영향을 받고 또 지식과 이에 바탕을 두는 식견은 모두 불확실하다. 따라서 지휘관을 당초의 궤도로부터 이탈시키고 또 때로는 지휘관 자신뿐만 아니라 더 나아가서는 다른 여러 사람들도 난처하게 만드는 기회가, 인간이 영위하는 다른 활동영역에서보다도 훨씬 많이 생기는 것이다.

위험과 심로(心勞)로 가득 찬 광경을 바라보면 감정은 자칫 지성의 확신을 압도한다. 또 여러 가지 모습이 박명(薄明) 속에 몽롱하게 나타나는 것과 같은 경우 투철한 식견을 갖기란 매우 어려운 일이다. 그렇다면 식견의 변경도 당연한 일이고, 따라서 용서되어야 할 것이다. 전쟁에서 행동의 기준이 되는 것은, 사태의 신상을 막연하게 예감하거나 감지하는 것일 수밖에 없다. 따라서 전쟁의 경우만큼 의견의 차이가 심한 경우는 없고, 이렇게 지휘관 자신의 확신을 뒤흔드는 인상의 흐름은 그칠 사이 없이 이어진다. 그렇게 되면 지성의 작용이 아무리 둔한 사람이라도 이 흐름에 거스를 수 없다. 여러 가지 인상은 어느 것이나 강렬하고 선명하게 지나가며 이들 인상은 일제히 지휘관의 감정이나 의지로 향하고 있기 때문이다.

좀 더 높은 입장에서 행동을 지도하는 일반적인 원칙이나 견해는 명확하고도 깊은 식견에서 생긴 결과의 산물이다. 그리고 개별적인 구체적인 경우에 관한 의견은 항상 이러한 원칙 내지는 견해를, 말하자면 정박지 삼아 여기에 닻을 내리는 것이다. 그러나 처음에 성찰과 숙고에 의해서 얻은 이러한 결과를 견지하여, 실제로 유동하는 의견이나 현상에 거스른다는 것은 매우 어려운 일이다. 구체적인 경우와 원칙 사이에는 때때로 큰 틈이 있다. 더욱이 이것은 반드시 명석한 추론을 거듭하여 연결이 닿게 할 수 있는 그러한 틈은 아닌 것이다. 그러나 그러기 때문에 거기에는 어느 정도의 자신이 필요하게 되고, 또 어느 정도의 회의(懷疑)도 유익한 것으로 여겨질 수가 있다. 그런데 거기에는 기준이 되는 원칙이 있어야 한다. 그것은 사유 밖에서 사유를 지배하는 원칙이다. 그것은 또 의심스러운 경우에는 처음 의견을 고수하되, 적어도 명확한 확신에 의하지 않는 한 그것을 바꾸지 않는다는 원칙이다. 우리는 충분히 검증된 원칙이야말로 뛰어난 진실이라는 것을 굳게 믿고, 시시각각으로 오가는 인상이 아무리 강렬해도, 그러한 진실은 원칙의 진실에 비하면 아무것도 아니라는 것을 잊어서는 안 된다. 의심스러운 경우에는 항상 최초의 확신을 우선시킨다는 이 원칙에 의해서, 다시 말하면, 당초의 확신을 견지함으로써, 우리의 행동은 시종일관된 것이 된다. 그리고 이와 같은 특성이 바로 성격이라고 불리는 것이다.

정의의 균형이 강한 성격을 육성하는 데에 얼마나 큰 역할을 하는가는 매우 명백한 일이다. 그러기 때문에 마음이 강한 사람은 대체적으로 강한 성격을 갖추고 있다.

강한 성격을 논하게 되면 그 변종이라고도 할 수 있는 고집에 대해서도 언급하지 않을 수 없게 된다.

구체적인 경우를 들어 어디까지가 강한 성격이고 어디부터가 고집인가를 가늠하는 것은 매우 곤란하다. 그러나 개념상으로라면 이 둘을 구별하는 일은 그다지 곤란하지는 않을 것이다.

고집은 지성이 범하는 잘못이 아니다. 고집은 자기보다 뛰어난 식견에 대한 반항이라고 할 수 있다. 그런데 지성은 식견의 능력이므로 식견이 식견에 반항하다는 것은 있을 수가 없다. 따라서 고집은 정의(情意)가 저지르는 잘못인 것이다. 이 완고한 의지, 타인의 반론에 대한 이런 반발의 근거는 특수한 아집에 있다. 즉 자기 자신뿐만 아니라 타인도 자신의 정신 활동을 가지고 지배하는 일에 다시없는 기쁨을 느끼는 것과 같은 아집이다. 그러나 고집은 허영심보다도 뛰어난 데가 있다. 그러므로 이것을 하나의 허영심으로 여긴다는 것은 당치 않는 일이다. 허영심을 만족시키는 것은 겉치레지만 고집을 만족시키는 것은 사실에 대한 기쁨이다.

따라서 우리는 다음과 같이 말하고자 한다―남보다 낫다는 확신에 의한 것이 아니고 또 한층 높은 원칙에 대한 신뢰에 의한 것도 아니고, 쓸데없이 반항적인 감정에 움직여 남의 식견에 반항하게 되면 강한 성격은 이내 고집으로 타락한다고. 이와 같은 정의는, 구체적인 경우에 이 둘을 구별하는 데 거의 쓸모가 없지만, 고집을 단순히 강한 성격의 보다 강화된 것이라고 보는 오해를 막는데에는 쓸모가 있을 것으로 여겨진다. 고집과 강한 성격은 본질적으로 다르다. 고집은 강한 성격과 어깨를 나란히 하고 또 이것과 매우 비슷하지만 강화된 성격은 아니다. 지성에 결함이 있어서 강한 성격을 갖추고 있지 않음에도 불구하고 고집이 매우 센 사람도 있다.

이상에서 우리는 전쟁에서의 탁월한 지휘관의 기량을 고찰하여, 정의와 지성의 조합에서 생기는 여러 가지 특성을 알았다. 그래서 이번에는 군사적 행동에 본질적인 하나의 특성을 조금 이야기해 보고자 한다. 이것은 확실히 가장 중요하지는 않지만 무엇보다 유력한 것으로 생각할 수 있으며, 정의와는 상관이 없이 오직 정신적 능력만을 필요로 하는 특성이다. 그 특성은―전쟁과 토지 및 지형의 관계이다.

첫째로 이 관계는 항상 존재하므로 현대의 문명 제국의 군대는 그 군사적 행동을 반드시 일정한 공간에서 일으킨다고 생각해야 한다. 둘째로 이 관계는 군사적 행동에 결정적으로 중요하다. 전쟁과 토지 및 지형과의 관계는 교전 당사자 서로의 전력 작용에 많건 적건 영향을 끼쳐, 때로는 이것을 전적으로 변경하기 때문이다. 셋째로 이 관계는 종종 지형의 세부에까지 미치지만 동시에 다른 한편으로는 매우 광대한 지역을 포괄한다.

이와 같이 전쟁과 토지 및 지형의 관계는 군사 행동을 매우 특이한 것으로 만든다. 토지를 이용하는 인간의 영위에는 원예나 농업, 건축이나 하천공사, 채광(採鑛)이나 임업 또는 수렵 등이 있다. 그러나 이들 영위는 어느 것이나 그다지 광대한 토지를 필요로 하지 않으므로 소요되는 토지를 단시간으로 정확하게 답사할 수가 있다. 그런데 전쟁이 일어나면 지휘관은 그의 활동 범위를 매우 광대한 토지와 상대해야 한다. 그의 눈은 이 광대한 지역을 통관(通觀)할 수가 없다. 또 제아무리 부지런해도 이토록 광대한 토지를 정확하게 답사할 수 있지는 않다. 게다가 지상에 있는 사물은 끊임없이 변경되므로 이 토지를 모두 잘 알 수가 없다. 이것은 적이나 아군이나 마찬가지이다. 그러나 첫째로 이런 어려움이 서로 같다고 하면 재능과 훈련에 의해서 이 곤란을 극복한 쪽이 현저히 유리하게 될 것이다. 둘째로 서로의 곤란이 같다고 하는 것은 일반적인 말에 지나지 않고 실제로는 그렇지가 않다. 구체적인 경우, 교전자의 어느 한쪽, 즉 방어자 쪽이 공격자보다도 지형에 대해서 훨씬 많은 지식을 갖는 것이 통례이다.

이러한 아주 특이한 곤란을 극복하기 위해서는 역시 특이한 정신적 소질을 필요로 한다. 그것은—아주 국한된 뜻밖에 표현할 수 없는 말이지만—지형 감각이라고 불리는 것이다. 이 감각은 그 어떤 지형에 대해서도 즉각 올바른 기하학적 표현을 구상하고, 이에 입각해서 손쉽게 그 토지의 사정에 통하는 능력이다. 두말할 필요도 없이 이것은 상상력의 작용이다. 확실히 이와 같은 파악은, 한편으로는 육안에 의해서, 다른 한편으로는 지성에 의해서 이루어진다. 이때 지성은 학문과 경험에서 얻어진 식견으로 육안이 미치지 못하는 부분을 보완하고, 육안으로 얻은 단편적인 소견을 종합해서 전체를 만들어 내기는 한다. 그러나 이 전체를 선명하게 마음에 떠올려 하나의 심상(心象)으로, 말하자면 마음속에 그려진 지도로 구성하고 이 심상에 불변한 모양을 주어 그 정확한 상을 휴지하고 이를 잃지 않는 것은 상상력이라고 하는 정신력만이 할 수 있는 일이다. 천재적인 시인이나 화가들은 그들의 여신(女神)으로 숭상하는 상상력에 이와 같은 세속적인 효력을 부여하는 것을 중대한 모욕이라 느끼고, 만약에 이것을 허용한다면 수렵을 일삼은 영리한 젊은이조차도 탁월한 상상력을 갖추고 있게 되는 것이 아니냐고 비웃음 삼아 어깨를 움츠릴지도 모른다. 좋다. 그렇다면 우리는 여기에서 상상력이 극히 국한된 적용, 상상력의 이른바 천한 역할이라는 것을 논하고 있다는 것을 인정하기로 한다. 그러나 지형 판단에 있어서 상상력의 작용이 아무리 시시하다고 해도 그것은 결국 타고난 심력에서 얻어야 하는 것이다. 만약에 상상력이 전혀 결여되어 있다면 지형을 구성하고 있는 지상의 사물을 서로 관련시켜서 그것을 직관적으로 생생하게 나타내기란 곤란할 것이다. 그리고 이 경우 뛰어난 기억력이 크게 기여하게 된다는 것을 우리는 인정하는 데에 인색하지 않으려고 한다. 그래도 기억력이 하나의 특수한 심력으로 여길 수 있는가, 오히려 상상력이라는 표상 능력이야말로 이들 사물에 기억력을 정착시키는 작용을 갖추고 있는 것이 아닌가 하는 문제는 지금 여기서 갑자기 결정할 수는 없다. 이 두 가지 심력은 몇 가지 관계에서 긴밀하게 결부되고 있으므로 이것을 서로 분리해서 생각할 수가 없기 때문이다.

그러나 이 경우에도 훈련과 식견이 크게 쓸모가 있는 것은 물론이다. 명장 뤽상부르[3]의 명참모장 퓌세귀르[4]는, 그도 초기 무렵에는 이 점에 대해서 거의 자신이 없었다고 말하고 있다. 그리고 실제로 암호[5]를 수령하기 위해 멀리 가야 할 때에는 언제나 길을 잘못 들었다고 고백한다.

말할 필요도 없이 이 재능의 사용 범위는 지휘관의 지위가 높아짐에 따라 차차 확대된다. 정찰대를 거느리는 표기병이나 저격병[6]은 돌투성이의 도로에서도 곧 자기 위치를 알아야 하는데 이를 위해서는 사소한 표지만 있어도 되고, 지형을 파악하고 이를 표시하는 능력도 그다지 뛰어날 필요는 없다. 그러나 장수가 되면 한 지방 또는 한 나라의 일반적인 지리적 상황까지 알고 있어야 하고 또 도로, 하천 및 산악 등의 특징을 눈앞에 생생하게 떠올릴 수 있어야 한다. 그러나 그렇다고 해서 일정한 토지에 대한 지형 감각을 빠뜨릴 수는 없는 일이다. 확실히 일반적인 지리적 상황에 관해서는 여러 종류의 정보·지도·서적·

---

3) 뤽상부르(Luxembourg, François Henri de Montmorency-Bouteville, 1628~1695), 루이 14세를 섬긴 프랑스의 원수, 명장 콩데의 가르침을 받았고 그 후계자.

4) 퓌세귀르(Puységur, Jacques-François de Chastenet, 1656~1743), 프랑스의 원수. 그의 저서 《용병론 L'Art de la guerre》은 유명하다.

5) 왕년의 야전 부대에 매일 부여된 암호를 말한다.

6) 저격병은 17세기 말에 프랑스에서 설치된 보병 부대로 사격에 능하고 대체로 사격전에 동원되었다. 1800년 무렵에는 유럽 여러 나라의 군대가 거의 이 병종을 갖추었다. 프랑스에서는 저격병 부대가 1779년에 편제되었는데 독일에서는 그 훨씬 뒤인 1905년이었다. 그러나 전투에서의 가치를 점차 상실하여 제1차 세계대전 뒤에 독일에서는 저격병이 없어졌다. 그래도 명칭만은 제2차 세계대전까지도 남아 있었다.

회상록 등이 또 개개의 사물에 대해서는 보좌관들의 진언이 쓸모가 있기는 하다. 그러나 그럼에도 불구하고 장수 자신이 지형을 신속, 명확하게 포착하는 뛰어난 재능을 갖추고 있으면 그의 행동은 전체에 걸쳐 보다 용의하고 정확하게 이루어질 것이다. 그렇게 되면 장수는 마음속의 초조함을 느낄 필요도 없고 또 남에게 의존하는 일도 적게 될 것이다.

이와 같은 능력은 역시 상상력에 의해 주어진다. 그렇다면 이것은 군사적 행동이 여신에게서 구할 수 있는 유일한 은혜라고 해도 좋을 것이다. 그 밖의 경우에 상상력은 군사적 행동에 유익하기보다는 오히려 유해하기 때문이다.

이상에서 인간의 성질이 갖춘 정신적, 심적 여러 힘이 특히 군사 행동에서 나타나는 여러 가지 방식을 모두 고찰한 것이 된다. 그리고 그 모두를 통해서 지성의 힘이 반드시 함께 작용하고 있었음을 알았다. 따라서 군사적 활동을 단지 지성의 발현이라고 보는 한, 그 행동이 매우 단순하고 각별히 복잡한 사고를 필요로 하지 않는 평범한 일처럼 여겨지더라도, 지휘관이 탁월한 지성을 갖추고 있지 않으면 도저히 빛나는 성과를 거둘 수 없다는 것을 알 수 있다.

이렇게 해서 우리는 군사적 행동에는 항상 지성이 따르고 있다고 하는 견해에 도달했다. 이렇게 보면 적진지의 우회[7] 같은 것은 그 자체가 당연한, 이제까지 몇 번이고 되풀이된 행동이며, 이와 비슷한 다른 여러 수단과 마찬가지로 이미 정신을 쓸 필요가 많은 행동이라고 여길 필요가 없는 셈이다.

세상 사람들은, 한편에 단순하고 유능한 군인을 두고 다른 한편에 사색적인 혹은 사상과 착상이 풍부한 재사 또는 제반 교양을 갖춘 준재(俊才)를 앉혀놓고, 이들이 서로 대립하기 쉬운 것으로 생각했다. 확실히 이와 같은 대립이라고 해서 사실에 어긋나지는 않는다. 그러나 그것은, 군인이 유능하다는 것은 바로 용기가 있음을 말한다거나 또 뛰어난 군인이라는 말을 듣기 위해서는 두뇌의 특별한 능력을 필요로 한 것이 아니라는 사실을 증명하지는 않는다. 우리는 앞서 말한 것을 여기에서 다시 되풀이해서 지적하지 않을 수 없다. 즉 군인이 상급 지위에 오르자마자 하급 지위에 있을 때 보인 유능한 활동이 불가능한 사례가 결코 보기 드문 일이 아니라는 것이다. 즉, 그의 식견은 이제 상급 지위에

---

7) 우회는 적진지의 측면 또는 배후로 향하는 운동이다.

는 견딜 수 없는 것이다. 그러나 또 우리는 다음과 같은 사실도 되풀이해서 지적하지 않을 수 없다. 그것은 지휘관의 지위에 따라 각기 활동하는 방식이 있고, 그 방식에 따라 뛰어난 업적을 성취하면, 유능한 군인으로서의 명성이 주어진다고 하는 것이다. 따라서 전쟁에서의 명령권의 각 단계에는, 그에 필요한 독특한 정신적 힘이 대응하고, 따라서 또 각 단계에 어울리는 단계에 알맞은 명예와 공명이 대응하게 되는 것이다.

장수라고 하면, 전쟁에서 모든 군사적 행동을 통제하는 최고의 지위에 있는 장군이거나, 그렇지 않으면 전장에서 야전군의 최고 지휘관으로서의 장군―둘 중의 하나이다. 이러한 장수와 그의 바로 아래에 있는 지휘관 사이에는 커다란 간극이 있다. 그것은 후자가 직접 전자의 지휘 및 감독 아래에 있기 때문에 자기 자신의 정신적 활동을 현저하게 제한하지 않을 수 없기 때문이다. 이와 같은 사정이 있기 때문에 탁월한 지성적 행동은 장수라고 하는 최고의 지위에 한정되고, 그 아래의 지위에서는 보통의 지성으로 충분하다는 속론(俗論)이 생긴 것이다. 또 실제로 세상 사람들은, 늙을 때까지 군무에 복무하여 다년간의 외골수적인 활동 때문에 정신의 빈곤을 가져온 하급 지휘관을 어리석은 자로 간주하고, 그의 용기에는 존경하는 마음을 품으면서도 그의 단순함을 냉소하는 경향이 있다. 물론 우리는 이러한 씩씩한 군인을 승진시키기 위해 힘을 다할 생각은 없다. 그들에게 현재보다도 좋은 운명을 부여해도 그들의 활동력에는 아무 기여하는 바가 없을 것이고, 또 그들의 행복 증진에도 공헌하는 일이 아닐 것이다. 우리로서는 단지 있는 그대로의 사실을 보여 주고 전쟁에서는 지성이 없어도 용기만 있으면 뛰어난 업적을 성취할 수 있다는 잘못된 생각을 바로잡고 싶을 뿐인 것이다.

최하급 지휘관의 지위라도 탁월한 지휘관을 지망하는 사람에게는 역시 탁월한 정신적인 힘이 필요하고, 또 이와 같은 정신적인 힘은 지휘관의 지위가 올라감에 따라 더욱 강화된다. 그렇다면 우리가 군에서 최고 지휘관 다음의 명예 있는 지위를 차지하는 군인에 관해서 세상의 평가와는 전혀 다른 견해를 갖는 것은 당연하다 할 것이다. 이러한 장관(將官)은 겉보기에 단순하지만, 그들을 학문에 조예가 깊은 학자나 글에 능숙한 사무가 또는 절충에 능한 정치가와 같은 반열에 놓아도 탁월한 지성적 활동에 대해서 아무런 손색이 없다는 것을 알게 될 것이다. 두말할 필요도 없이 하급 지위에서 얻은 이와 같은 명예를 짊어지고 승진하면서 상급 지위에서는 유감스럽게도 이 명예에 어울리는 능력을 효과적으로 발휘하지 못하는 군인이 가끔 있는 것도 사실이다. 그러나 이와 같은 사람들은 상급 지위에서 중용(重用)되지 않으면 수치를 겪지 않아도 될 것이다. 그러나 세상 사람들은 이런 군인에는 어느 정도의 명성에 상당하는가를 정확히 판단할 수가 없기 때문에 어떤 지위에 앉힐 경우 빛나는 명성을 올릴만한 인물까지도 가끔 실제보다도 낮게 평가하는 것이다.

요컨대 하급에서 상급 지위에 이르기까지 정쟁에서 뛰어난 업적을 성취하기 위해서는 독특한 천재가 필요하다. 그런데 대부분은 역사나 후세의 비평, 제1위, 즉 장수의 지위에서 빛나는 무공을 세운 사람에게만 군사적 천재의 이름을 부여한다. 그 이유는 이와 같은 지위야말로 지성과 정신의 작용이 가장 많이 요구되기 때문이다.

일단 시작된 전쟁을 완수하고 또 전쟁에서 최대의 활동, 즉 출정이라 불리는 사업을 수행해서 소기의 목적에 도달함으로써 유종의 미를 거두기 위해서는 내정과 외교의 고등 정책에 대한 뛰어난 식견을 필요로 한다. 전쟁 지도와 정치는 여기에서 일치되어 장수[8]는 동시에 정치가가 되는 것이다.

카를 12세는 위대한 천재의 이름을 들을 만한 왕이 아니다. 그는 군대의 활동을, 보다 높은 견식과 지혜에 따르게 하지 못했고, 또 이렇게 해서 보다 고차적인 목표에 도달하는 방법도 몰랐기 때문이다. 앙리 4세[9] 또한 위대한 천재라는 말을 들을 만한 처지가 못 된다. 그는 군사적 활동으로 열국 간의 정치적 정세에 영향을 주는 일도, 또 보다 고차적인 영역에서 자기 힘을 시험하지도 못하

---

8) 장수는 전쟁에 임해서 전쟁 계획을 세우고 또 전군을 통솔하여 운용하는 군사적 천재임과 동시에 내정 및 외교에 대한 정치적 통찰을 갖춘 군인이어야 한다. 그러나 어떤 장관(將官)이 참모총장과 수상을 겸임했다고 해서 그것만으로 그를 장수로 볼 수는 없다. 군사적 재능이 없고 또 정치적 식견을 가지지 않는 우매한 장관이 이러한 지위를 차지하는 경우가 있는 것은 낮은 곳의 물을 산 위로 올라가게 하는 것과 같은 일이다.

9) 앙리 4세(Henri IV, 1553~1610). 프랑스의 왕(재위 1589~1610). 낭트칙령을 발표하여(1598) 가톨릭과 프로테스탄트 사이에 있었던 종교전쟁(위그노 전쟁)을 수습해서 국내 통일을 꾀했다. 또 재정, 행정 및 법률을 개혁해서 왕권을 강화였다. 뒤에 합스부르크가(家)(오스트리아)의 강력한 지위를 뒤집기 위하여 프로테스탄트 동맹과 손을 잡고 에스파냐 및 독일 황제를 상대로 전쟁을 시도했으나 전쟁 개시와 더불어 암살되었다.

고 죽었기 때문이다. 고상한 감정이나 기사(騎士) 기질과 같은 것으로는 국내의 저항을 극복하는 것이라면 몰라도, 대외 정책 영역에서는 상대를 마음대로 할 수 있는 것이 아니다.

이상 말한 것을 모두 한눈에 포괄하고 또 올바르게 이해하고 있는지 알고 싶다면 제1장의 '전쟁이란 무엇인가'를 참조하기 바란다. 우리는 장수가 동시에 정치가가 된다고 말했는데, 그러한 경우에도 장수는 장수임을 그만둘 필요는 없는 것이다. 그는 한편으로 내외의 정치적 정세를 모두 통관하고 또 다른 한편으로는 그가 장수로서 장악하고 있는 모든 군사적 수단을 가지고 무엇을 할 수 있는가를 올바르게 의식하고 있는 것이다.

그러나 이와 같은 경우에 장수가 당면하는 관계는 다종다양하고 게다가 이들 관계 사이의 경계는 항상 일정하지가 않다. 장수는 막대한 양의 중대 사항을 고려해야 하고 또 이들의 대부분은 개연성의 법칙에 따르는 것 외에는 추정할 방법이 없는 것이다. 따라서 장수는 도처에 진실을 예감하고 감지할 수 있는 정신적 안광(眼光)을 가지고 이들 모든 것을 관파(觀破)하는 것이 아니라면, 현상에 좌우되는 고찰과 고려는 복잡하게 뒤얽혀 거기에 말려든 그의 판단은 마침내 거기에서 탈출할 수가 없게 될 것이다. 이런 뜻에서 나폴레옹[10]이 '장수가 내려야 하는 많은 결단은 수학의 계산 문제와 같다. 이 문제를 해결하기 위해 뉴턴[11]이나 오일러[12]와 같은 수학자의 힘을 빌린다 해도 부당하다고는 말할 수 없을 정도의 난문이다'라고 말한 것은 매우 지당한 말이다.

이 경우, 고도의 정신력에 요구되는 것은 탁월한 통일력과 판단력을 갖춘 정신적 안광이다. 이와 같은 정신적 안광은 장수의 마음을 고루 비쳐서 수많은 애매한 표상(表象)을 만나면 이를 순식간에 판별하게 된다. 이에 반해 평범한 지성은 이들 애매한 표상을 고심참담해서 간신히 해명했다 해도 그 때문에 지성은 지쳐버리고 말 것이다. 하지만 이와 같은 고도의 정신 활동, 천재의 이러한 정신적 안광도 앞서 말한 정의(情意)와 성격의 여러 특성에 의해 지지되는 것이

---

10) 나폴레옹 1세(Napoleon I, 1769~1815). 나폴레옹은 황제로서의 칭호이다. 이 책에서 이 칭호를 사용한 곳은 매우 드물고, 대부분 호명인 보나파르트(Bonaparte)를 사용하고 있다.

11) 뉴턴(Newton, Isaac, 1643~1727). 영국의 물리학자, 수학자, 천문학자.

12) 오일러(Euler, Leonhard, 1707~1783). 스위스의 수학자, 물리학자, 천문학자.

아니라면 역사적 사실로서 후대에 전해지지 않을 것이다.

인간이 단순히 진실만을 행동의 동인(動因)으로 삼는다면 이러한 동인의 힘은 매우 약하다. 따라서 어떤 것을 단순히 안다는 것(인식)과 그것을 원한다고 하는 것(의욕), 어떤 일을 단순히 알고 있다는 것(지식)과 그것을 할 수 있다는 것(능력) 사이에는 언제나 커다란 간극이 생기게 된다. 인간의 마음을 움직여서 행동을 일으키게 하는 가장 강한 동기는 힘찬 감정과 이러한 감정의 지속에서 생기는, 또는 정의와 지성의 합금에서—이러한 표현의 사용이 허용된다면—생긴다고 해도 좋다. 그리고 이와 같은 합금이 어떠한 것인가는 위에 적은 과단·고집·견인·성격의 강도(强度) 등으로 이미 우리가 알고 있는 것들이다.

어쨌든 장수의 정신 및 정의(情意)의 뛰어난 활동은 그의 행동에서 생긴 모든 구체적인 성과로 구체적으로 나타나야 한다. 그렇지 않고 어떤 장수의 정신적, 정의적 활동이 단지 훌륭했다고 하는 막연한 전달만으로는 그와 같은 일은 역사적 사실로서 인정받지 못한다.

전쟁에서의 여러 가지 일들의 경과에 대해서 우리가 알 수 있는 것은 어느 것이나 단순하고 서로 비슷하다. 그러기 때문에 전쟁의 기술(記述)에만 의존한다면, 전쟁의 경과 중에 극복된 여러 가지 어려운 일에 대해서는 거의 알 수가 없을 것이다. 때때로 장수 또는 그의 측근들이 쓴 회상록이나, 때로는 특히 전쟁에서의 한 사건만을 다룬 전사(戰史) 연구에서 전쟁이나 전역 전체를 구성하고 있는 많은 요소들의 일부를 찾아볼 수가 있다. 그러나 중대한 행동의 실시에 앞서 이루어진 여러 가지 고려나 정신적 고뇌의 대부분은 고의로 감추어지거나 우연히 망각되고 만다. 그것이 차단되는 것은 정치적 이해관계에 저촉되기 때문이고, 또 잊히는 것은 건축이 완성되면 걷어내야 할 발판에 지나지 않는다고 여기기 때문이다.

마지막으로, 고도의 심적 능력을 이 이상 자상하게 규정하는 것은 그만두고, 보통 쓰이고 있는 지성의 힘이라고 하는 말 그 자체를 분석해 보고자 한다. 지성의 힘에도 여러 가지가 있지만 도대체 어떠한 지성이 군사적 천재와 가장 밀접하게 결부되는가? 지성의 힘 그 자체와 경험에 비추어 다음과 같은 대답이 나올 수 있을 것이다. 일단 전쟁이 일어났을 경우, 우리 자손의 행복과 조국의 명예 및 안녕을 맡길만한 인물은, 창조적이기보다는 오히려 정밀하고 사려가 풍부한 사람, 오로지 목적을 추구하는 것보다는 오히려 대세를 개괄적으로 통관할 수 있는 사람, 뜨거워지기 쉬운 인물보다는 오히려 냉정한 인물이라고.

제4장
전쟁에서의 위험

세상 사람들은 대개 전쟁에서의 위험이 실제로 어느 정도인가를 알기 전에 이에 대해 미리 선입견을 갖는다. 이러한 종류의 위험이 사람을 겁먹게 하는 것보다는 오히려 사람의 마음을 끄는 것으로 여기고 있다. 감격에 도취되어 적진을 향해 쇄도할 때(그때 그 누가 총알이나 전사자의 수를 세고 있을 수 있을까?), 순간적으로 눈을 감고 냉혹한 죽음 앞에 몸을 던질 때(그때 죽음을 면하는 자가 자기인지 전우인지는 분명치가 않다)—이들 동작은 모두 금빛으로 빛나는 승리의 목표 직전에서 이루어진다. 갈증을 풀어 줄 과실은 전사들의 눈앞에 있다. 이 감미로운 과실이야말로 명예심이 갈망하는 것이다. 그때 이들 행동은 과연 곤란한 일일까. 그것은 사실 곤란한 일은 아닐 것이다. 오히려 매우 쉬운 일인 것처럼 보일지도 모른다. 그러나 이와 같은 순간은 드물다. 일반적으로는 지금 말한 것 같은 행동이 한참 동안에 거쳐 일어나는 일처럼 여겨지고 있으나 실은 맥박이 한 번 뛸 정도의 짧은 순간에 일어나는 일이 아니다. 이 순간은 마치 약을 조제할 때처럼 시간으로 희석되고 순도를 떨어뜨려 복용해야 한다.

시험 삼아 신병을 이끌고 전장으로 간다고 하자. 우리가 전장에 가까이 감에 따라 대포를 발사하는 굉음이 더욱더 뚜렷하게 들리고, 포탄의 포효(咆哮)가 뒤섞여 미경험자의 주의를 억지로 끌어당긴다. 적탄은 우리 전후좌우에 떨어지기 시작한다. 우리는 군사령관이 많은 군 간부들과 함께 서 있는 언덕 위로 서둘러 간다. 이곳에서도 포탄은 가까이에 떨어지고 유탄(榴彈)[1]이 쉴 새 없이 작렬하여, 엄숙한 삶의 현실은 신병이 머릿속에서 상상으로 그린 전쟁의 모습을

---

1) 유탄은 살상과 파괴를 목적으로 하는 긴 포탄으로 강철제 탄체에 다량의 작약(炸藥)을 쟁이고 탄두에 신관(信管)을 단 것. 발사된 탄환이 도착 지점에서 터진다. 주로 중소 구경의 야전포에 사용된다.

무참하게도 찢어 버리고 만다. 갑자기 가까운 전우가 쓰러진다. 한 방의 유탄이 부대 안에 떨어지면 자기도 모르는 움직임이 여기저기에서 일어난다. 병사들은 마음의 안정을 모두 잃었음을 느끼기 시작한다. 이렇게 되면 제아무리 용기 있는 자도 멍청한 상태가 되지 않을 수 없다. 우리 눈앞에서 격렬하게 전개되고 있는 전장 안으로 한 발 들어간다. 전쟁은 아직은 연극 같은 점이 없는 것도 아니다. 사단장이 있는 가까운 사령소로 간다. 포탄은 연이어 떨어지고 아군이 쏘아대는 요란스러운 포성은 우리의 정신을 더욱 멍하게 만든다. 사단장 곁을 떠나 여단장 지휘소로 간다. 용맹으로 유명한 여단장도 지금은 신중하게 행동하여 언덕이나 가옥 뒤쪽 또는 나무숲 뒤에 머물고 있다. 이것은 위험의 정도가 더 심해졌다는 것을 확실하게 나타내는, 말하자면 지수(指數)라고 말할 수 있는 사태이다. 산탄(霰彈)[2]이 지붕이나 들판에서 소리 내며 비처럼 쏟아진다. 근처의 공기를 뒤흔드는 포탄은 우리의 곁 또는 머리 위를 날아간다. 소총탄은 "핑핑!" 소리를 내며 날아온다. 다시 전투 부대로 발걸음을 옮긴다. 그것은 여러 시간에 걸친 사격전을 이루 말할 수 없는 인내를 가지고 버티고 있는 보병 부대이다.— 대기는 총탄 소리로 가득 차고 짧고 날카로운 소리는 총탄이 가까워지고 있다는 것을 알리고 있다. 실제로 총알은 우리의 귀, 머리, 마음의 1인치도 채 안 되는 곳을 지나가고 있다. 또 사지를 다친 부상병이나 땅 위를 뒹구는 병사들의 처참한 모습을 보면, 동정심은 비통한 빛을 띠고 두근거리는 우리의 심장을 압박한다.

전장에서는 여러 가지 위험이 제각기 밀도를 달리하는 층을 이루고 있다. 신병들은 이들 중 어느 층에 닿아도, 거기에서는 사고(思考)의 빛이 머릿속에서 마음먹은 대로 생각하는 것과는 다른 매체를 투과하여, 서로 다른 굴절이 생기는 것을 느끼지 않을 수 없을 것이다. 실제로, 위에서 말한 위험하기 짝이 없는 인상을 처음 접하고, 즉각적인 결단을 내리는 능력을 상실하지 않는 군인이 있다면 그는 특이한 사람이라고 하지 않을 수가 없다. 확실히 환경에 익숙해지면 생생한 인상은 빛을 잃을 것이다. 그리고 반시간 정도 지나면 주위의 모든 것에 대해서, 사람에 따라 정도의 차이는 있지만, 차차 무관심하게 되기 시작할 것

---

2) 산탄은 탄체 안에 많은 탄자(납이나 철로 된 작은 구슬 형태의 총알)를 쟁인 것. 현재에는 사용되지 않는다.

이다. 그러나 마음이 이러한 인상에 의해 조금도 동요되지 않는 상태에 이르고, 마음에 본디의 탄력성을 회복한다는 것은, 일반인이 도저히 감당할 수 있는 일이 아니다. 이것조차도 일반인에 미치지 못하는 처지라면, 지휘관의 지위가 높아짐에 따라 수행해야 하는 활동 범위가 더욱더 확대된다고 하면, 마음의 균형을 유지한다는 것은 더욱더 어려워질 것임은 두말할 필요가 없다. 전쟁의 위험이라고 하는 무거운 매체 안에서의 거동이, 실내에서 평소와 다름없는 것으로 여겨지는 동작에 손색이 없는 정도가 되어야 한다면, 정열적인 혹은 스토아적인 또는 타고난 용감성이나 지휘관으로서의 명예심, 오랫동안 위험에 익숙해져 거기에 그다지 집착하지 않는 심적 요인이 다분히 존재해야 한다.

전쟁에서의 위험은 다름 아닌 전쟁에서 나타나는 마찰 가운데 하나여서 이에 대해 올바른 견해를 갖는다는 것은 진실의 인식에 필요하다. 본 장에서 이 문제를 논하는 것은 바로 이 때문이다.

제5장
전쟁에서의 육체적 고통

　전쟁에서 일어난 사건에 대하여 판단하는 경우, 판단하는 당사자 자신이 혹한 때문에 몸이 얼고, 혹서와 갈증 때문에 쇠약해지고, 물자의 결핍과 피로 때문에 의기소침해 있다고 한다면, 이와 같은 사정 아래에서 내려진 판단을 객관적으로는 옳다고 할 수 없으나 적어도 주관적으로는 옳을 것이다. 이러한 판단에는 판단하는 당사자와 판단의 대상과의 관계가 그대로 반영되고 있기 때문이다. 불리한 싸움의 결과에 대한 판단은, 당사자가 그 전장의 목격자였거나 또는 그 와중에 오래 있었던 사람이라면, 당연히 그 정도가 낮고 시시해서 고려할 가치가 없어진다는 것은 우리가 잘 알고 있는 바이다. 육체적 고통도 판단에 현저한 영향을 끼치므로, 이것을 판단할 때 충분히 참작되어야 한다는 것이 우리의 견해이다.

　전쟁에서 사용되는 사물 중에는 비록 경찰의 엄격한 사정(査定)이 있다 할지라도 그 사용의 정도를 확정할 수 없는 것들이 많다. 그중에서도 가장 어려운 것이 육체적 고통이다. 체력이 낭비되지 않는 한, 육체적 고통은 전쟁에서의 모든 힘의 말하자면 상수(常數 : 정해진 수)이므로. 구체적인 경우에 어느 정도까지 이러한 고통을 부과할 수 있는가 하는 것은 그 누구도 정확하게 말할 수는 없다.

　그러나 이에 대해서는 다음과 같은 사고방식이 있다는 것에 주의하기를 바란다. 즉 활시위를 강하게 당기는 것은 사수의 솜씨에 달려 있는 것과 마찬가지로, 전쟁에서 군의 긴장된 힘을 높이 유지하는 것은 장수의 씩씩한 정신에 의존해야 한다는 것이다. 이를 뒷받침하기 위해 군대의 두 가지 경우를 생각해 보자. 한쪽 군은 전투에서 몇 차례 큰 실패를 하고 여러 위험에 처하여 붕괴 직전까지 이르렀을 때, 이 위기에서 탈출하기 위해서는 병사들은 체력을 극도로 소비할 수밖에 없다. 이에 반해 다른 한쪽 군은 싸움에 이김으로써 오직 승리의 감정에 젖어 전진하며 장수는 이들을 마음대로 지휘할 수가 있다. 같은 육체적 고통이면서도 먼저의 경우는 기껏해야 동정심을 자아내는 데에 지나지 않지만, 두 번째의 경우는 우리에게 감탄을 자아내게 한다. 전승자가 육체적 고통을 마다하지 않게 하는 것은, 패배자가 할 수 없이 육체적 고통의 위기 탈출에 희망을 거는 것보다도 훨씬 곤란하기 때문이다. 따라서 육체적 고통이 장수의 정신 작용을 암암리에 구속하고 그의 심적 능력을 남몰래 좀먹는 것의 하나라고 하는 깊은 통찰에 익숙하지 않은 사람의 눈에도 명백할 것이다.

여기에서는 장수가 군에 요구하고 또 지휘관이 부하에게 요구하는 육체적 고통만을 문제 삼았다. 따라서 이러한 고통을 부과하는 용기와 이러한 고통에 견디게 하는 기량만을 문제 삼은 것이다. 그렇게 되면 지휘관이나 장수 자신의 육체적 고통 또한 소홀히 할 수는 없다. 전쟁 분석을 여기까지 끌고 온 우리로 서는 이러한, 말하자면 남은 문제에 대해서도 언급해 두어야 한다.

여기에서 특히 육체적 고통을 논한 것은 그것이—전장에서 고찰한 전쟁에서의 위험과 마찬가지로—전쟁에서 마찰의 가장 깊은 원인 가운데 하나이기 때문이며, 또 그 정도를 확정하기가 어렵다는 것은 탄성체의 성질과 비슷한 점이 있기 때문이다. 탄성체의 마찰을 계측하는 것이 매우 곤란한 일이라는 것은 널리 알려진 사실이다.

위에서 말한 고찰—즉 전쟁에서의 여러 가지 조건 중에는 그 정도를 계측하기 어려운 것이 있다고 하는 견해는 남용되어서는 안 된다. 이에 대해서 자연은 우리의 판단에 감정이라고 하는 좋은 안내자를 딸려주고 있다. 예를 들어, 어떤 사람이 모욕을 받고 학대받은 경우, 자신은 모자라서 그렇게 되었다고 변명해도 그의 입장은 결코 유리해지지 않는다. 그러나 그가 모욕을 잘 피하고 또는 훌륭하게 보복을 한 뒤라면 모자랐다는 것을 강조해도 이상한 일이 아니다. 마찬가지로 그 어떤 장수도 또 그 어떤 군대도, 자기가 경험한 위험, 곤란 또는 육체적 고통을 아무리 들먹여도 치욕스러운 패배의 인상을 지울 수는 없다. 그러나 혁혁한 전과를 세운 뒤라면 이러한 고백은 오히려 승리의 영예를 더욱 높이는 일이 될 것이다. 우리의 판단은 자칫 겉보기의 공정을 구하려고 하지만, 우리의 감정은 보다 높은 판단력으로서 이러한 공정을 물리치는 것이다.

제6장
전쟁에서의 정보

'정보'란 말은 적과 적국에 관한 모든 지식을 의미하며, 따라서 전쟁에서 아군의 계획과 행동의 기초를 이룬다. 그런데 이 기초의 본디 성질, 즉 끊임없이 변화해서 결국 믿을 수가 없다는 성질을 생각해 보지 않을 수가 없다. 그렇게 되면 전쟁이란 흔들리고 있는 건물과 같아서 언제 붕괴해서 우리가 그 밑에 깔려 매몰될지 모른다는 것을 느낄 것이다. 우리는 확실한 정보만을 신용하면 좋다거나, 정보를 함부로 신용해서는 안 된다는 충언은, 분명히 어느 군사학에나 실려 있지만 이것은 말뿐인 시시한 위로로서 체계나 요강을 만들려고 하는 사람들의 얄팍한 꾀에 지나지 않는다. 즉, 그들은 그 이상의 것을 모르기 때문에 이러한 지혜에 의존할 수밖에 없게 된다.

우리가 전쟁에서 입수하는 많은 정보는 그 대부분이 서로 모순된다. 그보다도 더 많은 부분은 잘못되어 있다. 그리고 가장 많은 부분은 상당히 불확실하다. 이러한 경우, 지휘관은 어느 정도의 식별력을 가져야 한다. 이러한 식별력을 주는 것은 사실과 인간에 관한 지식과 판단력이다. 또 이때 그가 따라야 하는 것은 개연성의 법칙이다. 작전실 안에서, 아니 밖의 무거운 전쟁 분위기 속에서 첫 작전 계획을 짜는 경우에도 이러한 곤란이 생기지 않는 것은 아니다. 그러나 전쟁의 심한 혼란 속에서 피차의 정보가 서로 부정되는 경우에 곤란은 매우 심해진다. 서로 모순된 정보 사이에 균형이 생겨서 각 정보의 옳고 그름을 비판할 수 있는 경우라면 아직은 다행이다.

그런데 이러한 혜택을 받지 못하고 피차의 정보가 서로를 지지하고 보증하고 또 그 신뢰도가 증대되어 마음속에 그려진 정보의 그림이 더욱더 선명하게 채색되어 가면 정보의 올바른 판단에 아직 익숙하지 않은 지휘관에게 사태는 더욱 중대해진다. 그가 이러한 정보를 바탕으로 그 자리에서 결정해야 하는 처지

알프스를 넘는 나폴레옹(1797) 전쟁에서 입수되는 정보는 상당 부분 불확실하다. 이때 지휘관의 명철한 식별력이 필요하다. 1797년 4월 나폴레옹은, 기원전 219년 한니발이 지났던 같은 경로로 알프스를 넘었다. 다비드 작(1801).

에 놓였을 때 이제까지의 정보가 모두 거짓이고 과장이고 잘못이었다는 것이 판명되면 그의 판단은 전적으로 무의미한 것이 되고 말 것이다. 요컨대 정보의 대부분은 잘못되었고, 여기에 인간의 공포심이 정보의 거짓이나 허위 조장에 힘을 더하게 된다.

인간은 누구나 사물의 좋은 면보다도 나쁜 면을 믿기 쉬운 경향이 있다. 또 누구나 나쁜 면을 상당히 과대시하기가 쉽다. 위험에 관한 정보는 말하자면 바다의 파도와 같은 것으로, 한번 높아진 파도는 끊임없이 무너지면서 특별히 눈에 보이는 동인이 없는 데도 다시 파도가 되어 밀어닥친다. 정보의 본디 성질을 알고 있으면 이런 종류의 정보를 시정할 수 있다. 따라서 지휘관은 자기의 신념에 철저하여 그 의연한 자세가 바다에 우뚝 서서 파도가 부딪쳐 부서지도록 내버려 두는 거대한 바위 같아야 한다. 그가 다할 역할은 쉬운 일이 아니다. 이러한 경우, 타고 나면서 냉정하고 침착하여 경솔하게 마음을 움직이지 않는 지휘관이나, 전쟁의 경험에 의해 훈련되어 정확한 판단을 내릴 수 있는 지휘관이라면, 비록 그 자신의 확신이 정보의 판단에 대해서 일단의 규준을 제시하게 되더라도, 공포를 주는 정보는 이를 물리치고 희망을 주는 정보를 채택하는 것이 통례이다. 또 그렇게 함으로써만이 그는 마음의 참다운 균형을 유지할 수 있다.

위에서 말한 곤란성은 전쟁에서의 큰 마찰 가운데 하나이지만, 이 곤란을 똑바로 바라본다는 것은 바로 사태가 이제까지 생각했던 것과는 다른 면을 나타내고 있음을 말한다. 감각이 받는 인상은 처음에 계획을 세울 때 신중한 계산에 의해 만들어진 생각보다도 강력하다. 따라서 지난날, 지휘관들은 계획을 실행하는 처음 순간에 잇달아 생기는 의혹을 하나하나 극복해야 했다. 그렇지 않았으면 중대하다는 말을 들을 정도의 계획은 아마도 실행되지 않았을 것이다. 따라서 남의 말에 현혹되기 쉬운 평범한 지휘관은 막상 결정적인 순간에 결심을 할 수가 없다. 그는 남의 말을 들으면 정황(情況)이 처음에 생각했던 것과는 달라졌다고 여긴다. 게다가 이 단계에 이르러서도 여전히 남의 말에 의존한다면 또다시 잘못을 저지르게 된다. 스스로 계획하고 또 그 계획의 실행을 눈앞에 두고 있는 지휘관이라 해도 자신의 맨 처음 계획이 잘못되지는 않았는가 하는 의문을 문득 품는 일이 있다. 따라서 지휘관은 자기 자신에 대한 확고한 신뢰에 입각해서 그때그때 마음을 위협하는 위험에 현혹되지 않도록 해야 한다. 운명이, 전쟁이라는 무대에 장치한 전경(前景)이, 그 위에 요란스럽게 그려진 위험의 모습과 함께 무대 뒤로 사라지면 시계는 단숨에 열려, 지휘관이 가진 종전의 확신은 전황 발전에 따라 실증된다. 이러한 전경이 곧 계획과 실행 사이에 가로놓인 장애물의 하나인 것이다.

제7장
전쟁에서의 마찰

이제까지 전쟁에서의 여러 어려움을 논해 왔는데, 전쟁을 직접 체험한 사람이 아니면 이들 곤란의 참다운 원인이 어디에 있는지 또 장수에 요구되는 천재와 남다른 정신적 힘의 본질은 무엇인가를 이해할 수 없다. 전쟁에 관한 사항은 모든 것이 단순하게 보이고, 전쟁에 필요한 지식은 모두 천박하게 보이며, 군사 행동의 여러 조합은 그다지 중요하다고는 여겨지지 않게 한다. 이에 비하면 고등수학의 아주 쉬운 문제조차도 학문적인 존엄을 갖추고 있어 우리에게 외경(畏敬)의 마음을 가지게 한다. 그러나 전쟁을 실제로 경험해 보면 이 모든 것을 이내 이해할 수가 있다. 그러나 이러한 변화, 즉 전쟁에 대한 몰이해를 이해로 전환시키는 점을 논술하고, 또 눈에는 보이지 않으나 곳곳에서 작용하고 있는 요인을 정의한다는 것은 매우 곤란한 일이다.

전쟁에서는 모두가 지극히 단순하다. 그러나 이 가장 단순한 것이 실은 많은 어려움을 안고 있다. 이들 어려움이 쌓이고 쌓이면 마찰이 생긴다. 이 마찰은 전쟁을 몸소 경험하고 있지 않은 사람에는 그것이 어떠한 것인가를 도저히 생각할 수가 없다. 여기에 한 여행자가 있다고 하자. 그는 해가 지기 전에 목적지에 이르러야 하는데 그러기 위해서는 아직도 두 역참이 남아 있다. 이 목적지에 이르기 위해서는 역마로 4~5시간 타고 가면 된다. 이것뿐이라면 매우 간단한 일이다. 그런데 그가 목적지 직전의 역참에 도착해 보니 역마가 한 마리도 없거나, 있어도 쓸모가 없다. 게다가 산지여서 길이 험하다. 이윽고 밤이 된다. 그는 갖은 고생 끝에 간신히 목적지에 이르러, 초라한 숙소를 발견한 것을 더 없는 기쁨으로 안다.

전쟁에서는 탁상 계획으로는 도저히 생각할 수 없는 무수한 작은 사정 때문에 모든 것이 처음 계획을 밑돌아 소정된 목표에 훨씬 못 미치는 것이 통례이다.

그래서 강철 같은 강한 의지가 이 마찰을 제거하고, 여러 장애를 제거하는 것이다. 그러나 물론 그 경우, 기계 그 자체도 분쇄될 염려가 있다. 이러한 결과는 더욱 자주 언급할 생각이다. 요컨대 여러 가닥의 길이 서로 합하는 광장에 서 있는 오벨리스크처럼 전쟁 기술의 중앙에 우뚝 솟은 것이 불굴의 정신을 갖춘 장수의 견고한 의지인 것이다.

마찰은 실제의 전쟁과 계획상의 전쟁을 일반적으로 구별하는 유일한 개념이다. 군사적 기계, 즉 군대와 거기에 배속된 모든 것은 근본적으로는 매우 단순한 것이다. 그래서 무엇이든지 쉽게 조작할 수 있다고 여겨진다. 그러나 이 기계의 어느 부분을 보아도 단 하나의 부품으로 되어 있는 것이 아니라는 것, 모든 것은 저마다 많은 개인으로 구성되어 있고, 이들 각자는 모든 방향에서 저마다 특수한 마찰을 받고 있다는 것을 생각해 보기 바란다. 대대장은 주어진 명령을 완수할 책임이 있다. 또 대대는 군기에 의해서 굳게 결속된, 말하자면 한 덩어리가 되어 있다. 그런데 대대장은 헌신적인 것으로 알려진 인물임에 틀림없으므로 축(軸)은 아무런 마찰도 없이 축받이 안에서 회전하고 있다.—이것은 이론적으로 고찰한 대대이며, 매우 좋은 일이다. 그런데 실제로는 그렇지가 않다. 과장된 것, 진실이 아니라고 여겨지는 사건이 실제 전쟁에서는 곳곳에서 발생한다. 물론 대대는 많은 사람의 집단으로 이루어져 있다. 그런데 무엇인가 우연한 일이 돌발하면, 그 안의 최하급 병사라도 대대라고 하는 기계의 운동을 정지시키거나 순조롭지 못한 운동을 낳게 할 수 있다. 전쟁에 으레 따라다니는 여러 가지 위험이나 전쟁이 요구하는 육체적 고통은 이러한 해악을 현저하게 조장한다. 이렇게 되면 이들 위험이나 육체적 고통 그 자체가 해악의 가장 뚜렷한 원인으로 여기게 된다.

이와 같은 가공할 마찰은, 기계의 마찰과는 달리 몇몇 장소에 한정되는 것이 아니다. 전쟁에서 마찰은 곳곳에서 우연과 접촉하여 미리 추측할 수 없는 현상을 낳게 한다. 이들 대부분의 현상은 우연과 긴밀하게 결부되어 있기 때문이다. 여기에서 우연이란, 예를 들면 날씨이다. 안개가 짙게 끼어 있으면 적을 빨리 발견할 수가 없다. 또 알맞은 때 포화를 퍼부을 수가 없다. 또 보고는 지휘관에 도달할 수 없게 된다. 비가 오면 대대는 정해진 시각에 도착할 수가 없다. 또 다른 대대는 본디 3시간의 행군이면 될 행정을 8시간이나 소비해야 하고, 이 때문에 전투에 참가할 수 없게 된다. 또 기병은 심한 습지대에서 움직일 수 없게 되어, 그 때문에 효과적인 돌격을 실시할 수 없게 된다—는 식이다.

이와 같이 몇 가지 자상한 점에 언급한 것은 오로지 논하는 바를 명확하게 하기 위함이고, 또 이것으로 저자와 독자가 '마찰'이라는 본제(本題)만을 고찰하기 위해서였다. 그렇지 않고 전쟁에서의 곤란을 전반에 걸쳐 자세히 말하게 되면, 여러 권의 책이 필요할 것이다. 그와 같은 일을 피하기 위해서라도 또 전쟁에서 극복해야 할 수많은 곤란이 어떠한 것인가를 명확하게 이해하기 위해서도, 여러 가지 비유를—만약에 독자를 싫증나게 할 염려가 없다면—들어 보고 싶다. 그러나 우리의 의론을 이미 이해하고 있는 분들도 몇 가지 비유라면 이해해 줄 것으로 믿는다.

전쟁에서의 행동은 말하자면 무거운 매체 안에서의 운동과 같다. 매우 자연적인 단순한 운동, 즉 단순히 전진하는 운동도 물속에서는 신속하고 정확하게 할 수가 없다. 동시에 전쟁에서는 보통의 힘을 가지고서는 중위선(中位線)을 지킬 수도 없다. 그러기 때문에 진지한 전쟁 이론가의 의견은 수영 교사가 수중에서 꼭 필요한 운동을 육상에서 해 보이는 것과 같다. 이러한 운동은 물의 성질을 모르는 사람들에게는 과장되고 기괴한 모습으로밖에 보이지 않을 것이다. 또 몸소 전쟁을 경험한 일이 없는 이론가 또는 경험을 했어도 그 경험으로부터 무엇인가 보편적인 것을 이끌어 낼 수 없는 이론가의 의론은 실제에 맞지 않고 무미건조하기까지 하다. 이러한 이론가는 아무나 할 수 있는 일, 즉 걷는 법을 가르치고 있을 뿐이기 때문이다.

또 이런 경우도 있다.—전쟁은 수많은 특수한 현상을 안고 있는 마치 암초투성이여서 배가 항해하기 곤란한 바다와 같다. 장수의 정신은 이러한 암초를 예상할 수는 있지만 그의 눈이 실제로 이것을 본 것은 아니다. 요컨대 그는 어두운 밤에 이러한 암초를 피해서 항행해야 한다. 게다가 역풍이라도 일어난다면, 즉 예기치 않은 우연이 그의 앞길을 가로막는다면 최고의 기술, 침착, 육체적 고통이 요구된다. 그럼에도 불구하고 장수의 일거일동은 먼 곳에 있는 사람의 눈에는 지극히 당연한 일로 비치는 것이다.

이제까지 자주 극구 강조된 전쟁 경험이라고 하는 것은 뛰어난 장군에게 필수 조건으로 간주되고 있다. 그리고 전쟁에서의 마찰이 어떠한 것인가를 안다는 것은 바로 이러한 전쟁 경험의 주요한 부분을 이루고 있다. 그런데 마찰의 성질을 경험에 의해서 충분히 알고 있어도 막상 실전에 임하면 마찰에 위압되어 꼼짝도 하지 못하는 장군이 있다. 이와 같은 장군은 물론 좋은 장군이라고 할 수 없다(전쟁 경험이 많은 군인 중에도 이런 소심한 장군은 얼마든지 있다). 장군이 마찰의 성질을 아는 것은 될 수 있는 한 이러한 마찰을 제거하기 위한 것이지 마찰에 정확(精確)을 기대하기 위한 것이 아니다. 도대체가 정확한 마찰이라고 하는 것은 마찰의 본성으로 말하면 있을 수 없는 일이다. 뿐만 아니라 우리는 이론적으로도 이러한 마찰을 도저히 완전하게 알 수는 없을 것이다. 그와 같은 일을 할 수 있다 해도, 판단의 숙련, 즉 훈련에 의한 판단의 숙련이라고 하는 것을 여기에 적용할 수는 없을 것이다. 그리고 판단의 숙련은 중대하고 결정적인 경우에서보다도 사소하고 다종다양한 일이 빈번하게 일어나는 영역에서 필요하다. 중요한 경우라면 자신도 숙고할 수 있고 또 보좌관과도 상의할 수 있기 때문이다.

세상 사람들이 항상 때와 장소를 구별해 이야기하고 행동하는 것은, 거의 습관이 된 판단의 숙련에 의한 것이다. 마찬가지로 크고 작은 불의의 사건에 직면해서, 아니 전쟁의 한 박동(搏動)마다 항상 적절하게 결단하고 지시하는 것은 전쟁 경험이 풍부한, 말하자면 백전연마(百戰鍊磨)의 지휘관만이 할 수 있는 일이다. 그는 전쟁에서의 경험과 판단의 숙련에 의해서 사태의 경중 구별을 적절하게 할 수 있게 된다. 그러기 때문에 이러한 지휘관은 좀처럼 틈을 보이는 일을 하지 않는다. 실제로 전쟁에서 지휘관이 자주 틈을 보이면 부하의 신뢰감을 잃게 되므로 매우 위험하다.

따라서 마찰—또는 이 장에서 마찰이라고 하는 것은, 겉으로 보기엔 쉽다고 여겨지는 일을 현실에서 곤란하게 만드는 것들이다. 우리는 이 문제에 대해서 나중에 더 이야기할 것이다. 그렇게 되면 탁월한 장수이기 위해서는, 경험과 굳은 의지 외에도 몇 가지 정신적 특성이 더 필요하게 됨이 분명해지리라고 생각한다.

제8장
제1편의 결론

위에서 말한 바와 같이, 전쟁에서의 위험, 육체적 고통, 정보 및 마찰은 어느 것이나 전쟁을 둘러싼 분위기에서 발견되는 방해적 요소이다. 그리고 모든 군사적 행동은 이러한 무거운 매체와 같은 분위기 속에 이루어진다. 그러므로 이러한 모든 것은 그 방해적 작용에 비추어 이것을 일반적으로 마찰이라고 하는 총괄적 개념에 포괄시켜도 좋다. 그런데 이러한 마찰을 완화하는, 말하자면 윤활유 같은 것을 없을까? 단 한 가지가 있다. 그러나 그것은 장수나 군대의 뜻대로 되는 것이 아니다. 즉 군이 전쟁에 익숙해지는 것이다.

이러한 익숙함이야말로 심한 육체적 고통에도 신체를 잘 견디게 하고 큰 위험에 직면해도 마음의 침착을 유지하게 하고 또 전투 초기의 강렬한 충격에도 올바른 판단을 할 수 있게 된다. 최하급 경기병이나 저격병에서 사단장에 이르기까지, 그 어느 계급에도 필요하며 장수에게는 그의 군사적 행동을 손쉽게 하는 귀중한 심적 특성인, '침착한 용기'인데 이것은 오직 익숙함에서 얻어진다.

인간의 눈은 어두운 방에서는 동공을 확대해서 희미한 빛을 흡수하여 차츰 물체를 희미하게나마 구분하고 마침내 이를 완전히 식별할 수 있게 된다. 전쟁에 익숙해진 군인도 이와 같다. 이에 비해 아직 익숙해지지 않은 신병은 여기에서 어둠만을 볼 뿐이다.

장군이라고 해도 그의 군대를 전쟁에 숙달하게 할 수는 없다. 평시의 훈련은 빈약한 대용품에 지나지 않는다. 그러나 평시의 연습 효과가 빈약하다는 것은 실제의 전쟁 경험과 비교해서 한 말이고, 연습의 목적을 기계적인 기교의 숙련에만 두는 군대와 비교하면 빈약하다고는 말할 수가 없다. 연습에서도 위에서 말한 여러 마찰의 일부를 실현해 보이고 이에 의해서 지휘관의 판단, 사려 혹은 과단성까지도 훈련하도록 배려한다면 이와 같은 연습 방법의 가치는 아직은 실전에서 이와 같은 마찰을 경험한 일이 없는 사람이 생각하는 것보다도 훨씬 크다. 전쟁에서의 여러 현상을 처음으로 접하면 누구나 놀라고 어찌할 줄을 모른다. 그러나 이와 같은 현상을 전쟁에서 처음 보는 것이 아니라는 생각은 그 어떤 지위에 있는 군인에게도 매우 중요하다. 전쟁 전에 단 한 번만이라도 이와 같은 현상에 접하고 나면 그는 이미 실전 현상에 반은 통하게 되었다고 해도 좋다. 또 이것은 육체적 고통 그 자체에 대해서도 말할 수 있다. 군인은 육체적 고통에서도 훈련이 되어야 한다. 그러나 그것은 신체라기보다는 오히려 지성이 육체적 고통에 익숙해지기 위한 것이다. 아직 전쟁에 익숙하지 못한 병사들이 전쟁에서 이상한 고통을 처음으로 체험하면, 그는 자칫 이것을 군 지휘 그 자체에서의 결함, 오류, 혼란 등에서 생긴 결과로 생각하고 이중으로 의기소침해지는 것이 통례이다. 만일 그가 평시의 훈련에서 그것을 위한 준비가 되어 있다면 이와 같은 일은 일어나지 않았을 것이다.

전쟁에 익숙해진다는 조건을 평시에 충족시키기 위해서는, 연습보다 범위는 좁지만 매우 중요한 수단이 있다. 그것은 전쟁 경험이 풍부한 외국 장교를 초빙하는 일이다. 온 유럽이 평화로울 때는 드물었고 또 그 밖에 세계 어디에서나 전쟁은 끊임없이 일어나고 있다. 따라서 오랫동안 평화를 유지하는 나라는 이러한 전장으로부터 몇몇 장교를 고용할 계획을 세우는 것이 좋다. 물론 이들 장교는 자국 군에서 우수한 성적을 올린 사람이어야 한다. 또 다른 방법으로는 실제의 전쟁이 어떠한 것인가를 알기 위해 국군 중에서 몇몇 장교를 골라 외국의 싸움터로 파견하는 수도 있다.

이들 장교의 수는 군 전체에 비하면 극히 미미한 것일지라도 그들이 미치는 영향은 매우 크다. 그들의 경험, 그들의 정신 자세, 성격의 단련은 그들의 부하나 동료들에게 많은 영향을 주게 된다. 그들이 비록 중요한 지위에 임명되지 않았다 하더라도 그 부문에 정통한 사람이라고 여기므로, 일이 생기면 그들에게 자문을 받을 수 있다.

제2편
전쟁의 이론

제1장
전쟁술의 구분

전쟁은 그 본디 의의로 말하자면 투쟁이다. 투쟁이야말로 넓은 뜻에서 전쟁이라고 불리는 여러 활동의 유일한 원리이기 때문이다. 그런데 투쟁은 또한 정신적, 신체적 여러 힘의 조화로운 활동이며, 이 활동은 오직 신체적 힘에 의해 수행된다. 그러나 이 경우 정신적인 힘을 제외한다는 것은 허락되지 않는다. 마음의 상태는 전쟁에 사용되는 여러 힘에 결정적인 영향을 미치기 때문이다.

투쟁의 필요에 쫓겨 인류는 일찍부터 특수한 발명을 서둘렀다. 투쟁에서 상대보다 유리한 지위를 차지하기 위해서였다. 이에 의해서 투쟁의 겉모습은 현저히 변화했다. 그러나 비록 투쟁이 그 어떤 성질의 것이라 해도 투쟁의 개념은 변하지 않는다. 그리고 이 개념이 전쟁의 본질을 이루는 것이다.

발명은 개별적인 전투자의 무기와 장비로부터 시작되었다. 이들 무기와 장비는 전쟁이 시작되기 전에 만들어져서 전투하는 자는 그 사용법을 알고 있어야 한다. 또 이것들은 전투의 성질에 적합해야 한다. 즉, 투쟁에 의해 규정을 받는 셈이다. 그러나 무기나 장비의 제작은 투쟁 그 자체와는 별개의 활동이다. 이것은 투쟁을 위한 준비에 지나지 않는 것으로 투쟁의 수행 그 자체는 아닌 것이다. 따라서 무장과 장비가 투쟁의 개념에 본질적인 것이 아닌 것은 분명하다. 맨손 격투도 역시 투쟁이기 때문이다.

투쟁은 무기와 장비를 투쟁의 성질에 알맞도록 규정했다. 그렇게 되면 이와 같이 규정된 무기와 장비는 반대로 투쟁 방식에 변화를 주게 된다. 이렇게 해서 이들 사이에는 상호 작용이 성립된다.

그럼에도 투쟁 그 자체는 여전히 독특한 행동이다. 하물며 투쟁의 본질이 매우 독특한 영역, 즉 위험이라는 영역에 있다는 것을 아울러 생각한다면, 이러한 본질에서 이루어지는 투쟁은 더욱더 독특한 활동이어야 한다.

따라서 전쟁에서는 종류를 달리하는 두 가지 활동, 즉 투쟁에 대비하기 위한 활동과 투쟁 그 자체를 구별할 필요가 있다. 여기에서 구별이라고 하는 생각이 중요하다는 것은 다음 한 가지 일을 지적하는 것으로 족하다. 즉 제1의 영역에서는 상당히 유능했던 인물이 제2의 영역으로 들어오면 별로 쓸모가 없는 자질구레한 지식을 자랑하는 사람밖에 되지 않는다는 것이다.

무장되고 정비된 전투력을 투쟁 그 자체를 위한 수단이라고 이해한다면 이들 두 활동을 사고(思考) 안에서 구별한다는 것은 결코 곤란한 일이 아니다. 이미 전투력이 주어져 있으면 이것을 효과적으로 사용하기 위해서는 투쟁에 임하여 이 전투력에서 생기는 중요한 결과를 생각해 보는 것만으로도 좋기 때문이다.

따라서 본디 뜻에서의 전쟁술은 주어진 수단, 즉 무장되고 장비된 전투력을 투쟁에서 사용하는 기술이다. 그리고 이런 뜻의 전쟁술에는 전쟁 지도라고 하는 명칭이 가장 적합하다. 이에 반해 넓은 뜻의 전쟁술에는 전쟁을 위한 모든 활동이 속하게 된다. 따라서 또 전투력을 창설하는 데에 필요한 전반적 활동, 즉 징병·무장·장비 및 훈련이 이에 속하게 된다.

이 두 가지 활동을 구별하는 일은, 이론을 실제적인 것으로 만들기 위해서도 매우 중요하다. 만약에 전쟁이 전투력을 조직하는 일부터 시작해서, 이 전투력을 전쟁 지도에 적합하게 할 생각이라면, 이와 같은 전쟁술은, 현존하는 전투력이 가장 잘 합치되는 소수의 경우에밖에 적용할 수 없다는 것은 명백하기 때문이다. 이에 반해서 이론이 대부분의 경우에 적용되어야 하고, 그 어떤 경우에도 전혀 무용지물이 되어서는 안 된다고 하면, 그와 같은 이론은, 이미 주어져 있는 보통의 전투력을 기준으로 하고, 또 이와 같은 전투력에서 생기는 중요한 결과만을 고려해서 구성되어야 한다.

그렇다면 전쟁 지도는 투쟁의 안배와 지도가 된다. 그런데 이 투쟁이 1회에 그치는 행동이라고 한다면 전쟁술을 그 이상 구분할 필요가 없게 된다. 그러나 실제의 투쟁이 많건 적건 간에 어떤 수의 군사적 행동으로, 다시 말하면 각기 유기적인 단위의 전투로 이루어져 있다는 것은 제1편 제1장에서 말한 대로이다. 이들 전투가 서로 모여서 다시 몇 개의 단위를 이룬다. 따라서 여기에서 전혀 종류를 달리하는 두 가지 활동이 생긴다. 하나는 개개의 전투를 각기 안배하고 지도하는 활동이고 또 하나는 전쟁 목적을 달성하기 위해 이들 전투를 서로 결부시키는(조합하는) 활동이다. 전자는 전술, 후자는 전략이라고 불린다.

전술과 전략의 구분은 현대에서는 거의 일반적으로 사용되고 있다. 이러한 구분을 분명히 의식하지 않고 있는 사람도 개별적인 사실을 둘 가운데 어느 쪽에 귀속시키면 좋은가 하는 것을 상당히 명확하게 알고 있다. 그러나 이와 같은 구분의 근거가 분명하지 않음에도 이 구분이 널리 사용되고 있다면 거기에는 무엇인가 뜻깊은 근거가 있을 것이다. 그래서 우리는 이 근거를 살펴보았다. 그 결과 이와 같은 구분을 사용하게 된 것은 많은 사람이 사용하고 있기 때문임을 알았다. 이에 반해서 소수의 군사 평론가에 의해서 시도된 임의의 정의는, 사실에 입각하지 않고 있기 때문에 일반적으로 사용되지 않게 되었다—이렇게 말하지 않을 수가 없다.

따라서 위에서 말한 구분에 따르면—전술은 전투에서 전투력을 사용하는 방법을 지정하고, 전략은 전쟁 목적을 달성하기 위해 전투를 사용하는 방법을 지정한다.

한 전투 또는 한 단위로서의 독립된 전투라고 하는 개념을 더 자상하게 규정한다면 어떻게 되는가? 또 그와 같은 전투 단위가 성립되기 위해서는 어떠한 조건을 필요로 하는가 하는 것은, 나중에 전투를 좀 더 상세하게 고찰할 때 비로소 완전히 설명할 것이다. 여기에서는 우선 다음과 같은 한 가지 일을 지적하지 않을 수가 없다. 즉 공간적으로, 다시 말하면 동시에 몇 개의 지점에서 이루어지는 전투의 경우 이 단위가 차지하는 범위는 지휘관 개인의 명령이 도달하는 범위와 합치하지만, 그러나 시간적으로는, 즉 연이어 이루어지는 몇몇 전투의 경우에는 이 단위가 미치는 범위는 각 전투에 수반되는 위기가 모두 지나가는 시점에까지 이른다고 하는 점이다.

그런데 이와 같은 구분에서 어느 경우에 속하는지 구별하기가 어려운 애매한 경우가 생기는 일이 있다. 예를 들어, 몇 개의 전투가 서로 합친 것이 하나의 전투로 여겨지는 경우이다. 그러나 그렇다고 해서 위에서 말한 구분의 근거를 애매하다고 비난하는 것은 옳지 않다. 실제의 세계에서는 사물과 사물의 구별은 항상 많은 중간적 단계에 의해서 차차 추이(推移)되기 때문이다. 따라서 억지로 관점을 변경하지 않아도, 동일한 군사적 행동이 전술 또는 전략으로 간주될 수 있는 경우가 생기는 것이다. 예를 들어, 다수의 진지가 매우 넓은 지역에 걸쳐 설치되어 있는 상태는 장대한 전초선과 비슷하고, 또 많은 지점에서 도하전(渡河戰)을 전개하는 경우도 이에 속한다.

위에서 말한 구분은 어디까지나 전투력의 사용에만 관한 것이고 그 이상은 아니다. 그런데 전쟁에는 전투력의 사용에 도움이 되고 또 많건 적건 간에 이와 비슷하지만 그러나 이와는 전혀 그 종류를 달리하는 많은 활동이 있다. 이러한 활동은 모든 전투력의 유지와 관련이 있는 것들이다. 전투력의 창설과 육성은 전투력의 사용에 앞서지만 전투력의 유지는 전투력의 사용과 병행하고 또 여기에 필요한 조건이기도 하다. 그러나 더 상세하게 살펴보면, 전투력 유지에 관련이 있는 모든 활동은 모두 투쟁을 위한 준비로 보아도 좋다. 다만 이러한 준비는 군의 행동과 매우 비슷하기 때문에 군사 활동 그 자체와 뒤섞여 때때로 전투력의 사용과 교대로 나타나는 데에 지나지 않는다. 따라서 전투를 위한 준비 및 기타 준비를 위한 활동을 모두 본디 뜻에서의 전쟁술, 즉 전투력의 사용에서 제외해도 좋다. 실제로나 이론상 가장 중요한 과제를 해결하려고 한다면, 즉 유(類)를 달리하는 것을 분리한다는 원칙을 관철하려면 결국 그렇게 하지 않을 수 없는 것이다. 급양(給養 : 병참)이나 후방 근무[1]에 관한 단조로운 일까지도 전쟁술 안으로 편입하려고 하는 사람이 있을까? 하기야 이 둘은 군대의 사용과 끊임없이 상호 작용을 하지만 본질적으로는 이와 전혀 다르다.

우리는 앞서 제1편 제3장에서 이렇게 말해 두었다. '우리는 투쟁 또는 전투를 전쟁에서 직접적인 효과를 거두기 위한 유일한 군사적 행동이다, 그리고 그 밖의 활동은 모두 전투에 귀착되는 것이므로 전투를 거론하기만 하면 모든 실을 이곳으로 따라오게 할 수가 있다'고. 여기에서 우리가 말하려고 한 것은—이렇게 해서 그 밖의 활동에 공통된 목적이 주어지게 되므로 이들 활동은 어느 것이나 그 활동에 독특한 법칙에 따라서 이 목적을 달성하려고 한다는 것이었다. 그래서 다음에 이 문제를 더 자세히 살펴야 한다.

전투 이외의 여러 활동은 저마다 그 성질이 현저하게 다르다.

이들 활동의 어떤 것은 그 관계로 보아 여전히 전투 그 자체에 속하고 또 이

---

1) 전투 이외의 근무로 부상병 간호, 무기 및 장비 보충, 물자 보급, 수송들을 포함한다.

와 동일시되지만, 다른 관계에서는 전투력의 유지에 도움이 된다. 또 이들 활동의 그 어떤 것은 전투력의 유지에만 관계되지만, 전투의 결과와 상호 작용을 한다는 그것만의 이유로 전투에 대해서 조건부적인 영향을 하게 된다.

그 관계로 보아 전투 그 자체에 속하는 것은 행진(행군), 야영[2] 및 사영(舍營)[3]이다. 이들은 어느 것이나 군대의 어떤 상태이지만, 군대가 고려될 경우, 거기에는 반드시 전투의 관념이 있어야 하기 때문이다.

전투력의 유지에만 관계되는 활동은 식량 보급, 부상병 간호, 무기 및 장비의 보충이다.

행진과 군대 사용은 사실상 똑같은 것이다. 보통 전개(展開)[4]라고 불리는 전투 중의 행진은, 분명히 아직은 본디 뜻에서의 군대 사용은 아니지만, 이와는 긴밀하게 또 필연적으로 결부되어 있어서, 우리가 전투라고 부르는 것의 중요한 부분을 이루고 있다. 그러나 전투 외의 행진은 전략적 지정(指定)을 실시할 뿐이다. 이 전략적 지정은 언제, 어디에서, 어느 정도의 전투력을 가지고 전투를 실시하면 되는가를 규정한다. 그리고 이러한 지정을 실행에 옮기는 유일한 수단이 곧 전투 외의 행진이다.

따라서 전투 외의 행진은 말하자면 전략상의 도구이다. 그러나 그렇다고 해서 전략에만 속하는 것은 아니다. 이 행진을 실시하고 있는 전투력(군대)은 언제라도 전투를 수행할 수 있기 때문에, 이러한 행군의 실시도 전술적, 전략적 법칙에 지배되어 있는 셈이다. 그러나 어떤 종대(縱隊)에 하천 또는 산맥의 이쪽 도로를 행진하라는 명령을 내린다고 하면 이것은 전략적 지정이다. 이 지정에는 행진 중에 만약 전투를 필요로 하는 경우가 생기면 하천 또는 산맥 저쪽보다도 오히려 이쪽에서 적에게 전투를 도전하려고 하는 의도가 포함되어 있기 때문이다.

이에 반해서 어떤 종대가 계곡 안의 도로를 행진하지 않고, 이 도로와 맞먹는 산등성의 길을 행진한다거나 혹은 행군의 편의상 몇 개의 작은 종대로 분할되게 되면 이것은 어느 것이나 전술적 지정이다. 이와 같은 지정은 이윽고 실시

---

2) 야영은 천막 등을 이용하는 숙영이다. 이에 대해서는 제5편 제9장 참조.
3) 사영은 민가 또는 병영에서의 숙영을 말한다. 사영에 대해서는 제5편 제13장 참조.
4) 집결하고 있는 대세(隊勢)에서 전투 대세로 옮기기 위한 운동을 전개라고 한다.

될 전투에서 아군의 전투력을 사용하는 방법에 관계되기 때문이다.

부대 내에서의 행군 서열[5]은 전투 준비와 끊임없는 관계를 유지하며, 따라서 항상 전술적이다. 이 서열은 이윽고 시작될지도 모르는 전투에 우선 대처하기 위한 최초의 진형(陣形)이기 때문이다.

행진은, 전략이 그 효과적인 원리라고 여기는 전투를 전장에서 적절히 배분하기 위한 도구이다. 그런데 전투는 행진의 경과에 의해서 시작되는 것이 아니라, 행진의 결과를 가지고 시작된다. 그래서 고찰에서 도구(행진)가 효과적인 원리(전투)로 바뀐 것은 불가피한 일이었다. 따라서 결정적 행진이라든가 모범적 행진이란 것은, 행진이 결과로써 전장에 배분된 전투의 조합을 말한다. 개념의 이러한 변경은 고찰 과정을 생각해 보면 매우 자연스러운 일이며, 또 표현을 간결하게 하는 것은 바람직하므로, 위와 같은 바꿔치기를 무조건 배제할 필요는 없다. 그래도 이것은 개념의 계열을 압축한 것에 지나지 않으므로, 역시 본래의 경로를 생각해 보는 것을 소홀히 해서는 안 된다. 그렇지 않으면 논지가 오해될 위험이 있다.

전투에 의한 전술적 성과와는 다른 힘이 여러 활동의 전략적 조합에서 생긴다는 생각도 이러한 오류의 하나이다. 행진과 기동(機動)[6]을 조합해서 소기의 목적을 달성하는 경우, 전투는 전적으로 문제 밖이다. 그래서 전투에 의하지 않아도 적을 패배시키는 수단은 얼마든지 있다고 하는 잘못된 이론이 생기는 것이다. 우리는 뒤에 이런 오류가 매우 심각한 결과를 초래한다는 것을 지적할 생각이다.

그런데 행진이 그대로 전투의 중요한 한 부분으로 여겨진다 해도, 행진에는 전술적으로도 전략적으로도 행진 그 자체에 속하지 않는 어떤 종류의 관계가 이미 포함되어 있다. 이들 관계에 속하는 것으로는, 군대의 행동에 편의를 제공하는 각종 시설이 있다. 예를 들자면 도로나 다리를 놓는 활동이 그것이다. 그러나 이러한 것은 행진의 조건을 이루는 데에 지나지 않는다. 하기야 군대의 사용과 밀접하게 결부되어 때로는 거의 이것과 동일시되는 활동도 있다. 예를 들

---

5) 행군에 대해서 규정된 각 부대의 순서를 말한다.

6) 기동은 교전 전후, 혹은 교정 중에 군대가 행하는 운동으로, 전장에서 병력의 이동이나 부서의 변경을 목적으로 한다. 기동에 대해서는 제7편 제13장 참조.

어 적을 앞에 두고 다리를 놓는 경우이다. 그러나 이들 활동은 그 자체로서는 행군 그 자체와 별개의 행동이며, 이러한 활동에 관한 이론은 전쟁 지도의 이론에 속하지 않는다.

야영은 전투 준비를 완료하고 집결한 여러 부대의 배치를 의미한다. 따라서 야영은 사영과는 달리, 전투 개시 전의 휴식 상태이다. 이것은 심신의 휴양을 위한 상태이기도 하지만 그러나 그뿐만이 아니라 설영(設營) 장소를 동시에 전투 지역으로 지정한 전략적 배치이기도 하다. 따라서 설영 방법에는 예정된 전투 실시의 요령이 이미 포함된 셈이다. 또 전투가 방어를 목적으로 하는 경우에는, 항상 이 요령이 전투 실시의 조건을 이루는 것이다. 따라서 야영은 전략 및 전술의 본질적 부분이다.

사영은 야영에 비해서 장병의 피로를 완전히 회복하기 위한 것이다. 따라서 사영은 숙영지의 위치 및 지역에 관해서는 전략적 사항이지만 이윽고 개시될 전투에 대비하는 시설로서는 전술적 사항이다.

야영 및 사영이 군대의 휴양을 목적으로 하는 것은 물론이지만, 통례를 살펴보면 그 밖의 다른 목적이 있다. 예를 들어, 어떤 지역의 엄호나 진지의 고수가 그것이다. 그러나 설령 다른 목적이 있다 해도, 야영 및 사영의 진짜 목적은 어디까지나 군대의 휴양에 있다고 해도 좋을 것이다. 앞서 말했듯이, 전략이 추구하는 목적은 매우 다양하다. 아군에게 유리하다고 여겨지는 것은 모두 전투의 목적이 될 수 있기 때문이다. 따라서 전투를 수행하기 위한 이른바 도구(전투력)를 유지하는 일이 필연적으로, 또 매우 자주 전략상 여러 조합의 목적이 된다.

이 경우, 전략은 군대의 유지만을 목적으로 하고 있지만 그렇다고 해서 전투력의 사용을 무시하고 있는 것은 아니다. 오히려 우리는 늘 전투력의 사용을 원칙으로 삼는 것이다. 전장의 어떤 지점에 전투 부대를 배치한다는 것은 바로 전투력 사용이기 때문이다.

그런데 야영 및 사영에 의한 군대 유지에는 전투와 상관없는 활동이 수반되는 법이다. 창사(廠舍)[7]나 막사의 구축, 야영 및 사영에 있어서의 급양과 청소 작업 등이 이것이다. 이런 작업은 전략에도 전술에도 속하지 않는 것은 물론

---

7) 창사는 병사보다도 더 조촐하고 막사보다는 나은 가설 오두막. 창사나 막사는 모두 야영용이다.

이다.

축성 위치 및 설비는 분명히 전투 명령의 일부를 이루는 것으로, 따라서 또 전술적 사항에 속한다. 그러나 축성 공사의 실시라는 점에서만 말하면, 축성도 사실은 전쟁 지도의 이론에 속하지 않는다. 요컨대 축성에 필요한 지식과 기능은 훈련된 전투 부대에 이미 갖추고 있어야 한다. 그리고 전술 이론은 미리 이들 필요 사항을 전제로 하고 있다.

전투력의 유지만을 목적으로 삼는 활동은 전투와 동일한 것은 아니다. 하지만 그런 활동 중에서 전투와 긴밀한 연관성을 가진 것이 있다. 그것은 바로 군대의 급양[8]이다. 식량은 거의 매일 모든 장병에게 급여되어야 하기 때문이다. 즉, 급양은 군사적 행동의 전략적 구성 요소로서 군사 행동 전체에 골고루 침투해 있다. 그런데 지금 '군사적 행동의 전략적 구성 요소'라고 말했는데, 개개의 전투에 대해서 군대의 급양이 계획을 수정할 정도의 영향을 준다는 것은 극히 드물기 때문이다. 그러나 극히 드물다고는 하지만 이러한 경우가 전혀 없다는 것은 아니다. 이렇게 해서 전략과 전투력의 유지에 대한 배려 사이에는 보통 상호 작용이 생긴다. 그리고 전투력의 유지에 대한 이런 고려가, 전역(戰役)이나 전쟁에 있어서의 전략의 요강을 규정하는 경우도 결코 드물지 않다. 그러나 이와 같은 고려가 아무리 빈번하게 이루어지더라도 또 제아무리 결정적인 것이라 해도, 군대를 유지하는 활동은 여전히 군대의 사용과는 다른 것이다. 그리고 전자는 그 활동 결과의 좋고 나쁨에 따라 후자에게 영향을 주는 데에 지나지 않는다.

급양에 비하면 후방 근무에서의 위에 든 활동과 군대 사용 간의 관계는 훨씬 소원(疏遠)하다. 부상병 간호는 확실히 군의 보건에 매우 중요하지만 그것도 각 장병의 근소한 부분에 관계할 뿐이고, 그 밖의 전투력 사용에는 극히 미미한 간접적 영향을 미치는 데에 지나지 않는다. 또 장비 보충은, 군 자체가 유기체로서 그 내부에서 끊임없이 장비의 부족을 보충하는 구조를 가진 경우는 별도로 하고, 대개는 정기적으로 이루어지기 때문에 전략적 계획을 입안할 때에 문제가 되는 일은 좀처럼 없다.

---

8) 싸움터에서의 사람과 말에 대한 급양은 휴대 식량, 짐짝, 병참부에 의해 이루어진다. 급양에 대해서는 제5편 제14장 참조.

그러나 오해를 피하기 위해 여기에서 주의해 두어야 할 일이 있다. 개개의 구체적인 경우, 분명히 후방 근무에 관한 활동이 실제로 결정적인 중요성을 갖는 일이 있다. 예를 들어, 야전 병원이나 탄약 저장고가 전선에서 멀리 떨어진 곳에 위치한다는 사정은, 매우 중요한 전략적 결정의 유일한 근거로 여기는 경우가 있을 수 있다. 그리고 이것은 매우 지당한 이야기이다. 우리는 이것을 부정할 생각도 없고 또 경시하는 것도 아니다. 그러나 여기에서는 구체적인 경우의 실정을 문제 삼는 것이 아니라 이론상의 추상적 문제를 논하는 것이다. 즉, 우리의 주장은 이러하다. 이들 활동이 전투력 사용에 미치는 영향은 극히 드물기 때문에 간호 이론이나 탄약 및 무기의 보충에 관한 이론에, 전쟁 지도의 이론 정도의 중요성을 부여할 필요는 없다. 따라서 전투 외의 제반 활동에 관한 이론이 제시하는 여러 가지 방법이나 체계뿐만 아니라, 이들 방법과 체계에서 생기는 결과까지도 전쟁 지도의 이론에 도입할 필요는 없다. 요컨대 여기에서도 사정은 지금 군대 급양에 대해서 말한 것과 전혀 다를 것이 없다고.

그래서 위에서 고찰한 결과를 다시 한 번 분명히 하면 전쟁에 속하는 활동은 두 부문으로 구별된다. 즉—오로지 전쟁을 준비하기 위한 활동과 전쟁 그 자체이다. 그러면 이 구분은 또한 이론에도 관계하게 된다.

전쟁 준비에 필요한 지식과 기능은, 전투력의 창설, 훈련 및 유지를 원칙으로 한다. 이론가가 이들 지식 및 기능에 그 어떤 일반적 명칭을 부여하든 우리는 관여할 바가 아니다. 여하간 포술, 축성술, 이른바 기본 전술,[9] 전투력의 편성과 관리 및 이에 준하는 사항이 모두 이러한 지식과 기능에 속한다는 것은 분명하다. 이에 반해 전쟁 이론은 이러한 훈련된 수단(전투력)을 전쟁의 목적 달성을 위해 사용하는 방법을 논하는 것이다. 따라서 전쟁 이론은 전쟁의 준비에 필요한 지식과 기능에서 생긴 결과만을 필요로 한다. 다시 말하면 이러한 지식과 기능으로부터 인계된 여러 특성을 알기만 하면 되는 것이다. 우리는 이와 같은 전쟁 이론을 좁은 뜻의 전쟁술 또는 전쟁 지도의 이론 또는 전투력 사용의 이론으로 부른다. 그러나 우리에게 이들 명칭은 말은 다르지만 모두 같은 뜻에

---

9) 기본 전술(초등 전술이라고도 한다)은 개개의 병사를 교육해서 기본 대형에 입각한 전술 단위(한 지휘관의 명령 아래 직접 전투에 참가하는 단위, 즉 보병 또는 포병 대대, 혹은 기병 연대 등이다)를 형성하여 아울러 소총 사격의 훈련을 시키는 것을 주안으로 삼는다.

지나지 않는다.

따라서 전쟁 이론은 본디 뜻인 투쟁으로서의 전투를 논함과 동시에 행진, 야영 및 사영도 전투와 같은 상태로 보고, 이들 활동도 연구하는 것이다. 그러나 군대의 급양은 전쟁 이론의 본디 대상이 아니다. 따라서 전쟁 이론은 이것을 이미 주어져 있는 다른 상태와 마찬가지로 그 결과를 고려하는 것만으로도 좋다.

그런데 좁은 뜻의 전쟁술은 다시 전술과 전략으로 구분된다. 전술의 임무는 개개의 전투에 각기 형태를 부여하고, 전략의 임무는 이들 전투를 사용하는 일이다. 또 전술이나 전략도 전투를 매개로 해서만 행진이나 야영, 그리고 사영의 상태와 같은 전투 외의 상태와 관계를 갖는다. 즉 이들의 상태가 그것이 전투의 형성에 관계하는가, 그렇지 않으면 전투의 의의에 관여하는가에 따라서 전술적인 사항도 되고 전략적인 사항도 된다.

그런데 전술과 전략은 매우 밀접한 관계를 가지고 있기 때문에 이 둘을 구별한다는 것은 무의미한 일이다. 이러한 번거로운 구별이 전투 지도에 직접적인 영향을 줄 리가 없다고 생각하는 독자도 많을 것이다. 실제로 이론적으로 구분했다고 해서 거기에서 전쟁 지도에 대해서 직접적인 영향이 생길 리가 없다. 만약에 그렇게 생각하는 사람이 있다고 하면 그것은 이론에 구애되어 현실을 무시하는 편협한 시골 학자임에 틀림없다.

그럼에도 이론이 먼저 착수해야 할 일은 서로 얽혀 있는 난잡한 개념이나 설명을 정리하는 일이다. 그리고 이름이나 개념을 충분히 이해한 다음 비로소 이론적 고찰을 명료하고도 용이하게 진행할 수가 있고, 또 독자와 항상 동일한 관점에 서 있다는 것을 확인할 수가 있는 것이다. 전략과 전술은 공간적으로나 시간적으로나 서로 교섭을 하는 두 가지 활동이지만 본질적으로는 완전히 다른 것이다. 따라서 우리는 전략과 전술의 개념을 특별히 확정하지 않는 한 이두 가지 활동을 각기 지배하는 내적 법칙과 서로의 관계를 도저히 명백하게 생각할 수가 없는 것이다.

이와 같은 일을 모두 무시하고 돌보지 않는 사람은 그 어떤 이론적 고찰에도 인연이 없거나, 그렇지 않으면 그의 지성은 쓸모없는 상상에 아무런 관심도 갖지 않았음에 틀림없다. 쓸모없는 사상이라고 하는 것은 그 자체가 혼란할 뿐만 아니라 남들도 혼란에 빠지게 하고, 확고한 입장에 의해 지지를 받지 못하고, 또 이론적으로 만족할 만한 결론에 이르기는커녕 밋밋하고 공상적인 또는 공허한 일반 개념 속에 부평초처럼 떠도는 사상을 말한다. 실제로 우리는 전쟁 지도에 관해서 이러한 사상을 자주 듣기도 하고 읽기도 했다. 학구적 영구에 철저한 정신의 소유주로서 이 문제의 해결에 전념하는 사람이 매우 드물었기 때문이다.

제2장
전쟁 이론

1 '전쟁술'은 처음에 전투력의 준비와 같은 것으로 여겨졌다

이전에는 '전쟁술' 또는 '전쟁학'이라고 하는 말은 물질적인 사물에 관한 지식이나 기능의 총체라고 하는 정도의 의미밖에 가지지 못했다. 따라서 무기의 제조와 준비 및 그 사용, 요새[1]나 보루[2]의 축조, 군의 조직과 그 운동 대형(隊形) 등이 군사적 지식 및 기능의 대상이었고, 또 이들 모든 것이 전쟁에서 사용되는 전투력으로 여겼다. 그래서 논술의 대상은 오직 물질적인 재료였고, 따라서 일면적인 활동에 한정되어 있었다. 이러한 활동은 수공업에서 차차 정교한 기계적 기술로 향상해 가는 과정밖에 되지 않았다. 즉, 이들과 투쟁 자체와의 관계는 칼 만드는 대장간 기술과 검술의 관계와 그다지 다를 바가 없었다. 위험에 처하여, 또 저편과 이편 힘의 상호 작용이 한창인 상황에서 전투력을 사용하는 방법이나 또는 정신과 용기가 전투력으로 지정된 방향을 따라서 나아가는 본디 활동은 아직 문제가 되지 않았다.

2 전쟁 그 자체는 공성술로서 처음으로 나타났다

투쟁의 지도 그 자체가, 따라서 또한 위에 적은 군용 자재를 사용하는 정신의 움직임이 우선 나타난 것은 공성술(攻城術 : 성이나 요새를 공격하는 전술)에서였다. 그러나 그것도 대개는 정신이 신기한 군사적 시설―예를 들어 성을 공격하

---

1) 요새는 평시에 축조되어 독립된 방어 전투를 할 수 있는 비교적 대규모의 영구적인 축성으로 대개 소수의 부대에 의해 수호되며, 그 지방의 옹호 및 적의 공격에 대한 방어를 목적으로 한다. 요새에 대해서는 제6편 제10 및 11장 참조.
2) 야전 축성의 방식에 따라서 보루 진지 내에 축조된 견고한 요점 또는 거점을 말한다.

기 위한 근접호(近接濠),[3] 참호, 방어용의 대항도(對抗道),[4] 포대 등에서 구현되어, 정신 작용이 이러한 소산으로 표현된 경우에 한정되어 있었다. 즉 정신은 이러한 물질적 창조물 하나하나를 꿰어서 엮어가는 실밖에 되지 않았다. 요컨대 이러한 종류의 전쟁에서는 정신은 이러한 군사적 시설에서 발휘된 데에 지나지 않았으나, 당시로서는 전쟁이라고 하는 현상을 상당한 정도까지 설명할 수가 있었다.

3 그리고 나서 전술이 나타나 전쟁다운 모습을 갖추게 되었다

그 뒤 전술은, 여러 전술적 요건에 의해서 조립된 기구에 대하여, 도구(전투력)의 여러 가지 특성에 입각해서 세워진 일반적 작전 계획이라고 하는 성격을 부여하려고 했다. 물론 이 성격은 전장에 도입되었으나 정신의 자유로운 활동을 전개시킬 정도까지에는 이르지 못했다. 당시의 군대는 대형(隊形)과 전투 서열[5]에 의해 만들어진 자동 기계에 지나지 않았다. 따라서 명령을 받으면 시계 장치의 태엽이 돌아가는 것처럼 그대로 움직이는 구조로 되어 있었다.

4 전쟁 지도는 어떤 기회에 익명으로 출현한 데에 지나지 않았다

본디의 전쟁 지도, 즉 준비된 수단(전투력)의 자유로운 사용, 다시 말하면 천차만별의 필요에 적합한 사용은 도저히 이론의 대상이 될 수 있는 것이 아니다. 이러한 사용은 각 장수의 천부적인 재능에 맡겨야 한다는 것이 당시의 통론이었다. 그래도 전쟁이, 중세의 단순한 격투에서 복잡한 정규 전투로 옮아감에 따라, 인간 정신은 차차 전쟁에 대한 고찰을 하지 않을 수 없게 되었다. 그러나 이 고찰은 대부분이 회고록이나 역사의 서술 안에서 우연히, 말이 난 김에 익명으로 나타난 데에 지나지 않았다.

---

3) 공격군이 요새에 접근하기 위해 판 지그재그형 참호를 말한다.
4) 요새 내의 방어 부대가 주요 방어 진지로부터 공격군에 대항하기 위해 설치한 참호.
5) 전투 서열은 전투 이전 또는 전투 중의 부대 배치를 말한다. 전투 서열에 대해서는 제5편 제5장 참조.

5 전쟁의 여러 가지 일을 고찰하는 동안에 이론이 필요하게 되었다

이와 같은 관찰이 더욱더 활발해지고 역사가 더욱더 비판적 성격을 띠게 되자, 전사(戰史)에 따르기 마련인 논쟁, 즉 여러 의견을 무엇인가 하나의 목표로 귀착시키기 위한 근거가 될 만한 원칙이나 규칙이 강하게 요망되었다. 실제로, 논란을 일삼는 의견의 소용돌이는 가장 중요한 점을 둘러싸고 돌아가는 것도 아니고, 또 명확한 법칙을 구하여 움직이는 것도 아니었다. 그러기 때문에 이 소용돌이는 인간 정신에게 불쾌한 현상이었을 것이다.

6 적극적(단정적)인 학설을 조직하려는 노력

그래서 전쟁 지도에 관한 원칙 또는 규칙이라는 것을 제시하여 체계까지도 세우려는 노력이 생겼다. 이렇게 해서 적극적인 목표를 세우기는 했지만, 전쟁 지도가 이 방면에서 부딪치지 않을 수 없는 무수한 곤란을 올바르게 이해할 수가 없었다. 앞서 말한 대로 전쟁 지도는 거의 모든 부문에 걸쳐 있고 더욱이 이들 부문 사이의 경계는 심히 모호한 것이다. 그런데 체계나 학설을 세우려면 복잡한 것을 단순화하는 조작, 즉 종합이라고 하는 제한을 받을 수밖에 없게 된다. 그래서 이와 같은 이론과 실천 사이에는 도저히 제거할 수 없는 모순이 생기는 것이다.

7 물질적 일에만 국한된 이론

당시의 이론가들은 재빨리 이 곤란을 알고, 그들의 원칙이나 체계를 또다시 물적인 것으로, 즉 일면적인 활동에 국한함으로써 이러한 곤란을 회피할 수 있다고 생각했다. 그들은 전쟁 준비를 연구하는 군사학에서와 마찬가지로 전쟁 이론에서도 오직 확실한 적극적 결론에 도달하기 위하여 계산의 대상이 될 수 있는 것만을 고찰하려고 했다.

8 수의 우세

당시의 이론가에게 수적 우세는 물적인 것이었다. 그들은 승리를 가져온 모든 요인들 중에서 수라고 하는 요인만을 골라냈다. 수라면 시공간의 여러 가지 조합을 사용해서 수학적 법칙으로 만들어 낼 수가 있었기 때문이다. 그들은 그 밖의 사정은 모두 도외시해도 좋다고 생각했다. 즉, 이들 사정은 저편과 이편에 있어서 동일하기 때문에 서로 상쇄된다고 생각한 것이다. 그런데 만약에 이 수라고 하는 요인을, 여러 가지 관계를 알기 위해서 우선 수에 대한 설(說)을 세웠다고 한다면, 그것은 일단은 수긍이 가는 일이다. 그러나 하나를 알고 둘을 모르는 것처럼 수의 우세를 유일한 법칙으로 보고, 모시(某時)에 모지점(某地點)으로 적보다 우세한 병사 수를 투입한다는 방식이야말로 전쟁술의 전반적인 비결이라고 생각한 것은 실제 전쟁의 위력을 무시한 편견이다.

9 군대의 유지

이론적 체계에 도입된 물적 요소가 또 하나 있다. 즉 이론가들은, 이미 군이 조직되었다고 하는 전제에 입각해서, 군대의 유지에 필요한 물자를, 대규모적인 전쟁 지도의 절대적 주요 조건으로 만들어 낸 것이다.

그래서 그들은 군대의 유지에 관해서 또다시 일정한 수를 꺼냈다. 그러나 이들 수는 다수의 극히 임의의 전제에 입각한 것으로, 도저히 실제의 경험을 견딜 수가 없었던 것이다.

10 기지

재치가 넘치는 어떤 전쟁 이론가[6]는 전쟁에 관한 매우 많은 사항을 일괄해서 기지(基地)[7]라고 하는 개념을 만들어 내려고 했다. 그런데 이들 사항에는 정신에 관한 것까지도 몇 가지가 섞여 있다. 그가 기지 속에 첨가하고 있는 사항에는, 예를 들어 군의 급양, 군 및 군 장비의 보충, 군과 본국을 잇는 연락선 확보, 퇴각선 확보가 있다. 그는 우선 기지라는 개념을 지금 든 것과 같은 약간의 사항으로 대체하고, 이어 기지의 크기(지역)를 기지 그 자체로 대체하고, 마지막

6) 뷜로(Bülow, Dietrich Heinrich von, 1759~1808)로 추정된다. 그는 F. W. 뷜로(뒤에 나옴)의 동생으로 처음에 프로이센 장교로 복무(1772~1790), 뒤에 전쟁 이론가로 알려졌다. 그의 이론은 당시에 큰 영향을 주었으나 또한 많은 논란도 자아냈다. 주요 저서는 《근대 전쟁 체계의 정신 *Geist des neueren Kriegssystems*》(1805)이 있다.

7) 기지는 작전 기지의 뜻으로 모든 작전이 발생하는 곳 또는 모든 작전을 지지하는 지역을 말한다. 따라서 작전군에 필요 물자를 공급하는 자원지(資源地)이기도 하다.

으로 전투력(작전군)이 이러한 기지와 이루는 각(角)[8]을 기지의 크기로 대체한 것이다. 이와 같은 모든 조작은 순수하게 기하학적인 결론에 이르기 위한 것에 지나지 않았지만, 그러나 이와 같은 결론은 전혀 가치가 없는 것이다. 개념의 이와 같은 대체는 진실에 위배될 뿐만 아니라 대체 이전의 개념에 포함되어 있던 요소의 일부분을 탈락시키지 않는 한 불가능하기 때문이다.

기지라는 개념은 전략에는 필수 요건이다. 따라서 이러한 개념에 생각이 미쳤다는 것은 확실히 공적으로 삼을 만하다. 그러나 이 개념을 지금 말한 바와 같은 방식으로 사용한다는 것은 도저히 허용될 일이 아니고, 또 실제로도 매우 일면적인 결론에 도달하지 않을 수 없었다. 그런데 이 설에 가담하는 이론가들은 이 결론을 더욱 불합리한 방향으로 추진했다. 즉, 작전군과 기지가 이루는 각을 둘러싼 형태(각도)[9]에서 생기는 뛰어난 효과를 강조한 것이다.

11 내선

이론의 이와 같은 방향에 대한 반동으로서 이번에는 다른 기하학적 원리—이른바 내선(內線)[10]의 원리라고 하는 것이 왕좌에 오르게 된다.[11] 이 원리는 훌륭한 근거를 가지고 있었다. 즉, 전투는 전쟁에서의 유일한 효과적 수단이라는 진리에 입각한 것이었다. 그런데 이 원리도 기하학적 의미밖에 지니지 않았기 때문에 결국 다른 일면성(一面性, 한 방향으로 치우치는 성질)을 드러낸 것에 지나지 않았는데, 이와 같은 일면성으로는 실제의 전쟁을 도저히 설명할 수가 없다.

---

8) 당시 기지로서의 지역은 선으로 표현되는 것으로 여겨지고 있었다. 그래서 작전군의 선단과 군 후방에 있는 이 선의 양쪽 끝을 연결하면 어떤 크기의 각이 생기고 이 각의 대소가 문제가 되었다.

9) 이 각도는 60도를 넘지 않는 것이 좋은 것으로 여겨졌다.

10) 외선은 우세한 작전군이 적군을 포위하거나 협공하는 진형을 취할 때의 작전선이고, 내선은 우세한 적군이 작전군을 포위하거나 협공할 때의 작전선에 대한 것이므로 본디 수세적이지만 외선에 비해서 짧은 내선을 이용하여 군의 기동력을 발휘해서 적군 돌파를 시도하거나 집결한 병력으로 각개 격파 효과를 거둘 수가 있다.

11) 논자는 조미니(Jomini, Henri, 1779~1869)로 추정된다. 그는 처음에 프랑스군에 들어갔다가 (1804), 나중에 러시아군으로 옮겼다(1813). 전쟁 이론가로서 당시에는 매우 유명했다. 주요 저서로 《대규모 군사작전론 *Traité des grandes opérations militaires*》(1805)이 있다.

12 이러한 시도는 모두 좋지 않다

전쟁 이론에서의 이러한 시도는, 어느 것이나 그 분석적 부분에서는, 진리 영역에서의 진보로 여길 수 있다고는 하지만, 종합적인 부분에서는, 즉 군사적 행동을 다스리는 지정이나 규칙으로서는 전혀 사용할 수가 없다.

이들 이론은 어느 것이나 일정한 양을 구하는 일에 구애되고 있다. 그러나 실제 전쟁에서는 모든 것이 부정(不定)하여 계산은 오직 변수를 가지고 이루어져야 한다.

이런 종류의 이론은, 물적인 양을 논하고 있을 뿐이지만, 군사적 행동은 정신적인 힘과 그 작용에 의해서 골고루 침투되고 있다.

이들 이론은, 일방적인 활동만을 고찰하고 있는데, 전쟁은 저편과 이편 활동의 끊임없는 상호 작용인 것이다.

13 이들 이론은 규칙에 구애되어 천재를 인정하지 않는다

이러한 이론가의 빈약한 지력(知力)은 일면적인 고찰에 시종하여, 자신이 이해하지 못하는 것은 모두 학문 밖에 있다고 했다. 그래서 규칙을 초월하는 천재의 영역은 이들 이론으로부터 배제된 것이다.

규칙은 천재에게 너무 밋밋하다. 긍지를 갖는 천재는 규칙을 무시해도 좋다. 어떻든 천재는 규칙을 자유자재로 다룰 수가 있다. 이에 반해서 사소한 규칙들 사이를 기어 다녀야 하는 군인이야말로 가엾지 않은가. 천재의 행동이 곧 가장 뛰어난 규칙이어야 한다. 그리고 이론은 천재가 어떻게, 왜 그러한 것인가를 해명할 수 있으면 그것으로 좋다고 해야 한다.

정신과 모순된 이론처럼 가엾은 것은 없다. 이러한 이론은 아무리 자기를 낮춘다 해도 이 모순을 제거할 수는 없다. 그러기는커녕 결국은 조소와 멸시를 받아 현실 세계로부터 매장되고 만다.

14 정신적인 요소가 고찰 대상이 되면 곧 이론의 곤란이 증대한다

이론이라는 것은 정신적인 요소의 영역에 접하자마자 현저하게 곤란해진다. 건축술이나 회화에서도 물질적인 것만을 다루고 있는 한에는 문제의 소재는 분명하다. 인체의 기구나 시각적 구조는 누구나 같고, 이에 대해서는 이론의 여지가 없기 때문이다. 그러나 일단 작품의 정신이 작용하기 시작하면, 따라서 또 보는 사람의 마음에 정신적 인상이나 감정이 생기면, 예술 작품에 구현되어 있어야 할 법칙은 곧 모호한 관념으로 떨어지고 만다.

의술이 문제 삼는 것은 대개 신체적 현상이다. 또 치료 대상으로 삼는 것은 동물적 유기체이다. 그런데 이 유기체는 끊임없이 변화하기 때문에, 엄밀하게 말하면 2개월 뒤에는 이제 이전과 동일한 유기체가 아니다. 이와 같은 사정이 의술의 임무를 매우 곤란하게 하기 때문에, 의사의 진단은 그의 지식보다도 더 높게 평가된다. 그러나 신체적 현상에 정신 작용이 가미되면 진찰은 더욱 곤란해진다. 그래서 사람들은 정신질환을 치료하는 의사를 일반 의사보다도 존중한다.

15 전쟁에서 정신적인 요소를 무시할 수가 없다

그런데 군사적 행동은 항상 물질만을 상대하고 있는 것이 아니다. 그와 동시에 물질을 운용하는 정신적인 힘으로도 향한다. 따라서 이 둘을 분리한다는 것은 전적으로 불가능하다.

그런데 이 정신적인 요소는 정신의 눈으로밖에 파악할 수가 없다. 더욱이 이 눈은 사람마다 다르고 또 같은 사람일지라도 시점(時點)이 달라짐에 따라 다른 경우가 있다.

위험은 전쟁의 본령이다. 따라서 전쟁에서는 모든 것이 언제, 어디서나 위험이라고 하는 일반적인 상태 안에서 움직이는 것이다. 이 경우 지휘관의 판단을 좌우하는 것은 특히 용기, 즉 자기 자신의 힘을 믿는 감정이다. 용기는 말하자면 안구의 수정체이다. 눈이 받은 영상은 지성에 이르기 전에 우선 용기라고 하는 수정체를 통과하는 것이다.

용기 및 기타의 정신적 특성이 어떤 종류의 객관적 가치를 갖는다고 하는 것은 이미 경험에 의해서도 명백하다.

누구나 기습이나 측면 공격 또는 배면 공격의 정신적 효과가 어떠한 것이라는 것을 알고 있다. 예를 들어, 적이 아군에게 등을 돌리면 적의 용기를 낮게 평가하고, 또 추격하는 경우에는 추격당하는 경우와는 달리 과감하게 대담한 행동을 한다. 누구나 적장(敵將)의 재능에 대한 명성이나, 연공 및 경험 등에 비추어 그를 판단하고, 또 이것을 아군의 행동의 가늠으로 삼는다. 또 그 누구도 저편과 이편 부대의 정신이나 기풍을 정신적 별견(瞥見, 흘끗 봄)으로 음미하는 것이다. 정신적인 영역에서의 이러한, 또 이에 준하는 효과는 이미 경험이 입증하는 바이다. 그리고 이들 정신적 효과는 끊임없이 되풀이해서 나타나기 때문에 각기 취향을 달리한다 해도 어느 것이나 실제적인 정신적인 요소로서 인정되어야 한다. 만일 이러한 정신적인 요소를 무시하려고 한다면 그와 같은 이론은 도대체 어디에 쓸모가 있단 말인가.

따라서 경험이야말로 이러한 정신적 요소의 계보가 진실하다는 것을 증명하는 말하자면 혈통서이다. 전쟁의 이론은 심리학이나 철학의 약은 체하는 논의에 관여할 일이 아니다. 장수도 또한 이런 속론(俗論)을 상대해서는 안 된다.

16 전쟁 지도 이론의 주된 곤란성

전쟁 지도의 이론에는 정신적 요소에 관한 곤란한 문제가 포함되어 있다. 그래서 이 곤란을 구명한 뒤 이러한 이론이 지녀야 할 성격을 설명하기 위해서는 군사 행동의 본성을 이루고 있는 약간의 주요 특성을 더 자세하게 고찰할 필요가 있다.

17 제1의 특성-정신력과 그 효과

(적대 감정)

이들 특성의 첫째는 정신력과 그 효과이다.

투쟁은 본디 적대 감정의 표출이다. 우리가 전쟁이라고 부르는 대규모 투쟁에서 적대 감정은 종종 적대적인 의도에 지나지 않을 때가 있고, 또 대부분은 개인으로서는 적에 대해서 적어도 개인적인 적대 감정은 갖지 않는다. 하지만 이때 감정이 적대적으로 작용하지 않고 있다는 것은 아니다. 현대에도 국민적 증오가 수반되지 않는 전쟁은 좀처럼 없으나, 개인에게 개인에 대한 적대 감정이 결여되어 있는 것처럼 보이는 경우에는 이 국민적 증오가 개인적 적의(敵意)를 대신하고 있다. 비록 이러한 국민적 증오가 결여되고, 또 당초에는 격분의 감정이 전혀 생기지 않아도, 막상 투쟁 단계가 되면 적대 감정이 불타오르는 법이다. 적병이 상관의 명령에 따라서 우리에게 폭력을 행사한다고 해도, 우리가 단연코 보복과 복수를 가하는 것은 그에게 명령을 한 지휘관이 아니라 우리에게 폭행을 가한 당사자이기 때문이다. 이것이 인간적인 심정인 것이다. 혹은 동물적이라고 해도 좋다. 그러나 어느 경우든 이것은 움직일 수 없는 사실인 것이다. 종래의 이론은, 투쟁을 저편과 이편의 힘의 추상적인 다툼으로 보고, 감정의 관여를 무시하는 것이 통례였다. 이것은 많은 이론이 고의로 저지르고 있는 수많은 오류의 하나이다. 이들 이론은 이러한 오류의 결과가 얼마나 중대한 것인가를 알려고 하지 않기 때문이다.

감정의 강력한 활동 중에서 투쟁 그 자체의 본성에 유래되는 것은 지금 말한 적대 감정이다. 또 이런 종류의 감정 활동에 본질적으로 속하는 것은 아니지만 성질이 비슷하기 때문에 이것과 손쉽게 결부되는 것이 이밖에도 있다. 그것은 공명심, 지배욕, 다양한 종류의 열광 등이다.

18 위험이 주는 인상
(용기)

투쟁은 위험을 그 본질로 삼는다. 모든 군사 행동은 그 속에서 일어나게 되고 또 움직이지 않으면 안 되는 것은, 마치 하늘에 있는 새, 물속의 고기와 같은 것이다. 전쟁에서 위험이 주는 효과는 직접적으로, 따라서 또 본능적으로, 그렇지 않으면 지성을 통해서 간접적으로 감정에 영향을 미친다. 그중에서 본능적 효과는 위험을 피하려는 노력으로 나타나게 된다. 위험을 피할 수가 없다는 것이 판명되면 공포와 고민이 생길 것이다. 이러한 효과가 저지된다고 하면 그것은 용기가 위험을 피하려고 하는 본능과 균형을 유지하기 위해서이다. 그러나 용기는 지성의 작용이 아니라, 공포와 마찬가지로 하나의 감정이다. 다만, 공포는 신체적인 자기 보존을 주안점으로 하지만, 용기는 도덕적인 자기 보존을 위한 것이다. 이와 같은 뜻에서의 용기는 공포보다도 고상한 본능이다. 그러나 용기도 또한 본능이라는 점에 비추어 생명이 없는 도구, 즉 이미 규정된 대로 동작하는 도구처럼 사용할 수 있는 것이 아니다. 용기는 단순히 위험과 균형을 유지하여 위험이 주는 효과를 상쇄할 뿐만이 아니고 그 자체가 하나의 독특한 정신적 요소이다.

19 위험이 미치는 영향의 범위

전쟁에서 위험이 지휘관에 미치는 영향을 올바르게 평가하기 위해서는 위험의 범위를 눈앞에 닥친 신체적 위험에만 한정해서는 안 된다. 장수가 위험을 통감하는 것은 위험이 단순히 그를 위협하기 때문이 아니라, 그에게 생명을 맡기고 있는 부하를 위협하기 때문이다. 그리고 위험이 눈앞에 닥치고 있는 순간뿐 아니라, 비록 그 위험이 이미 사라졌다고 해도 이 순간과 관계되는 한, 역시 위험감에 의해서 위협을 받기 때문이다. 또 장수는 직접적인 위험감에 의해 위협을 받을 뿐만 아니라, 다시 책임감에 의해 간접적으로도 위협을 받는다. 그리고 이 책임감은 실제 위험감의 10배의 무게로 지휘관의 정신에 부담을 지우게 한다. 실제로 장수가 대규모 전투를 제창하고 이의 실시를 결의할 경우에, 그의 정신은 위험과 책임감의 중대함을 통감하여 많고 적건 간에 당혹감을 느끼지 않을 수 없을 것이다. 이러한 중대한 결단에는 위험과 책임감이 반드시 따르는 법이다. 전쟁에서의 행동은 그것이 단순히 일방적인 존재가 아니고, 적의 힘과 실제로 상호 작용을 하는 행동인 한, 위험 영역에서 완전히 벗어날 수는 있는 것이 아니다.

20 다른 감정들

적의(敵意)와 위험에 의해서 격발된 감정의 힘은 확실히 전쟁에서 독특한 것으로 여기고 있지만, 우리는 인간 생활에 있어서의 그 밖의 온갖 감정의 힘을 모두 전쟁에서 제외할 생각은 없다. 이들 여러 힘은 전쟁에서 매우 자주 나타나게 된다. 군무에 복무하는 엄숙한 생활에서는 사소한 격정 등은 이윽고 흔적도 없이 사라져 버릴 것이다라고 말하는 사람이 있을지도 모른다. 그러나 그것은 하급 지휘관에게 해당되는 견해에 지나지 않는다. 그들은 위험과 앞으로 탈출할 온갖 고생을 되풀이하는 바쁜 생활에 쫓겨 인생의 다른 일을 돌볼 틈이 없고 따라서 세상의 추한 허위를 벗어난다. 죽음은 허위의 존재를 허용하지 않기 때문이다. 이렇게 해서 그들은 이른바 군인다운 단순한 성격을 형성하게 된다. 그리고 실제로 이러한 단순성이 군인이라는 신분을 가장 잘 나타내는 성격으로 여겨 왔다. 그러나 상급 지휘관의 경우에는 이와 사정이 전혀 다르다. 그들은 지위가 높아짐에 따라 더욱더 자기 주위에 신경을 써야 하기 때문이다. 그래서 그들의 관심은 모든 방면으로 향해서 좋고 나쁜 여러 가지 격정이 다종다양한 움직임을 나타내는 것이다. 질투와 고결한 심정, 거만과 겸손, 격분과 감동—이들 모두는 현실적인 힘으로서 전쟁이라고 하는 일대 희곡 안에 등장하는 것이다.

21 지성의 특성

장수의 여러 가지 정신 특성도 감정의 여러 특성과 함께 역시 현저한 영향력을 발휘한다. 공상적이고 엉뚱한 생각에 빠진 미숙한 인물의 소행은 냉정하고 씩씩한 지성을 갖춘 인물의 소행과는 다를 것이다.

22 다종다양한 개성은 목표에 도달하기 위한 다종다양한 방법을 낳게 한다

정신적 개성의 영향력은 특히 상급 지휘관의 지위에서 현저하다고 생각하지 않을 수 없다. 이러한 영향력은 지위가 올라감에 따라 증대하기 때문이다. 그런데 이들 다종다양한 정신적 개성은 앞서 제1편에서 말한 것처럼 목표에 도달하기 위한 다종다양한 방법을 낳게 하고 또 개연성과 요행을 전쟁에서의 여러 사건에 다양한 정도로 관여시키는 것이다.

23 제2의 특성—활발한 반작용

군사적 행동에서 제2의 특성은 저편과 이편에 있어서의 활발한 반작용과 이러한 반작용에서 생기는 상호 작용이다. 여기에서는 이러한 반작용을 계측하는 곤란성에 대해서 말할 생각은 없다. 이와 같은 곤란은 앞서 말한 대로 정신적 힘을 요소로 해서 다루는 어려움 가운데 포함되기 때문이다. 여기에서 우리가 말하고 싶은 것은 저편과 이편 간의 상호 작용은 그 본성으로 말해서 계획을 저해하는 경향을 지니고 있다는 것이다. 그런데 아군의 방책이 적에게 주는 영향은 행동에서 생기는 모든 효과 중에서 장수의 개성에 의해 좌우되는 일이 가장 심하다. 그러나 이론상 아무래도 현상을 분류해야 하기 때문에 개별적인 경우를 하나하나 거론할 수는 없다. 따라서 이와 같은 경우는 전적으로 장수 개인의 판단과 재능에 위임되어 있다. 실제로 군사적 행동에서는 일반적 정황에 입각해서 세워진 계획의 실시가 장수의 정신적 개성에 유래하는 예측되지 않은 현상에 의해서 자주 방해된다. 그렇다고 한다면 이런 종류의 행동에서는 모든 것이 장수의 개인적 재능에 위임되어야 하는 것은 당연하다. 따라서 군사 행동에서는 그 밖의 행동에서와는 달리 이론은 지시 등이 그다지 쓸모가 없다.

24 제3의 특성−여건은 모두 불확실하다

마지막으로, 전쟁에서는 여건이 매우 불확실하다는 것 또한 전쟁의 독특한 곤란에 속한다. 즉 모든 행동은 희미한 빛 속에서 이루어진다. 따라서 안개나 달빛 속의 몽롱한 상(像)과 같이 실제보다도 크게 보여 기괴한 외관을 띠는 일도 드물지 않다.

이와 같이 희미한 빛 속에서 완전한 인식이 얻어질 수 없는 경우에는 개인의 재능이 그 모자란 부분을 추측에 의해서 보충해야 하든가 또는 그 부분의 보충을 요행에 맡겨야 한다. 따라서 객관적인 지식이 부족한 경우에 의존해야 하는 것은 여기에서도 장수의 재능이자 우연의 은혜이기도 하다.

25 적극적인 학설은 불가능하다

우리의 고찰 대상이 이와 같은 것이라고 한다면 전쟁술을 적극적인 학설로 만들어 장수에게 외부로부터 원칙이나 규칙을 주려고 한다는 것은 결국 불가능할 것이다. 장수가 자기 자신의 재능을 믿어야 할 경우 그는 이러한 학술적 체계가 자기에는 관계가 없으며 매사가 이와 같은 이론적 체계와 모순된다는 것을 알게 될 것임에 틀림없다. 또 비록 이러한 체계가 아무리 다방면에 걸치더라도 이미 말한 것처럼 장수의 재능과 천재는 법칙을 무시하고 행동하여, 이론은 현실과 모순되게 된다.

26 진정한 이론은 두 가지 방법에 의해서 가능하다
(곤란은 어디에서나 똑같이 큰 것은 아니다)

이론을 구성하는 곤란을 타개하는 데에는 두 가지 방법이 있다.

첫째로 이제까지 우리가 군사 행동의 본질에 대해서 일반적으로 말한 것은, 지위의 상하에 상관없이 그 어떤 지휘관에도 똑같은 것은 아니다. 지위가 내려

감에 따라 개인적 희생을 마다하지 않는 용기가 더욱 요구되지만, 이에 반하여 지성과 판단의 곤란은 현저하게 감소한다. 이러한 하급 지위에서는 관계하는 현상의 범위는 크게 한정이 되어 있고, 또 목적과 수단의 수도 한정되어 있다. 데이터는 명확하고 게다가 대부분의 경우 실제로 이를 보고 듣고 한 것이다. 그런데 지위가 올라가면 올라갈수록 곤란은 증대하고 최고사령관 위치에서는 이곤란도 최고에 달한다. 따라서 이러한 경우에는 거의 모두를 그의 천재성에 맡겨야 한다.

그러나 또 대상에 따른 구분을 고찰해 보아도 곤란은 어디에서나 똑같이 크다고는 할 수 없다. 즉, 곤란은 군사적 행동의 장이 물질계라면 감소하고, 이에 반해서 그 장이 정신계로 옮아가서 지휘관의 의지를 결정하는 동인이 되면 증대하는 것이다. 따라서 전투 서열, 전투 계획, 전투 지도 등을 법칙에 의해서 이론적으로 규정한다는 것은 전투의 사용을 규정하는 것보다도 용이하다. 전자에 있어서는 물적인 무기를 사용하는 저편과 이편의 전투가 이루어질 뿐이고 설사 정신적인 작용이 전적으로 나타나지 않는 것은 아니라도 물질이 주요한 지위를 차지하기 때문이다. 그런데 이러한 전투의 물적인 성과가 동인이 되어 이들 전투의 조합을 전쟁 목적에 활용할 단계가 되면 우리는 오직 거기에서 작용하는 정신을 문제 삼지 않을 수 없다. 요약하자면 전술에서는 이론을 조립하는 곤란이 전략의 경우보다도 훨씬 적어도 된다.

27 이론의 근본 취지는 고찰이지 학설이 아니다

이론을 가능케 하는 제2의 방법, 이론이 반드시 적극적인 학설, 즉 행동에 대한 지정(指定)일 필요가 없다는 관점이다. 어떤 활동이 매우 자주 동일한 사물, 동일한 목적 및 수단과 관계하게 되면 그때마다 다소의 변화가 있다고 해도 또 조합이 다종다양해도, 이러한 사물은 이성적인 고찰의 대상이 될 수가 있다. 그리고 이와 같은 고찰이야말로 이론의 가장 본질적인 부분을 이루고 또 실제로도 이론이란 말에 어울린다. 이와 같은 이론은 대상을 분석으로 연구해서 대상에 관한 정확한 지식을 얻는 것이다. 또 경험에 적용되면—우리의 경우라면 전사(戰史)에 적용되면 대상의 완전한 이해에 이르게 된다. 그리고 이론이 이와 같은 궁극의 목적을 달성하면 이론은 더욱더 지식(알고 있다)이라는 객관적 형태를 벗어나 능력(할 수 있다)이라고 하는 주관적 형태를 취하게 되고, 또 사태가 장수의 재능을 기다리지 않으면 해결되지 않을 것 같은 경우에도 여전히 효력을 발휘할 것이다.

전쟁을 구성하는 대상은 모두 겉보기에 착잡하고 판별하기가 어려움에도 불구하고 만약에 이론이 이들 대상을 하나하나 명확하게 구분하여 제반 수단의 특성을 남김없이 거론하고 또 이들 수단에서 생기는 효과를 지적하여 목적의 성질을 명확히 규정하고, 투철한 비판적 고찰의 빛으로 전쟁이라는 영역을 샅샅이 비춘다면 이론은 그 주요 임무를 다한 것이 된다. 그렇게 되면 이론은 전쟁이 어떠한 것인가를 책으로 알려고 하는 사람들에게 좋은 안내자가 되고, 곳곳에서 그가 가는 길이 밝은 빛을 던져 그의 걸음을 용이하게 하고 또 그의 판단력을 육성하여 그가 미로에서 헤매는 것을 막을 수가 있다.

만약에 어떤 사람이 전문 영역에서 아직 밝혀지지 않은 문제를 철저하게 해결하는 데에 반생을 보냈다면 단시일 내에 이 문제를 해명하려고 하는 사람보다도 훨씬 조예가 깊은 것은 당연하다. 따라서 다른 사람이 이 문제를 새삼 정리하여 해결할 필요도 없이 대상은 이미 쓸데없는 것들을 없애고 질서 바르게 배열되어 있다. 즉 이론이 이미 완성되어 있는 것이다. 전쟁 이론의 본 임무는 전쟁에서의 장차의 지휘관 정신을 훈육하는 데에 있거나 혹은 오히려 그의 자기 교육을 지도하는 데에 있지만, 그를 따라 전장으로 가는 것이 아니다. 그것은 현명한 교육자가 소년의 정신 발달을 지도해서 그 진보를 촉진하기는 하지만, 그렇다고 해서 평생 동안 이 소년의 손을 잡고 이 소년을 가르치는 일을 하지 않는 것과 같다.

이론이 시도하는 여러 고찰에서 원칙이나 규칙이 저절로 형성되고 진리가 저절로 이와 같은 결정체로 형성한다면, 이론은 정신의 이러한 자연법칙에 거스르는 일 없이 마치 아치가 토대가 되는 요석(要石 : 중요 구실을 하는 돌)으로 삼는 것처럼, 전쟁 이론의 요석이라 할 수 있는 정신을 뚜렷이 나타낼 것이다. 그러나 이론이 이와 같이 하는 것은 오직 사고의 철학적 법칙을 나타내고 모든 선이 향하는 점을 명확히 하기 위해서이지 이론의 고찰에서 말하자면 대수학적 공식을 안출해서 그것을 전자에서 사용하기 위한 것이 아니다. 요컨대 전쟁 이론에서의 원칙이나 규칙을 중요시하는 것은 장수가 생각하는 정신 안에 갖추게 될 운동의 요강을 규정하는 데에 있는 것으로, 전투에서까지 이 정신을 말하자면 도정을 측정하기 위한 측량 막대처럼 사용하기 위한 것이 아니다.

28 이 같은 관점에서 고찰하면 이론은 가능하게 되고 이론과 실천의 모순은 해소된다

이러한 관점에서 고찰하면 여러 사람을 납득시킬 수 있는 전쟁 이론, 다시 말하면 현실과 끊임없이 모순되는 일이 없는 유익한 이론이 가능해진다. 그래서 만약에 이와 같은 이론을 사용해서 적절하다면 이론과 행동과의 관계를 현저하게 긴밀하게 만들어, 사리에 입각하지 않은 이론에 의해서 이론과 실천 사이에 생긴 모순을 완전히 해소할 수가 있을 것이다. 실제로, 이론은 이러한 모순의 피해를 받아 '건전한 지성(상식)'과 관계를 끊기에 이른 것이다. 그런데 또 투철한 식견과 박식한 지식이 결여된 상급 지휘관은 무위와 안일을 일삼은 구실로서 자주 이 상식을 이용한다.

29 그래서 전쟁 이론은 목적과 수단의 성질을 고찰한다.—전술에서의 목적과 수단

따라서 이론은 목적과 수단의 성질을 고찰해야 한다.

전술에서의 수단은 투쟁을 수행하기 위해 훈련된 전투력이다. 그리고 전술의 목적은 승리이다. 승리란 무엇인가를 좀 더 정밀하게 규정하는 문제는 나중에 전투를 고찰할 때 자세히 살펴보고자 한다. 여기에서는 적이 전장에서 퇴각하는 것을 아군의 승리의 증거라고 말해 두는 것으로 그치고자 한다. 아무튼 이와 같은 승리에 의해서 전략은 당초에 이 전투에 부여한 목적이자, 또 이러한 전투의 본디 뜻을 이루는 목적을 달성하게 된다. 그런데 전투의 이와 같은 의의가 승리의 성질에 몇 가지 영향을 준다는 것은 물론이다. 따라서 적 전투력의 약화를 주안점으로 하는 승리는 단지 적의 한 진지를 점령하기 위한 승리와는 그 뜻이 다른 것이다. 이와 같이 어떤 전투가 갖는 의의는 부대의 전투 계획과 전투 지휘에 현저한 영향을 주는 일이 있고, 따라서 또 전술에서는 고찰의 대상이 된다.

30 전술에서 수단을 사용할 때 반드시 수반되는 세 가지 사정

전투 개시에서 종결까지 끊임없이 전투에 수반하여 많고 적건 간에 전투에 영향을 주는 어떤 사정이 있다. 그래서 전투력을 사용할 경우에는 이들 사정도 고려해야 한다.

그 사정이라고 하는 것은 전투 지역, 전투 개시의 시간과 날씨이다.

31 장소

전투 지역은 다시 이것을 토지와 지형이라고 하는 두 개의 개념으로 분해하는 것이 좋다. 전투 지역은 전투가 개간되지 않은 광활한 평원에서 이루어지는 경우라면, 엄밀한 뜻에서는 전투에 전혀 영향을 끼치지 않는다고 해도 좋다.

확실히 초원(스텝) 지방이라면 실제로 그대로이다. 그러나 유럽의 문명국에서 평원은 이미 개간이 다 되어 있으므로 전투가 지형에 관계없이 이루어지는 경우는 오늘날 꿈에 지나지 않는다. 따라서 문명국 사이에서는 토지 및 지형의 영향을 받지 않는 전투는 전혀 생각할 수 없다.

32 전투 개시의 시각

전투가 이루어지는 시각이 낮이냐 밤이냐 하는 것도 전투에 영향을 미치게 된다. 그러나 또 전투가 밤낮의 구별 없이 이루어질 때가 있다. 큰 전투가 되면 장시간에 걸치기 때문이다. 또 전투 개시가 아침인가 오후인가에 따라서도 대규모 전투 계획이 중대한 차이가 생긴다. 하지만 아침 저녁, 밤과 낮 등에 전혀 상관이 없는 전투도 많을 것이다. 그리고 또 일반적인 경우에는 이러한 시간적인 사정의 영향은 매우 가볍다.

33 날씨

날씨가 이미 개시된 전투에 결정적인 영향을 미치는 것은 시각에 비해서 덜하다. 날씨가 다소라도 영향을 준다고 하면 안개 정도이다.

34 전략에서의 목적과 수단

전략에 있어 승리, 즉 전술적 효과는 본디 단순한 수단에 지나지 않는다. 그러면 전략의 목적은 결국 강화에 직접 연결되는 사항이 된다. 그런데 전략적 목적을 달성하기 위해서 이와 같은 수단을 사용하는 경우에도 전술에서와 마찬가지로 수단의 사용에 많건 적건 영향을 주는 약간의 사정을 포함한다.

35 전략 수단을 사용할 때 반드시 포함되는 세 가지 사정

이런 종류의 사정은 첫째 토지와 지형이다. 그러나 토지라고 해도 전략의 경우에는 현저하게 확대되어 싸움터 전체의 국토와 국민을 포함하게 된다. 둘째는 전투 개시의 시간인데 그와 동시에 1년 중 계절의 차도 고려해야 한다. 마지막으로 세 번째는 날씨로, 무더위나 그 이상의 현상, 예를 들면 혹한 등의 현상이 고찰 대상이 된다.

36 이들 사정은 어느 것이나 전략에서의 신기한 수단이 된다

전략이 이들 사정을 전투의 성과에 결부시키면 전략은 이러한 성과와 그 전투에 새로운 의의와 특수한 목적을 부여하게 된다. 그러나 이러한 목적이 강화에 직접 연결되지 않는 한, 즉 종속적인 목적에 지나지 않는다면 역시 수단으로 여기지 않을 수가 없다. 전략에서는 전투의 성과, 즉 승리가 각기 다른 의의를 갖는다 해도 이것을 모두 전략의 수단으로 보아도 된다. 따라서 예를 들어 한 진지의 공격은 지형에 적용되는 전투의 성과로, 전략적으로는 기껏해야 하나의 수단에 지나지 않는다. 그러나 각기 특수한 목적을 갖는 개개의 전투만이 수단으로 여기는 것은 아니다. 몇몇 전투의 조합이 공통된 목적에 의해서 통일된 경우 또한 하나의 수단이라고 여기는 것이다. 겨울 진영을 낀 겨울철 전쟁은 계절에 적용된 이러한 조합의 하나이다.

그러면 전략에서의 목적으로서는 결국 강화에 직접 연결되는 사항만이 남게 된다. 그래서 전쟁 이론은 전략에서의 이들 목적과 수단을 연구하여 목적과 수단의 각 효과와 이들 상호 관계의 성질을 분명히 하는 것이다.

37 전략은 연구 대상으로 하는 수단 및 목적을 모든 경험에서 구한다

여기서 문제는 첫째, 전략은 어떻게 해서 이들 연구 사항을 남김없이 열거할 수 있는가 하는 것이다. 만약 실정에 어두운 철학적 연구에 의해서 소정의 성과를 구하려고 한다면 이러한 연구는 전쟁 지도 및 그 이론의 논리적 필연성을 불가능하게 만드는 많은 곤란에 휩싸일 것이다. 그래서 전략은, 전사(戰史)가 이미 지적한 여러 가지 조합을 고찰 대상으로 한다. 물론 이 경우에 전략은 전사에 기재되어 있는 사태에만 적합한 제한된 이론이 될 것이다. 그러나 이러한 제한은 결국 피할 수 없는 것들이다. 아무튼 이와 같은 이론이 논술하는 것은 전사에 추출된 것이거나 그렇지 않으면 적어도 전사와 비교되어야 하기 때문이다.

이와 같은 방법은 다음과 같은 점에서 매우 유리하다. 즉—이론은 번거롭게 따지거나 제멋대로의 몽상에 잠길 수가 없게 되어 항상 실제적이 되지 않을 수 없다는 것이다.

38 수단의 분석은 어느 정도까지 이루어져야 하는가

문제의 두 번째는 이 경우에 이론은 수단의 분석을 어느 정도까지 하면 좋은가 하는 점이다. 말할 필요도 없이 여러 가지 수단을 사용할 때 각 수단의 특성을 고려하는 것까지는 좋다. 각종 화기의 사거리와 사격 효과는 전술에는 매우 중요한 일이지만 그러나 화기의 구조는—비록 화기의 효과는 오직 그 구조에서 생긴다고는 하지만—전술에는 거의 관계가 없다고 해도 좋다. 숯, 유황, 초석 구리, 주석 등이 우선 전쟁 지도에 주어지고, 전쟁 지도가 그로부터 화약이나 화포를 제조하는 것이 아니다. 각기 특유한 효과를 지니는 이들 무기는 이미 완성된 것으로서 전쟁 지도에 주어져 그 사용을 위해 제공된 것이다. 또 전략은 지도를 사용하지만 그 경우 삼각측량술 등에 신경을 쓸 필요는 없다. 또 전략은 가장 좋은 군사적 성과를 거두기 위해 국토는 어떻게 정비되어야 하는가, 국민은 어떻게 교육되고 통치되어야 하는가를 연구하는 것이 아니다. 요컨대 전략은 유럽 여러 나라에 있어서의 이 사태를 있는 대로 받아들여 다종다양한 정황이 전쟁에 현저한 영향을 준다는 사실에 주의를 기울이면 된다.

39 지식이 현저하게 간략해진다

이와 같은 방식에 따르면, 이론에서 연구 사항의 수는 현저하게 감소되고, 또 전쟁 지도에 필요한 지식이 두드러지게 간소화되는 것은 명백하다. 많은 양의 지식과 기능은 군사적 행동에 일반적으로는 쓸모가 있고 또 출정군이 전장에 갈 때까지는 필요하지만, 실제 전쟁에서는 군사적 행동의 궁극 목적을 달성하기 전에 이미 극히 소수의 중요 부분으로 요약된다. 그것은 마치, 한 나라의 모든 하천이 바다에 들어가기 전에 합류해서, 몇 가닥의 큰 강을 이루는 것과 마찬가지이다. 군사적 행동의 지도를 맡은 장수는, 전쟁이라고 하는 바다에 직접 흘러들어가는 군사적 행동이 어떠한 것인가를 충분히 알고 있어야 한다.

40 전략은, 뛰어난 장수를 바로 배출하는 까닭을 해명하고, 장수는 학자일 필요가 없다는 이유를 명백히 한다

이와 같은 고찰에서 필연적으로 생긴 이 결론은 매우 확실해서, 의심을 제기할 여지가 없다. 만약에 이 이외의 결론이 있다면 우리는 그 진실성에 의심을 품지 않을 수가 없을 것이다. 이전에는 전혀 다른 방면의 활동에 종사했던 사람이, 전쟁에서 그보다 높은 지위에 오르거나 때로는 장수에 임명되어 뛰어난 무공을 세운 사례는 위의 관점에서 보자면 잘 설명될 수가 있다. 탁월한 장수가 학식이 많은 장교 출신이 아니라, 대개 많은 지식을 섭취할 수 없는 처지에 놓여 있었던 군인이라는 사실도 역시 지금 말한 이유에 의한 것이다. 따라서 장래의 장수를 육성하기 위해서는, 세부에 걸친 지식으로부터 시작할 필요가 있다거나 적어도 그렇게 하는 것이 유익하다고 하는 견해는 큰 국면을 겪어 보지 못한 시골 학자의 벽론(僻論 : 한편으로 치우친 언론)으로 비웃음을 받았다. 이와 같은 지식이 앞으로의 장군에게 해롭다는 것은 손쉽게 증명할 수 있다. 인간 정신은 그에게 주어진 지식과 사상적 방향의 여하에 따라서 어떠한 방향으로든 교육되기 때문이다. 그 경우, 그가 주어진 지식을 자신에게 관계가 없는 것이라고 해서 처음부터 거부하는 것이 아닌 한, 주어진 것이 크면 정신을 크게 만들고 작으면 이것을 왜소하게 만드는 것이다.

41 이제까지 이론의 모순

전쟁에서 꼭 필요한 지식은 이처럼 간략한 것임에도, 이 지식에는 이제까지 온갖 잡다한 일반적 지식과 기능이 뒤섞여 있었다. 그래서 현실 세계에서 일어난 현상에서 명백한 모순이 생겼던 것이다. 그렇게 되면 만사가 천재가 하는 일로 돌려 모순의 해결을 꾀하는 수밖에 없었다. 천재라면 이론이 필요하지 않고 또 이론은 천재를 위해 쓰인 것이 아니기 때문이다.

42 그러자 이번에는 지식의 효용을 부정하고, 모두 천부적인 소질로 돌리려는 경향이 생겼다

그러자 매사를 상식적으로밖에 생각할 수 없는 사람들은, 높이 나는 천재와 융통이 통하지 않는 학자 사이에는 아주 큰 차이가 있다고 생각하여 회의론을 품게 되었다. 그들은 이론의 효용을 머리부터 부정하고, 전쟁 지도를 인간 정신의 천부적인 작용으로 보고, 장수는 타고난 소질의 많고 적음에 따라서 그가 하는 일에도 우열이 생긴다고 생각했다. 이 사람들의 견해도, 잘못된 지식을 지나치게 중요시했던 사람들에 비하면, 진실에 가깝다는 것은 부정할 수가 없다. 그러나 그들의 이와 같은 견해는 분명히 지나치다. 인간 지성이 작용하기 위해서는, 많건 적건 간에 풍부한 개념을 이미 소유하고 있어야 한다. 그러나 이들 개념의 대부분은 타고난 것이 아니라 후천적으로 얻어진 것으로, 우리의 지식은 이러한 개념의 집합에 의해 형성된다. 그렇게 되면 당면하는 문제로서는 이들 개념이 어떠한 것이어야 하는 것뿐이다. 앞서 우리는 전쟁 이론에 필요한 개념은 전쟁에 직접 관계가 있는 사항에 관한 것에 한정된다고 규정했다. 따라서 지금 우리가 구하는 개념이 어떠한 것이어야 하는 문제는 이미 해결되었다고 생각한다.

43 지식은 지휘관의 지위에 따라 다르다

군사 활동에서 필요한 지식은 지휘관이 차지하는 지위에 따라서 각기 다르다. 지위가 낮으면 취급하는 대상은 소수로 끝나고 또한 한정되어 있다. 이에 반해 지위가 향상됨에 따라 대상도 늘어나고 광범위해진다. 기병 연대장으로서는 아무런 빛을 보지 못한 장수도 있고 또 그 반대의 경우도 있다.

44 전쟁에 필요한 지식은 매우 간략하지만 이 지식을 실행에 옮기는 일은 쉽지 않다

전쟁에 필요한 지식은 극히 단순하고 그 대상도 매우 소수이다. 그리고 지식은 이들 대상의 궁극적인 대강을 파악하는 것만으로 좋다. 그러나 이 지식을 단순히 알고 있다는 것뿐만이 아니라, 이것을 행동으로 실현하는 능력은 결코 쉬운 일이 아니다. 전쟁에서의 행동이 어느 정도의 곤란에 직면하지 않으면 안 되는가는 이미 제1편에서 언급한 바가 있다. 여기에서는 용기만으로 극복할 수 있는 곤란은 잠시 제쳐두고, 본래의 지성적 활동에 대해서 말해 보기로 한다. 지성의 활동도 하급 지위에서는 단순하고 따라서 용이하지만, 지위가 올라감에 따라서 곤란이 증대하고 최고의 지위, 즉 장수가 되면 인간 정신이 해결해야 하는 가장 곤란한 일에 속한다고 하지 않을 수 없다.

45 전쟁에서 필요한 지식은 어떠한 것이어야 하는가?

장수는 박식한 전사(戰史) 연구가가 될 필요도 없고 또 정치학자가 될 필요도 없다. 그러나 그는 고차의 정치 정세에 정통하고, 내정 및 외교의 근본 방침, 격동하는 국제적 이해관계, 국가의 당면 문제, 여러 방면의 책임 있는 지위에서 활약하고 있는 인물 등을 자세히 알고 또 올바르게 판단해야 한다. 장수는 정밀한 인간 관찰자일 필요도 없고 또 인간의 성격을 날카롭게 파헤치는 분석가일 필요도 없다. 그러나 그는 직속 부하들의 성격, 지조(志操)와 사람됨, 그들이 가진 각기 특유한 결점과 장점에 통달해야 한다. 장수는 차량의 조립이나 말을 포가(砲架)에 매는 방법이 어떠한 것인가를 알 필요도 없다. 그러나 그는 여러 상황에서 이루어지는 한 종대(縱隊)의 행진에 각각 필요한 시간을 정확히 판정해야 한다. 그러나 이들 지식은 자연과학의 공식이나 기계를 이용해서 습득되는 것은 아니다. 이런 종류의 지식은 사물의 고찰과 실생활에서 항상 정확한 판단의 습득에 노력하고, 그렇게 해서 얻어진 올바른 견해에 따라 재능을 활용함으로써만 획득할 수가 있다.

따라서 상급 지휘관의 군사적 활동에 필요한 지식이 각별하게 뛰어난 것은, 그의 독특한 재능이 고찰에 의해서, 또 연구와 성찰에 의해서 획득한 것이기 때문이다. 그의 독특한 재능은 마치 벌이 꽃에서 꿀을 빨듯이, 말하자면 정신적인 본능으로서 실생활의 여러 가지 현상에서 가장 뛰어난 것만을 추출할 수가 있다. 즉 그의 지식은 고찰과 연구 외에 실생활에서도 획득되는 것이다. 풍부한 실천적 지식을 포함하는 생활은 뉴튼이나 오일러를 낳지는 않겠지만, 그러나 콩데[12]나 프리드리히 대왕과 같은 장수의, 말하자면 고차적인 군사적 계산에 알맞은 재능을 함양하게 된다.

그러기 때문에 군사적 행동의 정신적 수준을 유지하기 위해서 현실에 맞지 않은 박식(博識)이나 사소하고 쓸모없는 지식에 의존할 필요는 없다. 걸출한 장군으로서 편협한 정신을 가진 사람은 이제까지 있어 본 일이 없다. 그러나 하급 지위에서는 매우 우수한 능력을 발휘한 지휘관이 일단 최고 자리에 앉으면 중간 정도에도 미치지 못했던 예는 수없이 많다. 즉, 그들의 정신 작용으로는 감당을 하지 못했던 것이다. 또 장수들 사이에서도 각기 명령권이 미치는 범위의 좁고 넓음에 따라 정신 작용에 차이가 있음은 물론이다.

46 지식은 더 나아가 행동 능력이 되어야 한다

전쟁에서 필요한 지식에 대해서 더 말해 두어야 할 하나의 조건이 있다. 이 조건은 전쟁 지도에 필요한 지식으로서는 다른 지식보다도 훨씬 절실하다. 즉, 이런 종류의 지식은 언제까지나 객관적인 지식이어서는 안 되고, 그것은 장수의 정신에 녹아들어야 하는 것이다. 인간 생활에서의 다른 기술이나 활동에 종사하고 있는 사람이라면, 그가 이전에 배운 적이 있는 진리라는 것만으로, 지금은 그 진리를 터득해서 생활하고 있지 않아도, 이것을 다시 먼지투성이의 책 속에서 꺼내 사용해도 상관없다. 아니, 그가 매일 가까이 두고 사용하고 있는 진실일지라도, 항상 그의 마음 밖에 있어서 그의 것이 되지 않아도 아무 지장이 없는 것이다. 건축가가 기초의 강도를 복잡한 계산에 의해서 확정하기 위해 펜을 잡았을 경우, 계산의 결과로써 발견된 진리는 그 자신의 정신에서 생긴 것은 아니다. 그는 계산에 필요한 자료를 찾아내어 이것을 지성의 작업에 위임하면 되었다. 그는 이 작업의 법칙을 스스로 발견한 것이 아니다. 또 작업 중에도 이 법칙의 필연성을 약간 알고 있을 뿐, 대부분은 기계적인 조작에 의해서 그 법칙을 적용한 데에 지나지 않는 것이다. 그러나 전쟁에서는 이러한 일이 단연코 있을 수 없다. 지휘관은 부하의 정신적 반응이나 시시각각으로 변화하는 사태에 대응하기 위해 그의 지식을 행동으로 바꾸는 정신적 장치를 그의 마음속에 구

---

12) 콩데(Louis II., Prince de Condé, 1621~1686). 루이 14세 치하의 뛰어난 장수로 전술가. 콩데 대공 (Le Grande Condé)이라고 일컬어졌다.

비하고 있어야 하며, 또 그 어떤 장소, 그 어떤 순간에도 필요한 결단을 자기 자신의 힘으로 내릴 수가 있어야 한다. 그러기 때문에 이 지식은 지휘관 자신의 정신 및 생활과 완전히 동화함으로써 참다운 행동 능력으로 전환되어야 한다. 전쟁에서 걸출한 군인의 행동은 대단히 쉬운 것처럼 보이고 모두가 천부적인 재능으로 돌리게 되는 이유가 여기에 있다. 여기에서 천부적인 재능이라고 말한 것은, 고찰과 연구에 의해서 교육되고 훈련된 재능과 구별하기 위해서이다.

이상의 고찰에 의해서 전쟁 지도에 관한 이론의 과제를 명확히 하고 또 그 해결 방법을 시사했다고 우리는 생각한다.

앞서 전쟁 지도를 전술과 전략으로 구분했는데 그중에서도 전략의 이론이 앞서 말한 대로 전술의 이론에 비해서 보다 많은 곤란을 포함하고 있는 것은 물론이다. 전술에서는 대상의 범위가 한정되어 있으나, 이에 반해서 전략에서는 강화에 직접 이어지는 여러 목적을 달성하기 위한 가능한 방법에는 제한이 없기 때문이다. 그리고 이들 목적을 끊임없이 염두에 두고 행동해야 하는 것은 주로 장수이므로, 그의 본질인 전략적 부분에 특히 이러한 곤란이 고슴도치 털처럼 모여든다.

따라서 전쟁 이론은 전략에서, 또 특히 전략의 최고 업적을 논하는 곳에서, 사태를 단순히 고찰하는 데에 머물고, 나머지는 장수 자신이 이 사태를 스스로 통찰하도록 하는 방법에 따르는 경우가 전술의 이론에서보다도 훨씬 자주 있다. 장수가 이렇게 해서 얻은 통찰은 그의 전반적 사고와 융합해서 행동을 보다 쉽게 하고 확실하게 만든다. 요컨대 그의 이와 같은 통찰은 그 자신과 뗄 수 없는 하나가 되고, 이에 의해서 그는 소위 객관적 진리에 복종하는 것을 거부해 마다하지 않는다.

제3장
전쟁술인가 전쟁학인가

1 용어는 아직 정해지지 않았다
(능력과 지식—학(學)이면 지식이, 술(術)이면 실행 능력이 목적)

문제는 매우 단순함에도 전쟁술과 전쟁학 어느 것을 채용하는가에 대해서는 아직 결정하지 않은 듯하고, 또 어떤 근거에 입각해서 결정하면 좋을지 아직 잘 모르고 있는 것 같다. 앞서 우리는 지식(아는 것)과 능력(할 수 있는 것)은 다른 것이라고 말했다. 실제로 이 둘의 차이는 명백하므로 쉽게 혼동되는 일은 없을 것이다. 능력은 본디 책으로 쓸 수 있는 성질의 것이 아니고, 또 술(術)도 책의 표제가 될 수는 없을 것이다. 그러나 일반적으로는, 어떤 술의 운용에 필요한 지식을 술의 이론 또는 그대로 술이라고 하는 명칭으로 총괄하는 습관이 있다. 따라서 이런 구분의 근거를 철저히 해서, 일반적으로 사물을 만들어 내는 능력을 모두 술이라고 부른다면 말은 통하는 셈이다. 예를 들어, 건축술 등은 이에 속한다. 그러나 순수한 지식을 목적으로 할 경우에는 학(學)이 성립된다. 예를 들어 수학, 천문학이 그것이다. 이렇게 보면 술의 이론에 독립된 학이 포함되는 일이 있어도 그것은 당연한 일로 특별히 당혹해할 필요는 없다. 그러나 또 하나 말해 두어야 할 것은 그 어떤 지식도 술과 관계되지 않는 것이 없다는 것이다. 예를 들어 수학에서는 연산이나 대수 기호의 사용은 술이다. 하지만 이 경우에도 학과 술 사이에 엄밀한 경계는 존재하지 않는다. 그 이유는—인간의 지식을 집성한 소산(所産)에서는 지식과 능력은 대체적으로나마 판연하게 구별되는데, 인간 그 자체에서는 이 둘을 완전히 분리하는 것은 곤란하다는 데에 있다.

2 인식과 판단을 분리하는 것은 어렵다
(전쟁술)

대개 사유라고 하는 것은 모두 술이라고 해도 좋다. 논리학자는 인식과 판단 사이에 선을 긋는다. 그렇게 되면 인식 작용은 이 선까지로 끝나게 되는데, 인식 작용의 결과는 그대로 추론의 전제로 사용되어, 판단 작용은 이 선에서 시작되는 것이다. 이것은 바로 거기에서 술이 시작된다는 것을 뜻한다. 그러나 그뿐만이 아니다. 정신에 의한 인식 작용도 판단이며 따라서 또 술이다. 감각에 의한 인식 작용도 또한 술이라고 할 수 있을 것이다. 간단히 말하자면 인식 능력만을 갖추고 판단력이 없는 인간은 판단력만이 있고 인식 능력이 결여된 인간과 마찬가지로 도저히 생각할 수 없는 일이다. 이것으로 보더라도 술과 지식이 완전히 분리할 수 없다는 것을 알 수가 있다. 그러나 본디는 서로 판연하게 분리하기가 곤란한 정신적 요소도 현실계의 일에 정착되어 각기 구체적인 형태를 취함에 따라 술과 학의 영역은 더욱 벌이지게 되었다. 그래서 이를 다시 한 번 되풀이하면 이렇다.—사물을 창조하고 산출하는 것을 목적으로 하는 것은 술의 영역이다. 이에 대해서 연구와 지식을 목표로 하는 것은 학이 지배하는 영역이다. 그렇다면 전쟁학보다도 전쟁술이라고 부르는 것이 보다 적절하다는 것이 된다.

이 문제에 대해서 특히 많이 언급하게 된 것은, 이들 개념이 우리에게 없어서는 안 되기 때문이다. 그런데 우리는 새삼 이렇게 주장하고 싶다.—첫째로 전쟁은 본디 뜻에 있어서 술도 아니고 학도 아니다. 또 둘째로는 이들 개념 그 자체의 출발점이 그릇된 방향을 취한 나머지 전쟁은 함부로 술이나 학과 같은 선위에 놓여 수많은 부정확한 유추가 시도되기에 이르렀다는 것이다. 전쟁 이론이 부정확한 유추에 의해서 왜곡되지나 않을까 하는 염려는 전부터 잠재하고 있었다. 실제로도 전쟁은 하나의 수공업이라고까지 일컬어지는 일도 있었다. 그러나 이러한 설은 얻는 것보다 잃는 것이 많다. 수공업은 낮은 단계의 술이고, 따라서 그 나름대로 적용 범위가 좁은 특정한 법칙에 따라야 하기 때문이다. 하기야 전쟁술은 얼마 동안 수공업적 정신으로 운용되기는 했다. 그것은 콘도티에리[1] 시대의 일이었다. 그러나 전쟁술이 이러한 방향을 취한 것은 외적인 이

---

1) 콘도티에리(Kondottieri). 14~15세기 이탈리아 용병대장을 일컬음. 초기에는 외인—특히 독일인이 많았으나 차차 이탈리아 인으로 바뀌어 갔다.

유에서였지 내적인 이유에 의한 것이 아니었다. 실제로 이러한 전쟁이 당시에도 부자연스러웠고 시대의 요구에 부응할 수 없었다는 것은 전사가 이를 잘 말해 주고 있다.

3 전쟁은 사회생활에서 인간 상호 간 교통의 한 형식이다

그래서 우리는 이렇게 말하고 싶다.—전쟁은 술이나 학의 영역에 속하는 것이 아니라, 사회생활 영역에 속하는 것이라고. 전쟁은 국가 간의 중대한 이해관계의 충돌이고, 이 충돌은 유혈에 의해서 해결되어야 한다. 전쟁이 다른 이해관계와 다른 점은 바로 여기에 있다. 그런데 전쟁은 무엇인가. 다른 술과 비교해야 한다면 그것은 무역이 적당할 것이다. 무역도 인간끼리의 이해관계 및 활동의 충돌이기 때문이다. 그러나 그것보다도 전쟁에 훨씬 가까운 것은 정치이다. 정치 또한 하나의 대규모적인 무역으로 여겨도 좋다. 뿐만 아니라 정치는 전쟁을 그 안에서 잉태하고, 전쟁은 그 모태 안에서 남몰래 발전하고 있다. 생물의 여러 가지 특성이 태아 안에 잠재하고 있는 것처럼 전쟁의 희미한 흔적도 정치 안에 이미 시사되고 있는 것이다.

4 전쟁과 기타 여러 술과의 차이

이 차이의 본질적인 점은 의지 작용이 향하는 대상이 각기 다르다는 점에 있다. 전쟁에서의 의지의 작용이 향하는 것은, 기계적 기술의 경우와는 달리, 생명이 없는 재료가 아니다. 어디까지나 수동적이며, 대상에 의해 규정되는 정신이나 감정, 다시 말하면 관념적 기술이라고도 할 수 있는 예술에 있어서의 인간 정신이나 감정이 아니다. 따라서 전쟁에서의 의지 작용이, 여러 가지 술이나 학에서처럼 틀에 박힌 사고방식에 적합한 것이 아니라는 것은 명백하다. 또 전쟁에서, 생명이 없는 물체계의 법칙에 유사한 법칙을 찾으려고 하는 노력이 끊임없이 오류를 범하지 않을 수 없었던 까닭도 분명하다. 그럼에도 이제까지 전쟁술이 모방하려고 한 것은 다름 아닌 이 기계적 기술이었다. 예술에서 모방은 엄격하게 금지되어 있다. 법칙이나 규칙은 예술에서는 거의 필요가 없기 때문이다. 이제까지도 예술에 법칙이나 규칙을 부여하려고 한 시도는 끊임없이 되풀이되었지만, 이러한 법칙이나 규칙은 그때마다 불충분하고 편협하다고 해서 배척되고, 이에 반대하는 견해, 감정 또는 관습의 흐름으로 토대가 씻겨 내려가 마침내 복멸(覆滅)되고 만 것이다.

전쟁에서는 살아 있는 것끼리의 충돌이 일어났다가는 소멸하고, 이와 같은 일이 끊임없이 되풀이된다. 그러나 이러한 충돌은 보편적 법칙에 따르고 있는가 어떤가, 또 이러한 법칙은 행동에 대해서도 유익한 규준이 될 수 있는가 어떤가의 문제가 부분적으로나마 여기에서 구명될 것이다. 하지만 전쟁은 우리의 이해력 범위 안에 있는 사물과 마찬가지로 연구적 정신에 따라서 해명할 수 있고, 또 전쟁의 내적 연관도 많건 적건 간에 명확하게 제시될 수 있다는 것만은 분명하다. 그리고 이것을 성취하는 것만으로도 전쟁 이론의 개념을 확립할 수 있다.

제4장
방법주의

방법과 방법주의란 전쟁에서 매우 큰 역할을 하고 있다. 그런데 이 방법과 방법주의라는 개념을 명확히 정의하기 위해서는, 가톨릭교회의 성청(省廳)에서처럼, 행동의 세계를 지배하는 논리적 '위계제도'를 살펴볼 필요가 있다.

인식과 행동에 똑같이 적합한 가장 보편적인 개념은 법칙이다. 법칙은 그 말 뜻으로 말하자면 분명히 주관적,[1] 임의적이지만, 실제로는 우리와 우리 밖에 있는 사물을 지배하고 있다. 인식 대상으로서의 법칙은, 사물과 사물의 상호 관계 및 사물과 사물 작용의 상호 관계를 규정한다. 또 의지 대상으로서의 법칙은 행동을 규정하며 명령이나 금지와 같은 뜻이다.

원칙 역시 행동을 규정하는 하나의 법칙이지만, 본디 법칙만큼 까다롭고 확정적인 것이 아니다. 요컨대 원칙이 뜻하는 것은 법칙의 정신과 의미이다. 따라서 원칙을 세우는 것은, 현실 세계의 다종다양한 것이 법칙의 확정적 형식 아래 포섭할 수 없을 경우, 보다 더 자유로운 적용의 여지를 판단에 맡기기 위한 것이다. 그러면 법칙을 적용할 수 없는 경우에는, 판단에 적용의 자유가 주어져야 한다. 그래서 이번에는 원칙이 법칙 정신을 띠어 행위자에게 행동의 근거가 되고 지침이 되는 것이다.

원칙이 객관적 진리에서 유래하고, 따라서 또 모든 인간에 예외 없이 타당할 경우에는 이러한 원칙은 객관적이다. 또 원칙이 행위자의 주관적 규준을 포함하고, 이러한 규준을 원칙으로 삼는 사람에만 어떤 종류의 가치를 갖는 경우, 그 원칙은 주관적이며 일반적으로 준칙(準則)이라고 불린다.

규칙은 종종 법칙의 의미로 이해되는데, 또 주관적인 의미에서의 원칙과 같

---

1) 'Gesetz(법칙)'은 동사 'setzen(놓다)'에서 유래한 것으로 몇 사람인가에 의해서 확정적으로 놓였다는 뜻이며, 우리말의 규칙과 비슷한 말이다.

은 뜻으로 쓰이는 일이 있다. '예외가 없는 규칙은 없다' 말하지만 '예외가 없는 법칙은 없다'라고는 말하지 않기 때문이다. 이것은 법칙보다도 자유로운 적용의 여지를 규칙에 남기고 있는 증거이다.

또 다른 의미에서 규칙은 어떤 사물이 나타내는 한 개의 알기 쉬운 표징(表徵)을 근거로 하여, 그 사물이 깊숙이 간직하고 있는 진리를 인식하기 위한 수단으로서 사용된다. 즉 이러한 표징을 단서로 해서 그 사물에 존재하는 진리 전체를 추측해서 알고 행동 법칙을 정립하려는 것이다. 유희의 규칙이나 또 수학에서 간편한 연산법과 같은 것은 모두 이런 규칙에 속한다.

지정 및 지시도 행동을 규정한다. 즉 행동을 필요로 하는 사정이 사소한 것임에도, 복잡하고 보편적 법칙을 여기에 적용하기에는 번거롭고, 그다지 중요하지 않는 경우에 행동 방식을 자세히 규정하는 것이 곧 지정이나 지시이다.

마지막으로, 방법 또는 방식이란 약간의 가능한 절차 안에서 항상 되풀이되는 것으로서 골라낸 절차를 말한다. 또 방법주의란, 행동을 보편적인 법칙이나 개별적인 지정에 의해서 규정하는 것이 아니라 항상 방법에 의해서 규정하는 방식이다. 이 경우에는, 동일한 방법이 적용되는 많은 사례가, 그 본질적인 부분에 있어 동일하다고 하는 것이 꼭 전제되어 있어야 한다. 그러나 이들 사례가 이 점에서 모두 동일해야 한다는 것은 우선 있을 수 없으므로, 적어도 이러한 사례가 될 수 있는 대로 많아야 한다. 즉 방법은 가장 확실하다고 여겨지는 많은 사례를 예상하고 있는 것이다. 따라서 방법주의는 추론(推論)에서의 일정한 전제를 근거로 하는 것이 아니라, 서로 겹치는 많은 사례의 평균적인 확률에 입각하고 있는 것이다. 따라서 방법주의가 노리는 것은 평균적인 진실을 확립하는 데에 있다. 그러나 이러한 평균적 진실이라도 끊임없이 같은 방식으로 적용되면 이윽고 기계적인 숙련과 비슷한 것이 되고 마침내는 이 숙련이 거의 무의식적으로 적용되어도 항상 정곡(正鵠)을 찌를 수 있을 정도가 된다.

인식에 관한 법칙 개념은 전쟁 지도에 있어서는 결국 소용이 없다. 전쟁에서는 복잡한 현상이라면 규칙 바르지 않고, 또 규칙 바른 현상이라면 복잡하지 않다. 따라서 전쟁 지도에서 이러한 단순한 진리만으로 충분하며, 반드시 법칙이라는 개념을 사용할 필요는 없다. 단순한 생각이나 간단한 이야기로 끝날 수 있는 데도 일부러 복잡하고 거창한 이야기를 꺼내는 것은 부자연스럽고, 또 필요 없이 학자인양하는 태도이다. 그런데 전쟁 지도의 이론은 행동에 관한 법칙 개념을 사용할 수가 없다. 전쟁 지도에서, 현상은 끊임없이 변화하고 다종다양 하기 때문에 법칙이라고 부를만한 보편적 규정은 있을 수 없기 때문이다.

그러나 원칙·규칙·지정 및 방법 등은 전쟁 지도의 이론이 적극적, 단정적 학 설을 지향하는 한, 어느 것이나 이 이론에 없어서는 안 될 개념이다. 적극적인 학설에서 진리는 오직 이러한 결정형으로 결정되기 때문이다.

전술은 전략과 함께 전쟁 지도의 영역을 둘로 나누는 것이지만, 이론은 특히 전술에서 적극적인 학설로 전화하기 쉬운 것이다. 그래서 위에서 말한 여러 개 념도 전술에서 가장 자주 나타나게 된다.

기병은 어쩔 수 없는 경우가 아닌 한, 아직 대형을 정연하게 유지하고 있는 보병의 습격에 사용해서는 안 된다. ―화기는 그 사격 효과가 확인되지 않은 동 안에 사용해서는 안 된다. ―전투에서 병력은 결전에 대비해서 될 수 있는 대 로 절약되어야 한다와 같은 명제는 어느 것이나 전술의 원칙이다. 이와 같은 규 정은 그 어떤 경우에도 절대로 적용할 수 있는 것이 아니지만, 지휘관은 이것을 항상 염두에 두고 이들 원칙이 포함하는 진리가 적용되는 경우에 그 진리의 효 용을 무시해서는 안 된다.

적 부대의 때 아닌 소란을 보고 적의 퇴각을 알아차리고, 적의 여러 부대가 새삼스럽게 분리해서 각기 고립된 진지를 꾸미는 것을 보고, 적의 양공(陽攻)을 알아차리는 것과 같은 경우에 그 진상을 아는 방식은 규칙이라 불린다. 이러한 경우에는 눈앞의 사태에 나타난 하나의 표징으로부터 이러한 사태를 낳게 한 의도를 추측하기 때문이다.

적이 전투 중에 포병 부대를 포차(砲車)와 함께 퇴각하기 시작하자마자 아군 이 종전의 배나 되는 전력으로 적을 추격하는 것 또한 하나의 규칙이다. 눈앞 에 나타난 하나의 현상에서 적의 전반적 상태를 추측하고, 이에 입각해서 아군 의 행동을 규정하기 때문이다. 요컨대 이러한 하나의 현상이 행동의 규정과 결 부되는 셈이다. 그런데 적의 전반적 상태라고 하는 것은, 적이 전투 포기를 결의 함과 아울러 퇴각을 개시하고, 더욱이 이 퇴각 중에 만족한 저항을 시도할 힘 도 없고, 또 퇴각 도중에 아군의 추격을 회피할 충분한 가망성도 없는 상태를 말한다.

지정(指定)과 방법이, 이미 훈련된 전투력에 행동의 원리로써 뿌리내리게 되면, 이러한 지정이나 방법은, 전쟁 준비에 관한 제반 이론을 그대로 전쟁 지도에 도입할 수가 있다. 편제 조령, 훈련 요령, 진중 근무령은 모두 지정이며 방법이다. 훈련 요령에서는 지정이 주가 되고, 진중 근무령에서는 방법이 주가 된다. 그래서 본디 뜻에서의 전쟁 지도가 이와 같은 것들과 결부되는 것이다. 이 경우 전쟁 지도는, 이러한 것을 이미 주어져 있는 방식으로서 받아들이고, 또 이런 종류의 지정이나 방법도 전쟁 이론에서는 단순히 그러한 것으로만 취급되어야 한다.

　그러나 병력을 사용할 경우에 행동은 항상 자유이어야 한다. 그렇게 되면 이러한 자유로운 행동에는 지정, 즉 일정한 지시를 적용할 수가 없다. 왜냐하면 지정은 전투력의 자유로운 사용과는 서로 받아들여지는 것이 아니기 때문이다. 이에 반해서 방법은 당면한 임무를 수행하는 일반적인 방식이며, 또 이 방식이 노리는 것은 앞서 말한 대로 평균적 확률이다. 그래서 방법은 원칙이나 규칙의 적용을 용이하게 하는 것으로서 전쟁 지도의 이론에 도입되어야 한다. 그러나 방법은 어디까지나 그 분수를 지켜야 하고, 결코 군사적 행동을 절대적, 필연적으로 조직하는 것(체계)으로 자처해서는 안 된다. 요컨대 방법은 임무를 수행하기 위한 지름길로서 개별적인 결정에 대신하는 것이고, 또 몇 가지 가능한 절차 중에서 선택할 수 있는 일반적인 방식 중에서 가장 좋은 형식에 지나지 않는다.

　그러나 전쟁에서의 많은 행동이 단순한 가정에 의존하거나 불확실한 정보에 입각해서 이루어진다고 하는 사실을 감안하면, 방법의 빈번한 적용은 전쟁 지도에 꼭 필요하며 또 실제로도 피할 수 없는 일처럼 여겨진다. 또 전쟁에서 행동이 이와 같은 걷잡을 수 없는 방식으로 일어나게 되는 것은, 아군 전투 부대의 배치에 영향을 미칠 것 같은 정보를 모두 완전하게 아는 일이 적에 의해서 방해되고 있기 때문이다. 또는 이것을 알만한 시간적 여유가 없기 때문이다. 그러기 때문에 비록 이러한 정세를 실제로 알았다 해도 그 경우에 취해야 할 조치는 매우 광범위하고 또 너무 복잡해서 아군의 부대 배치를 모두 여기에 적응시킬 수는 없을 것이다. 따라서 아군으로서는 항상 약간의 가능한 경우를 생각하여, 이것을 가늠으로 하여 대책을 강구하지 않을 수 없다. 이럴 때 장수는 다음과 같은 갖가지 사정을 생각하지 않을 수 없을 것이다. 즉, 특수한 경우로 여겨 그때마다 일일이 고려해야 하는 사소한 상황이 무수히 있다는 것, 따라서 또 한쪽 상황과 다른 쪽 상황을 아울러 생각해서, 일반적인 것, 개연성이 있는 것을 알고, 이에 입각해서 부대 배치를 결정하는 수 외에는 방법이 없다는 것, 또 지휘관에 대해서 말하자면, 지위가 내려옴에 따라 그 수는 크게 늘어나므로 하급 지휘관의 행동 범위가 축소함에 따라 그들 각자에게 올바른 통찰과 훈련된 판단을 구할 수가 없다는 것, 또 그들에게 복무규정과 경험이 주는 이외의 통찰을 기대할 수 없을 경우에는 효과면에서 이것과 거의 맞먹는 방법주의를 가지고 그들을 다루어야 한다는 것이다. 그렇게 되면 방법주의는 하급 지휘관에게 판단의 단서를 줄뿐만 아니라 그들의 두서없는 착오를 방지할 수가 있을 것이다. 실제로 그들이 때때로 저지를지 모르는 이와 같은 잘못은 경험의 대가가 매우 비싼 영역에서는 특히 조심해야 한다.

이와 같이 방법주의는 전쟁에서 없어서는 안 되는 것이지만, 그러나 그 밖에도 방법주의에서 생기는 적극적인 이익을 인정하지 않을 수 없다. 그것은 동일 형식을 되풀이해서 훈련함으로써 부대 지휘에서의 숙련도, 정확성이나 확실성이 터득된다는 것이다. 이들 특질은, 전쟁에 따라다니기 마련인 마찰을 감소시키고 기계의 원활한 운전을 가능하게 하기 때문이다.

따라서 방법은 군사적 행동이 차차 하급 지휘관의 손에 위임됨에 따라 더욱 자주 사용되고 또 없어서는 안 되는 것이다. 이에 반해서 지휘관의 지위가 올라감에 따라 방법 사용은 차차 감소되고, 최고 지위에 이르면 전혀 사용하지 않게 된다. 그러므로 방법은 전략에서보다도 전술에서 많이 사용된다.

전쟁을 그 최고의 입장에서 규정해 보자. 전쟁은 각기 특수한 방식으로 처리되어야 할 결정적인 대규모 사건으로 이루어져 있는 것으로, 무수한 작은 사건의 잡다한 집합이 아니라는 것을 알게 된다. 이와 같은 작은 사건이라면 저마다 조금씩 다르다고 해도, 결국은 비슷비슷한 것이므로 방법의 좋고 나쁨에 따라 좋게도 나쁘게도 일괄해서 처리할 수가 있을 것이다. 본디 전쟁은, 논에 난 벼의 모양에 상관없이 큰 낫의 성능 여하에 따라 좋게도 나쁘게도 베어지는 논밭과 같은 것은 아니다. 전쟁은 말하자면 몇 그루의 큰 나무이다. 이것을 벌채할 때에는 각기 나무줄기의 성질과 방향에 따라 충분히 생각해서 도끼를 대야 하는 것이다.

군사 행동에서 방법주의가 어느 정도까지 적용될 수 있는지는 본디 지휘관의 지위에 따라서 정해지는 문제가 아니고 방법을 적용해야 할 대상에 의해 정해질 사항이다. 다만 최고의 지위에 있어서는 장수의 활동 대상이 광범위하게 걸치기 때문에, 방법주의는 이러한 지위에는 거의 관계가 없다. 일정불변의 전투 서열, 전위나 전초의 일정불변한 배치는 어느 것이나 방법이지만 이에 구애되면 장수는 부하뿐만 아니라 자기 자신까지도 속박하게 된다. 확실히 장수가 스스로 방법을 안출하여 이것을 정세에 적합하게 만드는 경우도 있다. 이와 같은 방법으로도 군대와 무기의 일반적 특성에 입각하고 있기만 하면 역시 이론의 대상이 될 수가 있다. 이에 반해서 전쟁 계획이나 전역(戰役) 계획까지가 방법에 의해 규정되고, 마치 기계에서 이미 다 된 제품이 나오는 것처럼, 이들 계획이 방법에 의해서 기계적으로 작성되게 된다면 이러한 방법은 절대로 배척되어야 한다.

전쟁 지도에 관해서 볼만한 이론이 나타나지 않는 한, 다시 말하면 이치가 닿는 고찰이 시도되지 않는 한 방법주의는 비교적 고급 지위에서의 행동에서도 상당히 만연되지 않을 수가 없다. 왜냐하면 이러한 행동을 임무로 하는 고급 지휘관 중에는, 연구와 그들의 높은 지위에 어울리는 생활 사정에 의해서, 자기 정신을 연마할 수 없는 사람들이 있기 때문이다. 실정에 어둡고 모순투성이의 논의를 능사로 삼는 이론이나 비판에 성이 차지 않는 사람들은, 자기 상식에만 의존하고 일괄적으로 이론이나 비판을 배척하려고 한다. 따라서 그들은 경험에서 얻은 통찰력밖에 가지고 있지 않은 것이다. 그렇게 되면 그들은 자유로운 취급이 가능하고 또 이것을 필요로 하는 경우에도 경험이 주는 수단을 사용하고 싶어 하는 것이다. 그러나 그 수단이라고 하는 것은 최고 장수의 독특한 방법을 모방하는 데 지나지 않는다. 이렇게 해서 방법주의가 발생한다. 프리드리히 대왕은 이른바 '사선형(斜線形) 전투 대형'[2]이라는 것을 상용했다. 또 프

---

2) 사선형 전투 대형은 18세기 후반에 특히 우세한 적을 공격할 경우 자주 사용되던 전술상의 형식이다. 공격 부대는 적 정면에 대해 비스듬한 대형으로 전진하여, 처음으로 적과 접촉하는 강력한 쪽 날개는 대치하는 적의 보병 부대를 압도하여 측방 또는 배후에서 적군을 공격한다. 한편 약세 쪽 날개는 아직 공격당하지 않고 있는 적 부대가 전투에 투입되는 것을 방해

랑스혁명 시대의 여러 장성들은 연장된 전투선을 가지고 하는 포위를 도처에서 적용했다. 또 나폴레옹 휘하의 하급 장군들은 집중된 대부대의 거창한 힘으로 적진에 대해 맹렬히 돌진을 시도하는 식이다. 이렇게 보면 같은 방식의 반복은 분명히 모방된 방법이라는 것을 알 수가 있다. 그리고 또 방법주의가 최고 지위까지 이른다는 것을 알 수가 있다. 그러나 앞으로 이론이 진보해서 전투 지도의 연구를 용이하게 하여, 상급 지위로 올라가는 장수들의 정신과 판단력을 훈련하게 되면 방법주의도 거기까지는 미치지 않게 될 것이다. 또 그렇게 되면 방법주의도 거기에서 없어서는 안 되는 것이라면 적어도 이론 그 자체에 의해서 직접 채택되어 단순한 모방으로 생기는 일은 없을 것이다. 비록 뛰어난 장수가 제아무리 훌륭한 공적을 세워도 그가 그것을 성취한 방식에는 주관적인 것이 섞여 있다. 또 그가 일정한 수법을 상용한다 해도 그 속에는 그의 개성이 충분히 나타나 있는 것이다. 그리고 이 개성은 그의 수법을 모방하는 사람의 개성과 반드시 일치하는 것은 아니다.

아무튼 이 주관적 방법주의나 수법을 전쟁 지도에서 추방하는 일은 가능하지도 않고 또 올바른 처사가 아니다. 우리는 오히려 이 방법주의를 생각하기를, 어떤 전쟁의 특이성이 그 전쟁의 개개 현상에 미친 영향의 발현이라고 보아야 한다. 그리고 이론이, 이러한 방법주의의 발생을 미리 알고 이것을 고찰 중에 도입하지 않는 한, 방법주의를 감수하는 수밖에 없다. 프랑스혁명이 전쟁 지도에서 독특한 성격을 띠고 있었다는 것은 당연한 일이다. 그러나 당시에 이 혁명전쟁에서 독특한 전쟁 지도를 알아차린 이론이 있었을까? 이와 같은 경우, 폐해는 개개의 구체적인 사례에서 발생한 수법이 이윽고 시대에 뒤떨어진 것이 되었다는 데에 있다. 정세는 모르는 사이에 변화하는데 수법만은 여전히 구태의연했기 때문이다. 이것이야말로 이론이 이치가 닿는 명쾌한 비판으로 저지해야 할 일이다. 1806년 예나 회전[3]에서 프로이센 여러 장성의 동정을 보면, 루이 친왕[4]

한다.

3) 예나 회전(1806. 10. 7~14)에서 프로이센군은 나폴레옹 때문에 격멸적인 패배를 겪었다.

4) 루이 친왕(Prinz Louis Ferdinad)은 통칭이고, 본명은 루드비히(Ludwig Friedrich Christian, 1772~1806). 프리드리히 대왕의 맨 아래 동생 페르디난트의 아들. 예나 회전에서는 전위부대로서 활약했으나 잘펠트에서 전사했다.

은 잘펠트[5]에 있고, 타우엔치엔[6]은 예나 부근의 도른베르크산에 진을 쳤다. 또 카펠렌도르프 마을[7]의 전방에는 그라베르트[8]가, 또 같은 마을 후방에는 뤼헬[9]이 포진하고 있었다. 그리고 이들 여러 장수는 누구나 프리드리히 대왕의 '사선형 전투 대열'과 함께, 거기에 크게 입을 벌리고 있던 파멸의 심연으로 떨어져 버린 것이다. 사태가 이렇게 된 것은, 이미 시대에 뒤떨어진 수법 때문이 아니라 방법주의의 피해를 입은 여러 장성의 되돌릴 수 없는 정신적 빈곤에도 책임이 있다. 그들은 이러한 빈곤 정신을 가지고 회전(會戰)에 임하여 마침내 호헨로헤[10]군으로 하여금, 이제까지 전투에 참가한 그 어떤 군도 경험한 적이 없는 참패[11]를 맛보게 한 것이다.

---

5) 잘펠트(Saalfeld). 잘강 왼쪽에 있는 도시.

6) 타우엔치엔(Tauentzien, Friedrich Bogislav von, 1760~1824). 프로이센 장군으로 군사 평론가.

7) 카펠렌도르프(Kapellendorf). 예나 부근의 마을.

8) 그라베르트(Grawert, Julius August, 1746~1821). 프로이센 장군. 사단장으로서 예나 회전에 참가했다.

9) 뤼헬(Rüchel, Ernst Wilhelm Friedrich von, 1754~1823). 프로이센 장군.

10) 호헨로헤(Hohenlohe, Friedrich Ludwig, 1746~1818). 프로이센 장군.

11) 프로이센군의 손해는 사상 12,000명, 프랑스군은 포로 15,000명, 사상은 4000명 이하.

제5장
비판

이론적 진리가 실천적 생활에 미치는 영향은, 학설에 의하는 것보다도 오히려 비판에 의하는 쪽이 크다. 비판은 이론적인 진리를 실제로 일어난 일에 적용하는 것이므로, 진리를 실제 생활에 가깝게 할 뿐만 아니라, 진리의 적용을 끊임없이 되풀이함으로써 지성을 진리에 익숙해지도록 하기 때문이다. 우리는 앞 장에서 이론을 고찰하는 관점을 확정했다. 그래서 이 장에서는 비판을 고찰하는 관점을 확립하고자 하는 것이다.

역사적 사건을 있는 그대로 서술하는 것과, 이것을 비판적으로 서술하는 것은 전혀 별개의 사항이다. 전자는 단순히 사건을 나열할 뿐으로 기껏해야 가장 가까운 인과관계에 대해서 언급하는 것이 고작이다.

그런데 이 비판적인 서술 쪽에는 각기 다른 세 가지 지적 활동이 포함된다.

첫째는 의심스러운 사실을 역사적인 관점에서 탐구하고 확정하는 일이다. 이것은 본래의 역사적 연구로 이론과는 전혀 관계가 없다.

둘째는 원인으로 결과를 설명하는 일이다. 이것이 곧 본래의 비판적 연구로서 이론에서 빼놓을 수 없다. 이론에서 탐구되는 대상 중, 경험에 의해서 확인되고 지지되어 적어도 설명되지 않을 수 없는 것은 모두 이 방법으로밖에 해결될 수 없기 때문이다.

셋째는 군사적 행동에서 사용된 수단을 검토하는 일이다. 이것이 본래의 비판이고, 이 비판에는 칭찬과 비난이 포함된다. 그리고 이 경우에 전사(戰史)에 쓸모가 있는 것, 또는 오히려 전사에서 도출되는 교훈에 쓸모가 있는 것이 곧 전쟁 지도의 이론이다.

둘째와 셋째는 역사적 고찰에서 본래의 비판적 부분을 이루는 것인데, 이들 부분이 노리는 것은 모든 것을 궁극적인 요소까지 철저하게 추궁하여, 의심할 여지가 없는 진실에 도달하는 데에 있다. 따라서, 이러한 경우에 흔히 있는 것처럼, 자의적인 가정이나 상정(想定)을 설정하여 도중에서 추구(追究)의 손을 늦춰서는 안 된다.

원인으로 결과를 설명하는 방식에 대해서 말하자면, 이러한 설명은, 외적인, 더욱이 제거하기 어려운 곤란을 자주 만나게 된다. 그것은 사건의 참다운 원인을 전혀 알 수 없다는 것이다. 인생의 여러 가지 영위 가운데서 전쟁만큼 이러한 곤란한 사정이 빈번하게 일어나는 영역은 없다. 전쟁에서는 모든 일을 남김 없이 안다고 하는 것은 매우 드문 일이다. 하물며 그 동인(動因)에 대해서는 더 더욱 그렇다. 이러한 동인은 장수에 의해서 고의로 은폐되거나 또는 동기가 그 때뿐인 우연적인 것이라면 역사에 자취를 남기지 않기 때문이다. 그렇기 때문에 비판적 서술은 되도록 역사적 연구와 손잡고 나아가야 한다. 그러나 그래도 때로는 원인과 결과 사이가 서로 어긋나서, 비판은 제시된 결과를, 이미 알려진 원인에서 필연적으로 생긴 것이라고 볼 수가 없는 경우가 있다. 그렇게 되면 비판적 서술과 역사적 연구 사이에는 아무래도 틈이 생기지 않을 수가 없다. 다시 말하면 역사적 연구에 의한 결과는 지휘관에게 교훈으로서의 쓸모가 없는 것이다. 그래서 이론으로서 요구할 수 있는 것은, 비판적 연구는 이러한 틈까지는 확실하게 이루어질 수 있지만, 모든 추론은 거기에서 매듭지어야 한다. 이전의 요건이 결과를 설명하는 데에 충분하다고 해서 이 요건에 그릇된 중요성이 주어지면, 중대한 폐해가 생기게 되기 때문이다.

비판적 연구에는 이러한 외적인 곤란 외에도 또 매우 큰 내적인 곤란이 있다. 그 첫째는 전쟁에서는 결과가 하나의 원인에서 생기는 일은 오히려 드물고, 대개는 약간의 공통된 원인에서 생긴다고 하는 것이다. 두 번째는 편견이 없는 성실한 의지를 가지고 사건의 계열을 그 시초까지 거슬러 올라가는 것만으로는 충분치 않고, 공통된 원인 하나하나에 대해서, 결과에 관여하고 있는 몫을 저마다 결정해야 한다는 것이다. 그렇게 되면 개개의 원인의 성질을 보다 자세히 연구하는 것이 되어 비판적 연구는 이론의 본디 영역으로 들어가게 된다.

비판적 고찰, 즉 전쟁에서 사용된 수단을 검토하는 일은, 이들 수단에 특유한 효과는 어떠한 것인가, 또 이들 효과는 장수가 본디 의도한 것인가 어떤가 하는 문제를 유발한다.

그런데 사용된 수단에 특유한 효과가 문제가 되면 우선 이들 수단의 성질이 연구되어야 한다. 그렇게 되면 또 이 연구가 이론의 영역으로 들어가게 된다.

앞서 말한 바와 같이, 비판의 본 임무는 의심이 파고들 여지가 없는 진실을 얻는 데에 있다. 따라서 자기에게밖에 적용되지 않는 제멋대로의 설을 꺼내서는 안 된다. 이러한 설에는 또한 제멋대로의 주장이 이에 대항하게 되어 결국 논의는 서로가 자기에게 유리한 이론만 내세워 한없이 계속되고, 서로가 납득할 만한 결론에 도달할 리가 없으므로 교훈을 얻는 일은 허사로 돌아갈 것이다.

위에서 말한 바와 같이, 원인의 연구든 수단의 검토든, 어느 것이나 이론의 영역, 즉 보편적 진리의 영역으로 편입되는 것이다. 그러나 보편적 진리는 단순히 눈앞의 개별적인 경우에서 생기는 것이 아니다. 그런데 만약에 사용할 만한 이론이 이미 존재한다면, 비판적 고찰은 이러한 이론에서 결정되어 있는 것을 그대로 사용할 수가 있으므로, 연구는 여기에서 매듭지어도 좋다. 그러나 이러한 이론적 진리가 아직 확립되어 있지 않았으면, 궁극의 요소에 이를 때까지 연구를 계속해야 한다. 그래서 이러한 연구의 필요성이 자주 생기면, 연구자는 말하자면 나무를 보고 숲을 보지 않는다는 결과에 이르지 않을 수가 없다. 그렇게 되면 그는 일에 쫓겨 마음껏 연구할 수가 없게 된다. 그래서 그는 자기의 고찰에 한계를 지우기 위해 멋대로의 설을 주장하는 것이다. 그의 설은 그에게는 멋대로 주장한 것이 아닐지도 모르지만 다른 사람의 입장에서 보자면 역시 제멋대로의 주장밖에 되지 않는다. 이러한 독단적인 생각이 증명을 기다리지 않는 자명한 이치일 리가 없기 때문이다.

결국 모순을 포함하지 않는 이론이 비판의 본디 바탕인 것이다. 따라서 비판은 이성을 만족시킬 만한 이론의 원조가 없으면, 교훈의 목적을 달성할 수가 없는 것이다. 다시 말하면 식자를 납득시킬 만한 논증도 아니고 또한 반발을 허락하지 않는 지견(知見)도 아닌 것이다.

이론의 본분은 추상적 진리의 탐구에 있고, 이에 반해서 구체적인 사례를 알맞은 법칙 아래 포섭하는 것은 오직 비판이 할 일이라고 해서, 이러한 진리가 가능하다고 생각하는 것은 헛된 기대에 지나지 않는다. 그렇다고 해서, 비판은 신성한 이론의 영역을 한정하는 경계에 이르면, 곧 발길을 돌려야 한다고 생각하는 것은, 이것 또한 융통성 없는 가소로운 벽론(僻論 : 도리에 맞지 않는 한편으로 치우친 언론)이다. 이론을 창출하는 것은 분석적 연구의 정신이지만, 이 같은 정신이 또한 비판의 일을 지도하게 되는 것이다. 이 정신은, 때로는 이론의 영역에 발을 들여놓아 자신에게 특히 중요하다고 여겨지는 점을 명백히 할 수가 있고, 또 그렇게 해도 지장이 없다. 따라서 만약에 비판이, 이론을 기계적으로 적용하는 것을 능사로 한다면, 오히려 비판의 목적을 벗어나게 될 것이다. 이론적 연구의 적극적 성과인 이 원칙, 규칙 및 방법 등은, 이론이 적극적 학설을 지향함에 따라, 더욱더 보편성과 절대적 진리성을 잃게 되는 것이다.

이와 같은 것들은 본디 사용하기 위해 있고, 이것들이 적절한가의 여부에 대한 판단은 지휘관의 판단에 위임되어야 한다. 그런데 비판은, 이론의 이러한 성과를 법칙이나 규범으로서 비판의 척도에 상용해서는 안 된다. 이와 같은 것들은 지휘관에게 판단의 단서로서 도움이 되는데 지나지 않는다. 일반적인 통상의 전투 대열에서, 기병은 보병과 같은 줄이 아니고 항상 보병의 후방에 배치된다고 하는 것은 전술에서 상식적인 일이다. 그러나 그렇다고 해서 이 방식에서 벗어난 배치를 일괄적으로 비난하는 것은 어리석은 일이다. 비판은 이와 같은 일탈이 이루어진 근거를 연구해야 하고, 만약에 그 이유가 불충분하다면 이론에 그 확정을 요구하는 권리를 갖는다. 공격을 나누어서 행하면 성공 확률은 감소된다는 주장 또한 이론에서 확정되어 있다. 그러나 분할된 공격과 불리한 결과가 우연히 결부되었다고 해서, 이들의 관계를 자세히 연구하지도 않고, 불리한 결과를 분할된 공격에서 생긴 것이라고 여기거나, 그와는 반대로 분할된 공격에서 유리한 결과가 생겼다고 해서 그 이론적인 주장은 맞지 않다고 추론하는 것은 모두 조리에 맞지 않다. 따라서 비판에서의 연구적 정신은 둘 가운데 그 어느 것도 인정할 수가 없다. 요컨대 비판을 지탱하는 것은 주로 이론에서의 분석적인 연구의 성과이다. 비판은 이론에서 이미 해결된 것을 비판 자체가 새삼 새롭게 확정할 필요는 없다. 이론에서 확정된다고 하는 것은 다름 아닌 비판이 그것을 확정된 것으로서 사용해도 좋다는 것을 뜻한다.

비판의 이러한 임무는 원인에서 어떤 결과가 생겼는지, 또 사용된 수단이 그 목적에 적합했는지의 여부를 연구하는 데에 있다. 그러나 이러한 일이라면 원인과 결과, 목적과 수단이 접근해 있으면 그다지 어려운 일은 아니다.

어느 군이 기습을 당하여, 그로 인해 그 부대의 능력을 정상적인 방식으로 상용할 수가 없다고 한다면, 이 기습에 의한 결과는 분명하다. 또 회전에서, 포위 공격은 성과가 큼에도 불구하고 성과의 확실성이 적다고 하는 것은 이론에서 확인되어 있다. 그러면 문제는, 포위 공격이라고 하는 수단을 적용하는 지휘관이, 애초부터 큰 성과를 의도했는지 어떤지 하는 일이다. 만약에 그가 큰 성과를 계획하고 실제로도 큰 성과를 거두었다면, 그가 사용한 수단은 올바르게 선택되었다고 해도 좋다. 더욱이 그 동기가 단지 특수한 사정에 의한 것이 아니라 포위 공격의 일반적 성질에 입각해 있다고 한다면 그는 수단의 성질을 오인한 것이 된다.

그러나 이러한 경우라면, 군사적 연구 및 검토는 그다지 곤란하지 않다. 또 고찰을 원인이나 수단에 관해서 가장 가까운 결과나 목적에 한정한다면 보다 쉬울 것이다. 전체와의 연관성을 도외시하고, 사태의 한정된 관계에서만 고찰한다면, 이러한 일을 마음대로 할 수 있기 때문이다.

그러나 전쟁에서는—대체로 세상의 모든 일도 마찬가지지만—모두가 관련되어 하나의 전체를 이룬다. 따라서 그 어떤 사소한 원인이라도 그 결과는 군사적 행동의 종국에까지 영향이 미쳐, 아무리 사소하다 해도 궁극적인 성과에 변화를 준다. 이와 마찬가지로 그 어떤 수단으로도 그 효과는 궁극적인 목적에까지 이르는 것이다.

그렇다면, 하나의 원인에서 생기는 여러 가지 결과를 추구해서, 관찰할 만한 가치가 있는 사소한 현상에까지 갈 수가 있는 셈이다. 수단과 목적의 관계도 이와 같다. 즉, 가장 가까운 목적을 위한 수단으로 검토할 뿐만 아니라, 이러한 목적 그 자체를, 한층 높은 목적을 위한 수단으로써 검토할 수 있다. 이렇게 해서 서로 종속 관계를 이룬 목적의 계열을 거슬러 올라가 이제는 검토를 필요로 하지 않는 목적에까지 이를 수가 있다. 또 검토를 필요로 하지 않는 것은, 이러한 목적은 그 필연성에 관해서 의심할 여지가 없기 때문이다. 그런데 대부분의 경우—특히 결정적인 대규모 방책이 문제가 되는 경우에는, 고찰은 궁극적 목적까지, 즉 강화를 직접 준비할 수 있는 수단에까지 이르러야 한다.

이와 같이 목적의 계열을 거슬러 올라감에 따라 신기한 단계에 이르고, 그와 동시에 판단 또한 신기한 입장을 취하는 것이다. 따라서 어떤 입장에서는 유리하다고 여겨지는 수단도, 다음의 더 높은 입장에서는 부정되어야 할 경우가 있다.

군사 행동을 비판적으로 고찰할 경우에는, 현상의 원인을 구명하는 일과, 목적을 달성하기 위해 사용되는 수단을 검토하는 일과는 항상 병행해서 이루어져야 한다. 검토 대상이 될 만한 가치가 있는 것이 무엇인가는 원인을 구명함으로써 비로소 판명되기 때문이다.

그런데 인과의 계열을, 혹은 위로(원인을 구해서), 혹은 아래로(결과를 구해서) 추구하는 일에는 커다란 곤란이 뒤따른다. 어떤 일의 원인을 탐구할 경우, 그 원인이 결과로써 나타난 일에서 멀어짐에 따라, 그 밖의 원인도 아울러 생각해야 하고, 또 이들 원인이 이 현상에 관여하고 있는 경우의 각 지분을 판별해야 한다. 현상이, 원인으로서 인과적 계열의 상위를 차지함에 따라서 더욱 많은 힘이나 사정이 여기에 가해져서 결과에 영향을 미치기 때문이다. 회전에 패배했을 때 패전의 여러 원인을 구명할 수 있었다고 하자. 그러면 이들 원인은, 이 패전이 전쟁 전체에 미치는 결과에 대한 원인의 일부분이라는 것은 틀림없으나, 그것은 결국 일부분에 지나지 않으며, 전쟁 전체의 궁극적인 결과에는 그 밖에도 다른 원인에서 생기는 결과가 많건 적건 간에 유입하게 된다.

수단을 검토할 경우에도, 비판하는 입장이 높아짐에 따라 그 대상도 다양해진다. 목적과 수단의 종속적 계열에서 목적이 차차 상위를 차지함에 따라 이 목적을 이루기 위한 수단의 수도 많아지기 때문이다. 전쟁의 궁극 목적은 전쟁에 참가하는 전군에 의해서 동시 추구된다. 따라서 이 궁극적 목적을 달성하기 위해서 생긴, 또는 실제로 생기지 않았어도 발생할 수 있다고 여겨지는 모든 일을 고찰할 필요가 있다.

이러한 고찰은 때로 대단히 넓은 범위에 걸치므로 쉽게 혼란에 빠질 수가 있어서 곤란은 매우 커진다. 그래서 실제로는 생기지 않았지만 생길 가능성이 있는 사태, 그래서 고찰에서 절대로 제외시킬 수 없는 사태에 대해서 많은 가정을 설정해야 하는 것도 분명하다.

1797년 3월에 나폴레옹은 이탈리아 원정군을 이끌고 타글리아멘토강[1]으로

---

1) 타글리아멘토강(Tagliamento). 상부 이탈리아의 강, 아드리아해로 흘러들어간다.

부터 진출한 카를 대공[2]의 군을 공격했다.[3] 당시 나폴레옹의 의도는 라인강으로부터 도착하도록 되어 있는 원군이 대공의 군대와 합류하기 전에 대공과 결전을 벌이는 일이었다. 만약에 이 결전에만 착안한다면 나폴레옹이 사용한 수단은 적절하게 선택된 셈이고 또 실제의 성과도 이를 증명하고 있다. 대공의 병력은 열세여서 그는 타글리아멘토 강변에서 한 번의 저항을 시도했을 뿐이었다. 그는 나폴레옹군이 강력하고 결전의 결의가 확고함을 깨닫자 바로 전장을 포기하고 또 노릭 알프스[4]의 몇몇 입구도 포기했다. 한편 나폴레옹은 이 행운의 성과로 무엇을 목표로 삼을 수 있었을까. 나폴레옹은 이 승리로 무엇을 바랐을까? 그의 의도는 오스트리아의 수도 빈으로 진격하고, 또 모로[5]와 오슈[6]가 이끄는 두 라인군의 진격도 용이하게 해서 두 장군과 긴밀하게 연계하는 데에 있었다. 나폴레옹은 전세를 이와 같이 관찰했다. 이 관점에서 볼 때 그의 의도는 확실히 정확했다.

그러나 비판이 보다 높은 입장을 취하게 되자, 다시 말하면 라인강변의 전역이 6주 뒤에 개시되는 것으로 전망되고 이러한 전망을 하지 않을 수 없었던 프랑스 총재 정부[7]의 입장에서 말하자면 나폴레옹이 노릭 알프스를 넘어 진출한 것은 대단한 모험이었다. 만약에 슈타이어마르크[8]에 있는 오스트리아군이 라인강에서 강력한 예비군을 소집하여, 태공이 이 예비군으로 이탈리아 원정군을 공격했다면 나폴레옹군은 괴멸했을 뿐만 아니라 모든 전쟁도 실패로 끝났을 것이다. 나폴레옹은 필라흐[9]에서 처음으로 이러한 생각에 이르러 사태가 중요하다는 것을 깨달았다. 그래서 그는 레오벤[10]에서의 휴전 제의에 선뜻 응한

---

2) 카를 대공(Karl Ludwig Johann, 1771~1847). 오스트리아 대공, 원수. 또 군사 평론가로서도 알려져 있다.

3) 타글리아멘토 강변의 전투는 3월 15일 있었고 나폴레옹이 승리를 거두었다.

4) 노릭 알프스(Norische Alpen). 동부 알프스.

5) 모로(Moreau, Jean Victor, 1763~1813). 프랑스 장군.

6) 오슈(Hoche, Lazare, 1768~1797). 프랑스 장군.

7) 당시 총재 정부는 5인 총재에 의해 구성되어 있었다(1795~1799).

8) 슈타이어마르크(Steiermark). 오스트리아의 주. 빈 서남쪽에 있는 산지.

9) 필라흐(Villach). 오스트리아 남부 도시.

10) 레오벤(Leoben). 오스트리아 동부 슈타이어마르크 주의 도시. 이 땅에서 오스트리아와 프랑스 사이에 예비 강화가 성립되었다(1797. 4. 18).

것이다.

그런데 비판이 한층 그 관점을 높여서 당시 오스트리아군이, 카를 대공과 빈 사이에 전혀 예비군을 가지고 있지 않았다는 사실을 안다면, 나폴레옹의 이탈리아 원정군의 진출에 의해 빈이 실제로 위협받을 수 있었다는 것을 알 수가 있다.

만약 나폴레옹이 당시의 실정, 즉 오스트리아의 수도가 이탈리아 원정군에 대해서 무방비임을 알고 있고, 또 그의 군이 슈타이어마르크에서조차 카를 대공의 군에 대해서 결정적인 우세를 유지하고 있음을 알고 있었다고 한다면, 그가 오스트리아 제국의 심장부 빈을 향해 진격한다는 것은 결코 목적에 위배되는 일이 아니다. 이 진격의 가치는, 오스트리아군이 빈의 유지에 두고 있는 가치와 맞먹기 때문이다. 만약에 오스트리아군이 인정하고 있는 이 가치가 크고, 빈을 잃기보다는 오히려 나폴레옹이 제출한 강화조약을 수락하는 편이 낫다면 빈을 위협한다는 것은 다름 아닌 궁극적인 목표로 여겨도 좋다. 나폴레옹이 이와 같은 사정을 그 어떤 이유에 입각해서 알고 있다고 한다면, 비판을 여기에서 그쳐도 상관이 없다. 그러나 그것이 아직도 의심스럽다면 비판은 보다 높은 관점에 서서, 만일 오스트리아군이 빈을 포기하고 국내의 광대한 오지로 후퇴한다면 도대체 어떻게 되었을까 하는 문제가 제기되지 않을 수가 없다. 그리고 이 문제는, 오스트리아 측의 라인군과 프랑스 측의 라인군과의 사이의 회전이 이루어진다고 하는 가정 아래, 거기에서 생길 것으로 여겨지는 결과를 고려에 넣지 않는 한 해결될 수 있는 것이 아니다. 그러나 프랑스군은 오스트리아군에 대해서 결정적으로 우세하므로 (13만 명에 대한 8만) 프랑스군에게 승리가 돌아가리라는 것은 의심할 여지가 없다. 그렇게 되면 여기에서 또 문제가 생긴다. 즉 프랑스의 총재 정부는 이 승리를 어떠한 목적으로 이용할까? 오지에 깊숙이 퇴각하는 오스트리아군을 승리의 여세를 더욱 몰아세워 그 전투력을 분쇄하거나 완전히 타도할 것인가 말 것인가? 그렇지 않으면 오스트리아 국토의 주요 부분을 공략해서 강화 때 교환 물건으로 삼을 것인가 하는 문제이다.

이 두 경우에 대해, 거기에서 생길 수 있는 결과를 하나하나 생각한 다음 총재 정부는 비로소 그 어떤 길을 택할 것인가 결정할 수 있다. 가령 이 고찰이 다음과 같은 결론에 도달했다고 하자. 즉 오스트리아 제국을 완전히 타도하기 위해서는 프랑스의 전투력은 프랑스군이 지나치게 약소하므로 이러한 기도는 이윽고 사태의 급변을 가져올 것이다. 또 프랑스군이 오스트리아 국토의 중요 부분의 공략과 영유를 전략적 관계로 끌어들인다 해도 프랑스군의 병력으로는 아마도 이러한 점령 상태를 유지할 수가 없었을 것이라고. 이와 같은 결과에 도달했다고 하면, 이것은 나폴레옹의 이탈리아 원정군의 정황판단에 영향을 미쳤음에 틀림없고, 또 이탈리아 원정군은 고대한 희망을 가질 수 없음을 깨닫지 않을 수 없었을 것이다. 실제로 이와 같은 사정이 있었기 때문에 나폴레옹은 카를 대공이 고립무원의 상태에 있다는 것을 알면서도 관대한 조건으로 캄포포르미오의 강화조약[11]을 체결한 것이다. 확실히 이 강화조약이 오스트리아에 부과한 희생은 불과 몇 개 주의 상실에 지나지 않았다. 더욱이 이들 주는 비록 오스트리아가 전역에 승리를 얻었다 해도 다시 탈환할 수 있는 가망이 없었다. 그러나 경우에 따라서 프랑스군은 캄포포르미오의 소극적인 강화조차 기대할 수 없었을 것이다. 따라서 또 이 강화를 대담한 진격의 목적으로 할 수가 없었을지도 모르는 일이다.

따라서 다음에 오스트리아 측의 두 가지 고찰은 프랑스군에게는 뜻하지 않은 행운이었다. 제1의 고찰은 다음 문제에 귀착된다. 즉 오스트리아군은 두 가지 결과(나폴레옹에 의한 오스트리아군의 격멸과 영토의 공략)에 각기 어떠한 가치를 인정하고 있었을까? 오스트리아군은 그 어느 경우에도 궁극의 승리를 얻는 것이 확실할지 모른다. 그러나 이러한 승리는 전쟁을 계속했기 때문에 필연적으로 생기지 않을 수 없는 많은 희생을 치를만한 것일까? 이러한 희생은 그다지 불리하지 않은 조건의 강화에 의해서 피할 수 있는 것이 아닐까? 이런 문제이다. 제2의 고찰은 다음과 같은 문제에 귀착된다. 즉 오스트리아 정부는, 저항을 계속하면 어쩌면 거둘지도 모르는 궁극적인 성과라는 것을 적절하게 고려하고 있는지의 여부, 또 눈앞의 불리한 전황에서 받는 인상에 압도되어 무기력에 빠질 염려가 없는가 하는 문제이다.

---

11) 캄포포르미오(Campoformio). 상부 이탈리아의 마을. 앞서 레오벤에서 프랑스와 오스트리아 사이에 맺어진 예비 조약에 입각하여 이 땅에서 본조약이 체결되었다(1797. 10. 1). 오스트리아는 이 강화조약에 의해서 오스트리아령 네덜란드의 몇 개 주, 즉 미라노 및 마투아 등을 프랑스에 양도했다.

첫 번째 문제에 관한 고찰은 결코 쓸데없는 탐색이 아니라 실제로 결정적인 힘을 가지고 있다. 따라서 매우 중대한 계획이 세워질 경우에는 이 고찰이 반드시 나타나게 되고, 또 이 계획을 자주 저지하는 것도 바로 이 고찰이다.

두 번째 고찰 역시 중요하다. 전쟁 상대는, 추상적인 적이 아니라 현실적인 적이므로, 교전자는 항상 이와 같은 적을 염두에 두고 대책을 강구해야 하기 때문이다. 과감한 나폴레옹은 이 관점을 소홀히 하지 않았다. 다시 말하면 그는 무력을 행사하기에 앞서 적을 공포에 빠뜨릴 자신에 넘쳐 있었다. 이 자신감이 있었기 때문에 그는 1812년[12]에 모스크바를 향하여 진격한 것이다. 그런데 이 자신도 모스크바에서는 소용이 없었다. 나폴레옹에 대한 공포감은 프랑스군과 몇 차례의 대투쟁을 경험한 가운데 이미 얼마간 둔화되고 있었다. 그러나 1797년에는 이 공포가 아직은 생생했고 게다가 또 철저한 저항이라고 하는 비결도 아직 발명되지 않았었다. 그럼에도 만약에 그가—흔히 말하듯이—불리한 결과를 예감해서 캄포포르미오의 강화에 타개책을 찾지 않았다면, 1797년에도 그는 자기의 예감을 믿고 실패를 초래했을 것이다.

우리는 이 고찰을 여기에서 매듭지어야 한다. 요컨대 비판적 고찰이 궁극적인 목적까지 거슬러 올라갈 경우에, 다시 말하면 필연적으로 고찰의 대상이 되지 않을 수 없는 대규모적인 결정적 수단을 논할 경우에, 이러한 고찰이 해결해야 할 문제는 광대한 범위에 걸치고, 다종다양한 데다가 많은 어려움에 부딪히게 된다. 그러나 위에서의 고찰은 이와 같은 사정을 설명하기 위한 실례로서는 충분하다고 생각한다. 또 비판적 고찰의 가치를 현저하게 높이기 위해서는 대상을 이론적으로 통찰하는 것 외에 타고난 재능이 필요하다는 것이 위의 고찰에서 분명해졌다. 실제로 사태의 연관성에 빛을 대고 복잡하게 뒤얽힌 무수한 현상에서 본질적인 것을 분리하는 일은 주로 이 천부적인 재능에 따라야 하기 때문이다.

그런데 이 재능에는 또 다른 용도가 있다. 비판적 고찰은 실제로 사용된 수단을 검토할 뿐만 아니라 실제로는 사용되지 않았지만 상용이 가능했던 수단도 고찰해야 한다. 따라서 이들 가능적 수단은 비판적 고찰에서 비로소 다루어

---

12) 나폴레옹의 러시아 원정(1812. 6. 12).

지고 제시되어야 한다. 말하자면 발명되어야만 하는 것이다. 실제로 사용된 수단이 안 된다고 한다면, 그보다 뛰어난 다른 수단을 제시하지 않으면 무의미한 것이다. 비록 대부분의 경우 이와 같은 가능적 수단이 아무리 사소하고 또 그 수가 아무리 적더라도 실제로 사용되지 않았던 수단을 열거한다는 것은 주어진 사태를 분석하는 것만으로는 불가능하다. 이것은 그야말로 자발적인 창조이고 이 창조는 전적으로 정신의 산출력(産出力)이 할 수 있는 일인 것이다.

모두가, 극히 소수의, 실제로도 가능한, 또 극히 단순한 수단에 귀착될 경우에는, 위대한 천재의 출현을 기다릴 필요도 없다. 적진지의 우회와 같은 수단이 가끔 천재의 위대한 발명으로 여기는데, 이것은 웃기는 견해이다. 그럼에도 창조적 자발성에 의한 행동은 필요하며 비판적 고찰의 가치는 이와 같은 행위를 고찰의 대상으로 할 것인지의 여부에 따라서 현저하게 좌우된다.

1796년 7월 30일, 나폴레옹은 만투아 요새[13]의 포위를 풀고 전군의 힘을 집결하여, 구원을 위해 오고 있는 적 수개 종대(縱隊)를 맞아 이를 개별적으로 격파할 방법을 결의했다. 그리고 이것은 빛나는 승리를 거두기 위한 가장 확실한 방법으로 여겨졌다. 실제로도 나폴레옹은 승리를 거두었고, 또 그 뒤에도 적의 구원군이 도찰할 때마다 같은 방법을 사용해서 더욱 빛나는 승리를 거둔 것이다. 그가 사용한 이러한 수단에 대해서는 세상 사람들이 칭찬을 아끼지 않았다.

당시 나폴레옹은 만투아를 공격할 의도를 전적으로 포기하지 않는 한 위에 적은 방법을 취할 수가 없었다. 왜냐하면 공성을 위한 병참부대를 유지할 수 없었고 이 전투 상황에서는 제2의 병참부대를 편성할 수도 없었기 때문이다. 그래서 실제로 공격은 봉쇄로 변하고 만일 공성을 그대로 계속했다면 곧 함락했을 요새는, 평지에서 나폴레옹이 수차례 전승을 했음에도 6개월이나 항전을 한 것이다.

당시의 비판은 나폴레옹이 사용한 방법을 어쩔 수 없는 해악으로 여겼다. 이 비판은, 나폴레옹이 적의 구원군을 맞아 물리친다고 한다면 이 이상 뛰어난 저항 방법은 있을 수 없다고 생각했기 때문이다. 실제로 봉쇄 보루선 내부에서 구

---

13) 만투아(Mantua). 상부 이탈리아의 요새. 오스트리아군은 이 요새에서 나폴레옹의 이탈리아 원정군에 포위되었다(1796. 7. 4). 로나토 전투(8. 3~4)를 시작으로 리볼리 전투(1797. 1. 14~15)까지 아홉 번의 큰 전투 끝에 궤멸적인 타격을 입은 오스트리아군이 항복했다(1797. 2. 2).

원군에 저항한다는 생각은 매우 평이 나쁘고 무시되고 있었기 때문에 이와 같은 수단은 전혀 고려되지 않았다. 그러나 루이 14세[14] 시대에는 이 수단이 매우 자주 사용되었고, 또 그 목적을 달성했던 것이다. 따라서 100년 뒤에는 적어도 일단은 고려되었어야 했는데 아무도 그 생각을 하지 않은 것은 이러한 수단을 무시하고 돌보지 않은 것이 당시의 유행 사상이 되어 있었기 때문이다. 만약에 이와 같은 수단의 가능성을 인정한다면 당시의 정황에 관한 보다 자상한 연구는 다음과 같은 사태가 생길 수 있었다는 것을 증명할 것이다.

즉 나폴레옹이 만투아 요새 전방의 봉쇄보루선에 배치한 4만의 군대는 세계에 자랑하는 정예 부대였다, 만약에 이 군이 견고한 보루에 의존한다면 뷔름세르(D.S. von Wurmser)가 이끄는 5만 명 구원군 같은 것은 두려워할 필요가 없었다, 따라서 이 오스트리아군은 이 보루선을 공격하는 것조차 곤란했을 거라는 것이다. 우리는 여기에서 이 주장을 더 이상 상세하게 증명할 생각은 없다. 그러나 이와 같은 가능성이 있는 수단도 실제로 사용된 수단과 함께 고찰되었어야 했던 것은 위에서 말한 설명에 의해서도 분명히 드러난다고 생각한다. 나폴레옹이 행동에 임해서 이 수단도 염두에 두었는지의 여부에 대해서 우리는 이를 결정할 생각은 없다. 그의 회상록이나 또 공개된 그 밖의 사료에는 이에 대해서 아무것도 기록이 되어 있지 않고, 그 뒤의 비판도 이에 대해서 전혀 언급을 하지 않고 있다. 요컨대 당시의 비판은 이러한 수단이 있었다는 것을 전혀 잊고 있었던 것이다. 그러나 이와 같은 수단이 있었던 것을 지적해도 그다지 큰 공적은 되지 않았을 것이다. 이 수단을 버리고 관심을 두지 않았던 당시의 유행 사상을 벗어나면 그것으로 끝났기 때문이다. 그러나 이 수단을 고려에 넣어, 이것을 나폴레옹이 사용한 수단과 비교하는 것은 확실히 필요하다. 이와 같은 비교의 결과가 어떻든 비판은 이와 같은 비교를 소홀히 해서는 안 된다.

1814년 2월에 나폴레옹이 블뤼허[15]군을 에토쥬,[16] 샹포베르,[17] 몽미라이[18] 등

---

14) 루이 14세(Louis XIV, 1638~1715). 프랑스의 왕, '태양왕'이라고 일컬어졌다.

15) 블뤼허(Bluchre, Gebhard Leberecht von, 1742~1819). 프로이센의 원수로 뛰어난 장수. '전진 원수'라고 일컬어졌다.

16) 에토쥬(Etoges). 동프랑스의 마을. 이곳 전투에서 나폴레옹은 프로이센 및 러시아 동맹국을 격파했다(1814. 2. 13~14).

17) 샹포베르(Champaubert). 동프랑스의 도시. 여기에서 동맹군은 나폴레옹에게 패배했다(1814. 2. 10).

의 전투에서 격파한 뒤, 블뤼허군에서 이탈하고 이번에는 슈바르첸베르크[19]군을 공격하여 그의 군단을 몽트로[20]와 모르망[21]에서 격파했을 때 모든 사람이 이 전과를 절찬했다. 왜냐하면 나폴레옹은 그의 주력을 이끌고 여러 곳으로 전전(轉戰)하여 동맹군이 분진(分進)에 의해서 범한 과오를 교묘하게 이용했기 때문이다. 그리고 나폴레옹이 이와 같이 도처에서 빛나는 승리를 거두었음에도 마침내 그를 구할 수 없었던 것은[22] 적어도 그에게 책임이 있는 것이 아니라는 것이 통설이다. 만일 나폴레옹이 블뤼허군에서 슈바르첸베르크군으로 방향을 돌리지 않고 계속해서 블뤼허를 공격해 라인강까지 추격했다면, 그 결과가 어떻게 되었을까—에 대해서는 오늘날까지 아무도 문제 삼지 않았다. 가령 나폴레옹이 그렇게 했더라면 아마도 1814년의 전투는 완전히 역전되어 동맹군은 파리로 향하지 않고 라인강을 넘어 퇴각했을 것이다—하는 것은 우리가 확신하고 있는 바이다. 우리는 사람들이 이 확신에 동의해 주기를 요구하는 것은 아니다. 그러나 이 양자택일이 지적된 이상, 이것을 문제 삼아야 한다는 것은 비판적 고찰을 하는 한, 아무도 이를 의심하지 않을 것이다.

여기에서 비교를 위해 든 가능한 수단은 앞의 예보다도 훨씬 알기 쉬운 것이다. 그럼에도 비판이 이것을 대수롭지 않게 생각한 것은 사람들이 일방적인 견해에 맹종해 공정한 판단이 결여되었기 때문이다.

우리가 어떤 수단을 부인할 때, 그와 대치되는 뛰어난 수단을 강구해야 한다. 그래서 하나의 독특한 비판 방법이 나타나 한결같이 쓰이는 것이다. 그것은 —말하고자 하는 한층 뛰어난 수단이라고 하는 것을 단지 열거하는 데에 그치고 필요한 끝까지 하지 않는다는 방식이다. 그 결과, 누구나가 비판을 믿지 않게 되어, 또 다른 논자도 똑같은 비판 형식을 사용하기 때문에, 결국 논리의 본 줄거리와는 상관 없는 논쟁이 생긴다. 전쟁에 관한 문헌은 모두가 이와 같은 논의

---

18) 몽미라이(Montmirail). 동프랑스의 소도시. 이 전투에서도 동맹군이 패배했다(1814. 2. 11).

19) 슈바르첸베르크(Schwarzenberg, Karl Philipp, 1771~1820). 오스트리아의 원수, 당시 동맹군의 최고사령관이었다(1813~1814).

20) 몽트로(Montereau). 동프랑스의 도시. 이곳 전투에서 동맹군은 나폴레옹에게 패배했다(1814. 2. 18).

21) 모르망(Mormant). 동프랑스의 마을.

22) 나폴레옹은 얼마 뒤 제위(帝位)에서 물러나(1814. 4. 13) 엘바섬으로 유배되었다.

투성이다.

　만약에 논자가 제시하는 수단이 탁월하다는 것이 의심의 여지가 없을 정도로 명백하면 문제는 없으나, 그렇지 않으면 우리가 요구하는 증명이 꼭 필요하다. 이 증명의 목적은 두 수단의 특성을 각기 연구해서 이들 수단을 목적과 비교하는 데에 있다. 이렇게 해서 모두가 단순한 진리로 환원되면 논쟁을 종결되지 않을 수 없거나, 적어도 새로운 결론에 도달한다. 이에 반해서 위에서 말한 것과 같은 비판 방식으로는 찬반양론이 서로 소모전을 펼칠 뿐 아무것도 얻지 못할 것이다. 이를테면 우리가 이 공허한 논의에 만족하지 않고 앞에서 든 전쟁의 예에 관련해서, 나폴레옹은 공격 목표를 슈바르첸베르크로 돌리기보다는 블뤼허의 추격을 철저하게 속행하는 편이 유리했었다는 것을 증명하려고 한다면, 우리는 다음과 같은 간단한 진리를 증명의 근거로 삼으면 된다.

　1. 공격을 한 방향으로 한정해서 속행하는 것은 주력을 이끌고 전전(轉戰 : 자리를 옮겨가며 싸움)하는 것보다는 일반적으로 유리하다. 첫째, 이러한 전전은 반드시 시간 낭비를 동반하기 때문이다. 또 둘째로, 중대한 손실 때문에 적군의 사기가 떨어졌을 경우에는 새로 전과를 올리기 비교적 쉽기 때문이다. 즉, 전전이라고 하는 방법에 따르면 아군이 유지하고 있는 우세를 부분적이지만 잠재워 두는 것이 된다.

　2. 블뤼허군은 슈바르첸베르크군보다도 열세였음에도 블뤼허의 진취적인 정신은 슈바르첸베르크에 비해서 각별히 뛰어났다. 따라서 동맹군의 중점은 블뤼허군에 있고 모든 것은 그가 가는 방향으로 끌려 가고 있었다.

　3. 블뤼허군은 거의 패배나 다름없는 손해를 입었고, 이로 인해서 나폴레옹의 우위가 확립되었기 때문에, 블뤼허가 라인강까지 퇴각한다는 것은 틀림없었다. 게다가 라인강에 이르는 선에는, 이렇다 할 증원군이 배치되어 있지 않았다.

　4. 만약에 나폴레옹이 블뤼허에 대해서 궁극적인 승리를 거두었다면, 그 어떤 성과도 이것만큼 무섭게 보이는 것은 없었을 테고, 또 이토록 거대한 모습으로 동맹군 장수들의 상상력 앞에 가로막고 선 것은 없었을 것이다.

　특히 이것은, 슈바르첸베르크가 지휘하는 우유부단한 군사령부에게는 매우 중대한 사건임에 틀림없었다. 슈바르첸베르크는, 뷔르템베르크 황태자[23]가 몬트로에서, 또 비트겐슈타인 백작[24]이 모르망에서 무엇을 잃었는지 상당히 정확히 알고 있었을 것이다. 또 블뤼허가 마른강에서 라인강에 이르는 고립무원의 퇴각선에서 행한 불리한 전투가 어떤 것이었는지는, 눈덩이와 같은 소문이 되어 슈바르첸베르크에 전해졌을 것이다. 그런데 나폴레옹은 3월 말에 비트리[25]로 향했으나, 이 절망적인 방향은 전략적 우회를 시도함으로써 동맹군을 위협하기 위함이었고, 이 방침은 분명히 위협의 원리에 따른 것이었다. 그러나 나폴레옹이 랑[26]과 아르시[27]에서 패한 뒤로 상황은 완전히 돌변하여, 블뤼허는 10만 대군과 함께 슈바르첸베르크군과 합세했다.

　물론 여기에 든 네 가지 이유에 불복하는 사람도 있을 것이다. 그러한 사람들도 우리가 제시한 이유를 무시하고 다음과 같은 반론을 꺼낼 수 있을 것이다. 그것은 '나폴레옹이 블뤼허를 라인강 방면으로 추격하여 슈바르첸베르크의 근거지에 위협을 가한다면, 슈바르첸베르크는 나폴레옹의 근거지인 파리에 위협을 가했을 것이다'라는 반박이다. 우리가 위에 든 이유로 증명하려고 한 것은, 슈바르첸베르크가 파리로 행진하는 일 같은 것은 도저히 불가능한 일이었기 때문이다.

　1796년 이탈리아 전역의 예는 앞서도 언급했지만, 이에 대해서는 다음과 같이 말할 수 있다.—나폴레옹은, 그가 취한 방법이 오스트리아군을 격파하는 가장 확실한 수단이라고 생각했다. 그러나 비록 그랬다 하더라도, 그가 사용한 이러한 수단에 의해 실제로 달성된 목적이란, 전적으로 헛수고에 지나지 않은 무명(武名)일 뿐이었다. 더욱이 이 무명은 만투아 포위전에 이렇다 할 영향을 미치지 못했다고. 이에 반해서 우리가 제시한 방법은—적어도 우리가 보는 바로는—적의 구원군을 저지할 훨씬 확실한 수단이다. 또 비록 우리가 나폴레옹의 생

23) 뷔르템베르크 황태자(Wilhelm, Kronprinz von Wurtemberg, 1781~1864). 뒷날의 빌헬름 1세.

24) 비트겐슈타인(Wittgenstrein, Ludwig Adolf Peter, 1796~1864). 러시아의 원수. 러시아—프로이센 동맹군 총사령관(1813).

25) 비트리 르 프랑수아(Vitry-le-Francois). 동프랑스의 도시.

26) 랑(Laon). 동프랑스의 도시. 이곳 전투에서 블뤼허는 나폴레옹을 무찔렀다(1814. 3. 9~10).

27) 아르시 쉬르 오브(Arcis-sur-Aube). 동프랑스의 도시. 이곳에서 프랑스군과 동맹군 사이에 회전이 있었으나(1814. 3. 20~21), 승패가 나지 않았다.

각과 달라서, 그가 사용한 가장 확실 방법이기는커녕 오히려 성과 확실성이 적은 수단으로 여긴다 해도, 이 문제는 결국 다음과 같은 점에 귀착할 것이다.

즉 첫째의 겨우, 성과는 확실한 것 같지만 거의 이것을 이용할 수 없기 때문에 성과 그 자체도 작다. 이에 반해서 두 번째 경우는, 성과는 반드시 확실하다고 할 수 없으나 성과 그 자체는 훨씬 크다. 그렇다면 이 두 방법 중에서 어떤 것을 고르면 좋을까? 문제를 이렇게 따져 보았을 때, 과감한 장수라면 단연코 제2의 방법에 찬동할 것이다. 그러나 이것은 사태를 피상적으로 고찰했을 때와는 전혀 반대되는 견해이다. 말할 필요도 없이 나폴레옹의 의도가, 과감이라는 점에서 모자란 데가 있었던 것은 아니다. 그럼에도 그가 지금 말한 제2의 방법을 취하지 않은 이유는 무엇이었을까? 그것은 틀림없이 그가 사태의 성질을 철저하게 구명할 수 없어 자신의 행동 결과를 확인할 수가 없었기 때문이다. 하지만 바로 지금이기 때문에 우리는 경험에 의해서 그러한 결과가 어떠했는지를 알고 있는 것이다.

비판이, 전쟁에서 사용된 수단을 고찰할 경우에, 자주 전사(戰史)를 이용하는 것은 당연하다. 전쟁술에서 경험은 철학적 진리보다도 중요하기 때문이다. 그런데 이러한 역사적 증명이, 그 자신의 조건을 갖추고 있다는 것은 물론이다. 이에 대해서는 따로 장을 설정해서 살펴볼 작정이다.[28] 그러나 유감스럽게도 이와 같은 조건이 충실하게 지켜지는 일은 매우 드물고, 오히려 역사적 인증(引證, 인용하여 증거삼음)은 개념의 혼란을 더욱 심화시킬 뿐이라는 것이 실상이다.

그런데 우리는 또 하나의 중요한 문제를 고찰해야 한다. 그것은—전사에 기록된 개별적인 사례를 판단할 경우, 비판에 의해 밝혀진 사태의 전망과, 따라서 또 장수의 행동의 성과가 보여 주고 있는 것을 어느 정도까지 이용하는 일이 비판에 허용되어 있는가 또는 비판의 의무로까지 여기고 있는가 하는 문제이다. 혹은 또 이렇게 말해도 좋다. 비판은 언제 어디에서, 비판적 고찰이 밝힌 사태를 도외시하여, 엄밀하게 장수의 입장에 몸을 두어야 하는가라고.

만약에 비판이 장수의 행동을 상찬 또는 비난하려고 한다면, 비판은 엄밀하게 장수의 입장에 서야 한다. 즉 한편으로는 당시에 장수가 알고 있었던 것, 또

---

28) 제6장 '전쟁 사례에 대하여' 참조.

그의 행동의 동기가 된 것을 모두 열거함과 동시에, 다른 한편으로는 장수가 알 수 없었던 것 또는 실제로 몰랐던 것은 제외해야 한다. 특히 장수가 행동한 뒤에 처음으로 명백해진 성과는 도외시할 필요가 있다. 그러나 이것은 비판이 도달하기 위해 노력해야 하는 목표에 지나지 않는 것으로, 실제로는 반드시 여기까지 도달할 수 있는 것이 아니다. 어떤 군사적 행동을 낳게 한 사태가 비판의 눈에 비친 모습과 장수의 눈에 비친 모습과는 엄밀하게 말하면 결코 같지 않기 때문이다. 장수의 결의에 영향을 끼쳤다고 여겨지는 수많은 사정들은 이미 소멸해서 알 길이 없다. 또 행동의 주관적 동기의 대부분은 전해지지 않는 것이 일반적이다. 하기야 이와 같은 주관적 동기도 장수나 그와 매우 친한 사람들의 회고록에서 약간이나마 알 수는 있지만, 그러나 이러한 회고록은 당시의 사정을 막연하게 말하고 있는 데에 지나지 않고, 오히려 이를 왜곡해서 말하고 있는 경우도 드물지 않다. 따라서 장수가 실제로 직면했던 사건의 대부분은 결국 비판할 수가 없다.

또 다른 한편으로는, 비판적 고찰에 의해 많은 일이 알려져 있는데 이를 도외시한다는 것은 더욱 곤란하다. 우연적인 사정, 다시 말하면 당시의 정황 그 자체에 입각하지 않고 우연히 개입한 것과 같은 사정이면, 이를 도외시하기 쉽지만, 그러나 당시의 정황에 본질적인 사태에 대해서는 매우 곤란하고, 완전하게는 이루어지지 않을 것이다.

그래서 우선, 장수가 행동을 한 뒤에 처음으로 우리에게 알려진 성과에 대해서 생각해 보자. 이러한 성과가 우연적인 사태에서 생긴 것이 아닌 한, 성과에 대해서 안다는 것은, 그 성과를 낳게 한 사태에 관한 판단에 영향을 주지 않을 수가 없다. 우리는 이러한 사태와 성과를 견주어 보고, 또 부분적으로나마 성과를 가늠 삼아 그 사태가 어떠한 것이었는가를 알고, 이렇게 해서 그 사태를 평가하기 때문이다. 전사(戰史)와 그 안에서 다루어지고 있는 모든 현상과는, 비판에게 있어 그야말로 교훈의 원천이다. 그렇다면 비판이 당시의 정황 전체를 고찰함으로써 얻은 빛을 가지고, 이러한 성과를 낳게 한 사태를 조명하는 것은 당연한 일이 아닐까? 그러기 때문에 비판은, 성과를 모두 도외시하려고 하는 의도를 가져야 한다고는 하지만, 실제로는 이와 같은 의도는 도저히 실현될 수 없다.

그러나 이와 같은 일은 성과, 즉 장수가 행동한 뒤에 생긴 것에 대해서만은 아니다. 이미 존재하는 것, 즉 행동을 규정하는 기지(既知, 이미 앎)의 요건에 대해서도 사정은 마찬가지이다. 그리고 대개의 경우, 비판은 이들 요건을 장수보다도 많이 알고 있을 것이다. 그런데 비판에 임해서 이와 같은 것을 도외시하는 것은 쉬운 일로 여겨질지 모르지만, 실은 그렇지가 않다. 어떤 행동을 낳게 한 사태에 선행하는 정황이나 동시적인 정황에 관한 지식은, 확정한 정보에 바탕을 둘뿐 아니라, 매우 많은 추측이나 가정에 의한 것도 있다. 뿐만 아니라 꼭 우연이라고는 할 수 없는 사태에 관한 정보조차, 가정과 추측을 이미 포함하지 않은 것은 하나도 없으며, 그리고 확실한 정보가 얻어지지 않을 경우에는 그것을 대신한다. 그래도 비판은, 그때의 장수 입장에 서서, 행동의 순간에 아직 알려지지 않았던 정황에 대해서, 무엇을 개연성이 있다고 보았을까 자문해 보는 좋다. 그렇게 되면 실제로 알고 있다는 것을 얼씨구나 잘 됐다고 해서 마음대로 판단을 내릴 수는 없을 것이다. 하지만 이 경우에도, 비판만이 알고 있는 것을 완전히 도외시하기란 불가능하다는 것은, 뒤에 처음으로 알려진 성과의 경우와 전적으로 동일하다. 더욱이 그 불가능의 이유 또한 이전의 경우와 마찬가지이다.

따라서 비판이 장수의 개개의 행동을 상찬 또는 비난하려고 할 경우, 적어도 어느 점까지는 장수의 입장에 설 수 있어야 한다. 하기야 대개의 경우 비판은 실제의 필요를 만족시킬 정도까지는 할 수 있다. 그러나 때로는 그것이 전혀 불가능할 경우도 있다. 우리는 이것을 잊어서는 안 된다.

그러나 비판이 완전히 장수의 입장이 된다는 것은, 필요하지 않을뿐더러 바람직하지도 않다. 전쟁에서는, 일반적으로 훈련이 필요한 행동과 마찬가지로, 갈고닦고 기른 천부의 소질, 즉 숙련이 요구된다. 그런데 이러한 숙련에는 크고 작은 차이가 있다. 숙련도가 큰 경우에는, 장수의 숙련은 비평가의 숙련을 손쉽게 능가한다. 어떤 비평가치고 프리드리히 대왕이나 나폴레옹과 같은 장수와 맞먹는 숙련을 갖춘 사람이 있을까? 그러나 비판은, 장수의 탁월한 재능에 관한 비평을 일체 삼가야 한다면 몰라도, 그렇지 않다면 비판에 독특한 넓은 시야라고 하는 유리한 입장을 이용하는 것이 허락되어야 한다. 따라서 비판은, 뛰어난 장군이 그의 과제를 해결한 방법을, 마치 연산의 모범 사례이기라도 한 것처럼, 비판만이 알고 있는 요건에 입각해서 검산할 수는 없다고는 하지만, 장수의 남보다 뛰어난 행동의 밑바탕에 존재하는 것을, 성과에 의해서, 다시 말하면 많은 현상이 확실히 서로 일치해서 생긴 결과로써 비로소 인식되고 찬탄할 수 있을 뿐만 아니라, 천재가 순간적으로 예감한 본질적인 연관이 어떠한 것이었는가를 비로소 실제로 알 수가 있다.

그러나 비판은 장수의 숙련 그 크고 작음도 불구하고, 항상 보다 높은 입장을 취해야 한다. 그렇게 되면 비판은, 장수의 행동을 규정한 객관적인 결정 근거를 이미 잘 알고 있으므로, 주관적인 경향을 될 수 있는 대로 배제할 수 있고, 또 편협한 정신을 판단 기준으로 내세울 필요도 없다.

비판이 보다 높은 견지에 서서 또 사물의 진상을 충분히 알고 난 뒤 장수를 상찬하거나 비난한다는 것은, 그 자체로서는 우리의 감정을 해칠만한 까닭이 없다. 그러나 비평가가, 일어난 일을 하나에서 열까지 아는 것으로 얻은 식견을, 마치 자기 자신의 재능인 듯이 의기양양하게 이야기한다면, 듣는 사람은 결코 이것을 긍정적으로 여기지 않을 것이다. 이와 같은 속임수는, 기만으로서는 매우 조잡한 것임에도, 비평가의 허영심은 자칫 이러한 기만을 감히 저지르게 된다. 그가 다른 사람의 불쾌감을 사게 되는 것은, 지극히 당연한 일이라 할 수 있다. 그러나 이러한 우쭐대는 심정이 본디 비평가가 의도한 일은 아니었음에도, 그가 미리 오해를 피할 계산을 하지 않았기 때문에, 독자로부터 불손하다고 여겨지는 경우가 자주 생긴다. 그렇게 되면 곧 비평가의 판단력 부족을 나무라는 비난의 소리가 일어난다.

따라서 비평가가, 프리드리히 대왕이나 나폴레옹과 같은 뛰어난 장수가 저지른 오류를 지적했다고 해서, 비판 당사자라면 이러한 과실을 저지르지 않았을 것이라는 말이 아니다. 그러기는커녕 비평가는, 만약에 그가 이들 장수의 지위에 있었다면, 훨씬 중대한 오류를 범했을지도 모른다는 것을 인정하지 않을 수 없을 것이다. 요컨대 비평가는, 당시 사태의 연관을 판단의 기초로 하여, 장수가 범한 오류가 어떤 것임을 알고, 총명한 장수로서 이러한 오류를 알아차리지 못했던 까닭을 지적할 수 있는 데에 지나지 않는다.

이와 같이 사태의 연관 그 자체에 입각한 판단은 또한 그 사태에서 생긴 성과에 바탕을 둔 판단이기도 하다. 그런데 성과의 좋고 나쁨이 판단에 미치는 영향에는, 이와는 전적으로 다른 방식이 있다. 그것은 성과가 매우 대수롭지 않게, 수단의 시비를 증명하는 근거로 쓰이는 경우이다. 이것은 성과의 좋고 나쁨에 따른 판단이라고 부를 수 있다. 그런데 이러한 판단은 언뜻 보기에 완벽하게 배척되어야 하는 것처럼 여겨지지만 실제로는 그렇지 않다.

1812년에 나폴레옹이 모스크바를 향해 진격했을 때, 이 전쟁의 주안점은 알렉산드르 황제[29]로 하여금 강화를 요청하게 만드는 데에 있었다. 이는 나폴레옹이 1807년에 프리틀란트[30]의 회전 뒤에 알렉산드르로 하여금 강화를 요청하게 했고, 또 1805년과 1809년에, 각기 아우스테를리츠[31]와 바그람[32] 회전 뒤에 오스트리아의 프란츠 황제[33]로 하여금 강화를 요구하게 한 것과 같은 방식이었다. 그런데 만일 나폴레옹이 모스크바에서 강화에 성공하지 못하면, 원정군을 되돌릴 수밖에 다른 길이 없었다. 그러나 군을 되돌린다는 것은, 전략적 패배를 의미하는 것밖에 되지 않았다.

우리는 먼저, 나폴레옹이 모스크바에 진격하기 위해 미리 무엇을 했는가 또 그 경우에 알렉산드르 황제로 하여금 강화를 결의하게 하기 위해서 강구한 여러 가지 방책은 어느 것이나 실패가 아니었는가 하는 의문은, 잠시 제쳐두고자 한다. 또 그다음으로, 모스크바로부터의 퇴각이 파멸적 정황 아래에서 이루어졌다는 것과 이러한 정황을 낳게 한 원인은, 아마도 이 모든 전역의 전쟁 지도 그 자체 안에 이미 잉태되어 있었을 것이라는 의문 또한 잠시 제쳐두고자 한다. 그래도 여전히 문제가 남는다. 비록 모스크바에 이르기까지 나폴레옹이 얻은 전과가 아무리 화려했다고 해도, 그러나 이에 위협을 받아 알렉산드르 황제가 강화로 몰렸는가는 여전히 확실하지 않기 때문이다. 또 가령 나폴레옹의 퇴각이, 그와 같은 파멸의 원리를 조금도 포함하지 않았다 해도, 이 퇴각은 역시

29) 알렉산드르 1세(Aleksandr Ⅰ., 1777~1825). 러시아 황제(재임 1801~1825)

30) 프리틀란트(Friedland). 동프로이센의 도시(지금의 러시아 프라브딘스크). 이곳에서의 회전(1807. 6. 14)에서 프로이센과 러시아 동맹군은 나폴레옹에게 패배했다.

31) 아우스테를리츠(Austerlitz). 지금의 체코 슬라브코프프우브르나. 이 회전(1805. 12. 2)에서 나폴레옹은 러시아군과 오스트리아군에게 대승을 거두었다.

32) 바그람(Wagram). 하부 오스트리아의 마을. 이 회전(1809. 7. 5~7)에서 나폴레옹은 오스트리아군을 무찔렀다.

33) 프란츠 2세(Franz Ⅱ, 1768~1835). 오스트리아 황제(1804~1835).

전략상의 큰 패배가 아닐 수 없었다. 만약에 알렉산드르가 모스크바에서 불리한 강화를 수락했다면, 1812년의 전쟁은 결국 아우스테를리츠, 프리틀란트 및 바그람과 같은 여러 전쟁의 전철을 밟았을 것이다. 그러나 또 이들 세 전쟁에서 알렉산드르나 프란츠가 나폴레옹에게 강화를 요구하지 않았다면, 모스크바 원정에서와 마찬가지로 나폴레옹에게 파국을 가져왔을 것이다. 따라서 이 세계 정복자가, 얼마만큼의 힘과 숙련과 지식을 발휘했다고 해도, 운명을 향해 한 궁극적인 질문에 대한 답은 어느 경우이든 같았을 것이다. 그러나 그렇다고 해서 1805년, 1807년, 1809년의 전쟁을 비난하고, 또 1812년의 전쟁을 그 예로 들어 이들 세 전쟁을 모두 보잘것없는 작품이라 하고, 그 성공은 사리에 반해서 우연히 얻은 것이라 말하고, 1812년에는 근거 없는 종래의 요행이 전복되어, 마침내 공정한 전략이 소생했다고 주장하는 사람이 있을까? 이는 매우 억지스러운 견해이며, 난폭하기 짝이 없는 일방적인 판단이다. 그러나 이러한 판단의 부당함은 반은 증명에 책임이 있다고 해야 한다. 사태의 필연적인 연관을 엮는 실로, 패배한 군주들의 강화에 대한 결의까지 더듬는다는 인간의 눈으로는 불가능하기 때문이다.

그러나 또 1812년의 전쟁은 다른 여러 전쟁과 마찬가지로, 본디 성공할 만한 가치가 있었다. 그런데 그것이 실패로 끝난 까닭은 공교롭게도 시기가 맞지 않았기 때문이었다고 말할 수는 없다. 알렉산드르의 의연한 태도는, 결코 시기가 맞지 않았다고 볼 수 있는 것이 아니기 때문이다.

그래서 다음과 같이 보는 게 가장 온당할 것이다. ─1805년, 1807년, 그리고 1809년의 전쟁에서는, 나폴레옹은 그의 적을 올바르게 판단했으나, 1812년에는 사태를 착각했다. 즉 그의 생각은 이전에는 옳았으나 이번에는 옳지 않았다. 그리고 이전이나 지금이나 각 전쟁의 성과가 이것을 가르쳐 주고 있다고.

우리가 전쟁의 모든 행동에서 기대할 수 있는 것은, 앞서도 말한 바와 같이, 분명한 성과가 아니라 그렇게 보이는 성과에 지나지 않는다. 따라서 확실성이 부족한 부분은 이른바 운명이나 행운에 맡길 수밖에 없다. 말할 필요도 없이, 이처럼 운에 맡기는 일은 되도록 적을수록 좋다. 그러나 그것도 개별적인 경우에 관해서만 그렇다. 개개의 경우에도, 되도록 적은 것이 바람직하지만, 항상 불확실성이 가장 적은 수단을 골라야 하는 것은 아니다. 그와 같은 주장은, 대체로 우리의 이론적인 견해와는 절대로 양립할 수 없다. 최고의 감행이 최고의 지혜일 때도 있다.

그런데 장수가, 군사적 행동에서의 불확실한 부분을 운명에 맡기지 않을 수 없다고 하면, 이러한 경우에는 장수 자신의 공적도, 따라서 책임도 모두 소멸되는 것처럼 여겨진다. 그럼에도 우리는, 장수에 의해서 일이 기대한 대로 진행되었을 경우 마음속의 갈채를 금치 못하고, 이와 달리 기대에 어긋났을 때에는 그 까닭을 알면서도 언짢은 감정을 느낀다. 요컨대 성과에만 입각해서 내리는 판단—이라고 하느니보다는, 오히려 성과의 좋고 나쁨에 따른 판단을 옳다, 그르다 말하는 것은, 결국 우리의 기대 대로인가 아닌가를 의미하는 데에 지나지 않는다.

이같이 우리의 지성은, 기대가 적중하면 유쾌하고 이에 반해서 기대가 어긋나면 언짢게 느끼는데, 이것은 소위 요행의 성과라고 하는 것과 장수의 천재 사이에, 우리 정신의 눈으로는 볼 수 없는 매우 미묘한 연관성이 존재한다는 막연한 감정에 바탕을 두고 있다는 것을 놓쳐서는 안 된다. 즉, 이러한 미묘한 연관이, 이것을 전제로 하고 있는 우리에게 기쁨을 주는 것이다. 기대의 적중과 어긋남이, 같은 장수에게서 자주 되풀이되면, 우리의 관심은 차츰 고조되어 더욱더 명확한 감정이 된다는 사실은, 위에서 말한 견해가 옳다는 것을 증명한다고 생각한다. 그렇다면 전쟁에서의 요행은, 도박에서의 요행보다도 훨씬 고상한 성질임을 알 수 있다. 갖가지 전승을 거둔 장수가, 다른 점에서 우리의 흥미를 식히는 일이 없는 한, 우리는 기꺼이 그가 걸은 길을 더듬어, 그가 남긴 발자국을 따라 어디나 그를 따라가기를 마다하지 않을 것이다.

요컨대 비판은, 인간의 계측(計測)을 허용하고 인간이 확신할 수 있는 한의 모든 것을 고찰한 뒤에, 사태의 깊은 안쪽에 존재하는 미세한 연관이, 눈에 보이는 현상으로서 구현되지 않는 부분에 대해서는, 성과가 이를 말하게 한다. 비판은, 한편으로는 이러한 인력(人力) 이상의 재판관이 내리는 조용한 판결을 거칠고 세련되지 못한 소란스러운 의견으로부터 지킴과 동시에, 다른 한편으로는 최고 재판소가 마음에 없는 논자에 의해서 남용되기를 거부하는 것이다.

성과가 언도하는 이와 같은 판결은, 인간의 지성으로는 구명할 수 없는 것을 곳곳에서 밝혀 준다. 그런데 이 판결을 가장 필요로 하는 것은, 오직 정신력과 정신 작용이다. 그 이유의 첫째는, 정신력이든 정신 작용이든, 도저히 정확하게는 판정할 수 없기 때문이다. 그리고 두 번째 이유는, 이것들은 의지에 매우 가까워 의지를 쉽사리 규정하기 때문이다. 예를 들어 공포나 용기는 각기 일종의 정신 작용이다. 이 공포 또는 용기가 순간적으로 결의에 이르는 경우, 공포와 용기 사이에는 결의에 영향을 주는 것으로써 미리 제거해야 하는 그 어떤 객관적인 것이 들어올 틈이 없다. 이와 같은 경우에는 인간의 지력과 계측이 다시 일어서서 확실하다고 여겨지는 성과를 구할 궁리를 한다고 해도 이미 이것을 실현할 단서는 없다.

　여기에서 우리는, 비판이 사용하는 도구, 즉 말에 대해서 약간의 고찰을 시도해야 한다. 이 경우에 언어는, 전쟁에서의 행동과 따라다니는 것이기 때문이다. 따라서 비판의 말이, 전쟁에서의 성찰(省察)이 띠어야 하는 성격과 같은 성격을 갖는다는 것은 매우 중요한 요건이 된다. 그렇지 않으면 비판의 말은 실제로 도움이 되지 않고, 비판을 현실의 생활에 도입하는 보람이 없을 것이다.

　앞서 우리는 전쟁 지도의 이론에 관한 고찰에서 다음과 같이 말했다. ―전쟁 지도 이론의 목표는 전쟁에서 지휘관의 정신을 훈육하는 데에 있다. 지휘관의 이러한 훈육에서 그의 정신을 지도하는 데에 있다. 따라서 이 이론의 본디 직무는, 지휘관이 정신의 도구로써 상용할 수 있는 적극적인 학설이나 체계를 그에게 제공하는 데에 있는 것이 아니라고. 실제로 전쟁에서 당면한 개별적인 구체적인 경우를 판정하기 위해서는, 말하자면 학문적 보조선을 원용해서 조립한 체계는 필요하지도 않고 또 허용되는 것도 아니다. 진리는 체계로써 나타나는 것이 아니기 때문이다. 요컨대 진리는, 무엇인가를 매개로 해서 간접적으로 발견되기보다는, 정신에 저절로 갖추어진 안광에 의해서 직접 꿰뚫어 본다. 그리고 이와 같은 사정은 비판적 고찰에서도 동일해야 한다.

　우리는 사물의 사태 성질이 어떠한 것인가를 확정하는 방식이 매우 우회적일 경우에는, 이론에서 확립된 진리에 의존하는 것이 가까운 지름길이라고 말한 바 있다. 그러나 전쟁에서 지휘관이 이러한 이론적인 진리에 따르는 것은, 그가 진리를 그 자신의 것으로서 받아들였기 때문이지, 그가 그 진리를 확고부동한 법칙으로 여기기 때문이 아니다. 따라서 비판도, 이론적인 진리를 외부에 주어진 법칙으로서 또는 대수학의 공식과 같은 것처럼 사용해서는 안 된다. 대수학의 공식을 적용했다고 해서 새로운 진리가 나타나는 것이 아니다. 비판이 뜻하는 것은 이와 같은 진리의 빛을 구석구석까지 비치는 데에 있다. 그리고 정확을 기하는 번잡한 증명은, 이것을 이론에 맡긴다. 따라서 비판은, 단순하고 알기 쉬운 화법을 고르고, 따라서 또 명쾌한, 즉 일목요연한 개념을 사용하는 것이다.

물론 이것은 반드시 완전하게 달성할 수 있다고는 말할 수 없다. 그러나 항상 이의 달성을 위해 노력한다는 것은 비판에서 서술하는 요건이 되어야 한다. 비판의 서술은 지식을 복잡한 형식으로 표현하는 것을 되도록 피하고 또 학문적인 보조선을 활용해서 조립한 체계를 진리의 공급 장치로서 사용해서는 안 된다. 요컨대 비판은 우리의 정신에 본디 갖추어진 자유로운 안광으로 처리, 정돈해야 한다.

그러나 비판적 고찰에서, 이와 같은 경건한 노력이 중요시된 경우는 유감스럽게도 매우 드물다. 대개의 비판적 고찰은 허영심에 쫓겨 쓸데없이 착상의 기발함을 노릴 뿐이었다.

우리가 자주 보고 듣는 폐해의 근본은 일방적인 견해에 입각해서 세워진 체계를 일정불변한 규준으로 삼아 때를 가리지 않고 적용하는 일인데, 그러한 체계의 적용은 허용될 일이 아니다. 이런 종류의 체계가 일반적인 주장에 지나지 않음을 증명하기란 매우 간단하다. 즉 이러한 체계가 내리는 한쪽으로 치우친 판결을 단번에 포기하면, 뒷말이 없이 해결된다. 이 경우에는 어떤 일정한 대상을 문제 삼을 뿐이고, 이런 종류의 것으로 가능한 체계의 수도 매우 적으므로, 이들 체계는 어느 것이나 그 자체로서는 비교적 작은 폐해에 지나지 않는다.

그러나 이보다 훨씬 큰 폐해는, 이들 체계에 귀찮게 따라붙어 있는 전문어, 술어 또는 은어 등이다. 이와 같은 것들은 멋대로 내버려둔 무뢰한이나, 전쟁터에서 지휘관을 배반한 탈주병처럼 여기저기 떠도는 것이다. 비판가 중에는 어느 체계나 자기 마음에 들지 않아서인지, 그렇지 않으면 한 개의 체계에조차도 통달하지 않았기 때문에, 결국 일정한 체계를 가지지 않는 사람이 있다. 이와 같은 비판가가, 무엇인가 어떤 체계의 짧은 단편을 들추어 이를 비판의 척도로 삼아 다수가 취한 조치를 잘못이라고 떠들어 댄다. 또 대부분의 비평가는, 학문적인 전쟁론에서 발췌한 이러한 단편을 여기저기에서 자기 이론의 근거로 하지 않으면 스스로 사색을 할 수 없는 실정이다. 이와 같은 단편 중 가장 작은 것은 술어나 은어에 지나지 않지만 결국은 그들의 비판적 언사를 수식하는 장식 문자에 지나지 않는다. 그런데 하나의 체계에 사용되는 전문용어나 술어는, 그 체계에 속하는 한에서는 옳지만, 이것을 애초의 체계에서 무리하게 분리하여, 일반적인 공리로 사용하거나, 알기 쉬운 화법보다도 큰 증명력을 가진 진리의 작은 결정(結晶)으로서 사용하면 바로 이전의 적절한 뜻을 잃게 된다.

솔직하고 알기 쉬운 고찰이면, 적어도 저자는 자기가 말하고 있는 것을 알 수 있고 또 독자 쪽에서도 무엇을 읽고 있는가를 알 수 있다. 그런데 현대의 이론 비판서는 이러한 알기 쉬운 고찰에 중점을 두지 않고 수많은 전문어를 사용하여 곳곳에 가는 길이 분명치 않은 십자로를 만들기 때문에, 저자와 독자는 각각 떨어져 버리게 된다. 그런 전문어에는 그보다도 훨씬 불합리한 점이 있다. 즉, 전문어는 가끔 알맹이가 없는 껍데기만일 때가 있다. 그렇게 되면 저자 자신도 이 말에 의해서 무엇을 생각하는지 알지 못하게 되어, 무턱대고 애매한 개념을 사용해서 으스대는 실정이다. 게다가 이러한 개념의 상용에 익숙해지면 그는 이미 솔직한 화법으로는 만족하지 않게 된다.

비판에서 제3의 폐해는, 역사적 실례의 남용과 박식함을 과시하는 데에 있다. 전쟁술의 역사에 대해서는, 이미 우리의 견해를 말해 두었다. 또 전례(戰例)와 전사 일반에 관한 견해는 장을 바꾸어서 상술할 생각이다. 여기에서는 인용에 대해서 잠깐 독자의 주의를 촉구하고자 한다. 어떤 사실이 갑자기 언급되면, 이 인용은 반대 견해에도 유용할 때가 있다. 또 옛 시대나 먼 나라들로부터 또는 현저하게 그 종류를 달리하는 사정에서 이용되어 쌓인 약간의 사실은, 대개 판단을 옆길로 빗나가게 하거나 혼란을 야기할 뿐, 그 대부분은 보잘것없는 쓰레기로, 저자가 쓸데없이 자기의 박식을 과시하려고 하는 의도에서 비롯된 것들이 많다.

그러나 이와 같이 애매하고, 진위가 상반되고 혼란스러운, 제멋대로의 설(說)이 실생활에 무슨 이득이 되는가? 아무런 이득이 없다고 해도 과언은 아닐 것이다. 이러한 이론은 결국은 실천과 모순될 뿐만 아니라 전장에서 뛰어난 재능을 실증한 장수들의 조소감이 된 것도 드물지 않을 것이다.

전쟁 지도의 이론은 알기 쉬운 화법으로 이야기하고, 전쟁 지도의 여러 요건을 있는 그대로 고찰하고, 확정될 대상이 있으면 이것을 확정하는 데에 애써야 했다. 또 이 이론은, 잘못된 요구를 꺼내거나, 학문적 형식이라 역사적 비교에 허송세월을 하지 말고 어디까지나 사항 자체에 입각해서, 또 전장에서 타고난 정신적 안광으로 군사적 행동을 지도하는 장수들과 손잡고 걸었어야 했다. 그리했으면 위에서 말한 폐해는 결코 일어나지 않았을 것이다.

제6장
전쟁 사례

역사적 실례는, 일반적으로 많은 사항을 설명하는 것이지만, 그뿐만이 아니라 경험과학적으로도 최대의 증명력을 갖추고 있다 하겠다. 그리고 이것은 전쟁술에서 특히 현저하다. 샤른호르스트 장군은 그의 저서 《군사요강》[1]에서 전쟁의 가장 중요한 부분에 대해서 남김없이 논하고 있다. 장군은 또 저작 안에서, 역사적 실례를 전쟁술에서 가장 중요하다고 언명하여, 그도 많은 전쟁 사례를 자유롭게 인용하는데 그 솜씨는 경탄할 만하다. 만약에 샤른호르스트 장군이 전쟁에서 부상을 입고 이 세상을 떠나지 않았으면 같은 책에 수록한 '포병론' 제4부는 장군 자신의 수정을 거쳐 더 뛰어난 증명을 우리에게 해 주었으리라고 생각한다. 실제로 장군은 관찰과 교훈 정신으로 풍부한 전쟁 사례를 많이 다루었다.

그러나 역사적 실례가 전쟁 이론가들에 의해서 이와 같이 사용되는 일은 매우 드물다. 그들이 전사를 인용하는 방법을 보면 대개는 지성을 만족시키기는커녕, 오히려 지성에 모순되는 일까지도 있다. 따라서 전사의 올바른 사용과 남용에 대해서 특별히 주의해야 한다.

전쟁술의 바탕에 있는 여러 지식이 경험과학에 속하는 것은 두말할 필요도 없다. 비록 이들 지식의 대부분이 사물의 불변한 성질에서 얻었다 해도 이 성질이 실제 어떠한 것인가는, 경험에 의해 비로소 인식되기 때문이다. 그러나 이들 지식을 적용할 단계가 되면 그때그때의 여러 구체적인 정황에 따라 여러 가지로, 이러한 적용에서 어떠한 효과가 생기는가는, 수단의 성질만으로는 충분히 설명을 할 수가 없다.

---

1) 《야전용 군사요강 *Militärisches Taschenbuch zum Gebrauch im Felde*》(1793)을 말한다. 이것은 그가 포병 대위 때의 저술이다.

화약은 현대 군사적 행동의 원동력을 이루는 것이지만 이 화약의 효력을 우리에게 가르쳐 준 것은 경험이었다. 그래서 오늘날에도 화약의 효력을 실험을 통해 더 정확하게 구명하기 위하여 끊임없이 연구가 진행되고 있다. 화약은 포탄을 초속 1,000피트로 날아가게 해준다. 그러면 이 포탄은 빠르게 날아가다가 진로에 있는 생물에 부딪쳐서 가루로 부서진다. ─이는 물론 자명한 사실로서 이 정도의 사실을 아는 데에는 특별한 경험이 필요 없다. 그러나 화약의 효력을 실제로 상세히 파악하는 것은 많은 부대적 정황이다. 그리고 이들 정황의 어떤 것은 경험으로밖에 인식할 수 없다. 이 경우에는 물리적인 효과만이 고찰의 유일한 대상이 아니다. 우리는 정신적 효과도 알아야 하는 것이다. 그러나 이러한 정신적 효과가 어떠한 것인가를 알고, 또 이것을 올바르게 평가하기 위해서는 경험에 의할 수밖에 없다. 화기가 처음으로 발명된 중세에는 아직 화기의 메커니즘이 불완전했기 때문에 그 물리적 효과는 오늘날보다도 훨씬 적었으나 정신적 효과는 훨씬 컸다.

여러 차례 전장의 위험을 무릅쓰고 단련된 군대가 어느 정도의 무공을 세울 수 있는가 또 이러한 군대가 얼마나 혁혁한 무공을 세우고 높은 승률을 올리는지 알고 싶다면, 나폴레옹이 침략에 사용하기 위해 훈련하고 또 스스로 지휘한 군대가, 적의 맹렬한 포화 속에서도 의연하게 싸움에 임한 모습을 우선 알고 있어야 한다. 우리는 단순히 상상하는 것만으로는 도저히 이것을 믿을 수가 없을 것이다. 그런데 다른 한편으로는, 오늘날에도 유럽 여러 나라의 군대 중에는 불과 몇 차례의 포격을 받은 것만으로 이내 무리 지어 혼란에 빠지는 부대가 있다는 것 또한 사실이다.

그러나 어떠한 경험과학도, 따라서 또 어떠한 전쟁 이론도, 그 과학이나 이론으로 확립된 진리에 반드시 역사적 증명을 첨부할 수는 없다. 또 그 수단이 매우 효과적이라는 것을 알면, 이 수단은 그 수단을 되풀이해서 사용되는 것이 통례이다. 그러면 그 수단은 차례로 모방되어 마침내는 어엿한 유행이 된다. 이렇게 해서 어떤 수단이 경험의 지지를 받아 자주 사용되면, 이윽고 그 수단은 이론 안에 그 뿌리를 내리게 된다. 그러나 이론이 기회 있을 때마다 경험을 예로 들뿐 이 이상의 진보를 제시하지 않으면, 경험을 예로 든다고 해도 수단의 기원을 지적하는 데에 그치고 수단의 시비를 증명하는 것은 되지 않는다.

이에 반해서 구태의연한 수단을 없애고 또는 애매모호한 수단의 시비를 확인하며 더 신기한 수단을 채용하기 위해 경험을 원용(援用)하는 경우에는 위에서 적은 것과는 그 취향을 달리한다. 이러한 경우에는 수단의 시비를 증명하기 위하여 역사상의 사례가 인용되어야 한다.

역사적 실례의 사용에 대해서 상세하게 고찰하면 이에 대해서 다음의 4가지 관점이 있다는 것을 쉽게 알 수 있다.

첫째로, 역사적 실례는 추상적인 생각을 설명하기 위해 사용된다. 추상적인 고찰은 자칫하면 오해를 받거나 전혀 이해되지 않는 경우가 있다. 이런 경우에 역사적 실례를 사용해서 추상적인 생각에 구상성(具象性)을 부여하면, 같은 대상을 고찰하고 있는 저자와 독자의 생각에 차질이 생기는 것을 방지할 수 있다.

둘째로, 역사적 실례는 추상적인 생각의 적용이라고 여길 수 있다. 추상적인 생각은 일반적인 형식으로 표현되므로, 하나하나 구체적인 정황을 남김없이 그 안에 담을 수가 없다. 그래서 이 경우에 실례를 사용하면, 개개의 자세한 정황도 추상적인 생각을 구현하는 것으로 여길 수 있다. 그런데 또 여기에 이론과 경험의 차이가 생긴다. 또 위에서 말한 첫째와 둘째는 본디 뜻에서의 실례 사용법인데, 다음에 드는 셋째와 넷째는 역사에 의한 증명을 주안점으로 삼는다.

셋째로, 역사적인 사실은 논자의 말을 뒷받침하기 위해 인용된다. 어떤 현상 또는 어떤 결과가 가능하다는 것만을 증명하려고 한다면 어떤 경우에도 이것으로 충분하다.

넷째로, 어느 하나의 역사적 사건을 상술한 것 또는 몇 가지 사건을 비교 대조한 것으로부터 그 어떤 교훈을 도출할 수 있다. 그러면 이러한 교훈은 이와 같은 역사적 증언 그 자체 안에 실제의 증명을 발견할 수 있다.

첫 번째 사용법에서는, 일반적으로 인용한 사례를 언급하는 것만으로 충분하다. 이 경우에 이용되는 것은, 그 사례의 일면에 지나지 않기 때문이다. 또 사례가 역사적 진실인가의 여부는 뒤로 돌려도 된다. 만들어 낸 이야기라도 나름대로 쓸모가 있다. 단 사례가 역사적 진실이라면, 그에 의해서 설명되는 추상적인 생각이 보다 실제 생활에 접근한다고 하는 장점이 있다.

두 번째 사용법에서는, 인용된 사례를 자세히 설명할 필요가 있다. 그러나 이 경우에도 사례가 역사적 사실로서 옳은가의 여부는 그다지 중요하지가 않다. 첫 번째 사용법에 대해서 말한 것과 마찬가지의 말을 할 수 있다.

세 번째 사용법에서는, 대개의 경우 의심할 여지가 없는 역사적 사실을 드는 것만으로 충분하다. 예를 들면, 보루를 쌓은 진지(陣地)는 어느 조건에서 그 목적을 잘 달성한다는 것을 주장할 경우, 이 명제를 뒷받침하는 전쟁 사례로서 특정 상황에서 그 목적을 달성할 수 있다는 것을 주장하려 한다면 이를 증명하기 위해 분첼비츠의 진지[2]를 예로 드는 것만으로 족하다.

그러나 어느 역사적인 사례를 인용해서 그 어떤 보편적인 진리를 증명하려고 할 경우에는, 그 주장에 관계가 있는 모든 사실과 견주어 주고, 이 사례를 정확하고 상세하게 서술해야 한다. 즉, 인용한 사례를 독자의 눈앞에 말하자면 꼼꼼하게 조립해서 보여야 한다. 이러한 절차가 불완전하면 사례의 증명력이 그만큼 약해지기 때문에 그 증명력의 부족을 사례의 수로 보충할 필요가 있게 된다. 이와 같은 경우에, 거론한 사례만으로 상세한 정황을 설명할 수 없으면 별도로 사례 수를 증가해서 효과의 부족을 보충하려고 시도하는 것은 당연한 조치이기 때문이다.

지금 경험에 입각해서 다음 두 건을 증명하려고 한다. 첫 번째는, 기병은 보병과 나란히 배치하기보다 보병 뒤에 배치하는 것이 낫다는 주장이다. 두 번째는, 아군의 병력이 압도적으로 우세하지 않은 이상, 전진하는 모든 부대로 폭넓게 적을 포위한다는 것은, 회전에서나 전장에서, 따라서 전술적으로나 전략적으로 매우 위험하다는 주장이다. 그래서 처음의 경우에 대해서는, 기병을 두 날개에 배치해서 패배한 2~3회의 회전과, 기병을 보병 뒤에 배치해서 승리한 2~3회 회전을 예로 드는 것만으로는 충분하지 않다. 또 두 번째의 경우에는, 리볼리[3] 혹은 바그람 회전, 1796년에 오스트리아군이 이탈리아 전장에서 펼쳤던 몇 차례의 공격 또는 같은 해 프랑스군이 독일 전장에서 펼친 수차에 걸

---

2) 분첼비츠(Bunzelwitz). 슐레지엔의 마을. 프리드리히 대왕은 여기에 견고한 보루 진지를 구축하여 (1761. 8. 16~9. 26), 슐레지엔에 주둔하던 오스트리아군과 러시아군의 합류를 저지했다.

3) 리볼리(Rivoli). 상부(上部) 이탈리아의 도시. 이곳 회전(1797. 1. 14~15)에서 오스트리아군은 6종대를 가지고 프랑스군 진지의 포위를 꾀했으나 나폴레옹군에 의해 격파되었다.

친 공격을 지적하는 것만으로는 충분하지가 않다. 중요한 것은 모든 정황과 개별적인 전투 경과를 정확히 추구해서, 진지 및 공격에 관한 위의 방식이 어째서 불리함을 초래했는가의 까닭을 설명해야 한다. 그러면 이들 방식이 어느 정도까지 좋지 않은가 또 그 정도는 어떻게 해서 규정되어야 하는가도 명백해질 것이다. 이러한 방식을 다만 일반적으로 비난하는 것만으로는 진실은 밝혀지지 않기 때문이다.

인용한 사례를 자상하게 서술할 수 없을 경우에는, 사례의 수를 늘려서 증명력의 부족을 보충해도 좋다고 하는 것은, 앞서 우리가 승인한 바가 있다. 하지만 이러한 방식이 구실로서 자주 남용되면 위험한 방편이 된다는 것은 부정할 수가 없다. 하나의 사례를 자세히 말하지도 않고 쓸데없이 3, 4가지 사례에 언급하는 것으로 그치고, 이것으로 유력한 증명을 꾸미는 일이 있다. 그러나 경우에 따라서는, 자주 되풀이되는 진부한 사례를 아무리 많이 인용해도 그것으로 아무것도 증명이 되지 않는 사건도 있다. 이러한 경우에는, 이와 반대의 결과를 나타내는 사례를 많이 들어서 반론한다는 것 또한 쉽다. 만약에 예를 들어 분진(分進)하는 여러 종대를 가지고 공격을 가했기 때문에 패배한 회전을 많이 거론하는 사람이 있다면, 우리는 이것과 마찬가지 전투 서열을 가지고 승리를 거둔 같은 수의 회전을 들 수가 있다. 따라서 이와 같은 방식으로는 도저히 확실한 결론에 이를 수 없음은 명백하다.

여러 사정을 감안하면 실례의 남용이 이루어지기 쉬운 이유를 잘 알 수 있을 것이다. 어느 사건을 자세히 서술하는 것이 아니라 단지 이것에 대하여 언급한다면 이 사건은, 마치 사물을 먼 곳에서 바라보는 것과 같은 것으로, 각 부분의 위치를 명확하게 판별할 수가 없기 때문에 결국 어느 방향으로부터도 같아 보이는 법이다. 그러기 때문에 이러한 조잡한 방식으로 인용된 사례는, 아주 모순된 견해에도 그 논거를 제공하지 않을 수 없었던 것이다. 예를 들어 다운[4]이 행한 전역은, 한쪽의 논자에게는 현명한 심려(深慮)의 모범으로 보이고, 또 다른 논자에게는 주저와 우유부단의 좋은 예라고 여겨지는 것이다.

또 나폴레옹이 1797년에 알프스를 넘어 결행한 진군은 한편으로 매우 훌륭

---

4) 다운(Daun, Leopold Joseph von, 1705~1766). 오스트리아의 장수. 슐레지엔 전역과 7년 전쟁에서 자주 프리드리히 대왕의 프로이센군을 무찔러 그의 호적수로 여겨졌다.

한 결단으로 여겨지지만, 다른 한편에서는 완전히 무모한 행동으로 여기는 식이다. 1812년에 나폴레옹이 러시아에서 전략적으로 패배한 것도, 원인을 말하자면 넘치는 정력의 돌파구를 구한 결과라고도 볼 수 있고, 혹은 또 정력의 부족에 기인되는 것으로도 여겨지고 있다. 그리고 실제로도 이러한 모순된 의견은 서로가 내세우는 것이다. 이러한 정반대 의견이 생긴 것은 사태의 연관을 생각하는 방식이 각기 다르기 때문이다. 하지만 이러한 모순된 의견은 도저히 양립할 수 없는 것이므로 그 어느 한쪽이 잘못된 것이어야 할 것이다.

뛰어난 장군 푀키에르[5]가 회상록에 남겨 놓은 수많은 전례를 기술하고 있다는 것은 우리에게 매우 고마운 일이다. 그 이유는 첫째, 이에 의해서 많은 역사적 보고가 우리에게 전해졌기 때문이다. 그렇지 않았다면 이들 보고를 끝내 알 수 없었을 것이다. 또 둘째로, 그는 이것을 처음으로 이론적인, 즉 추상적인 생각을 실제 생활에 접근시켜 우리를 계발했기 때문이다. 하지만 그 책에 인용되고 있는 사례는 그의 이론적 주장을 설명하고, 또 보다 정확하게 규정할 수 있는 것에만 한정되었다. 요컨대 그가 목적으로 삼은 것은, 그의 이론에서 확정된 진리를 역사적 사례로 증명하는 데에 있었다. 그러나 이러한 방식으로는, 공정한 판단을 요구하는 현대의 독자를 납득시키기는 어려울 것이다. 그의 회고록에는 여러 가지 사건을 자세히 서술하고 있는 대목도 있으나, 이들 사건의 내적 연관에서 필연적으로 도출했다고는 볼 수 없는 결론을 간간히 볼 수 있기 때문이다.

역사적인 실례를 단지 열거할 뿐, 이에 대해서 아무런 설명을 가하지 않는다는 인용 방식에는 또 다른 불합리한 점이 있다. 독자 중에는, 이들 사건이 어떠한 것인가를 충분히 알고 있지 않다거나 또는 잘 기억하고 있지 않기 때문에 저자가 이 사건의 인용으로 무엇을 생각하고 있는가를 생각해 볼 수도 없는 사람들이 있다. 그렇게 되면 이들 독자는 저자의 박식에 감탄하는 것으로 머물든가, 결국 이해를 하지 못한 채 그 저서를 다 읽는 결과가 된다.

왕년의 역사적 사례를 독자의 눈앞에 재현하거나, 필요한 부분을 예시하여 이들 사례를 입증하는 근거로 삼는 일은 확실히 곤란한 일이다. 저자는, 그 사

---

5) 푀키에르(Feuquières, Antoine Manassès de, 1648~1711). 루이 14세 때의 프랑스 장성. 그의 저서 《전쟁회고록 *Mémoires sur la guerre*》은 유명하다.

례를 낳게 한 수단 및 또 그 사례가 발생한 시간 및 공간에 대해서도 충분히 아는 것이 없는 것이 통례이기 때문이다. 그러나 새로운 또는 의심스러운 의견의 옳고 그름을 확인할 필요가 있는 경우에는, 충분히 논의된 하나의 사례 쪽이, 단순히 언급된 데에 지나지 않은 10개의 사례보다도 가르쳐 주는 바가 크다고 말하고 싶다. 조잡한 인용 방식에서 생기는 주된 폐해는, 저자가 이러한 인용으로 무엇인가를 증명하려고 하는 부당한 요구에 있는 것이 아니라, 오히려 그가 그 사건이 무엇인가를 명확하게 알고 있지 못한 데에 있다. 또 역사를 이와 같이 경솔하게 다루었기 때문에, 여러 가지 잘못된 견해나, 쓸데없이 이론에 치우쳐, 결국 실현될 가망이 없는 계획을 유발하는 데에 있다. 만약에 저자가 새로운 설을 제시하여, 이것을 역사적 사례에 의해서 증명하려고 할 경우, 사태의 연관을 정확히 알고 나서 이론을 세우는 것을 책무로 느꼈다면, 아마도 이러한 불편은 생기지 않았을 것이다.

위에서 말한 대로 역사적 실례를 사용할 필요와 또 이것을 사용할 때 생기는 여러 어려움을 아울러 생각한다면, 전쟁 사례를 선택하는 범위를 전사(戰史)에 한정하는 것은 당연한 일이라 할 수 있다. 물론 최근의 전쟁 사례라고 해도 충분히 정돈된 것이어야 한다.

옛날에는 오늘날과는 사정이 다르고 전쟁 지도도 달랐다. 따라서 당시의 사건은, 현대의 우리에게 그다지 가르쳐 주는 바가 없고 또 실용적이지도 않다. 뿐만 아니라 전사도 다른 부문의 역사와 마찬가지로 사소한 특징들이나 정황들을 당초에는 판연하게 지적할 수는 있었지만, 이윽고 시간과 함께 소멸하여 마침내 빛이 바래서 거무스름하게 변한 유화처럼 색조나 색채를 더욱더 잃게 되는 것은 당연하다. 이렇게 해서 마침내는 종잡을 수 없는 큰 덩어리와 그 속의 몇 가지 특징이 우연히 남게 될 뿐이다. 그런데 그렇게 되면 이 우연적인 것이 부당하게 중요시된다. 근대의 전쟁 지도가 어떠한 상태에 있었는가를 고찰하기 위해서는, 오스트리아 계승전쟁[6]까지 거슬러 올라가 다루어야 한다. 이 시대의 전쟁은 적어도 무장(武裝)면에서는 오늘의 전쟁과 매우 비슷하고 또 그 밖의 점에서도 비록 크고 작은 사정이 현저하게 변화했다고는 하지만, 현대의 전쟁과

---

6) 오스트리아 계승전쟁(1740~1748). 마리아 테레지아의 즉위에 반대하여 바이에른, 작센 및 에스파냐가 오스트리아에 도전했고 프랑스와 프로이센이 여기에 개입했다.

비슷한 데가 있기 때문에 우리는 많은 교훈을 이 전쟁에서 얻을 수가 있다. 그러나 에스파냐 계승전쟁[7]까지 거슬러 올라가면 사정은 매우 달라진다. 그 무렵 화기는 아직 그다지 발달하지 않았고,[8] 또 보병보다도 기병이 여전히 주요 병종이었다. 또 시대를 거슬러 올라감에 따라 전사(戰史)의 기술은(記述) 더 빈곤해져서 더욱더 현대에는 도움이 될 만한 게 없다. 고대 민족의 전사에 이르러서는 내용이 너무 빈약해서 거의 쓸모가 없다고 해도 좋다.

그러나 전사가 쓸모 없다고 해도 물론 절대로 다 그렇다는 것은 아니다. 당시의 자상한 정황이나 전쟁술에 변화를 가져온 사태에 관한 지식이 전혀 없는 사항에 대해서는 쓸모가 없다고 말했을 뿐이다. 지난날 스위스군[9]과 오스트리아, 부르고뉴,[10] 프랑스 등의 군대 사이에 있었던 회전 경과는 우리에게 거의 알려져 있지 않으나, 이들 회전에서 스위스의 우수한 보병이, 가장 정예부대인 기병에 대해서조차도 우위를 차지하고 있었다는 사실은, 전사에 의해서 매우 분명하게 전해지고 있다. 또, 중세 이탈리아의 용병대장 시대를 개관해 보면, 전쟁술 전체가 전쟁에서 사용되는 도구에 의해 좌우되고 있었다는 사정이 분명해진다. 여기에서 도구라고 하는 것은 군대를 말한다. 당시 군대는, 전쟁의 본디 도구로서의 성격을 띠었고, 따라서 또 군대가 국가 생활이나 국민 생활로부터 분리되었다고 하는 것은, 고금을 통해 이 시대만큼 심한 적이 없었기 때문이다. 제2차 포에니 전쟁[11]에서 한니발[12]은, 이탈리아에서 우세했음에도 로마군이 에스파냐 및 아프리카에서 카르타고군을 격파한 특이한 전법은, 우리에게 시사하는 바가 많다. 이러한 간접적 저항을 유효하게 한 것은, 당시의 여러 국가 및 그 군

---

7) 에스파냐 계승전쟁(1701~1714). 에스파냐 왕 카를로스 2세에게 아들이 없었기 때문에 그가 죽은 뒤 왕위를 다투어 상속전쟁이 일어났다.

8) 에스파냐 계승전쟁 당시의 소총은 여전히 화승총이었다.

9) 스위스는 14세기 후반부터 17세기 전반에 이르기까지, 국가적 독립을 획득하기 위해 오스트리아, 프랑스군과 싸웠다. 또 당시의 스위스군은 보병을 주력 부대로 삼았고 기병은 보조 병종으로 여겼다.

10) 부르고뉴(Bourgogne). 현재 프랑스 남쪽의 한 지방.

11) 포에니 전쟁은 로마와 카르타고 사이에 전후 세 차례 치렀다. 한니발은 제2차 포에니 전쟁(BC 218~201)을 지휘했다.

12) 한니발(Hannibal, BC 246~183). 아프리카 북쪽 해안에 있었던 페니키아의 식민지인 카르타고의 명장.

에 공통된 일반적 사정에 입각하고 있었다는 것이 오늘날의 우리에게 잘 전해져 있기 때문이다.

그러나 왕년의 사태를 자상하게 구명함에 따라, 또 이들 사태가 오늘날의 일반적 사정과 소원해짐에 따라, 당시의 사례나 경험을 탐구하는 일이 더욱더 곤란해진다. 오늘날에는, 이들 사례에 상응하는 사건들도 이미 충분히 확인할 수 없고 또 전적으로 변화된 현대의 수단에 이러한 사례를 적용할 수도 없기 때문이다. 그러나 유감스럽게도, 어느 시대에나 고대의 사적(事蹟)을 즐겨 운운하는 경향이 저자를 지배하고 있었다. 이와 같은 경향에 허영심과 속임수가 얼마만큼 관여하고 있는가에 대해서는 감히 묻지 않겠다. 그러나 거기에는 독자에게 무엇인가를 가르치고 무엇인가를 설득하려고 하는 성실한 기분과 열의가 결여되어 있음은 분명하다. 그러기 때문에 이와 같은 증거는 자기 논설의 결점과 결함을 틀어막는, 말하자면 장식품에 지나지 않는다고 해도 과언은 아니다.

푀키에르가 의도한 바와 같이, 전쟁이 어떠한 것인가를 역사적 실례만으로 가르칠 수가 있다면, 그 공적은 매우 클 것이다. 그러나 이러한 일을 하려고 하는 사람은, 우선 이 일에 필수 조건을 자기 자신의 오랜 전쟁 경험으로 갖추어야 한다는 것을 생각하면, 이것은 그야말로 인간의 일생을 건 작업이라고 말할 수 있을 것이다.

안으로부터의 열의에 의해 이러한 일을 결의하는 사람은, 긴 여정의 성지 순례와도 같은 이 경건한 기획에 대해 충분히 준비하는 것이 좋다. 이러한 사람은 많은 시간을 들이는 것을 피해서는 안 된다. 그 어떤 노고도 마다해서는 안된다. 시대의 권력이나 권위를 두려워해서는 안 되고, 자신의 허영심이나 잘못된 수치심에 신경을 써서도 안 된다. 그래야만 프랑스 법전의 표어처럼 '진실을 말하라, 진실만을 말하라, 전적으로 진실을 말하라'라고 말할 수가 있다.

제3편

전략 일반

제1장
전략

　전략의 개념은 제2편 제2장에서 이미 확립했다. 전략이 뜻하는 바는, 전쟁 목적을 이루기 위해 전투를 사용하는 데에 있다. 이와 같이 전략이 본래 관계하는 것은 전투뿐이지만, 그러나 전략 이론이 문제가 되면 전투, 즉 본래의 군사적 행동을 담당하는 바로 그 전투력 자체를 고찰함과 동시에 또 전투력에 관계되는 여러 주요 사항도 아울러 고찰해야 한다. 전투를 수행하는 것은 전투력이고 또 전투에서 생긴 결과는 바로 전투에 반영되기 때문이다. 전투에서 어떠한 성과가 생길 수 있는지, 전략이 전투를 사용할 경우에 가장 중요한 요인을 이루는 정신적, 감정적 여러 힘이 어떠한 상태인가를 전략에 알리는 것 역시 전투 그 자체에 바탕을 두어야 한다.

　전략이 뜻하는 바가 전쟁의 목적을 달성하기 위해 전투를 사용하는 데에 있다면, 전략은 모든 군사적 활동에 대해서, 전쟁의 목적에 상응하는 목표를 설정해야 한다. 다시 말해 전략은 전쟁 계획을 세우고, 소정의 목적에 도달하기 위한 행동의 계열을 이 목표에 결부시키는 것이다. 즉 전략은 개개의 전역(戰役) 계획을 세우고 또 이들 전역에 전투를 안배하는 것이다. 그런데 당초의 계획은 대체적인 가정에 입각해서 결정되는 것에 지나지 않는다. 그러나 이들 가정은 반드시 그 모두가 적절하다고 할 수 없고, 게다가 또 대부분의 상세한 규정은 미리 지시할 수 있는 것이 아니다. 그래서 전략은 일단 작성된 전쟁 계획을 전장으로 가지고 가서, 개개의 사항을 현장에서 적절하게 처리함과 동시에 전체의 계획에 수정을 가해야 한다. 실제로 전장에서는 이러한 수정의 필요가 끊임없이 생긴다. 따라서 전략은 한시도 자신의 일에서 떠날 수가 없다.

　그러나 적어도 전쟁 전체에 대해서 말하자면, 위에서 말한 것과 같은 절차가 항상 그대로 행해지지는 않는다. 전략은 군에 있는 것이 아니라 정부에 있음을 지난날의 관례가 잘 말해주고 있다. 그래도 이러한 사태가 승인되는 것은, 정부가 군에 매우 가까워서 정부 그 자체가 군의 총사령부로 여길 수 있을 정도로 군대와 긴밀한 경우에만 한정된다.

그러기 때문에 전쟁 계획에서는 이론은 전략의 뒤를 따라간다. 더 정확히 말하면, 이론은 당면한 사태 그 자체를 해명함과 동시에 그 사태에 포함되어 있는 여러 요인 상호 간의 관계를 명백히 하고, 또 거기에서 생기는 소수의 원칙 혹은 규칙을 끄집어내는 것이다.

우리는 앞서 제2편 제1장에서, 전쟁이 얼마나 많은 요건과 관계를 가지고 있는가 하는 것을 알았다. 따라서 이들 모든 것에 충분한 고려를 하기 위해서는, 비범한 정신적 안광을 필요로 하는 것은 물론이다.

군주나 장수가 전쟁을 그의 전쟁 목적과, 이를 이루기 위한 수단에 적합하게 하는 방법을 알고 있을 뿐만 아니라 그의 행동에 과불급(過不及)이 없으면 이는 바로 그의 천재성의 가장 유력한 증좌(證左)가 되어야 한다. 그러나 이러한 천재적인 능력은, 세인의 이목을 깜짝 놀라게 하는 새로운 발명의 행동 양식에 있는 것이 아니라, 오히려 전쟁이 전체로서 좋은 결과로 종결되는 데에 있다. 즉 그가 속으로 생각하고 있던 것이 모두 그대로 실현된다는 것이다. 또 그의 행동 전체가 안정된 조화를 유지하고 있는 것을 말한다. 전쟁의 전체적 성과에서 비로소 뚜렷하게 나타나는 이러한 조화에 우리는 감탄해 마지않는 것이다.

그런데 이러한 궁극적 성과가 이와 같이 뛰어난 조화에서만 생긴다는 것을 알지 못하는 연구자는 천재가 존재하지 않는 곳에서 또 존재할 리가 없는 곳에서 천재를 구하려고 한다.

그런데 전략이 사용하는 여러 가지 수단이나 형식은 어느 것이나 지극히 단순하고 또 끊임없이 되풀이되기 때문에, 오늘날에는 잘 알려진 사실이 되었다. 따라서 비판(批判)이 이들 수단이나 형식을 새삼 들추어 무리하게 강조하는 것을 들으면, 상식 있는 사람들은 우스운 일이라고 생각할 것임에 틀림없다. 예를 들어, 전략적 우회는 이제까지 수없이 되풀이되고 있는 데도 불구하고, 이러한 우회가 빛나는 천재의 발명이라고 또는 심원한 통찰에서 유래하는 행동이라고, 더 나아가 막대한 지식의 소산이라고까지 상찬되고 있는 실정이다. 비판 치고 이보다도 더 진부하고 무의미한 것이 있을 수 있을까?

그러나 더 자세히 생각해 볼 때 더욱 우스운 일은, 이러한 비판이 저속하기 짝이 없는 견해에 따라 전쟁에서의 정신적 양(量)을 이론에서 모조리 배제하고 물질적인 것만을 논하려고 하는 시도이다. 그렇게 되면 모든 군사적 행동은 피아의 전투력 균형과 우열, 시간 및 공간이라고 하는 몇 개의 수학적 관계나 혹은 몇 개의 각과 직선으로 환원되게 될 것이다. 그래서 만약에 군사적 행동이 이것 외에 다른 아무것도 아니라고 한다면, 이러한 빈곤한 사상에서 생기는 것은, 그야말로 어린아이를 상대로 하는 학습적 과제뿐이라고 해도 좋을 것이다.

그러나 솔직하게 말하면, 구태여 여기에서 학문적인 과제니 형식이니 하고 떠들어 댈 필요는 없다. 물질적인 것의 상호 관계는 어느 것이나 매우 단순하기 때문이다. 그보다도 훨씬 곤란한 것은 군사적 행동에서 정신력의 작용을 밝히는 일이다. 그러나 정신력이라고 해도, 그 다종다양한 양과 관계가 복잡하게 얽혀 있는 것은 전략의 최고 영역에서만 볼 수 있다. 이 영역에서 전략은 정치와 정략(政略)과 경계를 접하고 있다고 하느니보다는, 오히려 전략이 정치 및 정략 그 자체가 된다. 또 이러한 영역에서는, 앞서 말한 대로 정신력은 군사적 행동을 실시하는 형식에는 그다지 관계가 없고, 오히려 군사적 행동 규모의 대소에 따라 그 영향력의 대소가 결정된다. 전쟁의 크고 작은 사건에서처럼 군사적 행동의 실시 형식이 주가 되는 경우에는 정신적 요소가 크게 줄어든다.

전략에서는, 분명히 모든 것이 지극히 단순하다. 그러나 그렇다고 해서 모두가 매우 쉽다는 이야기는 아니다. 국가의 정치적 상황에 따라 전쟁의 목적은 무엇인가 무엇을 달성할 수 있는지 일단 결정되면, 이것을 실행할 방법을 찾아낸다는 것은 그리 어려운 일이 아니다. 그러나 이 방법을 견지하여, 당초의 계획을 성취하고 또 무수한 동인에 말려들면서도 소정의 방침을 관철하기 위해서, 장수는 강한 성격 외에 명석한 정신을 필요로 한다.

고금의 명장들을 살펴볼 때 어떤 사람은 지혜가 뛰어나고, 어떤 사람은 뛰어난 혜안을 갖고 있으며 또 어떤 사람은 용감성과 강한 의지에서 뛰어났다. 그러나 이들 특성을 모두 겸비한 사람은 찾아보기 어렵다. 그럼에도 이러한 인물이기 때문에 비로소 탁월한 장수로서 평범한 지휘관의 수준을 훨씬 뛰어넘을 수가 있었던 것이다.

그런데 전략적 중대 결의에는 전술에서보다 훨씬 굳센 의지가 필요하다고 말하면 이상하게 들릴지 모른다. 그러나 전쟁이 어떠한 것인가를 전략과 전술 관계에서 잘 알고 있는 사람에게는, 이것은 의심할 여지가 없는 사실이다. 전술에서는 사태가 시시각각으로 변화하기 때문에 지휘관은 마치 소용돌이 속으로 빨려들어가는 것처럼 긴박하게 느끼게 된다. 만약 그가 이 소용돌이를 헤쳐 나가려 한다면, 매우 위험한 결과를 초래하게 된다는 것은 분명하다. 그럼에도 불구하고 그는 여러 걱정스러운 생각이 솟아오르는 것을 애써 억제하고, 용기를 내어 투쟁을 수행하는 게 좋다. 이에 반해서 전략에서는 모든 것이 완만하게 경과되므로 그 사이 장수와 그 부하의 마음에 생기는 걱정, 외부로부터의 이의나 비난, 또 어찌할 수 없는 후회 등이 전술에서보다도 훨씬 심하게 마음을 괴롭힌다. 또 전략에서는 전술과 달리 자기 눈으로 직접 볼 수 있는 것은 기껏해야 사태의 절반에 지나지 않는다. 따라서 장수는 모든 것을 추측하고 추정하는 수밖에 없고 따라서 확신도 흔들리지 않을 수 없는 것이다. 이렇게 해서 대개의 장군은 바로 행동에 임할 때 이유 없는 걱정으로 고민하여 그만 좋은 기회를 놓치고 만다.

여기에서 역사를 훑어보고 1760년에 프리드리히 대왕이 수행한 전역[1]을 검토해 보기로 하자. 이 전역은 프로이센군의 훌륭한 행군과 기동으로 유명하며, 전략상의 걸작으로서 비평가들이 칭찬을 아끼지 않는 전역이다. 그러나 우리는 프리드리히가, 처음에 다운 군단의 우측면의 우회를 생각하고, 이어 좌측면의 우회를 꾸미고, 다시 우측면의 우회로 전환하려고 한 운동과 그 밖의 일을 감탄하면 좋은가, 혹은 이 점에 대왕의 명석한 지혜를 인정하면 좋은가. 아니, 그렇지가 않다. 우리가 있는 그대로의 진실을 허심탄회하게 판단하려고 한다면 그와 같은 일은 허용되지 않는다. 오히려 우리는 무엇보다도 먼저 대왕이 한정된 힘을 가지고 원대한 목표를 추구하려고 할 때, 분에 넘치는 계획을 시도하지 않고 그의 목적을 달성하기 위해 알맞은 행동을 과불급 없이 실시한 그의 지혜에 감탄하지 않을 수 없는 것이다. 뛰어난 장수로서 대왕의 이러한 지혜는, 이 전역에서뿐만 아니라 대왕이 치른 전후(戰後) 세 번의 전쟁[2] 모두에서 볼 수

---

1) 7년 전쟁에서 프리드리히 대왕은, 이해에 리그니츠 전투와 토르가우 전투를 감행했다. 본문 서술은 토르가우 전투에 관한 것이다.
2) 제1차(1740~1742) 및 제2차 슐레지엔 전쟁(1744~1745)과 7년 전쟁(1756~1763)의 세 전쟁을 가리

가 있다.

7년 전쟁에서 프리드리히 대왕의 전쟁 목적은, 충분히 보증된 강화조약에 의해서 슐레지엔을 확보하는 데 있었다.

프리드리히 대왕은 한 작은 국가의 원수에 지나지 않았다. 당시의 프로이센은, 대체적인 사정으로 말하자면 다른 약소국가와 다를 바가 없었고, 다만 얼마간의 행정 부문에서 이들 국가보다 약간 좋았을 뿐이다. 따라서 프리드리히는 알렉산더 대왕[3]과 같은 군주가 될 수는 없었고, 또 카를 12세의 흉내라도 냈더라면 아마도 카를과 마찬가지로 비참한 최후를 맞았을 것이다. 그래서 프리드리히의 전쟁 지도에서는 견제된 힘이 그 어떤 경우에도 균형을 유지하고 또

프리드리히 대왕(재위 1740~1786)
프로이센의 왕. 프로이센 영토를 확장하고 유럽 최강의 군사대국으로 만든 특출한 군사 전략가.

자유롭게 작용하고 있었다. 물론 이 힘은 견제된 채로 있었던 것은 아니고, 일단 사태가 급해지면 곧 발동해서 놀라운 위력을 나타냈다가 긴급 사태가 지나가면 서서히 애초의 평온한 상태로 돌아가 세밀하게 배려된 정치적 활동을 영위하는 식이었다. 그는 이제까지 허영심이나 명예심 또는 복수심에 쫓겨 이 길

킨다. 프리드리히 대왕이 전략적으로 훌륭한 것은 여러 번 우회했기 때문이 아니라, 목적 달성을 위해 필요한 만큼 행동하고 투입된 병력을 적절히 사용했기 때문이다.
3) 알렉산드로스 3세(Alexandros III., BC 356~323). 마케도니아 왕. 대왕이라 불렸다.

에서 벗어난 적은 한 번도 없었다. 그리고 이것이야말로 그가 투쟁에서 유종의 미를 거두게 한 유일한 길이었다.

이러한 몇 마디 말로, 이 뛰어난 장수의 지혜를 올바르게 평가한다는 것은 불가능하다. 그러나 이 전쟁[4]의 경탄할 만한 성과를 면밀히 관찰하고 승리를 가져온 원인을 추구하면, 프리드리히 대왕의 혜안으로 항상 위험한 순간을 타개한 전말을 충분히 납득할 수 있으리라고 믿는다.

앞에서 말한 것은 1760년의 전쟁뿐 아니라 그 밖의 모든 전쟁을 통해서 볼 수 있는 이 뛰어난 장수의 놀라운 일면이지만, 특히 1760년의 대전투에 감탄하게 된다. 왜냐하면 적의 우세한 병력에 잘 대항해서 아주 적은 희생밖에 치르지 않았던 전쟁 사례는 다시 없었기 때문이다.

프리드리히 대왕에 대해서 감탄할 만한 또 하나의 면은, 회전(會戰) 계획을 실행에 옮길 때의 어려움에 관한 것이다. 적군의 오른쪽 또는 왼쪽으로 우회하기 위한 행동을 계획하기란 어려운 일이 아니다. 소수의 군대를 긴밀하게 집결시켜 여러 곳에 산재하는 적군에 대항시키거나, 신속한 운동에 의하여 몇 배에 이르는 효과를 거두려고 하는 착상도 쉽게 생각해 낼 수 있고, 또 이미 여러 저서에도 언급되어 있다. 따라서 이러한 종류의 발명은 우리의 감탄을 자아내기에는 부족하다. 그리고 또 이러한 단순한 사항에 대해서는, 다만 그것이 단순하다는 것을 인정하는 외에 달리 할 말도 없다.

그러나 뜻있는 장수는 프리드리히 대왕을 따라서 이러한 일들을 실행해 볼 일이다. 프리드리히의 대전투를 목격한 경험이 있는 군사평론가들은, 시간이 지난 훗날에도 대왕이 진지를 편 방법을 위험하다고 할 뿐 아니라 오히려 무모에 가깝다고 말하고 있을 정도이다. 하물며 대왕이 포진했던 당시에는 이 위험은 훗날의 기록보다도 세 배나 더했다고 여겨졌을 것이다.

프리드리히 대왕이 적군의 눈앞에서, 또 때로는 적의 포화를 무릅쓰고 실시한 행군에 대해서도 같은 말을 했다. 그러나 프리드리히가 이러한 진지를 구축하고 이러한 행진을 한 것은 적장 다운이 하는 행동 방식, 진지 배치 방식, 책임감 및 성격을 통찰해서 이러한 포진, 행진을 안전하다고 보았기 때문이지 결코

---

4) 7년 전쟁을 가리킨다.

무모한 행동은 아니었다. 하지만 사태의 진상을 즉시 꿰뚫어 보고 30년 뒤에도 여전히 화제에 오를 정도의 위험에 당황하거나 겁먹지 않기 위해서는, 바로 대왕과 같은 대담성과 결단력 그리고 강한 의지가 필요했다. 어수선한 전쟁터에서 이들 행동이 확실하게 실시할 수 있는 단순한 전략적 수단이라는 것을 즉시 판단하고 조금도 의심치 않았던 장수는 대왕 이외에는 없을 것이다.

그러나 그 밖에도 행동 실시에 따른 어려움은 있었다. 프리드리히 군대는 이 전역에서 끊임없이 움직였다. 그의 군은 두 번이나 다운 군단의 배후로 나아갔고 또 라시[5]의 추격을 받으면서 엘베강에서 슐레지엔으로 향하는 험로를 행진했다(7월 초와 8월 초). 이때 그의 군대는 언제나 전투태세를 갖추어야 했고, 따라서 행군도 교묘하게 은밀히 실시해야 했다. 더욱이 행군의 임기응변의 진퇴는 행군 그 자체와 마찬가지로 군에 극심한 긴장감을 안겨 주었다. 수천 대의 보급 수레를 동반하고 있었기 때문에 그로 말미암아 군의 행진은 심하게 둔화되었고 보급은 매우 부족했다. 대왕의 군대는 슐레지엔에서 리그니츠[6] 전투에 이르기까지 8일 동안이나 내내 야간행군을 해야 했고, 또 적의 정면 전선을 따라 끊임없이 이동해야 했다. ─이로써 군은 막대한 어려움을 겪어야 했고, 심한 궁핍을 강요당했음은 두말할 필요가 없다.

도대체 이와 같은 모든 행동이 군대라고 하는 말하자면 하나의 기계에서, 별다른 큰 마찰 없이 이루어졌다고 생각할 수 있을까? 장군의 정신은 마치 측량기사의 손이 천체 관측의(觀測儀)를 마음대로 움직이듯 군의 운동을 손쉽게 실시할 수 있을까? 굶주림에 시달리고 갈증에 허덕이는 가련한 장병들의 모습이, 지휘관이나 최고사령관의 마음을 갈기갈기 찢지 않을까? 고생을 한탄하는 불평이나 일의 진행을 염려하는 불안의 소리가 지휘관의 귀에 들리지 않았을까? 정상적인 지휘관으로서 부하에게 이러한 고통을 요구할 용기가 있을까? 만약에 우리 장수가 위대하고 과오를 저지를 염려가 없다고 하는 병사들의 확고한 신뢰가, 이런 모든 고난을 보상하고 남음이 없다면, 이와 같은 극도의 고난은 불

---

5) 라시(Lacy, Franz von, 1725~1801). 오스트리아군의 장군. 7년 전쟁에서 오스트리아군의 지휘관으로 활약했다.

6) 리그니츠(Liegnitz). 슐레지엔의 도시. 이 전투(1760. 8. 15)에서 오스트리아군은 프리드리히에 의해 패배했다.

가피하게 군대의 사기를 저하시키고 군의 질서를 교란하며—한마디로 군의 무덕(武德)을 파괴하지 않을까? 그렇기 때문에 이러한 고난을 정확하게 해결할 수 있는 장수에 대해서야 말로 경의를 표해야 한다. 회전 계획을 실시하는 경우에 생기는 이와 같은 기적이야말로 우리가 감탄해 마지않는 것이다. 그러나 이와 같은 모든 일은 우리가 전장의 경험을 통해 그것이 어떤 것인가를 어렴풋이나마 알게 되었을 때 비로소 뼈저리게 느껴진다. 전쟁을 책이나 연병장의 교련으로밖에 알지 못하는 사람은, 전장에서 군의 행동을 저해하는 이들 대항물이 어떠한 것인가를 상상할 수 없을 것이다. 따라서 전쟁을 아직 직접 경험한 적이 없는 사람은, 자기가 모르는 일에 대해서는 우리가 하는 말을 그대로 믿어 주기를 바란다.

그런데 특히 이와 같은 실례를 든 것은 이로써 우리의 전체 구상을 분명히 하기 위해서였다. 그래서 지금 이 장을 끝내면서 앞으로의 서술에 대해서 말해 두고자 한다. 우리는 전략에 관한 다음 장 이하의 서술에서 물질적, 정신적인 것 가리지 않고, 가장 중요하다고 여겨지는 몇 가지 사항의 특성을 우리 나름대로 규정하여, 개개의 것으로부터 복잡한 것으로 나아가, 마지막으로 군사적 행동의 전체적인 연관을 말함으로써, 다시 말하면 전쟁 계획 및 전역 계획을 다루는 것으로 본편을 끝내고자 한다.

(간행자 주 : 제2편의 본래 원고 중에 따로 저자 자필로 된 글이 있었는데 거기에는 '제3편 제1장 개정용'이라는 말이 붙어 있다. 그러나 이 문장은 결국 정정에 사용되지 않았다. 그래서 다음에 그 전문을 여기에 싣는다.)

어떤 지점에 전투력을 배치하는 것만으로는, 그 지점에서 전투가 가능하다는 것일 뿐 전투가 실제로 벌어지지는 않는다. 그런데 이러한 가능적 전투를 이미 실재성을 지닌 것, 현실적인 전투로 생각해도 지장이 없을까? 물론 없다. 비록 가능적 전투라도 거기에서 생기는 결과는 현실적 전투의 결과와 같은 경우가 있다. 또 가능적 전투라도 그것으로부터는 그 어떤 결과가 —그것이 어떤 것이 되었든 간에—반드시 생긴다.

1 가능적 전투라도 결과로 보아 현실적 전투로 여길 수 있다

지금 패주하는 적군의 퇴로를 차단하기 위해 아군이 부대를 파견했더니 적은 싸우지 않고 항복했다고 가정하자. 이 경우에 적이 항복을 결의한 것은 우리 부대가 적에게 도전한 만큼의 전투 즉 가능적 전투의 결과 때문이다.

이번에는 아군의 일부가 적국의 무방비를 틈타 한 지역을 점령하고 많은 적의 보급물자를 빼앗았다고 하자. 그럼에도 적이 감히 그 지역의 탈환을 계획하지 못하고, 따라서 아군이 여전히 이 지역을 계속 점령할 수 있다는 것은, 이미 파견된 아군이 적과 벌이려고 한 전투 때문이다. 이 또한 가능적 전투에서 생긴 현실적 결과이다.

이들 두 경우를 생각해 보면, 단순히 전투가 일어날 수 있다는 가능성이 어떤 결과를 가져오며, 이를 계기로 해서 가능성은 현실적인 문제가 된다는 사실도 알 수 있다. 또 이 두 경우에서 적의 우세한 병력에 대항하는 아군이 마침내 힘이 미치지 못한다는 것을 깨닫고, 싸우지 않고 그 목적을 포기했다고 가정하자. 그러면 확실히 이쪽의 목적은 달성되지 않았다고는 하지만, 아군이 그 지점에서 적에게 도전한 전투가 전혀 효과 없이 끝난 것은 아니다. 왜냐하면 이 가능적 전투는 적어도 적 병력을 이 지점으로 끌어들였기 때문이다. 또 이 모든 기도(企圖)가 전적으로 실패로 끝난 경우라 할지라도, 아군이 어느 지점에서 행한 병력 배치나 또 미리 준비한 전투의 효과가 흔적도 없이 소멸했다고는 말할 수도 없다. 또 이러한 경우 효과는 전투에 패배한 경우와 비슷한 점이 있다.

적의 전투력 격멸과 적의 위력에 대한 완전한 타도는, 오직 전투의 효과에 의해서 달성될 수 있음은 물론이다. 그러나 그 경우에 전투가 실제로 이루어졌든 혹은 아군이 이에 도전했을 뿐 적이 이에 응하지 않았든, 다시 말하면 실제의 전투이든 혹은 가능적 전투이든 그것은 문제가 아니다.

2 전투의 두 가지 목적

그런데 전투가 주는 효과에는 두 가지가 있으니, 직접 효과와 간접 효과이다. 그중 직접적 효과가 적 전투력의 격멸에 있는 것은 물론이다. 이에 반해 그 자체로서는 적 전투력의 격멸을 직접적인 목적으로 하지 않는 전투가 있다. 이러한 전투가 목적으로 삼는 것은 분명히 간접적이지만, 그러기 때문에 전투는 보다 광범위하게 이루어진다. 요컨대 이렇게 먼 길을 돌아서 비로소 적 전투력의 격멸에 기여하는 것이다. 따라서 적국의 주(州)나 군(郡)·도시·요새·도로·교량·창고 등의 점령은 전투의 당장의 목적은 될 수 있지만 그러나 결코 궁극적인 목적은 될 수 없다. 이들 행동은 우리가 보다 우세한 위치를 차지하기 위한 수단에 지나지 않는다. 다시 말하면 적으로 하여금 더 이상 전투에 응할 힘을 가지지 못하는 상태로 몰아넣고 나서, 적에게 전투를 거는 것이다. 따라서 이러한 요건은 어느 것이나 궁극 목적에 이르는 중간 단계에 지나지 않는다. 즉, 적 전투력의 격멸이라는 목적에 이르기 위한 말하자면 사다리이지 목적 그 자체는 아니다.

3 그 실례

1814년에 동맹군이 나폴레옹의 수도 파리를 점령했을 때[7] 동맹군 측의 전쟁 목적은 이미 달성되고 있었다. 이전부터 파리에 뿌리내리고 있던 정치적 내분이 구체화되고, 이렇게 해서 생긴 거대한 틈이 황제 나폴레옹의 권력을 붕괴시킨 것이다. 그럼에도 모든 경위를 올바르게 고찰하기 위해서는 다음과 같은 관점에서 보아야 한다. 즉, 이와 같은 사정으로 나폴레옹의 전투력과 저항력은 급속히 격감하고, 이에 따라 동맹군의 우세가 현저하게 증가했기 때문에 프랑스군의 저항은 이미 불가능하게 되었다는 관점이다. 프랑스를 강화로 몰아넣은 것은 앞으로의 저항이 불가능하게 되었다는 바로 그 일 때문이었다. 만약에 이때 동맹군의 전투력이 외적인 정세 때문에 프랑스 측과 같은 정도로 감소했다고 한다면, 동맹군 측의 우세는 소멸하고 따라서 파리 점령의 효과와 그 중요성도 소멸했을 것이다.

지금 우리가 살펴본 일련의 사례에 대해서 상세하게 점검한 까닭은, 이와 같은 사고방식이야말로 전쟁의 본질에 관한 유일하고도 진실된 견해라는 것을 분명히 하기 위함이었다. 실제로 이 사고방식의 중요성은 이러한 견해에서 생기는 것이다. 그런데 이 견해는 구체적으로 다음과 같은 문제로 환원된다. 즉 전쟁이나 전역(戰役)의 그 어떤 순간에도, 피아가 상대에 도전하는 크고 작은 개연성

---

7) 동맹군의 파리 입성은 1814년 3월 31일이었다.

의 성과는 어떻게 해서 생기는가 하는 문제이다. 전쟁 계획 혹은 전역 계획을 짤 때, 우리가 미리 고찰해야 하는 수단을 결정하는 것은 바로 이 문제이다.

4 전투를 이와 같이 이해하지 않으면, 전쟁에서의 개별적인 행동 평가를 그르치게 된다

우리는 전쟁이나 전쟁을 포함하는 몇 차례 전역을, 연이어 이루어지는 많은 전투의 계열로 보는 데에 익숙해져 있지 않다. 그렇지 않고 적국에서 어떤 지리적 지점을 약취하거나 방비가 없는 지방을 점령하는 따위를 뛰어난 무공이라고 인정하는 생각에 집착하게 되면, 이러한 대상의 점령을 무엇인가 예기치 않은 습득물처럼 보고 싶어진다. 그리고 전투란 원래 이와 같은 것이라 지레짐작하고, 본래의 전투는 전쟁 또는 전역에서 오는 사건 전체 계열 중 한 항목에 지나지 않는다는 것을 잊음으로써, 이러한 점령 행위가 나중에 더 큰 불리함을 초래할 수도 있다. 이것은 전쟁사에서 자주 나타나는 오류이다. 상인이, 개별 사업으로부터 생기는 이득을 각기 따로 계산하고 있다면, 사업 전체의 안전을 도모할 수 없을 것이다. 이와 마찬가지로 전쟁에서도 개개의 유리한 행동을 전체의 결과로부터 분리할 수 없다. 또 상인이 항상 그의 재산을 가지고 장사해야 하듯이, 전쟁에서도 개개의 사건이 유리했는가 또는 불리했는가 결정하는 것은 최종적인 결과뿐이다.

그런데 장수의 정신적 안광이 항상 전투 계열(系列)로 향하고 있다면, 내다볼 수 있는 한의 계열에 관해서는 그는 목표를 향해 길을 매진하는 셈이다. 이에 따라 군의 운동은 신속의 도를 더하고, 장병의 의욕과 행동은 왕성해진다. 그리고 이러한 신속한 운동과 활발한 행동은 항상 사태에 밀착되어 외부로부터의 영향에 의해서 교란되는 일이 없는 것이다.

제2장
전략의 여러 요소

전략에서 전투를 사용할 때 사용 조건을 이루는 것을 적당하게 안배하면 각각 종류를 달리하는 5가지 요소로 분류할 수가 있다. 즉 정신적·물리적·수학적·지리적 그리고 통계적 요소들이다.

제1의 정신적 요소에는, 정신적 특성 및 정신적 효과에 의해서 생기는 모든 것이 이에 속한다. 제2의 물리적 요소에는 전투력의 양(量)과 그 편성, 여러 병과 사이의 비교가 이에 속한다. 제3의 수학적 요소에는 작전선(作戰線)의 각도, 밖에서 중심으로 향하는 구심적 운동, 그리고 중심에서 밖으로 향하는 이심적(離心的) 운동이 이에 속한다. 그러나 이들 운동은, 그 운동 형식의 기하학적 성질이 그 어떤 가치를 가지고 있는 것으로 산정(算定)되는 경우에 한한다. 제4의 지리적 요소에 속하는 것은 지형의 영향, 즉 우세한 지점·산지·하천·숲·도로 등이다. 마지막으로 제5의 통계적 요소에는, 군대의 유지에 필요한 자재가 이에 속한다. 이들 요소들을 각각 분리해서 생각한다는 것은 우리의 생각을 명백히 하고 또 이러한 다섯 종류의 요소가 각각 갖추고 있는 가치의 대소(大小)를 한 눈으로 판정하기에 편리하다. 실제로 이들 요소를 따로따로 고찰하면, 그 몇 가지는 다른 데에서 착용했던 가치를 자연히 잃게 된다. 예를 들어, 기지에 관해서는 작전선의 위치만 고려에 넣는 것이 통례이다. 그러나 기지와 작전선의 관계를 이러한 단순한 형태로 논한다면, 기지의 가치를 결정하는 것은 어떤 일정한 기하학적 요소, 즉 작전선과 기지가 구성하는 각도의 대소라고 생각하는 데까지 갈 필요 없이 오히려 작전선이 통과하는 도로나 지형이라고 말하는 것이 훨씬 간단명료하다.

그러나 전략을 이러한 다섯 종류의 요소로 분해해서 논하려고 한다면, 이것은 더할 나위 없이 불합리한 사고방식이라고 하지 않을 수 없다. 이들 요소는,

개개의 군사적 행동에서
는 서로 여러 겹으로 긴밀
하게 결부되어 있는 것이
통례이기 때문이다. 만약
에 전략을 각 요소에 배당
해서 논한다면, 전혀 생명
이 없는 분석의 폐단에 빠
질 것이다. 이는 추상적 기
초적 요소로부터 현실 세
계로 다리를 놓으려 해도,
그것은 악몽 속의 발버둥
과 같아서 아무런 득이 없
는 기도(企圖)에 불과할 것
이다. 우리는 세상의 이론
가들이 결코 이러한 어리
석은 행위를 감히 저지르
지 않도록 자중해 주기를

크레시 전투(1346)　전략 요소로서 지리적 요소도 중요하다. 1340년 프랑스 함대를 격파한 영국군은 노르망디 상륙으로 프 랑스 파리로 진격한다. 크레시에서 영국의 장궁병과 프랑스 석 궁병과의 싸움으로 영국군이 승리하여 백년 전쟁이 시작된다.

바라 마지않는다. 따라서 우리는, 어디까지나 현상의 전체로서의 현실에 입각해 서, 우리의 분석을 전쟁에 관한 사상의 이해에 필요한 정도로 해 두고 그 이상 나아갈 생각은 없다. 또 이 사상은, 단순한 사변적 연구 등에서 얻을 수 있는 것 이 아니라, 전쟁이라고 하는 거대한 현상이 주는 인상을 매개로 해서 생긴 것 이다.

제3장
정신적 요소

　우리는 앞서 제2편 제3장[1]에서 언급한 이 문제에, 다시 한번 되돌아가야 한다. 여러 가지 정신적 요소는, 전쟁의 가장 중요한 사항에 속하기 때문이다. 정신은 전쟁의 모든 영역에 스며들어 있고, 또 정신은 대군(大軍)을 움직이고 지도하는 의지와 밀접한 연관을 가지고 있다. 혹은 의지와 합체되어 있다고도 볼 수 있다. 의지 그 자체도 또한 하나의 정신적 요소이기 때문이다. 그러나 유감스럽게도 정신적 요소는 숫자로도, 등급으로도 나타낼 수 없으며 보거나 느껴야 하는 것이기 때문에, 유감스럽게도 책을 통해서만 얻는 지식으로는 파악하기가 힘들다.

　군(軍), 장수(將帥), 정부의 정신과 여러 정신적 특성, 전쟁터가 되는 지방의 인심, 승전 또는 패전이 가져오는 정신적 영향 등은 각각 현저하게 그 종류를 달리하는 정신적 요소이며 또 우리 쪽의 목적과 정황에 따라 다른 영향을 주는 것이다.

　비록 책에는 정신에 관한 기술이 매우 적거나 거의 없다고 해도, 이들 정신적 요소가 전쟁술의 이론에 속한다고 하는 것은, 전쟁에 필요한 다른 여러 요건과 전혀 다를 바가 없다. 그러기 때문에 나는 다시 한번 여기에서 이렇게 되풀이하지 않을 수 없다. 이론에서 과거의 방식은, 전쟁의 규칙이나 원칙의 체계를 안출해 낼 때에 정신적 요소를 모두 배제했다. 어쩌다가 정신적 요소가 나타나고, 이것을 예외로 다루어 이러한 예외만을 말하자면 학문적으로 조직하여 예외를 가지고 규칙을 삼든가, 그렇지 않으면 모든 규칙에 관계없는 천재를 예로 인용하여 자기 설(說)의 조력자로 삼으려 했다. 이와 같은 이론은 문자 그대로 빈곤

---

1) 제2편 제2장일 것이다.

한 철학이라고 하지 않을 수 없다. 또 이러한 경우에 천재라고 하는 개념을 원용(援用)한다는 것은, 마치 규칙은 어리석은 자를 위해 만들어진 것이고 또 실제로도 그 자체가 어리석은 것이라는 것을 암암리에 암시하는 것과 같다.

만일 전쟁술의 이론이 정신적 요소의 중요성을 지적하여, 그 가치를 충분히 인정해서 정신적 힘도 이론에 도입해야 할 필요를 증명한다면, 그것만으로도 이론은 자신의 좁은 한계를 넘어 정신 영역으로 발을 들여놓은 것이 된다. 또 이렇게 해서 확대된 이론은 이러한 관점을 확립함으로써, 전쟁에서 전투력의 물리적 관계만을 내세우는 사람들을 마치 법정에서 패소를 언도하는 것과 같은 것이 될 것이다.

그런데 물리적인 힘에 관한 규칙의 원칙으로 보아서도, 전쟁 지도의 이론이 정신적 요소를 이론의 한계 밖으로 몰아낸다는 것은 허용되지 않는다. 물리적 힘의 효과는 정신적 힘의 효과와 완전히 융합되어 있으므로, 화학적 절차에 의해서 합금을 분석하는 것과는 달라서 이 둘을 분리할 수가 없기 때문이다. 물리적 힘에 관한 그 어떤 규칙을 들추어 보아도, 거기에는 정신적 요소가 관여하고 있다는 사실을 인정하지 않을 수 없을 것이다.

만약에 이론이, 자신의 생각을 일방적으로 주장하는 단정적 명제의 정립을 능사로 해서는 안 된다고 한다면, 이론이 갖는 정신적 요소의 지분을 무시해서는 안 된다. 이러한 명제는, 소심해서 다른 주장을 꺼리는 편협한 것이거나, 그렇지 않으면 무엇이든지 자기주장 안으로 끌어들이려고 하는 분수에 맞지 않거나 하는 둘 중의 하나일 것이다. 실제, 정신적 측면을 전혀 도외시한 이론이라고 해도, 모르는 사이에 한도를 넘어 이러한 정신적 영역으로 들어가지 않을 수가 없었던 것이다.

예를 들어 그 어떤 승리도, 거기에서 생기는 정신적 효과를 고려에 넣지 않는 한 도저히 설명할 수 없는 것이기 때문이다. 따라서 본편에서 논하는 대개의 문제는, 물리적 원인 및 결과와 정신적 원인 및 결과를 반반씩 섞은 것이다. 혹은 이렇게 말해도 좋다. 도검에 비유하면 물리적 원인 및 결과는 나무로 만든 칼자루이고, 정신적인 것은 강철로 된 칼의 몸체이며 잘 갈아 놓은 칼날이라고 할 수 있다.

일반적으로 정신적 힘의 가치를 가장 잘 제시하고, 또 이러한 정신적 힘이 미치는 영향, 그것도 때로는 믿을 수 없을 정도로 강대한 영향을 가장 현저하게 나타내는 것은 역사 이상 가는 것이 없다. 그리고 이것이야말로 장수의 정신이 역사로부터 이끌어 내는 가장 고귀하고 가장 자양이 풍부한 영양분이다. 여기에 다시 한마디 해 두어야 할 말은 지혜의 씨앗을 마음 밭에 심어 정신을 풍요롭게 하는 것은, 논리적 증명이나 비판적 연구 또는 학술적 논문이 아니라, 오히려 사태의 성질을 직접 받아들이는 감각이며, 전체적 인상이며, 때로는 불꽃처럼 번쩍이는 정신 작용 바로 그것이다.

전쟁에서의 정신적인 현상 중에서 가장 중요한 것을 하나하나 점검하고, 마치 근면한 대학 강사처럼 면밀하게 조사하여, 각기 좋고 나쁨을 주도면밀하게 평가하는 일도 안 되는 것은 아니다. 그러나 이와 같은 방법에 따르게 되면 틀림없이 무미건조한 속설로 타락할 것이며, 본디 정신은 이러한 분석에 의해서 일찍이 사라지게 될 것임에 분명하다. 그렇게 되면 결국 속세 수준의 지식을 지껄이는 데에 지나지 않을 것이다. 그래서 우리는, 정신적 현상을 논할 때에는 다른 그 어떤 경우보다도, 불완전하고 단편적인 상태에 머무르더라도 정신적 요소의 중요성에 대한 주의를 일깨우고, 여기에서 말하는 정신이 무엇을 뜻하는지 언급하는 것으로 만족하고자 한다.

제4장
중요한 정신력

그것은—장수의 재능, 군의 무덕(武德), 군의 국민정신 세 가지이다. 그중에서 어느 것이 다른 것보다 뛰어난 가치를 갖는가 하는 것은 일반적으로 결정할 수 있는 문제가 아니다. 도대체 정신력의 양이 많다 적다고 규정하는 일은 이미 곤란한 일이다. 셋 중 어느 하나의 정신력을 다른 정신력의 양과 비교한다는 것은 더더욱 곤란하기 때문이다. 그렇다면 가장 좋은 방책은 세 가지 요건 그 어느 하나도 무시하지 않는다는 것이 된다. 그런데 인간의 판단에는 자의적인 데가 있어서, 어떤 때는 한쪽으로 기울어지는가 하면 이내 다른 곳으로 기울어지는 식으로 우왕좌왕하기가 쉽다. 따라서 이 세 가지 정신력에서 생기는 효과가 각각 어떤 것인가를 밝히기 위해서는 역사에서 충분한 증거를 구하는 길밖에 없다.

오늘날 유럽 여러 나라의 군대가 숙달과 훈련이라는 점에서는 모두 동일한 수준에 이르고 있다는 것, 또 전쟁 지도도 (철학자의 용어를 빌리자면) 자연적 본성에 따라서 발달하여 지금에 와서는 하나의 방법이 되어 있다는 것은 명백한 사실이다. 그리고 거의 모든 국가의 군이 이 방법을 몸에 지니고 있기 때문에, 장수로서는 이제 좁은 뜻에서의 특수한 수단(프리드리히 대왕이 사용한 '사선형(斜線型) 전투대형'과 같은 것)을 사용할 가망이 없다고 해도 좋다. 이렇게 볼 때 현재와 같은 상태에서는 군의 국민정신과 군이 전쟁에 숙달했다는 이 두 가지에, 앞으로의 폭넓은 활동의 여지가 남겨져 있다는 것을 부정할 수가 없다. 하기야 앞으로 평화가 오래 계속되면 사정은 또 달라질지도 모르지만.

군의 국민정신(열정, 열광적 흥분, 확신, 온 국민을 지배하는 생각)은 산악전에서 유감없이 발휘된다. 산악전에서 어떠한 행동을 취하는가는 각자에게 맡겨져 있고 또 이것은 개개의 병사에게까지 미치고 있기 때문이다. 이러한 뜻에서 산지는 침략자에 대한 국민의 무장 봉기에 아주 알맞은 싸움터이다.

그러나 군의 고도의 기술적 숙련과, 전군을 마치 혼연일체가 된 하나의 큰 쇳덩어리처럼 굳게 결속하는 단련된 용기는, 드넓은 평야라야만 그 진가를 충분히 발휘하는 것이다.

또, 장수의 재능은 구릉이 많고 시야가 나쁜 지역에서 가장 두드러지게 발휘된다. 산악 지대에서 장수가 개개의 부대를 파악한다는 것은, 기복이 심한 지형을 고려할 때 매우 곤란하고 따라서 전군을 지휘한다는 것은 이미 그의 능력을 넘어선 일이기 때문이다. 그러나 광활한 평야에서는 지휘하기 쉬우므로 장수가 정신적인 온 힘을 경주할 필요가 없기 때문이다.

이들 정신적인 힘들은 각각 어떤 지형에서 활동하는 것과 가장 잘 결합되는가는, 위에서 논한 것으로 명백해졌을 것이다. 따라서 전쟁 계획은 이러한 정신적 힘과 지형과의 친화적 관계를 고려해서 세워야 한다.

제5장
군대의 무덕

　군대의 무덕(武德)은 단순한 용감성과는 다르다. 하물며 전쟁 때문에 목숨을 걸려고 하는 열광과는 더더욱 다르다. 말할 필요도 없이 용감성은 군대의 무덕에 필요한 구성 요소이다. 그러나 비록 용감성이 인간의 자연적 소질이라고는 하지만, 군대를 구성하는 군인의 경우는 습관과 훈련에 의해서도 생기는 것이므로, 군인의 용감성은 일반 사람의 용감성과는 다른 방향을 취하지 않을 수가 없다. 마음대로 행동하고 또 힘을 발휘하려고 하는 충동은 개인이 갖는 용감성의 특성이지만, 군인의 용감성은 이러한 충동을 억제해서 보다 고차적인 요구, 즉 복종·질서·규칙 및 방법 등에 따라야 한다.

　전쟁은 인간 생활에 부수되는 활동과는 전혀 그 성격을 달리할 뿐만 아니라, 이들 활동으로부터 완전히 분리된 하나의 독특한 활동이다(비록 전쟁이 관여하는 범위가 온 국민에 미치든, 또 국민 중에서 적어도 무기를 들 수 있을 정도의 남자가 모두 전쟁에 종사하든, 전쟁이 이러한 활동이라고 하는 데에는 조금도 변함이 없다). 군인은 이 활동 정신과 본질에 철저해야 하고, 이 활동에 필수적인 정신적 힘을 스스로의 내부에 불러일으켜 섭취해야 한다. 또 스스로 훈련하여 지성의 빛으로 이 사업을 두루 비치고, 온갖 몸과 마음을 이 사업에 쏟아 부으며, 또 이 활동에서 자기에게 지정된 임무를 수행하기 위해 몸과 목숨을 아껴서는 안 된다. 이것이 바로 개개의 군인에 깃들어야 하는 군대의 무덕인 것이다.

　따라서 군인을 평가하되, 군인인 동시에 국민의 일원으로서 교육받은 개인이라고 보든, 또는 전쟁을 범국민적 활동이라고 이해하든, 아니면 현대 전쟁은 중세의 용병대장 시대의 전쟁과는 전혀 다르다고 단정하든 간에, 전쟁이라는 활동의 특이성을 없애는 것은 불가능할 것이다. 그리고 만약 이 일을 할 수 없다고 하면, 전쟁을 수행하는 군인도 전쟁을 수행하는 한에서는 하나의 독특한 공동체라고 여겨도 좋다. 그렇게 되면 전쟁에서의 군인 정신은, 특히 이러한 공동체의 질서와 규칙 및 습관과 밀접한 관련을 가지게 될 것이다. 또 실제로 그대로인 것이다. 전쟁을 매우 높은 위치에서 고찰하려고 하는 것이 이론의 결정적 경향이라고 하지만, 그런 경우에도 이 공동체 정신을 경시하는 것은 매우 부당한 일일 것이다. 이 정신은 그 어떤 군대에도 많고 적음을 가리지 않고 존재할 수 있고 또 존재할 것임에 틀림없다. 우리가 군대의 무덕이라고 일컫는 것은, 이러한 공동체 정신에 의해서 군대의 물리적 여러 힘을 결합하는 접착제가 된다. 요컨대 군대의 무덕은 이 공동체 정신과 접촉하게 되면 쉽사리 결정해서 훌륭한 결정체를 형성한다.

모든 것을 분쇄하는 포화를 뒤집어쓰면서도 평소와 다름없는 질서를 유지하고, 터무니없는 공포에도 놀라지 않고, 현실 공포를 착실하게 극복하는 군대, 승전에서는 의기양양하게 승리를 자랑하지만, 그렇다고 또 패전의 혼란 속에서도 복종심이나 지휘관에 대한 존경과 신뢰의 마음을 잃지 않는 군대, 고난과 궁핍에 의해 단련된 체력이 마치 경기자의 근력과 같은 군대, 이러한 고난을 군기(軍旗)에 지워진 저주라고 보지 않고 오히려 승리의 영광을 획득하기 위한 수단이라고 보는 군대, 이들 모든 의무와 여러 덕을 군인의 명예라고 하는 단 하나의 관념으로 드러내 보이기 위해 간명한 교리문답서로 군인의 뇌리에 불러일으키는 군대, 이와 같은 군대야말로 군인 정신에 철저한 국군이라고 말할 수 있다.

그러나 이런 무덕을 억지로 개발하지 않아도 방데 지방[1]의 주민들처럼 눈부시게 싸울 수 있고, 스위스인·미국인·에스파냐인처럼 큰 일을 성취할 수도 있다. 또, 상비군이 각별한 무덕을 갖추고 있지 않아도, 오이겐[2]이나 말보로[3]와 같이, 이러한 군을 이끌고 전쟁에서 승리를 거둘 수가 있다. 따라서 무덕이 결여되면 전승은 어림도 없는 일이라고 말해서는 안 된다. 여기에서 특히 이것을 언급하는 것은, 무덕의 개념을 보다 명확하게 해서 우리 마음속에 있는 것을 올바르게 전하고 싶기 때문이다. 이렇게 하면 무덕 사상을 보편화하여 무덕만이

---

1) 방데(Vendee). 서프랑스 지방. 프랑스혁명 때, 이곳 주민들은 왕당파에 가담, 혁명에 반대하여 무장 봉기했다(1793~1796).
2) 오이겐(Eugen, Franz, 1663~1736). 오스트리아의 원수. 뛰어난 장수로서 알려졌다.
3) 말보로(Marlborough, John Churchill, 1650~1722). 영국의 정치가이며 뛰어난 장수였다.

전쟁의 전부라고 생각하는 오류를 사전에 막을 수 있으리라 믿는다. 군의 무덕은 항상 어느 일정한 정신력으로서 발현된다. 따라서 우리는 이 정신력을 다른 정신적 힘으로부터 따로 분리해서 생각할 수 있고 따라서 또 그 영향을 명확히 판정할 수 있다. 요컨대 무덕은 우리가 그 힘을 계측할 수 있는 하나의 도구인 것이다.

이상으로 군의 무덕의 성격을 분명히 밝혔다. 그래서 다음에는 무덕이 미치는 영향과 이러한 영향력을 생기게 하는 수단에 대해서 살펴보기로 한다.

무덕이 각 부대에 대해 가지는 관계는, 장수의 천재적 정신이 전군에 대하여 가지는 관계와도 같다. 장수가 본디 지휘하는 것은 전군(全軍)이지 개별적인 부대가 아니다. 따라서 장수가 개개의 부대 지휘에 임하지 않는 것이라고 하면, 그 대신에 군인 정신이 이들 부대를 지휘하는 것이 되어야 한다. 장수라고 하는 사람은, 그의 걸출한 특성을 칭송하는 명성에 의해서 최고 사령관으로 선출되고 또 대부대를 지휘하는 상급 지휘관은 면밀한 검토에 의해 선출된다. 그러나 이 검토는, 지휘관의 지위가 내려옴에 따라 점차 느슨해진다. 그러면 그에 따라 지휘관의 개인적인 소질에 대한 기대도 감소되는 셈이다. 그 경우 이 개인적인 소질이 모자라는 곳을 보충하는 것이 바로 군의 무덕이어야 한다. 또 국민이 침략자에 대해서 무장 봉기를 했을 경우에 무덕과 같은 역할을 다하는 것은, 본디 국민에게 갖추어져 있는 자연적 특성, 즉 용감성·기민·정확 그리고 열정이다. 이들 특성은 군인 정신에 대신할 수가 있고 또 반대로 말할 수도 있는 것이다. 그래서 다음과 같은 결론을 얻을 수 있다.

1. 무덕은 상비군 특유의 것이다. 또 상비군은 이를 가장 필요로 한다. 무장 봉기를 한 국민이 전쟁에 참가할 경우에, 무덕을 대신하는 것은 인간의 자연적 소질로서의 약간의 특성이다. 이러한 경우 이들 특성은 급속히 발달한다.

2. 저편과 이편의 상비군이 서로 싸울 경우에 무덕이 꼭 필요하지는 않다. 그러나 상비군이 무장 봉기한 적국의 국민과 싸울 때는 반드시 무덕이 필요하다. 이 상황에서는 상비군의 병력은 분산할 수밖에 없고 따라서 또 행동의 자유가 각 부대에 위임되기 때문이다. 이에 반해서 군이 집결되어 있으면 장수의 천재적 정신이 오직 지휘를 하게 되어, 군의 정신 결함을 보충할 수가 있다. 따라서

무덕은 전장의 지형이나 또 그 밖의 상황이 전쟁 형태를 복잡하게 하고 상비군의 병력을 분산시킴에 따라 더욱더 커진다.

지금까지의 이야기를 정리해 보면 다음과 같은 교훈을 얻을 수 있다. 즉──군이 무덕이라는 정신력이 결여되었을 경우에는, 전쟁을 될 수 있는 대로 단순한 모양으로 계획하든지, 아니면 전쟁이라는 기구의 다른 측면에 대한 배려를 배가하든지, 또 상비군이라는 이름에 지나친 기대를 걸지 말라는 것 등이다. 이것이 곧 전쟁이라는 큰일을 제대로 성취하기 위해 가장 중요한 점의 하나이다.

이와 같이 군의 무덕은 전쟁에서 가장 중요한 정신적인 힘의 하나이다. 따라서 이러한 무덕이 부족할 경우에는, 장수의 뛰어난 재능이 국민의 열정을 대신하는 것처럼, 다른 정신력이 이를 대신해서 결여된 부분을 보충해야 한다. 그렇지 않으면 군이 제아무리 고생을 하더라도 결국 그 효과는 고생과 상응한 것이 되지 않는다. 군의 이와 같은 굳은 정신은 마치 광석을 잘 단련해서 얻은 강철과 같다.

군의 이러한 정신과 정신적 특성이 어느 정도의 큰 일을 성취했는가는 알렉산더 대왕 휘하의 마케도니아군, 카이사르[4]의 로마 군단, 알렉산더 파르네스[5] 휘하의 에스파냐 보병, 구스타프 아돌프[6] 및 카를 12세가 지휘한 스웨덴군, 프리드리히 대왕의 프로이센군, 나폴레옹이 지휘한 프랑스군 등에서 생생하게 볼 수가 있다. 그러나 이들 장수의 놀라운 성공과 지극히 어려운 상황에서 발휘된 뛰어난 재능은, 정신력이 충만한 군이었기 때문에 비로소 가능했다. 이와 같은 명백한 사실을 인정하려고 하지 않는 사람은, 역사에 의한 증명에 고의로 눈을 감고 있는 사람들이라고 말하지 않을 수 없다.

군의 이와 같은 정신을 배양하는 데에는 두 가지 원천이 있다. 그리고 이들 원천이 서로 협력할 때에만 군의 뛰어난 정신을 낳을 수가 있다. 첫째는 일련의

---

4) 카이사르(Caesar, Gaius Julius, BC 100~44). 로마의 장수이자 정치가.

5) 파르네스(Farnese, Alessandro, 1545~1592). 이탈리아 사람. 네덜란드의 에스파냐 대관(代官)이 되어 여러 곳에서 수많은 승리를 거두었다.

6) 구스타프 아돌프(Gustav Adolf, 1594~1632). 스웨덴 왕으로 뛰어난 장수이기도 했다. 30년 전쟁에 참가하여 전사했다.

프로이센의 프리드리히 대왕(재위 1740~1786)
아르젠 후작과 함께 포츠담의 궁전 건축 현장을 방문했을 때의 모습.

전쟁에서 승리를 거듭하는 일이고, 둘째는 군이 전쟁에서 몇 차례의 고난을 경험하는 일이다. 장병은 이 둘째의 원천에서만 자기 심신의 힘을 어느 정도 발휘할 수 있는가를 알 수가 있다. 장수는 휘하 병사들에게 힘든 임무를 여러 차례 요구하는 동안에, 그 어떤 경우에도 병사들은 그 임무를 반드시 다할 것이라는 확신을 얻게 되고, 또 병사들은 자기들이 극도의 어려움을 이겨내고 또 심각한 위기 상황을 극복했다는 사실에 자부심을 느낀다. 그러므로 굳건한 군인 정신의 싹은 끊임없는 활동과 고난이라는 토양에서만 건강하게 자란다. 그러나 거기에는 또한 승리라는 햇볕이 있어야 한다. 이러한 정신의 싹이 이윽고 무럭무럭 자라서 튼튼한 나무로 성장하면, 정신은 비운이나 패전이라고 하는 거친 폭풍우에도 쓰러지지 않을 뿐만 아니라, 평화로운 시대의 안일함까지도 얼마 동안은 견딜 수 있다. 이와 같이 군의 정신은 전쟁에서 또 훌륭한 장수 아래에서 성장하고 발달한다. 그리고 또 이 정신은, 평범한 장수 아래에서도 또 긴 평화 시대에도 적어도 몇 세대는 견딜 수가 있다.

한편으로 역전의 상처를 온몸에 안고 강철과 다름없는 단련된 군대를 결속하는 이러한 고귀한 연대 정신이 있고, 다른 한편으로는 복무규정이나 훈련규정이라고 하는 말하자면 아교에 의해 접착된 것과 같은 상비군의 헛된 자신감이나 허영심이 있다고 한다면, 이들의 우열은 뚜렷하여 도저히 비교가 되지 않을 것이다. 어느 정도의 엄정한 군기와 엄격한 복무규정은 군의 무덕을 상당히 장기에 걸쳐 유지할 수 있다고는 하지만 무덕 그 자체를 낳지는 않는다. 그러기 때문에 이러한 근무령(勤務令)과 같은 것은, 그 어떤 가치를 가지고 있다고 해도 지나치게 중요시할 필요는 없다.

질서, 단련, 순량(順良)한 의지, 어떤 종류의 긍지나 훌륭한 기풍은, 평시에 교육된 군의 특성이며 우리는 이것을 존중해야 한다. 그러나 이들 특성은 어느 것이나 그것만으로 독립된 의의를 갖는 것이 아니다. 군이 무엇 하나 모자란 데가 없고 원만하게 유지되어 있는 동안에는 평온무사하지만, 한번 파탄이 생기면 마치 갑자기 냉각된 유리그릇처럼 전체가 산산이 부서진다. 세상에도 뛰어난 기풍을 갖춘 군대가, 여러 전쟁에 패하면 갑자기 겁쟁이가 되고 공포증에 걸려서 프랑스인의 이른바 〈sauve qui peut〉(자, 도망가자)가 되지 않는다고 장담할 수 없다. 이러한 군은 뛰어난 장수를 가짐으로써 비로소 제대로 된 공적을 세울 수 있는 것으로, 군 그 자체만으로는 아무것도 이룰 수가 없다. 이러한 군대를 승리와 고난으로 차차 단련시켜 무거운 갑옷을 입을 정도로 심신의 힘을 양성하기 위해서는, 대단한 노력과 배려를 가지고 지도해야 한다. 요컨대 군의 정신은 군의 기풍과는 별도의 것이므로 이 둘을 혼동하는 것은 엄격히 삼가야 한다.

제6장
용감성

　정신적 여러 힘의 역학적 체계에서 용감성은 신중함과 경계심과 대립한다. 용감성이 이 체계에서 어떠한 지위를 차지하고 어떠한 역할을 하는가는, 앞서 성과의 확실성을 논한 장에서 이미 말한 바 있고, 그 요지는 이론이 스스로 법칙을 준다는 구실 아래, 함부로 용감성의 개념에 제한을 가할 권리를 갖은 것이 아니라는 것이었다.

　인심을 고무해서 절박한 위험에도 흔들리게 하지 않는 이 고귀한 기백은, 전쟁에서는 하나의 독특한, 매우 효과적인 원리로 간주되어도 좋다. 실제로 용감성이 시민권을 확보하는 땅은, 인간이 활동을 영위하는 모든 영역 중에서 전쟁을 제쳐두고 어디서 구할 수 있단 말인가.

　보급병이나 고적수(鼓笛手)에서 사령관에 이르기까지 계급의 상하를 불문하고 용감성이야말로 가장 고귀한 덕이다. 그것은 예리한 칼 끝에 눈부신 광채를 더해 주는 단단한 강철과 같다.

　용감성은 전쟁에서 독자적인 특권을 누리고 있다고 해도 과언은 아니다. 실제로 용감성에는 공간, 시간 및 양 등에 의한 수학적인 계산만으로는 설명할 수 없는 성공의 확률이 인정되어야 한다. 즉 용감성이 자기보다 못한 상대를 만났을 경우에는 마치 무에서 유를 끌어내듯이 상대방의 약점을 이용해서 성공의 확률을 내 것으로 삼는다. 따라서 용감성은 하나의 창조적인 힘이다. 이것은 철학적으로도 증명할 수 있다고 생각한다. 예를 들어 용감성이 겁과 만나면 성공의 확률은 반드시 전자에 있다. 겁은 이미 마음의 평형을 잃은 상태이기 때문이다. 그러나 용감성이 충분한 생각을 거친 연후의 조심성과 만난 경우만은 용감 쪽이 불리하다. 면밀한 신중성은 단지 조심이 깊을 뿐 아니라 역시 그 본마음은 용기이기 때문이다. 따라서 용감성과 마찬가지로 강한 힘을 안에 간직하고 있는 것이다. 그러나 이러한 일은 좀처럼 있을 수 있는 일이 아니다. 조심성이 많은 사람의 대부분은 겁이 많기 때문에 조심성이 있다.

대군(大軍)의 경우 용감성을 아무리 강조해도 그 자체에는 한도가 있으므로, 그 때문에 다른 정신적인 힘을 잃을 염려는 없다. 대군쯤 되면 전투 서열이나 근무 규정 등이 틀이나 조직 안에 딱 박혀 있어서, 전체가 상급 지휘관의 의지에 좌우되고, 군을 통솔하는 지휘관의 지견(知見)에 의해 지도되기 때문이다. 이와 같은 경우의 용감성은, 멈춤쇠를 떼어내기만 하면 언제라도 작동하는 장치의 용수철과 비슷한 데가 있다.

그런데 지휘관의 지위가 높아짐에 따라서, 이번에는 탁월한 정신이 용감함의 시녀로 전락해 용감함이 단순한 격정의 망동으로서 무익한 행동을 일으키는 일이 없도록 배려해야 한다. 상급 지휘관에게는 한 몸을 희생시킬 기회가 좀처럼 나타나지 않는 대신에, 그는 부하를 보호하고 전군의 안전을 꾀해야 하기 때문이다. 따라서 대군을 규제하는 것은 제2의 천성이 된 복무규정이지만, 지휘관을 규제하는 것은 사려(思慮)가 되어야 한다. 실제로 개개의 행동에서의 용감성은, 상급 지휘관의 결점이 될 수 있다. 하지만 이러한 결점은, 결점 나름대로 역시 훌륭하며 다른 결점과는 비교할 수 없다. 때아닌 용감성을 때때로 발휘하는 군은 오히려 다행이라고 할 만하다. 이러한 용감성은 확실히 해서는 안 될 일들이지만, 그것은 그 군대가 씩씩한 저력을 갖추고 있다는 증거이기도 하다. 아니, 혈기에서 우러나온 용기, 즉 아무런 명확한 목적을 갖지 않는 용감성조차도 가볍게 볼 일이 아니다. 이러한 용감성도 근본적으로는 참다운 용기와 같은 감정의 힘이다. 다만 정신의 도움이 없었기 때문에 격정으로서 발휘된 데에 지나지 않는다. 그러나 용기가 복종을 거부하는 경우만은, 다시 말하면 지휘관의 명백한 의지를 무시하고 제멋대로 행동하는 경우만은 위험한 해악이라고 여기지 않을 수가 없다. 하기야 이 경우에도 용감 그 자체가 나쁜 것이 아니라, 복종을 거부하는 것이 옳지 않다. 전쟁에서 복종은 절대적이기 때문이다.

원래 이성적 목적이 가해지면 용감성의 중요성이 감소되고, 따라서 또 그 가치가 저하될 것이다. 그런데 실제로는 그 반대의 경우도 있다.

사려분별이 가해지거나 정신의 지배가 주가 되면 감정의 힘은, 따라서 용감성도 그 위력을 현저하게 잃고 만다. 지휘관의 계급이 올라감에 따라 용감성이 희소하게 되는 것은 이러한 이유에서이다. 지휘관의 통찰력과 지성은 지위의 높이에 비례해서 증대하는 것이 아니다. 하물며 평범한 지휘관이라면, 외부로부터 그들에게 다가오는 수많은 대상, 제반 사정, 혹은 번거로움에 압도되지 않을 수가 없을 것이다. 그리고 그들에게 통찰력이 결여되어 있으면, 번로(煩勞) 또한 큰 것은 물론이다. 이렇게 해서 용감성은 더욱더 희소해지는 것이다. 프랑스 잠언 중에 "2인자로 있을 때 빛을 발하던 사람도 1인자가 되면 그 빛을 잃는다"[1]라는 말이 있다. 이 잠언에 담겨 있는 인생 경험을 성립시키고 있는 가장 중요한 근거는 실로 여기에 있다. 역사에서 평범했거나 혹은 우유부단한 장수로 알려진 장수들의 대부분은 하급 지휘관 때는 용감성과 과단성으로 걸출한 군인이었다.

용감한 행동으로 나아가게 하는 동기는, 대개 필요가 강요되어 생기는 것이다. 그러나 그 경우 필요의 정도는 여러 가지이다. 필요가 긴박할 경우에는, 예를 들어 장수가 큰 위험을 피하기 위해 할 수 없이 그것과 같은 정도의 큰 위험을 무릅쓰고 그의 목표를 추구한다고 하면, 그의 과단성은 칭찬을 받아 마땅하다. 이러한 과단성도 그 나름대로 가치를 지니는 것이다. 젊은 군인이, 기병으로서의 기량을 뽐내려고 말을 몰아 깊은 연못을 뛰어간다면 그는 용감하다고 말할 수 있을 것이다. 또 이 군인이 그의 목을 노리는 터키병들에게 쫓겨, 할 수 없이 전과 같은 도약을 한다면, 그의 행동은 단순한 과단성에 지나지 않는다. 그러나 필요성과 행동의 거리가 커지고, 지성이 하나하나 검토해서 밝혀야 할 상황의 수가 많아짐에 따라, 이와 같은 번잡을 한 번에 해결하기 위해 용감성이 더욱 필요해지는 것이다. 프리드리히 대왕이 1756년[2]에 오스트리아와의 전쟁을 필할 수 없는 것임을 통찰하고, 적에게 선수를 치지 않으면 그 자신의 몰락은 틀림없다고 깨달았을 때, 그는 전쟁을 개시하지 않을 수 없었다. 그때 그의 행동은 과단성이 있는 동시에 용감했다. 실제로 그만한 위치에서 전쟁을 결의한 장수는 역사상 그렇게 흔한 것이 아니었다.

전략은 장군이나 최고 지위에 있는 지휘관이 전담해야 할 영역이다. 그러나 그들 외에 군을 구성하는 모든 성원의 용감성도, 다른 무덕(武德)과 마찬가지

---

1) 볼테르의 말 (Tel brille au second rang qui s'éclipse au premier. Voltaire : La Henriade).
2) 프리드리히는 이해에 오스트리아에 대해서 개전(7년 전쟁)으로 나아갔다.

로 전략에서 무관심할 수 있는 사항이 아니다. 용감한 국민으로 편성되고 용감한 정신으로 양성된 군대는, 용감성이라는 무덕이 결여된 군대를 가지고 싸우는 것보다는 훨씬 혁혁한 무공을 세울 수 있을 것이다. 우리가 일반적으로 군에 관해서도 이 무덕을 고찰한 것은 이것을 지적하기 위해서였다. 우리가 시도한 논술의 본디 대상은 장수의 용감성이었다. 그러나 이 무덕의 성격을 일반적으로 또 우리가 아는 대로 상술(詳述)한 지금, 특히 장수의 용감성을 논할 필요는 그다지 없을 것 같다.

지휘관의 지위가 높아질수록 정신과 지성 및 통찰력은 점차로 행동을 지배하고, 이에 따라 감정의 한 특성인 용감성은 더욱 후퇴하여 최고 지위에 오른 지휘관의 용감성은 함께 약화된다. 그러나 사정이 이러고 보면, 이러한 지위에서 오는 용감성은 더욱더 감탄할 만한 특성으로 간주되게 된다. 따라서 정신에 의해 지배되고 지도되는 용감성은, 말하자면 영웅의 진가를 보증하는 도장이라 해도 좋을 것이다. 이러한 용감성은 자연의 도리에 어긋나는 모험을 시도하거나 개연성의 법칙을 거스르는 데에 있는 것이 아니라, 수단을 선택할 경우 지휘관의 천재가 숙달된 판단에 의해서 반 무의식적으로 전광석화도 미치지 못할 정도로 신속하게 수준 높은 계산을 해내는 데에 있다. 용감성이 정신과 통찰력에 양 날개를 달면, 이 둘은 더욱 높이 날고 식견은 더욱 광대해져서 결론은 더욱 정확해진다. 그러나 목적이 크면 이에 따라 위험도 크다는 것을 알아두어야 한다. 무기력하고 우유부단한 지휘자는 잠시 제쳐놓고, 평범한 지휘자는 위험과 책임으로부터 멀리 떨어져서 실내에서 작전 효과를 상상하고 있을 때 간신히 올바른 결론에 도달할 수 있지만, 이러한 결론이라면 구태여 활발한 직관력을 원용할 필요는 없다. 이와 같은 지휘관은, 일단 위험과 책임이 긴박한 문제가 되면 대국을 볼 수 없게 된다. 또 다행히 측근 보좌관의 도움으로 이러한 전망을 놓치지 않았다 해도 결국 결단을 내릴 수가 없을 것이다. 그 누구도 결단을 도울 수가 없기 때문이다.

생각건대 탁월한 장수치고 용감성의 덕을 갖추지 않는 사람은 없다. 다시 말해서, 이와 같은 정신적인 힘을 선천적으로 갖추고 있지 않은 사람은 뛰어난 장수가 될 수 없는 것이다. 우리는 용감성을, 장수로서의 행로를 매진하기 위한 제1 조건으로 보아도 좋다. 그렇다면 지휘관이 높은 지위에 이르렀을 때, 교육과 자신의 인생 경험에 의해서 자기 자신을 더욱 발달시키고, 또 도야된 이 타고난 힘이 아직도 얼마만큼 그에게 남아 있는가 하는 것이 제2의 문제가 된다. 이 경우 이 힘이 더욱 크면 천재의 날갯짓은 더욱 굳세고, 비상(飛翔)은 더욱더 높아진다. 장수로서 아직도 이 힘을 지니고 있다면 감행을 위한 그의 뜻은 더욱 원대해지지만, 그와 함께 목표는 더욱 멀리 놓이게 된다. 이 머나먼 목표에 이르는 과정은, 장수의 심모원려(深謀遠慮)에서 시작하여 필연적으로 이 방향을 취하게 되는지, 그렇지 않으면 그의 공명심이 설계한 장대한 건축물의 가장 주요한 초석으로서 이 목표를 향해 한결같이 나아가는지, 다시 말하면 프리드리히가 되든지 그렇지 않으면 알렉산드로스로 자처하든 간에 비판적인 고찰에서는 어느 쪽이든 상관없는 일이다. 알렉산드로스 대왕의 행동은 예사롭지 않게 용감하기 때문에 상상력을 자극하고, 또 프리드리히 대왕의 행동은 내적 필연성을 가지기 때문에 지성을 만족시킨다.

그런데 우리는 또 하나 중요한 사정을 지적해야 한다.

용감한 정신이 군대에 깃드는 데에는 두 가지 방식이 있다. 이 정신이 본디 국민 안에 갖추어져 있는가, 그렇지 않으면 용감한 장수의 지도 아래에서 승전을 경험함으로써 생긴 것인가 둘 중 하나이다. 그러나 이 제2의 경우는, 처음에는 이 정신이 결여되어 있었다고 볼 수 있다.

이런 뜻에서 국민의 정신을 훈육하기 위해서는, 전쟁보다 더 좋은 수단은 없다고 해도 과언이 아니다. 더욱이 그것은 용감성으로 지도된 전쟁이어야 한다. 용감한 전쟁은 싸우는 것에 의해서만, 인심의 나약함과 안일을 탐하는 경향을 저지할 수가 있다. 이러한 나약함과 안일을 좋아하는 풍조는, 국내에서는 점차로 증대하는 안일에 익숙해지고, 또 외국과의 활발한 교류를 즐기는 국민을 더욱더 타락하게 만든다.

국민의 굳센 성격과 전쟁에 익숙하게 하는 일이 끊임없이 서로 조화를 이룰 때, 국민은 국제 정치 세계에서 굳건한 지위를 유지할 수가 있다.

제7장
불굴

독자들은 각도나 선(線)과 관련된 복잡한 논술[1]을 기대했는데, 이 책에서 말하고 있는 것은 학문적인 개념이 아니라 독자가 매일 거리에서 만나는 아주 평범한 이야기에 지나지 않을지도 모른다. 그러나 저자인 나는 대상을 있는 그대로 고찰하면 되므로, 그 이상 수학적 고찰을 시도할 생각은 없다. 독자들은 나의 이러한 방식을 못마땅하게 생각할지 모르지만, 나는 그러한 것에는 개의치 않고 나름대로 설명해 나갈 생각이다.

전쟁에서는 모든 것이 우리가 평소에 생각하던 것과 다르게 나타나고, 또 가까이에서 보는 것과 멀리서 본 것에는 큰 차이가 난다. 이와 같은 현상은, 전쟁을 제외하고는 세계 어느 곳에서도 찾아볼 수가 없다. 건축가라면, 그가 설계한 건축물이 도면대로 세워지는 것을 평안한 마음으로 바라볼 수가 있다. 또 의사는 아직 연구되어 있지 않은 효과나 우연한 일을 만나는 기회가 건축가보다도 많다고 하지만, 그래도 그가 사용하는 약제의 효과나 처방을 정확히 알고 있다.

그런데 전쟁의 경우, 군의 지휘관에게는 갖가지 진짜와 가짜 정보, 공포나 방심 또는 경솔에 입각한 과실, 갖가지 반항 행위, 이전에는 생각지도 못했던 우연한 일 등이, 마치 큰 파도처럼 끊임없이 밀어닥친다. 또 부하의 반항적 행위는, 올바른 견해에 입각하는 경우도 있지만 잘못된 견해에 입각한 경우도 있고 악의로 나오는 것이 있는가 하면, 때로는 진정한 의무 감정에서나 잘못된 의무 감정에서 생기기도 한다. 혹은 또 태만이나 피로에서 오는 경우도 있어서, 그 원인은 여러 가지라 할 수 있다. 요컨대 상급 지휘관의 마음은, 외부로부터의 수많

---

[1] 18세기 후반에는 각도나 선을 써서 전쟁술을 수학적으로 설명하는 방법이 유행했다.

나폴레옹의 이집트 원정(1798~1802) 이로 인해 이집트의 셀림 3세는 나폴레옹에게 전쟁을 선포하였다. 이 전쟁은 1802년 평화조약이 체결되면서 끝이 났다.

은 인상으로 갈기갈기 흩어지는 것이다. 다만 오랜 경쟁 경험만이 쇄도하는 이러한 인상의 가치를 바로 그 자리에서 판정하는 숙달을 터득하는 것이다.

이와 같은 경우에 절대적인 용기와 굳건함이, 이와 같은 인상을 접하면서도 흔들리지 않는 것은, 마치 바다 속에 자리 잡고 파도에 씩씩하게 견디는 거대한 바위와 같다. 이러한 인상들에 굴복하는 지휘관은 그가 의도하는 것을 아무것도 성취하지 못할 것이다. 따라서 불굴은 한 번 세운 결의를 굳게 지키고, 번의(翻意)를 촉진하는 결정적인 이유가 나타나지 않는 한, 이들 인상에 대항하기 위해 필요한 미덕이다. 또, 전쟁에서는 명예를 걸 정도의 사업치고 무한한 고난과 노력 및 곤란이 따르지 않는 것이 없다. 이러한 경우에 신체적으로나 정신적으로 허약한 지휘관은 이내 굴복하지 않을 수 없을 것이다. 여기에서도 강한 의지만이 당대 및 후대 사람들로부터 칭송받고, 오래 전해질 수 있는 목표에 도달할 수가 있다.

제8장
수의 우세

　수가 적보다도 우세하다는 것은 전술에서나 전략에서 승리의 가장 일반적인 원리이다. 그래서 이 문제를 우선 일반적으로 고찰할 필요가 있다.

　전략은, 전투를 사용해야 할 지점과 시간, 그리고 그 전투에 필요로 하는 전투력을 규정한다. 즉 전략은 이러한 세 가지 규정에 의해서, 전투에서 생기는 결과에 매우 본질적인 영향을 준다. 전투가 전술을 행하면 거기에는 반드시 성과가 생긴다. 이 성과는 승리일 수도 있고 패배일 수도 있다. 그러나 어느 쪽이든, 전략은 이 성과를 전쟁의 목적으로서 달성하기 위해 사용하는 것이다. 말할 필요도 없이 전쟁의 목적은 때때로 요원하며 가까이 있는 경우는 매우 드물다. 이 전쟁 목적 이외에도 여러 가지 부수적인 목적이 있고, 이러한 목적은 어느 것이나 더욱 고차적인 목적에 대한 수단으로 간주된다. 요컨대 이들 부목적(副目的)은 일련의 계열을 이루어 궁극 목적인 전쟁 목적에 종속되는 것이다. 고차적인 목적에 대한 수단으로써의 이들 목적을 사용하는 방법은 여러 가지이다. 또 전쟁의 궁극 목적, 즉 전쟁 전체의 목표조차도 전쟁마다 다르다고 해도 과언이 아니다. 여하간 이들 부수적인 목적이 관계하는 대상이 무엇인가를 알게 됨에 따라, 수단으로써의 이들 목적과 전쟁의 궁극적 목적과의 관계도 분명해지리라고 생각한다. 그런데 이러한 부수적인 목적을 남김없이 열거할 수 있다 하더라도, 우리는 여기에서 수의 우세에 관한 문제를 이러한 열거로 모두 논하려는 것은 아니다. 따라서 이러한 목적을 위해서 전투를 사용하는 문제는 우선 언급하지 않기로 한다.

　전략은 전투를 규정(말하자면 지령)함으로써 그 전투에서 생기는 결과에 영향을 준다. 그런데 이 경우 전략이 이러한 영향을 주기 위해 필요로 하는 요소는 여러 가지이므로, 이것을 단 한 번의 고찰로 다 논할 수는 없다. 전략은 전투에 대해서 시간, 장소 및 병력을 규정하지만, 이들 조건을 사용하는 방식은 여러 가지이다. 또 이들 방식이 각기 다름에 따라, 전투에서 생기는 결과나 결과의 양부(良否)도 다르지 않을 수가 없다. 따라서 전투의 사용을 보다 자세히 규정하는 여러 사항이 어떠한 것인가는, 이 논술을 진행해 감에 따라 차차 밝혀질 것이다.

전투의 성질이나 전투를 발생시키는 정황은 전투마다 다르다. 따라서 개개의 전투를 구체적으로 규정하는 모든 요건을, 전투 그 자체로부터 분리하기로 한다. 또 군대의 가치는 군대마다 다르므로 이 또한 도외시하기로 한다. 그러면 뒤에 남는 것은, 전투라고 하는 말하자면 벌거벗은 개념, 다시 말하면 추상적인 투쟁뿐이다. 그리고 이러한 개념에 관해서는 병력의 다과(多寡) 이외에 구별할 수가 없는 것이다.

이와 같이 생각하는 전투에서라면, 병력의 수가 승리를 결정하는 것이 된다. 그러나 여기에 도달하기까지 수없이 추상해온 것으로도 알 수 있는 바와 같이, 전투에서 수의 우세는 승리를 가져오는 많은 요인 중의 하나에 지나지 않는다. 따라서 병력의 수가 우세했기 때문에 만사를 유리하게 해결했다거나, 혹은 중요한 사항만이라도 해결할 수 있었다는 식으로 말할 수 있는 것이 아니다. 아마도 우세한 병력을 가지고 달성할 수 있다는 것은, 그때의 정황 여하에 따라서 매우 적을 것이다.

그러나 병력의 우세라고 해도, 거기에는 여러 정도가 있다. 예를 들어 2배, 3배, 4배인 경우도 있고, 또 그 이상일 때도 있다. 그리고 이 우세가 점차 증대되면, 마침내는 다른 모든 요건을 압도할 것임에 틀림없다.

이런 점에서, 병력 수의 우세가 전투 결과를 규정하는 가장 중요한 요인이라는 것을 인정하지 않을 수가 없다. 그러나 그 경우 병력의 수는, 동시에 작용하고 있는 다른 요건에 필적할 정도로 우세해야 한다. 여하간 병력의 우세라고 하는 데에서 직접 생기는 결론은—결정적인 지점에서는—될 수 있는 대로 많은 군대를 전투에 참가시켜야 한다는 것이다.

이 경우에 그 군대로 충분한가의 여부는 문제가 아니다. 여하간 결정적인 지점에서, 될 수 있는 대로 많은 군대를 사용한다는 점에서는, 수단이 허락하는 한 최선을 다해야 한다. 이것이 전략의 제1 원칙이다. 이 원칙은 여기에서 매우 일반적인 뜻으로밖에 이해되지 않고 있으나 그리스인에게도, 페르시아인에게도, 영국인에게도, 마라타인[1]에게도, 또 프랑스인에게도, 독일인에게도 모두 해당될 것이다. 그런데 이 문제를 보다 명확하게 고찰하기 위해서, 현대 유럽 여러 나라의 군비 상태를 훑어보고자 한다.

현대 유럽 각국의 군대는 무장, 편제, 숙련도 면에서 과거와 비교하면 서로 현저하게 비슷하다. 서로 다른 한두 가지 차이점을 꼽자면, 군의 무덕(武德)과 지휘관의 재능 정도이다. 근대 유럽의 전쟁 역사를 훑어보아도 이제는 마라톤 전투[2]와 같은 예는 찾아보기 어렵다.

프리드리히 대왕은 로이텐 회전[3]에서 약 3만 명의 병사들을 이끌고 8만 명의 오스트리아군을 격파했고, 또 로스바흐[4] 회전에서는 2만 5000명의 병력을 이끌고 5만이 넘는 동맹군을 물리쳤다. 그러나 2배 혹은 그 이상의 적군과 맞서서 싸워 이긴 전례는 대충 이 정도밖에 없다. 나르바[5]에서의 카를 12세를 여기에서 예로 드는 것은 부당하다. 당시 러시아인은·아직 유럽인으로 간주되지 않았고, 또 이 회전의 중요 정황도 거의 알려지지 않고 있었기 때문이다. 나폴레옹은 드레스덴[6] 회전에서 12만의 병력으로 22만의 동맹군과 맞섰다. 따라서 피아의 병력수의 비례는 아직 2배에 이르지 않았다. 프리드리히 대왕은 콜린[7] 회전에서, 3만 명으로 5만 명의 오스트리아군에게 맞섰으나 승리할 수는 없었다. 또 나폴레옹은 라이프치히[8]에서의 필사적인 싸움에서, 16만 명으로 28만의 동맹

---

1) 마라타인(Maratha人). 인도 중부의 데칸고원 지방에 거주하는 호전적 민족. 마라타 전쟁 (1779~81, 1803~04, 1817~18)에서 영국과 싸웠기 때문에 클라우제비츠는 특히 이 민족의 이름을 든 것이리라.

2) 고대 그리스의 아티카 지방 동해의 땅. 마라톤 회전(490 B.C.)에서 페르시아군은 그리스군에게 대패했다. 페르시아군의 사상자는 6000명이 넘는 데 비해 그리스군의 사상자는 200명도 안 되었다고 한다.

3) 로이텐(Leuthen). 슐레지엔의 마을. 7년 전쟁에서의 회전(1757. 12. 5).

4) 로스바흐(Rossbach). 작센의 도시 메르제부르크 부근의 마을. 로스바흐 회전(1757. 11. 5).

5) 나르바(Narva). 현재 상트 페테르부르크 서남쪽의 도시. 북방전쟁(1700~21)에서 스웨덴군은 당시 스웨덴이 영유하고 있던 요새에서, 표트르 대제가 이끄는 러시아군에 포위되었으나 구원으로 달려온 카를 12세의 열세한 군에 대패했다(1700. 11. 30).

6) 드레스덴(Dresden). 이곳 회전에서 나폴레옹은 동맹군을 무찔렀다. 그러나 나폴레옹이 병들어 사령관에게 맡기고 물러나자, 프로이센 동맹군에게 패하고 말았다.

7) 콜린(Kolin). 중부 보헤미아 지방(체코)의 작은 도시. 7년 전쟁의 콜린 회전(1757. 6. 18).

드레스덴 전투 초기에는 프로이센군이 불리했으나 마지막에 나폴레옹군을 격파했다(1813. 8. 26).

군과 싸워 또한 패전으로 끝났다. 이와 같이 프리드리히와 나폴레옹의 경우, 상대 병력수의 우세가 2배에 훨씬 밑돌았다.

위에서 말한 것으로 명백한 바와 같이, 현대 유럽에서는 제아무리 뛰어난 장수라도 거의 2배의 병력을 가진 적과 대항해서 승리를 얻기란 매우 어려운 일이었다. 그런데 2배의 전투력이, 가장 뛰어난 장수보다 낮다고 한다면, 보통의 경우라면 크고 작은 회전에서, 2배까지는 가지 않아도 여하간 병력수가 현저하게 우세하기만 하면, 비록 다른 정황은 불리하다고 해도, 틀림없이 승리한다고 말할 수 있다. 물론 10배의 병력수를 가지고서도 공략하기 어려운 험로(險路)[9]가 있다는 것도 생각할 수 있다. 그러나 이러한 경우의 전투는 이미 전투라고 부를 만한 것이 되지 못한다.

생각건대, 현대 유럽의 군사적 또는 이와 비슷한 사정에서는, 결정적 지점에서의 우세한 병력은 하나의 중요한 요건이다. 또 이것은 일반적인 경우에서 말

8) 라이프치히(Leipzig). 이곳 회전에서 동맹군은 나폴레옹에게 결정적 승리를 거두었다.
9) 좁은 통로, 산간의 도로, 둑, 교량 등 장애 때문에 군대가 충분한 전투 전개의 대형으로 통과할 수 없는 지역을 말한다.

하자면, 모든 요건 중에서 가장 중요하다고 말해도 된다. 그리고 이 결정적인 지점에서의 우세한 병력이라고 하는 요건은, 군의 절대적 우세 및 이 우세한 병력을 전투에 사용하는 장수의 숙달과 서로 어울려서 비로소 실현된다.

그렇다면 제1의 규칙은, 가능한 한 우세한 군으로 회전에 임하는 것이 될 것이다. 이것은 새삼 강조할 필요가 없는 통설처럼 여겨지지만, 실제로는 그렇지가 않다.

전투력의 우세가 오랫동안 전쟁에서의 주요한 조건으로 간주되지 않았던 사실을 증명하기 위해서는, 18세기 대부분의 전사(戰史)—그것도 비교적 세밀한 전사에서까지도 군의 병력을 전혀 기재하지 않았거나, 그렇지 않으면 쓴 김에 참고로 첨부한 데에 지나지 않았다는 것, 따라서 병력의 다과(多寡)에 그다지 중점을 두지 않았다는 것을 지적하면 족할 것이다. 전사에 이것을 정식으로 기재한 첫 저술가는, 7년 전쟁을 쓴 템펠호프[10]이지만 그 역시 대체적으로 다룬 데에 지나지 않았다.

1793년 및 1794년에 보주[11] 산지에서 있었던 프로이센 대 프랑스 전쟁에 관해서 몇 차례 비판적 고찰을 시도하고 있는 마센바흐[12]까지도 산지나 골짜기, 도로나 오솔길에 대해서는 말을 많이 하고 있으나 피아의 병력에 대해서는 한마디도 하지 않았다.

병력의 수를 가볍게 보는 또 하나의 증거가 있다. 적지 않은 비판적 저술가들의 뇌리에 박혀 있는 기묘한 사고방식이 그것이다. 즉, 군의 병력 수에 관해서는 가장 알맞은 양(量), 혹은 표준적인 양이 있어서 그 이상의 과도한 전투력은 유익하기는커녕 오히려 거추장스럽다는 것이다.*

    *이 건에 대해서 우선 머리에 떠오르는 이름은, 템펠호프와 몽탈랑베르[13]

---

10) 템펠호프(Tempelhoff, Georg Friedrich von, 1737~1807). 프로이센의 장수, 전사가(戰史家). 저서에 6부로 구성된 《7년 전쟁사(Geschichte des Siebenjährigen Krieges, 1783~1801)》가 있다.
11) 보주(Vosges). 프랑스 동북부의 산맥. 상부(上部) 라인 산계(山系)에 속한다.
12) 마센바흐(Massenbach, Christian von, 1758~1827). 프로이센의 군인, 전사가(戰史家). 프랑스혁명군에 맞선 수 차례 전쟁에 참가했고, 이들 전쟁에 관한 몇 가지 저서가 있다.
13) 몽탈랑베르(Montalembert, Marc Rene de, 1714~1800). 프랑스 공병 겸 저술가. 전사에 관한 기술을 포함하고 있는 '몽탈랑베르 서간집(Correspondance de M. le marquis de Montalembert, 1777)'이

이다. 전자는 그의 저서 제1부[14] 148쪽에서, 또 후자는 1759년 러시아의 작전 계획에 관한 서간에서 이와 같은 견해를 말하고 있다.

사용할 수 있는 전투력을 회전(會戰)이나 전쟁에서 실제로 사용하지 않았던 실례는 많다. 왜냐하면 이론적으로는 병력의 우세가 중요시되는 것이 당연함에도 불구하고, 이것을 중요하다고 생각하지 않은 점에 있었다.

현저하게 우세한 병력으로 강행하면 무슨 일이든 성취되지 않는 것이 없다고 하는 부동의 확신으로 뒷받침되고 있는 군에서는, 이것이 전쟁 준비에 반영되지 않을 리가 없기 때문에 가능한 한 많은 병력을 가지고 전쟁에 임하고, 아군이 우세를 차지하든가 그렇지 않으면 적어도 적의 우세에 대항할 수 있는 태세를 갖출 것이다. 전쟁에서의 절대적 병력에 대해서 할 말은 이것뿐이다.

이 절대적인 전력의 양을 결정하는 것은 정부이다. 본디 군사적 행동은 병력을 결정하는 일에서 시작하고, 또 그 결정은 군사적 행동의 가장 중요한 전략적 부분을 차지하지만, 이 전투력을 전쟁에서 지휘하는 당해 장수는, 대개의 경우 이 절대적 병력을 이미 주어진 것이라고 간주해야 한다. 장수가 병력의 결정에 전혀 관여하지 않았던 경우도 있을 테고, 또는 여러 가지 사정의 방해를 받아, 병력 결정에 관한 장수의 권한을 확정할 수 없었던 경우도 있을 것이다. 그러나 여하간 한번 결정된 병력은, 장수에게는 변경을 허락하지 않는 기정 조건이 된다.

병력의 절대적 우세를 얻지 못했을 경우에도, 병력을 잘 운용하면 결정적인 지점에 상대적 우세를 배치한다는 수단이 남겨져 있고, 또 실제로도 그렇게 할 수밖에 없다.

그런데 이 경우에는, 공간 및 시간을 산정하는 일이 가장 중요한 요건으로 여겨졌다. 그래서 전략을 짤 때에도 이 점이 전투력의 전면적 사용에 필수적인 조건으로 여겨지게 되었다. 여기에서 더 나아가, 전략과 전술에 능한 장수는, 특히 이러한 선정에 알맞은 내적 감각을 갖추고 있음에 틀림없다고 하는 지나친 생각까지도 하게 된다.

있다.
14) 템펠호프에 관한 앞에 든 주석 참고.

그러나 공간과 시간의 조화라는 것이 도처에서 행동의 밑바탕에 있고, 이른 바 전략에서의 일용할 양식처럼 여겨지고 있다고 해도, 이와 같은 것은 어려운 일도 아니고 결정적인 것도 아니다.

공평한 눈으로 전사(戰史)를 점검해 보면, 공간 및 시간을 잘못 산정해서 실제로 중대한 손실이 발생했던 사례는, 적어도 전략의 면에서는 매우 드문 일임을 알게 될 것이다. 과감하고 행동이 민첩한 장수가 신속한 행진을 이용하여, 같은 군대를 이끌고 전전(轉戰)하면서 적의 군대를 차례로 격파한 경우에(프리드리히 대왕, 나폴레옹), 공간과 시간의 교묘한 조합이라고 하는 개념을 가지고 이들 경우를 설명하려고 한다면, 결국 흔한 말을 사용하지 않을 수가 없게 되어 쓸데없는 혼란을 부른다. 사고방식을 명석하게 하고, 거기에서 풍부한 사상을 끌어내기 위해서는 어느 경우나 우선 판단을 잘 하는 것이 중요하다.

적(다운, 슈베르첸베르크)의 정세에 관한 올바른 판정, 열세한 전투력을 잠시나마 적에 대치시키는 대담한 행동, 몇 차례의 강행군을 감행하는 기력, 급습을 가하는 용기, 위험에 처하여 더욱더 강해지는 행동력—이것이야말로 빛나는 승리의 원인이다. 이러한 승리의 요인들이 공간이나 시간과 같은 단순한 요소를 조화시키는 능력과 무슨 상관이 있는 것일까?

소위 병력의 반도작용(反跳作用)[15]이라고 일컫는 것, 예를 들어 로스바흐[16] 또는 몽미라이유[17]의 승리를 각각 로이텐과 몽트로의 승리로 도약시킨 사례는, 일반적으로 뛰어난 장수가 방어에 임해서 자주 사용한 수단이지만, 이러한 반도작용조차도 우리가 사고할 때 명석함과 정확성을 기한다면, 역사에서 드물게밖에 볼 수 없는 사건일 것이다.

이에 비하면 병력의 상대적 우세, 즉 결정적인 지점에 우세한 전투력을 교묘하게 투입한다는 것은 더욱 자주 쓰인 수단이다. 그리고 병력의 이러한 상대적 우세를 가능하게 하는 근거는, 장수가 이러한 결정적인 지점을 올바르게 판단

---

15) 일단 목표물에 맞거나 지면에 떨어진 탄환이 떨어진 각(角), 명중한 물체의 성질이나 탄환의 모양새나 낙하 각도 때문에 튀어서 다시 한번 도약하는 작용을 반도(反跳, 되튐)라고 한다.
16) 프리드리히 대왕은 로스바흐 회전(1757. 11. 5)에서 프랑스군과 오스트리아군을, 이어서 로이텐 회전(12. 5)에서 동맹군을 무찔렀다.
17) 나폴레옹은 몽미라이유 회전(1814. 2. 11)에서 동맹군에 이기고, 이어 몽트로 회전(2. 18)에서도 승리를 거두었다.

하는 일, 또 이에 의해서 군에게 최초로 주어진 적절한 방향을 선택하는 일, 또 중요한 것과 중요하지 않는 것을 취사선택하기 위해, 다시 말하면 그가 지휘하는 병력을 결집해서 항상 우세를 유지하기 위해서 하는 필요한 결단 등이다. 특히 프리드리히 대왕과 나폴레옹은 이 점에서 매우 걸출한 장수였다.

이와 같은 설명으로 우리는 병력 우세라는 생각의 중요성을 다시 회복했으리라고 생각한다. 수적인 우세는 전략에서의 근본 사상이라고 여겨야 하고, 우리는 그 어떤 경우에도 우선 이 사상에 되도록 따라야 한다.

그러나 그렇다고 해서, 수에서의 우세를 항상 승리의 필연적 조건이라고 본다는 것은 우리의 뜻을 심히 오해하는 것이 된다. 단지 전투에서는 병력의 우세야말로 가장 중요시되어야 한다는 것이 우리의 결론이다. 따라서 전쟁에서의 병력을 될 수 있는 대로 우세하게 만든다면, 그것으로 우리의 원칙은 충분히 성립한다. 전투력의 부족을 이유로 해서 전투를 피할 수가 있느냐의 여부에 대한 문제는, 그때의 전체적 정세를 통찰한 다음 결정하게 될 것이다.

제9장
기습

앞장에서는, 결정적 지점에 상대적 우세를 투입하는 방침에 대해서 논했다. 이것은 전투 일반에 통하는 방침이었다. 그런데 여기에서 또 하나의 방침이 생긴다. 따라서 이것 또한 일반적인 방침이어야 한다. 즉, 적에게 기습을 가한다는 것이다. 전투에서 기습은, 많건 적건 간에 모든 기도(企圖)의 밑바탕에 존재한다. 사실 이것이 없으면 결정적 지점에서의 상대적 우세라고 하는 것까지도 생각할 수가 없다.

기습은, 결정적 지점에 상대적 우세를 얻기 위한 수단이다. 뿐만 아니라, 기습은 그 정신적 효과에 의해서, 하나의 독특한 원리로서도 간주할 수가 있다. 기습이 가져오는 효과가 크면, 적을 혼란에 빠뜨려서 적 장병들의 용기를 좌절시킨다. 이렇게 해서 전투 효과가 현저하게 증대된다고 하는 것은, 전사(戰史)가 보여주는 크고 작은 사례가 이를 증명한다. 그런데 지금 여기에서 문제로 삼는 것은, 본디 공격 방법으로서의 기습[1]이 아니다. 여기서 말하는 기습이란 갖가지 방책을 강구하고, 특히 병력을 교묘하게 분할해서 행하는 공격 수단을 말한다. 이러한 뜻의 기습은 방어에서도 충분히 생각할 수 있고, 전술적 방어에서는 특히 주요한 요건이 된다.

따라서 기습은 예외 없이 전투의 모든 기도(企圖)의 바탕에 존재하지만 기도의 성질이나 그 밖의 정황 성질에 따라 여러 가지 차이가 생기는 데에 지나지 않는다고 말할 수 있다.

그러나 또한 이 차이는 이미 군, 장수, 정부의 특성에 뿌리를 박고 있다.

---

1) 일반적으로 기습은, 곧바로 응전할 수 있는 상태에 있지 않은 적을 공격하여, 적이 전투 수단을 충분히 이용할 수 없게 만드는 방법을 말한다. 그러나 요새전에서 공격군이 하는 기습은, 방어자가 아직 충분한 방어 체제를 갖추기 전에 요새에 근접하는 행동을 말한다.

은닉(隱匿)과 신속은, 기습을 지탱하는 두 가지 요건이다. 그리고 이 둘은 정부 및 장수의 왕성한 수행력과 군의 엄정한 군기에 의해 비로소 가능해진다. 겁내는 것과 느슨한 군기로는 기습의 성공은 전적으로 논의 밖의 일이 된다. 그런데 기습이 전투에서의 일반적 방침이고 없어서는 안 될 수단이며, 다소를 막론하고 효과를 거둘 수 있다는 것은 의심할 여지가 없다. 그러나 또한 실제로 기습이 훌륭한 성공을 거둔 사례가 드물다는 것, 그리고 그 이유가, 기습이라고 하는 행동의 본질에 있다는 것 또한 의심할 여지가 없는 진실이다. 따라서 기습이야말로, 전쟁에서 빛나는 효과를 거두는 수단이라고 생각하는 것은 큰 오산이다.

기습은 그 아이디어로서는 우리의 마음을 끌지만, 막상 실시 단계가 되면 전쟁이라고 하는 거대한 기계의 내부에 생기는 마찰 때문에, 좀처럼 마음대로 맡길 수 없다.

기습의 본령은 전략보다도 오히려 전술에 있다. 전술에서는 행동에 필요한 공간과 시간이 전략에서보다도 국한되어 있기 때문이다. 따라서 전략에서도, 그 방책이 전술의 영역에 접근함에 따라 기습은 더욱더 쉬워지고, 이에 반해서 정치의 영역에 접근할수록 더 곤란해지는 것이다.

전쟁 준비를 제대로 하려면 보통 수개월은 걸려야 한다. 군대를 각기 주요한 배치 지점에 집결시키기 위해서는, 창고나 보급 시설의 설비가 필요하고, 또 소정의 지점에 이르기 위해서는 긴 행군도 필요하다. 그렇게 하다 보면 이들 행동의 방향을 일찍부터 적이 눈치채게 되는 것이다.

그러므로 한 나라가 다른 나라에 갑자기 전쟁을 시도하거나 또는 대군을 보내거나 하는 일은 거의 전무(全無)라 해도 좋다. 전쟁이 오직 요새의 공격을 목표로 했던 17세기 혹은 18세기에는, 적국의 요새를 불시에 포위하는 것이 자주 이루어졌고 또 전쟁술에서는 이것이 따로 중요한 행동으로 간주되었으나, 이 작전이 성공하는 경우는 매우 드물었다.

이에 반해서 전투가 당일에서 이튿날에 걸쳐 이루어지면 기습은 훨씬 쉽다. 이럴 경우에는 적에 앞서서 행진하고, 이로써 적진지를 공략하거나 혹은 적지의 요점이나 도로 등을 빼앗는 것은 그리 어렵지 않다. 실제로 이와 같은 기습이라면 손쉽지만, 손쉬운 만큼 그에 따라서 기습의 효과도 감소되지 않을 수가 없다. 그런데 이러한 소규모의 기습으로, 예를 들어 회전에 승리를 얻는다든가 혹은 적의 중요한 창고를 약취하는 등, 훌륭한 성과를 올릴 수 있다고 생각하는 사람이 있다. 확실히 그와 같은 일도 생각으로는 가능하지만, 그러나 전사 (戰史)는 이 가능성을 실증하지 않는다. 실제로 이와 같은 기습으로 큰 성과를 거둔 전쟁 사례는 매우 드물다. 이것으로 보더라도 실제로 기습을 행하는 것이 얼마나 어려운지를 알 수 있다.

이와 같은 일을 역사에서 밝히려고 하는 사람은, 여러 학자의 역사적 비판에서 어떤 종류의 허식이나 문식(文飾) 혹은 독단적 술어 등에 구애되지 않고, 어디까지나 사실 그 자체를 구명해야 한다. 예를 들면 슐레지엔에서의 1761년의 전역[2]에서, 이런 종류의 유명한 사건이 일어난 일이 있었다. 그것은 7월 22일의 일이었다. 이날, 프리드리히 대왕은 라우든[3] 장군에 선수를 쳐서 나이세[4] 부근의 노센[5]까지 행진했다. 이로써 상부(上部) 슐레지엔에서 오스트리아군과 러시아군의 합류가 불가능해져서, 대왕은 1개월의 여유를 얻었다고 한다. 그러나 이 사건에 관한 기사를, 뛰어난 사가(史家)[6]의 전사를 정독하고 공평하게 고찰한다면, 7월 22일의 행진은 결코 이러한 중대한 뜻을 가지고 있지 않았었다는 것을 알 수가 있다. 이 점에 관해서 유행되었던 논의는 전혀 사실에 위배된 억측이었으며, 당시는 이른바 기동시대로서 유명한 시기였던 만큼, 라우든이 동기가 아리송한 운동을 한 데에 지나지 않았던 것이다.

전쟁을 하는 동안 기습으로 큰 효과를 얻고 싶다면 기습에 필요한 수단부터 갖춰야 한다. 이런 수단으로는 과감한 행동, 신속한 결의, 오랜 행군 등이 있다. 그러나 이런 요건이 완전히 갖추어진다 해도, 원하던 효과를 꼭 얻으리란 보장은 없다. 기습 전법의 달인이라 할 수 있는 두 명의 장수, 즉 프리드리히 대왕과 나폴레옹의 전쟁 사례를 살펴보아도 이 점은 분명히 알 수 있다. 프리드리히는 1760년 7월 바우첸[7]에서 갑자기 라시 장군을 급습하고, 다시 드레

---

2) 7년 전쟁의 1761년 전역.

3) 라우든(Laudon(Loudon), Gideon Ernst von, 1717~90). 오스트리아의 원수.

4) 나이세(Neisse). 상부 슐레지엔의 도시.

5) 노센(Nossen). 작센의 도시.

6) 템펠호프 지음 《노련한 장수 프리드리히 대왕(Der Veteran, Friedrich der Grosse)》참조

7) 바우첸(Bautzen). 작센의 도시.

스덴[8]으로 향했다. 그러나 프리드리히가 전쟁 중간에 삽입한 이 간주곡은 특별한 성과를 가져다 주기는커녕 나쁜 결과를 낳았다. 그가 기습하는 동안 적군이 글라츠[9]를 탈환했던 것이다. 즉 기습 작전으로 인해 사태는 매우 악화되었다.

나폴레옹은 1813년에, 드레스덴에서 2번에 걸쳐 블뤼허를 급습했으나, 상부(上部) 라우지츠[10]에서 뵈멘으로 침입한 행동을 제외한다면 어느 경우나 소기의 효과를 거둘 수가 없었다. 이 기습은 두

예나 전투(1806) 프랑스군 병사가 프로이센군 깃발을 빼앗아 개가를 올리고 있다.

차례 모두 시간과 병력의 낭비로 끝났으며, 그 때문에 드레스덴 부근에서 매우 위험한 상태에 빠질 뻔했을 정도였다.

그러므로 큰 성과를 거둘 만한 기습이란 지휘관의 활동, 역량 및 결단만으로는 이루어지는 것이 아니다. 기습에 성공하려면 따로 유리한 정황의 혜택을 가져야 한다. 물론 우리도 기습이 가져오는 큰 성과를 결코 부정하려고 하는 것은 아니다. 다만 이 성과에는 꼭 유리한 조건이 결부되어 있어야 한다고 주장할

8) 드레스덴(Dresden). 작센의 주요 도시. 1760년 프로이센군에 의해 포위되었다(7.13~28).

9) 글라츠(Glatz). 프로이센의 도시. 1760년 6월에 라우든에 의해 탈환되었다.

10) 북프로이센 지방. 라우지츠(Lausitz)는 상부 라우지츠와 하부 라우지츠로 나뉘어 있다.

뿐이다. 따라서 이러한 유리한 조건은 그렇게 자주 나타나는 것도 아니고, 또 지휘관이 임의로 만들어 낼 수 있는 것도 아니다.

그런데 앞서 언급한 두 명의 장수, 즉 나폴레옹과 프리드리히는 이런 기습의 현저한 실례를 보여준다. 나폴레옹은 1814년[11]에, 블뤼허군이 본진을 떠나서 마른 강변을 따라 하류로 행진하는 동안 블뤼허군을 기습했다. 이틀 동안의 강행군으로, 이토록 큰 성과를 거두기란 쉬운 일이 아니다. 블뤼허군의 연장(延長)은 3일 행정에 이르고 있었기 때문에, 부대는 개별적으로 격파되어 본 전투의 패배와 맞먹을 정도로 손해를 입었다. 이것은 오직 기습에서 얻는 효과였다. 만약에 당시에 블뤼허가 나폴레옹의 신속한 습격을 미리 알아차렸더라면, 이것과는 전혀 다른 행군 계획을 세웠을 것이다. 나폴레옹의 성공은 다름 아닌 블뤼허의 과실에서 생긴 어부지리였다. 물론 나폴레옹은 적의 사정을 잘 모르고 있었던 것이다. 그러기 때문에 이 기습의 성공은, 그에게는 행복한 우연이었다. 다시 말하면 우연이 그의 기습을 도운 것이다.

1760년에 벌어진 리그니츠 전투도 이와 마찬가지였다. 프리드리히 대왕이 이 전투에서 눈부신 승리를 거둔 까닭은, 그가 애써 설치한 진지를 한밤중에 변경했기 때문이다. 그로 인해 라우든은 완전히 기습을 당했으며, 70문의 대포와 1만 명의 병력을 순식간에 잃고 말았다.

당시 프리드리히는, 적이 도전하는 회전을 불가능하게 하기 위해, 혹은 적어도 적의 계획을 어긋나게 하기 위해서, 자주 군을 여러 곳으로 이동시키는 원칙을 채용하고 있었다. 그러나 8월 14일에서 15일에 걸친 한밤중에 진지를 변경한 것은, 그와 같은 의도에 따랐다기보다는 대왕 자신도 말했듯이 14일에 설치한 진지가 마음에 들지 않았기 때문이었다. 요컨대 여기에서도 우연의 힘이 강하게 작용했던 것이다. 만약에 대왕의 공격이, 밤중의 진지 변경과 적군이 근접하기 어려운 지형과 잘 합치하지 않았더라면 성과는 그 정도로 크지는 않았을 것이다.

그보다 더 고차적인, 혹은 가장 고차적인 전략에서도 중대한 영향을 끼친 기습 몇 가지를 찾아볼 수 있다. 그러나 여기에서는 브란덴부르크 대선제후(大選

---

11) 1814년 2월의 일.

帝侯)[12]가 스웨덴군을 추격해 프랑켄[13]에서 포메른[14]까지, 또 마르크[15]에서 프레겔[16] 강변까지 갔던 훌륭한 행진, 1757년의 전역,[17] 나폴레옹이 1800년에 알프스산맥을 넘은[18] 사례까지 지적하는 것으로 그치기로 한다. 나폴레옹의 경우에는 오스트리아군이 항복해서 모든 싸움터를 포기했고, 또 1757년에는 오스트리아군은 전장과 군 전체를 프리드리히 대왕에 인도하기 직전의 단계에까지 몰렸다. 또 상대의 전혀 예기치 않은 전쟁을 일으킨 예로서는 프리드리히 대왕의 슐레지엔 침입을 그 예로 들 수 있다. 확실히 이들 기습이 가져온 성과는 어느 경우나 막대하다. 그러나 이와 같은 사례는 전쟁 역사상 매우 소수에 지나지 않는다. 또 어떤 국가가 전쟁에 필요한 행동력과 수행력이 없는 탓으로 (1757년의 작센 및 1812년의 러시아처럼) 전쟁 계획이 완료하지 않은 상태에서 적의 습격을 당한 사례는, 여기서 말하는 기습과 혼동해서는 안 된다.

다음에 기습의 본질에 대해서 새삼 한마디 해 두고자 한다. 그것은—적에게 아군의 의지를 강요할 수 있는 지휘관만이 적을 기습할 수가 있다는 것이다. 또 올바른 방식으로 기습하는 지휘관만이 적에게 아군의 의지를 강요할 수 있다는 것이다. 만일 잘못된 수단을 가지고 기습을 실시한다면 좋은 결과를 얻기는커녕 아마도 적의 따끔한 반격을 입지 않을 수가 없다. 이와 같은 경우, 적은 이러한 기습을 겁내지 않고 있으므로 이쪽의 잘못을 틈타서 말하자면 전화위복으로 삼는 것이다. 그런데 공격은 방어보다도 훨씬 많은 적극적 행동을 포함하고 있다. 그래서 기습은 공격자 쪽에서 많이 사용되지만, 그렇다고 해서 결코 공격자의 독점이 아니라는 것은 뒤에 살펴보는 바와 같다. 따라서 공격자와 방어자가 서로 기습을 하는 경우도 있다. 그럴 경우에는 정확한 수단을 선택한 쪽

---

12) 브란덴부르크 선제후는 1365년에 시작된다. 그중 대선제후는 프리드리히 빌헬름(Friedrich Wilhelm von Brandenburg, 1620~88)을 가리킨다. 그는 국내로 침입한 스웨덴군을 마르크, 포메른 및 프로이센에서 몰아냈다(1675 ; 1679).

13) 프랑켄(Franken). 마인강 상류 및 하류를 포함한 지방.

14) 포메른(Pomern). 독일 북부에서 폴란드 북부에 이르는 발트해 남안 지방.

15) 옛날의 백작령. 당시는 브란덴부르크에 속해 있었다.

16) 프레겔(Pregel)강. 동프로이센의 강.

17) 프리드리히는 뵈멘에 침입하여 프라하를 급습했다(1757.4~6).

18) 1800년 5월에 나폴레옹은 알프스를 넘어 이탈리아에 침입, 멜라스가 이끄는 오스트리아군을 급습했다.

이 좋은 성과를 거둔다는 것은 두말할 필요가 없다.

확실히 이것은 일단은 그럴듯한 이야기이다. 그러나 이 방침은 실제로는 그다지 엄밀하게 지켜지고 있는 것이 아니다. 더욱이 그 이유는 지극히 간단하다. 기습이 가져오는 정신적 효과는, 기습을 실시하기에 좋은 조건을 갖춘 쪽으로, 때때로 최악의 사태도 이를 호전시키고 또 이로써 적의 결의를 둔화시키는 이점을 주기 때문이다. 또 여기에서 우리가 염두에 두고 있는 것은 상급 지휘관뿐만 아니라 모든 지휘관이다. 기습의 효과는 독특한 성질, 즉 적군을 결속시키는 단결의 끈을 현저하게 이완시키는 성질을 띠게 되므로, 피아의 지휘관이 각기 갖추고 있는 독자적 특성이 기습 때에 가장 잘 나타나기 때문이다.

그런데 기습의 성패는 피아 사이의 전반적 관계에 의해서 현저하게 좌우된다. 만약에 한쪽이 전반적으로 정신적 우월을 유지하고 이에 의해서 재빨리 다른 한쪽의 사기를 저하시킨다면, 전자는 기습으로 많은 효과를 거둘 수 있고 또 본디 같으면 파멸할 것 같은 경우에도 훌륭한 성과를 거둘 수가 있다.

제10장
궤책

　궤책(詭策)에는 감추어진 의도가 있다. 궤책이 숨김이 없는 명백한, 즉 직접적인 행동 방식과 대립되는 것은, 사물 사이의 은밀한 연관을 꿰뚫어 보는 지력으로서의 기지(機智)가, 직접적 증명과 대립하는 경우와 같다. 궤책은 이치를 내세운 설득이나 이해관계를 주안점으로 하는 절충 또는 위력(威力)의 행사 등과 같은 수단과는 조금도 공통점이 없다. 이와 달리 기만과는 두드러진 공통점이 있다. 기만의 의도 또한 숨겨져 있기 때문이다. 오히려 궤책은 일이 성취된 뒤에 보면 기만이라고 해도 좋다. 하지만 기만 그 자체와는 다른 점이 있다. 궤책은 말을 사용해서 직접 사람을 속이는 것이 아니기 때문이다. 궤책을 쓰는 사람은, 상대의 지력(知力)을 현혹시켜 여러 가지 잘못을 저지르게 한다. 그러면 이들 오류가 서로 모여서 하나의 작용을 낳아, 이제까지 사물의 진상이라고 여겨졌던 것을 상대의 눈앞에서 한번에 뒤집고 마는 것이다. 따라서 기지를 관념과 표상의 마술이라고 한다면 궤책은 행동의 마술이라고 해도 좋다.

　전략이라는 말이 본디 그리스어의 궤책에서 나왔다는 것, 또 많은 요인의 상호 관계를 포함하는 대규모적인 행동으로서의 전쟁이, 그리스인 이래 오늘날까지 겉치레의 변화를 입었음에도 불구하고, 오늘날에도 전략 그 자체의 본질이 여전히 궤책을 시사하고 있다는 것은 당연한 일로 여겨진다.

　강력 행위의 실시, 즉 전투 그 자체는 전투에 맡기고, 전략은 전투를 교묘하게 사용하는 기술이라고 이해한다면, 행동을 낳게 하는 용수철로서의 강렬한 명예심이나 불요불굴의 굳센 의지와 같은 정신적인 힘 외에, 전략적인 행동을 지도하고 또 활발하게 하는 데에 가장 적합한 주관적, 다시 말하면 인간이 원래 가지고 있는 심적 소질이라고 하면 궤책을 사용하는 능력뿐이다. 이것은 앞장에서 말한 바와 같이, 군사 행동이 일반적으로 기습을 필요로 하는 사정으로부터도 명백하다. 기습의 바닥에는 아무리 적더라고 궤책의 관념이 존재하기 때문이다.

전쟁에서 피아의 지휘관들이 교묘한 활동, 기민성과 궤책에 의해서 서로 겨룬다는 것은 우리가 알고 있는 바와 같다. 그럼에도 이와 같은 특성이 역사에는 거의 나타나지 않고 또 실제로도 여러 사정이나 정황의 방해를 받아 아주 드물게 밖에는 실시되지 않는 것이다.

그 이유는 명백하고 앞장에서 말한 것과 거의 같다.

전략에 따른 독자적인 행동은 전투와 이에 관계되는 여러 수단을 안배하는 데에 있다. 따라서 전략은 전쟁 이외의 그 어떤 생활과도 달라서 단순히 언어를 가지고 하는 활동—예를 들면 의견이나 성명을 발표하는 것과 같은 활동과는 관계가 없다. 이러한 활동은 특별히 많은 노력을 필요로 하지 않기 때문에, 책략가는 즐겨 이를 사용해서 사람을 속인다.

또 전쟁에서 이런 종류의 활동으로서는 가짜 계획을 발표하는 일, 가짜 명령을 내는 일, 또는 거짓 정보를 흘려서 적을 속이는 것 등이 있다. 그러나 이들 수단은 일반적으로 효과가 적기 때문에, 우발적인 기회에만 쓰일 뿐 지휘관의 발의(發意)에 의한 활동으로 볼 수 있는 것이 아니다.

그런데 전투를 준비하는 것처럼 보이게 하기 위해서 많은 부대를 여러 곳에 배치해서 적을 동요시키게 되면, 그것만으로도 시간과 병력을 동원해야 한다. 하물며 이러한 활동이 대규모적으로 이루어지면 시간과 병력도 증대한다. 이와 같은 일이 바람직하지 않기 때문에, 전략에서의 이른바 양동(陽動)이라고 하는 것이 소기의 효과를 올린 예는 매우 적은 것이다. 실제로 상당한 병력을 상당히 오랜 시간에 걸쳐서 단순한 양동을 위해 사용하는 것은 위험하다. 이러한 행동이 헛된 수고로 끝나는 위험뿐 아니라 이들 병력을 중요한 결정적 지점에서 사용할 수 없다는 사태가 생기기 때문이다.

장수는 전쟁에서의 이러한 냉엄한 진리를 충분히 알고 있다. 그러기 때문에 그는 적에 대해서 쓸데없이 기만적으로 움직이는 것을 좋아하지 않는다. 전쟁에서는 필연성을 갖는 엄숙한 마음이 직접적 행동을 지배하기 때문에, 책략을 부릴 여지가 없다. 요컨대 전략이라고 하는 장기판 위에는 책략이나 교활(狡猾)이라는 말은 존재하지 않는 것이다.

가우가멜라 전투　전략가 알렉산더가 페르시아군(다리우스 3세)과 치른 가장 유명한 작전으로 평가받고 있다.

그래서 결론은—장수의 특성으로서는 정확한 정신적 안광(眼光) 쪽이 궤책보다 더욱 필요하고 유용하기도 하다는 이야기가 된다. 하기야 궤책도, 전쟁에 필요한 그 밖의 정신적 요소를 손상하지 않는 한 유해한 것은 아니지만 실제로는 위에서 말한 위험을 초래한다.

그런데 전략적 행동은 필요한 병력이 열세인 경우에는, 궤책을 사용할 여지 또한 대부분 커진다. 따라서 약소한 병력을 인솔하는 지휘관에게 이제는 더 이상 사려 분별을 할 여유가 없고, 또 더 이상 손을 쓸 수 없게 되면 궤책은 자진해서 지휘관의 대담한 행동에 힘을 보태는 것이다. 이렇게 해서 앞날의 전망에 일체 구애되지 않고 적에 대한 보복의 마음도 모조리 소멸되면, 이번에는 용감성과 궤책이 서로 도와 희미한 불빛을 한 점에 집중해서 한 가닥 광명의 불을 켜는 수가 있다.

제11장
공간에서의 병력 집중

가장 좋은 전략은 항상 강대한 병력을 보유하는 일이다. 다시 말하면 우선 일반적으로 강대한 병력을, 다음에는 결정적인 지점에서 강대한 병력을 보유한다는 것이다. 그런데 병력을 창출하는 일은 반드시 장수의 임무는 아니므로, 이것을 별도로 삼는다면 전략에 가장 단순한 최고의 법칙은 장수가 그의 병력을 집결해 둔다는 것이다.

따라서 긴급 목적을 위해 파견되는 부대 외는 그 누구도 주력으로부터 분리되어서는 안 된다. 우리는 이 기준을 견지하며, 이것을 군사 행동에서의 확실한 지침으로 보는 것이다. 만약에 병력을 분할하는 정당한 이유가 있다고 한다면, 그것은 어떠한 것인가라는 데 대해서는 기회를 보아 논술할 생각이다. 그렇다면 이 원칙이 그 어떤 전쟁에서도 항상 같은 결과를 낳는 것이 아니라는 것, 따라서 또 결과는 목적과 수단에 따라 여러 가지임을 알았으리라 생각한다.

그런데 이제까지는 특별히 명백한 이유가 없음에도 다만 종래의 방식이 이러했기 때문이라는 막연한 감정에 따라, 병력의 분할이나 분리가 이루어져 왔던 것이다. 이와 같은 어리석은 일은 도저히 있을 수 없는 것처럼 여겨지지만 실제로는 매우 자주 일어나고 있다.

전체 전투력의 집중을 전략의 규범으로 하고 병력의 분리와 분할을 어찌할 수 없는 동기에 입각한 변칙으로 간주한다면, 쓸데없이 병력을 분할하는 우(愚)를 피할 수가 있을 뿐만 아니라, 또 잘못된 이유에 의한 분할을 저지할 수도 있을 것이다.

제12장
시간상 병력 집합

앞으로 이 장에서 논하려고 하는 개념은 전쟁에서 실제로 사용되면, 자칫 지휘관을 속일지도 모르는 성질의 것이다. 그래서 이들 개념을 하나하나 구명해서 명확하게 하고 싶다. 이를 위해 여기에서도 약간의 분석을 시도해 보는 것을 허용해 주기 바란다.

전쟁은 대립하는 피아의 병력 충돌이다. 그러면 이 경우에 우세한 병력을 가지는 쪽의 군대가 적 병력을 격멸할 뿐만 아니라, 종횡무진한 운동에 의해서 적의 잔군(殘軍)을 소탕하리라는 것은 분명하다. 이와 같은 관점에 따르면, 병력을 조금씩 사용하여 소기의 효과를 얻으려는 계획은 용납될 수 없다. 다시 말해 한 번의 전투에 필요한 모든 전력을 한꺼번에 쏟아붓는 것이야말로 전쟁의 기본 원칙이어야 한다.

확실히 실제로도 그대로이다. ―투쟁을 병력의 기계적 충돌로 해석한다면, 서로 상대를 격멸하기 위한 피아 병력의 상호 작용이라고 이해한다면, 병력을 조금씩 사용하는 것이 유리한 경우도 생각할 수가 있다. 이런 현상은 전술에서 볼 수가 있다. 그 주된 이유는 화전(火戰)[1]이 오늘날 전쟁의 주된 기초를 이루고 있기 때문이지만 그 밖에 다른 이유도 있다. 화전에서, 예를 들어 1000명의 부대가 500명의 부대와 교전을 했을 경우 서로가 입는 손해 수량은 각 병력 수량과 비례할 것이다.

그런데 1000명은, 500명에 비해 2배의 총알을 발사하지만, 명중률은 500명 쪽의 사격이 크다. 1000명 부대는 500명 부대보다도 간격[2]이 조밀하다는 것이 전

---

1) 화기(총, 포 등 화약을 사용하여 탄환을 발사하는 병기)로 하는 원전(遠戰, 서로 멀리 떨어져 싸움)을 말한다.

2) 앞뒤로 떨어진 것을 거리, 좌우로 떨어진 것을 간격이라고 한다.

제되어 있기 때문이다. 만약에 500명이 발사한 명중탄이 1000명이 발사한 것의 2배로 생각할 수 있다면, 피아의 손해는 같아진다. 따라서 만약에 500명 중 200명이 전투 불능이 되면, 1000명의 부대도 마찬가지로 200명이 전투 불능이 되는 셈이다. 그래서 500명의 부대가, 그때까지 사격권 밖에 놓아두었던 500명의 후속 부대를 참가시킨다면, 양쪽에 각기 800명이 교전을 하게 된다. 그러나 새로 전투에 참가한 500명은 충분한 탄약과 기력을 가진 신예 부대지만, 상대 800명은 모두가 전투에 의해서 피로하고, 탄약은 모자라며 기력도 쇠약해져 있다. 하지만 반드시 이러한 결과만이 생기지는 않는다.

1000명은, 단지 그 수가 500명의 두 배이므로, 그 손해 또한 두 배에 이를 것이라고 하는 전제가 도대체 잘못된 것이다. 최초의 전투 서열에서 반수의 병력을 따로 두었던 500명 부대의 손실이 200명보다 크고, 또 이 부대 쪽이 더욱 불리하게 되는 경우도 틀림없이 생길 것이다. 또 더 나아가 1000명 부대 쪽이, 전투 개시와 동시에 적을 그 진지로부터 구축(驅逐)해서 퇴각 운동으로 몰아넣는 유리한 점을 획득하는 경우가 있다는 것도, 다수의 사례를 감안하여 인정되어야 한다.

그러면 1000명 부대는 이러한 두 가지 유리한 점을 가지게 되는데, 그렇다고 해도 이미 전투에 의해 기력이 쇠약해진 장병을 가지고, 적어도 현저하게 열세라고는 말할 수 없는 적 부대, 더욱이 새로 500명을 추가한 병력에 대항한다는 불리함을 상쇄할 수 있는지의 여부는 그 이상 분석을 해보았자 결정할 수 있는 일이 아니다. 그렇다면 우리는 여기에서 경험에 의존해야 한다. 그리고 이 경우, 실전을 어느 정도 경험한 장교라면 신예 병력을 참가시킨 쪽이 우세하다는 것을 인정할 수밖에 없다.

그렇다면 전투에서 대병력 사용이, 때로는 불리를 초래하는 것은 분명하다. 병력의 우세는, 확실히 처음에는 여러 가지로 유리한 점이 있지만, 이윽고 그로 인해 불리한 처지에 놓일 수도 있다.

그런데 이와 같은 위험은 전투에서 군이 혼란에 빠지고 장병의 전의가 시들며, 전력이 위축될 때 생기는 현상이다. 따라서 이러한 상태는 패자의 예뿐만 아니라 승자 쪽에서도 필연적으로 생기는 위기이다. 그리고 이와 같이 전력이 쇠퇴한 상태에서는, 비교적 많은 신예 부대의 출현이 승패를 결정한다.

승리를 획득한 경우에도 일단은 전력의 쇠퇴를 경험하지만, 이윽고 그와 같은 영향도 그치고 승자 쪽의 정신적 우월감만이 남으면, 적은 신예 부대를 참가시켜도 이미 패전을 만회할 수는 없다. 그리고 이 신예 부대 또한 곧 궤란(潰亂) 상태에 휩싸일 것이다. 격파된 군은 이튿날 강력한 예비에 의해 증강되었다 해도 이미 승리를 탈회(奪回)할 수는 없는 것이다. 여기에 전술과 전략의 본질적인 차이의 근원이 있다.

전술적 성과 즉 전투 중이나 전투가 끝나기 직전에 얻는 성과의 대부분은, 전의의 쇠퇴와 전력의 고갈이 지배하는 영역 내에 있다. 그러나 전략적 성과 즉 전체적인 전투의 성과인 결정적 승리는, 그 대소를 막론하고 이미 이러한 영역 밖에 있다. 국부전(부분적인 전투)의 각 성과가 서로 모여 전체적 성과를 이룰 때 비로소 전략적 성과가 성립하는 것이다. 그러면 앞서 말한 것과 같은 위기 상태는 멎고 병력은 애초의 상태를 되찾음으로써 전투에 의해 상실된 부분만이 실제의 손실이 된다.

전술과 전략의 차이점에 관한 결론은—전술은 병력을 조금씩 지속적으로 사용해도 별 문제가 없으나, 전략은 병력을 반드시 동시적으로 사용해야 한다는 것이다.

전술에서는 서전(緒戰)의 성과에 의해서 전국(戰局)을 매듭지을 수가 없으면 이에 이어지는 전투를 생각해야 한다. 그래서 우선 서전(緒戰)의 성과를 거두는 데에 필요하다고 여겨지는 것만큼의 병력을 사용하고, 나머지 병력은 추가로 사용하기 위해 미리 사격이나 백병전에 의한 투쟁 권외(圈外)에 두는 것이다. 그렇게 하면 아군의 이러한 신예 병력을 적의 신예 병력에 대항하게 해서, 또는 이 신예 부대를 사용해서 열세 상태에 있는 적 부대를 격멸할 수 있다. 그러나 전략에서는 그렇게 되지 않는다.

앞서 말한 대로 한번 전략적 성과가 확립되면, 이것으로 위기가 사라졌으므로 이제는 적의 반격을 그다지 두려워할 필요는 없고, 또 이 경우에 전략적 병력은 반드시 전체적으로 약화된 것은 아니다. 즉, 적의 병력과 전술적으로 투쟁한 부대—다시 말하면 부분적 전투에 종사한 부대만이, 전투에 의해 많건 적건 병력을 잃은 데 지나지 않은 것이다. 요컨대 전술이 병력을 낭비하지 않으면, 손실은 불가피하게 상실된 병력에만 한정되고, 전략적으로 적 병력과 대치하는 병력에는 관계가 없는 것이다.

아군의 병력이 우세했기 때문에, 그다지 싸우지 않고 혹은 전혀 싸우지 않고, 다만 싸움터에 모습을 나타낸 것만으로 승리에 결정적으로 기여한 부대는, 전승 뒤에도 여전히 애초의 힘을 간직하고 있으며, 마치 그때까지 쉬고 있었던 것처럼 새로운 목적을 위해 사용할 수가 있다. 이러한 부대가 전체적 성과에 얼마나 크게 공헌하는가는 여기서 새삼 말할 필요도 없을 것이다. 그리고 이와 같은 부대가 전술적 투쟁에 참가한 병력의 손실도 현저하게 감소시킬 수 있다는 것은 쉽게 짐작할 수 있다.

따라서 전략에서는 손실된 병력의 수가 사용한 병력의 수에 비례해서 증대하는 것이 아니다. 그러기는커녕 병력이 크면 오히려 손실이 감소하는 것이다. 또 병력의 우세에 의해서 아군의 승리가 보증된다고 하면, 다음과 같은 결론에 이르는 것은 분명하다. 즉 전략에서는, 사용할 수 있는 한의 병력을 동시적으로 사용해야 한다는 것이다.

그러나 이 명제는 다른 방면에서도 충분히 검토되어야 할 것이다. 지금까지는 전투 그 자체만을 고찰했다. 전투란 물론 본디 군사 행동이다. 하지만 이 경우 이 활동을 맡은 병력, 시간, 공간도 당연히 고려해야 한다. 게다가 이런 요소들이 미치는 영향도 아울러 생각해야만 하는 것이다.

고난, 육체적 고생 및 결핍은 전쟁에서 전력이 소모되게 만드는 원리이다. 이 원리는 전투의 본질적인 요소는 아니지만, 크든 적든 전투와 밀접한 관계를 가지고 있으며, 특히 전략과 긴밀한 관계가 있다. 확실히 이러한 세 가지 고통은 전술에서도 생기고, 아니 전술에서 최고조에 이를 것이지만, 전술적 행동은 지속되는 시간이 짧으므로 고난이나 결핍이 행동에 미치는 영향도 비교적 적고, 거의 고려에 넣지 않아도 좋을 정도이다. 그런데 전략은 시간적으로나 공간적으로 광대한 범위에 이르기 때문에, 이러한 소모적인 원리의 영향은 상주적일 뿐만 아니라 특히 결정적인 것이 된다. 승리를 얻은 군에서, 질병으로 쓰러지는 병사의 수가 전투에서의 사상자 수를 훨씬 웃도는 것은 결코 이상한 현상은 아닌 것이다.

앞에서는 전술에서의 사격 및 백병전에 따른 병력 손실을 고찰했는데 다음에는 전략에서 혹은 고난과 고생, 결핍에 따른 전력 소모를 살펴보고자 한다.

그렇게 되면 이러한 소모를 입은 군은, 전역 혹은 그 밖의 전략적 단락이 끝날 무렵에는 전력이 심하게 쇠퇴하므로, 신예 병력의 참가가 필요하게 된다고 생각해도 좋을 것 같다. 그래서 전략에서도 전술에서와 마찬가지로 초반 전투에서 승리를 얻기 위하여 처음에는 될 수 있는 대로 적은 병력을 사용하고, 신예 부대는 마무리 전투를 위해 유보해야 한다고 생각할지도 모른다.

이와 같은 생각은 수많은 실제 상황에 비추어 볼 때 매우 그럴듯해 보인다. 그러나 이런 의견을 정확히 평가하려면 이 사상에 포함되어 있는 요건 하나하나를 자세히 검토해 볼 필요가 있다. 무엇보다도 우선 병력의 단순한 증강이라는 개념과, 아직 소모하지 않고 있는 신예 병력을 혼동해서는 안 된다. 전역이 종결되었을 때에는 승자로서든 패자로서든 새로운 병력의 증가는 매우 바람직한 일이고, 오히려 결정적인 일이라고 해도 과언은 아니다. 하지만 여기서 문제삼고 있는 것은 이런 식의 증강이 아니다. 본디 병력이 증강 병력에 비해 훨씬 강대하다면 병력의 증강은 전혀 필요 없기 때문이다. 그러나 전투에 새로 참가한 군대는 이미 전투를 겪은 군대보다 정신적으로 뛰어나다든가, 전술적 예비 전력은 전쟁터에서 손실을 입은 군대보다 무조건 훌륭하다고 주장하는 사람들도 있을지 모른다. 하지만 그런 주장은 실제 경험과 어긋난다.

전쟁에서 패한 군대는 용기와 정신력을 크게 잃어버리지만, 이에 반해 승리한 군대는 반대로 더욱 큰 용기와 정신력을 얻는다. 그런데 승패에서 비롯되는 이 두 가지 결과는 대개 그 전쟁터에서만 적용되고 끝나지만, 여기서 군대가 얻은 전쟁 경험은 순수한 이득으로서 그 이후에도 계속 남는다. 또 미리 병력의 일부를 보류하는 문제에 관해서는, 패전보다는 오히려 전승한 경우를 관찰할 필요가 있다. 만약에 패전의 확률이 크다고 한다면 그렇지 않아도 병력이 부족한데 그 일부를 보류해서 앞으로의 상용에 대비한다는 것은 도저히 생각할 수 없기 때문이다.

이 문제가 해결되면 다음에는—전투력이 고난과 결핍으로 입는 소모는, 전투에서의 손실과 마찬가지로 병력의 수에 비례해서 증가하느냐 하는 문제가 있다. 그러나 이에 대해서는 '아니다!'라고 대답하지 않을 수가 없다.

전투 부대가 경험하는 고생의 대부분은, 모든 순간의 군사적 행동에 다소를 불문하고 따라다니는 위험에서 생긴다. 따라서 이런 위험을 도처에서 제거하고 군사 행동의 안전과 확실성을 추구하는 것이야말로 군이 펼치는 전술적 전략적 활동의 주된 목표이다. 또 이런 활동은 군의 병력이 열세일수록 더욱더 곤란해지고 적군보다도 우세하면 더욱더 쉬워진다. 여기에는 아무 의문의 여지가 없다. 그러므로 우리 측보다도 훨씬 열세인 적을 상대할 때에는, 우리와 비슷하거나 그보다 더 강한 적을 상대할 때에 비해 고생이 덜한 것이다.

이상이 군의 고생 문제에 대한 서술이다. 그러나 결핍 문제가 되면 이와는 약간 이야기가 달라진다. 결핍은 주로 두 가지의 부족에서 비롯된다. 첫째는 식량 부족이다. 둘째는 군대가 숙영할 때나 사영(舍營)할 때, 즉 군대를 야영시키는 경우에 생기는 부족이다. 동일 지역에 주둔하는 병력이 많으면, 이 두 가지 결핍도 또한 커지는 것은 물론이다. 그러나 병력의 수가 현저하게 클 경우에는, 이에 상응하는 적절한 수단이 발견되지 않을까. 즉, 군대를 넓은 지역에 두루 배치한다면 식량이나 숙영의 확보도 훨씬 편리해질 것이다.

나폴레옹은 1812년 러시아에 침입했을 때, 역사상 유례없는 대군을 한 도로 위에 집결시켰다. 이것은 그가 이제까지 해보지 않았던 방식이었다. 그런데 이 때문에 식량 및 숙영에서 유례없는 부족이 생겼다. 나폴레옹은 결정적인 지점에서의 병력은 아무리 강대해도 부족하다는 그의 원칙에 따라 이 방법을 취했을 것이다. 이 경우 그의 원칙이 지나쳤는가의 여부는 여기서 논할 일이 아니다. 하지만 만약에 그가, 이러한 집결 방법에 의해서 생기는 부족을 피하려고 했다면, 행군의 정면폭(正面幅)을 확대해서 전진하기만 했으면 좋았을 것임은 확실하다.

러시아에는 그만한 광대한 땅이 없었던 것이 아니었고, 또 일반적으로도 장소에 부자유하지는 않았을 것이다. 따라서 지나치게 우세한 병력의 동시적 사용은, 오히려 전력을 약화시킨다고 하는 것에 대한 증명에 필요한 근거를 여기에서 구할 수는 없다. 비록 군의 일부를 과잉 병력으로서 차후의 사용에 충당하기 위해서 보존하여, 전군의 부담을 그만큼 경감시킬 수가 있다고는 하지만, 비바람이나 날씨 또는 전쟁에 으레 따라다니는 고난은 이 예비에도 틀림없이 손상을 줄 것이다. 그래서 이들 모든 사정을 종합적으로 살펴보면 새삼 다음과 같은 문제가 생긴다. 즉 한편으로는 전략 예비의 손상이 있고 다른 한편으로는 매우 우세한 군을 몇 가닥의 도로로 행진시킴으로써 보전할 수 있는 병력이 있다고 하면 이 둘의 득실은 일목요연하지 않느냐 하는 것이다.

여기에서 또 언급해 두어야 할 매우 중요한 사항이 있다. 국지전(부분적 전투)이라면 소기의 성과를 거두기 위해 필요한 병력을 대충 규정하고, 당장의 과잉 병력의 수를 규정하는 일은 그다지 어렵지 않다. 그런데 전략에서 이것은 거의 불가능에 가깝다. 전략적 성과라 해도 그것이 무엇을 가리키는지 명확하지 않고, 또 그 한계도 뚜렷하지 않기 때문이다. 따라서 전술에서는 잉여 병력이라고 간주되는 것도, 전략에서는 기회만 있으면 더 많은 전과를 확대하기 위한 수단이라고 여겨져야 하기 때문이다. 그러나 성과의 양에 따라서 강화(講和) 때의 이득 또한 증대한다. 그래서 우세한 병력은 이렇게 해서 신속하게 소기의 목적을 달성하지만, 이러한 성과는 병력의 절약에 급급하는 장수로서는 도저히 달성할 수 없다.

1812년에 나폴레옹은 유례없는 대군을 이끌고 모스크바까지 전진하여 수도를 점령하는 데 성공했다. 만약 이 우세한 병력으로 러시아를 더 완벽하게 궤멸시켰다면, 나폴레옹은 아마 모스크바에서 강화 조약을 체결할 수 있었을 것이다. 또 실제로도 그와 러시아 사이의 강화 조약은 이런 식 이외의 방식으로는 불가능했을 것이다. 이 실례를 여기에서 인용한 까닭은, 위와 같은 생각을 설명하기 위해서이지 이를 증명하기 위함은 아니다. 만약에 증명 문제가 되면 복잡한 논증을 필요로 하겠지만, 여기에서는 그와 같은 논의에 들어갈 일이 아니다.

위에서의 고찰은 병력을 조금씩 지속적으로 사용하는 것에 대한 생각을 분명하게 밝히는 것을 주안점으로 삼았을 뿐, 본디 의미에서의 예비[3]라는 개념을 대상으로 한 것이 아니었다. 물론 이와 같은 고찰도 예비의 개념에 끊임없이 언급을 하기는 했지만, 이 개념은 다른 여러 생각과 관련되어 있으므로 다음 장에서 다시 논하기로 한다.

우리가 이 장에서 명확하게 하고 싶은 것은 다음과 같다. 즉, 전술에서 전투력은 지속적으로 사용하기만 해도 이미 약화된다. 따라서 시간이 이러한 결과를 생기게 하는 요인으로 여겨도 좋다. 이와 달리 전략에서는, 시간 그 자체는 본질적으로 전략과 관련이 없다고 하는 것이다. 확실히 전략에서도 시간은 전

---

3) 예비에는 전술적 예비와 전략 예비가 있다. 여기서 말하는 예비는 현역을 마치고 다시 군에 편입되는 예비역을 가리키는 것은 아니다.

투력에 파괴적 영향을 미치지만, 이러한 파괴 작용은 전략에서 사용되는 대량의 전투력에 의해서 경감되기도 하고, 그 소모가 다른 방식으로 보상되기도 한다. 따라서 병력을 계속적으로 사용한다고 해서 시간 그 자체에 가치를 인정한다고 하는 것은, 전략에서는 무의미하다.

지금 '시간 그 자체'라고 말했는데, 확실히 시간은 여러 가지 정황을 낳게 한다. 그러나 이들 정황은 시간 자체와는 다르다. 시간 안에서 생긴 이러한 정황은 피아 어느 쪽에서도 가치를 가질 수 있는 것으로, 시간 그 자체와는 전혀 다르다. 하지만 이러한 가치도 전혀 무시할 수 있는 것이 아니므로 기회를 보아 따로 고찰하겠다.

요컨대 우리가 이 장에서 살펴본 법칙은 다음과 같다. 즉 전략적인 목적을 달성하기 위해 존재하는 모든 병력은, 이 목적을 위해 한꺼번에 사용해야 한다. 그리고 모든 것이 일회의 행동 및 하나의 결정적 시기에 집중되어 압축될 때 이 사용은 극치에 달한다.

그러기 때문에 전략에서는 말하자면 하나의 중심(重心)과, 거기에서 생겨 앞으로의 사태에 중대한 영향을 미치는 효과가 있다. 그리고 이 효과는 종국적 성과를 거두기 위한 주요 수단, 즉 필요에 따라 새로운 병력을 지속적으로 공급할 수단을 사용하게 하는 동기를 이루므로, 우리로서는 이러한 효과를 간과할 수 없다. 그러나 이것도 다른 장에서 논할 성질의 것이다. 그럼에도 지금 여기에서 언급한 까닭은 우리가 본디 문제로 삼지 않고 있는 사항에 독자의 주의가 쏠리면 안 된다고 생각했기 때문이다.

다음에 우리는 위에서의 고찰과 매우 긴밀한 관계가 있는 사항을 논하고자 한다. 그것은 바로 전략적 예비 병력으로 이것을 명확하게 논함으로써 전략 전체를 충분히 밝힐 수가 있다.

제13장
전략적 예비 병력

예비에는 두 가지 임무가 있다. 그런데 이 두 가지 임무는 충분히 구별되어야 한다. 첫째는, 전투 중에 새로운 병력을 투입하여 투쟁을 연장시키거나 이를 갱신하는 일이다. 두 번째는 예측할 수 없는 경우에 대비한 병력의 사용이다. 첫 번째 임무는 병력의 순차적 사용의 효용을 전제로 하는 것이므로 전략과는 관계가 없다. 그러나 전투에서 우세한 적의 공격을 받고 있는 지점에 부대를 파견한다고 하는 것은, 분명히 두 번째 임무에 속한다. 이 지점에서 저항을 해야 한다는 것은 충분히 예측되어 있지 않았기 때문이다. 그런데 전투를 단순히 오래 끌기 위해 남겨진 부대는 단지 사격권 밖에 있다는 것뿐, 전투에 참가하는 부대와 마찬가지로 전투 지휘관에 직속된다. 따라서 이러한 부대는 전략 예비가 아니라 전술적 예비이다.

그러나 예상할 수 없는 사태에 대비해 전력을 예비로 둘 필요성은 전략에서도 생긴다. 따라서 전략 예비라는 것도 있을 수가 있다. 그런데 그것은 뜻하지 않은 사건이 일어날 것이라고 여겨지는 경우에 한한다. 전술에서 적이 사용하는 수단은 대개 실제로 보아야 비로소 그것이 어떠한 것인가를 알 수가 있다. 또 삼림이나 기복이 심한 지형 등이 이런 수단을 은폐하는 경우도 있다. 그러므로 우리는 예측할 수 없는 상황에 대비해서, 이를테면 우리 측 전력이 약한 지점에는 후방에서 증원하거나, 또는 일반적으로 아군의 병력 배치를 적 병력의 움직임에 따라 적절하게 변경할 수 있도록 대비해 둘 필요가 있다. 그러나 물론 이 경우에도 눈앞의 전황에 따라 준비의 정도에 차이가 생긴다.

그런데 전략에서도 이런 경우가 발생하지 않을 수 없다. 전략적 행동은 전술적 행동과 직접 연관되어 있기 때문이다. 전략에서도 우리 측의 전력 배치는 처음에 눈으로 직접 봄으로써, 다음에는 매일 시시각각으로 입수하는 불확실한 정보에 입각해서, 또 마지막에는 전투에서 발생한 실제 성과를 기준으로 결정되는 것이 통례이다. 그러므로 적의 정세에 대한 판단의 불확실성에 따라, 나중에 사용할 전투력을 적절히 보존해 두는 것은 전략을 수행하는 데 중요한 조건이 된다.

이와 같은 필요성이 일반적으로 방어에서, 특히 어떤 종류의 단절된 지형, 예를 들어 하천이나 산지 등의 방어에서 끊임없이 발생한다는 것은 널리 알려진 사실이다.

그런데 위에서 말한 불확실성은 전략적 행동이 전술적 행동으로부터 멀어질수록 감소되며, 정치의 영역과 접속되는 영역에서는 아주 소멸되어 버린다.

회전을 감행하려고 하는 적이 그 종대를 내보내는 방향은, 실제로 보는 것으로밖에 확실히 알 수가 없다. 그러나 적이 어느 지점에서 강을 건널지는 그 직전의 준비로 추측할 수 있다. 또한 적이 어느 방향에서 우리나라를 공격해 들어올지는, 한 발의 총탄이 발사되기도 전에 신문을 통해서 보도되는 것이 보통이다. 그러므로 군사 행동의 규모가 크면 클수록 적국이 갑작스럽게 전쟁을 일으키려는 기도는 더욱더 불가능해진다. 이렇게 해서 군사적 행동이 오랜 시간과 넓은 공간을 차지하고 행동을 낳게 하는 사정은 널리 알려지며, 한번 개시된 행동이 도중에서 변경되는 일은 우선 없다고 해도 좋으므로, 여기에서 생기는 결과는 재빨리 알 수 있고 또 확실하게 탐사할 수 있다.

또 다른 면에서 고찰해 보면 비록 예비가 실제로 존재한다고 해도, 전쟁 전체를 준비하는 여러 수단이 진보함에 따라 전략에서 예비 사용은 더욱더 효과를 잃는 것이다.

그런데 앞서 말했듯이 한 지점에서 펼쳐진 국지전을 승리로 끝맺었다 해도, 그것만으로는 아직 승리가 되지는 못한다. 이 모든 부분적 전투의 성과가 한데 모여야만 비로소 총괄적인 전투의 승리가 결정되는 것이다.

그러나 이러한 총괄적 전투의 승리라고 해도 결국 상대적인 의미만을 지니는 데 지나지 않는다. 게다가 이 상대적인 의의도 패전한 부대의 전투력이 전체 전투력에서 차지하는 부분이 어느 정도인가에 따라 여러 가지로 달라진다. 따라서 한 군단이 전투에서 패배해도, 군이 승리를 거둔다면 이 패배를 만회할 수 있고, 또한 한 군이 회전에서 져도 더욱 강한 군이 다음 회전에서 이긴다면 그 패전을 만회할 수 있으며, 더 나아가 승리까지 얻을 수 있을 것이다(1813년 쿨름에서 벌어진 이틀 동안의 회전[1]). 이것은 확실하므로 의심할 여지가 없다. 그러나 또 어떤 회전에서의 승리(즉 총괄적 전투의 승리)는, 그 회전에서 진 부대의 병력이 크면 클수록 독립된 의의를 갖는다는 것, 따라서 그 패자가 당해 회전에서의 손실을 그다음 전투에 의해서 메울 가능성은 더욱더 감소한다는 것도 명백하다. 그러나 이들 관계를 보다 자상하게 규정한다는 것은 별도의 고찰에 맡겨야 할 것이다. 여기에서는 부분적 전투와 총괄적 전투, 전투와 회전 사이에서 승패를 둘러싸고 이와 같은 관계가 실제로 존재하고 있다는 데 대해서, 독자들의 주의를 환기하는 데 그치고자 한다.

이상이 예비에 관한 두 가지 고찰이다. 이번에는 여기에 제3의 고찰을 덧붙여 보기로 한다. 전술에서 전투력의 지속적인 사용은, 승리를 결정할 주결전(主決戰)을 모든 군사 행동의 마지막 단계로 옮기지만, 이에 반해 전략에서 병력의 동시적 사용 법칙은, 주결전을 (이것은 꼭 궁극적 결전일 필요는 없다) 거의 항상 대규모적인 군사적 행동의 처음에 두는 것이다. 그러면 우리는 이 세 가지 고찰의 결과로부터, 다음과 같이 단정해도 좋다. 즉, 전략 예비는 그 임무가 만연한 것이라면 불필요하고 쓸모없는 것일 뿐 아니라 또 위험하기도 하다.

전략 예비라고 하는 사상이 불합리한 것이 되기 시작하는 점을 결정한다는 것은 그다지 어려운 일이 아니다. 그 점이라는 것은 곧 주결전이다. 모든 병력의 동시 사용은 주결전에서 단행되어야 한다. 따라서 주결전 뒤의 사용을 위한 예비(전투 준비를 완료한 병력)는 불합리하기 짝이 없다.

적측의 병력 배치는 예측할 수 없고 또 전투에서 피아의 승패도 예측할 수 없다. 그래서 전술적 예비는 적의 이러한 배치에 대처하기 위한 수단이 되고, 또 패전의 경우에는 이것을 보충하기 위한 수단이 된다. 그러나 전략은, 적어도 대규모의 결전에서는 이러한 수단을 쓰지 말아야 한다. 전략은, 어느 지점에서 생긴 불리(不利)를 다른 지점에서 얻는 유리(有利)로만 메울 수가 있다. 또 드물게는 병력을 어느 지점에서 다른 지점으로 이동함으로써 이 불리를 메울 수도 있다. 하지만 전략은 처음부터 예비로서 보존해 둔 병력을 가지고 이 불리를 제

---

1) 쿨름(Kulm)은 북부 뵈멘의 마을. 쿨름 회전(1813. 8. 29~30)에서 동맹군은 프랑스군을 무찔러 드레스덴 회전(8. 26~27)에서의 패배를 설욕했다.

거하려고 생각해서는 안 되고 또 그와 같은 생각은 허용되지도 않는다.

처음부터 주결전에 참가할 의도가 없는 전략 예비라고 하는 생각이 불합리하다는 것은 위에서 말한 대로이다. 그리고 이에 대해서는 조금도 의심을 끼워 넣을 여지가 없다. 그럼에도 이 장과 앞 장에서 예비에 관한 자세한 분석을 시도한 것은, 이 사상이 다른 여러 생각 속에 숨어 있어서 무엇인가 그럴듯한 것처럼 여겨지고 또 실제로도 표(表)에 나타나서 화를 일으키기 때문이다. 어떤 사람은 전략 예비라고 하는 사상을, 전략에 뛰어난 장수의 현명과 신중을 증명하는 것이라고 칭찬하는가 하면, 다른 사람은 이것을 비난하는 나머지 모든 예비를, 즉 전술적 예비를 배척하려고 한다. 실제로도 이와 같은 사상적 혼란은 실제의 전쟁에도 도입되고 있다. 이에 대한 가장 현저한 사례를 구한다면, 다음 두 건을 상기하면 좋을 것이다. 1806년[2]에 프로이센은 뷔르템베르크 오이겐공[3]의 지휘 아래 있는 2만의 예비를 마르크 지방에 체류시켰기 때문에, 이 예비는 제때에 잘레강에 도달할 수가 없었다. 이것이 제1의 예이다. 또 이와는 달리 프로이센군은 2만 5000의 병력을 쪼개어 나중에 출발시키려고 했으나, 이 병력은 마침내 동부 및 서부 프로이센에 잔류한 채로 있었다. 이것이 제2의 예이다.

이와 같은 예를 보면, 여기에서 쓸데없이 공론(空論)했다는 비난을 논자가 받을 일은 없으리라 생각한다.

---

2) 프랑스(나폴레옹) 대 프로이센―러시아 동맹군과의 전쟁을 가리킨다.

3) 오이겐(Eugen, Friedrich Karl Paul Ludwig, Herzog von Württemberg, 1788~1857). 프로이센의 장관(將官). 그는 1806년 8월, 제4 예비군단과 함께 프로이센의 요새 퀴스트린(Küstrin)에서 대기하고 있었다.

제14장
병력의 경제적 사용

앞서 말한 바와 같이 사고(思考)가 걷는 오솔길은 굴곡이 심하고, 이것을 원칙이나 일정한 견해에 의해서 한 가닥의 직선으로 정리하는 것은 쉬운 일이 아니다. 거기에는 정신의 미묘한 작용 때문에, 항상 자유로운 여지가 남아 있기 때문이다. 또 이것은 인간 생활에서의 모든 기술에 대해서도 말할 수가 있다.

미(美)를 나타내는 곡선은, 가로 좌표와 세로 좌표에서 생기지 않는다. 또 원이나 타원은 이것을 나타내는 대수적(代數的) 공식으로 그려지는 것은 아니다. 따라서 장수는 어떤 때에는 그의 숙달된 판단에만 의지해야 한다. 판단을 할 때의 그의 숙달은 타고난 정신적 형안(炯眼)에서 생겨 성찰에 의해 훈련되고, 거의 무의식적으로 정곡(正鵠)을 찌른다. 또 어떤 때에는 예외를 허용하지 않는 엄격한 법칙을 평이하게 다시 고쳐, 각각 현저한 특징을 나타내는 규칙으로서 적용의 편의를 도모해야 한다. 또 어떤 때는 적절한 방법을 채용해서 이에 의존해야 하는 것이다.

모든 병력의 동시적 사용이야말로 군사 행동의 주안(主眼)임을 결코 잊지 마라, 다시 말하면 병력의 그 어떤 부분도 사용에서 제외하지 않도록 두고두고 주의하라는 관점은, 지금 말한 바와 같이 전략의 법칙을 알기 쉽게 해서 병력 사용의 특징을 나타내는 규칙이자, 또 병력을 구사하는 장수의 숙달된 정신의 표현이다. 적측이 얕잡아 보고 방치하는 병력을 거느린 장수, 적군은 이미 전투를 개시하고 있는데 아직도 휘하의 병력을 무의미하게 행진시키고 있는, 다시 말하면 이 병력을 죽게 내버려 두는 장수는, 그의 병력을 효과적으로 사용하지 못하고 있다고 말하지 않을 수 없다. 병력을 이렇게 비효율적으로 사용한다는 것은 적절하게 사용하지 못하는 것보다 더한 병력의 낭비이다.

막상 전투가 시작되면 무엇보다도 중요한 것은 병력의 모든 부분을 남김없이

십자군 전쟁 예루살렘 성전탈환(1099).

행동하게 하는 데에 있다. 적절하지 못한 행동이라 해도 적 병력의 일부와 전투를 벌여 이를 격파할 수가 있다. 이에 반해서 전투에 참가하지 않는, 하는 일이 없는 병력은 그동안 전혀 없는 것과 같은 존재인 것이다. 이와 같은 견해는 앞의 제3장에서 말한 원칙과 제각기 관련되어 있음은 분명하다. 요컨대 어느 것이나 동일한 진리를 표명하고 있지만 이 장에서는 이 진리를 더 광범위한 입장에서 관찰해 이것을 병력의 경제(經濟)라는 한 개념으로 요약한 데에 지나지 않는다.

제15장
기하학적 요소

전쟁에서의 기하학적 요소, 즉 전투력 배치의 기하학적 형식이 얼마나 지배적인 원리인가 하는 것은 축성술(築城術)을 보면 충분히 알 수 있다. 축성술에서는 기하학이 거의 모든 것을 지배하고 있는 것이다. 또 기하학은 전술에서도 큰 역할을 담당한다. 좁은 의미의 전술, 다시 말해 군대의 운동을 논하는 부문의 기초를 이루는 것은 기하학이다. 그러므로 야전 축성, 진지 구축, 진지 공격의 경우, 각도나 선이야말로 전투의 승패를 결정하는 주된 요소라 할 수 있다. 이러한 기하학적 형식 중에는 잘못 적용된 것도 있는가 하면 또 애들 장난 수준인 것도 있었다. 그럼에도 현대의 전술에서도 전투로 적을 포위하려고 할 경우에는, 기하학적 요소가 현저한 효과를 발휘한다. 이것을 적용하는 방식은 매우 간단하다고 하지만 여전히 되풀이해서 적용되고 있는 것이다. 그러나 모든 일이 요새전보다는 운동성이 풍부하고 정신적인 힘이나 개인적 특성 또는 우연 등의 영향 쪽이 현저한 전술에서는 기하학적 요소는 그다지 유력하지도 않고, 전략에서 그 영향은 미미하다. 확실히 전투력의 배치 형식, 국토의 지세 또는 여러 국가의 위치 등이 많은 영향을 준다는 것은 의심할 여지가 없다. 그러나 기하학적 원리는, 축성술에서만큼 결정적인 의의를 갖지 못하고 또 전술에서만큼 중요하지도 않다. 그런데 기하학적 요소의 영향이 어떠한 방식으로 나타나는가 하는 데 대해서는, 이 영향이 실제로 나타나서 그때마다 많건 적건 간에 고려할 필요가 있는 대목에서 순차적으로 말하기로 하고, 여기에서는 기하학적 요소의 영향에 관해서 전술과 전략 사이에 어떠한 차이가 있는가를 검토해 보고자 하는 것이다.

전술에서는 시간도 공간도 순간적으로 극도로 단축되는 경우가 있다. 만약에 적 부대가 아군 부대의 측면과 배후를 찌른다면, 아군은 바로 퇴로가 차단되는 궁지에 빠지게 된다. 이와 같은 상태에서 전투를 계속한다는 것은 절대로 불가능에 가깝다. 따라서 우리 측은 이 상황으로부터 탈출하든지, 아니면 처음부터 이런 상태에 빠지지 않도록 방법을 미리 강구해 둬야 한다. 이와 같은 목적으로 하는 조합, 즉 여러 기하학적 형식은 처음부터 많은 효과를 발휘한다. 이 효과의 대부분은 이러한 기하학적 형식에서 생길지도 모르는 결과에 대해서, 적으로 하여금 두려움을 품게 하는 데 있다. 따라서 전투력의 기하학적 배치는, 적에게 미치는 영향을 이용하여 우리 측에 유리한 결과를 가져오는 본질적인 요인이 되는 것이다.

그런데 전략에서는 그것이 관계되는 시간 및 공간의 규모가 크기 때문에 기하학적 요소의 영향력은 미약하다. 사격은 어떤 싸움터에서 다른 싸움터까지 이르지 못하고, 또 계획된 전략적 우회가 실현되기 위해서는 수주일 또는 수개월이 소요되는 경우도 드물지가 않다. 또 공간이 매우 넓으므로 최선의 방책을 강구해도 소기의 목적을 달성하는 확률은 매우 적다. 그러므로 전략에서는 이들 조합, 즉 기하학적 요소가 가져오는 효과는 전술의 경우보다 현저히 낮다. 그 대신 어떤 지점에서 실제로 거둔 승리의 효과는 전술에서보다도 훨씬 높다. 그리고 전략에서의 유리한 점은, 일단 얻은 승리를 위협하거나 혹은 이것을 절멸하는 것 같은 불안이 사실로서 나타나기 전에 그 효과를 충분히 발휘하는 것이다. 그래서 우리는 다음과 같은 결론을 명백한 진리로 보는 데 주저하지 않는다. 즉 전략에서는, 약간의 전투를 서로 연계시키는 기하학적 형식보다도 오히려 승리를 얻은 전투의 수효와 그 규모의 대소 쪽이 중요하다고.

그런데 오늘날 전쟁 이론에서 즐겨 주장하는 취지는 이와 정반대의 견해이다. 요컨대 논자들은 이것으로 전략에 보다 더 큰 중요성을 부여할 수 있다고 생각한 것이다. 이리하여 전략은 또다시 고상한 정신적 작용으로 간주되었다. 또 이에 의해서 전쟁을 고상한 사업으로 만들 수 있다고도 생각한 것이다. 뿐만 아니라 그들은, 전쟁과 관련된 개념을 다른 개념으로 바꿔 놓고는 이렇게 해서 전쟁을 더욱 학문적인 것으로 만들었다며 우쭐대는 것이다. 우리는 이렇게 억지로 주장하는 말을 꺾어 버리는 일이야말로 전쟁이론의 건전한 발달을 돕는 일이라고 생각한다. 그런데 이러한 사고방식의 출발점을 이룬 것은, 바로 기하학적 요소라는 개념이었다. 그래서 이 점을 특히 명확하게 논한 것이다.

제16장
군사적 행동 정지

서로가 상대를 격멸하는 행위를 곧 전쟁이라고 본다면, 일반적으로는 양측 모두 상대를 향해 전진할 거라고 생각하지 않을 수가 없다. 그러나 또 이와 동시에, 그때그때의 실제 상황을 살펴보면, 한쪽만 전진하고 한쪽은 상대가 오길 기다리고 있다고도 생각하지 않을 수가 없다. 그리고 이 두 가지 사고방식은 어느 것이나 마찬가지로 필연적이다. 피아의 정황이 완전히 동일한 경우는 있을 수 없고, 또 한때는 같아도 그와 같은 상태가 언제까지나 계속될 리가 없기 때문이다. 피아의 사정은 시간과 함께 각기 변해간다. 그래서 현재의 시간이 한쪽에 유리하면, 다른 한편에는 필연적으로 불리하게 되는 셈이다. 만약에 피아의 장수가 자타의 이러한 정황을 잘 알고 있다고 가정한다면, 거기에서 한쪽 장수에게는 행동을 개시하는 이유가 생기고, 또 그 이유는 동시에 다른 쪽 장수에게는 대기의 이유가 되는 것이다. 따라서 두 군의 장수가 동시에 전진을 유리하다고 인정하는 일은 있을 수 없고, 그렇다고 해서 그들이 동시에 대기를 유리하다고 보는 일도 있을 수 없다. 이 경우에 서로가 상대를 격멸한다는 동일한 목적을 가지면서도 이를 달성하는 수단이 서로 맞지 않는다는 것은, 전쟁에서의 일반적 원리인 양극성으로는 설명할 수가 없다. 따라서 제2편 제5장의 견해와 모순되는 것이 아니다. 여기에서는 동일한 사태가 실제로 두 군 장수의 태도를 각기 결정하는 근거가 되는 것이다. 그리고 그 규정 근거라고 하는 것은 서로에게 장래의 정황이 유리하게 되는가, 그렇지 않으면 불리하게 되는가 하는 개연성이다.

이 점에서 서로의 정황이 완전히 동일해지는 것을 허용하든, 또는 피아의 장수가 서로 상대를 불완전하게밖에 모르기 때문에 이것을 완전히 동등하다고 간주하는 경우를 인정하든, 서로의 정치적 목적은 본디 다르기 때문에 피아간에 군사적 행동의 정지 상태가 생기는 것은 있을 수 없을 것이다. 전쟁에서 한쪽은 정치적 견지로 보아 반드시 공격자여야 한다. 만약에 서로가 방위의 의도를 갖는다고 하면 전쟁은 일어날 수가 없기 때문이다. 그런데 공격자는 적극적 목적을 가지며 방어자는 소극적 목적밖에 갖지 않는다. 따라서 전자가 적극적 행동으로 나오는 것은 당연하다. 적극적 목적은 적극적 행동에 의해서만 달성되기 때문이다. 따라서 서로가 같은 정황에 있다고 해도 공격자는 그의 적극적 목적에 재촉되어 행동을 개시하는 것이다.

이렇게 따져 보면 군사적 행동의 정지라고 하는 것은, 엄밀히 말하자면 전쟁의 본질과 모순되는 셈이다. 피아 양군은 마치 두 개의 서로 융합할 수 없는 원소와 같이 서로를 절멸시키는 것을 그칠 줄 모르기 때문이다. 불과 물은 서로 융합될 수 없다. 어느 한쪽이 완전히 소멸할 때까지는 상대와 싸움을 그치지 않는 것이다. 만약에 두 씨름꾼이 몇 시간이고 서로 맞붙은 채 움직이지 않는다고 하면 관중은 뭐라고 말할까? 군사 행동은 태엽을 감은 시계처럼 한시도 쉬지 않고 운동을 계속하도록 정해져 있는 것이다. 전쟁의 본질은 이처럼 격렬한 것임에도 전쟁은 또 그 성질상 약간의 인간적인 약한 성질과도 결부되어 있다. 그래서 인간은 위험을 추구하며 또 스스로 이를 만들어 내면서도 한편으로 그 위험을 두려워하는 모순된 행동을 하게 되는데, 이것은 아무것도 이상하게 생각할 필요가 없다.

전쟁의 역사를 널리 섭렵하면, 목표를 향해 한결같이 전진하는 행동과는 반대되는 사태가 많음을 알게 된다. 그래서 군사적 행동의 정지와 무위(無爲)가 전쟁이 한창인 와중에서의 피아 양군의 근본 상태이며, 행동은 오히려 예외에 속한다는 인상을 받지 않을 수 없을 정도이다. 이것은 우리의 생각이 옳다는 것을 의심스럽게 만들지도 모른다. 그러나 전사에 자주 기재되는 이런 사건이 우리를 당혹하게 만든다고 해도 최근의 전사가 보이는 일련의 전쟁 사례는, 저절로 우리의 견해에 귀착되고 있는 것이다. 프랑스혁명전쟁[1]은 우리의 견해가 옳다는 것을 실증함과 동시에, 이 견해의 필연성 또한 증명하고도 남음이 있다. 혁명전쟁에서, 특히 나폴레옹이 수행한 여러 전역에서 전쟁 지도는 강력 행위

---

1) 프랑스혁명전쟁(1792~1802).

의 절대적 극한에 이르렀다. 그리고 이 극한이야말로 우리가 전쟁의 본디 법칙이라고 생각했던 것이다. 따라서 이러한 극한은 실제로 가능한 것이다. 따라서 만약에 이 극한이 가능하다면 그것은 또한 필연적이다.

실제로 행동이 목적과 직접 결부되지 않다고 하면, 전쟁에서 막대한 힘을 소진하는 이유를 어떻게 설명하면 좋을까? 제빵 기술자가 화덕에 불을 지피는 까닭은 빵을 만들기 위해서이고, 마부가 말을 마차에 매는 것은 마차를 움직이기 위해서이다. 만일 전쟁에서 겪는 절대적인 고생이 적으로 하여금 우리와 같은 고생을 하게 만들 뿐이라면, 이러한 고생은 무엇 때문에 하고 있단 말인가?

이것이 전쟁에서의 일반적 원리의 설명이다. 다음에 이 일반적 원리가 구체적인 경우에 여러 가지로 변경되는 데에 대해서 살펴보고자 한다. 그러나 그것은 개개의 특수한 경우에서의 변경이 아니라, 전쟁의 본성에 관한 것에만 한정하려고 한다.

본디는 끊임없이 이루어져야 할 군사적 행동을 방해하는 세 가지 원인이 있다. 그리고 이 원인들이 전쟁에서 내부적인 대항력으로 나타나, 태엽 감은 시계처럼 부지런히 움직여야 할 매우 신속하고 끊임없는 행동을 저지한다. 끊임없이 행동을 지체시키려고 하는 경향을 낳고, 이렇게 해서 저지의 원리가 되는 제1의 원인은 인간 정신에 으레 따라다니는 두려움과 우유부단이다. 이것은 정신세계의 하나의 중력(重力)이다. 그러나 이 중력은 인력에 의해서가 아니라 척력(斥力)에 의해서, 다시 말하면 위험과 책임에 대한 두려운 마음에서 생긴다.

전쟁은 끝없이 타오르는 불길과도 같다. 그 불길 속에서 평범한 지휘관이 행동하기란 당연히 힘들어질 수밖에 없다. 그러므로 전쟁터에서의 행동이 길어지면 길어질수록, 그에 따른 장해는 더욱 커지고 빈번해진다. 이 정도의 중압감을 이겨 내려면 전쟁의 목적을 새기는 일만으로는 부족하다. 진취적 정신을 지닌 장수가 마치 물속의 고기처럼 전쟁을 자신의 본령으로 생각하고 군을 통솔하는 것이 아니면, 혹은 중대한 책임이 자신에게 맡겨졌다는 것을 자각하지 못한다면, 군사행동의 정지가 다반사가 되어 전진이 오히려 예외가 된다는 것은 틀림없다.

제2의 원인은 인간의 통찰과 판단이 불완전하다는 데 있다. 이 점은 전쟁이라는 사업에서 가장 두드러지게 나타난다. 전쟁에 종사하고 있는 지휘관은, 현재 자기 자신의 상태가 어떠한 것인지를 정확히 알 수 없다. 또 적의 정보는 대개 감추어져 있기 때문에 매우 부족한 자료들을 바탕으로 추측할 수밖에 없다. 그래서 실제로는 어떤 사태가 한쪽에 매우 유리함에도 서로 동일한 사태를 각기 자기에게만 유리하다고 여기는 경우가 자주 생긴다. 따라서 제2편 제5장에서 말했듯이, 양쪽 모두 공격을 멈추고 다른 기회를 노리는 게 상책이라고 생각하는 경우도 있을 수 있다.

시계 장치의 운동을 제어하는 제동륜(制動輪)처럼 때로는 군사적 행동을 완전히 정지시키는 제3의 원인은, 방어는 공격보다 강력하다고 하는 원리이다. A가 B를 공격하기에는 너무 열세하다고 생각해도, 그렇다면 B가 A를 공격하기에 충분할 정도로 강력하다는 결론은 나오지 않는다. 방어가 공격보다도 강력하다고 하면, 방어 입장을 취하는 것만으로도 방어자에게는 본디 힘(a)에 얼마만큼의 힘(b)이 증가하는 셈이다(a+b). 그런데 공격자 쪽은 공격 때문에 본디 힘(a)에서 얼마만큼의 힘(b)을 잃을 뿐만 아니라(a-b), 방어자가 방어 태세를 취하는 한 얼마만큼의 힘이 더해진 이치이므로(a+b), 피아의 힘의 차이는 《(a+b)−(a-b)=2b》가 되어 유리함은 방어자 쪽으로 기울어진다. 그래서 이와 같은 경우에는 서로가 상대를 공격하기에 열세라고 느낄 뿐만 아니라, 실제로도 공격이 이루어지지 않는 것이다.

그러면 신중한 행동을 현명하다고 보는 생각이나, 중대한 위기를 염려하는 공포의 마음이 전쟁술 한 가운데에서 자리를 차지하여 전쟁에 본래 따라다니는 격렬한 성질을 구속하게 된다.

하지만 위의 3가지 원인만으로는, 아무런 중대한 이해관계도 없이 발발한 전쟁에서 군사 행동이 때때로 정지되었던 사실을 설명한다는 것은 곤란하다. 실제로 당시에는 군사 행동의 정지 상태가 전쟁에 소요된 시간 가운데 10분의 9를 차지했을 정도였다. 이 현상이 주로 한쪽 요구와 다른 쪽 상태 및 군의 기풍이 전쟁 지도에 미치는 영향에서 비롯된다는 것은 전쟁의 본질과 목적을 논한 장에서 이미 설명한 대로이다.

피아의 이러한 사정은, 모두 예사롭지 않은 영향력을 발휘하여 전쟁을 어중간한 상태로 만들어 버린다. 이렇게 해서 전쟁은 무장 중립이 되기도 하고, 피아 사이에서 벌어지고 있는 담판을 지원하기 위한 위협적 자세가 되거나, 남보다 유리한 입장에서 앞으로 다가올 좋은 기회를 붙잡으려는 은근한 시도가 되는 것이다. 또한 동맹조약 때문에 의무적으로 출병하는 경우, 어쩔 수 없이 전쟁에는 참가한다 해도 되도록 힘을 아끼는 경우도 있다.

이러한 모든 경우에 상호 이해관계의 충돌은 완화되며 상대에 대한 적의(敵意)도 미약해진다. 따라서 상대에게 뼈아픈 타격을 줘야겠다는 의지도 약해지고, 서로 상대를 두려워할 필요도 없게 된다. 요컨대 중대한 이해관계 때문에 전쟁을 일으킨 것이 아니기에, 양측의 정부도 굳이 모험을 감행하려 하지 않는 것이다. 그 결과 전쟁 지도는 미지근해져서 본디 전쟁에서 볼 수 있는 적대적 정신을 발휘할 기회가 없다.

이렇게 해서 전쟁이 어중간한 것이 되면, 전쟁 이론은 논지(論旨)의 전개에 필요한 확고한 지점(支點)과 튼튼한 받침대가 결여된다. 그래서 이론에서의 필연적 요건은 점점 상실되고, 이에 반해 우연적 요소가 더욱더 날뛰게 되는 것이다.

그러나 이처럼 어중간한 전쟁 지도에서도, 지휘관의 재지(才智)를 발휘할 여지가 아예 없는 것은 아니다. 아니, 오히려 이런 상황에서 지혜를 한껏 발휘하면 일반적인 전쟁 지도에서보다 더 큰 효과를 얻을 수 있다. 말하자면 큰돈을 거는 커다란 도박 대신에 푼돈을 걸고 사기도박을 하는 것과 같다. 그래서 이러한 전쟁 지도는 마치 전쟁을 장식이라도 하는 것처럼 갖가지 작은 행동을 일으켜서 시간을 때운다. 이를테면 진지한 것인지 장난을 치는 것인지 알 수 없는 전초전, 아무런 얻는 것이 없는 장기간에 걸친 병력 배치, 무의미한 포진이나 행진 등이 이에 속한다. 그런데 시간이 지나면 이러한 설영(設營)이나 행진을 해야 할 시시한 원인이 잊히고, 또 상식도 이에 대해서 어떻게 생각해야 좋을지 모르게 되어, 이러한 방책이 무엇인가 교훈을 포함하는 것처럼 전해 온 것이다. 그런데 이론가들 중에는 이런 시시한 행동에 진정한 전쟁술이 구현되어 있는 것처럼 주장하는 경향이 있다. 그들은 한쪽으로는 옛 전쟁에서의 공격,[2] 방어, 반 찌름, 반에 반 찌름 등에서, 전쟁 이론에서 달성해야 할 목표나 물질에 대한 정신의 우위를 인정하고, 또 다른 한편으로는 최근의 전쟁을 전혀 배울 것이 없

---

2) 이하의 몇 마디는 펜싱 용어. 또 몇 줄 뒤의 플뢰레는 펜싱용 검.

는, 조잡하게 치고 패는 싸움이며 이것을 야만에의 퇴보로 보아야 한다고 주장하는 것이다. 하지만 이런 견해가 일고의 가치가 없다는 것은, 그들이 연구 대상으로 하고 있는 구시대의 전쟁과 마찬가지이다. 확실히 강대한 힘이나 강렬한 격정이 결여된 전쟁에서는, 재빠른 재치를 종횡으로 발휘할 수가 있을 것이다. 그러나 큰 병력을 지휘하여, 전쟁이라고 하는, 말하자면 광란노도 속에서 조타(操舵)를 그르치지 않는다는 것은, 그것만으로도 정신의 보다 고차적인 작용이 아닐까? 플뢰레를 들고 규칙에 따라 싸우는 펜싱과 같은 종래의 전쟁 지도는, 진정한 전쟁 지도에 포괄되어 있는 것이 아닐까? 전자의 후자에 대한 관계는, 배 위에서의 운동과 배 자체의 운동과의 관계와 같은 것은 아닐까? 종래의 전쟁 지도는, 적(敵) 또한 우리 이상으로 나오지 않는다는 암묵적인 조건에서만 성립할 수가 있다. 그러나 적이 앞으로도 이러한 조건을 지켜줄 것인가의 여부를 그 누구도 보증할 수 없다. 과연 프랑스의 혁명군은, 재래의 전쟁술에 안주하던 우리의 오랜 잠을 일깨워 샬론³⁾에서 모스크바까지 오랜 행군을 하지 않았는가? 또 이보다 앞서 프리드리히 대왕은, 구태의연했던 오스트리아군을 급습해서⁴⁾ 오스트리아라고 하는 국가를 뒤흔들지 않았는가? 어정쩡한 정치와 유통이 안 되는 전쟁술을 가지고 적에 부딪치려고 한 정부야말로 불쌍하다. 그 적은, 마치 강폭한 자연력처럼 자기 자신 속에 쌓인 힘을 지배하는 법칙 외의 그 어떤 법칙도 알지 못한다. 전자의 행동과 고난의 부족은 그대로 후자를 유리하게 만든다. 경쾌한 펜싱 경기자의 자세를 호쾌한 역기자(力技者)의 자세로 전환시킨다는 것은 쉬운 일이 아니다. 이러한 역기자의 사소한 일격으로라도 때로는 상대를 완전히 타도하기에 충분하다.

위에 든 세 가지 원인에 비추어 보아 다음과 같은 결론을 얻을 수 있다. 전역(戰役)에서의 군사적 행동은 연속하는 운동이 아니라 단속적(斷續的)인 움직임이다. 따라서 개개의 전투 사이에는 서로 적을 감시하는 시간이 개입된다. 이 시기에는 서로가 방어 태세를 취한다. 그러나 피아의 한쪽이 상대보다 높은 목적을 갖자마자 공격의 원리가 유력해져서 전진적 자세로 변한 공격자는 이 자세

---

3) 샬론(Chalons-Marne)은 파리 동쪽에 있는 도시.

4) 프리드리히는 오스트리아 계승 문제를 계기로, 프로이센의 모든 병력을 끌고 갑자기 국경을 넘어 슐레지엔을 침입했다(1740. 12. 16).

를 계속 유지한다. 즉 이러한 적극적인 목적에 의해서 그의 전쟁 방법에 변화가
생기는 것이다.

제17장
근대전 성격

우리는 여기에서 근대전의 성격을 고찰해야 한다. 이 성격이 무엇인지를 명확히 밝히는 일은 전쟁의 모든 기도(企圖), 특히 전략적 기도에 커다란 영향을 미치기 때문이다.

과거 전쟁에서 자주 사용되던 상투 수단은 나폴레옹의 행운과 용감한 행동 앞에서 빛을 잃고 사라져 갔다. 유럽에서 제일가는 국가들이 나폴레옹의 일격에 파괴된 것이다. 또 에스파냐 국민들은 어땠는가? 그들은 각 군사행동에서 수많은 약점과 허점을 보였지만, 그들은 온 국민이 무장하고 침략자에 대해 반란이라는 수단을 사용하면, 전체적으로 볼 때 절대적인 능력을 발휘한다는 사실을 입증했다.[1]

또, 러시아는 1812년에 벌어진 전쟁에서 다음과 같은 교훈을 가르쳐 주었다. 즉 첫 번째 교훈은 국토가 넓은 나라는 공략하기 어렵다는 점이다(침입자는 전쟁을 일으키기 전에 이 사실을 알고 있었을 것이다). 두 번째 교훈은, 침략당한 나라는 설령 회전(會戰)에서 패배하여 주요 도시나 지방 등을 많이 잃었다고 해도, 그와 동시에 승산까지 잃지는 않았다(과거에는 이것들을 잃으면 만사 끝이라는 원칙이 외교관에게는 부정할 수 없는 원칙이었다. 따라서 이런 경우에는 우선 불리한 강화 조약에도 즉각 응했던 것이다). 만약 적의 공격력이 이미 고갈되었다면, 그때까지 자국 내에서 압박을 받고 있던 군은 갑자기 기세를 올려, 절대적인 힘을 발휘하여 수세에서 공세로 전환할 수도 있기 때문이다.

1813년에 프로이센은 위급에 처하여 나라의 총력을 결집하면 민병으로 군의 상시 병력을 6배로 증가할 수 있었다.[2] 게다가 이들 민병은 국내뿐 아니라 국외

---

1) 나폴레옹에 대한 에스파냐 국민의 저항은 장기간에 걸쳐 계속되었다(1808~13).
2) 라이프치히 회전(1813. 16~19)을 포함한, 같은 해 가을 전역에서의 프로이센 활동을 가리킨다.

의 전투에도 투입될 수 있다는 것을 증명했다.[3] 이러한 사례들은 국가의 힘, 전쟁에 필요한 국가의 모든 힘과 전투력을 담당하는 것은 곧 국민의 용기와 지조(志操)임을 여실히 보여 주는 것이다. 그리고 각국 정부가 이 방책이 얼마나 대단한 것인가를 잘 알고 있다면, 국가의 안위가 위협받거나 또는 정부가 강렬한 명예심에 사로잡히거나 할 때 전쟁에서 이 방법을 쓰지 않을 까닭이 없다.

국민이 총력을 기울여 수행되는 근대전이, 피아의 상비군 사이의 관계만을 기준으로 해서 모든 계획을 세우는 왕년의 전쟁과는 다른 원칙에 따라서 준비되는 것은 당연하다. 그렇지 않아도 기왕의 상비군은 함대와 비슷했다. 따라서 또 육군과 국가와의 관계는, 해군과 국가와의 관계와도 비슷했다. 따라서 그 무렵 육군의 전쟁술은 다분히 해전술(海戰術)과 비슷한 데가 있었다. 그러나 오늘날 육군의 전쟁술은 그와 같은 것을 하나도 남김없이 배제하고 있는 것이다.

---

3) 동맹군은 1814년 봄, 싸움터를 프랑스 국내로 옮겼다.

제18장
긴장과 휴식
전쟁 역학적 법칙

우리는 앞의 제16장에서, 많은 전쟁에서 군사 행동의 휴식 상태나 피아의 정지 상태를 포함한 시간 쪽이, 행동하는 시간보다도 길다는 것을 알았다. 또 앞장에서 말한 바와 같이, 근대전이 왕년의 전쟁과는 다른 성격을 띤다고는 하지만, 근대전에서도 본래의 군사적 행동이 많건 적건 간에 장기간에 걸치는 정지에 의해 중단되는 것이다. 그래서 정지와 행동이라고 하는 서로 상반되는 두 가지 상태를 보다 자세히 고찰할 필요가 있다.

피아에서 군사적 행동이 정지되면, 다시 말하여 피아가 적극적 행동을 원하지 않으면 거기에는 저절로 휴식 상태가 생겨 서로의 힘은 균형을 유지하게 된다. 물론 이것은 가장 넓은 뜻의 균형으로, 단순히 피아 사이의 물리적 정신적 전투력의 균형뿐 아니라, 두 나라의 모든 상태와 이해관계도 균형을 유지하는 것이다. 그런데 어느 한쪽이 새로 적극적인 목적을 설정해서, 이 목적을 달성하기 위해 비록 준비적으로나마 활동을 시작하자마자, 또 적이 이에 대해서 대항을 개시하자마자, 두 나라 사이에는 이내 힘의 긴장이 생긴다. 그리고 이 긴장은 승패가 결정될 때까지, 다시 말하면 한쪽이 그 목적을 포기하든가, 그렇지 않으면 다른 한쪽이 상대의 목적을 승인하지 않을 수 없을 때까지 계속되는 것이다.

그런데 승패를 결정하는 것은 서로의 전투 조합에서 생기는 효과지만, 여하간 이러한 결정에 이어 피아가 어느 쪽 방향으로 향한 운동이 생긴다.

이러한 운동이 그 경우에 극복되어야 할 곤란, 예를 들어 군 내부에서의 마찰에 의해서나, 그렇지 않으면 새로 생긴 그 어떤 대항물에 의해서 소멸하면 다시 휴식 상태가 생기든가, 그렇지 않으면 다시 새로운 긴장이 발생해서 승패의 결정에 직면하게 된다. 그러면 또 새로운 운동이 대개 전과는 반대 방향으로 개시되는 것이다.

피아 간의 이와 같은 균형과 긴장 및 운동은 이론적 구분에 지나지 않지만, 그러나 실제로도 이것이 군사 행동에 중요하다는 것은 물론이다.

휴식과 균형 상태에서도 여러 가지 군사적 행동이 이루어진다. 그러나 그것은 우발적 원인에서 일어난 것에 지나지 않으며, 서로의 관계에 현저한 변화를 생기게 하는 것을 목적으로 하지는 않았다. 하기야 이런 행동이 중요한 전투, 경우에 따라서는 주전(主戰)이라고 할 수 있는 전투까지도 포함하는 일도 있다. 그러나 그렇다고 해서 이러한 행동은 본디의 군사적 행동과는 전혀 성질이 다르고 또 대개의 경우 그 효과도 다르다.

피아 간에 긴장이 생길 경우, 결전의 효과는 더욱 커진다. 이러한 긴장 상태에서는 의지력과 사태의 긴박이 더욱더 현저하게 나타나고, 또 모든 것이 대규모 운동을 위해 준비되고 정비되기 때문이다. 이 경우에 결전은, 말하자면 화약을 장전(裝塡)해서 땅 속에 묻은 지뢰의 폭발 효과와 비슷하다. 이와 달리 그 자체로서는 아마도 이에 못지않게 중요한 사건이라도, 휴식 상태에서는 공중에서 헛되이 파열한 화약 덩어리와 같은 것이다.

또 긴장 상태도 여러 정도가 있다고 생각해야 한다. 따라서 긴장 상태가 많은 단계를 거쳐서 휴식 상태로 접근하여, 마침내는 휴식과 거의 다르지 않은 상태가 되는 일도 있다.

이상의 고찰에서 매우 중요한 두 건의 이익을 도출해 낼 수가 있다. 즉 첫째는, 긴장 상태에서 사용되는 수단은 균형 상태에서의 동일한 수단보다도 효과가 크다는 것이고, 두 번째는, 이러한 수단의 중요성은 긴장의 정도가 최고에 이르렀을 때 가장 커진다는 것이다.

호흐키르히[1]의 회전보다도, 예를 들어 발미[2]에서의 포격 쪽이 많은 것을 결정했던 것이다.

---

1) 호흐키르히(Hochkirchi). 작센의 상부 라우쟈츠 지방의 마을. 7년 전쟁에서 오스트리아군은 이 회전(1758. 10. 14)에서 프로이센군을 급습해서 승리를 거두었다.
2) 발미(Valmy). 동 프랑스의 고지 마을. 프랑스혁명군은 발미의 고지에서 프로이센의 침입군을 포격해서 이것을 격퇴했다.(1792. 9. 20).

적이 방어할 수 없게 되었기 때문에 아군의 수중으로 들어온 지역의 경우와, 적이 현재보다도 유리한 상태에서 결전을 하려고 하는 의도 아래 퇴각하는 경우와는 아군의 병력 배치가 전혀 달라져야 한다. 전략적 공격이 한참 진행되고 있을 때, 아군이 결함이 있는 진지를 설치하거나 단 한 번의 잘못된 행군을 하거나 하면, 불리한 결과를 초래한다는 것은 결정적이다. 그런데 피아 사이에 균형 상태가 유지되면, 그것이 유별난 행동이 아닌 한 이러한 과실을 저질러도 특별히 적의 행동을 유발할 염려는 없다.

앞서 말한 대로 옛날 대부분의 전쟁은, 시간의 대부분을 이와 같은 균형 상태에서 지냈다. 또는 적어도 적과의 관계가 소원한, 따라서 상호 작용이 매우 약한 긴장 상태에서 지냈다고도 할 수 있다. 회전이든, 전투이든, 큰 성과를 올리는 일이 드물었다는 이유는 바로 여기에 있다. 예를 들어 여제(女帝)의 생일을 축하하기 위해서[3](호흐키르히), 혹은 싸움터에서 잃은 명예를 회복하기 위해[4](쿠네르스도르프), 혹은 또 장수의 허영심을 만족시키기 위해[5](프라이베르크) 거행된 회전이 바로 이것이다.

이 두 가지 상태를 잘 식별해서, 또 각 상태의 진상을 간파해서 임기응변으로 행동하는 재간을 가지고 있다는 것은 장수에게 매우 중대한 요건이다. 우리는 1806년의 전역[6]에서, 우리 쪽 장수에게 이 요건이 매우 결여되어 있었다는 것을 경험했다. 모든 것이 주요 결전에 집중되었고, 또 이 결전은 결과에 비추어 보아 장수의 전심전령(全心全靈)이 경주되어야 할 긴장 상태 속에서, 이러한 결전에 대한 방책이 제의되어 또 그 일부가 실시되기도 했지만(프랑켄 지방에 대한

3) 오스트리아의 여제 마리아 테레지아(1717. 5. 13~80. 11. 29)의 생일을 축하기 위하여 오스트리아군이 저지른 호흐키르히의 회전.

4) 쿠네르스도르프(Kunersdorf)는, 오데르 강변의 프랑크푸르트 동쪽 마을. 7년 전쟁에서 러시아–오스트리아 동맹군은 이 회전(1759. 8. 12)에서 프로이센군을 무찔렀다. 이보다 앞서 프로이센군은 러시아군에 패하여, 프리드리히 대왕은 이 불명예를 벗기 위해 도전한 것인데 참패하여 도망갔다.

5) 프라이베르크(Freiberg). 작센의 도시. 이곳의 회전(1762. 10. 29)에서 프로이센군은 오스트리아군에 대승했다.

6) 예나 및 아우에르슈테트의 회전(1806. 10. 14)을 포함한 전역. 예나의 회전에서 프로이센군은 나폴레옹 때문에 크게 패배했고, 또 같은 날 아우에르슈테트의 회전에서도 참패했다.

정찰),[7] 그러나 이러한 방책은 균형 상태에 안주하던 프로이센군에 기껏해야 가벼운 진동을 일으키는 데 지나지 않았다. 쓸데없이 혼란을 초래하여 행동력을 소모시키는 방책과 고찰에 허송세월을 했기 때문에, 유일한 구제를 가져오는 데 필요한 방책을 놓치고 만 것이다.

이것으로 우리는 피아 사이의 균형과 긴장 및 서로에게 생기는 운동에 관해서 이론적인 구별을 시도해 보았다. 이 구별은, 우리가 앞으로 전쟁 이론을 더욱 전개하기 위한 요건이다. 우리가 공격과 방어의 관계에 대해서, 또 이 두 가지 행동의 실시에 관해서 말해야 했던 모든 것은, 모두 위험 상태—다시 말하면 긴장과 운동에 시종하는 여러 힘의 상태에 관계하기 때문이다. 또 우리는 균형 상태에서 이루어지는 모든 활동을, 본디 긴장 상태에서 일어난 부수적인 것으로 보고, 또 그와 같은 것으로서 다룰 작정이다. 실제로 이와 같은 위기 상태야말로 본디의 전쟁이며, 균형 상태는 이 긴장 상태의 단순한 반영에 지나지 않는 것이다.

---

7) 프랑켄(Franken). 마른강 중류에서 상류에 이르는 지방. 프랑코니아(Franconia)라고도 불린다.

제4편

전투

제1장
개관

전편에서는 전쟁에서의 효과적인 여러 요소를 고찰했으므로, 본편에서는 전투 그 자체를 살펴보려고 한다. 전투는 본디 군사적 행동이다. 그리고 전쟁의 모든 목적은 이 군사적 행동에서 생기는 물리적, 정신적 효과 안에 단순한 혹은 복잡한 방식으로 포함되어 있다. 따라서 전편에서 고찰한 여러 요소는 모두가 이 군사적 행동과 거기에서 생기는 효과 안에 다시 나타나게 된다.

전투의 구조는 본디 전략적인 성질을 가졌다. 그런데 전체적 현상으로서의 전투가 어떠한 것인가를 알기 위해서는, 전투 구조를 일반적으로 고찰하는 것만으로도 족하다. 그러나 구체적인 전투가 각기 특수한 형태를 취하게 된다는 것은 물론이다. 그리고 개개의 전투에 이와 같은 특수적 형태를 부여하는 것은, 각 전투에 대해서 설정된 직접 목적 때문이다. 이러한 직접 목적이 어떠한 것인가에 대해서는 나중에 살펴보기로 한다. 그러나 개개 전투의 특수성은, 전투의 일반적 특성에 비하면 그리 중요하지가 않다. 이들 특수성은 어느 것이나 서로 비슷하므로, 특수한 경우에 대해서 말하기 전에 우선 일반적인 것을 고찰해 둘 필요가 있다. 그렇게 되면 이러한 일반적인 것이 나타날 때마다, 되풀이해서 여기에 언급하지 않아도 되기 때문이다.

그래서 우선 다음 장에서는, 근대 회전(會戰)의 전술적 경과가 어떠한 성격의 것인가에 대해서 잠깐 살펴보고자 한다. 전투에 관한 우리 생각의 밑바탕에는, 항상 근대의 회전이라는 개념이 존재하기 때문이다.

제2장
근대 회전의 성격

앞서 우리는 전술 및 전략의 개념을 규정했다. 이들 개념에 따르면 전술의 성질이 변화하면 그 영향이 전략에도 미친다는 것은 자명한 일이다. 따라서 어느 시대의 전술적 현상이 다른 시대의 그것과 전혀 다른 성질을 지닌다면, 전략적 현상의 성격도 이에 따라 변화할 수밖에 없다. 그렇지 않으면 그 전략적 현상은 합리성과 적합성을 잃어버릴 것이다. 그래서 전략에서의 주력 전투의 사용이 어떤 것인지를 논하기 전에 주력 전투 그 자체의 근대적 성격을 명백히 할 필요가 있다.

도대체 근대의 대회전에서 일반적으로 어떠한 일들이 생기는가? 먼저 피아 두 군은 각 부대를 좌우 혹은 전후로 질서정연하게 배열한다. 다음에는 군대 중에서 비교적 소수 부대를 전개하여 두어 시간에 걸친 화력전을 펼치는데, 그 동안에도 가끔 보병의 총검 돌격이나 기병의 습격 등을 이용하여 화력전을 중단한다. 이렇게 해서 전황은 일진일퇴를 거듭한다. 그리고 최초의 전투 부대가 전투적 정열을 모두 불살라서 더 이상 싸울 기력이 없어지면, 그 부대는 후퇴하고 다른 부대가 교대해서 싸운다.

따라서 근대의 회전은, 마치 물에 젖은 화약이 천천히 타들어 가는 것처럼 완만하게 진행된다. 그러다가 밤의 장막이 내리면 전투는 중단된다. 더 이상 육안으로는 사물을 볼 수 없고, 또 맹목적인 우연에 몸을 맡기기를 원하지 않기 때문이다. 그러면 피아는 각기 자기와 적군에 대해서 이미 사화산처럼 의기소침한 부대를 제외하고 아직은 충분히 사용할 수 있는 장병의 수를 센다. 또, 전투에서 획득했거나 상실한 땅의 다과(多寡)를 계측하고, 그와 동시에 배후가 안전한가의 여부를 확인한다. 더 나아가서 또 피아의 군의 용기와 겁, 현명과 우둔에 대해서 알 수 있었다고 여겨지는 개개의 인상을 정리해서 하나의 종합적

인상으로 집약한다. 그러면 이 집약적 인상에 입각해서 싸움터에서 철퇴할 것인가, 그렇지 않으면 이튿날 아침 다시 전투를 개시할 것인가의 결단이 생기는 것이다.

이상의 묘사는 근대 회전의 완성도가 아니라, 말하자면 회전의 색조(色調)를 나타내 보려고 시도한 데 지나지 않는다. 그러나 이 묘사는 공격자와 방어자 모두에 해당되는 것이다. 또 이러한 묘사 속에 회전의 목적, 회전지(會戰地)가 된 토지 등에 의해서 구체적으로 규정된 개개의 특징을 그려 넣어도 그 색조가 근본적으로 바뀌는 일은 없다.

그러나 근대의 회전이 우연히 이런 모습을 띠게 된 것은 아니다. 회전이 이런 형태로 변한 까닭은 다음의 2가지 이유가 있었기 때문이다. 첫 번째 이유는, 교전국 양측의 군사시설 및 전쟁술이 동등한 수준까지 도달해 있다는 사실이다. 두 번째 이유는, 전쟁이 국민의 중대한 이해관계의 독촉을 받아 그 격렬성을 노출하여 전쟁의 고유한 길을 매진하게 되었다는 것이다. 이 두 가지 조건이 존속하는 한 회전은 위와 같은 성격을 유지할 것이다.

근대의 회전에 관한 이와 같은 일반적 개념은, 나중에 회전의 조건으로서 병력, 지형 등의 가치를 규정하려고 할 경우 한두 번 아니게 쓸모가 있을 것으로 생각한다. 그런데 위에서 한 묘사는, 일반적으로 대규모의 결정적 전투와 이에 가까운 전투에만 해당된다. 근대의 소규모 전투도 역시 그 성격을 바꾸고 있다는 것은 큰 전투의 경우와 마찬가지이지만 그 변모는 큰 전투만 못하다. 이에 대한 증명은 전술에 속하는 것이나, 언젠가 이 문제를 좀 더 명확히 밝힐 기회가 있을 것이다.

제3장
전투 일반

전투야말로 본디 군사적 행동이고, 그 밖의 모든 것은 이러한 군사 행동의 단순한 수단에 지나지 않는다. 따라서 우리는 전투의 본성을 상세하게 고찰해 보고자 한다.

전투는 투쟁이며, 이 투쟁의 목적은 적의 격멸 또는 정복이다. 개개의 전투에서 적이라고 하는 것은 아군에 대항하는 상대 전투력을 말한다.

이것이 전투의 가장 단순한 개념으로, 나중에 다시 이곳으로 돌아오게 될 것이다. 그러나 이에 앞서 전투에 관한 다른 개념을 몇 가지 고찰해 둘 필요가 있다.

국가와 그 군사력을 합쳐서 하나의 단위로 보아도 된다면, 이번에는 전쟁 전체를 하나의 대규모적인 전투로 간주하는 것은 매우 자연스러운 생각이고, 또 실제로도 미개 민족에서의 단순한 사정에서 생기는 전쟁은, 이것과 그다지 다른 데가 없다. 그러나 현대의 전쟁은, 동시적, 계시적(繼時的)으로 이루어지는 크고 작은 전투로 이루어져 있다. 이와 같이 군사적 행동이 다수의 전투로 분해되는 이유는 전쟁을 발생시키는 사정이 현저하게 다종다양한 데 있다.

현대 전쟁의 궁극적 목적, 즉 정치 목적부터가 반드시 단순하다고 말하기가 곤란하다. 또 비록 단순하다고 해도, 군사적 행동은 많은 조건이나 고려와 결부되어 있기 때문에, 정치적 목적은 이미 단 하나의 대규모적인 군사적 행동에 의해서 달성되는 것이 아니라, 크고 작은 많은 군사적 행동이 서로 조합해서 이루는 전체적 행동에 의해서만 성취된다. 요컨대 개개의 군사적 행동(전투)은 어느 것이나 이 전체의 일부를 이루는 것으로, 또 이들 행동에는 각각 특수 목적이 설정되어, 이 특수 목적에 의해 이러한 전체와 결부되는 것이다.

앞서 말한 바와 같이 그 어떤 전략적 행동도 결국은 전투라고 하는 개념에 귀착한다. 전략적 행동은 전투력의 사용 바로 그 자체이고, 또 전투력 사용의 바닥에는 반드시 전투의 개념이 존재하기 때문이다. 이와 같이 전략의 영역에서는 모든 군사적 행동을 단위로서 개개의 전투로 환원할 수가 있다. 따라서 우리는, 이러한 개개의 전투에 대해서 설정된 특수 목적을 고찰하는 것만으로 족하다. 또 이러한 특수 목적이 어떠한 것인가는, 이들 목적을 생기게 한 사정을 논함에 따라 차차 명백해질 것이다. 우선 여기에서는 전투란 그 대소를 불문하고 제각기 그 특수 목적, 즉 전체에 종속되는 특정한 목적을 지니고 있는 것만을 말해 두면 충분할 것이다. 그러면 적의 격멸 또는 정복은, 이 특수 목적을 달성하기 위한 수단으로 간주해도 좋고 또 실제로도 그러하다.

그러나 이 결론은 형식적으로만 옳으며 전투에 관한 각종 개념들 사이의 관계를 고찰할 때 중요하다는 것에 지나지 않는다. 그런데도 여기서 이 결론을 든 것은 나중에 이에 대해서 다시 설명하는 번거로움을 피하기 위해서이다.

도대체 적을 정복한다는 것은 무엇을 의미하는가. 그것은 언제나 적의 전투력을 격멸하는 일일 것이다. 이 경우에, 적에게 직접 상처를 입히거나 죽이는 방법을 쓰든, 그 밖의 다른 방법을 쓰든 상관없다. 또 완전한 격멸인가, 그렇지 않으면 적이 전투를 계속할 의지를 포기할 정도로 해 두는가도 문제가 되지 않는다. 그렇다면 전투의 특수한 목적을 도외시한다면, 적의 전투력의 전부 혹은 일부분을 격멸하는 것이 곧 전투의 유일한 목적이라고 할 수 있다.

그래서 우리가 말하고 싶은 것은, 대개의 경우 특히 대규모 전투의 경우에는 특수한 목적, 즉 그 전투에 특수성을 부여하여 이를 전쟁 전체와 결부시키는 목적은, 모든 전투에 통하는 일반적 목적을 약간 손질한 것이거나, 그렇지 않으면 이 일반적 목적과 결부되어 있는 부목적에 지나지 않는다. 전투에 특수성을 부여한다는 것은 확실히 중요하지만, 일반적 목적에 비하면 미미하다. 따라서 이러한 부목적만이 달성되었다 해도, 그것은 일반적 목적의 일부분, 그것도 그다지 중요하지 않은 부분이 달성된 데 지나지 않는다는 것이다. 이 주장이 옳다면 적 전투력의 격멸은 단순한 수단이며, 또 본디 목적은 전투의 특수한 목적과는 다른 것이라는 우리의 생각은, 적어도 형식적으로는 참이라고 하는 것을 알 수 있을 것이다. 또 적 전투력의 격멸은, 전체적 목적 안에 이미 포함되어 있다는 것, 그리고 특수한 목적은 이 일반적 목적을 약간 손질한 것에 지나지 않는다는 것에 유의하지 않으면 잘못된 결론에 도달할지도 모른다는 것도 분명할 것이다.

전쟁에 한 획을 그은 프랑스혁명 이전에는 이것이 전적으로 망각되어 있었다. 그래서 전쟁 이론에 그릇된 견해가 도입되었을 뿐만 아니라, 전쟁의 원래 도구인 전투, 즉 적 전투력의 격멸은 필요하지 않을 뿐만 아니라, 전쟁 이론은 전투라고 하는 천한 수작업의 영역을 벗어나 전쟁을 더욱더 고상한 것으로 만들 수가 있다고 생각했다. 그래서 이 잘못된 생각을 조장하는 것 같은 여러 경향이나 체계의 단편 등이 안출된 것이다.

전쟁 이론에 관하여 이런 체계가 만들어진 것은, 따로 몇 가지 잘못된 전제가 사용되었기 때문이며, 또 적 전투력의 격멸을 다른 것으로 대체하여 이것에 무엇인가 훌륭한 효과가 있다고 잘못 생각했기 때문이다. 우리는 앞으로 이러한 대체물이 불가하다는 것을 기회 있을 때마다 논박할 생각이다. 하지만 여기에서 전투 그 자체의 중요성과 참다운 효과를 검토한 연후가 아니면, 다시 말하면 형식적 진리에 따르는 것만으로는 본론에서 벗어날 염려가 있기 때문에 이것을 우선 경계한 연후가 아니면, 전투에 관한 논의를 진행시킬 수가 없다.

대부분의 중요한 전투에서 적 전투력의 격멸이 주요 수단이라고 하는 주장을 어떻게 증명할 것인가? 실제로 다른 한편에는 매우 치밀한 사상이 있다. 그것은, 적 전투력의 작은 부분을 직접 격멸한다는 상당히 교묘한 방법을 사용하여 보다 큰 규모의 간접적 격멸이 가능하다 여기고, 혹은 소규모이기는 하지만 상당히 교묘하게 실시된 공격으로 적 병력의 운동을 봉쇄하며, 또 적의 의지를 이쪽이 생각한 대로 조종하는 방식을 승리의 첩경이라고 보는 생각이다. 어떻게 하면 우리는 이러한 치밀한 사상에 대항할 수 있을까? 확실히 어떤 지점에서 벌어지는 전투의 가치는, 다른 지점에서 벌어지는 전투의 가치보다 크다. 또 전략상 전투를 어떻게 조합하고 배합하느냐에 따라서도 결과가 달라진다. 심지어 전략이란, 전투를 교묘하게 조합하는 기술에 지나지 않다고까지도 말할 수 있다. 우리로서도 이런 사실들을 부정할 생각은 없다. 하지만 우리는, 적의 전투력을 직접 격멸하는 것이야말로, 그 어떤 상황에서든 가장 중요한 요건이라고 주장하고 싶다. 요컨대 우리가 최고의 중요성을 부여하고자 하는 것은 바로 이 격멸 원리이지 다른 것은 아니다.

그런데 우리는 지금 전략을 논하고 있지 전술을 논하고 있는 것이 아니다. 따라서 전술적 수단, 즉 될 수 있는 대로 적은 힘을 소비해서 될 수 있는 대로 많은 적 전투력을 격멸하는 수단을 강구하고 있는 것이 아니다. 우리가 여기에서 말하는 적 전투력의 직접적 격멸이란, 거기에서 생기는 전술적 성과를 의미한다. 따라서 우리의 주장은, 전략적 성과가 크기 위해서는 전술적 성과가 커야한다는 것을 말하고 있는 것이다. 앞서 보다 명확하게 말한 바와 같이, 전쟁 지도에서 가장 중요한 것은 전술적 성과라야 한다는 것을 주장하고 싶은 것이다.

이 주장을 증명하는 일은 상당히 쉬워 보인다. 증명의 요점은, 공격 준비에 소요되는 시간의 장단에 있다. 전투의 복잡한(치밀한) 조합이 시간을 필요로 하는 것은 물론이다. 그런데 단순한 공격과 복잡하고 치밀한 공격 중 어느 쪽이 더 큰 효과를 거두는가 하면, 적을 수동적인 대상으로 간주하는 한에는 당연히 후자일 것이다. 그러나 방금 설명했듯이 복잡한 공격은 단순한 공격보다 준비하는 데 시간이 많이 걸린다. 또 이 시간을 확보하기 위해서는, 아군의 일부에 가해진 적의 반격이 아군의 공격 준비를 방해하는 일이 되어서는 안 된다. 만약 적이, 단시간 내에 실시되는 단순한 공격을 결의한다면, 그들은 선제 공격으로 기선을 제압하여 우리 측의 대규모 계획을 방해할 수가 있다. 그러므로 복잡한 공격의 가치를 결정하기 위해서는, 우리 측이 공격 준비 도중에 겪어야 할 모든 위험을 아울러 고려해야 한다. 그렇게 되면 복잡한 공격을 실시할 수 있는 것은, 아군의 공격 준비가 적이 감행하는 단시간의 공격에 의해서 방해될 염려가 없는 경우에만 한정된다. 그리고 만약 적으로부터 단시간 내에 공격받을 위험이 있는 경우에는, 우리 측도 역시 단시간 내의 공격을 선택해야 하며, 또 적의 성격과 사정 및 정황에 따라 필요한 만큼, 본의는 아니지만 이 방침에 따라야 한다. 실제로 추상적 개념이 구성하는 믿을 수 없는 환상을 버리고 구체적인 현실 생활에 몸을 던진다면, 용맹 과감한 적은 신속한 행동으로 우리 쪽을 공격하여 원대하고 치밀한 계획을 사용할 틈을 우리에게 주지 않을 것이다. 그런데 이러한 적에 대해서 바로 교묘한 술책이 무엇보다 필요한 것이다. 이것으로 보면 단순한 직접적 공격에 의한 효과가, 복잡한 공격에 의한 성과보다 훨씬 낮다는 것은 이미 명백한 것으로 여겨진다.

하지만 그렇다고 해서 단순한 공격이 가장 좋다고 말하는 것은 아니다. 우리가 말하고자 하는 것은 복잡한 공격 준비는 시간 여유가 있는 범위 내에서만 해야 한다는 것, 또 적이 전투적이라면 우리도 더욱더 직접적인 투쟁으로 맞서야 한다는 것이다. 따라서 복잡한 계획을 짜서 적을 능가할 필요는 없으며, 그보다는 오히려 그 반대 방향, 즉 단순한 공격 계획으로 적에게 선제공격을 하도록 노력해야 한다는 것이다.

복잡한가 그렇지 않으면 단순한가 하는 양쪽의 핵심을 살펴보면, 한쪽에는 지혜가 있고 다른 한쪽에는 용기가 있다는 것을 알 수가 있다. 그런데 중간 정도의 용기와 뛰어난 지혜를 겸비하면, 중간 정도의 지혜와 뛰어난 용기를 겸비하는 것보다도 현저한 효과를 나타낼 수 있을 것이 아니냐고 생각하고 싶어 한다. 그러나 이 두 요소의 관계를 무리하게 불균형하게 생각하지 않는 한, 전투라고 하는 위험한 영역에서 지혜를 용기보다 더 가치가 있다고 인정하는 것은 결코 정론이라고 할 수는 없다. 이 영역은 바로 용기의 본령이라고 보아야 하기 때문이다.

이상이 우리가 시도한 추상적 고찰이다. 경험이라고 해서 이와는 다른 결론을 주는 것이 아니라 오히려 경험이야말로 우리를 이 방향으로 끌어넣어, 이러한 고찰을 시도하게 한 유일한 원인이라는 것을 우리는 덧붙여두고자 한다.

공평한 시각으로 전쟁의 역사를 살펴보는 사람은, 모든 무덕 중에서도 전쟁 지도에 임하는 지휘관의 뛰어난 수행력이야말로 늘 군인의 명예와 군사상의 성공에 가장 큰 공헌을 하고 있다는 확신을 품지 않을 수가 없을 것이다.

우리가 주장하는 원칙, 즉 적 전투력의 격멸이야말로 전쟁을 통해서 뿐만 아니라 개개의 전투에서도 가장 중요하다고 여기는 원칙을 어떻게 적용하는가, 또 전쟁을 일으키게 한 사정이 투쟁에서 필연적으로 요구하는 모든 형식과 조건에 이 원칙을 적용하기 위해서는 어떻게 하면 좋은가에 대해서는, 나중에 이야기하기로 한다. 이 장의 목적은, 전투에 그 일반적 중요성을 부여하는 데에 있었다. 그래서 이 결론을 가지고 다시 전투 문제로 되돌아가고자 한다.

제4장
전투 일반(이어서)

　제3장에서 다룬 내용은 적 전투력의 격멸이 곧 전투의 목적이라는 것을 줄 곧 주장하여, 이것이 대다수의 전투, 특히 대규모의 전투에서 참이라는 것을 새삼 추상적인 고찰로 증명하려고 시도했다. 적 전투력의 격멸은 항상 전쟁에서의 가장 중요한 일이기 때문이다. 그래서 적 전투력의 격멸이라고 하는 이 일반적 목적과 함께, 많건 적건 간에 전투에 영향을 주는 구체적인 특수 목적에 대해서는, 다음 장에서 그 특성을 일반적으로 말하고 이어 그것이 어떠한 것인가를 차차 자세하게 구명해 보려고 한다. 이 장에서는 우선 개개전투의 특수 목적을 전적으로 도외시하고 적 전투력의 격멸을 전투의 완전무결한 목적으로서 고찰해 보고자 한다.

　적의 전투력을 격멸한다는 것은 도대체 무엇을 의미하는가. 그것은 전투에 의한 적의 전투력 감소가, 아군의 전투력 감소보다도 비교적 크다는 것을 가리킨다. 아군이 수적으로 적보다 우세할 때, 피아 손실의 절대량이 같을 때에는, 아군의 손실은 적의 손실보다도 비교적 적으므로 이미 그것만으로도 아군에 유리하다고 할 수가 있다. 그러나 이 장에서는 전투를 고찰함에 있어 그 일반적 목적 이외의 목적을 모두 도외시하고 있으므로, 적 전투력을 보다 대규모로 격멸하기 위해 전투를 간접으로 사용하는 경우의 목적 또한 배제해야 한다. 그러면 피아 상호 간에 이루어지는 파괴적 활동에 의해서 직접 회득한 이익만이 전투의 목적으로 간주되어도 좋다. 즉 이 목적만이 전체 전역의 득실을 통산한 경우에 플러스로서 남고, 또 전역 마지막에서 항상 순익이 되는 절대적 이익인 것이다. 이 이외의 방법으로 얻은 승리는, 우리가 여기에서 도외시하려고 하는 특수 목적에 의한 것으로 그때만의 상대적 이익을 주는 데 지나지 않을 것이다. 다음에 드는 실례는 이것을 잘 말해주고 있다.

예를 들어 우리가 교묘한 병력 배치로 적을 불리한 상황에 몰아넣었기 때문에, 적은 자진해서 위험을 저지르지 않는 한 이미 전투를 계속할 수 없게 되고 몇 차례의 저항을 시도한 뒤 퇴각했다고 하면, 아군은 이 지점에서 어떻든 승리를 얻었다고 해도 좋다. 그런데 우리가 이 승리를 거두기 위해 적과 같은 비율로 전투력을 잃었다고 한다면, 전역을 결산했을 때 이러한 승리로부터는—이와 같은 성과로도 승리라고 할 수 있다면—아무것도 남지 않을 것이다. 따라서 이런 승리, 다시 말하면 전투를 계속하려고 하는 의지를 포기하지 않을 수 없는 상태로 적을 몰아넣는 것만으로는, 그 자체로서는 전혀 문제가 되지 않고, 따라서 또 이것을 우리가 정의한 전투의 목적으로 볼 수는 없다. 그러면 이 경우에 참다운 이익으로서 남는 것은, 위에서 말한 대로, 우리 쪽이 피아 상호 간의 파괴적 활동에 의해 획득한 직접 이익밖에 없는 것이 된다. 그런데 이 이익에는 전투의 경과 중에 생긴 적의 손실뿐 아니라, 적이 패퇴한 뒤에 퇴각의 직접 결과로써 생긴 손실 또한 들어 있는 것이다.

전투 중 물리적 전투력의 손실에 관해서는, 패자와 승자 사이에 큰 차이가 생기는 예는 오히려 드물다. 때로는 그 차이가 없을 수도 있고 오히려 승자 쪽의 손실이 큰 경우까지도 있다. 그럼에도 패자가 입는 가장 결정적인 손실은 퇴각과 동시에 시작된다. 이 경우에 승자 쪽에는 이러한 손실이 생기지 않는 것은 물론이다. 이것은 경험에 의해 널리 알려진 사실이다. 이미 타격을 받은 보병 대대의 패잔병들은 적의 기병대에 의해 산산이 부서진 화포나 화약 수레는 길가에 버려질 테고, 그나마 멀쩡하던 차량도 험한 퇴로를 지나다가 적의 기병대에게 공격받을 것이다. 그러다가 밤이 되면 도주하던 병사들은 길을 잃고 헤매다가 적의 손아귀에 떨어질 것이다. 이와 같은 대대적인 승리는 전투에서 이미 승패가 결정된 뒤에 비로소 구체적인 모양을 취하게 된다. 이것은 불가능한 것처럼 보이지만 그와 같은 의문은 다음과 같이 생각하면 곧 해결될 것이다.

물리적 전투력의 손실은 전투 과정에서 피아 양측이 입는 유일한 손실은 아니다. 이럴 경우 정신적 전투력도 또한 타격을 받아, 이윽고 좌절해 마침내 괴멸되어 사라지는 것이다. 전투를 계속할 수 있느냐 없느냐를 결정할 때에는 병사, 마필, 화포 등의 손실뿐만 아니라 군의 질서, 장병의 용기와 신뢰, 부대 간의 연계 및 작전 계획 등의 결함도 손실로서 고려된다. 특히 정신적인 힘은 이러한 경우 결정적인 것이 된다. 피아가 같은 정도의 손실을 입고 있는 경우, 승패를 가름하는 것은 바로 정신력이기 때문이다.

양측의 물리적 손실 비율을 전투 도중에 계측한다는 것은 어려운 일이다. 그러나 정신적 손실 비율을 계산하는 것은 별로 어렵지 않다. 정신적 손실을 나타내는 것으로는 주로 두 가지 사항이 있다. 즉, 하나는 전투 지역의 상실이며 다른 하나는 상대 측 예비의 우세이다. 우리 측의 예비가 적의 예비에 비해 훨씬 많이 소모되어 있다면, 그것은 전투에서 적과 대항하기 위해 그만큼 아군의 병력을 소비했다는 것을 말한다. 이미 여기에 적측의 정신적 우세의 명백한 증거가 있다. 이와 같이 일목요연한 증거는 아군 측 장수의 마음에 어떤 종류의 초조와, 그가 이끄는 군대를 하찮게 보는 마음마저 무의식적으로 품게 된다. 하지만 무엇보다도 심각한 일은 따로 있다. 즉 지금까지 끊임없이 싸워 온 모든 전투 부대가 피로로 인해 마치 타다 남은 재처럼 지친다는 점이다. 실제로 이 부대들은 이미 탄약을 다 쓰고 심신 모두 소모되었으며 용기도 잃어버린 상태이다. 이러한 군대를—수의 감소를 별도로 하고—하나의 유기체로 본다면, 그것은 이미 전투 전의 발랄한 생기를 간직하고 있지 않은 것이다. 요컨대 정신적 힘의 손실은, 소비된 예비라는 눈금에 의해서 마치 자로 재듯이 정확하게 측정된다.

그러므로 보통 전투 지역의 상실과 새로운 예비의 부족이 퇴각을 결정하는 2가지 주요 원인이 된다. 하지만 우리는 부대 간의 연계나 작전 계획 등 다른 원인들을 완전히 배제하거나 경시할 생각은 없다.

요컨대 전투란 피아의 물리적 및 정신적 힘을 유혈에 의한 파괴적인 방식으로 청산하는 투쟁이 아닐 수 없다. 그리고 전투의 마지막에 이 두 가지 힘의 잔고를 보다 많이 보유하는 쪽이 바로 승자인 것이다.

이와 같이 전투에서는 정신적 힘의 손실이 패전의 주요 원인이 된다. 그리고 한번 패전이 되면 이 손실은 더욱더 증대하여 모든 군사적 행동의 마지막에는 그 정점에 이른다. 따라서 정신적 힘의 손실은, 전투의 본디 목적인 물리적 힘의 파괴를 촉진하는 수단이 되기도 한다. 군의 질서와 통일이 상실되면, 개개 부대의 저항까지도 오히려 해로운 것이 된다. 전군(全軍)의 용기는 타격을 입고, 이해득실을 초월해서 위험을 돌보지 않았던 당초의 긴장은 소실되며, 대부분의 장병에게는 위험은 이미 용기를 불러일으키는 박차가 아니라 가혹한 징벌의 매가 된다. 이렇게 해서 적측이 승리를 얻은 순간, 아군의 장병은 급격히 약화되어 이미 위험에 위험으로 대항하려는 기백을 잃고 마는 것이다.

승자는 이 시기를 이용해서 물리적 힘을 파괴하여 본디의 이익을 획득해야 한다. 이렇게 얻은 이익만이 확실히 승자 몫으로 돌아가는 것이다. 그러나 패자 측에서는 상실된 정신적 힘이 차차 회복되어 군의 질서를 다시 확보하고 용기가 다시 진작된다. 이에 반해 승자 쪽에서는 일단 정신적 우세를 획득해도 뒤에까지 남는 것은 그중의 매우 작은 부분에 지나지 않고, 때로는 전혀 남지 않는 경우까지도 있다. 또 드물기는 하지만 적이 복수를 노려 전보다 더 강한 적의를 불태우는 경우는, 정신적 우세가 반대로 적측으로 옮아가는 일이 있다. 그럼에도 적의 사상자, 포로, 그리고 포획된 화포 등에 의해서 생긴 아군의 이익은 결코 계산에서 제외되는 일이 없다.

회전 중에 발생하는 손실은 어느 쪽이냐 하면 사상자가 주가 되고, 회전 뒤의 손실은 오히려 포획된 화포나 포로가 주가 된다. 회전 중의 손실은 많건 적건 간에 승자와 패자에게 공통된다. 그러나 회전 뒤의 손실은 그렇지가 않다. 이 손실은 보통 패자 측에만 있고 또 적어도 패자 쪽이 막대하다.

그러므로 승자가 포획한 적의 화포나 포로는 어느 시대에나 승리를 나타내는 전리품인 동시에 승리의 대소를 재는 척도로 여겨져 왔다. 승리의 대소는 이러한 전리품에 잘 나타나 있기 때문이다. 뿐만 아니라 정신적인 우세조차도 다른 그 어떤 표준에 의한 것보다도 오히려 전리품의 다과에 의한 편이 알기 쉽고, 전리품이나 패자 쪽의 사상자 수와 견주어 보면 더욱 그러하다. 그리고 여기에서 또 정신적 효과를 높이는 새로운 힘이 생기는 것이다.

위에서 말한 대로 전투 도중이나 전투 직후에 사라진 패자 측의 정신적 능력은 점차 회복되어, 때로는 그 흔적을 남기지 않는 일까지도 있다. 그러나 이런 현상은 흔히 소부대에서 일어나며 대부대에서는 드물다. 하기야 군의 대부대에서도 때로는 이러한 일이 있을 수 있으나, 그 군이 속하는 국가나 정부에서는 드물거나 아예 전무하다. 국가의 최고 수뇌부는 보다 거시적인 입장에서 냉정하게 적과 자신의 손실을 계산하고 적의 수중에 들어간 전리품의 양을 감안하여, 또 이들 전리품과 아군의 사상자 수를 견주어, 내 쪽의 열세와 부족이 어느 정도인가를 매우 손쉽게 그리고 정확하게 알아내는 것이다.

피아의 정신적 균형이 깨져도, 이것은 절대적 가치를 가지는 것이 아니고, 또 반드시 성과의 총결산에 불리를 가져오는 것은 아니다. 그러나 그렇다고 해서 이것을 가볍게 보아서는 안 된다. 정신적 균형이 깨졌다는 것은 매우 중요한 뜻을 가지고, 불가항력적인 힘을 가지고 모두를 지배하는 수도 있을 수 있는 것이다. 그래서 적을 정신적 열세로 빠뜨리는 것이 때로는 행동의 커다란 목표가 된다. 그러나 이에 대해서는 기회를 보아 다른 곳에서 언급하려 한다. 여기에서는 피아의 정신적 균형이 깨졌을 경우에 발생하는 두서너 가지 사태를 고찰하는 것으로 그치고자 한다.

승리에서 생기는 정신적 효과는 전투력의 양에 따라 양적으로 증가할 뿐만이 아니라 또 그 정도가 강화된다. 즉 양에 대해서 뿐만이 아니라 강도도 증대한다. 격파된 1개 사단에서 상실된 질서는 쉽사리 회복된다. 마치 얼어붙은 지체를 신체의 다른 부분에 대면 쉽사리 따뜻해지는 것처럼, 전투에 패한 1개 사단 장병의 용기는, 이 사단이 본군(本軍)과 접촉하면 본군의 용기에 감응해서 이내 회복되는 것이다. 그런데 이와 같이 패자의 정신적 손실이 쉽사리 회복된다면, 승자가 작은 승리에 의해서 얻은 효과 등은 전혀 소멸하지 않더라도 그 일부가 상실되는 것이다. 그러나 본군 자체가 회전에 패한 경우에는 그렇게 되지 않는다. 모든 것이 무너지게 된다. 그것은 마치 큰 불이 약간의 작은 불에서 생기는 것과는 그 정도가 전혀 다른 고열에 이르는 것과 마찬가지이다.

그런데 승리의 정신적 효과를 규정하는 또 하나의 요소는, 전투를 치른 양측 전투력의 비율이다. 소수의 병력으로 다수의 병력을 격파한 군은 물리적 및 정신적 이익이라는 이중의 이득을 얻을 뿐만 아니라 또 패자에 대해서 전반적 우세를 유지하므로, 패자는 그 뒤에도 이러한 우세에 대항하는 것을 끊임없이 두려워해야 한다. 그러나 이런 정신적 영향은 실제로는 거의 없다고 해도 좋다. 전투가 시작되는 순간, 지휘관은 대개 적 병력의 수량에 대해 심히 애매모호한 확신밖에 갖지 못하는 것이 보통이고, 오히려 아군 병력의 추정조차도 일반적으로 매우 불확실하다. 따라서 수에 있어서 실제로 우세한 쪽도 피아의 이러한 불균형을 전혀 깨닫지 못하거나 혹은 오랫동안 진상을 알지 못하기 때문에, 그 당장에는 이러한 불균형이 이윽고 주게 되는 정신적 타격의 절반을 면하게 되는 것이다. 이와 같은 정신적인 힘은 뒷날 전사에서, 그때까지 지휘관의 무지나 허영심, 또는 심모원려(深謀遠慮) 때문에 오랫동안 파묻혀 있던 사실(史實) 속에서 처음으로 부각된다. 그러면 전사는 군과 그 지휘관을 칭찬하게 되지만 워낙 먼 과거의 사건이었기 때문에, 당시의 정신적 효과나 그 의의를 이제 와서 확인할 수가 없는 것이다.

포로 및 빼앗은 화포가 오직 승리를 상징하는 물건이고 말하자면 승리의 결정이라고 한다면, 전투 또한 이것을 고려에 넣어 계획해야 한다. 그리고 이 경우 살상에 의한 적의 격멸은 단순한 수단이라는 느낌이 있다.

이것이 전투에서 병력 배치에 어떠한 영향을 미치는가 하는 문제는 전략에는 전혀 관계가 없다. 그러나 전투 계획 그 자체는 전략과 결부되어 있다. 즉 아군의 배면(背面)을 안전하게 하는 것과, 적의 배면을 위협한다는 두 가지에 의해서 전략과 결부되는 것이다. 그중에서도 특히 포로 및 빼앗은 화포의 수는 적의 배면을 위협하는 이 제2의 요건에 의해 크게 좌우된다. 그러나 전술만으로는 이 요건을 만족시킬 수 없는 경우가 있다. 따라서 이것을 만족시키기 위해서는 전략적 사정이 전술에 어느 정도 조화를 이루고 있어야 한다.

앞뒤 양쪽으로 싸워야 하는 위험, 특히 퇴로를 완전히 차단당했다는 가공할 위험은, 전투 부대의 운동과 저항력을 제대로 움직이지 못하게 하여 승패의 분기점에 결정적 영향을 줄 뿐만 아니라, 패전의 경우에는 손실이 늘어나 때때로 이것을 최대한으로까지, 즉 격멸에까지 이르게 하는 것이다. 따라서 군의 배면이 위협을 받는다는 것은, 패배를 확실하게 함과 동시에 이것을 결정적인 것으로 만들게 된다.

이러한 까닭에 아군의 배면을 확보하고 적의 배면을 위협한다고 하는, 말하자면 본능과 맞먹는 노력이 생겨서 전쟁 지도 전반뿐 아니라, 특히 대소의 전투를 지배하게 되었다. 이 본능은 승리의 개념에서 생긴 당연한 귀결이다. 승리는 앞서 말한 대로 단순한 살육과는 약간 그 취향을 달리한다.

이와 같은 노력은 투쟁의 가장 중요한 특성을 보다 상세하게 규정하고 있다. 더욱이 이 규정은 투쟁의 전반에 통하는 것이다. 전투가 피아의 힘의 충돌이라는 것은 두말할 나위가 없다. 그러나 전투의 특성은 그뿐만이 아니라 위에서 말한 두 가지 노력, 다시 말하면 아군의 배면의 확보와 적의 배면에 주는 위협이라고 하는 두 가지 노력, 또는 그중의 어느 한 가지를 수반하지 않은 전투는 생각할 수가 없다. 최소 부대라 해도 퇴각을 고려하지 않고 적을 공격하는 사람은 없다. 대부분의 경우, 그와 동시에 적의 퇴로 차단도 노릴 것이다.

이 본능이 복잡한 사정의 방해를 받아 똑바른 길을 갈 수 없는 경우도 있고, 또 곤란한 정황 때문에 보다 고차적인 다른 관점에 따라야 할 경우도 있다. 그러나 그와 같은 일을 여기에서 하나하나 논한다고 하는 것은 지나친 처사일 것이다. 그래서 이 본능을, 전투의 말하자면 보편적 자연법칙으로서 드는 것만으로 그치고자 한다.

요컨대 이 본능은, 마치 자연법칙과도 같이 도처에서 효과적인 작용을 하고 도처에서 그 본래의 힘을 발휘한다. 그리고 거의 모든 전술적 및 전략적 기동(機動)은 이 본능을 중심으로 회전하는 것이다.

그래서 다음에 승리의 총괄적인 개념을 생각해 보고자 한다. 그러면 먼저 이 개념은 3가지 요소를 포함하고 있음을 알 수가 있다.

1. 적이 모든 물리적 힘에서 아군보다 큰 손실을 입었다.
2. 정신적 힘도 위와 같다.
3. 적이 전투를 계속하려는 의지를 포기함으로써 위의 2가지를 승인한다.

사상자의 수에 관한 피아의 보고는 어느 경우나 정확하지가 않다. 정직한 발표는 매우 드물고 대개의 경우 고의적으로 사실이 왜곡되어 있다. 전리품의 수에 대한 발표도 충분히 믿기 어렵다. 따라서 발표된 수가 그다지 크지 않은 경우에는, 승리가 어느 쪽으로 돌아갈 것인가는 분명치가 않다. 또 정신적 힘의 손실에 대해서는 전리품 외에 정확하게 측정할 척도가 없는 것이다. 그러면 대개의 경우, 적측에서 투쟁을 포기하는 것만이 아군의 승리를 나타내는 유일한 증거가 될 것이다. 따라서 패배를 승인한다고 하는 것은 다름 아닌 군기(軍旗)를 내리고 전투를 포기하는 일이고, 이에 의해서 상대에게 이 전투에서의 권리와 우월을 인정하는 셈이다. 피아의 균형이 깨짐으로써 생기는 그 밖의 모든 정신적 손실과는 별도로, 싸움터에서의 이러한 굴욕과 불명예야말로 아군 승리의 본질적인 부분을 이루는 것이다. 그리고 바로 이 부분이 군 이외의 여론에, 다시 말하면 두 교전국과 관계되는 여러 나라의 국민과 정부에 영향을 끼치는 것이다.

그러나 전투를 계속할 의도를 포기한다는 것은 반드시 전쟁터에서의 철퇴를 의미하지는 않는다. 전쟁이 끊임없이 집요하게 이루어지는 경우에조차도 이들을 동일시할 수는 없는 것이다. 완강한 저항을 시도한 뒤에 퇴각한 전초 부대를 보고 전투 의도를 포기했다고 볼 수는 없는 것이다. 실제로 적 전투력의 격멸을 노리는 전투에서까지도 싸움터로부터의 철퇴를 바로 의도의 포기라고 볼 수는 없다. 예를 들어, 전초 부대가 미리 퇴각을 계획하고 있을 경우에는 이 퇴각 부대는 전투를 계속하면서 퇴로를 한 발 한 발 열고 있는 것이다. 이러한 모든 것은 나중에 전투의 특수 목적을 논할 때 살펴보기로 한다. 여기에서는 전투를 계속하는 의도를 포기하는 것, 또 전투의 의도를 포기했다고 하는 인상을 군의 내외에 준다는 것은 중대한 일이라는 것을 주의해 두는 것으로 그치고자 한다.

그런데 명성이 아직 확립되지 않은 장수나 군은, 다른 점에서는 실정에 적합한 처치를 강구하고 있음에도 지금 든 두 가지 건에 대해서는 특수한 곤란에 부딪치게 된다. 그것은 퇴각으로 끝나는 일련의 전투가 결코 완전한 패배를 의미하는 것이 아닌 데도 패배의 모양새를 띠기 때문에, 내외에 매우 불리한 영향을 준다는 것이다. 이러한 경우에 퇴각을 명령하는 장수는 그의 참뜻을 밝혀서 불리한 정신적 인상을 줄 수는 없는 것이다. 여기에 성공하기 위해서 그는 자기 계획을 모두 발표해야 할 것이다. 그러나 그와 같은 일이 그의 참뜻에 어긋나는 언동이라는 것은 두말 할 필요가 없을 것이다.

이와 같은 정신적 영향을 고려하는 승리가 특히 중요하다는 것에 대한 주의를 환기하기 위해 조르[1]의 회전만을 지적해 두고자 한다. 이 회전의 전리품은 그다지 크지 않았다(포로 2천 명과 화포 20문). 그러나 프리드리히 대왕은 이미 슐레지엔에의 퇴각을 결의하고, 또 군의 정황으로 미루어 이 퇴각은 충분한 근거를 가지고 있었음에도 그는 5일 동안 싸움터에 머물다가 처음으로 전승을 포고했다. 프리드리히 본인이 직접 말하고 있는 바와 같이, 그는 이 전승에 의한 정신적 압력을 가지고 강화를 가져올 수 있다고 생각한 것이다. 사실 강화조약이 실

---

1) 조르(Soor). 뵈멘의 마을. 이곳의 회전(1745. 9. 30)에서 프리드리히는 오스트리아군을 격파했다.

제로 맺어지기까지는 두 차례의 전승이 필요했다. 즉 카톨리쉬—헨너스도르프[2] 전투와 케셀스도르프[3] 전투에서의 승리가 그것이다. 하지만 아무도 조르 전투가 적에게 준 정신적 타격의 효과는 제로였다고 단언할 수는 없을 것이다.

전투에서의 승리에 의해서 패자가 심한 정신적 타격을 입고 그 때문에 전리품의 수가 막대한 양에 이르면 패전은 완전한 패배가 된다. 이러한 패배를 당하면 패자의 정신력은 일반적인 패자에서보다도 훨씬 심하게 붕괴되기 때문에, 때로는 전적으로 저항력을 잃고 전군의 행동은 완전한 도피 즉 패주가 된다.

예나와 벨 알리앙스[4]는 이러한 종류의 완전한 패배이다. 그러나 보로디노[5]는 그렇지가 않다.

같은 패전이라고는 해도 단순한 패배와 완전한 패배 사이에는 여러 가지로 정도의 차이가 있기 때문에, 양자의 한계를 무엇인가 표지로 확연하게 나타내려고 하면 획일적이 되지 않을 수가 없다. 하지만 승패에 관한 개념을 확정해서, 이론적 고찰의 명확한 근거로 삼는다는 것 역시 중요하다. 우리는 완전한 패배의 경우에도 이에 대응하는 것을 전승(戰勝)이라 하고, 또 단순한 전승의 경우에도 이에 대응하는 것을 전패(戰敗)라고 하여, 각 경우의 패전의 성질을 무시하고 양자 모두를 전승 또는 승리라는 말 한마디로밖에 표현하지 못하는 것은, 우리가 사용하는 술어의 부족에서 생긴 불편이다.

---

2) 카톨리쉬-헨너스도르프(Katholisch-Hennersdorf). 그냥 헨너스도르프라고도 한다. 슐레지엔의 마을. 이곳 회전(1745. 11. 24)에서 프리드리히는 오스트리아군을 무찔렀다.
3) 케셀스도르프(Kesselsdorf). 작센의 마을. 드레스덴의 서쪽에 해당된다. 이곳 회전(1745. 12. 15)에서 프리드리히는 작센군을 무찔렀다. 이상의 세 회전은 어느 것이나 제2차 슐레지엔 전쟁(1744~45)에 속한다.
4) 벨 알리앙스(Bell-Alliance). 벨기에의 브뤼셀 동남쪽의 마을 워털루(Waterloo) 소재의 여관 이름. 이곳의 회전(1815. 6. 18)에서 동맹군은 나폴레옹군을 결정적으로 무찔렀다. 한편, 벨 알리앙스 회전은 워털루의 회전이라고도 한다.
5) 보로디노(Borodino). 스몰렌스크—모스크바 가도 연변의 마을. 이곳 회전(1812. 9. 7)에서 러시아군과 프랑스군은 격돌했으나 승패는 나지 않았다. 그러나 러시아군이 퇴각했기 때문에 프랑스군은 모스크바로 행진할 수 있었다.

제5장
전투 의의

제4장에서는 전투의 절대적인 형태를 고찰해 보았다. 이것은 소위 모든 전쟁의 축소판과 같은 것이다. 그래서 이번에는 좀 더 큰 전체에 속하는 한 부분으로서의 전투가, 다른 부분들과 어떤 관계를 가지고 있는지 살펴보고자 한다. 그러자면 우선 먼저 문제가 되는 것은 전투의 보다 상세한 의의이다.

전쟁이란 바로 적과 아군의 상호적 격멸 행위이다. 그러므로 양측이 전력을 한곳에 대량으로 모아서, 단 한 번의 대격돌로 모든 성과를 얻으려 하는 것은 매우 자연스럽고도 현실적인 생각처럼 보인다. 이런 생각에는 확실히 많은 진실이 포함되어 있다. 따라서 이를 철저한 원칙으로 삼고, 전쟁 초기의 소규모 전투들을 어쩔 수 없이 생기는 부산물로 볼 수도 있다. 하지만 이 견해는 전체적으로 그럴싸하게 보이긴 해도 정답은 아니다. 이 문제는 그렇게 간단히 해결될 만한 것이 아니기 때문이다.

전투의 형태는 가지각색이다. 이는 물론 전투력의 갖가지 구분 방법에서 비롯된다. 그래서 우리는 전투력을 구분할 때 각 전투가 지니는 목적을 고려하는 것이다. 그런데 이런 직접적 목적 및 그에 따른 각양각색의 전투는 몇 가지 항목으로 분류할 수 있다. 이제부터 이 항목들이 무엇인지 살펴보기로 하자. 그러면 앞으로의 고찰이 더욱 명료해질 것이다.

당연한 이야기지만 적의 전투력을 격멸하는 일이 모든 전투의 기본 목적이다. 그러나 이 목적은 다른 목적과도 결부될 수 있고, 또 때로는 후자 쪽이 중요한 지위를 차지하는 경우까지도 있다. 따라서 적의 전투력을 격멸하는 것이 주요 임무일 때와, 그것이 오히려 수단에 지나지 않는 경우를 구별할 필요가 있다. 전투는 적 전투력의 격멸을 목적으로 하는 것이지만, 또 한 지점의 점유나 한 물건의 점령을 목적으로 하는 경우도 있고, 때로는 이들 목적 쪽이 전투의 일반적 목적으로 간주되는 경우가 있다. 전투는 이들 목적 중에서 하나만을 가지는 경우도 있고 또 둘 이상을 아울러서 갖는 경우도 있다. 그러나 이 제2의 경우에는 그중 어느 하나가 주요 목적이 되는 것이 일반적이다. 전쟁의 두 주요 형식, 즉 공격과 방어에 대해서는 기회를 보아 앞으로 이야기하겠지만, 이상의 세 목적 중에서 제1의 것(적 전투력의 격멸)은 공격이나 방어 어느 경우에나 변함 없다. 하지만 다른 두 목적에 대해서는 공격이냐 방어이냐에 따라서 각기 변화가 생긴다. 이들 세 가지 목적을 공격과 방어에 배분하면 다음과 같은 표가 생긴다.

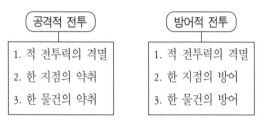

그러나 정찰이나 양동(陽動)작전[1]을 고려에 넣으면 위의 목적만으로는 전투의 전체 영역을 정확하게 포괄할 수가 없다. 정찰이나 양동을 행할 경우, 이들 세 가지 목적은 어느 것이나 전투의 목적이 될 수 없다는 것이 분명하기 때문이다. 그렇다면 실제 문제로서 다시 제4의 목적을 인정하지 않을 수가 없다. 즉, 적이 아군의 면전에 나타나서 하는 정찰, 적 부대의 바쁘게 보이게 하는 듯한 긴급 집합, 적이 어떤 지점을 어디까지나 고수하겠다는 기색을 나타내거나, 다른 지점으로 전진(轉進)하려는 것처럼 보이게 하는 양동 등에서는 앞에 적은 여러 목적은 간접적으로만 달성된다. 즉 위에서 말한 세 가지 목적 중의 하나, 그것도 일반적으로는 제2의 목적을 가장함으로써만이 성취된다. 정찰을 하려고 하는 적은 마치 우리를 실제로 공격, 격파하여 쫓아내려고 하는 것처럼 가장해야 하기 때문이다. 그러나 이 가장은 결국 참다운 목적은 아니다. 그래서 우선 본디 목적으로서는 위에 적은 세 가지만을 문제로 삼은 것이다. 여하간 공격적 전투에 관한 위에 든 세 가지 목적에는 다시 제4의 목적, 즉 적에게 잘못된 방

---

1) 적으로 하여금 아군의 기도(企圖)에 관한 판단을 잘못하게 하기 위해 취하는 작전을 양동(陽動)작전이라고 한다.

책을 강구하게 하는—다시 말하면 적에게 적극적인 싸움을 도발하고 공격을 실시한다는 목적을 첨가할 필요가 있다. 이 제4의 목적이 공격의 경우에만 고려될 수 있다는 것은 이러한 목적의 성질로 보아 당연하다.

그런데 방어에 대해서 말하자면, 어떤 지점의 방어에는 두 가지 방식이 있다는 것에 주의할 필요가 있다. 즉 첫째는 절대적 방어로 이것은 어떤 지점을 어떠한 일이 있어도 포기해서는 안 된다고 하는 것이다. 두 번째는 상대적 방어로, 이것은 어떤 지점을 일시적으로만 필요로 하는 경우이다. 이 제2의 경우는 전초전이나 후위전(後衛戰)에서 항상 나타나는 현상이다.

전투에서 추구되는 이들 목적이, 각기 다른 방식으로 전투 계획에 본질적인 영향을 주게 되는 것은 분명한 사실이다. 예를 들어, 적의 초병을 초소에서 몰아내려 할 때의 처치는, 이 초병을 한 사람도 남김없이 격멸하려고 하는 경우의 처치와는 다를 것이다. 또 어떤 지점을 고수하는 경우의 처치와, 그 지점에서 적을 잠시 저지하는 경우의 처치와는 각기 다를 것이다. 전자의 경우에는 퇴각을 염두에 두지 않고 있지만 후자의 경우에는 퇴각이 주이기 때문이다.

이상과 같은 고찰은 모두 전술에 속하는 것이므로 여기에서는 단지 전투의 의의를 명백히 하기 위한 실례로 인용한 데에 지나지 않는다. 전략이 전투의 여러 목적에 관해서 해야 할 말은 이들 목적에 대해서 언급하는 장에서 새삼 논할 생각이다. 그래서 여기에서는 두서너 가지 일반적인 사항을 말하는 것으로 그치고자 한다. 첫째, 전투의 여러 목적이 지니는 중요성은 위에 든 표의 순서에 따라 감소한다. 둘째, 본 전투에서는 항상 제1의 목적, 즉, 적 전투력의 격멸이 가장 중요한 일이다. 셋째로, 이들 목적 중 제2 및 제3은 방어적 전투에서는 전혀 얻는 바가 없다. 즉 방어적 전투에서의 이들 목적은 어느 것이나 소극적인 것으로, 무엇인가 다른 적극적인 행동을 용이하게 함으로써만 간접적으로 효과가 있을 뿐이다. 따라서 이런 종류의 전투가 빈번하게 이루어지면 그것은 전략적 정황이 악화된 증거이다.

제6장
전투의 지속 시간

우리는 이미 전투 자체에 대한 고찰을 마치고, 전투와 다른 전투력 사이의 관계를 고찰하고 있다. 그렇다면 전투의 지속 시간이 독자적인 의의를 가지게 된다.

전투 지속 시간의 길고 짧음은 가장 중요하다고까지는 할 수 없어도 하나의 종속적 성과를 가져오는 것으로 보아도 좋다. 승자에게는 전투의 승패가 신속히 결정되면 그보다 더 좋은 일은 없고, 이에 반해서 패자에게는 전투의 지속 시간은 아무리 길어도 짧게 느껴질 것이다. 신속한 승전은 승리를 증대하는 요건이고, 이에 반해서 패전에서 결전이 오래 소요된다는 것은 손실을 보충하는 효과가 있다.

이것은 일반적으로 말해서 진실이다. 그런데 전투가 상대적 방어를 목적으로 하는 경우에는, 전투의 지속 시간이 실제로도 특히 중요한 요건이 된다.

이 경우 전투의 모든 성과는 저항을 정해진 시간만큼 계속했다는 것, 즉 전투의 지속 시간 바로 그것이다. 우리가 전투의 지속 시간이라는 것을 일련의 전략적 요소로 도입한 이유는 바로 여기에 있다.

전투의 지속 시간은 전투에 본질적인 제반 사정과 필연적으로 관련되어 있다. 그 사정이란 양측 병력의 절대량, 양측의 병력 및 병기 수량의 비율, 전쟁터의 지형 등이다. 따라서 3만 명의 병력이 소모하는 것은 2000명의 병력이 소모하는 것보다도 완만하다. 병력이 아군보다 2~3배나 많은 적에 대한 저항은, 병력이 대등한 적에 대한 저항만큼 길게 끌지 않는다. 기병전은 보병전보다 신속하게 승패를 결정한다. 보병만 가지고 하는 전투는 포병이 참가한 전투보다도 신속하게 승패를 결정한다. 산지나 삼림 지대에서는 평원에서만큼 신속하게 전진할 수가 없다는 등등. 이러한 일들은 그 자체가 명백하여 설명을 할 필요도 없다.

여기에서 다음과 같은 결론이 생긴다. 전투가 그 지속 시간 중에 어떤 의도를 실현하고자 한다면 피아의 병력, 병기수의 비(比), 그리고 병력 배치를 고려해야 한다. 이 규칙은 위에서 말한 바와 같이 전투의 지속 시간이라고 하는 문제만을 고찰할 때에는 그다지 중요하지 않고 따라서 이것을 특히 고찰할 필요는 없다. 그러나 경험이 전투의 지속 시간에 관해서 우리에게 제시하는 주된 결과를 아울러 생각하면, 이 규칙이 중요한 의의를 지니게 된다.

8000 내지 1만의 병력을 가지고 있고 그 속에 모든 병종을 포함하는 1개 사단은, 현저하게 우세한 적에 대해서조차도, 또 반드시 유리하지 않은 지형에서도 몇 시간 정도는 저항을 계속할 수 있다. 하물며 적이 우세하지 않고 혹은 아군과 전적으로 동일하면, 너끈히 반나절은 지속할 수가 있다. 또 3개 내지 4개 사단으로 이루어진 1군단의 저항 시간은 1개 사단 경우의 2배에 달하고, 8만 내지 10만의 군이라면 그 저항 시간은 1개 사단 경우의 3배에서 4배에 이르는 것이다. 또 이러한 경우 전군(全軍)은 결집해서 전투에 종사하기 때문에 국부전, 즉 부분적 전투는 생기지 않는다. 또 이 시간 안에 별개의 병력을 원용한다면, 그 효과는 이미 이루어진 전투의 성과와 신속하게 합체(合體)되는 것이다.

위에서 든 숫자들은 경험에서 얻어진 것들이다. 하지만 우리로서는 전투의 지속 시간에 관한 고찰과 동시에 결전의 순간과, 따라서 또 전투가 종결되는 순간과의 특징을 보다 자세히 논하는 것이 중요한 과제가 된다.

제7장
전투에서의 승패 결정

그 어떤 전투에도 승패를 결정짓는 매우 중요한 순간이 있다고는 하지만, 그 어떤 전투의 승패도 한순간에 결정되지는 않는다. 다시 말해 패전은 단계적으로 형성되는 것으로, 마치 접시저울의 접시에 분동(分銅)을 하나씩 얹을 때마다 접시가 차차 기울어지는 것과 같다. 그러나 또 그 어떤 전투에도 승패의 수가 이미 정해진 것으로 볼 수 있는 시점이 있다. 그렇게 되면 이 전투는 그것으로 매듭 지어진 것으로, 그 뒤의 전투 재개는 새로운 전투이지 앞선 전투의 계속이 아니다. 이 시점에 대해서 명확한 생각을 갖는다는 것은, 원군(援軍)의 급파를 얻어 전투를 유리하게 재개할 수 있는가 없는가를 결정하는 데 매우 중요하다.

패전을 도저히 만회할 수 없는 전투에서는, 신예 병력을 투입해도 쓸데없이 희생을 늘리는 데 지나지 않는 예도 있다. 그러나 또 적시에 새 병력을 투입하면 승패를 역전할 수가 있었는데, 그것을 게을리했기 때문에 마침내 패전을 하고 만 예도 있다. 그래서 여기에 가장 현저한 두 건의 전쟁 사례를 들어보고자 한다.

1806년에 3만 5000명의 병력을 보유한 호엔로에공은 예나 부근에서, 6~7만 명의 병력을 이끄는 나폴레옹의 도전에 응했다가 패배했다.[1] 더욱이 이 패전은 3만 5000명이나 되던 그의 군대가 모조리 분쇄되었다고 보아도 좋을 정도였다. 그때 뤼헬 장군은 약 1만 2000명의 병력을 가지고 회전을 재개했다. 그 결과 그의 군대도 순간적으로 분쇄된 것이다.

같은 날 2만 5000명의 병력을 보유한 프로이센군은 아우에르슈테트[2] 부근

---

1) 예나의 회전(1806. 10. 14)
2) 아우에르슈테트(Auerstedt). 프로이센의 마을. 이곳 회전(1806. 10. 14)에서 프로이센의 주군(主

에서 2만 8000의 군을 이끄는 다부[3]와 교전하여, 전투는 정오 무렵까지 지속되었으나 아직은 궤란(潰亂) 상태에는 빠지지 않았고 그 손실도 적에 비해 크지는 않았다. 더욱이 적에게는 기병이 하나도 없었다. 그럼에도 프로이센군은, 장군 칼크로이트가 지휘하는 1만 8000명의 예비를 사용해서 국면의 타개를 도모할 것을 게을리했다. 실제로 이러한 정황에서는 회전에 패배할 리가 없었다.

하나의 전투는, 그 자체가 매듭이 지워진 하나의 전체로, 이 전체 안에서 몇몇 국부전(부분적 전투)이 서로 모여 총괄적인 성과를 이룬다. 그리고 전투의 승패를 결정하는 것은 바로 이 총괄적 성과이다. 이러한 성과는 반드시 제6장[4]에서 말한 것과 같은 승리일 필요는 없다. 실제로 싸움터에서 적의 철퇴가 너무 빠를 경우, 승리의 조건이 아직 갖추어지지 않았을 경우도 있고 또 승리의 기회가 생기지 않는 경우도 있다. 완강한 저항이 이루어지고 있는 경우까지도, 대개는 승리의 개념을 완비할 수 있는 성과가 생기지 않는 동안에 승패가 결정된다.

그래서 이러한 문제가 생긴다. 즉, 승패를 결정짓는 순간이란 일반적으로 어떠한 것인가? 다시 말해 적의 병력에 충분히 대항할 수 있을 정도의 병력을 새로 전투에 참가시켜도, 불리한 전국(戰局)을 만회할 수 없는 시점이란 어떠한 것인가 하는 문제이다.

양동(陽動)은 그 성질상 결전을 필요로 하지 않는 것이므로 이것은 도외시하기로 한다. 따라서 승패를 결정짓는 시점은 다음과 같다.

1. 움직일 수 있는 물건이 전투 목적이라면 그 물건을 상실한 시점에서 승패가 결정된다.

2. 한 지역의 점령이 전투 목적이라면 대개 그 지역을 상실한 시점에 승패가 결정된다. 단, 그 지역이 요충지(要衝地)라야 한다. 이에 반해서 손쉽게 공략할 수 있는 지역이라면, 그 밖의 점에서 아무리 중요하다 하더라도 별 위험 없이 탈환할 수 있기 때문이다.

3. 위 두 정황으로 전투의 승패가 결정되지 않을 경우, 특히 적 전투력 격멸을 주목적으로 할 경우 승패의 결정은 승자가 궤란 상태와 행동 불능 상태에

軍)이 패배했다.
3) 다부(Davout, Louis Nicolas, 1700~1823). 프랑스의 원수.
4) 제4장의 잘못인 것 같다.

서 벗어난 시점에 있다. 그렇게 되면 이것은 앞서 제3편 제12장에서 말한 바와 같이 연속적으로 병력을 사용할 필요성이 없어지는 순간에 승패가 결정된다. 이와 같은 이유로 해서 우리는 전투의 전략 단위[5]를 이 시점에 배치했던 것이다.

따라서 전진하는 적군은 질서 있는 상태와, 따라서 전투 가능 상태를 조금도 잃지 않고 있고, 또 비록 잃었다 해도 그것은 군의 극히 일부분에 지나지 않은 데도, 아군은 많건 적건 궤란 상태에 있는 회전에서는 더 이상 패배를 만회할 수가 없다. 또 적이 잃어버렸던 전투력을 이미 회복하고 있는 경우도 마찬가지이다.

그렇다면 실제로 교전한 전투력이 전체의 작은 부분이고, 전투에는 참가하지 않았지만 승패의 결정에 영향을 미친 예비 병력이 많다고 하면, 비록 적이 뒤늦게 새로운 병력을 전투에 투입한다 해도 한번 결정된 우리 측의 승리를 뒤집을 수는 없다. 그러므로 병력을 가능한 한 경제적으로 사용해서 전투를 수행하고, 강력한 예비가 가져다주는 정신적 효과를 남김없이 이용하는 장수와 군이 승리에의 길을 확실하게 걸어갈 수가 있는 것이다. 근대의 프랑스군—특히 나폴레옹이 지휘하는 프랑스군은 이 점에서 매우 뛰어났음을 인정하지 않을 수 없다.

승자 쪽이, 전투의 위기 상태가 사라지고 전투 가능한 상태로 되돌아오는 시점은 부대가 작으면 작을수록 더 빨리 찾아온다. 적을 전속력으로 추격하는 기병 소초(小哨)[6]라면 몇 분 뒤에는 이전의 질서를 회복하고 위기도 그 이상 계속되는 일이 없다. 그러나 기병 1개 연대의 경우에는 질서 회복에 더 시간이 걸린다. 또 산병선(散兵線)에 산개[7]해 있는 보병들의 경우라면 시간이 더욱 오래 걸린다. 여러 병종으로 이루어진 군으로 각 부대가 제각기 다른 방향으로 행동하고, 따라서 또 전투에 의해 질서가 문란해지면 그 회복에는 오랜 시간이 걸리

---

5) 여러 병종으로 이루어지고 독립적으로 작전할 수 있는 편제, 무장, 장비를 갖추고 전술적 과제를 해결할 수 있는 부대로, 보통은 1개 사단 이상의 병력이다.

6) 소초는 전초 배치에서 보초를 지원하고 보초를 뒷받침하는 초병으로, 보통은 소대 이하의 병력이다.

7) 산병(散兵)의 간격과 거리를 적당히 벌리는 것을 산개(散開)라고 한다. 보통은 간격 6보, 거리 3보 정도로 산병선(散兵線)에 위치를 잡는다.

고, 게다가 부대끼리 상대 소재를 모를 경우 대개 사태는 더욱더 나빠진다. 따라서 승자가, 전투에 사용되어 혼란에 빠진 부대나 질서가 무너진 일부 부대를 다시 수습해서 이를 정돈하여, 각기 적당한 위치에 배치해서 전투 지역에 질서를 회복하는 시점은, 군의 규모가 커질수록 더욱더 늦어진다.

이와 같은 시점은, 승자가 아직 위기를 벗어나지 못한 채 밤을 맞이하는 경우에도 늦게 나타나고, 또 은폐된 단절지(斷絶地)에서도 뒤늦게 찾아온다. 그러나 이 두 가지 경우에 대해서는, 또 다음과 같은 일을 지적해야 한다. 첫째, 밤은 승자에게는 절호의 엄호(掩護) 수단이기도 하다는 것이다. 적도 야간 공격으로 성공을 거둘 가망이 우선 없기 때문이다. 1814년 3월 10일 라옹 회전에서 요크[8] 장군이 마르몽[9]에 대해서 감행한 야간 공격은 그 좋은 예이다. 둘째도 이와 마찬가지로, 은폐된 단절지는 좀처럼 위기를 벗어날 수 없는 승자를 적의 반격으로부터 보호한다. 요컨대 이 둘—즉, 야음과 은폐된 단절지는 전투의 재개를 용이하게 하는 것보다도 오히려 이를 곤란하게 하는 것이다.

이제까지 우리는 전국(戰局)이 불리한 군에 대한 원군을 단순히 전투력을 증가시키는 것으로서, 다시 말하면 후방으로부터의 증원으로서만 고찰했다. 또 실제로도 이것은 보통의 원군이다. 그러나 원군이 적의 측면 또는 배면을 습격할 경우 이와는 상황이 전혀 달라진다.

측면공격이나 배면공격의 효과는, 이들 공격이 전략에 속하는 한 다른 곳에서 논하고자 한다. 그러나 지금 여기에서 문제로 삼고 있는 것은 전투를 바로잡기 위한 공격이므로 이러한 공격은 오직 전술에 속하는 셈이다. 그럼에도 이런 종류의 공격을 문제로 삼는 것은 여기에서는 이러한 공격의 전술적인 결과를 논하는 것이 되므로, 우리의 고찰도 그에 따라 전술의 영역으로 들어가지 않을 수가 없기 때문이다.

아군의 전투력을 적의 측면 또는 배면으로 돌린다는 것은, 이 방면의 효과를 현저하게 높이지만 항상 그렇다고는 할 수 없고, 이러한 효과를 오히려 현저하게 약화시키는 경우도 있다. 이런 종류의 이해득실을 결정하는 것은, 전투에서의 다른 모든 것을 결정하는 경우와 마찬가지로 전투를 가능하게 하는 정황과

---

8) 요크(Yorck von Wartenburg, Hans David Ludwig von, 1759~1830). 프로이센의 원수.
9) 마르몽(Marmont, Auguste Frederic Louis Viesse de, 1774~1852). 프랑스의 원수.

이에 대응하는 병력 배치이다. 그러나 여기에서는 이들 정황을 이 이상 깊이 논의할 수는 없다. 하지만 당면 문제에 관해서는 다음에 말하는 두 가지가 중요하다. 첫째, 측면 공격 및 배면 공격은 보통 승패의 결정 그 자체보다도 오히려 결정 뒤의 성과에 유리하다. 전투를 바로잡는 것을 목적으로 하는 것은, 무엇보다도 전투를 아군에게 유리하게 결정하는 것이지 성과의 대소가 아니다. 이 점을 고려에 넣으면, 우리의 열세를 만회하기 위해 급파된 원군을 적의 측면 또는 배면으로 돌리는 것보다도, 다시 말하면 이것을 본군(本軍)에서 분리하는 것보다도, 오히려 본군과 합치는 것이 유리하다고 생각해도 좋다. 또 실제로도 분명히 그러한 경우가 있다. 그럼에도 대개의 경우를 보면, 측면 공격과 배면 공격은 역시 유리하다고 하지 않을 수가 없다. 그 이유는 다음에 말하는 두 번째 점이 이 경우에 중요하기 때문이다.

이 두 번째 점이라고 하는 것은, 전투를 바로 세우기 위해 증파된 원군이 적의 측면 또는 배면을 습격함으로써 생기는 정신적 효과이며, 더욱이 이 정신력은 보통 원군만이 갖추고 있다는 것이다. 이러한 습격의 효과는 증대하는 한편 다른 한 편으로는 전투의 위기 상태에 있는 적이, 그 확대되고 분산된 대형을 가지고 이러한 효과에 대항한다는 것은 거의 불가능하다고 해도 좋다. 전투가 개시된 당초에는 적의 병력이 집결해 있고 또 적도 이러한 습격에 대비하고 있으므로, 측면 공격이나 배면 공격은 별다른 효과를 올리지 않는다고는 하지만, 전투가 종국에 이르려 하는 순간에는 매우 중대한 의의를 갖는다.

따라서 우리는 대개의 경우, 아군의 원군이 적의 측면 또는 배면을 공격함으로써 많은 효과를 얻는다는 것을 인정하는 데 인색하지 않다. 그것은 마치 같은 중량을 지렛대로 올리는 경우, 지렛대가 짧을 때보다도 긴 편이 효과적인 것과 마찬가지이다. 따라서 정상적인 방법으로는 도저히 충분한 효과를 거둘 수 없을 정도의 작은 힘으로라도, 이러한 정황에서는 손쉽게 전투를 바로 세울 수가 있는 것이다. 이와 같은 경우에는 정신적 힘이 특히 우위를 차지하는 것이므로, 원군의 효과가 얼마나 큰가는 이루 헤아릴 수가 없다. 따라서 바로 그렇기 때문에 대담하게 모험을 해볼 필요가 있는 것이다.

전투에서 승패의 수가 의심스러울 경우에, 불리한 전투를 바로 세울 수 있는가의 여부를 결정하려 한다면 위에서 말한 모든 사항에 주의를 기울이고, 또 이들 모든 요인을 서로 협력적 동작으로 작용하는 힘으로서 고찰해야 한다.

전투가 아직 종결되었다고 보기 힘든 상황에서는, 원군에 의해 개시된 새로운 전투는 그때까지의 전투와 합쳐서 공동 결과를 낼 것이다. 그리고 이 결과가 유리하다면 처음 전투에서 생겨났던 불리함도 계산에서 완전히 사라지게 된다. 그러나 최초의 전투에서 승패가 이미 결정되었다면, 이 전투와 원군에 의한 새로운 전투에서 각기 두 가지 결과가 생기게 된다. 이 경우 원군의 병력이 별로 강대하지 않아서 그 병력만으로는 독립해서 적 병력에게 대항할 수 없으면 새로운 전투로부터 유리한 결과를 기대하기는 힘들 것이다. 이에 반해 원군의 병력이 강대하여, 첫 전투 결과에 상관없이 독립적으로 새 전투를 벌일 수 있다면 유리한 성과에 의해서 최초의 불리를 상쇄하고 적에 대해서 우위를 차지할 수가 있다. 그러나 최초의 불리를 계산해서 완전히 소멸시키기란 결국 불가능하다.

쿠너스도르프의 회전[10]에서 프리드리히 대왕은, 첫 공격으로 러시아군 진지의 좌익을 무너뜨리고 화포 70문을 빼앗았다. 그러나 이날 회전이 끝날 무렵에는 그 모든 전리품을 도로 빼앗겼다. 제1차 전투의 성과는 계산상 모두 사라져 버린 것이다. 만약 대왕이 이 전투만으로 일단 투쟁을 중지하고 회전의 제2부 즉 제2차 전투를 다음 날로 미룰 수 있었다고 하면, 비록 그가 제2차 전투에서 졌다고 해도 제1차 전투에서 얻은 이점은 제2차 전투에서 발생한 불리함을 상쇄할 수 있었을 것이다.

그런데 전투가 종결되기 전에 아군이 전투의 불리함을 깨닫고, 원군을 투입해서 전투를 유리하게 이끌려 한다면 불리한 결과는 계산에서 소멸되었을 뿐만 아니라, 보다 큰 승리의 초석이 될 수도 있었던 것이다. 이러한 전투의 전술적 경과를 정확하게 살펴보면 다음과 같은 사실이 분명해진다. 즉, 전투가 종결될 때까지는 여러 국부전들의 성과는 아직 결정되지 않은 판결에 지나지 않는다. 따라서 이 판결은 맨 마지막의 총괄적 성과를 통해 취소될 때도 있고, 심지어는 정반대의 판결로 바뀔 때도 있다는 것이다. 아군의 전투력이 이미 바닥을 쳤다면 적의 전투력도 매우 소모되었을 것이므로 적측의 위기도 점점 심각해

---

10) 쿠너스도르프의 회전(1759. 8. 12)은 프리드리히 대왕의 참패로 끝났다.

지고, 아군의 원군이 가져온 새로운 병력의 우세는 더욱더 커지는 것이다. 그리하여 마지막 총괄적 성과는 아군에 유리해지고 전쟁터와 전리품을 적으로부터 탈환하면, 앞서 적이 전리품을 획득하기 위해 소비한 모든 힘은 그대로 아군의 유리로 전환되어, 아군이 겪었던 최초의 패배는 오히려 더 큰 승리의 발판이 된다. 처음에 적은 승전에 의한 빛나는 전공(戰功)을 위해 병력을 잃는 것을 개의치 않았지만, 이러한 전공도 지금에 와서는 헛되이 희생된 병력을 애도하는 후회의 마음밖에 남지 않게 되는 것이다. 아군이 거둔 전승의 비법은 적에게 패전의 저주를 안겨주어, 이렇게 해서 원소(元素)의 비중을 일거에 뒤바꾸는 것이다.

따라서 아군이 결정적으로 우세하고 최초에 적이 얻은 승리보다도 한층 큰 승리로 적에게 보복을 가할 가망성이 있는 경우에도, 그 전투가 몇 가지 의의를 갖는 한 불리한 전투를 일단 끝냈다가 새로 제2차 전투를 벌이는 것보다는, 그 전투가 종결되기 전에 원군을 투입해서 지금까지의 불리함을 유리한 쪽으로 바꾸는 게 상책이다.

다운 장군은 1760년 리그니츠[11] 전투에서 라우돈 장군을 응원하러 갈 예정이었으나, 이 전투가 이튿날 프리드리히 대왕을 공격하는 데에 실패하자 충분한 병력을 보유하고 있었으면서도 구원을 시도하려고 하지 않았다.

회전에 앞서 행하여지는 격렬한 전위[12]전을 필요악으로 보고, 필요가 없는 한 이를 피하는 것은 위에서 말한 이유에 의한 것이다.

다음에 우리는 위에서 말한 것으로부터 생기는 또 하나의 귀결을 고찰해야 한다.

전투의 종결이 움직일 수 없는 기정사실이라 해도, 이 종결된 전투는 제2차 전투를 결의하는 이유가 되지 않는다. 패전한 뒤 새로운 전투 재개 결의는 다른 모든 사정을 고려한 결과 이루어지는 것이라야 한다. 그러나 이러한 귀결에

---

11) 리그니츠의 회전(1760. 8. 15).

12) 전위는 본대의 행군을 경계하고 진로상의 장해를 제거하며, 적이 작은 부대라면 그 격파를 시도하면서 적에게 접근하여 본대의 행군과 전개를 옹호하는 임무를 갖는다. 전위의 병력과 편성은 그 부대의 정황에 따라 다르지만, 특히 보병의 병력은 전 보병의 3분의 1에 이르는 경우가 있으므로, 전초전에 의한 병력의 현저한 소모는 피해야 한다. 또 전위에 대해서는 제5편 제7장 참조.

는 정신력이 반발하게 되므로 우리는 이 정신력을 고려해야 한다. 그것은 패자 측의 복수 및 보복의 감정이다. 패군의 경우 최고위 장수부터 최하위 병졸에 이르기까지 너나 할 것 없이 이 감정에 사로잡힌다. 따라서 군대는 적에게 복수하려는 일념을 불태울 때 가장 기세등등한 것이다. 하지만 그러기 위해서는 격파된 부대가 전군에서 차지하는 비중이 지나치게 높지 않아야만 한다. 그렇지 않으면 이 감정은 결국 무력감에 흡수되고 말 것이다.

그러므로 전투에서 잃어버린 것을 그 자리에서 만회하기 위해 이런 정신력을 이용하는 것은 매우 자연스러운 일이다. 특히 다른 사정들이 새로운 전투를 벌일 만하다면 더욱 그렇다. 또 이 새로운 전투가 대개 공격이 되지 않을 수 없다는 것은 사리에 비추어보아 당연한 일이다.

주력 전투가 아닌 종속적인 국부전 가운데에서는 이러한 보복적 의미가 담긴 전쟁 사례를 많이 찾아볼 수 있다. 그러나 대규모 회전이 되면 그 회전을 규정하는 근거도 많고, 따라서 보복이라고 하는 비교적 약한 힘에 의해 결정되지 않는 것이 통례이다.

고매하신 블뤼허의 예를 보아도 그가 이끄는 3개 군단 중 2개 군단이 1814년 2월 11일 몽미라이에서의 조우전(遭遇戰)에서 패배했는데도 불구하고, 3일 뒤인 2월 14일에 세 번째 군단을 이끌고 또다시 같은 전쟁터에 나타난 것은, 틀림없이 이러한 감정에 움직여진 결과였음에 틀림없다. 만약 그가 이 새로운 전투에서 나폴레옹과 맞닥뜨릴 줄 미리 알았더라면, 바로 이 유력한 이유에 의해서 이러한 복수전은 연기했을 것이다. 하지만 그는 복수할 상대를 마르몽뿐이라고 생각했던 것이다. 그래서 블뤼허는 복수전을 벌였던 것인데, 그 결과 블뤼허는 긍지 높은 복수전의 성과를 거두기는커녕 오산으로 인한 패배의 쓴 잔을 마셔야 했던 것이다.

공동으로 싸우라고 지정된 몇몇 부대는 서로 어느 정도 간격을 두고 배치되어야 하는데, 이 간격의 대소를 규정하는 것은 전투의 지속 시간과 전투의 승패를 결정하는 시점이다. 이와 같은 배치는 전술이 이들 부대를 동일한 전투에 사용할 의도를 갖는 한 전술적 배치라고 해도 좋다. 그러나 이 배치가 전술적이라고 불리는 것은 이들 부대의 병력 배치가 매우 접근해 있기 때문에, 각 부대가 각기 행하는 전투가 분리된 두 개 또는 그 이상의 전투라고 생각할 수 없는 경우, 다시 말하면 전체 부대가 차지하는 공간이 전략적으로는 하나의 점으로 밖에 볼 수 없는 경우에만 한정된다. 하지만 전쟁에서는 공동해서 싸울 것을 지정한 병력을, 서로 멀리 떨어지게 하지 않을 수 없는 경우가 자주 일어난다. 이러한 경우에는 이들 병력을 공동의 전투로 종속시키는 것이 분명한 의도임에도 불구하고, 분리된 전투가 생기는 경우도 가능한 것이다.

이와 같은 경우의 병력 배치가 바로 전략적 배치라고 불리는 것이다.

이 같은 전략적 배치에 필요한 지정(指定)은, 부대와 종대(縱隊)의 분진(分進), 2개 이상의 전략 요지를 지원하기 위한 전위 및 측위, 예비 등의 조직 편성, 여러 사영지에 나누어 주둔한 각 군단의 병력을 집합시키는 일 등이다. 이와 같은 지정은 전략적 배치에서 줄곧 이루어지는 일로서, 말하자면 전략적 경제기구에서의 보조화폐인 셈이다. 이에 반해서 주력 전투 및 이에 준하는 대전투는 금이나 은 같은 본위화폐라고 할 수 있다.

제8장
전투에 대한 양군의 합의

전투란 대개 적과 아군 모두가 전투에 동의해야만 성립한다. 그리고 이것은 또한 결투의 밑바탕을 이루는 생각이다. 그런데 전쟁사를 연구하는 사람들 사이에서는 이 관념으로부터 상투적 표현이 생겨나, 이것이 많은 잘못된 생각을 초래한 것이다.

즉 전쟁 사가들은, 한쪽 장수가 다른 쪽 장수에게 회전을 도전했지만 후자는 이에 응하지 않았다 말하고 이 점을 중심으로 여러 가지 고찰을 하고 있는 것이다.

전투는 분명히 일종의 결투처럼 볼 수 있지만 그것은 매우 특이한 결투이며, 전투의 바탕을 이루는 것은 피아의 투쟁욕, 즉 투쟁에 대한 서로의 동의뿐 아니라 투쟁과 결부되는 여러 목적이다. 이들 목적은 항상 보다 큰 목적에 속하고, 또 전체의 전쟁까지도 하나의 투쟁 단위로 간주되어 정치적인 목적이나 조건을 가지면, 이러한 목적이나 조건은 또다시 보다 큰 전체에 속하게 된다. 따라서 서로 상대를 정복하려고 하는 욕망 따위는 아주 종속적인 관계 안으로 편입되든가, 아니면 그 자체가 이미 독립성을 잃고 이른바 고급 의지를 불러일으키는 신경(神經)과 같은 것에 지나지 않는 것이다.

고대 민족에서, 또 그 뒤 상비군이 성립된 초기 시대에는, 적에게 회전을 걸어도 적이 이에 응하지 않는다고 하는 표현은, 오늘날보다도 많은 뜻을 포함하고 있었다. 고대 민족의 경우에는, 모든 것은 아무런 장애물이 없는 광활한 평야에서 서로 힘을 겨루는 투쟁을 목적으로 했다. 그러기 때문에 전쟁술의 주안점은 군의 정비와 편성, 즉 전투 서열에 있었다.

당시의 군은 일반적으로 진영 안에 보루를 만드는 관습이 있었기 때문에 이러한 진영 내의 진지는 난공불락으로 여겨졌다. 그리고 회전은 적이 먼저 그 진영으로부터 나와서 피아의 군이 서로 접촉할 수 있는 지역—다시 말하면 이러한 싸움터에 들어왔을 때 비로소 개시되었던 것이다.

한니발이 파비우스 막시무스[1]에게 싸움을 걸었으나 파비우스가 이에 응하지 않은 것은, 파비우스 입장에서 보자면 이 회전은 그의 계획 안에 들어 있지 않았었다는 것뿐이지, 한니발군의 물리적 우세나 정신적 우세를 증명하지는 않는다. 그러나 한니발에 대해서 말하자면 이 말은 옳은 말이다. 그것은 한니발이 실제로 회전을 원했기 때문이다.

근대적인 군대가 만들어졌던 초기에는, 대규모 전투나 회전에서도 이와 마찬가지 사정이 생겼다. 당시 대군은 전투 서열에 따라 전투에 참가하고 지휘를 받았다. 이런 대군은 방대하고 부자유스러운 하나의 전체이므로, 어느 정도 넓은 평원을 필요로 했다. 심하게 고립되거나 은폐된 지역 혹은 산지 등에서는 공격도 방어도 여의치가 않았다. 따라서 이런 지역에서는 방어측이 회전을 피하는 것이 보통이었다. 그 뒤 이와 같은 사정은 점점 줄어들었지만, 그래도 제1차 슐레지엔 전쟁[2] 때까지는 존재했다. 하지만 7년 전쟁[3] 시대가 되자 비로소 접근성이 나쁜 지형에서도 적을 공격할 수 있게 되었고, 이러한 공격은 점차 관습으로 정착되었다. 확실히 오늘날에도 이 같은 지형이, 이것을 원용하려고 하는 쪽에서 방어의 원리가 될 수 있다는 것은 부정할 수 없지만, 그것은 이제 전쟁이 본래 지닌 격렬한 힘을 묶어두는 마법의 영역은 아니게 되었다.

지난 30년 동안, 전쟁은 위와 같은 의미에서 장족의 발전을 이루었다. 전투로써 승패를 결정지으려는 장수를 방해하는 것은 이제 아무것도 없다. 그는 얼마든지 적을 찾아내어 공격할 수 있는 것이다. 그가 이렇게 행동하지 않는다면 전투를 아예 원치 않았던 것으로 봐도 좋다. 그러므로 오늘날 '그는 회전을 벌이려고 했지만 적이 응해 주지 않았다'고 하는 이런 말은 다음을 뜻한다. '그는 전투 개시에 필요한 제반 사정이 충분히 유리하다는 점을 인정하지 못했다.' 그렇다면 회전을 도전하는…… 운운의 표현은 이와 같은 고백에는 적합하지 않으

---

1) 파비우스 막시무스(Quintus Fabius Maximus Verrucosus, 280~203 B.C.). 로마의 군사령관이며 정치가.
2) 제1차 슐레지엔 전쟁(1740~42).
3) 7년 전쟁(1756~63).

며, 결국 이러한 연약한 고백을 분식(粉飾)하는 데에 지나지 않는다.

물론 오늘날 방어하는 측은 적이 도전해 온 전투를 더 이상 거부할 수 없다고는 하지만 이를 회피할 수는 있다. 즉 진지를 버리고 방어의 임무를 포기하기만 하면 되는 셈이다. 그러나 그렇게 되면 그 성과는 공격자에게는 반의 승리를 의미하여 공격자의 일시적 우세가 승인된 것이 된다.

그러므로 도전에 관한 이런 생각은 요즘 세상에는 더 이상 통하지 않는다. 이 같은 생각은 전진을 일삼는 자, 즉 공격자가 정지해서 하는 일 없이 세월만 보내는 일을 전승이라는 말로 장식하려는 궤변에 지나지 않는다. 또 방어측도 그가 전쟁터에서 퇴각하지 않는 한 회전을 원하는 것으로 보아야 한다. 이러한 방어자는 적으로부터 공격받지 않았을 때에는, 자기들이야말로 회전을 원하는 쪽이라고 주장해도 상관없다. 물론 이러한 말은 그대로 받아들일 수 있는 말은 아니지만 말이다.

그러나 퇴각을 원하고 또 퇴각할 수 있는 자에게 전투를 강요할 수는 없다. 그런데 공격자는 적의 퇴각에 의해 얻을 수 있는 이익만으로 만족하지 않는 경우가 있다. 그렇게 되면 전투에 의해서 실제의 승리를 거두려고 하는 욕구가 절실해져서, 적을 강요해서 도전에 응하게 하는 수단을 조금이라도 발견하기만 하면 교묘하게 이를 추구하여 이용하게 된다.

이를 위해서 가장 흔히 사용되는 주된 방법의 첫째는, 적을 포위하여 퇴각을 불가능하게 만들든가, 혹은 이를 곤란하게 만들어 도전에 응하지 않을 수 없게 하는 일이다. 둘째는 적을 기습하는 일이다. 이 둘째 방법 즉 기습은, 이전에는 이에 응하는 군의 민첩성이 결여되었기 때문에 자주 사용되었으나 요즈음에는 현저하게 그 효력을 잃어버렸다. 현대의 군은 운동이 유연하고 자유로워졌기 때문에 적의 면전에서조차도 퇴각을 서슴없이 개시한다. 특히 공격자에게 불리한 지형은 이 경우 심한 곤란을 자아낸다.

이런 종류의 전쟁 사례로서는, 카를 대공이 1796년 8월 11일에 험준한 고지 목장에서 모로에 도전한 네레스하임[4]의 회전을 들고 싶다. 이 회전에서 카를이

---

4) 네레스하임(Neresheim). 바덴뷔르템베르크의 산지에 있는 도시. 이 회전은 오스트리아군과 프랑스군 사이에 벌어졌는데, 승패는 결정되지 않았다. 대공은 이튿날인 12일에 퇴각을 지장 없이 수행할 수가 있었다.

의도한 것은 오직 자군의 퇴각을 용이하게 하는 데 있었다. 하지만 우리는 이 고명한 장수이자 군사 평론가의 이러한 판정을 완전히 이해했던 것이 아니었다는 것을 덧붙여 두는 바이다.

또 하나의 전쟁 사례로는 로스바흐 회전[5]이 있다. 이 회전에서 동맹군의 장수는 실제로 프리드리히 대왕을 공격할 의도를 품지 않았다[6]고 한다.

조르의 회전[7]에 대해서 프리드리히 대왕 자신이 한 말에 의하면, 그가 도전에 응한 것은 적의 면전에서 하는 퇴각이 위험하다고 생각했기 때문이다. 그는 이 회전에 대해서 다른 이유도 몇 가지 들고 있다.

그러나 전체적으로 볼 때 본래 뜻대로의 야습을 제외하면 이러한 사례는 드물다고 해도 좋다. 또 적이 포위되었기 때문에 전투를 할 수 없게 된 사례는 주로 고립한 군단에 대해서 생긴다. 예를 들어 막센[8]에서의 핑크[9] 군단과 같은 것이다.

---

5) 로스바흐 회전(1757. 11. 5).

6) 프랑스의 원수 수비즈(Soubise, Charles de Rohan, 1715~87)가 인솔한 프랑스—오스트리아 동맹군은, 프리드리히 대왕이 지휘하는 프로이센군에 의해서 격파되어 프랑스군은 하노버로 퇴각했다.

7) 조르의 회전(1745. 9. 30).

8) 막센(Maxen). 작센의 마을. 프리드리히의 명을 받아 작센으로 향한 핑크는 오스트리아군의 포위를 받아 항복했다(1759. 11. 21).

9) 핑크(Fink(Finck), Friedrich August von, 1718~66). 프로이센의 장수.

제9장
주력 전투
주력 전투에서 승패 결정

　주력 전투란 무엇인가? 주력을 가지고 벌이는 전투(회전)이다. 이것은 말할 필요도 없이 부수적인 목적을 달성하기 위한 일반 투쟁이 아니다. 또 목적 달성이 어렵다고 깨닫자마자, 버리고 돌보지 않을 시시한 시도도 아니다. 주력 전투는 전투에 의해서 실제 승리를 얻기 위하여 피아 두 군이 전력을 기울여 싸우는 싸움이다.

　주력 전투에도 많은 부수적인 목적들이 섞여 있다. 그래서 주력 전투는, 이 싸움을 낳게 한 여러 사정에 따라서 저마다 특수한 색채를 띠게 된다. 주력 전투도 실은 보다 큰 전체에 속하는 부분에 불과하기 때문이다. 그렇다고는 해도 전쟁의 본성은 곧 전투이며, 또 주력 전투는 주력을 가지고 하는 투쟁이므로, 주력 전투가 전쟁의 본디 중점(重點)으로 간주되어야 한다. 따라서 전체적으로 볼 때, 주력 전투는 다른 어떤 전투보다도, 그 자신을 위해 존재한다는 뚜렷한 성격을 띠게 되는 것이다.

　이것은 주력 전투에서의 승패 결정 방식과 주력 전투에서 거둔 승리가 가져다주는 효과에 영향을 주고, 또 목적을 달성하기 위한 수단으로써의 주력 전투에 이론이 인정할 수밖에 없는 가치를 결정한다. 우리가 특별히 주력 전투를 들추어 고찰 대상으로 삼은 것도 이 때문이다. 하지만 주력 전투와 결부되는 일이 있는 어떤 특수 목적에 대해서 말하기 전에 주력 전투 그 자체를 고찰해야 한다. 적어도 주력 전투가 그 이름에 어울리는 가치를 지니는 한 특수 목적 때문에 주력 전투의 성격을 본질적으로 바꾸는 것은 아니다.

　그런데 방금 말한 것처럼 주력 전투는 오직 그 자체를 위해 존재한다고 한다면, 주력 전투로 승패를 결정지으려 하는 이유 또한 주력 전투 그 자체에 존재해야 한다. 다시 말해 우리가 승리를 얻는 일이 가능한 한, 그 승리는 주력 전투에서 비롯되어야 한다. 또 주력 전투는 그때그때의 사정에 따라 임의로 포기해서는 안 되고, 주력 전투를 행하기 위해서는 아군 병력이 충분치 않다는 것을 확인했을 때에만 포기가 허용되는 것이다.

그래서 주력 전투를 포기하지 않을 수 없는 시점을 좀 더 자세히 설명할 필요가 있다.

근세의 전쟁술에서는, 말하자면 군의 인위적인 대형과 편성을 갖추는 일이 오랫동안 승리의 주요 조건이라고 여겨져 왔다. 그리고 이러한 조건 아래에서는 군의 용감한 행동이 승리를 가져다줄 수 있었다. 그래서 당시에는 적군의 대열을 파괴하는 것이 곧 승패의 결정이 되었다. 따라서 군의 한 날개가 격파되어 무너지면 그와 함께 있는 날개도 무너져 사라지는 것이다. 또 어떤 시대에는 방어의 본질을 이루는 것은, 군과 군이 교전하는 장소로서의 토지와 긴밀하게 결부되어 있었고 또 그곳의 장해물이었다. 즉, 군과 그 진지는 전적으로 일체가 되었다. 따라서 진지의 핵심적인 지점을 공략하는 일이 곧 승패를 결정지었다. 요컨대 방어 진지의 관건[1]이 상실되면, 그 진지는 이미 방어할 수가 없게 되고 따라서 회전도 그 이상 계속할 수가 없는 것이다. 이 두 가지 사항을 고려해 볼 때 격파된 군대란 줄이 끊긴 현악기와도 같은 것으로 이미 쓸모가 없는 것이다.

위에서 말한 제1의 기하학적 원리에도, 또 제2의 지리학적 원리에도, 전투 중인 군을 마치 결정물(結晶物)에서의 정연한 분자의 배열과 같은 상태로, 다시 말하면 움직일 수 없는 상태로 가두려고 하는 경향이 있었고, 이러한 경향의 해를 입어 병력을 마지막 한 사람에 이르기까지 활용할 수가 없었던 것이다. 그러나 이들 원리는 최근 그 영향력을 잃었기 때문에, 이미 이전과 같은 지배력을 발휘할 수가 없다. 하기야 오늘날에도 군은 일정한 대형을 가지고 전투에 참가하지만 이 대형은 이미 결정적인 것은 아니다. 또 오늘날에도 지상의 장해물은 저항을 강화하기 위해서 여전히 이용되고 있지만, 그러나 이러한 장해물은 이미 방어의 유일한 지탱이 되는 것은 아니다.

---

1) 전투에서의 승패의 결정에 가장 중요한 지점을 말한다. 그러나 이것은 지형이 회전에 대해서 현저한 영향을 주었던 시대의 생각으로, 클라우제비츠의 시대에도 이미 그 중요성을 잃고 있었다. 이에 관련되는 사상으로서는 제6편 제23장 참조.

앞서 본편 제2장에서 근대 회전의 본성에 대해서 개설했는데, 거기에서 시도한 고찰에 따르면 전투 서열의 목적은 병력을 적절히 사용하기 위해서 이를 올바르게 배치하는 데 있다. 또 전투는 피아의 병력이 차차 소모되는 과정이며, 그 경우에 승패는 어느 편이 먼저 상대 힘을 바닥나게 만드는가에 따라 결정된다.

그러므로 전투를 포기하겠다고 결의할 때에는, 적어도 주요 전투에서는 아직 전투에 참가하지 않은 양측의 예비 병력의 비율에 의해 정해진다. 이제는 이러한 예비만이 정신력을 완전히 보유한다. 전투의 파괴력에 의해서 이미 불타버린 재와 같이 위축된 대대와 같은 것은, 이러한 신선한 예비와 동일한 대열에 놓을 수 있는 것이 아니다. 또 진지의 상실이 정신적인 힘의 상실을 재는 척도라고 하는 것도 이미 다른 곳에서 말한 그대로이다. 따라서 진지의 상실이라는 것도 고려되어야 하지만, 그것은 손실이라고 하느니보다는 오히려 입은 피해를 나타내는 부호와 같은 것이다. 요컨대 장수가 한결 같이 착안하는 것은 새로운 예비 병력 바로 그것이다.

일반적으로 회전은, 비록 분명한 방식으로는 아니지만 처음부터 어떤 일정한 방향을 갖추고 있다. 게다가 이 방향은 회전을 위해 강구된 여러 가지 준비에 의해 이미 결정적으로 주어져 있는 것이다. 따라서 장수가 불리한 조건도 알아채지 못하고 이러한 조건에서 회전을 개시했다고 하면, 그것은 그의 통찰력이 부족하다는 것을 나타내는 것이다. 그러나 회전의 방향이 결정적으로 주어지지 않아도 회전의 경과가 피아의 균형을 서서히 변하게 하는 것은 물론이다. 그래도 이 변화는 지금 말한 바와 같이 처음부터 분명히 제시되는 것이 아니라, 회전이 진행됨에 따라서 시시각각으로 격렬하게 되고 그리고 분명해지는 것이다. 따라서 이러한 경과는, 회전의 부정확한 기술에 의해 잘못 알게 된 사람들이 생각하는 것처럼 피아의 군이 일진일퇴하는 것이 아니다.

회전에서 피아의 균형이 오랫동안 거의 흐트러지지 않는 일이 있다. 또 이 균형이 깨져서 한쪽에 불리하게 되기는 했지만, 다시 회복해서 이번에는 다른 쪽이 불리해지는 일까지도 있다. 그럼에도 대개의 경우 회전에 패한 장수는 퇴각을 결의하기 전에 이미 패전을 알아차리고 있는 것이다. 또 뜻하지 않은 우연한 일이 회전의 모든 과정에 현저하게 나쁜 영향을 주었다고 하는 경우는, 대개 패전을 말하는 장수의 자기변호에 지나지 않는다.

이러한 경우에 우리는, 전쟁에 참가한 일이 있는 공평한 사람들의 판단에만 의존해도 좋다. 이 사람들은 틀림없이 우리의 의견에 동의하고, 또 전쟁 경험이 없는 독자에게도 우리가 하는 말이 옳다는 것을 들려줄 것이라고 생각한다. 그런데 위에서 말한 회전 경과를 회전의 본성에 비추어 설명하게 되면, 전술의 영역에 너무 깊이 들어가는 것이 될 것이다. 회전 경과를 논술하는 것은 전술에 대한 문제이기 때문이다. 우리는 여기에서 회전의 결과만 논하면 된다.

그런데 우리는 방금 이렇게 말했다. 패배한 장수는 회전을 포기하기로 결심하기 전에 이미 불리한 결과, 즉 패전을 알고 있었던 것이라고. 그러나 우리는 이와 반대의 경우도 인정하지 않을 수가 없다.

그렇지 않으면 자기모순이 되는 명제를 주장하지 않을 수 없게 된다. 만약에 회전의 동향이 결정됨과 동시에 회전도 패배라고 인정하지 않을 수 없다고 한다면, 이 패색을 승리로 만들기 위한 병력 또한 하나도 없을 것이기 때문이다. 따라서 이런 동향이 결정적이라면 때를 놓치지 않고 퇴각을 개시해야 할 것이다. 물론 회전이 한쪽에 대해서는 이미 유리한 방향을 취하면서도 결전에서는 그 유리함이 다른 쪽으로 돌아가는 경우도 있다. 그러나 그와 같은 일은 일반적인 경우가 아니라 오히려 매우 드문 경우에 속한다. 그런데 비운의 장수는 불리를 유리로 전환시키는 가능성이 남아 있기만 하다면, 이러한 드문 경우도 의지한 밧줄로 삼지 않을 수가 없는 것이다. 그는 분골쇄신하여 군에 아직 남아 있는 정신적 힘을 북돋아 요행을 믿고 어떻게 해서든지 눈앞의 국면을 타개하려고 한다. 그리고 용기와 지혜가 그의 마음속에서 서로 타협하는 한 이 방향을 추구한다. 이에 대해서는 다시 논할 생각이지만 이에 앞서서 균형의 변화를 나타내는 징후가 어떠한 것인지를 말해두고자 한다.

총괄적인 회전의 성과는 모든 국부적 전투들의 성과를 합친 것이다. 그런데 이 모든 국부전들의 각 성과는 세 가지 서로 다른 것 안에 나타나게 된다.

첫째, 지휘관이 의식하는 정신력 안에 나타난다. 만약 사단장이 그의 지휘 아래에 있는 대대(大隊)의 패배를 알았다면, 이는 그의 심적 태도나 보고에 영향을 미칠 것이다. 또 이들 보고는 총사령관이 강구하는 대책에 영향을 줄 것이다. 따라서 언뜻 보기에 쉽사리 만회할 수 있다고 여겨지는 불리한 국부전에서도 거기에서 생기는 여러 가지 효과는 소멸하는 일이 없다. 이러한 국부전이 주는 인상은 손쉽게, 또는 지휘관의 본의가 아니더라도 그의 마음속에 쌓이게 된다.

둘째, 이러한 효과는 회전 중에 아군이 적군보다 빨리 소모되는 과정에서 나타난다. 현대의 회전은 이전과 달리 떠들썩한 과정을 거치지 않고 완만하게 진행되는 것이 보통이므로 이와 같은 소모는 손쉽게 측정할 수 있다.

셋째, 이러한 회전은 회전에 의한 지역의 상실로 나타난다.

지휘관의 눈에는 이 모든 성과들이, 그가 지휘하는 회전이라고 하는 배가 가는 방향을 알기 위한 나침반으로 비치는 것이다. 아군의 포병 중대가 전멸한 데도 불구하고 적의 포병대는 아직 1개 중대도 무너지지 않았을 경우, 아군의 보병대대는 적의 기병에게 형편없이 무너졌는데 적의 보병대대는 여전히 견고한 집단을 이루고 있는 경우, 아군의 전투 서열에서의 화선(火線)[2]이 한 지점에서 다른 지점으로 어쩔 수 없이 물러나는 경우, 한쪽에서는 어떤 지점을 약취하기 위해 많은 힘을 소비하고 다른 한편으로는 전진하는 보병대대가 빗발치는 총탄을 피하기 위해 흩어지지 않을 수 없는 경우, 적 포병을 사격하는 아군의 화포의 세력이 약해지기 시작하는 경우, 적의 맹렬한 사격을 받는 보병대대에서는 부상자와 함께 부상을 당하지 않은 병사까지 무리를 지어 퇴각하기 때문에 이들 대대가 빠르게 소모되는 경우, 회전 계획이 어긋나는 바람에 부대 사이의 연락이 끊어져서 포로가 발생하는 경우, 우리 측의 퇴로가 위태로워지는 경우 등등. 장수는 이들 모든 경우에 대비해서, 불리한 회전이 돌아가는 방향을 인식해야 한다. 만약에 이러한 동향이 오래 지속되어 마침내 결정적인 것이 되면, 불리를 유리로 전환하기 위한 시도는 점점 곤란해져서, 회전을 포기하지 않을 수 없는 시점이 절박하게 다가오는 것이다. 따라서 다음에는 회전을 포기하는 시점에 대해서 말해보고자 한다.

이미 몇 번이고 말했듯이, 승패를 궁극적으로 결정짓는 주요 근거는, 아직 회전에 참가하지 않고 남아 있는 피아의 새로운 예비 병력의 비율이다. 이 점에서 적이 결정적으로 우세한 것을 인정한 장수는 퇴각을 결의한다. 회전 중에 생긴

---

2) 적탄을 막음과 동시에 아군의 사격을 편리하게 하는 설비로서 산병호(散兵壕) 앞에 설치하는 흉장(胸墻) 등을 엄체(掩體)라고 하는데, 이 엄체 앞의 능선(稜線)을 화선(火線)이라고 한다.

모든 불리한 사건과 손실이 새로운 병력에 의해서 만회될 수 있다는 것은 근대 회전의 특성이다.

실제로 근대 회전에서는 전투 서열의 편성과 신예 부대가 회전에 참가하는 방식은, 어디에서나 또 어떠한 상태에서도 예비 병력의 사용을 가능하게 하는 것이다. 따라서 회전의 결과가 아군에게 분명히 불리하다고 판정하는 장수라도, 예비 병력이 우세한 한은 회전을 포기하지 않을 것이다. 그러나 아군의 예비가 적의 예비보다도 열세가 되기 시작한 순간부터, 승패는 이미 결정된 것으로 간주해야 한다. 일이 이렇게 되었을 때 그가 무엇을 할 수 있는가 하는 것은, 한편으로는 그때의 특수한 정황에 의하여, 또 다른 한편으로는 그의 용기와 굳은 정신의 정도에 의해서 결정된다. 또 장수가 피아의 예비 비율을 어떻게 계측할 수 있는가 하는 것은, 회전을 실시하는 기술의 숙련에 관한 문제이므로 여기에서 논할 필요는 없다. 우리는 그의 판단에 의해서 확정된 결과만을 다루면 되는 것이다. 그러나 이와 같은 결과도 퇴각을 결의하는 시점을 지시하는 것은 아니다. 순서를 따라 순차적으로 생기는 동기는, 이러한 중대한 시점을 명확하게 결정하기에는 적당하지가 않은 것이다. 이런 종류의 동기는 퇴각의 결의를 단지 막연하게 규정할 뿐이며, 실제로 결의하기 위해서는 특수한 원인들이 필요하다. 이러한 원인 중 주된 것은 퇴로를 차단당할 위험과 다가오는 밤이다. 이들 두 가지 원인은 끊임없이 나타난다.

회전의 정황이 시시각각으로 악화되어 아군의 퇴로가 위험해지고 예비 병력도 이미 소모되어 이 난국을 타파하기 어려울 경우, 장수는 운명에 따라 질서 정연하게 퇴각하여 사태를 수습할 수밖에 없다. 만약 주저하다가 때를 놓쳐 버리면, 그 군대는 결국 뿔뿔이 흩어져 달아나다가 전멸을 면치 못할 것이다.

밤은 전투를 종결시키는 계기가 된다. 특수한 조건이 존재하지 않는 이상, 야전(夜戰)을 한다고 해서 좋은 성과를 내기는 어렵기 때문이다. 또 밤에는 낮보다 퇴각하기 쉽다. 따라서 당장 물러날 필요성을 느끼거나 언젠가 퇴각해야 할 거라고 생각하는 지휘관은 야음을 틈타 퇴각한다.

일반적으로 퇴각을 촉구하는 가장 주요한 계기로서는 위에 적은 두 가지를 들 수가 있다. 하지만 그 밖에도 여러 가지 자상하고 특수한 이유들이 많다는 것은 두말할 필요가 없고 이들 계기들도 무시할 수가 없는 것이다. 회전 중에 양군의 균형이 급변하는 경향이 나타난다면, 국부전의 사소한 성과조차 이런 균형의 이변에 점점 더 큰 영향을 줄 것이다. 그러기 때문에 아군이 보병 1개 중대를 잃었다는 것이나, 적의 기병 몇 개 연대가 아군의 진지에 돌입한 것만으로도, 장수의 마음에 이미 무르익어가던 퇴각의 결의를 실행에 옮기게 하는 데 충분하다.

그런데 이러한 경우에 장수는, 그의 용기와 지혜 사이에 생기는 갈등을 이겨내야 한다. 그래서 이 점에 대해서 약간 언급해 둘 필요가 있다.

한편으로 지금까지의 연전연승을 자랑하는 정복자로서의 긍지, 타고난 굳건한 기상에서 나오는 불굴의 의지, 고매한 감격으로 하는 필사의 반항은, 퇴각이 자기 명예를 훼손할지도 모른다는 두려움이 존재하는 이상, 싸움터에서 물러나려고 하지 않을 것이다. 그런데 다른 한편으로 지혜는 모두를 내걸고 그 마지막에 남은 하나마저 이 전투에 거는 행위를 어리석은 짓이라 생각하고, 질서 정연하게 퇴각하기 위해 필요한 힘만큼은 남겨 두는 게 상책이라고 충고하는 것이다. 전쟁에서의 용기와 굳센 의지는 높이 평가되어야 하지만, 또 전력을 다해서 승리를 추구하는 결의를 감히 하지 않는 장수에게는 승리를 기대할 수 없다고 하지만, 그러나 거기에는 저절로 한계가 있고, 그것을 넘어서 계속 버티는 것은 절망에 빠진 어리석음이라고 말할 수밖에 없다. 따라서 어떤 비평가도 그런 고집이 정당하다고 인정하지 않을 것이다. 고금을 통한 회전 중에서 가장 유명한 벨 알리앙스의 싸움에서, 나폴레옹은 회전의 불리를 유리로 전환시키기 위해 마지막 힘을 기울였으나, 이러한 반전은 이미 불가능하게 되어 그는 마지막 한 푼까지 써버리고, 거지처럼 싸움터에서 빠져나가 국외로 탈출한 것이다.

제10장
주력 전투(이어서 1)
승리의 효과

주력 전투의 승리를 고찰할 경우, 수많은 대회전에서의 이상한 성과에 경탄하는 일도 있고, 또 같은 대회전이면서도 별다른 성과를 올리지 못한 것을 알고 놀라는 일도 있다. 그래서 다음에는 큰 승리가 피아에 어떠한 효과를 가져오는가에 대해서 고찰해 보고자 한다.

이 경우 우리는 3가지 효과를 구별할 수가 있다. 그 첫째는, 전쟁을 수행하는 당사자인 장수와 군에 미치는 효과이다. 둘째는, 전쟁에 관계가 있는 여러 국가에 주는 효과이다. 셋째는, 이들 두 가지 효과가 전쟁 뒤의 경과에서 보여주는 본래의 성과이다.

전쟁터 그 자체에서 발생하는 사상자, 포로 및 화포(火砲)의 상실 등에 관해서는 승자와 패자 사이에 대개 큰 차이가 없다. 따라서 이러한 사소한 차이만을 고려에 넣는다면 이 사소한 차이에서 중대한 결과가 생기는 것 등은 전혀 이해할 수 없을 것이다. 그러나 대부분의 경우 이러한 결과가 생기는 것은 매우 자연스럽다.

이미 제7장에서 말한 바와 같이, 패자가 잃어버린 전투력의 양이 크면 클수록 그에 따라 승리의 양은 늘어날 뿐만 아니라 승리의 강도 또한 높아진다. 그런데 전투가 가져다주는 정신적 효과는 승자보다는 오히려 패자에게 더 크다. 그리고 이 효과는 물리적인 힘의 더 큰 손실을 초래하는 계기가 된다. 그러면 이 물리적 손실은 다시 정신적인 힘으로 되돌아와서 물심양면의 손실은 서로 조장하게 된다. 우리가 승리의 정신적 효과를 특히 중요시하는 것은 바로 이 때문이다. 그런데 이 같은 정신적 효과는 승자와 패자에게 정반대로 작용한다. 즉 패자 쪽에서는 물리적, 정신적 힘을 위축시키고, 승자 쪽에서는 이들의 힘과 그 활동을 진작시키는 것이다. 그러나 그 주된 효과는 무어라고 해도 패자 쪽에 있다. 패자에게는 이러한 정신적 효과는 새로운 물리적 손실의 직접적인 원인이 되기 때문이다. 게다가 패자에게 미치는 정신적 효과는 위험과 고난과 여러 곤란—다시 말하면 전쟁의 진전을 방해하는 모든 정황과 성질을 같이 한다. 그래서 자칫하면 이들 사정과 결탁해서, 그 도움을 얻어 더욱더 조장되는 것이다. 이에 반해서 승자 쪽에서 언뜻 보기에 불리하다고 여겨지는 모든 사물은, 용기를 더욱더 고양하기 위해 가해지는 일시적인 압력과 같다. 이러한 뜻에서 패자가, 처음에 피아에 존재했던 균형 상태의 수준선을 밑도는 것은 승자가 이를 상회하는 정도보다도 훨씬 심하다. 따라서 승리의 효과를 말할 때 주로 진 쪽의 군에서 나타나는 효과를 가리킨다. 또 이 효과는 소규모 전투에서보다도 대규모 전투에서 크고, 또 주력 전투에서는 이에 종속하는 전투보다도 크다. 주력 전투는 그 자신을 위해 존재한다. 다시 말하면 바로 주력 전투에서 획득되고 또 최대의 고난을 가지고 추구되는 승리를 위해 존재한다. 이 싸움터에서 이 시간에 적을 완전히 정복하는 일이 바로 주력 전투의 의도인 것이다. 그리고 모든 전쟁 계획은 모든 관계 사항과 함께 모두 이 의도에 귀결되며, 장래에 관한 희망이나 막연한 계획도 모두 이 의도에 집중된다. 운명은, 주력 전투에서의 승리를 우리에게 달라는 우리의 요구를 받아들인 것인가 거부할 것인가 하는 대담한 물음에 대답하기 위해, 우리 눈앞에 그 모습을 나타낸다. 이것이 장수를 위시하여 졸병에 이르기까지, 전군의 정신을 두루 지배하는 긴장감이다. 이때의 긴장감의 정도는 지위가 낮아질수록 감소하는데, 이에 따라 긴장감의 중요성도 줄어든다. 어느 시대에서나 주력 전투는 결코 아무런 준비나 고려도 없이 치르는 것이 아니라, 하나의 웅대한 행동이라고 하는 것은 주력 전투의 성질로 보아 분명하다. 이 탁월한 행동은 일상적인 제반 행동 가운데에서 나타나, 전투에 임하는 모든 사람들의 심적 긴장을 강화한다. 또 일상적이고도 평범한 행동이 장대한 행동으로 변하는 것도 반은 이 행동 그 자체의 본성에 입각하고, 나머지 반은 지휘관의 의도에 의한 것이다. 어쨌든 회전의 결과에 대한 이 긴장감이 강할수록 그 결과가 가져다주는 효과도 더욱더 강해지지 않을 수가 없다.

그런데 승리가 가져다주는 효과는, 근대 전쟁사에서 볼 수 있는 종래의 회전에서보다도 현대의 회전에서 더 두드러지게 나타난다. 앞서 말했듯이 현대의 회전은 군이 물리적·정신적 힘을 전부 쏟아붓지 않으면 끝나지 않는 투쟁이다. 따라서 회전의 승패를 결정하는 것은 이들 모든 힘들의 총체이지 개개의 병력 배치나 단순한 우연은 아닌 것이다.

단순한 실수라면 다음 기회에 이를 바로잡을 수가 있다. 또 요행이나 우연이라고 하면 그것은 언젠가 그 혜택을 기대할 수 있다. 하지만 정신적·물리적 힘의 총체는 갑자기 바꿀 수 있는 것이 아니다. 적이나 아군 중 어느 한쪽이 물리적·정신적으로 상대보다 우월하여 일단 이길 수 있다는 판결이 내려진다면, 이 사실은 현재보다도 오히려 미래에 대해서 큰 의의를 지닌다. 군 안팎에서 주력 전투에 관여한 사람들 중에서도 이런 차이를 깨달은 사람은 극히 적을지도 모른다. 하지만 주력 전투의 경과 자체가 그 회전에 참가한 모든 장병들의 마음속에 이런 사실을 깊이 새기지 않고서는 못 배기는 것이다. 회전의 경과에 관해서 공표된 보고는 왜곡된 정황으로 분식되어 있다고는 하지만, 우리가 이것을 읽어보아도 승리의 원인이 개개의 사건 안에 있었던 것이 아니라, 전체 안에 존재한다는 사실을 많건 적건 알게 되는 것이다.

대회전에서의 패배를 아직 제대로 경험해 보지 못한 사람은, 이러한 패전을 눈앞에 떠올린다는 것은 쉬운 일이 아니다. 따라서 또 이러한 패전의 있는 그대로의 모습을 마음속에 그린다는 것은 아마도 곤란할 것이다. 작은 전투에서의 이러저러한 소규모 손실을 추상적으로 생각해 볼 수는 있어도, 패배한 대회전의 전모를 생각해 본다는 것은 불가능하다. 그래서 다음에는 이러한 패전의 구체적인 경과를 고찰해 보고자 한다.

불리한 회전에서 장수의 상상력(혹은 지력이라고 해도 좋다)을 차지하는 맨 처음 것은 병력의 감소이며, 다음에는 싸움터로 삼고 있는 땅의 상실이다. 땅의 상실은 많건 적건 간에 항상 생기는 일이고 공격자라 할지라도 싸움이 불리해지면 점령했던 땅을 다시 잃어야 한다. 그렇게 되면 전투를 개시한 당시의 대열은 무너지고 모든 부대가 혼란에 빠져들어 퇴각도 위험해진다. 패전에서의 퇴각 위험은 정도의 차이는 있지만 거의 예외 없이 나타나게 된다. 퇴각은 대개 야간에 개시되지만 적어도 밤새도록 속행되는 것이 통례이다. 이렇게 해서 최초의 퇴각이 시작되는 순간, 피로에 지치거나 사방으로 분산된 많은 장병을 싸움터에 남기지 않을 수가 없다. 그중에는 적진에 깊숙이 돌입한 기백 넘치는 사람도 있고, 적에게 가장 오랫동안 저항한 용사도 있다. 전쟁터에서는 패전의 감정에 휩싸이는 것은 고급 장교뿐이었으나, 막상 퇴각이 시작되면 이 감정은 이윽고 모든 장교와 졸병에 이르기까지 전반적으로 퍼진다. 더욱이 이러한 감정은 적의 수중에 남게 된 많은 장병들이야말로 이번 회전에서 가장 큰 무훈을 세운 훌륭한 전우들이라는 생각하기조차 싫은 생각으로 강화되고, 또 사령부에 대해 어쩔 수 없이 고조되는 불신감에 의해 더욱더 부채질 된다. 부하들은 각자의 고생이 무익했다는 것에 대한 책임을 많건 적건 사령부로 돌린다. 게다가 패전의 감정은 우리가 수시로 부정할 수 있는 단순한 생각이 아니다. 그것은 적이 우리 측보다도 우세하다는 명백한 진실이다. 이러한 진실은 그때까지 여러 원인들 속에 숨어 있었기 때문에 알아차리지 못했지만, 이제 회전의 마지막 단계에서 그 모습을 일목요연하게 나타내는 것이다. 혹은 또, 장수는 아마도 이 진실을 미리 알 수 있었음에도 당면한 사태를 보다 더 성실하게 바라보기를 게을리 하여, 쓸데없이 우연을 기대하고 요행과 신의 섭리를 믿은 끝에 움직일 수 없는 진실에 무리한 모험으로 대항하지 않을 수가 없었을 것이다. 그런데 이러한 헛된 믿음은 모두가 쓸데없는 일임을 알게 되고, 그 무엇도 사정을 봐주지 않은 엄숙한 진실이 우리를 위압한다.

이 모든 인상(印象)은 확실한 이유도 없이 갑자기 전군을 덮쳐 오는 공황과 전혀 다르다. 이런 공황은 무덕이 뛰어난 군에서는 절대 일어날 수 없고, 또 그 정도가 아닌 군도 패전으로 인해 공황이 생기는 일은 거의 없다. 그러나 지금 말한 것과 같은 패전의 인상은 제아무리 정예로운 군이라도 반드시 발생한다. 오랫동안 전쟁과 승리에 익숙해지고 또 장수에 대해서 두터운 신뢰를 두고 있는 군은 이런 인상이 약간 완화될지는 몰라도, 그래도 패전을 깨달은 순간에는 전혀 생기지 않는다고 할 수가 없는 것이다. 또 이와 같은 인상은 적에게 전리품을 빼앗긴 직접적인 결과는 아니다. 전리품이 적의 수중으로 돌아가는 것은 일반적으로 약간 뒤의 일이고, 이 일은 그다지 신속하게 널리 알려지지는 않는다. 요컨대 패전의 인상은, 피아의 균형이 매우 서서히 시간에 지남에 따라 패배당하는 경우에도 반드시 생기는 것이다. 따라서 이러한 인상은 항상 승리의 필연적인 효과라고 보아도 좋다.

그리고 전리품의 양이 승리의 효과를 높여 준다는 점은 앞서 설명한 바와 같다.

이와 같은 상태에 빠진 군은 더 이상 전쟁 도구로 쓸 수 없을 정도로 약해진 것은 물론이다. 이러한 군에는 앞서 말했듯이 전쟁지도에 수반되는 일반적인 고난 외에 패전이라는 새로운 고난까지 가해지는 것이다. 이와 같은 군이 새로운 고난이 겹쳤다고 해서 패전을 만회할 수 있을 리가 없다. 회전 직전 피아 사이에는 실제의, 또는 상상된 균형이 있었다. 그런데 이 균형이 이미 완전히 깨진 것이다. 그러므로 균형을 회복하기 위해서는 외적인 원인이 필요하다.

패자의 권토중래(捲土重來)도 이러한 외적인 거점이 없는 한 쓸데없이 새로운 손실을 초래할 뿐이다.

그러므로 적의 주력 부대가 획득한 매우 조그마한 승리도, 우리 측에 새로운 외적인 사정이 나타나서 국면을 타개하지 않는 한, 더욱더 아군의 불리를 증대시키는 근거가 되는 것이다. 만약에 우리 쪽에 이런 유리한 외적 사정이 가까이에 없고, 더욱이 적은 명예심에 사로잡혀 보다 큰 목적을 단숨에 추구하려 한다면, 아군으로서는 세차게 흐르는 대하의 물결처럼 우세한 적의 범람을 막고, 여러 가지 작은 저항을 구사해서 적의 세력을 감소시키며, 적이 소기의 목표에 도달하기 직전에 적의 승리를 막아야 한다. 이를 위해서는 탁월한 장수뿐 아니라, 역전(歷戰)으로 단련된 확고부동한 전투적 정신을 갖춘 군을 필요로 하는 것이다.

그래서 다음에는 적의 승리가 패자 쪽에서 군 이외의 국민과 정부에 주는 효과를 검토해 보기로 한다. 이제까지 극도로 긴장된 기대는 갑자기 무너지고 만만했던 자신은 무참하게 분쇄되었다. 후방의 이와 같은 정신적 힘이 분쇄되어 생긴 진공 상태에 도도히 흘러드는 것은, 파괴적인 팽창력을 갖춘 공포이며 이 공포가 국가의 기능을 완전히 마비시키는 것이다. 그 모양은 마치 한쪽 경기자가 결승전에서 완패한 충격으로 실신하는 것과도 같다. 패전했을 때는 정도의 차이는 있지만 이와 같은 효과가 생기지 않을 수가 없는 것이다. 이럴 때야말로 각자가 급히 모여들어 이 불운을 만회하기 위해 노력해야 할 텐데, 아무도 자기의 노력이 헛되이 끝날까 봐 두려운 나머지, 이러한 위기를 당해서도 그저 하릴없이 시간을 보내거나 모든 것을 운명에 맡기고 상황을 지켜보기만 하는 것이다.

그런데 승리의 효과가 전쟁 그 자체의 경과에 주는 여러 가지 결과는, 부분적으로는 승리를 얻은 지휘관의 성격 및 재능에 있는 것이지만, 그 이상으로 이 승리를 낳게 한 사정과 또 이 승리에 의해서 생긴 사정에 의존하는 것이다. 확실히 장수의 용감성과 진취적 정신이 없으면 혁혁한 전과나 큰 성과를 얻을 수 없었을 것이다. 그러나 여러 정치적 사정이, 장수의 이와 같은 정신력의 발휘를 현저하게 방해한다고 한다면, 그의 정신력은 이런 종류의 사정 때문에 신속히 소모된다. 프리드리히 대왕이라면 콜린[1]의 전승을 다운과는 다른 방식으로 이용했을 것이다. 또 프랑스라면 로이텐의 회전[2]에서 프로이센과는 다른 결과를 가져다주었을 것이다.

큰 승리는 당연히 큰 결과를 기대하게 하는데 이 경우의 조건이 어떠한 것인가는, 이들 조건에 결부되는 몇 가지 사항을 논할 때에 살펴보기로 한다. 그러면 승리의 양과 승리의 결과 사이에 때로는 불균형이 생기는 이유를 분명히 할 수 있으리라 생각한다. 또 이 불균형은 자칫 승자의 수행력 부족으로 돌려지기가 쉽다. 그러나 여기에서는 본디 주력 전투 자체를 논하는 것이 주안점이므로, 위에서 말한 승리의 효과는 그 어떤 경우에도 생기지 않을 수 없다는 것—이 효과는 승리의 강도와 함께 증대한다는 것—회전이 주력 전투일 경우에는, 다시 말해서 회전에서 모든 전투력이 결집된다면, 또 이 전투에 모든 전투력이 포함되고 또 이 전력에 국가 전체가 포함되어 있다면, 이러한 효과는 더욱더 커진다는 것을 지적하는 것으로 그치고자 한다.

그렇다고는 하지만 이론은 승리의 이러한 효과를 어디까지나 필연적인 것으로 간주해도 좋을 것인가. 오히려 이론은 이와 같은 효과에 대항할 만한 수단을 찾아내어, 이 효과를 무효로 만들 계산을 해야 할 것이 아닌가? 이러한 의문에 대해서는 이를 긍정하는 것이 당연한 것처럼 여겨진다. 그러나 우리는 대개의 이론이 자칫 잘못 들어가기 쉬운 이와 같은 잘못된 길을 경계해야 한다. 한번 이 잘못된 길로 들어서면, 찬부 양론은 서로 상대를 비판할 뿐 결국 아무것도 얻는 것이 없게 되는 것이다.

어쨌든 승리의 이와 같은 효과는 어디까지나 필연적이다. 이 효과는 전적으

---

1) 다운은 콜린의 회전(1757. 6. 18)에서 프리드리히 대왕을 무찔렀다.
2) 로이텐의 회전(1757. 12. 5)에서 프리드리히 대왕은 오스트리아군을 무찔렀다.

로 자연의 도리에 입각한 것이기 때문이다. 비록 이들 효과를 무효화시키는 그 어떤 수단을 발견한다 해도 이런 종류의 효과는 존속한다. 예를 들어 동쪽에서 서쪽으로 발사된 포탄의 운동이, 이와는 반대 방향을 취하는 지구의 자전 때문에 본디 속도가 어느 정도 줄어든다 해도 여전히 진행을 계속하는 것과 마찬가지이다.

전쟁은 인간의 약점을 전제로 한다. 그리고 바로 이 약점을 공격하는 것이야말로 전쟁의 근본 취지이다.

주력 전투에서 패배한 뒤에 도대체 무엇을 해야 할 것인가를, 훗날 다른 기회를 기다렸다가 생각하는 것도 좋다. 또 극도로 절망적인 상태에서도 아직 남아 있을지 모르는 수단을 고려하는 것도 한 방법이다. 또 이러한 상태에 놓여도 여전히 모든 불리함을 회복할 가능성으로 믿는 것도 좋을 것이다. 그러나 이러한 방책을 모두 강구해 본들, 새삼스럽게 패전의 효과를 점차로 무효하게 하는 것은 되지 않을 것이다. 지금 패전의 불리를 회복하기 위해 사용하는 병력과 수단은, 바로 앞에서 적극적 목적을 달성하기 위해 사용할 수 있었던 것이기 때문이다. 또한 이것은 물리적인 힘이나 정신적인 힘에 대해서도 말할 수가 있다.

그런데 지금 여기에 하나의 문제가 있다. 그것은—주력 전투에서 패배함으로써 아마도 어떤 종류의 힘, 즉 이러한 패전을 경험하지 않았다면 결코 나타낼 수 없었던 힘이 패자 쪽에 환기되지는 않을까 하는 문제이다. 분명히 이와 같은 경우는 생각할 수 있고 또 이제까지 많은 국민에게서 실제로 나타나고 있는 것이다. 그러나 패전으로 말미암아 강화되는 반작용과 같은 것은, 이미 전쟁술의 영역에서는 다룰 수 없는 문제이다. 전쟁술은 이와 같은 반작용이 실제로 고려할 수 있는 경우에만 이것을 고려하면 된다.

그런데 승리의 결과가 패자 쪽에 환기시킨 힘의 반작용 때문에, 승자 쪽이 오히려 매우 불리해지는 경우가 있다면—말할 필요도 없이 이것은 매우 드문 예외에 속한다—이에 의해서 우리는 승리라고 하는 동일한 현상이 패전국과 그 국민의 성격에 따라서 여러 가지 결과를 낳게 한다는 것을 더욱더 확인하지 않을 수가 없다.

제11장
주력 전투(이어서 2)
회전의 사용

전쟁 지도가 개별적인 경우에 어떤 형태를 취하든, 또 우리가 그 뒤 전쟁 지도에서 무엇을 필연적인 것으로 봐야 하든지 간에, 전쟁의 특성으로서 다음 몇 가지를 확인하기 위해서는 전쟁 개념을 상기하는 것만으로도 좋다.

1. 적 전투력 격멸은 전쟁의 주요 원리이다. 적극적 행동을 취하는 쪽에서 보자면 목표에 이르기 위한 가장 주요한 수단이다.
2. 적 전투력 격멸은 오직 전투를 통해서만 달성된다.
3. 전반적인 대규모 전투만이 큰 성과를 가져다준다.
4. 작은 전투들이 모여 하나의 대회전(大會戰)을 이루었을 때 성과가 가장 커진다.
5. 장수는 주력 전투에서만 전투라는 큰 사업을 직접 통괄한다. 그러나 그 경우, 그가 이 사업을 부하에게 각기 분담시키는 것은 사리로 미루어 당연하다.

그런데 여기에 든 전쟁의 여러 특성에서 상호보완적인 두 부분을 포함하는 이중 법칙이 생긴다. 이 법칙의 제1 부분은, 적 전투력 격멸은 오직 대규모 회전과 그 성과에서 구해야 한다는 것이다. 또 제2 부분은, 대회전의 주요 목적은 적 전투력 격멸이어야 한다는 것이다. 두말할 필요도 없이 이러한 격멸 원리는 주력 전투 외에도 많건 적건 간에 존재하며, 따라서 또 작은 전투에서도 유리한 상황을 맞으면 막대한 적 전투력을 격멸할 수 있는 경우(막센[1])가 있다. 또

---

1) 프로이센의 장수 핑크는 1만 3500명의 병사를 이끌고 막센에서 오스트리아군과 조우전을 벌였으나(1759. 10. 20), 포위되어 이튿날 항복했다.

한편으로는 주력 전투에서도 한 초병 진지의 점령 또는 고수가 매우 중요한 목적으로서 중요시되는 일이 있다. 그러나 일반적으로 주력 전투는 적 전투력을 격멸하기 위해서만 이루어진다는 것, 또 적 전투력 격멸은 주력 전투에 의해서만 달성될 수 있다는 것은 여전히 진실이다.

그렇다고 한다면 주력 전투는 한 점에 집중된 전쟁, 다시 말하면 모든 전쟁 또는 모든 전역의 중점(重點)이라고 보아도 좋다. 마치 태양 광선이 오목거울의 초점에 집중되어 태양의 상(像)을 맺고 거기에서 작열(灼熱)이 생기듯이, 전쟁의 모든 힘과 정황은 주력 전투에 집중되어 압축된 최대의 효과를 발휘하는 것이다.

모든 전투력을 집결하여 하나의 전체로 만드는 것은 거의 모든 전쟁에서 볼 수 있는 현상이다. 그리고 전투력의 이러한 집결 자체가 모든 것을 동원하여 주력 전투를 감행하려고 하는 의도를 시사한다. 이 경우 공격자는 자진해서, 방어자는 적의 도전을 받아 주력 전투를 행하는 것이다. 그런데 이러한 주력 전투가 이루어지지 않는 경우도 있다. 그것은 전쟁의 원래 동기, 즉 적의라고 하는 동기에, 이것을 완화하고 억제하려는 다른 동기가 얽혀서 처음 동기의 발동을 약화하거나 변경시키거나 또는 전적으로 저지했기 때문이다. 이와 같이 피아가 동시에 군사적 행동을 정지하는 상태는, 이제까지 많은 전쟁의 바탕을 이루고 있었다. 그러나 이러한 상태에서까지도 주력 전투가 언제 이루어질지 모른다는 생각이 여전히 서로 행동의 기준을 이루어, 말하자면 서로의 궤도 구성을 규정하는 원거리 초점이었다. 전쟁이 진짜로 전쟁답게 되고 적의와 증오의 배출구가 되며, 또 피차의 정복 행위가 되면 모든 행동은 더욱더 유혈적 투쟁에 집중되어 주력 전투는 마침내 격렬해진다.

아군의 적극적인 목적이 크면, 이 목적은 적의 이해관계를 심각하게 침해하게 된다. 그리고 이런 목적이 군사행동의 목표일 경우에는 언제나 주력 전투가 가장 자연스러운 수단으로 여겨진다. 따라서 또 주력 전투야말로—나중에 자세히 설명하겠지만—가장 좋은 수단이다. 만약 대결전을 두려워하여 주력 전투를 회피한다면, 그 때문에 훗날 뼈아픈 대가를 치르는 것이 통례이다.

적극적 목적은 본디 공격자 측에 속한다. 그러므로 주력 전투는 공격자가 즐겨 사용하는 수단이다. 공격 및 방어의 개념은 여기서 자세하게 규정할 수는 없지만, 대개의 경우는 방어자라 할지라도 주력 전투를 그에게 부과된 여러 문제를 해결하는 유일하고 효과적인 수단이라고 보는 것이다. 실제로 방어자 쪽에서도 그가 놓여 있는 상태가 필요로 하는 것을, 조만간 주력 전투라고 하는 수단을 사용해서 충족하려고 하는 것이다.

주력 전투는 적과 아군 양측에게 부과된 여러 문제를 해결하기 위한 가장 피비린내 나는 방법이다. 분명히 주력 전투는 단순히 피아 상호 간의 살육(殺戮) 행위가 아니다. 또 그 효과는 쓸데없이 적의 장병을 죽이는 일이 아니라 오히려 적의 전의(戰意)를 꺾는 데 있다. 이 문제에 대해서는 다음 장에서 자세히 살펴보려고 한다. 하지만 피가 항상 주력 전투에 지불해야 할 대가이며, 또 도륙(屠戮)이야말로 주력 전투의 기본 성격이다. 주력 전투와 도륙이라는 단어의 어원이 같다는 점은 이 사실을 잘 나타내 준다.[2] 따라서 장수의 마음속에 깃든 인간성은 도륙이라는 뜻을 내포한 주력 전투를 두려워하는 것이다.

그러나 그보다 더 인간의 마음을 무섭게 만드는 것은 단 한 차례의 회전으로 승패가 결정된다는 생각이다. 이 경우 모든 행동은 공간 및 시간적으로 단 하나의 점에 압축된다. 그리고 이와 같은 순간에 우리의 마음속에는 아군의 물리적, 정신적 힘이 이런 좁은 공간에서는 충분히 전개되어 활동할 수 없을 것이 아닌가, 또 시간 그 자체는 우리에게 아무것도 주지 않을지라도 시간의 여유가 있는 것만으로도 큰 이득이 아닌가 하는 막연한 불안감이 오가는 것이다. 물론 이와 같은 감정은 망상에 지나지 않을 것이다. 그러나 그것은 망상이면서도 우리 마음속에 분명히 존재하고 있는 것이다. 이러한 감정은 중대한 결정을 내려야 할 때 인간의 마음을 괴롭혀서 약하게 만든다. 하물며 주력 전투에 임하는 장수의 마음은, 마치 터무니없이 무거운 물체를 거꾸로 세워서 안정된 중심을 유지하여 넘어지지 못하게 하려는 필사적인 노력과 맞먹는다. 이와 같은 위태로운 순간에 인간으로서의 연약함이 장수의 마음을 움직이는 것은 지극히 당연하지 않겠는가.

그래서 시대를 불문하고 정부나 장수는 최대한 결전을 회피하고, 결전을 하지 않고 소정의 목적에 도달하기 위해 또는 목표 그 자체를 남몰래 폐기하려고

---

2) 독일어에서 회전은 'Schlacht', 주력 전투는 'Hauptschlacht'이다. 또 도륙은 'Schlachten'이지만 옛날에는 'Schlacht'와 같은 뜻이었다.

했던 것이다. 그렇게 되자 이를 추종하는 전사가나 전쟁 이론가들은, 결전 이외의 그 어떤 방법에 의한 전역이나 전쟁에 주목하여, 결전에 의한 승패의 결정을 대신하는 것으로 내세웠을 뿐만 아니라 오히려 이것은 결전보다 더 좋은 고도의 기술로 간주한 것이다. 이렇게 해서 오늘날에도 우리는 전쟁 경제의 입장에서, 자칫 주력 전투를 잘못된 생각에서 생겨난 어쩔 수 없는 해악, 즉 필요악이라고 하여 신중히 고려되어 정상적으로 이루어진 전쟁에서는 결코 나타나는 일이 없는 병적인 현상으로 보고 싶어 하는 것이다. 그래서 그들은 유혈이 따르지 않는 전쟁 기술을 알고 있는 장수야말로 영광을 받을 만하다고 하며, 또 전쟁 이론의 본 임무는 진짜 브라만교처럼 바로 이 사실을 가르치는 것이어야 한다고 주장하는 것이다.

다행히 당대의 역사는 이러한 망상을 분쇄했다. 그러나 이러한 망상은 훗날 어느 날엔가 부활하여 전쟁을 수행하는 지도자들을 잘못 생각하게 해서, 인간의 약점을 터놓고 긍정하고 또 사람의 마음에 물들기 쉬운 이러한 잘못된 이론으로 끌어들일지 모르는 것이다. 아마도 앞으로 얼마 동안의 시간이 흘러가면, 나폴레옹이 벌인 전역이나 회전을 조잡하고 바보 같은 일이라 하여, 너덜너덜한 장식 끈이 달린 곰팡내 나는 예장용(禮裝用) 패검(佩劍)을 소중히 여기는 시대가 다시 한번 오는 것은 아닐까? 그래서 만약에 이론이 이와 같은 풍조에 경고를 줄 수 있다면, 이러한 경고에 귀를 기울이는 사람들에게 적지 않은 도움을 줄 수 있을 것이다. 우리가 바라는 바는, 경애하는 우리 조국에서 군사에 관해 유력한 의견을 갖는 인사들에게 손을 내밀어, 전쟁 분야의 이들 지도자들에게 기여함과 동시에 또 이러한 인사들로 하여금 군사 문제를 성실하게 음미할 것을 요구하는 데 있다.

중대한 승패의 결정은 대규모 회전에서 찾아야 한다고 주장하는 우리의 견해는 전쟁 개념에 입각하고 있을 뿐만 아니라 경험 또한 이를 지지하는 것이다. 예부터 큰 성과는 큰 승리에 의해서 얻을 수 있었다. 이 사실은 공격자에게는 물론 절대적이었고, 또 방어자에게도 정도의 차이는 있지만 역시 절대적이었다.

만약에 나폴레옹이 이러한 경우에 유혈을 두려워했다면, 그가 아무리 뛰어난 지휘관이었다 해도 울름[3] 회전에서, 그만의 독특한 방식으로 승리를 체험할 수는 없었을 것이다. 그러나 울름 회전에서 나폴레옹이 얻은 훌륭한 성과도, 사실 그가 다른 여러 전투에서 거둔 눈부신 승리들에 비하면 차선에 지나지 않았다. 그런데 결전이라는 일대 모험을 통해 유종의 미를 거두려고 한 것은 용감한, 혹은 과감한, 혹은 호탕한 장수뿐만이 아니었다. 운이 좋은 장수도 모두 그 속에 포함되어 있는 것이다. 그러나 이러한 운이 좋은 장수에 대해서도 극히 일반적인 물음에 대해서라면, 이와 마찬가지 대답을 주어도 지장은 없을 것이라고 여겨진다.

우리는 피를 흘리지 않고 승리를 거두는 장수 이야기를 들어본 적이 없다. 회전이라고 하는 도륙은 처참한 장면이다. 그러나 그것은 전쟁의 진상을 보다 올바르게 인식시키기는 할망정, 전투자가 휘두르는 칼을 인도적인 입장에서 차차 무디게 하는 것은 되지 못한다. 만약에 피아가 결전을 회피하는 것을 능사로 한다면, 언젠가는 예리한 칼을 든 장수가 그들 사이에 나타나서 이 무능한 교전자들의 두 팔을 잘라버릴 것이다.

그런데 대규모 회전은 확실히 승패를 결정짓는 하나의 주요 수단이라고 해도 좋다. 그러나 그것은 전쟁 또는 전역을 궁극적으로 결정하는 유일한 수단은 아닌 것이다. 큰 회전이 모든 싸움을 일거에 결정하는 경우가 자주 생기는 것은 근대에 이르러서의 일이다. 하물며 전쟁 전체를 결정하는 경우는 매우 드문 예외에 속한다.

대회전에서 생기는 승패의 결정은 이 회전 그 자체만으로, 다시 말하면 이 회전을 위해서 집결된 전투력과 이 회전에서 승리의 강도만으로 정해지는 것이 아니라, 피아의 전투력 비교나 또 교전국과 이 전쟁에 관여하는 여러 국가와의 관계에도 대부분 의존한다. 하지만 두 군의 모든 전투력으로 구성된 대군이 대회전에 참가하는 것이므로, 이 회전이 중대한 승패를 결정하는 주된 요인임에는 틀림없다. 또 승리의 양은 그것이 소규모적이라면 예측할 수도 있겠지만 그것을 모두 예측하는 일은 불가능하다. 여하간 이러한 회전에서의 승리는 비록 유일한 결정이 아니라고 해도, 그러나 최초의 결정이며 앞으로의 결정에도 영

---

3) 울름(Ulm). 뷔르템베르크의 도시이자 요새. 나폴레옹이 지휘하는 프랑스군은 이곳 회전(1805. 10. 17)에서 오스트리아군을 크게 무찔러 2만 6000의 포로를 잡았다.

향을 미치는 것이다. 따라서 맨 처음에 계획된 주력 전투는, 여러 자기 사정에 따라 많건 적건 또 어느 정도는 항상 당면한 전쟁에서 우선 당장의 중심점 내지는 중점으로 여겨야 한다. 장수가 전쟁뿐 아니라 개개의 전투에 임할 때, 항상 원래의 전투적 정신을 견지하고 적의 완전한 타도를 자기 임무로 여겨 그 실현을 기하려는 감정과 뜻을 품는다면, 다시 말해서 이 중책을 깊이 자각한다면, 그가 제1차 회전에 전력을 경주하여 서전에서 모든 것을 쟁취하길 바라고, 또 이를 위해 노력하게 될 것이라는 것은 틀림없는 일이다. 나폴레옹은 적을 서전 (緖戰)에서 완전히 격파한다는 마음을 갖지 않고 출정한 일은 한 번도 없다고 해도 과언이 아니다. 또 프리드리히 대왕도 나폴레옹에 비하면 확실히 전쟁 규모가 작고, 따라서 또 위기도 그다지 중대하지 않았지만, 소수 병력으로 이루어진 군을 지휘해서 뒤로 육박하는 러시아군[4]이나 오스트리아군을 격파할 것을 마음먹었을 때에는 나폴레옹과 마찬가지로 생각했다.

주력 전투에서 승패의 결정은 부분적으로는 주력 전투 그 자체에, 다시 말하면 주력 전투에 집중된 전투력의 양과 성과의 양에 의존한다는 것은 앞서 말한 대로이다.

장수가 이 첫째의 점, 즉 전투력의 양을 증대함으로써 주력 전투의 중요성을 높일 수 있다는 것은 자명한 일로서 설명을 필요로 하지 않는다. 따라서 우리는 여기에서 다음 두 가지를 지적하고자 한다. 첫째는, 주력 전투의 규모가 커짐에 따라 주력 전투와 함께 승패가 결정되는 전투의 수(數) 또한 증대한다는 것이다. 둘째는, 따라서 자기의 힘을 믿고 기꺼이 주력 전투에 의해서 중대한 승패를 결정하려고 하는 장수는, 그 전투력의 대부분[5]을 주력 전투에서 사용하면서도 이 때문에 다른 지점에서의 전투를 등한시하지 않았다는 것이다.

주력 전투의 성과는, 더 정확하게 말하면 승리의 강도는, 주로 다음에 드는 4가지 사정에 의존된다.

1. 회전을 실시하는 전술적 형식

---

4) 7년 전쟁(1756~63)에서, 러시아는 1761년 5월에 프로이센과 동맹을 맺을 때까지 오스트리아 쪽에 섰다.
5) 여기에서 '대부분'이라고 하는 것은 전체 전투력의 2분의 1 내지는 4분의 3을 뜻한다.

2. 지형의 성질

3. 피아 두 군이 보유한 병기의 비율

4. 피아 두 군이 보유한 병력의 비율

적의 측면을 우회하지 않고 정면으로 적을 공격하는 회전과, 적의 측면을 우회하거나 적이 전투 정면을 다소간 전환시키지 않을 수 없도록 한 회전을 비교하면, 승리의 성과는 전자 쪽이 작다. 또 단절지나 산지에서의 승리의 성과는 평지에서보다도 작다. 이러한 지형에서 공격력은 일반적으로 저하하기 때문이다.

패자가 승자와 동수의, 혹은 승자보다도 우세한 기병을 가지고 있을 경우에는 승자에 의한 추격 효과는 상실되고 따라서 승리 성과의 상당한 부분을 잃게 된다.

적보다 우세한 병력이 적 측면을 우회하거나 적의 전투 정면을 전환하기 위해 사용된다면, 이로써 얻어진 승리는, 승자의 병력이 패자의 병력보다 약할 때 얻은 성과보다 틀림없이 더 크다는 것은 자명한 일이다. 로이텐의 회전[6]은, 이 원칙이 과연 실제로도 옳을까 하는 의심을 품게 했을지도 모르지만, 여기에서도 '예외 없는 규칙은 없다'라는 말을 인용하는 것을 양해해 주기 바란다. 그러나 이러한 변명은 결코 우리가 바라는 바는 아니라는 것을 덧붙여 두는 바이다.

장수는 회전에 결정적인 성격을 주는 수단을 이들 방법 중에서 찾는다. 그와 동시에 그가 만나게 될 위험도 당연히 늘어난다. 그러나 그의 모든 행동은 정신 세계를 지배하는 이 역학적 법칙에 따라야 하는 것이다.

실제로 전쟁에서 가장 중요한 것은 주력 전투이다. 전략의 최고 지혜는, 본전을 수행하기 위한 수단을 갖추고 회전이 벌어질 장소 및 시간, 그리고 회전에서의 병력 사용 방법을 교묘하게 안배하고, 또 회전으로 얻은 성과를 이용하는 방식에서 뚜렷하게 나타난다.

주력 전투에 관한 이 요인이 모두가 중요하다는 것은 두말할 나위가 없다. 하

---

6) 로이텐의 회전(1757. 12. 5)에서 프리드리히 대왕이 이끈 3만 3000의 프로이센군은 8만 2000의 오스트리아군과 교전해서 대승을 거두었다.

지만 그렇다고 해서 이 모든 것이 매우 복잡하거나 눈에 띄지 않는 것은 아니다. 오히려 모든 것은 매우 단순하고 또 조합하는 기술도 지극히 간단하다. 다만 필요한 것은 형상에 대한 날카로운 판단력, 왕성한 기력, 시종일관하는 굳은 정신, 발랄한 진취의 기상 등이다. 간단히 말하자면 영웅적 특성 바로 그것이다. 이에 대해서는 나중에 자주 언급하게 될 것이다. 여하간 이 경우에 가장 필요한 것은 책에서 배울 수 있는 것이 아니다. 따라서 만약에 이러한 것이 가르쳐진다고 한다면 그것은 글자와는 다른 방식으로 장수의 마음에 전달되어야 하는 것이다.

주력 전투를 결의한 장수의 자유로운, 그러면서도 흔들림 없는 마음은, 자신에 대한 신념과 주력 전투의 필연성에 대한 분명한 자각에서 비롯되어야 한다. 다시 말해 타고난 용기와, 폭넓은 생활 관계에 의해 연마된 날카로운 통찰력에서 생겨야 하는 것이다.

훌륭한 실례는 가장 좋은 교사이다. 그러나 이러한 실례가 보여주는 진실은, 이론적 편견이라고 하는 구름에 가로막혀서는 안 된다. 태양의 빛도 구름이나 안개 속에서는 굴절되어 다른 빛깔을 띠게 되기 때문이다. 이러한 편견은 때로는 병처럼 발생하여 확산되기도 한다. 그러므로 이 편견을 타파하는 것이야말로 이론이 꼭 해야 할 의무가 된다. 인간의 지성이 실수로 낳은 것은 지성으로만 없앨 수 있기 때문이다.

제12장
전승을 이용하기 위한 전략적 수단

　승리를 얻기 위해 만반의 준비를 강구하는 것은, 실제로 회전에서 승리하는 것보다 더 어려운 일로서 이것은 그야말로 전략의 숨은 공적이다. 그럼에도 전략은 이러한 공적에 관해서는 전혀 칭찬을 받지 못한다. 그러나 여하간에 전략은 획득한 전승을 이용할 때 비로소 그 영광스럽고도 빛나는 모습을 드러낸다.

　회전은 어떤 특수 목적을 지닐 수 있을까? 회전은 전쟁이라는 체계 안에서 어떤 위치를 차지할까, 승리를 얻기 위한 과정은 회전이라는 사태의 성질로 미루어 어느 정도까지 가능할까, 또 회전의 정점(頂點)은 어디인가. 우리는 이와 같은 문제를 뒤에서 모두 논하게 될 것이다. 그러나 일반적으로 생각할 수 있는 한의 사태에 대해서는 다음 두 가지가 여전히 진실이다. 첫째는, 적을 추격하지 않으면 그 어떤 승리도 큰 효과를 발휘하지 못한다는 것이다. 둘째는, 승리하기까지의 과정이 아무리 짧아도 승리의 성과는 몇 차례의 추격을 함으로써 비로소 생겨난다는 것이다. 앞으로 기회 있을 때마다 되풀이해서 이것을 말하는 번거로움을 생략하기 위해, 회전에서의 승리에 필연적으로 부수되는 추격을 일반적으로 고찰해 보고자 한다.

　패전한 적군을 추격하는 일은 적이 전투를 포기해서 진지로부터 퇴거하는 순간부터 시작된다. 그보다는 먼저 피아 두 군 사이에 일진일퇴하는 움직임이 생겨도 그것을 추격이라고는 할 수는 없다. 이런 종류의 움직임은 회전의 전개 그 자체에 속하기 때문이다. 위에서 말한 순간에 있어서의 아군의 승리는 비록 의심할 여지가 없는 것이라고 해도, 일반적으로 아직은 매우 미약하다. 따라서 이 전승이 그날 중에 이루어진 추격에 의해서 완전히 확보된 것이 아니라면, 그 뒤 군사적 행동에 유리함을 확보할 수가 없을 것이다. 이미 말한 대로 승리를 구체적으로 나타내는 것은 전리품이지만, 이 전리품은 대개 추격에 의해서 처음으로 획득되는 것이다. 그래서 우선 이러한 추격에 대해서 살펴보기로 한다.

피아 두 군은, 대개 어느 쪽이나 체력이 떨어진 상태에서 회전에 참가한다. 회전 직전의 움직임은 모두 절박한 정황에서 이루어지는 것이기 때문이다. 또 장시간에 걸친 투쟁을 끝까지 싸우기 위한 고난은 전투원을 극도로 피로하게 만든다. 게다가 승자의 군에도 혼란이 생겨서 처음 대형이 무너진다는 것은 패자 쪽과 별로 다르지 않다. 그래서 다시 질서를 회복하고, 분산된 병사를 모으고, 부족해진 탄약을 새로 보충하는 일이 반드시 필요하다. 이러한 모든 정황은 승자마저도 위기 상황에 빠뜨린다고 하는 것은 앞서 말한 대로이다. 그런데 격파된 적 부대가 전군의 일부분에 지나지 않는다고 하면, 그리고 이 패전 부대가 다른 부대에게 흡수되거나 강력한 원군을 얻거나 할 가능성이 있다면, 승자라고 해도 일단 획득된 승리를 잃을 위험에 처하게 되는 것은 분명하다. 그래서 이 사태를 깨달은 승자는, 추격을 즉시 중지하든가 혹은 적어도 깊이 추격하는 것을 피하는 것이다. 그러나 패자 쪽 원군이 그다지 강하지 않고 따라서 이를 두려워할 필요가 없는 경우에도, 위에서 말한 정황에서는 승자가 행하는 추격의 박력이 현저하게 감소되는 것이다. 하기야 승자는 일단 획득한 승리를 빼앗길 염려는 없다고 하지만, 그 뒤의 전투가 불리하게 되지 않는다고는 말할 수 없고, 또 이런 불리한 전투가 그때까지 얻은 유리함을 감소시킬 수도 있다. 게다가 또 부하 장병들은, 여러 가지 욕구나 약점을 가진 감각적 인간이고 보면 이 방면으로부터도 장수의 의지에 강한 압력이 가해진다. 실제로 그의 지휘 아래 있는 수천, 수만의 장병은 모두 심신의 휴양과 원기 회복을 원하고 당장 위험과 노고를 없애주기를 바라고 있는 것이다. 현재의 순간을 넘어 앞일을 예견하고 예감하는 것은 극히 소수의 사람들뿐으로 이러한 사람들은 오히려 예외에 속한다. 이러한 사람들의 마음만이 자유롭게 작용하여 우선 필요한 승리가 획득되면 이번에는 그 이상의 성과를 생각하는 것이다. 그러나 이러한 성과는 그 당장은 다른 사람의 눈에 승리를 미화하는 데 지나지 않는 것, 또는 전리품에 말하자면 꽃을 첨가하는 것으로밖에 비치지 않는 것이다. 그런데 장수의 지휘 아래 있는 수천, 수만의 장병은 장수의 측근에 대해서 발언권을 행사한다. 그래서 감각적 인간으로서 품지 않을 수 없는 이해에 대한 생각은, 계급을 막론하고 모든 지휘관을 통해 장수에게까지 전달된다. 게다가 장수 자신도 정신적,

육체적 고난 때문에 지쳐 있다. 그래서 추격을 실시할 수 있는데도 이를 실제로 행하지 않는 것은 대개 이러한 인간적인 약점 때문이라고 해도 좋다. 만약에 이와 같은 경우에 감히 추격이 이루어진다고 하면, 그것은 오직 최고 장수의 명예욕과 기력, 그리고 강건한 기상 덕분에 펼쳐진다. 하지만 대부분의 장수들이 우세한 병력으로 얻은 승리의 성과를 추구하면서도 자칫 망설이는 것은 이와 같은 까닭에 의한 것이다. 또 승리 뒤에 행하는 최초의 추격은 대체적으로 회전 당일, 그것도 해가 넘어갈 때까지 하는 것이 좋다. 승자라 할지라도 장병의 피로를 풀어줘야 하는데 야간의 행동은 휴식 시간을 얻을 수가 없기 때문이다.

그런데 전쟁터에서 승리한 뒤 펼치는 최초의 추격에도 몇 가지 단계가 있다.

첫 번째는, 기병만으로 펼치는 추격이다. 이 추격은 퇴각 부대를 실제로 따라잡는 것보다는, 오히려 적을 위협하거나 감시하는 것이 주된 목적이다. 일반적으로 극히 작은 단절지(斷絶地)라도, 기병의 추격 행동을 저지하기에 충분하기 때문이다. 요컨대 기병은, 회전에서 전투력을 잃어버린 퇴각 부대의 소부대를 습격할 수 있을 뿐, 퇴각하는 부대 전체에 대해서는 결국 보조 병종의 역할밖에 할 수 없는 것이다. 이럴 경우, 적군은 새로운 예비 병력을 사용해서 퇴각을 엄호하고, 또 근처에 아주 작은 단절지가 있으면 여러 병종을 편성하여 기병의 추격을 저지할 수 있다. 물론 대패해서 뿔뿔이 흩어져 달아나는 적을 추격한다면 상황은 달라질 수 있다.

두 번째는, 모든 병과(兵科)로 이루어진 강력한 전위대가 펼치는 추격이다. 그러나 이 부대도 추격대인 이상 아무래도 기병이 대부분을 차지한다. 이런 추격에서는 적을 가장 가까운 후위 진지[1]까지, 혹은 가장 가까운 본대 진지까지 몰아갈 수 있다. 이 두 가지의 어느 경우에서나 적은 진형을 가다듬을 기회를 찾을 수 없는 것이 보통이므로 승자의 추격은 계속된다. 하지만 이 같은 추격은 보통 1시간, 혹은 길어 봤자 2~3시간 이상 계속되는 일은 없다. 추격을 펼치는 전위대는 시간이 길어질수록, 본대에서 너무 멀리 떨어져 나와서 지원받기 힘들지 모른다는 불안감을 품기 때문이다.

세 번째는, 가장 강력한 추격이다. 즉 승자가 전군을 동원해서 패자의 뒤를

---

1) 본대의 퇴각을 엄호하고, 적의 전진을 저지하기 위해 후위가 차지하는 진지를 말한다.

쫓아 힘닿는 한 계속 전진하는 경우이다. 이 경우, 패자는 승자측의 공격 또는 우회할 준비를 알아차리기만 해도 모처럼 유리한 지형으로 설치된 대진지의 대부분을 포기하게 된다.

하물며 후위는 완강한 저항을 시도하지도 못한다.

이 세 가지의 어느 경우에서나 해가 지기 전에 추격이 완료되지 못할 경우에는 여기에서 행동이 중지된다. 추격이 철야로 이루어지는 일은 매우 드물다. 또 이러한 경우가 있다고 한다면 그것은 특히 가장 강렬한 추격으로 간주해야 한다.

야간 전투의 경우 모든 일은 어느 정도 우연에 맡겨져 있다. 또 회전이 끝나는 순간에는 피아에서 부대 간의 연락이 끊기고 당초의 대형은 흩어진다. 이와 같은 사정을 생각한다면 두 군의 장수가 야간에 행동하기를 거리끼는 이유도 알 만하다. 패전한 군이 완전히 궤란(潰亂) 상태에 빠지거나, 승리한 군이 매우 훌륭한 무덕을 갖추고 있지 않다면, 야전에서는 모든 일이 운명에 맡겨지게 될 것이다. 이와 같은 일은 아무리 대담한 장수라 할지라도 바라는 바가 아닐 것이다. 따라서 밤이 되면 대부분 추격은 멈추기 마련이며, 비록 회전의 승패가 일몰 전에 결정된 경우에도 승자는 추격을 단념하는 것이다. 그래서 밤이 됨과 동시에 패자 쪽에서는 곧 군의 휴양과 집결이 이루어지고, 또 밤을 기하여 퇴각을 속행할 경우에는 승자의 추격을 받지 않는 것을 기회로 그 사이에 멀리까지 퇴각할 수가 있다. 이 시기가 지나면 패자의 상태는 눈에 띄게 개선된다. 분산되거나 혼란에 빠진 부대는 다시 옛 모습을 되찾고 부족한 탄약은 보충하며, 군 전체가 재기하여 대오를 갖추게 되는 것이다. 이처럼 다시 일어난 패자가 승자에게 새로운 저항을 시도한다면, 그것은 이미 새로운 전투이지 앞서 있었던 전투의 연장이 아니다. 그리고 새로 개시된 전투가 패자에게 절대적으로 유리한 결과가 생기리라고는 도저히 기대할 수 없다고는 하지만, 여하간 이것은 새로운 투쟁이며 도망간 패잔병을 승자가 소탕하는 것과는 사정이 다르다.

그러므로 승리한 측에서 밤새도록 추격을 계속할 때에는, 여러 병종(兵種)으로 구성된 강력한 전위대만 가지고 하는 추격이라도 승리의 효과를 현저하게 강화한다. 로이텐이나 벨 알리앙스의 회전은 그 좋은 예이다.

이런 추격은 근본적으로 모두 전술적 활동에 속한다. 그럼에도 여기에서 추격을 문제 삼는 것은, 추격에 의해서 승리의 효과에 차별이 생기는 까닭을 분명히 하고 싶기 때문이다.

전쟁터에서 승리한 승자가 맨 처음 실시하는 이러한 추격은, 적이 패군을 수용할 수 있는 가장 가까운 지점까지 펼쳐진다. 이런 추격은 승자의 권리이다. 하지만 이 추격은 승자측의 다음 계획이나 사정과는 거의 상관이 없다고 말해도 좋다. 그런데 이러한 계획 및 사정 중에는, 주력을 가지고 획득한 승리의 적극적인 성과를 현저하게 떨어뜨리는 요소가 존재할지도 모른다. 그러나 그렇다고 해도 승리에서 얻은 이러한 성과의 최초 이용을 전혀 불가능하게 하는 것은 아니다. 혹은 이러한 경우를 적어도 생각할 수 있다고 말할지도 모르지만, 그것은 매우 드문 예외에 속하는 것으로 추격의 이론에 현저한 영향을 미칠 정도의 것은 아니다. 여하간 근대의 전쟁이 보여주는 전쟁 사례는, 추격의 강도 높은 수행력에 완전히 새로운 분야를 개척했다고 하지 않을 수 없다. 종전의 전쟁은 좁은 바탕 위에 성립되어 있었고 또 답답한 한계에 갇혀 있었기 때문에, 다른 점에서도 그러했지만 특히 이점에 불필요한 인습적 제한이 가해지고 있었다. 당시의 장수들은 전쟁터에서의 승리와 승리의 명예라고 하는 두 가지를 가장 중요한 일로 보고 있었기 때문에, 적 전투력의 격멸이라고 하는 원래의 수단을 거의 고려에 넣지 않았다. 따라서 그들에게는 적 전투력의 격멸은 전쟁을 수행하기 위한 많은 수단 중의 하나에 지나지 않았다. 따라서 주요한 수단도 아니고 하물며 유일한 수단도 아니었다. 적이 회전에 패배하면 승리를 거둔 장수는 바로 칼을 칼집에 넣었던 것이다. 이미 승패가 결정되고 나서는 투쟁을 정지하는 것은 당연하며, 그 뒤의 유혈은 모두 쓸데없는 잔학 행위였다. 이러한 잘못된 철학이 장수에게 미친 영향의 전부는 아니었지만, 장병의 피로를 들어 승리를 거둔 뒤에도 투쟁을 계속한다는 것은 물리적으로 불가능하다는 생각을 손쉽게 받아들여, 이것을 중요시하는 생각은 바로 이러한 철학이 준 것들이다. 장수가 믿는 것은 그의 지휘 아래 있는 군뿐이다. 그러나 승리를 얻은 뒤에도 군으로서 할 일은 산적해 있고 더구나 이를 수행하기 위해서는, 그렇지 않아도 병력이 충분하지 않는 시기가 이윽고 도래한다는 것을 예측하지 않을 수 없다고 한다면, 장수가 승리를 획득하는 도구로서의 군을 소중히 여기는 것은 당연한 일이다. 실제로도 이러한 시점은 공세가 진행됨에 따라 반드시 도래하게 되는 것이다. 하지만 추격에 의해 아군이 입게 될 새로운 손해를 이 추격으로 생기는 적측의 손해와 견주어 본다면, 아군의 손실이 비교가 되지 않을 정도로 적다는 것은 명백하므로, 위의 생각은 잘못이라고 하지 않을 수 없다.

따라서 이러한 생각은, 적 전투력의 격멸을 중요한 일로 보지 않았기 때문에 생긴 편견인 것이다. 종래의 전쟁에 대해서 보면, 회전에서 얻은 완벽한 승리에 강한 추격을 덧붙인 사람은 카를 12세, 말보로, 오이겐, 프리드리히 대왕 등과 같은 진정한 영웅뿐이었으며, 나머지 평범한 장수들은 전쟁터에서 얻은 승리에만 취해 있었다는 것을 알 수 있다. 그런데 근대의 전쟁 지도를 낳게 한 여러 사정은 매우 대규모이며, 따라서 전쟁 지도는 이전에 못지않게 수행력을 갖추게 되었다. 그래서 이러한 수행력이 종래의 인습적 제한을 타파하기에 이른 것이다. 이리하여 추격은, 승자가 해야 할 중요한 일이 되었고, 이에 의해 전리품은 현저하게 증대했다. 비록 근대의 회전에서 승리 뒤에 추격이 이루어지지 않았던 사례가 있다고 해도, 그것은 아주 예외의 일로 무엇인가 특수한 사정이 있었기 때문이라고 생각해도 좋다.

그로스괴르셴[2]이나 바우첸[3]의 회전에서 동맹군이 완전한 패전을 면할 수 있었던 것은, 그들의 기병이 우세했기 때문이었다. 또, 그로스베렌[4] 및 데네비츠[5]의 회전에서 프랑스군을 완패의 늪에서 구해 준 것은, 다름 아닌 프로이센에 대한 스웨덴 황태자[6]의 악의(惡意)였다.

---

2) 그로스괴르셴(Grossgörschen). 프로이센의 메르제부르크의 마을. 이곳 회전(1813. 5. 2)에서 나폴레옹은 프로이센과 러시아 동맹군을 무찔렀다. 또 이 마을은 뤼첸(Lützen) 근처에 있기 때문에 이 회전을 뤼첸의 회전이라고도 한다.

3) 바우첸(Bautzen). 작센의 상부(上部) 라우제츠 지방의 도시. 이곳의 회전(1813. 5. 20~21)에서 나폴레옹은 마찬가지로 프로이센과 러시아 동맹군을 무찔렀다.

4) 그로스베렌(Grossbeeren). 베를린 남쪽 마을. 이곳 회전(1913. 8. 23)에서 프로이센군은 프랑스군을 무찔렀다.

5) 데네비츠(Dennewitz). 프로이센의 마르크 브란덴부르크의 마을. 이곳 회전(1813. 9. 6)에서 프로이센군은 프랑스군을 무찔렀다.

6) 스웨덴 황태자. 본명은 베르나도트(Bernadotte, Jean Baptiste Jules, 1763~1844). 프랑스인. 처음에 나폴레옹을 섬겨 원수가 되었다(1804). 뒤에 스웨덴 황태자(1810), 스웨덴 왕(1818)이 되어 카를 14세(Karl XIV. Johann)라고 불렸다. 스웨덴의 이해관계 때문에 나중에 프로이센 편을 들었으나 나폴레옹과의 관계를 고려해서 그로스베렌의 회전에서는 프로이센에 비협력적인 태도를 취했고, 또 데네비츠 회전에서는 프랑스군이 격파되었음에도 추격하지 않았다. 그는 더 나아

또 라온의 회전[7]에서 프랑스군이 적의 추격을 면할 수 있었던 것은, 늙은 블뤼허가 병을 앓고 있었기 때문이다.

그런데 보로디노에서 벌어진 회전도 위와 비슷한 전쟁 사례이다. 그러나 보로디노의 회전에 대해서는 좀 더 자세히 설명할 필요가 있다. 그 이유는 크게 2가지인데, 첫째, 이 회전에 관해 나폴레옹을 헛되이 비난한다고 해서 문제가 해결되지는 않기 때문이며, 둘째, 나폴레옹이 처한 상황이나 이와 비슷한 상황들은 회전 자체뿐만 아니라 전반적인 사정에 대한 고려가 이미 회전이 시작될 때부터 장수의 마음을 사로잡아 그를 구속하고 있었다는 매우 드문 사례에 속하는 것으로 여겨지기 때문이다. 특히 그중에서 프랑스의 군사 평론가이자 나폴레옹 숭배자들(보당쿠르[8], 샹브레[9], 세귀르[10])은, 보로디노 회전에서 나폴레옹은 적을 전쟁터에서 완전히 소탕해야 했는데도 그러지 않았으며, 적을 분쇄하기 위해 그의 병력을 모두 사용했어야 했는데도 그러지 않았다는 것을 지적하여 나폴레옹을 철저하게 비난하고 있다. 즉, 나폴레옹이 승리의 성과를 이용했더라면, 보로디노에서의 러시아군이 경험했던 단순한 패전은 완전한 패배가 되었으리라는 것이다. 보로디노 전투에서 두 군의 상태가 어땠는지를 여기서 자세하게 말할 수는 없다. 다만 나폴레옹이 니에멘강을 건넜을 때에는 30만의 병력을 가진 수 개 군단을 거느리고 있었는데도, 나중에 보로디노 전투에 참가한 군단으로서는 겨우 12만밖에 남아 있지 않았다는 것만은 분명하다. 그렇다면 나폴레옹이 모스크바를 향해 행군하기에는 병력이 부족하다고 염려한 것은 지극히 당연하다. 실제로 그에게는 모스크바야말로 가장 중요한 지점이었다. 보로디노에서 나폴레옹이 얻은 승리는, 이 정도라면 수도 모스크바를 손에 넣을 수 있겠다는 확신을 그에게 주기에 충분했다. 러시아군이 1주일 안에 제2차 회전

가 프로이센의 장성 보르스텔(Borstell, Karl Heinrich Ludwig von, 1773~1844)을 전쟁터에서 멀리 하려고 했다.

7) 라온의 회전(1814. 3. 9~10)에서 프랑스군은 대패했으나, 블뤼허가 병상에 있었기 때문에 프로이센군은 패잔군을 추격할 수 없었다.

8) 보당쿠르(Vaudancourt, Frederic Francois, 1772~1845). 프랑스의 장수. 군사 평론가.

9) 샹브레(Chambray, Georges de, 1783~1848). 프랑스의 장수이며 군사 평론가.

10) 세귀르(Segur, Phlippe Paul de, 1780~1873). 프랑스의 장수. 전사가. 나폴레옹의 러시아 원정에 대한 저서가 있다.

을 벌일 가능성이 거의 없었기 때문이다. 그런데 그는 모스크바에서 강화조약 체결을 기대하고 있었다. 만약에 보로디노에서 러시아군을 완전히 무너뜨렸다면, 나폴레옹에게 강화는 한층 확실했을 것[11]이다. 그러나 이 경우에 가장 중요한 조건은 무엇보다도 모스크바에 도착하는 일이었다. 다시 말하면 이 수도에 대해서, 또 수도의 탈취에 의해서 러시아 제국과 그 정부에 대해서, 지배자로서 임할 수 있는 충분한 병력을 이끌고 모스크바에 도착하는 일이었다. 그런데 막상 모스크바에 도착할 무렵, 나폴레옹의 병력은 이미 목적을 달성하기에는 충분치 않았다. 이후의 결과는 모두가 아는 대로이다. 만약 나폴레옹이 보로디노에서 러시아군을 완전히 무찌름과 동시에 그 자신의 군대도 심하게 손상을 입었더라면 그런 생각은 하지 못했을 것이다. 나폴레옹은 이것을 충분히 느끼고 있었다. 그렇다고 한다면 이 경우 나폴레옹의 행동은 우리가 보기에는 나무랄 데가 없는 것처럼 보인다. 요컨대 보로디노의 전쟁 사례는, 장수가 전반적인 사정의 방해를 받아, 승리를 획득한 뒤 최초의 추격을 할 수 없었던 예로 들어가야 할 것이다. 실제로 보로디노에서는 회전에서 승리를 얻었다고 해서 간단히 추격전을 펼칠 만한 상황이 아니었다. 이 회전에서의 승패는 오후 4시에 판가름 났다. 그러나 러시아군은 여전히 전쟁터의 대부분을 보유한 채 전혀 후퇴하려 하지 않았다. 오히려 사정에 따라서는 공격을 재개하여 더욱 끈질기게 저항했을지도 모른다. 물론 그래 봤자 러시아군의 참패로 끝났겠지만, 그러나 나폴레옹 측에서도 다수의 사상자가 발생할 것이다. 따라서 보로디노 전투는 바우첸 회전과 마찬가지로 끝까지 싸우지 않았던 대회전의 예에 넣어도 좋을 것이다. 바우첸에서는 패자가 완패를 당하기 전에 전쟁터 밖으로 사라졌다. 또 보로디노에서는 승자가 반쪽짜리 승리에 만족하는 길을 택했다. 그것은 승자가 결정적인 승리를 의심하고 있었기 때문이 아니라, 완전한 승리를 얻기 위해 필요한 병력을 보유하고 있지 못했기 때문이다.

　본론으로 돌아가자. 회전이 끝난 뒤, 승자가 펼치는 최초의 추격에 관한 우리

---

11) 니에멘강(Njemen)은 독일에서는 메멜강(Memel)이라고 불린다. 동 유럽의 큰 강. 백러시아에서 발원하여, 폴란드와 리투아니아를 뚫고 흘러 발트해의 쿠로니아만(쿠로니아 석호)으로 흘러든다. 나폴레옹은 주력을 이끌고 1812년 6월 6일에 전진을 개시하여 같은 달 24일과 이튿날에 걸쳐 니에멘강을 건넜다. 보로디노의 회전은 9월 7일에 있었다.

의 고찰에서 다음과 같은 결론이 생긴다. 첫째, 주로 승리의 가치를 결정짓는 것은 최초의 추격을 실시하는 수행력의 강약이다. 둘째, 이 추격은 승리를 완성하는 제2단계의 행동이며, 대개의 경우 제1단계 행동, 즉 회전에서의 승리 그 자체보다도 중요하다고까지 말할 수 있다. 셋째, 전략은 전술에 접근하여 전술로부터 회전의 승리라고 하는 완성된 사건을 넘겨받는다. 요컨대 전략은 승리의 이러한 완성을 전술에 요구함으로써 전략의 권위를 나타내는 가장 중요한 행동으로 간주하는 것이다.

하지만 이 같은 최초의 추격에서도 승리가 충분한 효과를 발휘하는 것은 매우 드문 경우에 속한다. 오히려 최초의 추격은 승리에의 길을 닦았을 뿐이며, 회전의 승리는 말하자면 이에 박차를 가한 데 지나지 않는다. 이렇게 해서 시작된 본래의 추격은, 이미 말한 대로 여러 가지 사정에 의해 제약되지만 여기에서는 아직 이들 사정에 대해서 말할 수는 없다. 하지만 추격의 일반적 성격을 여기에서 들추는 일은 괜찮으리라 생각한다. 그렇게 되면 앞으로 같은 설명을 반복하지 않아도 되기 때문이다.

그런데 추격에 대해서도 3단계를 구별할 수가 있다. 첫째는 단순히 적을 따라가는 일이고, 둘째는 본래의 밀어내기, 셋째는 적의 퇴로를 차단하기 위한 평행 행군[12]이다.

우리 측이 단순히 쫓아가면, 적은 전투를 재개할 수 있을 만한 지점까지 계속 퇴각하게 된다. 따라서 쫓아가기는, 회전에서 얻은 아군의 우세한 효과를 마음껏 이용할 수 있다. 게다가 패자는, 퇴각할 때 운반할 수 없는 모든 것, 즉 부상병, 낙오자, 각종 짐과 차량도 우리 수중에 남길 것이다. 그러나 단순한 쫓아가기만으로는 적의 궤란 상태를 촉진할 수가 없다. 이를 촉진하자면 다음에 말하는 두 가지 단계가 필요하다.

일단 진출한 적을 옛 진영으로 다시 몰아넣은 뒤, 우리가 그 지역을 차지하는 것에 만족하지 않고 그 이상의 것을 적에게 요구하고, 이를 위해 적절하게 편성된 우리 측 전위대[13]를 앞세워서, 적이 후위 진지를 설치하려 할 때마다 적의 후위대를 공격하도록 아군의 체제를 정비한다. 이렇게 되면 이것은 적의 퇴각

---

12) 여기에서는 적의 퇴각 목표를 향해서 행하는 평행 추격을 말한다.
13) 전위는 그때그때의 목적과 사정에 따라 병력을 가감하고, 또 여러 변종을 적절하게 편성한다.

운동을 더욱더 당황하게 만들어, 적군의 혼란을 촉진하는 데 효과가 있을 것이다. 이렇게 해서 적의 퇴각은 끊임없는 도망이라는 성격을 띠게 된다. 패주하는 장병에게 불쾌하기 짝이 없는 인상은, 고생스러운 퇴각이 일단락되어 이제부터 휴식에 들어가려고 할 찰나에 또다시 적의 포성이 가까이에서 들리는 순간보다 더한 것은 없을 것이다. 잠시라고는 하지만 이러한 인상이 하루에 여러 번 되풀이된다면, 패퇴하는 전군이 공황 상태에 빠지는 경우가 있다. 실제로 이렇게 되면 매사에 적의 뜻에 무조건 따르지 않을 수 없다는 것, 또 그 어떤 저항도 불가능하다는 것을 시종 인정하고 있는 것과 같다. 이러한 밀어내기는, 적으로 하여금 야간 행군을 하지 않을 수 없게 하는 경우에 최대의 효력을 발휘한다. 패자가 군 자체를 위해서건 또는 후위를 위해서건, 야영지를 골라놓았다고 하자. 그러나 밀어내기를 하는 승자가 패자를 이 야영지로부터 다시 쫓아내면 패자는 할 수 없이 야간 행군을 실시하든가, 혹은 적어도 밤 동안에 진지를 바꾸거나 더욱 후방으로 이전하지 않을 수가 없다. 이 두 가지 처치는 패자에게는 대체로 같은 일이 된다. 그러나 승자 쪽은 베개를 높이 하고 밤을 지낼 수가 있는 것이다.

추격할 때 행군 서열(序列)을 어떻게 편성하고 또 어떤 식으로 행군 배치를 고르는가 하는 것은 여러 가지 요건에 의해 결정된다. 식량의 보급, 도시의 크기나 지형이 얼마나 끊어져 있는지 등이 결정의 요인이 된다. 따라서 추격자는 퇴각자의 행동을 마음대로 지배해서 그에게 야간 행군을 강요하지만, 추격자 자신은 편안하게 밤을 지낼 수 있는 방법을 기하학적 분석에 의해 이를 증명해 보이려고 한다는 것은 매우 우스운 일이 될 것이다. 그럼에도 추격 행군이 자주 이러한 경향을 띠고, 그 때문에 추격의 효력이 현저하게 강화된다는 것은 여전히 진실이며, 또 이 방법은 실제로도 사용할 수가 있다.

그러나 이러한 방법의 실시가 그다지 고려되지 않는 것은, 추격 행동에 하루의 시간을 규칙 있게 할당하고 거기에 휴양이나 주둔을 도입하는 방식보다도 곤란하기 때문이다. 아침에는 형편이 좋을 때 출발하고 정오에는 야영지에 도착하며, 남은 시간으로 필수품을 조달하고 야간을 휴양으로 할당하는 방식은, 군의 운동을 적의 운동과 정확하게 맞추고, 아군의 운동을 출발 직전에 결정하며, 조석(朝夕)의 구별 없이 필요에 따라 출발하고, 하루 중 몇 시간은 적과 정면으로 대치해서 포격을 교환하거나 자잘한 싸움을 하면서 우회를 획책하는 방법—바꾸어 말하면 이들 행동에 필요한 전술적 방책을 강구하는 방법보다도 훨씬 더 손쉽다. 적과 이와 같이 주고받는 일이, 추격군에게 큰 부담이 되는 것은 물론이다. 그리고 이런 종류의 부담이 과다한 전쟁에서는, 우선 필요하지 않다고 여겨지는 부담을 벗어나고 싶어 하는 것은 사람의 인정이라 할 수 있다. 위와 같은 고찰은 어디까지나 진실이며, 군 전체에도, 또 일반적인 경우라면 강력한 전위에도 해당된다. 실제로 제2의 추격 방식, 즉 패자를 끊임없이 밀어내는 방법이 별로 이루어지지 않는 것은, 지금 말한 이유에 의한 것이다. 나폴레옹이 1812년의 러시아 전역에서 이 방법을 거의 사용하지 않은 까닭은, 이 방법에 뒤따르는 엄청난 고난 및 고통이, 소기의 목적을 달성하기도 전에 그의 군대를 파멸시킬 수도 있었기 때문이다. 하지만 프랑스군은 그 밖의 전역에서는 이 점에서 정력적인 추격으로 두각을 나타냈다.

추격의 세 번째 단계는 가장 효과적인 추격, 즉 적의 가장 가까운 퇴각 목표를 향해 평행 행군하는 것이다.

퇴각하는 군은 거리를 불문하고 후방의 어느 지점을 상정하여 그곳에 도달하는 것을 가장 시급한 일로 여긴다. 그런데 이때 도로가 좁아서 퇴각하기 힘든 길목도 있을 수 있고, 지금 향하는 곳에 대도시나 식량 창고 등이 있으므로 반드시 적보다 빨리 그곳에 도착해야 하는 경우도 있다. 또 그 지점에 견고한 설보(設堡) 진지[14]가 있거나 다른 군단이 대기하고 있어서 퇴각 부대가 도착하는 즉시 새로운 저항력을 얻는 경우도 있다.

따라서 위와 같은 상황에서 승자가 이러한 지점으로 향한다면, 패자는 퇴각을 재촉받아 궤주(潰走) 상태에 빠지리라는 것은 명백한 사실이다. 이에 대항하기 위해 패자가 취할 수단은 세 가지밖에 없다. 첫째는, 만일의 성공을 기대해서 적군 자체를 불시에 공격하는 일이다. 그러나 이러한 기대는 패세(敗勢)로 미루어 대부분은 일반적으로는 실현할 수 없다. 이러한 반격에 성공하기 위해서는 용맹 과감한 장수와, 비록 회전에서는 졌지만 아직 패기만큼은 잃지 않은 탁월한 군대가 있어야 한다. 그러므로 패자가 이 수단을 사용하는 일은 극히

---

14) 보루를 설치하여, 각 방면에 대해서 정면(正面)을 구성하는 방어 구축물을 설보 진지라 하고, 여기에 다시 천연 장애물을 조합한 것을 견고한 설보 진지라고 한다.

드물다.

두 번째 수단은, 패자가 좀 더 서둘러 퇴각하는 방법이다. 하지만 이것이야말로 승자가 기대했던 것이다. 서둘러 퇴각하다 보면 당연히 심한 고생을 겪게 되고 낙오자들이 수없이 생기며, 화포나 각종 차량이 파괴되는 등 패자 측에 막대한 손실이 일어나기 때문이다.

세 번째 수단은, 우회하는 방법이다. 가장 가까운 지점으로 향했다가는 퇴로를 차단당할 위험성이 높다. 그러므로 그곳을 우회해서 적으로부터 가능한 한 멀리 떨어져 퇴각하는 것이다. 이렇게 함으로써 패자는 적과의 접촉을 회피할 수 있다. 그러나 이 수단은 가장 졸렬한 방법이다. 이는 지불 능력이 없는 채무자가 빚을 계속 지는 것과도 같다. 스스로를 궁지에 몰아넣는 방식이다. 물론 이것이 상책일 때도 있고, 이것밖에 남은 수단이 없을 때도 있으리라. 실제로 이 수단을 써서 성공한 예도 있다. 하지만 지휘관은 보통 이 수단을 마지못해서 사용한다. 반드시 목표를 달성할 수 있을 거라는 확신 때문이 아닌, 피할 수 없는 다른 이유 때문에 이 방법을 선택하는 것이다. 그 이유란 적과 접촉할지도 모른다는 불안감이다. 이런 불안감에 사로잡힌 장수는 가련하기 짝이 없는 장수이다. 설령 군의 정신력이 아무리 저하되어 있다 해도, 또 적과 마주치면 반드시 불리한 상황에 처한다는 사실을 알고 있을 때 불안해하는 것은 당연하다 해도, 공포심 때문에 적과 접촉할 기회를 무조건 회피하고자 하는 것은 가장 해로운 생각이다.

나폴레옹이 1813년에 하나우[15]의 회전을 회피하고 만하임이나 코블렌츠[16]에서 라인강을 건너려고 했다면, 그는 이 회전 뒤에 아직도 남아 있었던 3~4만 명의 병사들을 이끌고 라인강을 건너지는 못했을 것이다. 패자란 곧 방어하는 자이다. 그러므로 패자의 손 안에는 '지형 이용'이라는 수단이 남아 있다. 좋은 지형에 진을 친 뒤 몇몇 소규모 전투를 주도면밀하게 준비하고, 이 전투에서 장

---

15) 하나우(Hanau)는 마인강(Main)으로 흘러드는 킨치히(Kinzig)의 하구에 있는 도시. 나폴레옹은 라이프치히의 회전(1813. 16~19)에 패하여 퇴각하는 도중, 그의 퇴로를 차단하려고 했던 오스트리아–바이에른군을 이곳 회전(10. 30~31)에서 무찌르고, 다시 프랑크푸르트를 향하여 퇴각을 계속했다.

16) 만하임(Mannheim)과 코블렌츠(Koblena)는 모두 라인강 변의 도시.

수가 군을 신중하게 지휘하여 적의 추격을 막는다면, 아마 패전으로 인해 쇠퇴했던 군의 정신력이 부활하게 될 것이다. 그러니 이것이야말로 패전에 의해 일단 쇠퇴한 군의 정신력을 다시 불러일으키는 가장 좋은 방법이다.

위와 같은 상황에서는 아무리 사소한 전투라도 중요한 의미를 지닌다. 즉 전투의 성과가 가져다 주는 이익은 믿기 어려울 만큼 크다. 그러나 이를 실제로 시험해 보기 위해서는 대개 지휘관의 극기가 필요하다. 위에서 설명한 세 번째 방법, 즉 적과의 만남을 회피하는 방법은 얼른 생각하기에 매우 쉬워 보인다. 그래서 이 방법은 일반적으로 널리 사용된다. 하지만 이런 회피야말로 승자를 도와 주는 일이며, 패자를 완전한 몰락으로 몰아넣어 버리는 함정이다.

그런데 여기에서 주의해야 할 점이 있다. 지금 문제가 되고 있는 대상은 군 전체이지, 막힌 퇴로를 우회해서 다시 다른 부대와 합류하려는 소규모 부대가 아니라는 점이다. 전군의 경우와는 달리 이런 부대는 적을 회피함으로써 목표를 달성하고 성공을 거둘 가능성이 꽤 높다. 그런데 이 제3의 추격 방법에서는, 피아 두 군이 같은 목표를 향해 행군하는 셈인데, 이러한 경주적(競走的)인 행군에 필수적인 조건은, 추격군의 지대(支隊)가 따로 피추격군을 계속 따라가게 하고, 퇴각 뒤에 남아 있는 모든 전리품을 챙기고, 항상 추격당하고 있다는 인상을 적에게 심어 주려는 노력을 게을리해서는 안 된다는 것이다. 워털루 전투에서 블뤼허가 벌였던 추격 행군은, 다른 점에서는 매우 모범적이었지만 이 부분에서는 좀 소홀한 점이 있었다.

그런데 이와 같은 추격 행군이, 추격자 자신도 약하게 만든다는 점이다. 그러므로 패전한 적이 다른 강력한 군과 합류하거나, 탁월한 장수의 지휘를 받고 있는 경우에는 이 방책은 반드시 상책이라고 할 수는 없다. 그러나 이 수단을 마음껏 사용해도 되는 상황이라면 이런 종류의 추격은 마치 거대한 기계와도 같이 작용한다. 그러면 퇴각하던 군은 부상병이나 낙오자 등으로 인해 막대한 손실을 입게 되고, 전멸을 두려워한 나머지 전체 사기마저 떨어져 버린 그들은 제대로 저항조차 못할 것이다. 이리하여 추격자측은 전투도 안 벌이고 수천, 수만 명의 포로를 손에 넣게 된다.

이를테면, 적의 지대에 이르기까지 그 퇴로를 차단하여 무방비 상태의 요새를 공략한다든가, 대도시를 점령하는 행동이 이것이다. 상대편에서 새로운 움직임이 일어나지 않는 이상, 승자는 얼마든지 마음껏 행동할 수 있다. 그리고 승자가 마음대로 행동할수록 상대편에서 새 움직임이 일어나는 시기는 더욱 늦어진다.

대회전에서의 승리와 대규모 추격이 합쳐지면 눈부신 효과가 발생한다. 이런 효과를 잘 보여 주는 전쟁 사례가 있다. 바로 나폴레옹이 일으킨 전쟁들이다. 그 수는 상당히 많지만 대표적으로는 예나, 레겐스부르크,[17] 라이프치히, 워털루에서 벌어진 회전을 드는 것만으로도 족하다.

---

17) 레겐스부르크(Regensburg). 바이에른의 상부 라우시츠 지방의 도시. 하부 바이에른의 마을, 에크뮐(Eggmuhl(Eckmuhl))의 회전(1809. 4. 22)에서 오스트리아군을 무찌른 나폴레옹은 이튿날 오스트리아군의 후위를 레겐스부르크 방면으로 추격하여 마침내 이 도시를 점령했다.

제13장
패전 뒤의 퇴각

회전에서 패배하면 군의 전력은 눈에 띄게 약해진다. 이때 정신력은 물리력보다 더 크게 소모된다. 이 같은 상황에서는 다시 회전을 벌여 보았자 소용없다. 유력한 요소가 새로 등장하지 않는 이상 이런 싸움은 패자에게 더욱 완벽한 패배를 가져다 줄 뿐이다. 심지어 군 자체가 몰락할 위험조차 있다. 이는 군사상의 공리(公理)이다. 그런데 패자의 퇴각이, 피아의 힘의 균형이 회복되는 지점까지 계속되는 것은 사리로 미루어 보아 명백하다. 이 균형의 회복은 병력의 증강에 의하는 경우도 있고, 유력한 요새의 엄호에 의하는 경우도 있을 것이다. 또 고립된 지형의 도움에 의하는 경우도 있을 것이고 승자 병력의 과도한 확산에 의하는 경우도 있을 것이다. 여하간 손실의 정도나 패배의 대소에 따라서 균형이 회복되는 속도는 달라진다. 그러나 그보다도 속도를 결정하는 것은 패군의 성격이다. 패퇴한 군이 전쟁터에서 그리 멀지 않은 지점에서, 회전 당초의 사태와 조금도 다름없는 전투 대형을 다시 정비한 실례는 얼마든지 있다. 그 이유는 승자의 정신력이 박약했거나 그렇지 않으면 회전에서 우연히 획득한 우세가 강력한 공격을 실시하기에는 충분치 않았거나 둘 중의 하나이다.

승자측의 이러한 결점이나 약점을 이용해서, 불리한 정황이 생겼을 경우에할 수 없이 퇴각하는 외에는 한 발자국도 후퇴하지 않기 위해서는 또 피아의 정신력을 될 수 있는 대로 유리한 비율로 유지하기 위해서는 끊임없이 저항하면서 조금씩 퇴각하고, 또 추격자가 그 남아도는 유리함을 이용하려고 할 때마다 여기에 대담하고 용감하게 대항하는 일이 절대로 필요하다. 뛰어난 장수와 싸움에 익숙한 군의 퇴각은 상처를 입은 사자가 조용히 물러나는 것과 비슷하다. 사실 이것이야말로 최상의 퇴각 이론임에는 의심할 바가 없다.

위험한 상황에서 벗어나려고 할 경우에도 자질구레한 형식에 얽매어서 시간

워털루 전투 이 전투로 나폴레옹군의 패배가 결정적이 되었다. 프랑스군과 동맹군 양쪽 모두 약 2만 5천 명의 사상자를 냈다.

을 낭비하고 그 때문에 오히려 위험을 키우는 일이 있다. 하지만 이때 가장 중요한 것은 한시라도 빨리 이 상황에서 벗어나는 일이다. 노련한 지휘관은 이 원칙을 매우 중요시하고 있다. 하지만 지금 문제 삼고 있는 경우는, 패전한 뒤 전군을 이끌고 퇴각하는 것과 혼동해서는 안 된다. 이와 같은 전면적인 퇴각의 경우, 급한 행군을 되풀이함으로써 추격하는 적보다 앞서서 쉽사리 안전한 지점에 도달할 수 있다고 생각하는 것은 큰 오산이다. 그런데 패전 뒤에 이루어지는 최초의 퇴각 운동은, 가급적이면 소규모적이어야 한다. 또, 적이 아군에게 강요하려고 하는 함정에 빠지지 않도록 주의하는 것을 일반 원칙으로 해야 한다. 이와 같은 원칙을 충실히 지키면 후위는 때로 추격자와 격렬한 작은 전투를 벌여야 하는 경우가 생길지도 모른다. 그러나 그래도 이 원칙은 이러한 희생조차 감수할 만한 가치가 있다. 만약 이만한 희생도 치르지 않고 급속한 퇴각 운동을 개시하면, 패군은 이내 혼란으로 빠져 낙오병만으로도 엄청난 수에 이르러 그손실은 후위의 전투에 의한 손실을 상회할 것이다. 뿐만 아니라 이렇게 황급하게 퇴각한다는 것은 그때까지의 장병들 사이에서 간신히 남아 있던 용기도 소멸시켜 버린다.

훌륭한 군대로 편성되고 용감한 장군의 지휘를 받으며, 극히 중대한 순간에는 전군의 지지를 받는 강력한 후위, 지형의 치밀한 이용, 가끔 적의 전위대가 대담한 행위를 일으키는 경우에 대비해서 유리한 지형에 잠복하는 강력한 복병—이러한 정규적인 작은 전투를 수시로 개시하는 계획을 세운다는 것은, 모두 위에서 말한 원칙을 실행하기 위한 수단이다.

물론 패전 뒤 퇴각에 따른 크고 작은 곤란은 그 회전이 어느 정도 유리한, 또는 불리한 정황 아래에서 이루어졌는가 하는 사정과, 회전에서 어느 정도 강력한 저항을 시도했는가 하는 정도에 의존한다. 우세한 적에 대해 마지막 한 병사까지 저항하는 극도의 상황에서 질서 있는 퇴각이 전혀 불가능하다는 것은, 예나나 워털루에서 벌어진 회전이 이를 증명해 준다.

퇴각을 하기 위해서는 병력을 나누어서 서로 분리된 다수의 소규모 부대로 하는 것이 편하다거나, 또는 이들 부대를 이심적(離心的)으로, 다시 말하면 군의 중심으로부터 바깥쪽을 향하여 각기 퇴각시키는 것이 좋은 방책이라고 하는 설을 가끔 볼 수가 있다(로이드,[1] 뷜로). 하기야 그때그때의 편의에 따라 병력을 나눈다 해도 나중에 필요하면 다시 합쳐서 추격자와 전투를 할 의도를 잃지 않고 있다고 하면, 이러한 분할은 여기에서 문제가 되지 않는다. 그러나 그 이외의 병력 분할은 예외 없이 매우 위험하고 불합리하며, 이는 중대한 잘못이다. 패전은 군을 약하게 만들고 혼란에 빠뜨린다. 이럴 때를 당하여 가장 중요한 것은 분산된 병력을 모아서 군의 질서와 용기, 지휘관에 대한 신뢰를 신속하게 회복하는 데 있다. 승리한 적이 추격을 시작하는 상황에서, 분할된 부대를 가지고 양쪽에서 적을 위협한다고 하는 것은 그야말로 상식에 어긋난 발상이다. 협공이라는 겉모습만 보고도 지레 겁먹는 나약한 적이라면, 이것으로 위협을 받는 경우도 있을 것이고 따라서 이러한 생각이 통용될지도 모른다. 그러나 적은 반드시 이러한 약점을 가지고 있다고 볼 수가 없으므로 이러한 수는 그만두는 편이 낫다. 패전 뒤 적에 대한 전략적인 관계를 견주어 보고, 소규모 부대를 편성해서 퇴각하는 아군을 엄호해야 할 필요가 있을 경우에도 병력 분할은 그때의 정황으로 미루어 꼭 필요하다고 여겨지는 정도에 멈추어야 한다. 요컨대 병

---

1) 로이드(Lloyd, Hemphery Evans, 1729~83). 영국인으로 러시아에서 장수가 되었다(1773). 저서에 《7년 전쟁사》가 있다.

력 분할을 언제나 해악으로 간주하는 것이 바람직하다. 실제로도 회전에서 승패가 결정된 당일에 이러한 분할을 실시할 수 있는 것은 매우 드문 경우에 한정된다.

프리드리히 대왕이 콜린 전투 이후[2]에 프라하에 대한 포위를 풀고 세 종대(縱隊)로 퇴각한 것은, 그가 자발적으로 이 방법을 고른 것이 아니라 패전했을 때의 병력 배치 상황과 작센을 엄호해야 한다는 필요성 때문에 그런 방법을 택했던 것이다. 나폴레옹은 브리엔[3] 회전을 치른 뒤, 마르몽을 오브강[4] 방면으로 퇴각하게 하고 자신은 센강을 건너 트루아[5]로 갔다. 그런데 이 퇴각이 딱히 불리한 결과를 낳지 않았던 까닭은, 동맹군이 그들을 추격하지 않고 병력을 분할했기 때문이다. 즉, 군의 일부(블뤼허)는 마른강으로 향했고, 또 일부(슈베르첸베르크)는 병력의 열세를 고려해서 매우 천천히 전진하고 있었던 것이다.

---

2) 프리드리히 대왕은 콜린 회전(1757. 6. 18)에서 대패하고 프라하 공격을 포기한 채 퇴각했다.
3) 브리엔(Brienne). 동프랑스의 마을. 이곳 회전(1814. 1. 29)에서 나폴레옹은 블뤼허가 이끄는 프로이센·러시아 동맹군을 무찔렀다.
4) 오브강(Aube). 센강의 지류.
5) 트루아(Troyes). 동프랑스의 도시.

제14장
야간 전투

　야간 전투는 어떻게 이루어지는가. 또 야간 전투에서는 어떤 특성들이 나타나는가. 또 야간 전투의 경과에 나타나는 개개의 특성은 각기 어떠한 것인가 하는 문제는 모두 전술에 속한다. 그러기 때문에 여기서는 야간 전투가 전쟁 수행에 필요한 하나의 특별 수단으로써 간주되는 한도 내에서 이를 고찰해 보고자 한다.

　대부분의 야간 전투는, 근본적으로는 강화된 기습이다. 얼핏 볼 때, 야간 전투는 대단히 효과적인 수단처럼 여겨진다. 일반적으로 방어자는 예기치 않은 기습을 당하는 자, 공격자는 이러한 기습의 실시에 대해서 충분한 준비를 갖추고 있는 자—이렇게 처음부터 정하고 덤비는 것이다. 과연 그렇다면 이 둘의 차이는 천양지차일 것이다. 상상력으로 볼 때, 방어자 쪽에서는 더없는 혼란을 상상하고 공격자 쪽에서는 이러한 혼란에서 생긴 과실을 부지런히 따는 공격자의 모습을 그리는 것이다.

　실제로 전투를 지휘한 일이 없고 따라서 전투에 대해서 책임을 질 필요가 없는 사람들은, 야간의 기습에 대해서 자칫 이러한 생각을 품게 되는 것이다. 그러나 이런 생각이 그대로 실행되는 일은 매우 드물다.

　이러한 생각은 모두 다음과 같은 전제에 그 바탕을 두고 있다. 첫째, 공격자는 방어자의 방책을 하나부터 열까지 알고 있다. 이들 방책은 미리 채택되어 이미 구체적인 형태를 취해 아군의 정찰과 탐색을 면할 수 없다는 것이다. 둘째, 이에 반해 공격자의 방책은, 실시되는 순간에 비로소 구체화되기 때문에 그때까지는 방어자에게 알려질 리가 없다는 것이다. 하지만 이 제2의 경우부터가 반드시 그렇게 될 수는 없고 하물며 제1의 경우는 더욱이 그러하다. 적진을 눈 아래 역력히 볼 수 있을 정도로 적에 접근했을 경우, 예를 들어 호흐키르히의 회전[1] 전에 오스트리아군이 프리드리히 대왕에 접근한 것과 같은 경우는 별도로 하고, 일반적으로는 우리가 적의 병력 배치에 대해서 아는 바는 매우 불완전하다. 이러한 지식은 대개 정찰이나 척후, 포로 또는 간첩의 진술에 의존하지만 결코 확실하다고는 말할 수 없다. 이러한 정보는, 이것을 입수했을 때에는 이미 많건 적건 간에 낡은 정보이고, 또 그 사이에 적의 진지에도 변경이 가해지고 있을지 모르기 때문이다. 여하간 낡은 전술이나 야영 방식이 사용되던 시절에는 적진을 탐색하기가 지금보다 훨씬 쉬웠다. 그 시절의 막영선(幕營線)은, 오늘날의 야영 경계선보다도 간단히 식별할 수 있었다. 또 정면선(正面線)에 병행해서 규칙 바르게 설치된 야영은 종대로 편성된 사단의 야영보다도 탐지하기가 쉬운 것이다. 또 사단을 종대로 나열하여 야영하게 하는 방식은 오늘날 자주 쓰이는 설치법이다. 그러나 1개 사단이 이런 방식으로 야영하고 있는 지역을 가까이에서 살펴본다 해도, 그 병력이 어느 정도인지 알아내는 일은 사실 불가능하다.

그러나 적진의 상황이 우리가 알아야 하는 모든 것은 아니다. 방어자가 야간 전투 중에 강구하는 여러 방책을 아는 것 또한 필요하다. 이러한 방책은 결코 화기의 발사에만 한정되는 것이 아니기 때문이다. 방어자가 강구하는 이들 방책은 또한 근대전에서의 야습을, 과거의 전쟁에서 보다도 더 곤란하게 한다. 실제로 종전의 야습은 요즘 전쟁에서의 야습보다 훨씬 유력했다. 근대 전쟁에서 방어자의 병력 배치는 결정적이라기보다도 오히려 잠정적이며, 따라서 근대 전쟁에서는 방어자측이 과거의 공격자보다도 손쉽게 궤계(詭計)를 써서 적을 습격할 수 있는 것이다.

그러므로 야습할 때 공격자가 방어자에 대해 아는 정보는 매우 적다. 설령 정보가 있다 해도, 직접 얻은 지식의 부족한 부분을 메우기에는 턱없이 모자란다.

게다가 방어자측에는 적지만 유리한 점도 있다. 그것은—방어자는 현재 포진한 지역의 지형에 대해 공격자보다 더 잘 알고 있다는 것이다. 즉, 우리가 자

---

1) 1758년 10월 14일 아침 5시에, 오스트리아군은 짙은 안개를 이용해서 프리드리히군에 기습을 가하여, 이윽고 회전이 개시되었다. 그는 그 회전에서 패하여 많은 손해를 보았지만, 군은 질서 있게 퇴각할 수가 있었다.

기가 거처하는 방에 대해서는 훤히 알고 있는 것과 같은 것이다. 마찬가지로 방어자는 아군의 어떤 부대가 어디에 있는지 알고 있으며, 또 쉽게 그 부대의 소재지에 도착할 수도 있다. 그러나 공격자는 아군의 상황을 제대로 파악하지 못한다.

그러므로 야간 전투에서는, 공격자도 방어자와 마찬가지로 적의 병력 배치 현황을 분명히 파악할 수 있는 눈이 필요하다는 것, 따라서 야간 공격의 실시를 결정하는 데에는 특수한 이유가 있어야 한다는 것은 위에서 말한 것으로 해서 분명하다.

그런데 이들 특수한 이유라고 하는 것은 대개 각 부대에 관한 것으로, 군 전체에 관계되는 일은 매우 드물다. 이러한 사정이 있기 때문에, 야습은 주력 전투에 종속되는 개개의 전투에서 실시되는 것이 통례이고 대회전에서 이루어지는 일은 좀처럼 없다.

우리는 우세한 병력으로 적의 부대를 공격, 포위하고, 그들을 아예 포로로 잡든가 그렇지 않으면 불리한 전투로 몰아넣어 그들에게 막대한 손해를 입힐 수 있다. 하지만 이를 위해서는 다른 모든 정황이, 아군의 이 같은 행동에 유리하다는 전제가 필요하다. 어쨌든 이런 계획은 대규모 기습에 의하지 않고서는 도저히 실현될 수 있는 것이 아니다. 적 부대가 뻔히 알면서도 이러한 불리한 전투에 끌려들 리는 없고, 오히려 이를 회피하는 것이 보통이기 때문이다. 그러나 극도로 은폐된 지형에서와 같은 소수의 예외를 별도로 하고, 기습에 의한 고도의 성과는 야간이 아니면 충분히 달성될 수가 없는 것이다. 그러기 때문에 적의 잘못된 병력 배치를 이용해서 이러한 유리한 성과를 아군의 수중에 넣으려면, 이 목적 달성에 필요한 부서(部署)[2]는 밤 동안에 준비해 두어야 한다. 적의 전초 혹은 그 밖의 작은 부대에 대한 야습은 이렇게 해서 이루어지는 것이다. 그리고 이러한 야습이 주안점으로 삼는 것은, 아군의 우세한 병력을 가지고 우회를 시도하여 적 부대를 매우 불리한 전투로 끌어들이고 이 궁지를 벗어나기 위해 많은 손해를 입게 하는 데 있다.

그런데 공격 대상인 적 부대의 규모가 크면 공격자의 이러한 기도는 더욱 곤

---

2) 부서(部署)란, 지휘관이 어떤 목적을 달성하기 위하여 자신의 지휘 아래 있는 군대를 구분해서 이에 임무를 주는 것을 말한다.

란해진다. 강력한 부대는 원군이 도착할 때까지 얼마 동안 저항할 수 있는 수단을 그 자체 안에 갖추고 있기 때문이다.

따라서 일반적인 경우, 적의 본대 그 자체는 야간 공격의 대상은 될 수가 없다. 비록 적군이 외부로부터 원군을 구할 수 없다고 해도 군 자체 안에 공격에 견딜 만한 능력을 갖추고 있고, 게다가 근대의 군대는 흔해빠진 공격 형식에 대해서 애초부터 만반의 준비를 갖추고 있기 때문이다. 또 적이 여러 방면에서 우리 측을 공격하여 좋은 성과를 얻을지 어떨

야간 기습은 잠행이다. 따라서 소규모 부대로 편성하는 것이 통례이다.

지는 단순히 적의 허를 찌르는 것과는 전혀 다른 조건에 좌우된다. 하지만 여기서는 우선 이들 조건의 고찰에 들어가지 않고 다음 두 가지를 지적하는 것으로 그치고자 한다. 첫째, 우회 작전은 커다란 성과를 올릴 수 있을 뿐만 아니라 큰 위험도 따를 수 있다는 것이다. 둘째, 정황이 특수한 경우는 별도로 하고 우회 작전이 커다란 성과를 거두는 것은, 아군이 매우 우수한 병력을 적군의 한 부대에만 사용할 수 있는 경우에 한한다는 것이다.

그러나 적의 소규모 부대를 포위하거나 우회 공격하려는 계획은, 특히 야음을 이용한다면 실시 가능성이 비교적 크다. 이와 같은 경우에는 비록 적 부대가 아무리 우수해도 아군이 이 계획 때문에 사용하는 부대는 아마도 아군의 일부에 지나지 않을 것이고, 또 전군 대신에 이 정도의 부대로 큰 모험을 저지

르는 것은 실은 그럴 수밖에 없기 때문이다. 그런데 이 경우 기습 부대보다 더 큰 부대나 또는 아예 전군이 과감한 소규모 부대를 지원하고 수용하는 것이 통례이다. 그러면 이러한 안심감이 야간 기습에 따른 위험성을 경감시키기도 하는 것이다.

그런데 야간 기습을 실시하는 병력이 작은 부대로 한정되는 것은, 이러한 계획이 모험적일 뿐만 아니라 그 실시에 여러 가지 곤란이 따르기 때문이다. 야간 계획은 원래 기습이므로 이 실시의 주요 조건은 잠행(潛行)이어야 한다. 잠행은 대규모 부대보다 소규모 부대가 손쉽다. 이에 반해 전군이 종대로 편성되어 있는 경우에는 잠행이 거의 불가능하다. 이러한 이유 때문에 야간 기습은 대개 적의 개별적인 전초에 대해서 실시되고 대부대에 대해서는 충분한 전초가 없는 경우, 예를 들어 호호키르히의 회전에서 프리드리히 대왕의 군과 같은 경우밖에 적용할 수가 없다. 요컨대 야간에 기습이 실시되는 것은 개개의 부대에 대해서이고, 본대(本隊) 그 자체에 대한 야습은 매우 드물다.

근대의 전쟁은 종전의 전쟁에 비해 훨씬 신속하고 격렬하게 이루어지기 때문에, 피아 두 군은 서로 접근해서 포진하게 되고 이에 따라 또한 강력한 전초 방식을 사용하지 않는 방식이 자주 채용된다. 그리고 전초를 배치하지 않고 서로 접근해서 포진하는 이 방식은, 두 군이 항상 일촉즉발의 위기에 있다는 것을 의미한다. 또 이러한 위기는 주로 결전 직전에 발생한다. 그러나 근대 전쟁에서는 피아의 전투 능력이 예전에 비해 크게 강해졌다는 점도 고려해야 한다. 실제로 과거를 돌이켜보면 피아 두 군은 서로를 견제하는 일 외에는 하는 일 없이, 단지 오랫동안 서로 바라보고 대진하고 있는 것이 당시의 풍습이었다. 프리드리히 대왕은 때로는 몇 주 동안이나 오스트리아군과 대진한 채로 있었는데, 그때 두 군의 거리는 포격을 주고받을 수 있을 정도로 가까웠다.

그러나 야습을 쓰기에 딱 좋은 이러한 포진은, 근대의 전쟁에서는 전혀 쓰이지 않게 되었다. 보급이나 야영 때 필요한 필수품 등을 군 자체가 충당하는 독립된 집단이 아니다. 따라서 피아 두 군 사이에는 보통 하루 행정(行程)[3]의 거리

---

3) 24시간 이내의 행군 행정(行程)을 1일 행정이라고 한다. 실제로는 부대의 대소, 연락 상태, 날씨, 하루 동안의 명암 비율, 그리고 계절에 따라 다르지만 일반적인 상황에서는 도보에 의한 하루 표준 행정은 25 내지 30km이다.

를 두는 것이 필요한 것으로 되어 있다. 그래서 적의 전군(全軍)을 야습하는 경우에 대해서 말하자면, 이러한 계획의 실시를 촉진하는 동기는 좀처럼 나타나는 것이 아니다. 그렇게 되면 이들 동기는 다음 4가지 경우에 한정되게 될 것이다.

1. 적이 심하게 어리석거나 경솔해서 만용을 부려 스스로 위험을 초래하는 경우. 그러나 이런 일은 매우 드물고, 비록 이와 같은 정신적인 결점이 있다고 해도 대개는 다른 뛰어난 정신력으로 결점을 보완하게 마련이다.

2. 적군에게 공황적인 공포 상태가 발생하든가, 또는 아군이 정신적으로 적보다 우세해서 상급 지휘관의 지휘 없이도 자발적으로 잘 행동할 수 있는 경우.

3. 아군을 포위하고 있는 우세한 적군을 돌파할 경우. 이럴 경우에는 기습만이 포위를 탈출하기 위한 유일한 방법이다. 또 이 위기를 야습으로 돌파하려는 전군의 의도는, 다른 어떠한 방법보다도 병력을 훨씬 강력하게 결속시키는 것이다.

4. 피아의 병력 차이가 우리 측에 매우 불리해서 이제는 상식 밖의 모험에 마지막 기대를 걸 수밖에 없는 경우.

하지만 위의 4가지 상황에도 하나의 전제 조건이 필요하다. 적은 반드시 우리 눈 아래에 있고 또 전위대의 엄호도 받지 않는 상태여야 한다.

여하간 야간 전투는 대부분은 날이 밝음과 동시에 끝난다. 그러므로 적어도 접적(接敵) 행위와 최초의 습격은 한밤중에 실시해야 한다. 그러면 공격자는 야음을 틈타서 적을 혼란에 빠뜨릴 수 있으며, 이 혼란에서 발생한 결과를 다음 날 이용할 수도 있다. 반면 접적 행위만 밤중에 하고 전투는 새벽까지 기다렸다가 실시한다면, 이것은 이미 야간 전투라고 할 수 없을 것이다.

제5편

전투력

제1장
개관

우리는 전투력을 다음 관점에서 고찰하려고 한다.

1. 전투력으로서 병사 수의 다과와 그 편성.
2. 전투 외에 있는 전투력의 상태.
3. 전투력의 유지.
4. 지역과 지형의 일반적인 관계.

따라서 이 편에서는 전투력의 여러 관계 중에서 투쟁 그 자체가 아니라, 투쟁의 필연적 조건으로 간주해야 할 관계에 대한 것만을 살펴보고자 한다. 이러한 관계는 투쟁에서 서로 긴밀하게 결부되고 또 상호 작용을 하고 있으므로, 투쟁의 사용을 논할 때에는 앞으로 종종 언급하게 될 것이다. 그러나 이에 앞서 이들 관계 하나하나를 하나의 전체로 보고 그 본질과 특성에 대해서 고찰해 두어야 한다.

제2장
전장 군 전역

전장(戰場), 군(軍), 전역(戰役)—이 3가지 요건은 전쟁에서 각기 공간, 병사의 수, 시간에 대응하지만, 이들 요건을 하나하나 엄밀하게 정의한다는 것은 무리이다. 그래도 때로는 심한 오해가 생기는 일이 종종 있으므로 우리로서도 평소에 즐겨 쓰는 이들 관용어를 좀 더 명확하게 규정할 필요가 있다.

1 전장(戰場)

전장의 원래 뜻은 싸움터 전체의 일부를 이루고 측면이 엄호되어 어느 정도 독립성을 지닌 지역을 말한다. 이 엄호는 요새일 수도 있고 천연 장애물일 수도 있다. 하지만 이런 것들이 아니라, 같은 전지(戰地)에 속하는 다른 전장으로부터 멀리 떨어져 있다는 상태가 그대로 엄호 역할을 하는 경우도 있다. 이와 같은 전장은, 확실히 전지의 일부이기는 하지만 단순히 종속적인 부분은 아니고, 그 자체가 하나의 작은 전체인 것이다. 그러므로 같은 전지에 속한 다른 전장에서 발생한 변화가, 이쪽 전장에 직접 영향을 미치는 일은 없다. 설령 어떤 영향을 미친다 해도 그것은 간접적인 영향에 지나지 않다. 그런데 전장의 일반적인 특징을 정확히 설명하자면, 피아 두 군 중 어느 한쪽이 전진하고 다른 한쪽은 후퇴한다든가, 한쪽이 공세를 펴고 다른 한쪽은 수세를 취한다든가 하는 정도로 설명하는 것이 고작이다. 하지만 이런 설명으로 전장의 개념을 엄밀히 규정한들, 이것을 모든 전장에 적용할 수는 없다. 여기서는 단지 전장이라고 하는 중점(重點)의 소재를 지적했을 뿐이다.

2 군(軍)

위에서 설명한 전장의 개념을 원용하면 군이란 무엇이냐는 질문에 쉽게 대답할 수 있다. 즉, 동일한 전장에 있는 병력이라고 하는 것이 그 대답이다. 하지만 이것만으로는 군대라는 관용어의 뜻을 완전히 나타냈다고는 볼 수 없다. 1815년[1] 블뤼허와 웰링턴[2]은 각각 총사령관으로서 독립된 한 군(軍)을 지휘했다. 그렇다면 사령권(司令權)이라고 하는 것이 군의 개념을 구성하는 하나의 표징(標徵)이 되어야 한다. 그런데 이 제2의 표징과 위에서 말한 제1의 표징 사이에는 밀접한 관계가 있다. 사태가 정상적이라면 동일한 전장에는 유일한 사령권이 있는 것이 좋으나, 그렇지 않고 동일한 전장에 둘 이상의 사령권이 있을 경우 각자 맡은 자리에 있는 사령관은 거기에 상당하는 독립성이 결여되어서는 안 되기 때문이다.

군대를 구성하고 있는 병사들의 단순한 절대수가, 군이라고 하는 명칭을 결정짓는 것처럼 여겨질지도 모르지만 실제로는 그렇지가 않다.

동일한 전장에 위치한 몇 개의 군이 공동 사령권에 따라 행동할 경우, 이 군들이 각각 '군'이라고 하는 명칭을 띠는 것은 병사 수의 다과에 의한 것이 아니라, 전부터 있었던 각 군의 특수한 사정 때문이다(1813년 회전에서의 슐레지엔군이나 북방군 등).[3] 이와 같이 동일 전장에서 회전에 참가하는 대병력을 군단으로 분할하는 것은 상관 없으나, 이것을 임의 군으로 분할한다는 것은 적어도 군이라고 하는 말의 관용에 위배된다. 실제로도 이 관용은 사실에 입각한 용법으로 보아도 좋다. 그러나 먼 지방에 주둔하고 있는 별동대[4]에까지 '군'이라는 명칭을 붙이려고 하는 것은, 명칭에 너무 얽매이는 일일 것이다. 하지만 프랑스혁명 전쟁 시대에 방데군은 별로 강력하지 않은 집단인데도 '군'이라고 불리고 있었는데, 사람들은 이 명칭을 별 거부감 없이 받아들였다는 것을 지적해 둘 필요가

---

1) 벨 알리앙스의 회전(1815. 6. 18)을 가리킨다. 이때 한쪽에서는 웰링턴이 영국, 하노버, 브라운슈바이크 및 네덜란드의 여러 나라 군대로 이루어진 군대의 총사령관이며, 다른 한쪽에서는 블뤼허가 프로이센군 총사령관이었다.

2) 웰링턴(Wellington, Arthur Wellesley, 1769~1852). 영국의 장수.

3) 대(對) 나폴레옹 전쟁(해방 전쟁)의 1813년 추계 전역(드레스덴과 라이프치히의 회전을 포함)으로, 동맹군 측은 슈바르첸베르크가 주력인 오스트리아군을, 스웨덴의 황태자 베르나도트가 북방군을, 또 블뤼허가 슐레지엔군을 이끌고 회전에 참가했고, 별도로 러시아군도 참전해서 총병력 약 50만이었다. 동맹군은 이 대병력을 가벼운 군단으로 분할하여 외선(外線)에 섰다.

4) 본군에 직접 관계가 없고 독립해서 행동할 수 있는 부대를 말한다.

있다.

이와 같이 군의 개념과 전장의 개념은 항상 서로 밀접한 관련을 지니는 것이 통례이다.

3 전역(戰役)

1년 동안에 여러 전쟁터에서 개별적으로 행하여진 회전(會戰)과 그 밖의 군사적 사건을 총괄해서 '전역'이라고 부르는 경우가 있다. 그러나 그보다는 한 전장에서의 군사적 사건을 전역이라고 이해하는 것이 보통이고 또 명확하기도 하다. 가장 좋지 않은 것은 1년의 마지막 날을 가지고 전역을 나누는 생각이다. 근대 전쟁은 옛날과 달리 으레 이루어졌던 장기간의 동영(冬營)을 경계로 하여 그 이전은 전년도의 전역, 그 이후는 다음 연도의 전역이라고 하는 식으로 확연하게 구별되는 일이 없었기 때문이다. 그런데 한 전장에서 발생한 군사적 사건은 자연스레 중요한 시기로 구분된다. 즉, 규모야 어떻든 간에 중대한 파국의 직접적인 영향이 사라지면, 다시 새로운 갈등이 등장하게 된다. 그러므로 많은 사건들을 종합해서 1년(한 전역) 단위로 할당하는 경우에는, 이와 같이 사실에 따른 자연적 단락도 고려에 넣어야 하는 것이다. 프랑스 퇴각군과 러시아 추격군이 1813년 1월 1일 메멜강[5]에 도착했다고 해서, 1812년의 전역[6]은 메멜 강가에서 종결되었다고 주장할 사람은 없을 것이다. 또 프랑스군이 엘베강을 건너 퇴각했다고 해서, 그 퇴각 행군을 1813년도 전역으로 간주할 사람도 없을 것이다. 이는 모스크바로부터의 전면적 퇴각[7]의 일부이기 때문이다.

그런데 이들 개념을 이 이상 엄밀하게 정의할 수 없다고 하는 것은, 이론에 특별히 불리해지는 일은 없다. 이러한 개념은 철학의 정의와 달리 후에 이루어지는 여러 가지 규정의 원천으로서 사용되는 것이 아니기 때문이다. 요컨대 이들 개념은 용어를 좀 더 명확하게 하는 데 쓸모가 있으면 된다.

---

5) 러시아 이름은 니에멘강이다.
6) 1812년 나폴레옹의 러시아 전역.
7) 프랑스군의 모스크바로부터의 전면 퇴각은 1812년 10월 19일에 개시되었다.

제3장
적군과 아군의 병력 비율

앞서 제3편 제8장에서, 전투에서 병력의 우세와 전략에서의 전반적 우세가 어떤 가치를 지니는가에 대해서 말했다. 이것을 보아도 피아 양쪽의 병력 비율이 얼마나 중요한 뜻을 가지는가를 알 수가 있다. 그래서 이 장에서는 이 문제에 대해 좀 더 상세히 고찰해 보아야 한다.

고정 관념을 버리고 최근의 전쟁사를 살펴보면, 병력의 우세는 시간이 지날수록 더욱더 결정적인 것이 되어가고 있다고 할 수 있다. 따라서 결정적 전투에서 될 수 있는 대로 강력해야 한다는 원칙은, 오늘날에는 과거에 못지않게 중요시되어야 하는 것이다.

군의 용기와 전의(戰意)는 어느 시대에서나 물리적인 힘을 고양하는 효과를 발휘해 왔고, 이는 앞으로도 변치 않을 것이다. 하지만 전쟁사를 보면, 군의 장비와 무장의 우월이 정신적 우세를 현저하게 높인 시대가 있었는가 하면, 군의 뛰어난 운동력이 훌륭한 정신적 우월을 준 시대도 있었다. 그런가 하면, 신기한 전술 방식이 이 같은 역할을 한 시대도 있었다. 그러다가 전쟁술은 만능의 대원칙이라는 것에 입각한 정교하고 치밀한 지형 이용에 매달리게 되었다. 그리고 이 영역에서 한쪽 장수는 때로는 다른 쪽 장수에 대해서 현저하게 유리한 입장을 차지할 수도 있었다. 그러나 지형의 이용에 정성을 들인 시대도 사라지고, 이윽고 전쟁술에 본래의 한층 단순한 방식이 나타난 것이다. 실제로 최근 전쟁의 경과들을 편견 없이 관찰해 보면, 위에서 말한 복잡한 현상은 차차 모습을 감추고 있다고 할 수 있다. 이와 같은 경향은 일반적으로 전역을 통해서 볼 수 있을 뿐만 아니라, 결정적 전쟁, 즉 주력 전투에서도 마찬가지이다. 이에 대해서는 전편의 제2장을 참조하길 바란다.

오늘날 여러 나라의 군은 무장, 장비, 훈련이란 면에서 서로 현저하게 접근해 있으므로, 가장 뛰어난 군과 가장 형편없는 군 사이에는 이에 관한 한, 이제는 심한 차이는 존재하지 않는다. 하기야 학리(學理)를 필요로 하는 부대의 교육에 대해서는 여러 나라의 군 사이에 아직은 현저한 차이를 인정할 수 있다고는 하지만, 이러한 교육도 어떤 나라가 군의 비교적 우수한 장비의 발명자이자 실시자라고 한다면, 후자는 신속하게 그 뒤를 따라가는 모방자 정도가 될 것이다. 따라서 하급 장수나 군단[1] 또는 사단의 지휘관까지도, 각자의 일상적인 일에 관해서는 서로 비슷한 견해를 가지고 있고, 또 동일한 방법을 사용하고 있는 것이다. 이와 같은 상정하에서는 최고 장수의 재능은 별도로 하고라도, 피아 두 군 중 전쟁에 익숙해 있는 쪽이 다른 군대에 대해서 현저한 우위를 차지하게 된다. 지금 최고 장수의 재능은 별도라고 했지만, 이러한 장수의 재능이 국민이나 군의 교육과 일정불변한 비율을 유지한다고 하는 것은 무리이고, 전적으로 천부(天賦)라고 하는 우연에 맡겨진 일이라고 보지 않을 수가 없다. 요컨대 이제까지 말한 사항들에 관해서, 피아 사이에 균형이 유지되고 있는 한 결국은 병력의 비가 더욱더 결정적인 요소로 되어가지 않을 수가 없는 것이다.

현대 회전의 특성은 실로 이러한 균형에서 생긴 결과이다. 시험 삼아 고정 관념을 버리고 보로디노 전투에 관한 기록을 읽어 보기 바란다. 이 회전에서 프랑스군은 세계적으로 뛰어난 군대였고, 반면 러시아군은 장비로나 교육 수준으로나 프랑스군보다 크게 뒤떨어져 있었다. 그럼에도 보로디노 회전을 통해서 기술이나 지성의 현저한 우위는 끝내 나타나지 않았다. 이 회전에서 두 군은 그저 상대의 병력을 신중히 잴 뿐이었다. 이때 두 군의 병력은 거의 비슷했다.[2] 그리하여 결국 승리는 지휘관의 수행력 및 군의 전쟁 숙련도라는 면에서 우세한 쪽으로 조용히 기울어진 것이다. 우리가 여기서 보로디노 전투를 좋은 예로 든 까닭은, 이 회전에서 병력의 균형이 유난히 잘 드러났기 때문이다.

모든 회전이 꼭 위와 같다고 주장하는 것은 아니다. 하지만 이것이 대부분의 회전에서 찾아볼 수 있는 기조(基調)라고 해도 좋을 것이다.

피아 두 군이 서로 상대의 병력을 신중히 계측하는 형식의 회전에서는, 병력

---

1) 군의 편제로 말하자면 군(軍), 군단, 사단, 여단, 대대, 중대, 소대의 순이 된다. 병력의 수는 시대에 따라 또 나라에 따라 현저하게 다르고 일정하지가 않다.
2) 보로디노 회전(1812. 9. 7)에서의 러시아군은 13만 6000, 프랑스군은 13만이었다.

이 많은 측이 열세인 측보다도 훨씬 확실한 성과를 거둘 수 있을 것임에 틀림없다. 최근의 전쟁사를 살펴보아도, 어떤 군이 자기보다 2배나 큰 규모의 적을 물리쳤다는 전례는 찾을 수 없을 것이다. 그런데 과거라면 이러한 경우에 열세한 쪽이 적을 무찌른 예는 얼마든지 있었다. 근대의 가장 뛰어난 장수 나폴레옹까지도 1813년 드레스덴 회전[3]이라는 유일한 예외를 제외하고는, 그가 수많은 주력 전투에서 승리를 한 것은 적군에 비해서 항상 우세한 혹은 적어도 현저하게 열세가 아닌 군을 집결시킬 수 있었던 경우로 한정된다. 그리고 이것이 그에게 불가능했던 경우, 이를테면 라이프치히, 브리엔, 라온, 워털루에서의 여러 회전에서는 패배했던 것이다.

그런데 병력의 절대량은 전략에서는 대부분 이미 정해져 있으며 장수가 그것을 바꿀 순 없다. 하지만 그렇다고 해서 적보다 현저하게 열세한 군을 이끌고는 전쟁을 벌일 수 없다는 결론은 나오지 않는다. 전쟁의 승패는 꼭 정치에 의해 임의로 결정되는 것이 아니다. 적어도 피아의 병력 차이가 클 때는 더욱 그렇다. 그러기 때문에 전쟁에서 피아 병력의 비율은 중요한 고찰 대상이 되는 것이다. 그리고 이런 상황일수록 전쟁 이론이 더 필요함에도, 만약에 이론이 이에 대해서 발언권을 포기한다면 그것은 매우 이상한 이론이라고 해야 할 것이다.

피아의 전투력을 계측해서 두 군 사이에 큰 차이가 없다면 그것은 분명히 전쟁 이론에 안성맞춤인 상황이다. 하지만 차이가 클 경우에도 이론을 적용시킬 수 없다고는 말할 수 없는 것이다. 실제로 이런 상황에 대해서는, 이론을 적용할 수 있는 한계를 정할 수가 없는 것이다.

병력이 열세라면 그에 따라 전쟁의 목적도 축소해야 하고, 또 전쟁을 실시하는 시간도 단축하지 않을 수가 없다. 그래서 열세에 있는 병력은 이 두 가지 방면에, 말하자면 대피 장소를 찾게 되는 것이다.

병력의 양이 전쟁 지도에 어떤 변화를 주는가에 대해서는, 이러한 문제가 실제로 발생하는 대목에서 자세히 설명하겠다. 여기서는 일반적인 관점에서 살펴보는 데 그치고자 한다. 하지만 이 일반적인 관점의 완벽을 위하여 다음과 같은 한 가지 일을 덧붙이고 싶다.

---

3) 드레스덴 회전(1813. 26~27)에서 동맹군 병력은 49만 3000, 프랑스군 병력은 44만이었다.

병력에 현저한 차이가 나는 투쟁을 수행해야 할 군의 입장에서는, 병력의 부족이 크면 클수록 이 위험에 대항하기 위해 장병의 정신적 긴장, 즉 군의 사기도 더욱더 왕성해야 한다. 만약에 그 반대라면 이 고난을 타개하려고 하는 필사의 영웅적 용기는커녕 의기가 완전히 소침한 절망 상태가 생겨서 그 어떤 전쟁술도 손을 쓸 수가 없다.

이에 반해서 군의 사기가 높고 또 소정의 목적을 추구하는 장수의 현명한 조치가 적절한 완급으로 이루어진다면 빛나는 전투와 신중한 억제의 훌륭한 교착(交錯)이 생긴다. 우리가 프리드리히 대왕에 감탄하는 것은 바로 이 점에 있다.

이 같은 적절한 조치나 신중한 행동도 차차 그 기능을 잃어감에 따라, 군의 정신적 긴장과 사기는 더욱더 지배적이 되어야 한다. 그러나 그렇게 해도 피아의 병력 차이가 커서 아군의 목표를 축소해도 여전히 군의 파멸을 면치 못한다면, 또 위험이 연장될 공산이 커서 병력의 상용을 극도로 절약해도 목표에 도달할 가망성이 없다면, 군의 모든 힘을 집중하여 건곤일척(乾坤一擲)의 공격을 펼칠 수밖에 없다. 이런 곤경에 처한 장수가 마지막으로 기댈 데라고는 실로 정신적 우세뿐이다. 그리고 필사의 각오야말로 용기 있는 장수의 마음에 이러한 정신적 우세의 자각을 낳게 하는 것이다. 그는 지극한 용기가 곧 지극한 지혜라 생각하고, 부득이한 경우에는 대담하기 이를 데 없는 궤계(詭計)까지도 불사한다. 그럼에도 그에게 성공이 거부된다면 명예로운 패배를 깨끗이 인정하고 뒷날을 기약하는 것이다.

제4장
병종의 비율

이 장에서는 3가지 주요 병종(兵種)만을 논하고자 한다. 즉 보병, 기병, 그리고 포병이다.

다음 분석은 전략보다 오히려 전술 영역에 속하지만 이 문제를 보다 명확히 고찰하기 위해 꼭 필요한 일이므로, 본론에서 잠깐 벗어나는 것을 양해해 주기 바란다.

전투는 본질적으로 서로 다른 두 요소로 구성된다. 하나는 '사격'이라고 하는 격멸 원리이고, 나머지 하나는 '접전' 혹은 각개 전투이다. 그중 후자는 또 공격과 방어로 구분된다(여기서는 전투의 요소를 논하는 것이 주안점이므로 공격 및 방어는 각각 절대적인 의미로, 즉 순수한 개념으로 해석되어야 한다). 포병은 오직 사격이라는 격멸 원리에 따라 행동하고, 기병은 오직 각개 전투에 의해 활동한다. 보병은 양쪽 모두를 겸한다.

각개 전투에서 방어의 핵심은 마치 대지에 깊이 뿌리를 내린 나무처럼 진지를 고수하는 데 있다. 이에 반해서 공격의 핵심 요소는 이동이다. 기병은 첫 번째 특성과는 거리가 멀지만, 두 번째 특성은 충분히 갖추고 있다. 그래서 기병은 공격에 어울린다. 한편 보병은 고수하는 특성이 강하지만, 반드시 이동성이 부족한 것도 아니다.

전쟁에서의 기본 병력을 위의 3가지 병종에 배당하면, 보병은 다른 두 병종에 비해서 용도가 광범위하다는 점에서 뛰어나다는 사실을 알 수 있다. 보병은 3가지 기본 전력을 겸비하고 있기 때문이다. 게다가 이 3가지 병종을 결합하면, 전력을 보다 완전히 사용할 수 있다는 것은 분명하다. 그렇게 되면 다른 2가지 병종의 원리가 보병과 결합하기 때문에, 우리는 이 원리의 어느 것인가를 필요에 따라 임의로 강화할 수가 있다.

현대전에서 사격이라는 격멸 원리가 뛰어난 효과가 있다는 것은 명백하다. 그럼에도 각개 전투, 즉 일대일 투쟁이 전투 본래의 기초를 이룬다는 점도 명백하다. 그래서 이 2가지를 함께 고려해 볼 때, 포병으로만 이루어진 군은 전투 본래의 기초가 결여된 것으로 전쟁에서는 아예 생각할 수가 없다. 그러나 기병으로만 이루어진 군은 생각할 수 있다. 다만 강도(强度)면에서 약할 뿐이다. 이에 반해서 보병으로만 이루어진 군은, 생각할 수 있다는 것뿐만 아니라 실제로도 앞의 둘에 비해서 훨씬 강력하다. 따라서 이들 세 가지 병종은 각자의 독립성을 기준으로 보면 보병, 기병, 포병 순서가 된다.

　그러나 어떤 병종이 다른 두 병종과 결합했을 때의 중요성에 대해서 보자면, 그 순서는 반드시 독립성의 순서와 동일하지 않다. 사격이라고 하는 격멸 원리에 따르는 포병은, 이동의 원리에 따르는 기병보다도 훨씬 유효하므로, 군에 포병이 없으면 그 군은 기병이 없는 것보다도 약체를 면치 못할 것이다.

　보병과 포병의 두 병종으로 이루어진 군이, 세 병종으로 이루어진 군에 비하면 확실히 불리한 상황에 있다고 할 수 있다. 그러나 비교적 많은 보병을 가지고 기병의 빈자리를 보충하면, 전투 방법을 다소 변경함으로써 전술적으로는 어떻게든 해 나갈 수가 있다. 하기야 이러한 군은 전초가 적의 습격을 받았을 경우 상당한 혼란에 빠질 것이다. 또 적을 추격할 경우에는 기동력이 부족할 것이고 또 퇴각할 때에도 많은 고생을 겪을 것이다. 그러나 이런 곤란이 있다고 해서, 그것만으로 이 군을 쓸모없는 것이라고 전쟁터에서 제외시킬 수는 없다. 오히려 이러한 군이 보병과 기병으로 이루어진 군과 대전한다면 훌륭하게 그 역할을 다할 수가 있는 것이다. 그러나 보병과 기병의 두 병종으로 이루어진 군이, 세 병종으로 이루어진 군에 대해서 승리를 거둔다는 것은 거의 생각할 수 없는 일이라고 해도 과언은 아니다.

　그런데 각 병종의 중요성에 관한 위와 같은 고찰이, 실제 전투에서 반드시 나타나게 되는 융통성을 도외시하고 있다는 것은 숨길 수 없는 사실이다. 여기에서 융통성이라고 하는 것은, 어떤 병종과 다른 병종의 결합의 득실은 꼭 위에서 말한 조합에 의해서 정해지는 것이 아니라, 경우에 따라 다른 결합도 생각할 수가 있다는 것이다. 따라서 위에서 말한 조합을 불변의 진리로 보고, 전투에서 구체적으로 생기는 어떤 특수한 상황에도 그대로 적용해야만 하는 것은 아니다. 실제로 전초로서 배치된, 또는 퇴각을 엄호하기 위한 보병 1개 대대에는, 몇 문의 화포보다도 오히려 기병 1개 중대를 배속하는 것이 좋을 것이다. 또 기병이나 기포병(騎砲兵)[1] 부대가 도주하는 적군을 신속하게 추격하거나 우회할 때에는, 보병을 전혀 필요로 하지 않는다. 그 밖에도 이와 비슷한 사례는 얼마든지 있다.

위에서 고찰한 결과를 정리하면 다음과 같이 요약할 수 있다.

1. 보병은 세 병종 가운데 가장 독립적인 병종이다.
2. 포병은 가장 독립성이 부족한 병종이다.
3. 보병은 다른 병종들과 결합할 때에는 가장 중요한 병종이다.
4. 기병은 없어도 되는 병종이다.
5. 세 병종이 결합하면 최대의 위력을 발휘한다.

그런데 세 병종을 결합한 군이 큰 위력을 발휘한다면, 이들을 어떤 비율로 결합하는 것이 최선이냐 하는 문제가 생긴다. 하지만 이에 대한 대답은 거의 불가능하다.

만약 이 세 병종에 대해서, 먼저 각 병종을 편성하여 유지하는 데에 필요한 전력(戰力)과 비용을 서로 비교하고, 다음에 각 병종이 전쟁에서 성취하는 업적의 차이를 서로 비교할 수 있다고 한다면, 세 병종의 가장 적절한 비율을 추상적으로 나타내는 일정한 결론을 구할 수가 있을 것이다. 하지만 이것은 결국 관념적인 놀이에 지나지 않는다. 이미 이 비교의 제1항을 결정하는 일조차도 곤란한 일이다. 하기야 이 항이 포함하는 두 개의 인자(因子) 중 한쪽, 즉 비용은 결정할 수 있다고 해도 다른 한쪽의 인자인 전력에 대해서는 각 병종마다 병사들의 생명 가치를 숫자로 표시할 수는 없을 것이다.

게다가 또 이 3가지 병종은, 각각 다른 국력(國力)을 바탕으로 성립되어 있다는 사정이 있다. 즉—보병은 나라의 인구, 기병은 나라가 보유한 말의 수, 포병은 국고의 재력에 바탕을 두고 있는 것이다. 즉 이와 같은 사정이, 3가지 병종의

---

1) 기포병은 기병 부대와 함께 경쾌하게 행동할 수 있도록 장비된 포병으로, 화포는 야포보다도 포신이 짧고 포수는 승차한 채로 이동한다.

비율을 결정짓는 근거를 외부로부터 가지고 들어오는 것이다. 실제로 이런 근거가 각 병종에 지배적인 영향을 미치고 있다는 것은, 여러 국민과 그 시대의 역사를 살펴보면 쉽게 알 수 있다.

그러므로 어떤 이유로 3가지 병종(兵種)의 비율을 규정하는 척도가 꼭 필요하다면, 첫 번째 비교 요소에 포함된 2가지 인자 중에서 우리가 확정할 수 있는 요소, 즉 금전에 의해서 지불되는 비용만을 다루어야 한다. 이에 대한 것이라면 일반적이지만 필요한 숫자를 정확히 제시할 수 있다. 그것은 통상적인 경험에 따르면 150마리의 말을 거느린 기병 1개 중대와, 800명의 병사로 구성된 보병 1개 대대와, 6파운드[2] 포 8문을 갖춘 보병 1개 중대는 장비비와 유지비에 관한 거의 같은 액수의 비용이 필요하다는 것이다.

그런데 두 번째 비교, 즉 3가지 병종이 전투에서 성취하는 업적의 차이, 즉 각 병종이 전투에서 성취하는 업적의 다과를 결정한다고 하면, 각 병종마다 일정한 양을 확정한다는 것은 비용의 결정보다도 훨씬 곤란하다. 하기야 사격만을 격멸 원리로 하는 포병에 관해서라면 그 성과를 확정 지을 수 있을지 모른다. 그러나 어떤 병종이나 독자적인 본분과 특수한 활동 범위를 지니고 있다. 게다가 그 활동 범위가 또 매우 불안정해서 어떤 때에는 작아지기도 하고 어떤 때에는 커지기도 한다. 활동 범위의 이러한 변동은 전쟁 지도를 다소 수정하게 될 뿐 특별히 불리함을 가져올 정도는 아니다.

그런데 이 건에 대해서는 경험이 가르치는 바에 따르는 것이 옳다고 생각하여 세 병종 사이의 비율을 확정하는 데에 충분한 근거를 전사(戰史)에서 찾아볼 수가 있다고 주장하는 논자가 있다. 그러나 이러한 생각은 결국 하나의 빈말로 아무런 근본적, 필연적인 바탕을 갖는 것이 아니다. 따라서 진실 탐구를 목적으로 하는 고찰에서는 일고의 가치도 없다.

비록 세 병종 간의 가장 좋은 비율로서 일정한 수치를 생각할 수 있다고는 하지만, 그와 같은 수치는 확정될 수 없는 X치로서 관념의 놀이 범위를 벗어나지 못하는 것이다. 하지만 세 병종 중 어느 것이 적군의 같은 병종에 비해 우세하거나 열세일 경우에 어떠한 효과가 생기는가 하는 것을 살펴보는 일은 괜찮

---

2) 이전에는 사용하는 포탄의 중량에 따라 화포의 대소를 구별했다. 1파운드는 약 500g이었다.

다고 생각한다.

포병은 사격이라는 격멸 원리를 목적으로 하는 병종이다. 이 점에서 포병은 3가지 병종 가운데 가장 가공할 병종이며, 따라서 포병이 부족하면 군의 강도가 크게 떨어진다. 그런데 한편으로 포병은 셋 중 가장 움직임이 적은 병종이기도 하며, 따라서 군의 기동력을 둔하게 만든다. 게다가 또 포병에게는 엄호 부대의 지원이 꼭 필요하다. 포병은 각개 전투를 잘 하지 못하기 때문이다. 만약 포병만 지나치게 많고 이를 엄호해 줄 부대가 적의 공격 부대 규모에 미치지 못한다면 포병은 적의 수중에 들어갈 수도 있다. 그러면 여기에 새로운 불리함이 생긴다. 즉, 적은 포병의 주요 부분을 이루는 화포와 탄약차를 포획해서 바로 이것을 아군을 향해 역이용할 수가 있다. 적이 이와 같이 이용할 수 있는 것은 세 병종 가운데서 포병뿐이다.

기병은 군의 이동 원리를 촉진한다. 전쟁의 본령은 마치 맹렬히 타오르는 불꽃과 같은 신속하고 기민한 이동이다. 이 경우 군을 편성하는 기병의 규모가 작으면 신속한 기동력이 크게 떨어지게 된다. 만사가 느릿느릿 (도보로) 진행되고 모든 것이 하나하나 신중히 처리되기 때문이다. 그렇게 되면 승리의 풍성한 수확물을 커다란 낫 대신 작은 낫으로 찔끔찔끔 수확하는 꼴이다.

군의 기병이 지나치게 많다고 하는 것은, 직접 전투력을 격감시키는 것도 아니고 또 군의 구성을 심하게 불균형 상태로 만드는 것도 아니지만, 간접적으로는 전투력을 약화시킨다. 기병은 보병에 비해 많은 유지비가 들어가기 때문이다. 이를테면 1만 명의 기병을 유지하는 비용으로 5만 명의 보병을 유지할 수 있다는 것을 생각해 보기 바란다.

군에서 어떤 병종이, 다른 두 병종에 비해서 특별히 많다고 하는 점에서 생길 수 있는 이들 특성은, 좁은 뜻의 전쟁술에서는 매우 중대하다. 무릇 전쟁술이란 이미 주어져 있는 전투력을 사용하는 방법을 가르치는 기술이며, 또 이 전투력은 이미 세 병종에 각기 배당되어 있는 것이 통례이다. 따라서 장수로서는 여기에 현저한 변경을 가할 수가 없는 것이다.

군에서 어떤 병종이 다른 병종에 비해 지나치게 많다고 할 때, 전투 방법의 성격이 어떻게 변하는가에 대해서 조사해 보면, 다음과 같은 변화가 생긴다는 것을 알 수 있다.

군에 포병이 지나치게 많으면 군사 행동은 전체적으로 수세적이고 수동적인 성격을 띠지 않을 수가 없다. 따라서 포병은 강력한 진지, 극도로 단절된 지역, 산악 진지에서까지도 진을 치는 것을 목적으로 한다. 그렇게 되면 지형이 주는 천연적 장애물이 다수의 포병을 방어해주기 때문에, 이러한 경우에는 적 병력은 격멸을 당하기 위해 오는 것과 마찬가지이다. 이렇게 해서 전쟁은, 말하자면 장중하고 격식 있는 미뉴에트 형식으로 이루어진다.

이에 반해서 군에 포병이 부족할 경우에는, 적극적 원리인 공격 원리[3]나 이동의 원리가 우위를 차지하게 된다. 그러면 행진과 고난이, 이러한 적극성에 적응하는 본래의 무기가 된다. 이렇게 해서 전쟁은 다종다양한 형태를 띠고 변화무쌍한 움직임으로 이루어지게 된다. 말하자면 커다란 사건을 작은 사건으로 바꾸는 것과 같은 것이다.

다수의 기병을 보유한 군은 드넓은 평원과 대규모의 이동에 매우 적합하다. 이런 경우에 아군이 적군과 멀리 떨어져 있으면 아군은 평온한 휴식을 취할 수 있겠지만 적군은 마음 놓고 쉬지 못할 것이다. 왜냐하면 이쪽은 기병의 운동력을 내세워 광대한 공간을 제압하고, 용감하게 우회하거나 대담하게 이동하기 때문이다. 또 견제나 침입이 전쟁의 유력한 보조 수단인 한, 기병이 있으면 쉽사리 이들 수단을 사용할 수가 있게 된다.

기병의 부족이 결정적이라면 군의 운동력은 격감되지만 그렇다고 사격이라는 격멸 원리가 포병에 의해 더욱 강화되는 것도 아니다. 이런 경우에는 신중함과 계획적인 행동이 전쟁의 성격이 된다. 즉 적에 접근하여 눈앞에서 적을 관찰하고—급속한, 하물며 성급한 운동을 피하고, 긴밀하게 집결된 대부대로 서서히 이동을 시도해 보는 것—방어를 목적으로 애써 단절지(斷絶地)를 이용하고 또 공격을 해야 할 경우에는 단숨에 적의 중심을 찌르는 일, 요컨대 이들 방책이 이러한 경우에 가장 자연스러운 경향이라 할 수 있다.

이와 같이 군의 어떤 병종이 다른 병종에 비해 유독 많으면 이에 따라 전투 방법도 각기 다른 방향을 취하게 된다. 그러나 이렇게 서로 다른 방향은 어느 것이나 그것만으로, 혹은 주로 전체적인 작전 계획을 결정할 정도로 전반적

---

3) 공격의 원리는 보병에 대해서, 운동의 원리는 기병에 대해서 말한다.

인 것도 아니고 유력하지도 않다. 전략적 공격으로 나가느냐, 방어에 치중하느냐, 또 전쟁터를 선택할 때에도 주력 전투를 선택하느냐 그렇지 않으면 다른 파괴적 수단을 고르느냐 하는 것은 보다 더 중요한 정황에 의해서 결정할 일이다. 이것을 명확하게 인식하지 않으면 쓸 데 없는 일을 마치 중요한 일처럼 잘못 생각할 염려가 다분히 있기 때문이다. 하지만 군에서 어떤 병종이 다른 병종보다도 우세하면, 역시 거기에서 생기는 영향력을 어느 정도 인정하지 않을 수가 없다. 공격에서는 신중하고 계획적인 행동을 위주로 하고, 방어에서는 용감하고 진취적인 행동이 좋다는 말들을 하는데 이것도 특히 유력한 병종이 무엇인가에 의해서 몇 가지 영향을 받게 된다. 요컨대 여러 병종 간의 비율은 군사적 행동에 여러 가지 양식과 강약을 부여하게 된다.

그런데 이와는 반대로, 전쟁의 성질이 세 병종 간의 비율에 현저한 영향을 주는 일이 있다.

첫째로, 예비군[4] 및 국민군[5]의 지원을 받는 국민 전쟁에서는, 특히 많은 보병이 편성된다. 그러나 이것은 불가피한 사정에 입각한 것이다. 국민 전쟁이 되면, 병사가 부족하다기보다도 오히려 장비 자재가 부족하기 때문이다. 이 경우에는 그렇지 않아도 부족하기 쉬운 장비를 특히 필요한 것으로 제한할 수밖에 없다. 따라서 8문의 화포를 보유한 포병 1개 중대 대신에 보병 1개 대대밖에 편성할 수가 없는데, 국민 전쟁에서는 보병 2~3개 대대가 편성되는 식이다.

둘째로, 열세한 군이 강력한 군을 상대로 싸울 때, 국민 총무장이나 이에 준하는 예비군 편성이라는 수단에 호소할 수가 없으면, 무엇보다도 포병을 증가하는 일이 열세의 전투력을 보충해서 적 전투력과 어떻게든 균형을 맞출 수 있는 가장 빠른 방법이다. 그렇게 되면 병사 수가 적어도 되고, 또 전투력의 가장 본질적인 원리, 즉 사격이라는 격멸 원리를 더욱 강화할 수 있기 때문이다. 그렇지 않아도 열세에 처한 군은 좁은 전쟁터에서 싸우는 것이 통례이므로, 이러한

---

4) 예비군은 전쟁이 일어났을 때에만 소집되었는데, 특별히 예비군을 조직하여 본디 국방에만 사용되었다. 프로이센에서는 1813년에 예비군 제도가 설정되어, 해방 전쟁 직후인 1815년에 예비군 조례가 발포되었다. 이 조례는 1867년까지 유효했다.
5) 국민군은 군무에 복무한 경험을 가지고 있지는 않지만 병역을 수행할 수 있는 남자가, 전쟁 때 소집되어 조직된 것으로, 본디 국토방위만을 담당했다.

작은 전쟁터에서는 포병이 가장 알맞다. 프리드리히 대왕은 7년 전쟁의 말기 무렵에는 이 방법을 즐겨 사용했다.

셋째로, 기병은 신속한 운동과 대규모 결전을 주안점으로 삼는 병종이다. 그러므로 세 병종 간에 보통 비율 이상으로 우세한 기병은 광대한 전쟁터에서 종횡무진으로 싸우거나 대규모의 결정적 돌격을 감행할 때에는 아무래도 없어서는 안 될 중요한 병종이다. 실제로 나폴레옹은 그 실례를 보여주었다.

공격과 방어는 전쟁을 수행하는 2가지 형식이지만, 공격이든 방어이든 여러 병종의 비율 문제에 본질적인 영향을 주는 것이 아니라는 것은, 뒤에 군사적 행동에서의 이 두 가지 전쟁 형식을 논할 때 명백해지리라고 생각한다. 우선 여기에서는 공격자도 방어자도 일반적으로는 동일한 전쟁터에서 이동하고 또 행동한다는 것, 또 대개의 경우 두 군 모두 결전을 원한다는 동일한 의도를 지니고 있다는 것만을 지적하고자 한다. 1812년의 전역[6]은 그 한 예이다.

중세에는 기병이 보병에 비해 훨씬 많았지만, 그 뒤 기병의 비중이 점점 줄어들어 현대에 이르렀다는 것이 통설이다. 하지만 이 설은, 적어도 부분적으로는 오해이다. 중세를 통해서 전투력에 관한 비교적 정확한 기록을 조사해 보면, 기병은 수적으로 보아 평균해서 보병보다 그리 많지 않았다. 이것은 십자군을 편성하고 있던 보병이나, 또 독일 황제를 따라서 로마 원정에 참가한 군의 보병이 대량이었음을 생각해 보는 것만으로도 명백할 것이다. 하지만 기병의 중요성은 오늘날보다도 훨씬 컸다. 당시의 기병은 국민 중에서 선택된 사람들로 이루어진 강력한 병종이었다. 그래서 수적으로는 보병에 미치지 못했으나, 항상 주요 전투력으로 간주되었다. 이에 비해 보병은 그다지 중요시되지 않았고, 또 기록에도 거의 기재되지 않았다. 이러한 사정으로 해서 당시는 기병에 비해 보병의 수가 현저하게 적었다는 설이 생겨난 것이다. 물론 독일, 프랑스, 이탈리아 등의 내지(內地)에서 벌어진 전투에서는, 매우 소규모의 기병만으로 구성되어 있었다는 사례가 적지 않다. 그러나 당시는 기병이 가장 중요한 병종이었다는 사실에 비추어, 이러한 사례는 위에서 말한 것과 조금도 모순되는 것은 아니다. 여하간 이러한 특수한 예만 가지고는 기병과 보병의 비율을 일괄적으로 결정할 수는

---

6) 나폴레옹의 러시아 원정을 가리킨다.

없다. 이들 사례는 보다 더 대규모의 군에는 적용되지 않기 때문이다. 이윽고 용병 면에서 종래의 주종 관계가 폐지되자 전쟁은 징모(徵募)된 용병, 다시 말하면 월급이 지급되는 병사에 의해 이루어지게 되어 전쟁은 돈과 징모에 의존하게 되었다. 30년 전쟁이나 루이 14세가 행한 전쟁 시대가 되어, 그다지 유용하지 않았던 대량의 보병을 갖추는 옛 습관이 시들해진 것은 이러한 사정에서였다. 그런데 때마침 소총 제작 기술이 눈에 띄게 발전하면서 보병은 점차 그 중요성이 인식되어, 수적인 우세를 어느 정도 유지할 수가 있었다. 만약 이러한 사정이 생기지 않았더라면 기병과 보병의 비율은 아마 과거의 기병 시대로 되돌아갔을 것이다. 참고로 당시 보병과 기병의 비율은, 보병이 적은 경우에는 1 : 1이고 많으면 3 : 1이었다.

그 뒤로 화기가 차츰 발달하면서, 기병은 종전의 중요성을 점점 잃어 갔다. 사실 이것은 당연한 현상이었다. 그런데 여기서 말하는 화기의 발달이란 단순히 무기 자체나 그것을 능숙하게 사용하는 기술의 발달만 가리키는 것은 아니다. 그것은 화기로 무장한 부대를 사용하는 방식에도 관계가 되었다. 몰비츠[7]의 회전에서, 프로이센군은 화력전의 위력을 최고로 발휘했는데 그 뒤 이를 능가할 만한 업적이 나타나지 않았다. 이에 반해서 단절지(斷絶地)에서의 보병 사용과 산병선(散兵線)에서의 소총 사용은 그 뒤에 처음 등장한 것으로, 이것은 격멸을 목적으로 하는 행동에서의 일대 진보라고 볼 수 있다.

그렇기 때문에 보병 대 기병의 비율은 수적으로 볼 때 거의 변하지 않았지만, 그 중요성은 크게 변했다고 해도 좋다. 이것은 모순된 이야기처럼 들릴지도 모르지만 실은 그렇지가 않다. 중세의 보병은 군에서 수적 우세를 차지하고 있었으나, 그것은 기병에 대한 본디 비율에 의해서 이러한 수가 된 것이 아니라, 보병보다도 훨씬 많은 비용이 드는 기병에 편입할 수 없었던 병사들을 할 수 없이 보병으로 만들었기 때문이다. 즉, 이러한 보병은 궁여지책으로 편성된 데 지나지 않았다. 만약에 기병의 수를 이 병종 자체의 가치만을 기준으로 결정하기로 했다면, 그 수는 아무리 많이 배치해도 부족했을 것이다. 그 뒤 기병의 중요성은 점점 줄어들었지만, 사람들은 이 병종을 여전히 중요시하여 보병에 대한 비

---

7) 몰비츠(Mollwitz), 슐레지엔의 마을. 이곳 회전(1741. 4. 10)에서, 프리드리히 대왕이 이끄는 프로이센군은, 소총으로 무장한 보병을 사용해서 오스트리아군을 무찔렀다.

율이 오늘날까지 오랫동안 유지되어 온 이유가 바로 여기에 있는 것이다.

적어도 오스트리아 계승전쟁[8] 뒤 지금까지, 보병에 대한 기병의 비율은 전혀 변동이 없고, 항상 보병의 1/4, 1/5 내지 1/6 정도 사이를 오르내리고 있었다는 것은 주목할 만하다. 그러기 때문에 이 비율이야말로, 두 병종에 대한 필요를 조금도 무리 없이 가장 자연적으로 충족시키는 비율이며, 이 수치는 직접 계산해 낼 수 없다고 여기게 되었는지도 모른다. 그러나 과연 그러했는가는 의심스럽다. 오히려 기병이 아직도 다수라고 하는 데에는 무엇인가 다른 동기가 있고, 또 이들 동기는 매우 많은 사례에 의해 명백해지고 있다고 하는 편이 옳을 것이다.

러시아와 오스트리아는 기병을 논할 때 빼놓을 수 없는 나라들이다. 두 나라의 국가 조직에는 아직 타타르적[9]인 병제(兵制)의 흔적이 남아 있기 때문이다. 나폴레옹은, 그의 목적을 이루기 위해서는 아무리 병력이 강해도 충분하지 않다고 생각했다. 그래서 그는 징병 제도를 최대한 이용해서 가능한 한 많은 병사를 모았다. 따라서 그의 군을 강화하기 위해서는 보조 병종으로서 기병을 늘리는 수밖에 없었다. 그러면 금전적 부담은 커지지만 병사의 수는 적어도 되었기 때문이다. 또 나폴레옹의 군사적 행동은 넓은 지역에 이르고 있었기 때문에, 기병이 일반적인 경우보다 더 높이 평가된 사실도 간과되어서는 안 될 것이다.

프리드리히 대왕은 자국에서 새로운 병사를 뽑는 것을 피했다. 그리고 징병에 관해서 단 한 명의 병사조차도 소홀히 하지 않았던 그의 고민은 널리 알려진 사실이다. 또 프리드리히 대왕은 그의 군대를 되도록 타국의 비용으로 운용하려고 노력했다. 그가 이런 방침을 취한 까닭은, 당시 그의 작은 나라가 프로이센이나 베스트팔렌에 속하는 여러 주를 상실한 상태였다는 사정을 생각한다면 곧 이해가 갈 것이다. 일반적으로 기병은 다수의 병사가 필요 없다고는 해도, 징병에 의해서 다른 병종보다도 손쉽게 보충할 수 있었다. 게다가 또 프리드리히 대왕의 전쟁 방식은 오직 운동력의 우세를 바탕으로 하는 것이었다. 그래서 그의 군에서는 보병이 점점 줄어들고, 이에 반해서 기병은 7년

---

8) 오스트리아 왕위 계승을 둘러싸고 일어난 국제 전쟁(1740~48).
9) 타타르인이 기병에 능숙했다는 것, 또 헝가리를 포함하는 오스트리아에 타타르인의 혼혈 종족이 거주하고 있었다는 것을 가리키는 것으로 여겨진다.

전쟁이 끝날 때까지 끊임없이 증가한 것이다. 하지만 그의 기병은 7년 전쟁이 끝날 무렵에도 전쟁에 참가한 보병의 약 1/4을 겨우 웃도는 데 지나지 않았다.

그런데 위에서 말한 것처럼 기병이 중시되던 시대에조차, 적보다 열세한 기병으로 승리를 거둔 전쟁 사례가 없는 것은 아니었다. 그 가장 유명한 예가 그로스게르센의 회전[10]이다. 이 전투에 참가한 사단을 보면 나폴레옹군은 10만 명이었는데, 그중 5000명이 기병이었고 9만 명이 보병이었다. 한편 동맹군은 7만 명이었는데, 그중 2만 5000명이 기병이었고 4만 명이 보병이었다. 그러니까 양측의 병사 수를 비교해 보면, 나폴레옹군은 동맹군보다도 기병이 2만 명 적고 보병이 5만 명 많았다. 통설대로 기병 대 보병의 비율이 1 : 5가 적당하다고 한다면 나폴레옹군의 기병은 동맹군보다 2만 명이 부족하니까, 이를 만회하기 위해서는 보병 10만 명이 부족했던 것이다.

그런데 나폴레옹은 겨우 5000명의 기병과, 적보다 5만 명 더 많을 뿐인 보병만으로 이 회전에서 승리를 거둔 것이다. 그러면 지금 산출한 10만의 보병에 오스트리아군의 보병과 같은 수 4만을 더한 14만이 싸우지 않으면, 나폴레옹은 아마도 패배할 것이라는 통설은 무의미한 것이다.

그런데 동맹군 기병의 우세가 결국 매우 유리했다고 하는 것은, 회전 직후에 명백하게 드러났다. 나폴레옹은 승리했어도 전리품을 거의 얻지 못했던 것이다. 이런 결과를 보면 전쟁에서는 승리가 전부는 아니라는 것을 알 수 있다. 하지만 승리는 여전히 최상의 요건이 아니겠는가.

이와 같이 고찰해 보면, 80년[11]이 지난 이래 기병과 보병의 비율이 확립되어 오늘날까지 이르고는 있지만, 이 비율이 두 병종의 절대적 가치로부터 자연적으로 발생했다는 관점에는 전적으로 동의할 수 없다. 오히려 이들 두 병종의 비율은 앞으로 몇 차례 변천을 겪는 동안에 종래의 방향으로, 다시 말하면 기병이 그 중요성을 점차 잃는 방향으로 변화하여 결국은 기병의 수도 현저하게 감소할 것이라는 의견이다.

포병에 대해서 말하자면, 화포가 발명된 이후 중량의 경량화와 기구의 개선

---

10) 그로스괴르셴의 회전(1813. 5. 2).
11) 프리드리히 대왕의 제1차 슐레지엔 전쟁은 1740년에 시작되었는데, 클라우제비츠가 이 책을 쓴 것은 1818년 내지 1830년으로 그 사이는 약 80년이다.

에 따라 회전에서 사용되는 화포의 수가 증가한 것은 당연하다. 그러나 프리드리히 대왕 이후로, 보병 1000명에 화포 2~3문이라는 비율이 대체적인 규칙이다. 그런데 포병은 보병에 비해 전투 중에 소모되는 수가 적으므로 하나의 전역(戰役)이 끝난 뒤에는 위의 비율이 현저하게 증가하여 소모가 심한 보병 1000명 대 화포 3~4문, 혹은 5문까지 이르는 일이 있다. 이 비율이 자연적인 것인가의 여부, 또 전쟁 지도에 지장을 주지 않으면서 화포의 수를 더 이상으로 늘릴 수 있는지의 여부는, 경험을 통해 비로소 해결할 수 있는 문제이다.

지금까지의 고찰에서 생긴 결과를 정리하면 다음과 같이 요약된다.

1. 보병이 주된 병종이고, 기병 및 포병의 두 병종은 이에 배속된다.

2. 전쟁 지도에서 보병의 뛰어난 기술을 활용하여 그 활발한 행동을 촉진하면, 이에 의해서 기병이나 포병의 부족을 어느 정도 보충할 수 있다. 그러나 이 경우, 보병의 수가 다른 두 병종보다도 훨씬 많아야 한다. 게다가 보병의 질이 높을수록 더욱 보충하기 쉬워진다.

3. 어쩔 수 없는 상황이라면 기병을 없앨 수도 있지만, 포병은 없어서는 안 된다. 포병은 가장 주요한 격멸 원리이며, 또 포병전과 보병전의 긴밀한 협동 관계는 기병전과 보병전과의 관계보다 훨씬 강하기 때문이다.

4. 격멸 행동에서는 포병이 가장 강력한 병종이고 기병이 가장 약한 병종이다. 그렇다면 일반적으로는 다음과 같은 문제가 생긴다. 즉, 이동성이 가장 뒤떨어지는 포병이 지나치게 많으면 불이익이 발생할 염려가 있다. 그래서 이 점을 충분히 고려한 뒤에 포병은 어느 정도 있으면 되는지, 또 기병은 적을수록 좋지만 어느 정도 있어야 좋은지 하는 것이 문제가 된다.

제5장
군의 전투 서열

전투 서열(序列)은 군의 여러 부대를 편성하기 위해 실시되는 여러 병종(兵種)의 구분 및 편성이며, 또 이들 부대의 배치 형식을 말한다. 이러한 구분과 편성 및 배치 형식은, 전역(戰役)이나 전쟁이 시작되었을 때 그 전역 또는 전쟁을 통해서 불변의 규범이 되어야 한다.

따라서 전투 서열은 군대 '구분'이라고 하는 산수적 요소와, 병력 '배치'라고 하는 기하학적 요소로 이루어진다. 그중 군대 구분은 군의 평상시 편제(編制)에서 출발한다. 그리고 보병 대대·기병 중대·연대 혹은 포병 중대 등의 부대를 각각 한 단위로 보고, 이 부대들을 통합해서 보다 큰 부대를 조직하고 더 나아가 당면한 상황에 맞추어 군을 편성하게 되는 것이다. 이와 마찬가지로 병력 배치도 또한 평상시의 교도(教導)와 교련으로 군에 주입된 기본 전술에서 출발한다. 하지만 이렇게 교습된 기본 전술은, 실전에 임해도 본질적으로는 변질되지 않는 군의 특성으로 간주되어야 한다. 또 배치는 전쟁에서 군대를 사용하는 데 필요한 조건을 이 기본 전술과 연결시키고 또 군을 전투에 적합하게 배치할 때 고려해야 할 규범을 규정하는 것이다.

예로부터 대군(大軍)을 전장에 내보낼 때에는 항상 위와 같은 조치가 취해졌다. 또 이런 형식이야말로 전투의 본질적인 부분이라고 생각하던 시대도 있었다.

17~18세기에 소총이 발달함에 따라 보병의 수가 크게 증가했기 때문에, 전투 정면에는 소개(疏開)[1]된 보병 부대가 장대한 선을 이루며 좌우로 포진해 있었다. 그 결과 전투 서열은 훨씬 단순해졌지만 전투의 실시에 곤란이 따르게 되

---

1) 전황에 따라 중대, 소대 또는 분대 상호 간의 간격을 벌리는 것을 말한다.

어, 이 문제를 해결하기 위해 교묘한 임기응변의 술책이 필요하게 되었다. 당시의 기병은 보병을 사이에 두고 양 날개에 배치되는 것 외에는 쓸모가 없었다. 양 날개라면 적의 사격에 노출될 염려도 없고 또 기병에게는 이동의 여지가 있었다. 이렇게 해서 왕년의 전투 서열은 요지부동의 불가분한 전체로 묶은 것이다. 만약에 이러한 군이 중앙에서 둘로 나뉘면, 이 군은 마치 절단된 지렁이처럼 되어 이미 제 구실을 하지 못한다. 절단된 좌우의 날개는 아직 살아서 움직이기는 하지만 이미 날개로서의 기능은 상실된 셈이다. 이렇게 해서 전투력은 통일체라고 하는 하나의 속박에 갇혀 있었다. 만약에 군의 어떤 부분을 분리해서 다른 배치로 바꾸려고 한다면 그때마다 부분적인 편성이나 해체가 필요했다. 따라서 전군이 해야 할 행군은 지리멸렬 상태가 된다. 특히 적군 근처에서 하는 행진은, 전열 간의 거리나 양 날개의 간격을 적당히 안배해서 무턱대고 통과하기 위해 매우 교묘하게 연구된 배열이 필요했다. 이렇게 해서 행진은 끊임없이 적의 눈을 피해 실시되어야 했다. 그런데 이와 같은 도둑과 다름없는 행동이 특별히 흔이 나지 않은 것은, 적도 역시 이 속박에 갇혀 있었기 때문이다.

18세기 후반이 되자, 기병을 군의 배후에 배치해도 날개를 따라 배치한 경우와 마찬가지로 양 날개를 방어할 수 있고, 뿐만 아니라 기병에는 적의 기병과 개별적으로 전투를 벌이는 일 외에도 여러 가지 용도가 있다는 사실이 판명되었다. 이것은 병력 배치에서의 커다란 진보였다. 기병을 군의 배후에 옆으로 길게 배치하면 군의 정면폭을 세로 방향으로 분할하는 한, 어느 부분이나 균질(均質)을 이루어 임의의 병력을 자유로 분리할 수 있기 때문이다. 또 이렇게 해서 분할된 부분은 다른 부분들과 서로 비슷할 뿐만 아니라 본래의 전체와도 비슷하기 때문에, 근대의 군은 과거와는 달리 하나의 전체가 아니라, 많은 마디로 이루어진 하나의 전체가 되어 유연성과 신축성이 풍부한 것이 되었다. 이렇게 해서 부분은 전체로부터 손쉽게 분리되고 또 필요하다면 다시 전체에 접속해서 애초의 상태로 되지만, 전체로서는 여전히 동일한 전투 서열을 유지하고 있었다. 이와 같은 방식으로 해서 여러 병종으로 이루어진 군단이 생겼다. 실제로 이러한 군단의 필요성은 전부터 요망되고 있었는데 마침내 가능하게 된 것이다.

전투 서열에 관한 이와 같은 고찰이 모두 회전(會戰)에서 출발하고 있다는 것은 사리로 보아 당연한 일이다. 왕년에는 회전이 전쟁의 모두였고, 앞으로도 여전히 전쟁의 주요 부분을 이룰 것이다. 그러나 전투 서열은 일반적으로 전략보다도 오히려 전술에 속한다. 그럼에도 불구하고 지금 전투 서열의 성립을 설명한 것은, 전술은 군 전체를 동질(同質)의 보다 작은 전체로 분할함으로써 이미 전략을 위해 준비했다는 것을 지적하기 위한 것이다.

군이 커지고 넓은 지역에 배치되고, 또 각 부대가 거두는 성과가 다양한 방식으로 서로 얽히게 됨에 따라 전략의 범위는 더욱더 확대된다. 그렇게 되면 전투 서열은, 우리가 지금 정의한 뜻에서 전략과 상호 작용을 하지 않을 수 없게 된다. 그리고 이와 같은 상호 작용이 현저하게 나타나는 것은 전술과 전략이 서로 접촉하는 시점, 즉 전투력의 일반적 배치가 특수한 전투 부서(部署)로 이행하는 바로 그 순간이다.

그래서 전략적 관점에서 구분, 여러 병종의 결합, 그리고 배치에 대해서 논해 보고자 한다.

1 구분

전략적 의미에서 문제가 되는 것은, 1개 사단 또는 한 군단의 병사의 수는 얼마이어야 하느냐가 아니라, 하나의 작전군(作戰軍)은 몇 개의 군단 또는 사단으로 분할되어야 하느냐 하는 것이다. 하나의 작전군을 셋으로 나누는 것은 가장 졸렬한 방식이다. 둘로 나눈다는 것도 어리석은 표현이다. 그렇게 되면 주장은 이도저도 아닌 어정쩡한 상태에 빠지게 되기 때문이다.

기본 전술이나 고등 전술에서 그럴싸한 이유를 끌어내어 크고 작은 군단의 병력을 각각 규정하게 되면, 멋대로 주장을 내세울 수 있는 여지는 얼마든지 있다. 그래서 이제까지 온갖 이론이 나타나고 있는 것이다. 그런데 독립된 하나의 작전군을 약간의 수로 구분할 필요가 있다는 것은 명백하므로 새삼 논의할 여지가 없다. 이것은 하나의 작전군을 대부대로 구분할 경우, 구분의 수와 각 부대의 병력 수는 전략적 근거에 입각해서 규정되어야 한다는 생각을 나타낸 것이다. 그러나 보병 중대나 보병 대대, 혹은 이에 준하는 작은 부대에 관한 규정은 이제까지와 마찬가지로 전술에 위임되어 있다.

아무리 작다 해도 독립적인 하나의 작전군인 이상, 이것을 3개 부대로 구분할 수밖에 달리 생각할 길이 없다. 그러면 그중의 한 부대는 전방으로, 또 다른 한 부대는 후방에 배치하고, 나머지 한 부대를 주력으로 해서 중앙에 배치하게 된다. 그런데 중앙 부대는 앞뒤의 두 부대보다 강력해야 한다는 것을 생각하면, 군을 넷으로 나누어 중앙에 두 부대를 배치해서 이를 주력으로 삼고, 전후에 각기 한 부대씩 배치하는 것이 보다 좋다고 하는 것은 사리로 보아 당연하다. 이와 같은 방식으로 구분해 가면 8개 구분까지 이를 수가 있다. 그리고 이 8구분법이 하나의 작전군에 가장 적당한 것으로 여겨진다. 그러면 전위(前衛)는 항상 없어서는 안 되므로 여기에 한 부대를 충당하고, 세 부대를 주력으로 해서 각기 우익, 중앙 및 좌익에 배치하고 또 2개 부대를 후위로 한다. 마지막에 남은 두 부대를 각기 좌우 양익에 측위(側衛)로서 배치시키는 것이다. 그러나 우리는 이들 구분의 수나 대형(隊形)을 움직일 수 없는 규칙으로 생각해서 여기에 큰 가치를 둘 생각은 없다. 그러나 이와 같은 구분과 배치가 가장 보통으로, 또 가장 빈번하게 사용되는 전략적 배치이며 따라서 이것을 편리한 구분으로 여기지 않을 수가 없다.

장수가 직접 명령을 주는 지휘관의 수를 3명 또는 4명으로 한정하면, 군 (또는 각 군단이나 사단)의 지휘는 매우 손쉬울 것이라고 여겨진다. 그러나 그렇게 되면 장수는, 지휘에 관해서는 편리함을 얻는 대신에 매우 높은 대가를 이중으로 지불해야 한다. 첫째, 명령을 하달하는 단계가 길면 명령의 신속한 전달, 박력 및 정확성은 더욱더 상실된다. 장수와 사단장 사이에 군단장이 개재하고 있는 경우가 이것이다. 둘째로, 장수에 직속된 지휘관의 활동 범위가 크면, 장수의 명령이 지닌 본디 위력과 효과는 그만큼 줄어든다. 이를테면 10만 대군을 8개 사단을 통해서 명령하는 장수는, 같은 10만 대군이 3개 사단으로 분할되어 있는 경우보다도 강한 위력을 발휘할 수 있다. 여기에는 여러 가지 원인이 있다. 그중에서도 가장 유력한 원인으로서는 지휘관이 그의 휘하 부대에 대해 소유권을 가지고 있는 것처럼 생각하여, 부대의 일부를 비록 단기간이라도 다른 곳으로 빼가는 일이 생기면 반드시 반항한다는 사실을 들 수가 있다. 이것은 다소라도 실전 경험을 가진 지휘관이라면 쉽사리 이해할 수 있는 일이다.

그러나 작전군을 대부대로 구분할 경우, 부대의 수를 함부로 늘려서는 안 된다. 그와 같은 일을 하면 지휘 계통에 혼란이 생기기 때문이다. 군 사령부가 8개 군단 또는 사단을 지휘한다는 것은 곤란한 일이며 그것이 10개가 되면 이미 지휘는 불가능하다. 그래도 사단에서는 명령을 실행으로 옮기는 수단이 군단에 비해 훨씬 적으므로, 한 작전군을 구분하는 정상적인 사단의 수로서는 많아야 4개 내지 5개 정도가 적당하다고 보아도 좋다.

그런데 하나의 작전군을 5개 사단으로, 또 각 사단을 10개 여단으로 구분하는 것만 가지고는 불충분하다면, 다시 말해 그것으로는 각 여단의 병력수가 과다하다고 한다면, 군 사령부와 사단 사령부 사이에 군단 사령부를 개재시켜야 한다. 그러나 그렇게 하면 바로 군사령부와 사단사령부 사이의 지휘권을 크게 침해하는 새로운 힘이 나타난다는 것을 고려해야 한다.

그렇다면 병력수가 지나치게 많은 여단이란 어떠한 것인가? 1개 여단의 병력수는 2000~5000명 정도가 일반적이다. 병사 수를 5000명까지 제한하는 이유는 2가지가 있다. 첫째, 여단은 한 명의 지휘관에 의해 직접, 다시 말하면 그의 목소리가 닿는 범위 내에서 지휘할 수 있는 부대로서 여겨지기 때문이다. 둘째, 5000명 이상의 병사를 보유한 보병 대부대에는 포병을 배치해야 하는데, 이 두 병종을 결합하면 본디 여단과는 다른 특수한 부대가 되기 때문이다.

그런데 우리는 이런 전술상의 세세한 문제에 깊숙이 파고들어 우왕좌왕할 생각은 없고, 또한 세 병종의 결합은 언제 어떤 비율로 실시해야 하느냐, 그 경우에 8000~1만 2000명의 병사를 보유한 사단이냐, 아니면 2만~3만 명의 군단이냐 하는 논쟁에 개입할 생각도 없다. 실제로 여러 병종의 결합에 단호히 반대하는 논자들의 주장이 세 병종을 결합함으로써만 부대의 독립을 확보할 수 있고, 또 전쟁에서 자주 독립적으로 행동해야 하는 임무를 갖는 부대에게는, 이러한 결합은 적더라도 매우 바람직하다면 우리가 말하는 것을 곡해하지 않을 것으로 생각한다.

20만 명의 군을 10개 사단으로 구분하고 다시 각 사단을 5개 여단으로 구분하면, 1개 여단마다의 병사 수는 4000명이 된다. 그리고 이 구분에서는 그 어떤 불균형도 발견할 수가 없다. 그런데 같은 군을 이번에는 5개 군단으로, 또 각 군단을 4개 사단으로, 다시 또 각 사단을 4개 여단으로 구분하면, 1개 여단마다 병사의 수는 2500명이 된다. 이 두 구분법을 비교해 보면 추상적으로 고찰하는 한 첫 번째 구분법이 더 뛰어난 것처럼 보인다. 두 번째 구분법의 경우는, 군에서 여단에 이르는 서열 단계가 많다는 것은 별도로 하더라도 한 작전군을

5개 군단으로 구분하는 것은 너무 작고, 따라서 이 군은 다루기가 어려워지게 된다. 하나의 군단을 4개 사단으로 구분하는 것에도 역시 마찬가지 난점이 있고, 또 한 여단의 병력수 2500명으로는 여단으로서 너무 열세하다. 다시 또 제 2의 구분법에 따르면, 여단 수가 80개나 된다. 그런데 첫 번째 구분법이면 여단의 수는 50으로 되어 훨씬 간단해진다. 그러면 첫 번째 구분법이 가져오는 이와 같은 유리함을 버리면서까지 두 번째 구분법에 따른다면 장수가 직접 명령을 내리는 장군의 수가 절반으로 줄어들 뿐이다. 그러므로 병력수가 가장 적은 군을 군단으로 구분하는 방식은 더더욱 좋지 않다는 것이 분명해진다.

이상이 구분에 관한 추상적 고찰에서 생긴 결론이다. 그런데 구체적으로는 그때그때의 특수한 사정에 따라서 이와 다른 구분을 필요로 하는 경우가 생기는 것이다. 예를 들어 평지에서는 8~10개 사단을 일괄해서 지휘할 수 있지만, 산지에 구축한 광역 진지에서는 아마도 불가능할 것이다. 또 군을 양단하는 큰 강이 있으면 강 양쪽 연안에 1명씩의 지휘관이 필요하다. 요컨대 특수한 국지적인 사정은 얼마든지 있을 수 있으므로, 추상적인 규칙은 이와 같은 사정에는 해당되지 않는다.

하지만 경험으로 보면 군의 구분을 규정할 때에는 일반적으로 추상적인 근거가 쓰이는 것이 통례로, 특수한 사정 때문에 이러한 근거가 폐지되는 일이 일반적으로 여겨지고 있을 정도로 자주 있는 것은 아니다.

그럼 지금까지의 고찰을 요약하기에 앞서, 논지를 명확하게 하기 위해 몇 가지 중점들을 열거해 보기로 한다.

하나의 작전군을 군단이든 사단이든 간에 몇몇 부대로 나눌 경우, 이 부대는 최초의 분할에 의해 생겨나는 부대, 즉 최고사령관이 직접 지휘하는 부대를 의미한다. 그렇다면,

1. 하나의 작전군을 군단으로든 사단으로든 소수의 부대로 구분하면 이 군은 다루기 힘들어진다.
2. 그러나 또 군을 구분해서 생기는 부대가 너무 많으면 최고사령관의 의지의 위력이 약해진다.
3. 새로운 명령권이 기존의 명령 계통에 개입하면, 최고사령관의 명령은 다

음 2가지 이유로 약해진다. 하나는 명령이 새로 만들어진 통로를 지나가야 하기 때문이며, 다른 하나는 명령 전달 시간이 길어지기 때문이다.

요컨대 군의 최초 구분에 의해서 생기는 부대의 수는 될 수 있는 대로 많은 편이 좋고, 또 명령의 하달에 요하는 시간은 될 수 있는 대로 짧은 쪽이 좋다. 여하간 하나의 작전군을 8~10개 이상의 군단 또는 사단으로 나누거나, 1개 사단을 4~6개 여단 이상으로 구분하면 지휘에 불편한 점이 생기지 않을 수가 없는 것이다.

2 여러 병종의 결합

전투 서열에서 여러 병종 간의 결합을 가장 필요로 하는 것은, 본군(本軍)에서 자주 분리되어 배치되는 부대, 다시 말하면 독립해서 전투를 할 수 있는 부대에 한한다. 이와 같은 부대가 작전군의 최초 분할에 의해서 생기는 부대라는 것, 따라서 또 본군에서 분리되어 배치되는 대규모 부대에 한한다는 것은 사리로 보아 당연하다. 이에 관해서는 또 다른 기회에 논하려고 하지만 여하간 분리된 배치라는 생각은, '하나의 전체'로서의 부대라는 개념과 이런 부대를 필요로 하는 사정에서 출발하는 것이기 때문이다.

따라서 엄밀히 말하자면 전략은 여러 병종의 상시적(常時的) 결합을 군단에 대해서만, 또 군단이 존재하지 않는 경우에는 사단에 대해서만 요구하고 그 이하의 부대에는 필요에 따라 일시적인 결합이 인정되는 데 지나지 않는다.

그런데 병사 수가 현저하게 많은 군단, 예컨대 3만~4만 명의 군단이 분할되지 않고 그대로 배치되는 일은 거의 없다. 따라서 이 같은 대규모 군단에서는 여러 병종의 결합이 각 사단에서 필요하게 된다. 보병 부대를 서둘러 분파(分派)할 때, 이 부대에 기병 한 부대를 배속하기 위해 필요한 기병을 상당히 먼 지점에서 불러와야 하는 경우에 생기는 지체를 개의치 않는 지휘관은, 전쟁 경험이 전혀 없다고 말할 수 있을 것이다.

여러 병종의 보다 복잡한 결합 방식—예를 들어 결합되어야 할 여러 병종의 각 병력수를 어느 정도로 할 것인가, 결합의 긴밀성은 어느 정도로 하면 좋은가, 여러 병종 간의 비율을 어느 정도로 정하면 좋은가, 각 병종에 대해서 어느 정도의 예비를 잔류시키면 좋은가 하는 것들은 모두 전술상의 문제이다.

3 배치

전투 서열에서 한 작전군의 모든 부대를 어떤 공간적 관계에 따라 배치하는가를 결정하는 것은 순전히 전술적 문제이며, 전적으로 회전과 관계된다. 확실히 전략 배치라는 것은 있다. 그러나 그것은 그때의 정황을 규정하는 여러 요건과 그때의 필요에 따라 이루어지는 것이다. 따라서 이러한 전략 배치의 특성은 이 장에서 논한 전투 서열이란 말의 뜻에는 포함되어 있지 않다. 그래서 다음 장에서는 군의 배치라는 제목 아래 이 전략 배치에 대해 논해보고자 한다.

따라서 작전군의 전투 서열이란, 군을 구분해서 생긴 군단 또는 사단과 같은 대부대를 회전(會戰)에 가장 적합하도록 배치하는 바로 그것을 말한다. 그런데 이들 부대는 여러 병종을 결합함으로써, 그 당시의 전술적·전략적 요구를 쉽게 충족시킬 수 있도록 편성되어 있는 것이다. 그리고 한번 회전이 종결되면, 이 결합 상태에서 벗어나 본디 위치로 돌아가는 것이 통례이다. 따라서 전투 서열은, 전쟁에서 마치 시계의 추처럼 군이라는 기구를 조절하는 건전한 방법주의의 제1단계이자 또 주요한 기초이기도 하다. 참고로 방법주의에 대해서는 제2편 제4장에서 이미 설명한 바 있다.

제6장
군의 일반적 배치

회전(會戰)에 임하여 전투력을 집결하는 처음 순간이 있다. 이때 전략은 군을 결전 장소에 배치하고 또 전술은 각 부대에게 저마다의 위치와 임무를 지정하는데, 그야말로 전기(戰機)가 무르익는 순간이 온다. 대개의 경우, 이 두 시점 사이에는 긴 중간기(中間期)가 개재한다. 그러면 또 이렇게 시작된 회전의 결정적 파국, 즉 패전과 그다음 파국 사이에도 역시 이런 기간이 개재한다.

과거에는, 이러한 중간기는 전혀 전쟁 그 자체에 속하지 않았다. 당시 뤽상부르가 야영하고 행군했던 방식을 보기 바란다. 여기에서 이 장수의 이름을 꺼내는 것은 그가 야영과 행군의 명수이면서 당대의 대표적 장수로서 이름을 날렸기 때문이며, 또 우리로서도 그의 방법에 대해서 '플랑드르 전쟁사'[1]를 통해 그 시대의 다른 어떤 장수들보다도 더 많은 것을 알고 있기 때문이다.

그의 야영 방식은 으레 군의 배면(背面)을 하천, 늪지대, 또는 협곡의 격리된 지형을 등지고 야영하는 방법을 따랐다. 당시에는 군의 정면을 어느 쪽으로 향하게 할 것인가 하는 결정은 적의 소재에 의해 결정된 것은 아니다. 따라서 군의 배면은 적측을 향하게 하고 정면은 자국을 향해 포진하는 일조차 자주 있었다. 이와 같은 야영 방법은 오늘날에는 사용하지 않는 방식이다. 그러나 이전에는 진지를 선정하기 위해서 편리한 것이 오히려 유일한 요건으로 여겨졌고, 진영 내의 상태는 군사적 활동 밖의 일이어서 무대 뒤에서 마음대로 활동하는 것과 같았다. 실제로 이렇게라도 해석하지 않으면 당시의 상황을 도저히 이해할 수 없을 정도이다. 야영을 할 때 군의 배면을 항상 천연 장애물에 의지한 것

---

1) 장 보랭(J. de Beaurain)의 《플랑드르 전쟁사(Histoire militaire de Flandre, Depuis L'anee 1690 Jusqu'en 1694 Inclusivement)》(1755)를 가리킨다. 이 저자에게는 《뤽상부르 공전사(公戰史)》라고 하는 저서도 있다. 플랑드르 전역은 루이 14세의 제3차 침략 전쟁에 속한다.

은, 이러한 방식이 당시의 전쟁 지도에 의하면 안전을 보장하는 유일한 방책이라고 여겼기 때문이다. 여하간 이러한 방책은 야영지에서 전투를 해야 할 경우가 있다는 것을 가정해서 대책을 세운 것은 아니다. 또 실제로도 이와 같은 일을 두려워할 필요는 없었다. 전투는 양측이 합의하는 방식으로 시작되어 마치두 사람의 결투자가 편리한 만남의 장소로 가는 것과 같은 것이었다. 기병은 이미 위력을 잃어 가는 상태였지만, 그래도 프랑스군에서는 아직 중요한 지위를유지하고 있었다. 그래서 군의 하나는 기병이 많았기 때문에 다른 하나는 둔한전투 서열 때문에 어디에서나 싸울 수 있는 것은 아니었다. 따라서 단절지에서야영하면 마치 중립 지대에서 보호를 받고 있는 것과 마찬가지였다. 그런데 단절지에 포진하고 있는 군도 이러한 지형을 이용하는 방식을 몰랐기 때문에, 적이 싸움을 걸어오면 이쪽에서도 앞으로 나아가 이를 맞아 싸우는 식이었다.

뤽상부르는 플뢰뤼스,[2] 스텐케르케,[3] 네르빈덴[4] 등의 회전을 지휘했다. 그러나 이들 회전이 지금 말했던 것과 같은 느긋한 생각과는 전혀 다른 정신으로이루어졌다는 것은 우리가 잘 알고 있는 바이다. 이러한 정신은 당시에 뛰어난장수 아래에서 간신히 옛 방법을 탈피한 참이었다. 그러나 아직 이 새로운 방법이 야영 방식에 반영되기까지는 이르지 않았다. 실제로 전쟁술의 변화는 항상 결정적인 행동에서 출발하여, 이 행동을 통해서 서서히 나머지 행동을 바꾸어가는 것이다. 이 시대에 진영 내의 상태가 본디 전쟁 상태라고 간주되고 있지않았던 것은, 별동대가 출동할 때 입에 담던 '출진한다(il va à la guerre)'라는 말이실은 적을 감시한다는 의미로 쓰였다는 것에 의해서도 명백하다.

행진에 대해서도 사정은 이와 별로 다르지 않았다. 포병은 완전히 본군과 떨어져서 따로 좋은 안전하고 좋은 길을 행진했다. 또 좌우익의 기병은 행군 도중가끔 위치를 바꾸었다. 당시에는 우익을 명예로운 위치로 여겼으므로, 이 명예를 교대로 좌우 양 날개의 기병에게 공평하게 주기 위해서였다.

오늘날에는—그것은 슐레지엔 전쟁 이후의 일이지만—전투와 관련된 모든

---

2) 플뢰뤼스(Fleurus). 벨기에의 마을. 이곳 회전(1690. 7. 1)에서 루이 14세의 프랑스군은 네덜란드,
   스페인 및 독일 제국의 연합군을 격파했다.
3) 스텐케르케(Steenkerke). 벨기에의 마을. 스텐케르케의 회전(1692. 8. 3).
4) 네르빈덴(Neerwinden). 벨기에의 마을. 네르빈덴의 회전(1963. 7. 29).

사항이 전투 이외의 상태에도 깊숙이 침투하여, 양자는 매우 밀접한 상호 작용을 하고 있다.

따라서 둘 중 하나를 거두어버리면 이미 다른 쪽을 완전히 이해할 수가 없다. 이전에는 전역에서 전투가 본디 목적이고 전투 외의 상태는 말하자면 칼자루에 지나지 않았다. 전자는 강철제의 칼날이고, 후자는 이것에 단 나무로 만든 자루로, 검 전체는 이질적인 두 부분으로 이루어져 있었다. 그런데 요즘에는 전투가 칼날이고 전투 이외의 상태는 칼등으로, 전체는 잘 만들어진 검이라고 보아야 한다. 그러기 때문에 어디까지가 강(鋼)이고 어디까지가 철(鐵)인지 더 이상 구분할 수 없게 된 것이다.

오늘날 전쟁에서 전투 이외의 상태는, 평시와 마찬가지 군제[5] 근무령에 의해서 규정되고, 지방에서는 그때의 필요에 따라 실시되는 전술적, 전략적 배치에 의해 규정되어 있다. 그런데 전쟁에서 전투력이 전투 외에 있는 상태라고 하면 사영(舍營), 행진(행군), 야영의 세 건이다. 이 세 가지 상태는 모두 전술에도 전략에도 속한다. 그리고 이 경우에 전술과 전략은 때때로 경계를 접하게 되고, 또 자주 서로 교차하는 것처럼 보인다. ―아니 실제로 서로 교차한다. 따라서 전투 외의 상태에서 전투력 배치 안에는 전술적이면서도 동시에 전략적으로 보이는 것이 존재한다.

전투 이외의 상태에서 볼 수 있는 위 3가지 형식은 특수 목적과 결합하는 일도 있기 때문에, 그에 앞서 이들 형식에 대해서 일반적인 고찰을 해보고자 한다. 그러기 위해서는 우선 전투력의 일반적 배치를 생각해 볼 필요가 있다. 이러한 일반적 배치는 야영, 사영 및 행진을 보다 고차적인, 또 보다 총괄적인 입장에서 규정하는 것이기 때문이다.

전투력의 배치를 일반적으로, 즉 특수 목적을 도외시해서 고찰하면 우리는 이 배치를 하나의 통일체로서 생각할 수가 있다. 다시 말하면 공동의 전투에 종사한다고 하는 일정한 임무를 가지는 하나의 전체로 간주해도 좋다. 매우 단순한 이런 형태로부터 조금이라도 벗어난다고 하는 것은 바로 특수 목적을 전제하기 때문이다. 여하간 이렇게 해서 하나의 군이라는 개념이 생긴다. 이 경우에

---

5) 군을 건설하고 또 유지하는 근본 제도를 말한다.

군의 대소(大小)는 물을 일이 아니다.

또 특수 목적이 아직 나타나기 전에 군의 일반적인 배치의 유일한 목적이라고 한다면 군의 유지이며, 따라서 군의 안전을 말한다. 군으로서는 각별한 불편 없이 존립하고 있다는 것, 또 각별한 불편 없이 결속해서 전투를 할 수 있다는 것, 이것이 군의 일반적 배치에 필요한 두 가지 조건이다. 그래서 이 두 가지 조건을 군의 보전과 보안에 관한 사항에 적용하면, 거기에서 다음과 같은 몇몇 요건이 생겨난다.

1. 급양(給養)이 쉬워야 한다.
2. 군대가 숙영하기 쉬워야 한다.
3. 배후가 안전해야 한다.
4. 앞이 광활한 지역이어야 한다.
5. 진지 자체가 격리된 지형에 구축되어야 한다.
6. 진지가 전략적으로 의지할 대상이 있어야 한다.
7. 군의 구분이 현재 목적에 잘 들어맞아야 한다.

다음에 이들 요건을 차례로 설명해 보기로 한다.

첫 번째와 두 번째 조건에 있어 편의를 얻으려고 한다면 경작지, 대도시, 큰 길 등을 고르는 게 상책이다. 하지만 군의 급양이든 숙영이든 간에, 여기에서는 특수한 경우를 고려한다기보다는 오히려 일반적으로 용이하다는 것을 주안점으로 삼는 것이다.

배후의 안전이란 것이 무슨 뜻을 가지고 있는가는, 나중에 후방 병참선(兵站線)을 논하는 장(제16장)에서 설명할 예정이다. 어쨌든 군의 배후가 위험할 때 가장 긴급하고도 중요한 요건은, 근처의 주요 퇴각로를 향해 군을 직각으로 배치하는 일이다.

네 번째 조건에 대해서 말하자면 군이 회전에 대비해서 전술적으로 배치되어 있으면 앞쪽을 훤히 볼 수 있지만, 이에 반해서 단절된 지역에 포진하면 앞쪽을 볼 수 없는 것은 당연하다. 그러나 이와 같은 경우에는 전략적인 눈의 역할을 하는 것에 전위(前衛), 전초(前哨), 간첩 등이 있다. 이들이 관찰 활동을 펼치기에는 격리된 지역보다 광활한 지역이 훨씬 유리한 것은 물론이다. 다섯 번째 조건은 네 번째 조건을 뒤집은 것이다.

전략적 의지 대상은 2가지 특성에 의해 전술적 의지 대상과 구분된다. 첫째, 전략적 의지 대상은 군과 직접 접촉할 필요가 없다는 것이다. 둘째, 전략적 의지 대상은 전술적 의지 대상보다도 훨씬 넓은 지역을 보유해야 한다는 것이다. 그 이유는, 전략은 보통 전술에 비해 공간적으로나 시간적으로나 규모가 큰 관계 속에서 동작을 하고 있다는 데 있다. 따라서 하나의 작전군이 해안이나 강가에서 1마일[6]쯤 떨어진 지역에 배치되어 있다면, 이 군은 이러한 큰 장애물에 전략적으로 의지하고 있는 셈이다. 적은 전략적 우회를 시도하더라도 그 공간을 이용하지는 못하기 때문이다. 며칠 동안 또는 수 주일 뒤가 아니면, 또 수 마일 또는 며칠간 행정(行程)의 행군을 실시하지 않으면 이 공간에 들어갈 수가 없을 것이다. 이에 반해서 둘레가 수 마일인 호수는 전략에서는 거의 장애물로서의 가치가 없다.

우로 또는 좌로 수 마일이라고 하는 것은 전략적 효과 면에서 보자면 문제가 되지 않는다고 해도 좋다. 또 요새가 강대하고 공격 작전의 실시 범위가 광대하면 이러한 요새는 전략적 거점[7]으로서는 더욱더 중요해진다.

군을 구분해서 배치하는 경우에는 특수한 목적이나 필요에 따르든가, 그렇지 않으면 일반적인 목적과 필요에 따라 이루어진다. 여기에서는 후자에 대해서만 살펴보기로 한다.

일반적 필요성에 따른 배치의 첫째는, 적을 감시하는 데 필요한 부대로 이루어진 전위를 전진시키는 일이다. 둘째는 군의 규모가 매우 클 때에는 군의 후방 몇 마일 지점에 예비를 배치하는 것이 보통이므로, 군은 분할 배치되어야 한다는 것이다. 그리고 마지막으로 본대(本隊) 양 날개의 엄호에는 보통 특별히 배치된 부대를 필요로 한다.[8]

---

6) 이 책에서 사용하고 있는 마일은 모두 프로이센 마일, 즉 보행 마일(1마일은 1만 보)로 7532.484m에 해당된다.

7) 거점은 공격자가 전투를 지지하는 거점을 말한다. 물론 요새뿐만 아니라, 공격의 실시를 수월하게 해주는 삼림, 촌락, 고지 등도 거점에 들어간다.

8) 여기에서 본군, 즉 주력 부대로서는 중앙 부대 및 우익과 좌익 부대가 거론되고 있다. 또 좌우양 날개의 엄호를 위해 특별히 배치된 부대란 뒤에 나온 측위(側衛)를 가리킨다.

하지만 양 날개의 엄호라고 해도 이 빈약한 부분에 적이 가까이 오지 않게 하기 위하여, 군의 일부를 차출해서 그 방어를 하게 하는 것을 뜻하는 것은 아니다. 그랬다가는 이 날개의 또 그 날개를 누가 방위할 것인가? 일반적으로 여겨지는 이러한 생각은 매우 불합리하다. 날개는 그 자체로서는 결코 본군의 빈약한 부분을 이루는 것이 아니다. 적군도 날개를 가지고 있어, 적이 아군의 날개를 위험에 빠뜨리면 적의 날개 또한 위험에 처하기 때문이다. 다만 두 군의 사정이 서로 같지 않을 경우에, 다시 말하면 적군이 아군보다 우세하다거나 혹은 적의 병참선이 아군의 병참선보다도 강력한(병참선에 대해서는 제16장 참조) 경우에는 비로소 본군의 양 날개가 빈약해지는 것이다. 그러나 여기에서는 이러한 특수한 경우를 문제로 하고 있는 것은 아니다. 또 여러 병종을 조합해서 하나의 날개 부대를 편성하여, 이것으로 본군의 날개에 상당하는 공간을 실제로 방어하는 경우를 논하고 있는 것도 아니다. 이러한 배치는 이미 일반적인 배치라고는 할 수 없기 때문이다.

그런데 본대의 좌익과 우익은 특히 빈약한 부분은 아니라 해도, 중요한 부분임에는 틀림없다. 여기는 적이 우회를 시도해 볼 부분이므로 아군의 저항은 정면에서만큼 단순하지 않고, 또 이 방면에서 강구되는 대책은 정면의 경우보다도 복잡하고 한층 많은 시간과 준비를 필요로 한다. 이와 같은 이유로 해서 일반적인 경우에는, 특히 양 날개를 적의 예기치 않은 기도에 대해서 방어할 필요가 있다. 그리고 이를 위해서는 단순히 적을 감시할 수 있는 병력 수를 가지고 있는 부대보다도 더 강력한 대부대를 본군의 양 날개 좌우에 배치해야 한다. 비록 이 부대가 실제로 완강한 저항을 시도하지 않는다 해도, 적이 이 정도의 부대를 구축하기 위해서는 많은 시간이 필요하고 또 병력의 전개와 계획의 발전을 필요로 한다. 그리고 이 경우에 좌익과 우익에 속한 부대의 규모가 크다면, 적이 소모해야 할 전력도 당연히 더욱더 커진다. 요컨대 날개의 방어를 위한 부대의 목적은 이와 같이 달성된다. 그 뒤에 무슨 일이 벌어지는가는, 그때의 특수한 계획에 따라 결정된다. 그러므로 본대의 좌우익에 배속된 부대는, 둘 다 측위(側衛 : 우측위, 좌측위)라고 보아도 좋다. 이들 측위는 적이 아군의 날개 뒤쪽 지역에 침입하려 할 때, 적의 이러한 행동을 지연시킴과 동시에 대책을 강구하는 시간적 여유를 본군에 주는 것이다.

그런데 이러한 측위가 본대를 향해 퇴각하는 일은 있어도, 그 때문에 본대까지가 이 퇴각 운동에 휘말려서는 안 된다. 이와 같은 불합리를 피하기 위해서는 측위를 본군과 같은 선상에 배치하지 않고, 본대보다도 약간 전방에 놓아야 한다는 것은 자명한 이치이다. 비록 측위가 본격적인 전투를 시도하지 않고 퇴각을 개시할 경우에도, 이 퇴각은 본대의 바로 옆에서 이루어져서는 안 되기 때문이다.

지금까지 설명했듯이 군을 구분해서 배치한다는 것은, 군 자체의 내부적 이유에 의해서 이루어지는 것이다. 그리고 이러한 배치를 할 때, 예비가 본대와 함께 있느냐 없느냐에 따라서 군을 4~5개의 군단이나 사단으로 구분하는 방식이 가장 자연스럽고 무리가 없는 방식이라 해도 좋다.

그런데 군대의 보급과 숙영이 군의 일반적 배치에 따라 결정되면, 이번에는 이러한 보급과 숙영은 군을 구분해서 배치하는 데에도 영향을 미치지 않을 수가 없다. 그러므로 보급과 숙영은 위에서 말한 이유, 즉 군을 구분해서 배치하는 이유와 아울러 생각할 필요가 있다. 그 경우 양자의 한쪽에 너무 악영향을 주게 하지 않고 다른 쪽을 만족시켜야 한다. 그러나 대다수의 경우에서와 같이 군을 5개 군단으로 분할하면, 숙영 및 보급과 관련된 문제는 곧 해결된다. 따라서 양자를 아울러 생각한다 해도 특별히 큰 변경은 필요로 하지 않는 것이다.

그런데 분할된 이들 대부대가 서로를 지원해서 공동 전투에 종사하려고 할 경우, 여러 부대 상호 간의 거리를 어느 정도로 규정하는 게 좋은가에 대해서 잠깐 생각할 필요가 있다. 여기서 우리는 앞서 전투의 지속 시간과 결전을 논한 여러 장에서 도달한 결론을 상기하기 바란다. 그것은—이와 같은 사항에 대해서 절대적인 규정을 제시한다는 것은 불가능하다는 것이었다. 절대적 및 상대적 병력, 여러 병종 및 지형이 이 문제의 해결에 지대한 영향을 주기 때문이다. 그러면 우리가 줄 수 있는 것은 가장 일반적인 것, 말하자면 평균치라는 것이 된다.

전위와 본대 사이의 거리를 규정한다는 것에는 아무런 곤란한 점이 없다. 전위가 퇴각하는 경우에는 본대로 향하게 되므로, 양자의 거리는 기껏해야 하루 행정이면 된다. 그렇게 되면 전위는 독립해서 전투를 하지 않아도 될 것이다. 요컨대 전위는 퇴각 때에 본대의 안전을 위협할 염려가 없으면 되므로, 본대와의 사이에 그 이상의 거리를 둘 필요는 없다. 퇴각로가 길면, 퇴각 중에 전위가 입게 되는 손해도 더욱더 커지기 때문이다.

측위에 대해서 말하자면, 앞서 말한 대로 8000 내지 1만 명의 병력을 보유한 보통의 1개 사단이 벌이는 전투는 승패가 결정되기까지 몇 시간은 걸리고, 때로는 한나절이 걸리기도 한다. 그러므로 이런 사단을 본대의 측면으로 수 시간 행정, 즉 1 내지 2마일의 거리를 두고 배치해도 상관없다는 이야기가 된다. 또 이와 마찬가지 이유로 해서 3 내지 4개 사단으로 구성된 군단이라면, 본대로부터 1일 행정, 즉 3 내지 4마일의 거리로 배치해도 좋다.

이렇게 주력을 4 내지 5개의 대부대로 구분해서 배치하고, 또 이들 부대 사이에 위에 적은 거리를 둔다는 것이 사리로 따져 당연하다고 하면, 특수적 목적이 이보다 더욱 결정적인 방식으로 개입하지 않는 한 거기에서 군을 기계적으로 구분하는 하나의 방법주의가 생길 것이다.

그런데 이들 독립된 부대들은 각기 단독으로 전투를 하는 데 적합하다. 또 실제로 단독으로 전투를 수행할 수 없다고 해도, 군을 구분해서 배치하는 본디 의도가 단독적인 전투를 하는 데 있다고 하는 결론은 생기지 않는다. 군을 구분해서 배치하는 것은 대개의 경우, 군의 보급과 숙영을 편리하게 하기 위한 조건에 지나지 않는 것이다. 일단 적이 아군 진지로 접근하여 전면적 전투로 승패를 결정짓기를 바란다면 전략적 기간은 이미 지나가 버린 것이다. 이때 모든 것은 회전이라고 하는 유일한 순간에 집중하여, 미리 군을 구분해서 배치한 목적은 이미 달성되고 또 소멸하게 된다. 일단 회전이 시작되면, 숙영이나 보급에 관한 배려는 이미 버려지고 돌보지 않는다. 정면과 측면에 있는 적을 감시하는 일도, 또 그쪽에 적절한 압력을 가해 적의 공격력을 약화시키는 것도, 각기 임무를 다하게 되어 모든 것은 주력 전투라는 유일하고 중요한 일에 쏠리게 되는 것이다. 어쨌든 군을 구분한다는 것은, 군을 유지하는 조건에 지나지 않는 것으로서 필요악이라고 할 수 있다. 그리고 구분된 부대들이 일치단결해서 전투에 종사하는 일이야말로, 군의 일반적 배치 목적으로 여겨져야 한다. 즉, 이와 같은 전투를 강력하게 수행하는 일이 바로 군의 일반적 배치의 가치를 정하는 최고의 기준인 것이다.

제7장
전위와 전초

전위(前衛)와 전초(前哨)에는 전술적인 요소와 전략적인 요소가 섞여 있다. 전위 및 전초는 전투에 형태를 부여함과 동시에 전술적 의도를 확실히 수행하기 위한 배치로 간주되어야 하고, 또 한편으로는 자주 독립된 전투를 실시해야 한다는 것, 다시 말하면 본대로부터 어느 정도 떨어진 지점에 배치된다는 점을 염두에 둔다면 전략의 일환으로 보아야 한다. 이런 종류의 배치에 비추어 볼 때 앞 장(章)을 보충하는 의미로 전위 및 전초에 관해 잠시 고찰해 보기로 한다.

아직 전투 준비를 충분히 갖추고 있지 않은 군대는, 적군이 시야에 들어오기 전에 그들의 접근을 탐지해야 한다. 그래서 전위가 필요하게 된다. 인간의 시력은 화기의 공격 범위보다 멀리 이르지 않기 때문이다. 실제로 전위가 없는 군은, 앞으로 내민 제 손끝만 간신히 볼 수 있는 사람과도 같다. 전초는 군의 눈이라고 예부터 일컬어지고 있는 것도 마찬가지 이유에서이다. 그러나 전초의 필요성은 반드시 모두 동일한 것은 아니다. 거기에는 여러 가지 단계가 있다. 이를테면 병력의 많고 적음, 전쟁터의 넓이, 시간, 장소, 정황(情況), 전투 방법, 그리고 우연함마저도 여기에 영향을 미친다. 따라서 전쟁사가 전위와 전초의 사용법을 일정하고도 단순한 형식으로 환원하지 못하고 여러 경우를 잡다하게 나열하고 있다는 감을 주는 것도 무리는 아니며 추호도 이상하게 생각할 필요가 없다.

그래서 어떤 때는 군의 안전을 오직 전위에 맡기기도 하고, 어떤 때에는 몇몇 전초를 하나의 선상(線上)에 나란히 배치하기도 한다. 어떤 때에는 전위와 전초를 병용하고 어떤 때는 둘 다 사용하지 않는다. 또 어떤 경우에는 몇몇 전진 부대에 대해서 하나의 전위를 공동으로 사용하고, 다른 경우에는 전진 종대가 각기 하나의 전위를 갖추고 있는 식이다.

이처럼 복잡하기 짝이 없는 문제를 해명해서, 전위와 전초의 사용이 소수의 원칙으로 환원할 수 있는지의 여부를 살펴보고자 한다.

이동 중인 군대에 대해서는 많건 적건 간에 강력한 부대가 전위를 맡는다. 또 이 전위는 군이 퇴각할 경우에는 후위로 변한다. 군대가 숙영하거나 야영하고 있다면, 다수의 초소를 나란히 길게 배치해서 '전초'로 삼는다. 이처럼 군이 휴식하고 있을 때에는, 운동하고 있을 때보다 더 넓은 지역을 엄호하게 되고 또 그렇게 하는 것은 당연하다. 그래서 주둔하고 있는 동안에는 보초선(步哨線)이라는 개념이 적용되고, 또 이동하고 있는 군에는 여러 병종으로 편성된 전위의 개념이 타당한 것이다.

전위이든 전초이든 간에 그 병력은 상황에 따라 여러 단계가 있다. 즉 큰 것으로는 여러 가지 병종으로 편성된 강력한 군단에서, 작은 것으로는 경기병 1개 연대에 이르기까지, 또 여러 병종으로 구성된 강력한 설보(設堡) 방어선에서, 야영지의 전방에 파견된 소초(小哨)[1] 혹은 대초(大哨)[2]에 이르기까지 다양하다. 따라서 이런 전위나 전초의 동작에도, 적의 동태를 단순히 감시하는 일부터 적의 공격에 저항하는 일까지 여러 단계가 있다. 또 전위나 전초가 시도하는 이와 같은 저항의 목적은 본대가 전투 준비를 하는 데 필요한 시간적 여유를 가지게 할 뿐만 아니라, 적의 방책이나 기도를 조기에 전개시켜서 적정(敵情) 감시의 효과를 현저하게 높이는 데 있다.

따라서 어떤 부대의 전투 준비에 필요한 시간의 장단(長短)에 비추어, 또 개별적인 경우에 적의 병력 배치에 따라서 해야 할 저항의 대소(大小)에 비추어, 그 부대에는 강력한 혹은 약한 전위나 전초가 필요하게 되는 것이다.

프리드리히 대왕은 속전속결에 매우 뛰어난 장수였다고 해도 좋았다. 전군은 그의 호령을 기다렸다가 즉시 회전에 참가했다. 따라서 그에게는 강력한 전초가 필요 없었던 것이다. 게다가 프리드리히는 언제나 적의 눈앞에서 야영했고, 어떤 때는 경기병 1개 연대를, 어떤 때는 자유 대대[3]를 사용하기도 하고, 또

---

1) 전위 배치에서 소초(小哨)는 보초를 지원하는 임무를 맡고, 그 병력은 1개 소대 내지 1/2 소대이다.

2) 대초는 전초 혹은 소초를 지원하는 소부대를 말한다.

3) 연대 조직에 편입되지 않은 대대로, 프리드리히 대왕은 7년 전쟁에서 즐겨 이 특수 대대를 사용했다.

는 진영에서 파견한 소초나 대초를 이용해서 군의 안전을 확보하는 것으로 그치고, 그 밖에는 대규모적인 전위나 전초를 필요로 하지 않았다. 행군을 할 때에는 제1 전열의 좌익·우익 기병대에서 선발한 수천 명의 기병을 전위로 사용했는데, 행군이 끝나면 이 전위는 바로 해체되어 본디 부대로 돌아갔다. 따라서 또 상설적인 전위를 설정한 일은 드물었다.

병력이 열세한 군이 전군의 총력을 기울여 신속하게 행동하고, 군의 정예와 과감한 지휘와의 긴밀한 협동의 묘를 발휘하려고 한다면, 프리드리히 대왕이 다운을 공격했을 때처럼 거의 모든 행동을 '적의 눈앞'에서 전개해야 한다. 이런 상황에서는 적과 거리를 두거나 형식적 전초 방식 등은 쓸데없이 군의 우세를 경감하는 데 지나지 않을 것이다. 하기야 이와 같은 방식이 지나치거나 과실을 범하면 호흐키르히의 회전[4]과 같은 결과를 초래하지만, 그러나 이 전쟁 사례는 결코 이러한 방식을 부정하는 것은 아니다. 오히려 슐레지엔의 전쟁 전체를 통해서, 실패는 호흐키르히 회전 때뿐이었다는 점에 프리드리히 대왕의 탁월한 기량을 인정하지 않을 수 없는 것이다.

그런데 나폴레옹은 훈련된 군이나 과감한 정신에도 부족함이 없었지만, 거의 대부분 회전에서 강력한 전위를 선행시키고 있다. 그런데 여기에는 두 가지 이유가 있었다.

첫 번째 이유는, 전술의 변화에 있다. 근대의 군은 옛날과는 달리 더 이상 하나의 단순한 전체가 아니다. 따라서 장수는 호령 하나로 전군을 회전에 참가시켜, 마치 대대적인 결투처럼 숙련과 용감성에 의지하여 일을 결정할 수가 없게 되었다. 그래서 전투력을 토지의 특성이나 정황의 성질에 적응시킬 필요가 생겨, 전투 서열이나 회전에는 약간의 부대로 구분된 전체로서의 군이 이용되었다. 그 결과, 단순한 결의(決意) 대신 복잡한 작전 계획이 세워지고, 또 단순한 호령 대신 장기적인 작전 명령이 나가게 되었다. 하지만 이를 위해서는 시간과 작전 계획에 필요한 자료 등이 주어져야 한다.

두 번째 이유는, 근대군의 병력 수가 막대해진 데 있다. 프리드리히 대왕이 겨우 3~4만 명의 군을 이끌고 회전에 임한 데 비해, 나폴레옹은 10~20만 명이

---

4) 이 회전(1758. 10. 14)에서 프리드리히 대왕은, 다운이 공격하지 않을 것이라고 생각하여 불리한 고지에 야영했으나 14일 새벽 5시에 다운의 공격을 받아 대패했다.

나 되는 대군을 지휘한 것이다.

여기서 두 장수를 예로 든 까닭은, 이만한 장수들이 각기 근본적으로 다른 배치 방식을 이유 없이 채용했다고는 생각할 수가 없기 때문이다. 확실히 전체로서의 전위 및 전초의 사용은 근대에 들어서서 더욱 발달했다. 그러나 슐레지엔 전쟁에서도, 모든 장수가 프리드리히 대왕의 방법을 따랐던 것은 아님을 오스트리아군을 보면 알 수 있다. 오스트리아군은 프리드리히보다 훨씬 강력한 전초 방식을 채용하고, 또 훨씬 자주 전위를 앞세웠다. 실제로 오스트리아군이 놓여 있는 정황이나 사정을 고려해 보면, 이러한 방책을 택할 수밖에 없었던 이유가 있었음을 알 수 있다. 그러나 최근 전쟁에서도, 전위 및 전초에 관해 장수가 채용하는 방식은 여러 가지이다. 프랑스 장수 맥도날드[5]는 슐레지엔에서, 또 프랑스 장수인 우디노[6]와 네[7]는 마르크 지방에서 양쪽 다 6~7만 명의 군을 지휘해 회전했지만 우리는 이들 장수들이 전위를 사용했다는 말을 아직 들은 적이 없다.

이상으로 전위 및 전초의 병력에는 여러 단계가 있다는 것을 말했다. 그러나 전위와 전초에 관해서는 또 하나의 차이가 있으므로, 다음에 이 문제를 처리해야 한다. 군이 어떤 정면 폭을 가지고 전진 또는 후퇴하는 경우에는, 병진(竝進)하는 모든 종대에 공통되는 하나의 전위 또는 후위를 설정하는 일이 있고, 또 이들 종대마다 하나의 전위 및 후위를 배치하는 일도 있다. 이 점에 대해서 명확한 견해를 가지기 위해서는 이 문제를 다음과 같이 생각해볼 필요가 있다.

군단이라 할 정도의 대부대라면 전위의 임무는 중앙을 전진하는 주력의 안전을 확보하는 것만으로 좋다. 그런데 이 주력 부대가 서로 접근한 몇 가닥의 도로를 병진한다면, 전위 군단도 같은 도로를 앞서 가는 것은 당연하며, 이들 도로는 이 군단에 의해 엄호되는 셈이다. 따라서 주력의 측방 종대가 따로 특별한 엄호를 필요로 하지 않는 것은 물론이다.

---

5) 맥도날드(Macdonald, Etienne Jacques Joseph Alexandre, 1765~1840). 프랑스의 원수. 그는 슐레지엔의 카츠바흐(Katzbach) 강변에서 프로이센 및 러시아 동맹군에 패배했다.

6) 우디노(Oudinot, Charles Nicolas, 1767~1847). 프랑스의 원수.

7) 네(Ney, Michel, 1769~1815). 프랑스의 원수. 네는 우디노와 공동으로 마르크 브란덴부르크의 마을 데네비츠에서 프로이센군과 싸워 패배했다(1809. 9. 6).

그러나 병진(竝進)하는 몇몇 주력 군단들 사이의 간격이 넓고 이 군단들이 실제로도 독립된 군단으로서 따로따로 전진하는 경우에는, 이들 군단은 각각 전위를 배치해야 한다. 중앙을 전진하는 주력에 속하는 몇몇 군단이, 도로의 우연한 상황 때문에 중앙에서 멀리 떨어져 행군하는 경우도 마찬가지이다. 요컨대 군이 몇 개의 대부대로 갈라져 병진할 때에는 이들 부대와 동일한 수의 전위가 필요하다. 그런데 이와 같은 각 부대마다의 전위가 지금 말한 공통의 전위보다도 훨씬 열세라면, 이러한 전위는 결국 보통의 전술 배치와 다를 바 없기 때문에 이미 전략적 전위라고는 말할 수 없을 것이다. 이와는 반대로 중앙의 주력 부대가 강력한 군단을 전위로 삼는다면 이러한 군단은 동시에 전군의 전위로 간주되고, 또 많은 점에서 실제로도 이와 같은 전위의 역할을 하는 것이다.

그런데 중앙 부대에 좌우익보다 더 강력한 전위를 붙여 주는 이유에는 다음 세 가지가 있다.

1. 일반적으로 중앙을 전진하는 부대는 다른 부대보다도 강력하기 때문이다.
2. 분할되어 전진하는 군이 세로로 길게 차지하는 지역을 관찰하면, 중앙이 가장 중요한 점이 되는 것은 물론이다. 모든 기도(企圖)는 대개 여기에 관계되고, 따라서 전투도 양 날개보다도 중앙에 가까운 전쟁터에서 이루어지는 것이 보통이기 때문이다.
3. 중앙을 선진(先進)하는 전위로서의 군단은 본디 날개에 대한 전위가 아니다. 따라서 양 날개를 직접 방위할 수 없다고는 하지만, 그러나 간접적으로는 양 날개의 안전에 많은 기여를 하고 있는 것이다. 적이 아군의 한 날개에 대해서 무엇인가 중대한 계획을 실시하려 해도, 이토록 강력한 군단 근처를 무사히 통과할 수는 없다. 그와 같은 일을 감행하면, 오히려 적의 반격을 받아 측면이나 후면이 무너질지도 모르기 때문이다. 전위로서 중앙을 선진하는 군단이 적에게 이와 같은 위협을 준다고 한다면, 이로써 아군 측위의 안전을 보장하기에는 충분하지 않지만, 적으로부터 공격을 받을 위험을 예방하는 것이 되므로 측위는 이제 이러한 위험을 두려워할 필요가 없는 것이다.

그러므로 중앙 부대의 전위가 양 날개 부대의 전위보다도 훨씬 강력하면, 즉 전위 역할을 하는 특별한 군단이면 후속하는 여러 부대를 적의 급습에 대해서 방어한다고 하는 단순한 임무를 다할 수 있을 뿐만 아니라, 또 하나의 독립된 선진(先進) 부대로서 보다 일반적인 전략적 관계에 따라 행동할 수 있다.

중앙 부대의 전위를 본 임무로 하는 이러한 강력한 군단의 효용은, 다음에 드는 것과 같은 약간의 목적을 달성하게 하는 데 있다. 따라서 이들 목적이 이 군단의 사용을 규정하는 셈이다.

1. 아군의 병력 배치에 많은 시간이 걸릴 경우, 강력한 저항으로 적의 진출을 지연시켜 보통의 전위로서는 성취할 수 없는 효과를 올릴 수가 있다.

2. 주력 부대의 병사 수가 매우 많을 때에는 동작도 느리므로, 이러한 주력 부대를 약간 후방에 두고 운동성이 뛰어난 전위 군단을 적군 가까이에 배치할 수 있다.

3. 무엇인가 다른 이유 때문에 주력 부대가 적에게서 멀리 떨어진 지점에 주둔해야만 하는 경우에도, 강력한 군단을 전위로 해서 적군 근처에 놓고 적을 계속 감시할 수 있다. 이때 세력이 약한 감시초(監視哨)나 별동대로도 감시의 역할을 충분히 다할 수 있을 것이 아닌가 하는 반론은 성립되지 않는다. 이런 소부대는 적에게 바로 격퇴당하고, 또 대규모의 군단에 비해 감시 수단도 심히 제한되기 때문이다.

4. 적을 추격할 경우에 유리하다. 전적으로 전위 임무만 맡는 군단에 기병의 대부분을 배치하면, 당연히 이 군단의 운동성은 본대보다 높아질 것이다. 또 이런 군단은 본대보다 늦게 휴식에 들어가고 빨리 일어나 행동 준비를 할 것이다.

5. 마지막으로 본대가 퇴각할 경우에는, 단절된 지역에 자리 잡고 퇴각군을 엄호하기 위한 후위로서 사용된다. 이러한 경우에도 주력의 중앙 부대에 대한 후위는 특히 중요하다. 언뜻 보기에 이러한 후위는 적에 의해 양 날개를 우회당할 위험에 노출되어 있는 것처럼 여겨질지도 모른다. 그러나 비록 적이 이 후위의 양 날개에서 후위보다도 약간 앞으로 진출했다고 해도, 만약에 적이 아군의 주력인 중앙 부대에 위협을 가하려고 한다면 그는 우선 현재 지점에서 중앙까지의 도정(道程)을 행군해야 하고, 중앙 부대의 후위는 이러한 적을 저지해

서 본대의 퇴각을 끝까지 엄호할 수 있다는 것을 잊어서는 안 된다. 이와는 반대로 중앙 부대가 양 날개 부대보다도 신속하게 퇴각을 하면 중대한 결과가 된다. 즉, 전군이 패주의 양상을 띠게 되고 이 양상 자체가 매우 위험한 것이다. 실제로 전군이 꼭 일치단결해야 하며, 모두가 이 사실을 뼈저리게 깨닫는 순간은 바로 퇴각할 때이다. 이 경우에 양 날개 부대가 중앙 부대의 퇴각보다 뒤졌다고 해도, 날개 부대의 본 임무는 어떻게 해서든지 중앙 부대와 다시 합류하는 일이다. 또 군의 보전(保全)과 도로의 상태 등을 고려해서 장대한 정면 폭을 가지고 퇴각해야 할 경우에도, 양 날개 부대의 운동은 결국 중앙 부대와 다시 합류해야만 비로소 완료되는 것이 통례이다. 이러한 고찰을 좀 더 발전시켜 적도 주력을 다해 우리의 중앙 부대를 추격하려 할 것이라는 사실을 생각한다면, 중앙 부대에 대한 후위가 특히 중요하다는 것은 자명한 이치이다.

이렇게 본다면 중앙 부대의 전위로서 특별히 사용되는 군단이 앞장서서 전진하는 방식은, 위에서 말한 여러 관계의 그 어느 것인가가 생기는 경우에는 항상 적절하다고 말해도 좋다. 그러나 중앙이 양 날개보다도 강력하지 않을 경우, 이러한 관계는 거의 일어나지 않는다. 예를 들어, 맥도날드가 1813년 슐레지엔에서 블뤼허군을 향해 행진했던 경우[8]가 이것이다. 또 블뤼허군이 맥도날드 군을 엘베강 방향으로 추격했던 일도 마찬가지이다. 이 경우 두 군 모두 3개 군단으로 구성돼 있었으며, 이 군단들은 그대로 3개 종대를 이루어 각기 다른 길로 병진한 것이다. 그래서 양쪽 다 전위를 둘 필요가 없었다.

어쨌든 병력이 서로 같은 3개 종대를 이렇게 나란히 배치한다는 것은 좋은 방법이 아니다. 이는, 군을 세 부대로 구분하는 것은 매우 졸렬한 구분법이라고 하는 것과 마찬가지이다. 또 이 분할에 대해서는 제3편 제5장에서 이미 말한 바가 있다.

군의 주력을 중앙과 좌익·우익 부대로 구분하는 것은, 이들 날개 부대에 무엇인가 특별한 임무가 없는 한 가장 자연스러운 배치 방식이다. 이에 대해서는 앞 장에서 말한 바 있다. 이러한 배치에서는 전위 군단이 중앙 부대 앞에 위치

---

8) 카츠바흐의 회전에서 맥도날드는 제3, 제5 및 제12군단을 인솔했으나, 이 세 군단 사이에는 병력의 차이가 거의 없었다.

하고, 따라서 또 양 날개 부대의 선두를 잇는 선보다도 앞쪽에 위치한다는 것은 누가 보아도 당연하다. 그런데 측위(側衛)가 본대의 측면에 대해서 다해야 할 임무는 근본적으로 전위가 본대의 정면에 대해서 갖는 임무와 같으므로, 때로는 좌우의 측위가 전위와 동일선상에 배치되는 경우도 있고, 또 특수한 사정이 있으면 전위보다도 더 앞에 놓이는 경우까지도 생긴다.

전위의 병력에 대해서는 거의 할 말이 없다. 군을 최초의 구분에 따라 몇 개의 대부대로 나누는 경우라면, 그중 하나나 몇 개 정도를 전위로 삼고 여기에 기병의 일부를 배치하는 것이 오늘날 가장 적절한 사용법으로서 일반적으로 실시되고 있기 때문이다. 따라서 군이 몇 개의 군단으로 구분되어 있다면 그중 한 군단을, 또 사단으로 구분되어 있다면 하나 또는 여러 개의 사단을 전위로 삼으면 된다.

군을 비교적 많은 군단이나 사단으로 구분하는 편이 유리하다는 것은 이점으로 보아서도 명백하다.

선진(先進)하는 전위와 본대 사이의 거리는 오직 그때그때의 상황에 따라 결정된다. 따라서 이 거리가 1일 행정 이상인 경우도 있는가 하면, 또 전위가 본대 바로 앞에 배치되는 경우도 있다. 대부분의 경우 이 거리가 1~3마일이라고 하는 사실은 분명히 이 거리가 가장 빈번하게 사용되고 있다는 것을 나타내고는 있지만, 그렇다고 하여 이것만을 항상 지켜야 할 규칙으로 볼 수는 없다.

그런데 지금까지 고찰한 내용에서는 전초에 대한 설명이 등한시되어 온바 다음에 다시 한번 이 문제를 살펴보려고 한다.

앞서 전초는 휴식하고 있는 군에 적합하고 전위는 행진하고 있는 군에 적합하다고 말한 것은, 이 둘의 개념을 저마다 그 기원까지 거슬러 올라가 우선 그 차이를 분명히 하기 위해서였다. 그러나 전초니 전위니 하는 말에 집착하면 번거로운 구별에 얽매이게 된다.

행진하는 군은 밤에는 휴식하고 날이 밝으면 다시 행진한다. 당연히 전위 또한 이 움직임에 따라야 하고, 게다가 전위 자신과 군의 안전을 위하여 휴식 때마다 초병을 배치해야 한다. 그렇다고 해서 전위가 전초로 변하는 건 아니다. 전초가 전위와 구별되는 것은 전위를 본 임무로 하는 부대의 태반이 해산되어 여러 병종으로 편성한 군단으로서 아무것도 남아 있지 않다거나, 혹은 극히 소수의 부대밖에 남아 있지 않은 경우이다. 그리고 이와 같은 경우에, 장대한 초병선이라고 하는 개념이 전위를 본 임무로 하는 군단이라고 하는 개념으로 바뀌는 것이다.

군의 휴식 시간이 짧으면 군의 엄호는 반드시 완전할 필요는 없다. 밤부터 다음날 아침까지만 휴식하는 경우라면, 적은 무엇이 엄호되어 있고 무엇이 엄호되어 있지 않은가를 엿보는 기회를 찾을 수 없기 때문이다. 그러나 휴식 시간이 길 때에는 적을 잘 감시하고, 적이 이용할 수 있는 모든 진입로를 되도록 완벽하게 차단해야 한다. 그러므로 장기 휴식 상태에서의 전위는 대부분 보초선이란 형태로 점점 길게 늘어져 배치한다. 전위가 해산해서 초병선(哨兵線)이 되느냐, 또는 전위를 본 임무로 하는 군단이라는 개념이 여전히 유력한가의 구별은 주로 두 가지 정황으로 결정한다. 그 첫째는 피아 두 군이 접근해 있는 정도이고, 두 번째는 지형이다.

피아 두 군이 각각의 정면폭에 비해서 현저하게 접근해 있으면, 두 군 사이에 군단을 전위로 배치할 수가 없다. 그러면 두 군은 일련의 소초(小哨)를 배치해서 군의 안전을 도모할 수밖에 없다.

전위로서의 군단은 적이 접근했을 경우에 군을 직접 엄호하는 것이 아니므로, 이러한 군단이 엄호의 효과를 올리기 위해서는 상당한 시간과 공간을 필요로 한다. 그렇기 때문에 군이 숙사(宿舍) 때와 같이 옆으로 넓은 지역을 차지할 경우, 여러 병종으로 이루어진 군단이 접근하는 적에 대해서 군의 안전을 도모하려고 한다면 적과 본대와의 거리는 상당히 멀어야 한다. 왕년에 피아 두 군이 접근해서 설치한 동영(冬營)이 대개 전초선에 의해 엄호된 것은 이 때문이다.

두 번째 이유는 지형이다. 험악한 단절지가 매우 적은 병력을 가지고 초병선을 형성하는 데 편리하다고 하면, 군은 이 편의를 이용하지 않을 수 없을 것이다.

마지막으로 동영에서 추위가 심한 것도 전위 부대를 초병선으로 변하게 하는 동기가 된다. 이렇게 함으로써 부대의 숙영이 수월하게 되기 때문이다.

1794년부터 95년에 걸쳐서 네덜란드에서 이루어진 동기전(冬期戰)[9]에서, 영국

---

9) 프랑스혁명 전쟁에 속하며, 프랑스군과 영국—네덜란드—오스트리아 동맹군과의 사이에 있었던 전역을 가리킨다.

―네덜란드 동맹군이 사용한 설보(設堡) 초병선은 완벽했다. 이때 방어선은 여러 병종으로 편성한 여단을 일련의 초병 진지에 배치한 초병선으로, 이 방어선은 다시 예비대에 의해 지원되었다. 당시 이 동맹군에 배속된 샬른호르스트는, 이와 같은 초병선 사용법을 1807년 동 프로이센 파사르게 강가[10]에 주둔하고 있던 프로이센군에 도입했다. 그러나 이러한 사용법은 근래에 그다지 사용되지 않는다. 최근에는 전쟁의 중점이 오직 운동에 두도록 되었기 때문이다. 그러나 전초를 사용해야 할 경우에 그 사용법을 게을리한 실례가 있다. 예를 들어 타루티노[11] 회전에서의 뮈라[12]가 그것이다. 만약에 그가 방어선을 한 단계 더 연장했다면, 전초전에서 화포 30문을 잃는 사태에는 이르지 않았을 것이다.

정황에 따라 이러한 수단을 써서 큰 이익을 거둘 수 있다는 것은 부정할 수 없다. 이에 대해서는 다른 기회에 더 이야기해 보겠다.

---

10) 파사르게(Passarge). 동 프로이센의 강. 발트해의 프리시만으로 흘러든다.
11) 타루티노(Tarutino). 모스크바 남쪽의 마을, 이곳 회전(1812. 10. 18)에서 러시아군은 프랑스군을 격파했다.
12) 뮈라(Murat, Joachim, 1767~1815). 프랑스의 원수.

제8장
선진 부대의 조치

이제까지의 논술로 군의 안전은 전위 및 측위가, 진출하는 적에 가하는 동작에 의존하는 바가 크다는 것이 명백해졌다. 그러나 이들 부대가 적의 본대와 충돌하는 경우를 생각해 보면, 열세의 입장에 있다는 것을 인정하지 않을 수가 없다. 따라서 아군의 전위 혹은 측위와 적 본대와의 병력이 심한 불균형임에도 불구하고, 이들 선진 부대가 현저한 손해를 입지 않고 각자의 임무를 수행하기 위해서는 어떻게 하면 좋은가에 대한 설명이 필요하다.

전위 혹은 측위의 목적은 첫째 적을 감시하는 데 있고, 둘째로는 적의 진출을 지연시키는 데 있다.

그런데 전위 혹은 측위 부대의 병력이 크게 약하면 첫 번째 목적조차도 충분히 달성할 수 없을 것이다. 그것은 한편으로는 손쉽게 격퇴된다는 것이고, 또 다른 한편으로는 감시의 수단, 즉 부대의 '눈'이 멀리까지 도달하지 않는다는 데에 이유가 있다.

그러나 전위 혹은 측위의 병력이 열세하다고는 하지만 감시는 충분히 이루어져야 한다. 그렇게 하면 적은 이들 부대 앞에 모든 병력을 전개해 보이고, 또 그때에 단지 병력뿐 아니라 작전 계획도 폭로하지 않을 수 없을 것이다.

그런데 이러한 목적을 위해서라면, 전위 혹은 측위는 전쟁터에 존재하는 것만으로 충분하다. 이들 부대는 적이 격퇴 준비를 완료하는 것을 기다렸다가 퇴각을 개시하는 것이 좋기 때문이다.

그러나 이들 부대의 제2 목적은 적의 진출을 지연시키는 데 있다. 그리고 이 목적을 달성하기 위해서는 본격적인 저항을 필요로 한다.

그러나 이와 같이 마지막 순간까지 적의 진출을 기다렸다가 강력한 저항을 시도한다면, 아군의 선진 부대는 막대한 손해를 입을 위험에 끊임없이 노출되는 것은 아닐까? 그러나 반드시 그렇지 않다는 것은 주로 다음 이유에서도 알수 있다. 즉, 적도 그 전위를 전진시킬 뿐이지 곧 우세한 본대를 움직여서 아군을 포위하는 것이 아니라는 것이다. 그런데 적이 아군의 선진 부대 병력을 알고서, 그의 전위를 아군보다 처음부터 우세하게 만들기 위해 미리 준비하는 경우가 있다. 또 적의 본대와 그 전위와의 거리가 아군의 본대와 그 전위와의 거리보다도 짧은 경우가 있다. 혹은 또 적의 본대는 이미 전진 중이고, 그 전위가 아군의 선진 부대에 가하는 공격을 전력을 다해서 지원할 수 있는 지점에 이윽고 도달하는 경우도 있다. 그러나 그와 같은 경우에도 아군의 선진 부대는 적 전위, 즉 거의 같은 수의 병력과 전투하기 때문에 이러한 최초의 단계에서 시간을 벌 수가 있다. 그렇기 때문에 아군은 선진 부대의 퇴각을 위험에 빠뜨리지 않고도 적의 진출을 잠시 동안 감시할 수가 있다.

그러나 이러한 선진 부대가 저항에 편한 진지를 잡고 시도하는 저항은, 다른 경우라면 피아 병력의 불균형에서 생길 것으로 여겨지는 모든 불리함을 낳는다고는 할 수 없다. 대개 우세한 적에 대해서 저항을 시도하는 경우의 주요한 위험이라고 하면, 적에게 우회당하고 포위 공격에 의해서 매우 불리한 처지에 빠지는 일이다. 그러나 이러한 위험은, 대개 지금 여기에서 논하고 있는 것과 같은 상태에서는 현저하게 경감된다. 적의 선진 부대가 아군의 본대에서 파견된 지원부대의 존재를 확실히 알고 있을 턱이 없으므로, 이들 적의 종대(縱隊) 쪽이 오히려 협격(挾擊)당할지도 모르기 때문이다. 그래서 선진하는 적의 여러 종대는 우선 동일 선상에 머물고, 아군의 정황을 정확하게 파악한 뒤에 경계를 하면서 매우 신중하게 아군 선진 부대 양익(兩翼)의 어느 쪽을 우회하기 시작할 것이다. 즉 적에게 이러한 모색과 이와 같은 경계심이 있기 때문에, 우리 전진 부대는 실제로 위험에 빠지기 전에 탈출할 수가 있다.

여하간 적의 정면 공격과 우회의 개시에 대해서 우리 선진 부대가 실제로 시도하는 저항 시간의 장단은, 오직 지형과 지원 부대의 도착이 빠르냐 늦느냐에 따라 결정된다. 만약 이 경우에 우리의 저항이 선진 부대로서의 본디 한도를 넘는다면 그것이 지휘관의 무지에 기인하든, 또는 본대가 필요로 하는 시간을 벌기 위한 희생적 행위이든 반드시 막대한 손해를 피할 수 없을 것이다.

그렇기 때문에 지극히 드문 경우, 즉 대단절지(大斷絶地)를 이용할 수 있는 경우에만 전투에 의한 본격적인 저항이 중요한 의의를 갖는다고 말해도 좋을 것이다. 하지만 이러한 선진 부대가 시도하는 작은 전투의 지속 시간은 그 자체로서는 아주 미미한 것으로, 충분한 시간을 버는 일은 되지 않는다. 이처럼 시간적 여유를 얻으려면, 다음에 드는 방법 이외에 다른 방법이 없다는 것은 사리로 미루어 당연하다.

1. 적이 진출을 신중하게 하도록 하고, 전진 속도를 지연시킴으로써.
2. 본격적인 저항을 계속함으로써.
3. 전진 부대의 퇴각 그 자체에 의해.

이 퇴각은 부대의 안전에 지장을 초래하지 않는 한, 될 수 있는 대로 완만하게 진행해야 한다. 만약에 토지가 새로운 부대 배치에 편의를 주는 경우에는, 이러한 토지 이용을 게을리해서는 안 된다. 그렇게 하면 적은 공격 또는 우회를 위해 새롭게 준비를 하지 않을 수 없게 되므로 아군은 그만큼의 시간을 벌수 있고, 또 때로는 새로운 진지에서 실제 전투가 행해지는 경우까지도 있을 것이다.

전투에 의한 저항과 퇴각이 긴밀하게 결부되어 있다는 것, 또 이러한 전투의 지속이 불가능하다면 전투의 횟수를 배가해서 이를 보충해야 한다는 것은 이로써 분명해진다.

이것이 선진 부대가 시도할 수 있는 저항 방식이다. 만약에 그와 같은 저항 방식에 의해 생겨나는 성과는 무엇보다도 먼저 선진 부대 그 자체의 병력과 토지의 성질에 의해, 다음에는 본대까지의 퇴각로의 길고 짧음에 의해, 마지막으로 본대에 의한 지원 혹은 수용의 유무에 의해 결정되는 것이다.

소부대는 피아의 병력이 동등하다 하더라도 대부대처럼 장시간에 걸쳐 저항을 계속할 수가 없다. 부대가 크면 그 행동이 어떠한 것이 되었든, 실시에 더욱더 많은 시간을 필요로 하기 때문이다. 또 산지에서는 행군도 이미 평지에서 행해지는 것보다 그 속도가 훨씬 느려지고, 게다가 천연의 요새를 이용하여 배치된 부대는 평지에서보다도 장시간 저항에 견딜 수 있고 위험도 적다. 더욱이 이러한 부대 배치에 적합한 장소는 어디에서든 찾을 수 있다.

선진 부대가 본대에서 멀리 떨어져 있으면 그 퇴각로는 필연적으로 길어지고, 따라서 또 저항으로 얻을 수 있는 절대적 시간도 길어진다. 그러나 이처럼 본대에서 멀리 떨어져 배치된 부대는 저항 능력이 모자라고 또 본대의 지원을 얻는 것도 곤란하다. 따라서 이러한 부대가 이 긴 퇴로를 퇴각하는 시간은, 본대 근방에 배치된 부대가 짧은 퇴각로를 퇴진하는 시간보다도 오히려 짧을 정도이다.

그러므로 선진 부대가 수용(收容)과 지원을 본대로부터 받을 수 있는지의 여부에 대한 사정이, 그 저항 시간에 영향을 준다는 것은 물론이다. 만약 수용과 지원을 기대할 수 없을 경우, 신중과 경계에 만전을 기해서 퇴각해야 한다면 저항은 그만큼 약화될 수밖에 없기 때문이다.

적이 오전에 나타나는가, 그렇지 않으면 오후에 나타나는가 하는 것은, 선진 부대의 저항으로 얻어지는 시간에 현저한 차이를 낳게 한다. 만약에 적이 오후에 나타난다면 밤중에 전진하는 일은 드물기 때문에 그만큼 시간을 벌 수 있다. 1815년에 치텐[1]은 3만의 프로이센 제1군단을 이끌고 샤를루아[2]에서 리니[3]에 이르는 2마일도 되지 않는 도로 위에서 약 12만의 나폴레옹 군에 저항했으며, 그는 이 전투로 프로이센군이 집결하기 위해 필요한 24시간 이상의 시간을 벌 수 있었다. 치텐은 6월 15일 오전 9시경 공격을 받았으나, 리니의 회전은 다음날인 16일 오후 2시경에 시작되었던 것이다. 그러나 그 때문에 치텐이 막대한 손실을 입은 것은 말할 것도 없다. 즉 사상자와 포로는 5000 내지 6000명에 달했던 것이다.

경험에 비추어 보면, 다음과 같은 결론을 이런 종류의 고찰에 대한 요점으로 간주해도 좋을 것 같다.

기병에 의해 증강된 1만 내지 1만 2000의 1개 사단이 본대에서 1일 행정, 즉 3마일 내지 4마일 떨어진 지점에 배치되어 있다고 하면, 그다지 기복이 없는 보통의 지형에서 퇴각을 하면서 적을 저지할 수 있는 시간은, 이 퇴각 지역을 보통의 행진으로 통과할 시간의 1.5배일 것이다. 그러나 이 사단이 본대에서 1마일밖에 선진하지 못했다고 한다면, 적을 저지할 수 있는 시간은 보통 행진 시간

---

1) 치텐(Zieten, Hans Joachim, 1770~1848). 프로이센의 원수.

2) 샤를루아(Charleroi). 벨기에의 도시.

3) 리니(Ligny). 남부 벨기에의 도시. 이곳 회전(1815. 6. 16)에서 나폴레옹은 프로이센군을 무찔렀다.

의 2배 내지 3배에 이를 것이다.

4마일이라고 하면 보통은 10시간의 행군 행정이다. 그렇다면 앞에 말한 가정에 따른다면, 본대에서 4마일 전방에 배치된 선진 사단의 경우에는 적이 이 사단을 공격하는 순간부터 본대 그 자체를 공격할 수 있는 순간까지를 약 15시간이라고 계산해도 좋다. 이와 반대로 전위(前衛)가 본대에서 1마일 정도의 지점에 있다고 한다면, 적이 아군의 본대를 공격하기에 이르기까

청년 시절 나폴레옹 1796년 베로나 근교 아르콜 다리 전투에서 오스트리아군을 격파했던 젊은 시절의 나폴레옹 초상화.

지의 시간은 3시간 내지 4시간보다도 길고, 때로는 그 2배에 달하는 경우도 있다. 적이 아군의 전위에 대해 처음으로 강구해야 할 방책을 전개하는 데 필요한 시간은 동일하지만, 이 전위가 처음으로 배치된 지점에서 저항할 수 있는 시간은 더욱 먼 전진 진지에서보다도 크기 때문이다.

그러면 결론은 이렇게 된다. 첫 번째는, 적이 아군의 전위를 격퇴한 당일, 아군 본대에 대한 공격을 계획하는 일은 쉬운 일이 아니다. 이것은 경험으로 봐서도 분명하다. 또 두 번째 경우에도, 적이 그 날 안에 전투를 강행하려고 한다면 오전 중에 아군의 전위를 격퇴해야 한다.

첫 번째 경우, 아군에게는 밤이 더 유리하기 때문에 선진 부대를 본대로부터 멀리 떨어진 지점에 배치한다면, 그에 의해 얼마만큼의 시간을 벌 수 있는가는 설명을 할 필요도 없이 명백해질 것이다.

본대의 측면에 배치된 부대, 즉 측위(側衛)의 임무에 대해서는 앞에서 말했지

만, 요컨대 이 부대의 행동은 대부분의 경우 그 사용을 직접적으로 필요로 하는 정황과 많건 적건 연관되어 있다. 간단히 말하자면, 측위는 본군의 측면에 배치된 전위라고 보아도 좋다. 따라서 또 본군보다도 조금 전방에 배치되어 퇴각하는 경우에는 본대를 향해 비스듬한 방향을 취하게 된다.

이와 같은 측위는 본군의 전방에 배치되어 있는 것도 아니고, 따라서 본디 전위와는 달리 본대의 양측으로 수용되는 편의를 가지지 않는다. 만약에 적 본대의 양측에 있는 공격력이 중앙의 경우보다 취약하지 않다면 큰 위험에 놓이게 될 것이다. 그러나 이 부분의 공격력은 실제로는 대개 취약하다. 여하간 측위는 최악의 경우라도 대피할 공간적 여유를 갖기 때문에 패주(敗走)하는 전위와 달리 퇴각에 의해 본군을 직접 위험에 빠뜨리는 일은 없다.

퇴각하는 선진 부대의 수용은 강력한 기병에 의해 이루어지는 것이 가장 좋고, 또 실제로도 이 방법이 곧잘 사용되고 있다. 본대와 선진 부대와의 거리가 먼 경우에, 기병의 예비 부대를 이들 사이에 두는 이유는 이 때문이다.

그러면 최종 결론은 다음과 같다. 즉, 선진 부대는 실제로 그 위력을 사용하는 것보다는 오히려 본대의 전방에 존재한다는 것만으로도 효과가 있고, 또 실제로 전투를 행하는 것보다는 오히려 언제라도 전투를 실시할 수 있는 태세에 있는 것이 효과적이다. 게다가 이러한 선진 부대의 목적은 적의 움직임을 실제로 저지하기 위해 있는 것이 아니라, 마치 시계의 추처럼 적의 움직임을 완화, 조정해서 적의 수법을 간파하는 데 있다.

제9장
야영

다음으로 전투 외의 세 가지 상태를 전략적으로만, 즉 이들 상태가 장소, 시간 및 병력 수의 조건이 되는 한에서만 고찰해 보고자 한다. 전투에서 군의 배치나, 이 배치에서 전투 상황으로 이행하는 데 관한 모든 사정은 말할 것도 없이 전술에 속한다.

야영에서 군의 배치란 그것이 막영(幕營), 창영(廠營), 노영(露營) 등을 불문하고 사영(舍營) 이외의 배치들을 총칭한다. 야영에 의한 배치는, 이 배치를 조건으로 하는 전투와 전략적으로는 전적으로 동일하다. 그러나 전술적으로는 반드시 같지 않다. 여러 가지 이유로 야영지를 이미 선정한 회전지(會戰地)와는 다른 장소로 선택할 수 있기 때문이다. 그런데 군의 배치에 관해서는 즉, 여러 종류의 부대가 위치하는 장소에 대해서는 필요 사항을 이미 말해 두었다. 그렇기 때문에 이 장에서는 야영에 관한 역사를 고찰하는 것만으로 그치기로 한다.

이전에는, 즉 군대가 막대한 수에 달하고 전쟁이 오랜 기간 끌며 많은 회전이 서로 관련되어 있는 시대가 오기 전에는, 다시 말하면 프랑스혁명 시대까지 군은 항상 막영(幕營)을 했다. 막영은 곧 야영의 상태였던 것이다. 당시의 군은 봄이 오면 동영(冬營)을 떠나 막영(幕營)으로 옮기고, 겨울이 시작됨과 동시에 재차 동영으로 돌아갔다. 그렇기 때문에 동영은 비(非)전시 상태와 같은 것이었다. 동영 기간 중에는 피아의 병력은 활동을 중지하고, 전투라는 시계 장치는 전혀 움직이지 않았기 때문이다. 또 본래의 동영(동기 사영)에 앞서 휴양(休養) 사영이나 단기간의 압축 사영은 과도기이자 부정규적인 상태였다.

이처럼 피아가 스스로 정기적으로 군사적 행동을 중지하는 것과, 전쟁의 목적 및 본질이 어떻게 조화했는지, 또 지금도 조화되고 있는지 여부의 문제는 본장에서 규명할 일이 아니다. 우리는 언젠가 다시 이 문제로 되돌아가지만 우선 여기에서는, 옛날에는 사실이 이러했다고 말해두는 것만으로 그치기로 한다.

그런데 천막의 운반에 요하는 짐 때문에 프랑스혁명 전쟁 이래 막영은 완전히 폐지되었다. 예를 들어 그 이유의 반은, 10만 군의 경우에 천막을 운반하는 데 약 6000마리의 말을 필요로 했으나, 그 대신 5000의 기병 혹은 수 백문의 화포를 운반하는 편이 차라리 유리했기 때문이다. 그리고 또 다른 이유로는 신속을 요하는 대규모 이동의 경우, 이러한 짐은 걸림돌이 될 뿐 거의 도움이 되지 않기 때문이다.

그러나 또 막영(幕營)의 폐지는 두 가지 방법으로 역효과를 가져왔다. 하나는 전투력의 현저한 소모이고 또 하나는 토지의 심한 훼손이다.

조잡한 아마천을 지붕 대신 사용해 보았자 장병들을 보호해 주는 효과는 뻔했다. 그러나 천막 사용의 폐지에 의해 군대가 이후 오랫동안 위안의 장소를 잃었다는 것은 의심할 여지가 없다. 하루나 이틀이라면 천막의 유무는 그다지 큰 차이를 드러내지 않는다. 천막은 바람과 추위를 막는 데는 그리 도움이 되지 않을뿐더러 또 습기를 막는 일에서도 완전하다고는 말할 수 없기 때문이다. 그렇지만 이 사소한 차이도 일 년에 100회, 200회, 회를 거듭할수록 그로 인한 각종 질병이 발생할 것이고, 이로 인한 손실이라고 하는 자연적인 결과가 생기는 것이다.

그리고 군이 천막 사용을 폐지하고 야영을 할 경우, 토지의 황폐화가 얼마나 심해지는가는 새삼스럽게 설명할 필요도 없다.

그렇게 되면 이렇게 생각하는 사람이 있을지 모른다. 천막을 폐지했기 때문에 지금 말할 것과 같은 두 건의 불리한 점이 생겼다. 그리고 이 불리함을 제거하기 위해 사영(舍營)을 채용했으나, 사영 또한 막영과는 다른 방식으로 전쟁 수행에 불리한 영향을 미친다. 즉, 군이 이전보다 길게 자주 사영을 하게 되면 숙영 용품이 부족하여, 그 때문에 한때는 막영에 의해 가능했던 약간의 배치 방법을 폐지하지 않을 수 없다고.

그러나 실제로는 그렇지가 않다. 전쟁 그 자체가 이 시기에 절대적인 변화를 이룬 것이다. 그리고 막영이 주는 효과 같은 것은 본래의 전쟁에는 없는 사사로운 사항으로서, 이 격렬한 변동 속에서 흔적도 없이 소멸한 것이다.

전쟁이라는 큰 불은 모든 것을 다 태우지 않으면 꺼지지 않을뿐더러 전쟁의 수행력은 이미 많은 발달을 이루었다. 따라서 동영(冬營)에 의한 정기적 휴식과 같은 것도 소멸하여, 두 군의 모든 힘은 이제 억제할 수 없는 위력을 가지고 결전을 강요하기에 이른다. 이에 대해서는 제9편[1]에서 상세하게 설명하겠다. 어쨌든 이러한 상황에서는 천막의 폐지가 전투력의 효율적 사용에 주는 변화 같은 것은 전혀 논할 만한 가치가 없다. 군은 그 목적과 계획이 요구하는 대로 창영(廠營)도 하고 노영(露營)도 할 것이며, 굳이 날씨나 계절 혹은 지형의 좋고 나쁨을 따지지 않을 것이다.

앞으로 모든 시대를 통해 모든 상황 아래에서 전쟁이 이러한 절대적인 수행력을 보유할지의 여부에 대한 문제는 나중에 기술하기로 한다. 어쨌든 전쟁이 이 정도로 강렬한 힘을 구비하고 있지 않은 경우에는 천막의 폐지는 분명히 전쟁을 지도함에 있어서 얼마간의 불리한 영향을 줄 것이다. 그러나 이러한 불리함이 막영을 재개시킬 정도로 큰 것인가는 생각해 볼 필요가 있다. 전쟁의 맹위가 지난날보다도 훨씬 맹렬하게 발휘되는 지금에 와서는 어떤 시대 어떤 사정 아래에서, 때로는 예전 모습으로 돌아가고, 또 일단은 옛날의 좁은 울타리 안에 틀어박히는 일이 있다 해도, 전쟁의 본성인 압도적인 위력은 다시 폭발하지 않을 수 없을 것이기 때문이다. 그렇기 때문에 군에 항시적 설비를 두려고 할 경우에는 전쟁의 이러한 절대적인 위력을 충분히 고려해야 한다.

---

1) 저자에게 제9편을 쓸 의도가 있었는지의 여부는 별도로 하고, 이 책은 제8편으로 완결되고 제9편은 존재하지 않는다.

제10장
행군

  행군이란, 군이 어떤 위치에서 다른 위치로 이동하는 것이다. 그리고 이 이동에는 주요한 두 조건이 포함된다.

  첫 번째 조건은 군대가 가능한 한 편하게 행진해야 한다는 것이다. 이것은 유익하게 사용해야 할 힘을 쓸데없이 낭비하지 않기 위해서이다. 두 번째 조건은, 운동이 정확하게 실행되어야 한다는 것이다. 이것은 운동이 예정과 잘 일치하기 위해서이다. 지금 10만 군을 하나의 행군 종대(縱隊)로 만들어서, 다시 말해 이러한 장대한 종대에 시간적인 단락을 주지 않고 한 가닥 길을 끊임없이 행진시킨다면, 종대의 후미는 선두와 같은 날 정해진 지점에 도착할 수 없을 것이다. 즉, 이러한 행군은 지극히 완만하게 이루어져야 한다는 것을 의미한다. 그렇지 않고 행진을 너무 재촉하면, 이 대부대는 마치 물보라가 되어 낙하하는 폭포처럼 지리멸렬한 상태가 되고 말 것이다. 그리고 이 지리멸렬은 꾸불꾸불 계속되는 장대한 종대가 제일 끝의 병사들에게 가하게 될 지나친 고난과 연결되어 결국 전군이 곤란에 빠질 것이다.

  이것은 극단적인 경우이지만, 보통은 한 종대를 편성하는 병사의 수가 적으면 행군은 그만큼 수월해지고 또 정확하게 실시된다. 그렇기 때문에 군대를 분할할 필요가 생긴다. 그러나 행군을 위한 분할은, 앞에 말한 배치를 위한 구분과는 본질적으로는 관계가 없다. 약간의 군을 행군 종대로 분할하는 것은, 일반적인 경우에는 배치를 위한 구분에서 생겨나지만, 개개의 특수한 경우에는 반드시 그렇지는 않다. 즉 대부대를 집결시켜 이들을 어떤 지점에 배치하려 한다면, 이를 위해서는 우선 행군이 필요하기 때문에 이 부대를 행군 대열로 분할해야 한다. 그러나 배치를 위해 구분된 부대를 그대로 행군시키는 경우에도 배치의 조건이 주가 되는 경우가 있는가 하면, 어떤 또 다른 행군 조건이 주가 되는 일도 있다. 예를 들어 배치가 단순한 휴식을 위한 것으로, 이 배치대로 전투에 참가하는 것이 아니라면 행군의 조건이 주가 되고, 그 경우의 조건은 오로지 평탄하고 편한 길을 고르는 것뿐이다. 배치 조건과 행군 조건의 이러한 차이를 기준으로 한다면, 첫 번째 경우에는 사영지 혹은 야영지를 고려하여 도로를 선정할 것이고, 두 번째 경우에는 도로를 고려하여 야영지나 사영지를 고를 것이다. 회전에 참가하기 위해 대부대를 인솔하여 편리한 지점에 도착하는 것에 주안점을 두는 경우에는, 부득이한 경우가 아니라면 지극히 고생스러운 측로(側路)를 행진하는 일도 마다하지 않는 것이다. 이에 반해 군이 여차 행군(旅次行軍)[1]을 실시하고 있는 경우에는 가장 최단 경로를 선택할 것이고, 또 사영이든 야영이든 이러한 큰 도로 근방에서는 원하는 대로 장소를 찾을 수 있다.

행군이, 이 두 종류 중 어디에 속하든 전투를 생각할 수 있는 지역, 다시 말하면 가능성 있는 전투 지역에서 행군 종대를 편성할 경우, 각 종대가 포함한 부대가 각기 독립 전투에 견딜 수 있는 조건을 충족하기 위해서는, 우선 보병과 기병 및 포병의 세 병종을 적절하게 편성한다. 다음에 군을 유기적으로 구분하고 또 적당하다고 여겨지는 지휘관을 임명할 필요가 있다. 그렇기 때문에 회전을 앞두고 새로운 전투 서열을 편성하고 최대의 이익을 올리기 위한 주요한 요건이 곧 행군이다.

18세기 중반쯤, 특히 프리드리히 대왕의 전쟁터에서는 운동을 공격의 원리로 생각하여, 적의 의표를 찌르는 운동이 미치는 영향으로 승리를 획득하려는 풍조가 생겼다. 그러나 당시는 아직 유기적인 전투 서열이 나타나지 않았기 때문에, 행군에서도 복잡하고 까다로운 배치가 필요했다. 예를 들어 적군 근처에서 운동을 실시하기 위해서는 항상 공격할 준비를 갖추고 있어야 했다. 그러나 그러기 위해서는 군이 집결하고 있다는 것을 전제로 했다. 왜냐하면 당시 군은 하나의 불가분의 전체를 이루고 있었기 때문이다. 또 제2 전열[2]은 측면 행진 때 항상 제1 전열에 대해 가능한 한 짧은 거리, 즉 4분의 1마일을 넘지 않는 거리를 유지하기 위해 국지(局地)에 관한 지식을 충분히 구사하면서, 길이라고 할

---

[1] 적과 접촉할 가능성이 있을 때 전투 준비를 해서 행하는 행군을 전비 행군(戰備行軍)이라 하고, 바로 적과 접촉할 염려가 없는 행군을 여차 행군(旅次行軍)이라고 한다.
[2] 앞뒤로 배치된 전술 단위를 전열이라고 한다. 따라서 제2 전열은 제1 전열에 후속한다.

수 없는 길을 고생스럽게 행진해야 했다. 4분의 1마일 간격을 유지하면서 병행하는 두 가닥의 좋은 길이 있을 리가 없기 때문이다. 이와 같은 정황은 종대가 적을 향해 직각으로 행진하는 경우에 익기병(翼騎兵)에게도 나타난다. 또 포병은 보병에 의해서 엄호된 특별한 길을 필요로 하기 때문에, 포병에 대해서도 새로운 어려움이 생겼다. 보병의 전열은 연속된 선을 이루고 행진해야 하는데, 거기에 포병이 끼어들면 그렇지 않아도 느린 포병 종대의 진행은 더욱 느려지게 되어, 행군 종대 사이의 거리는 몹시 흐트러졌다. 이러한 모든 정황이나 상황에 의해 전쟁에 부과된 모든 구속이 어떠한 것인가를 확실히 알고 싶은 사람은, 템펠호프가 쓴《7년 전쟁사》중 행군 계획 항목을 읽어보면 충분히 알게 될 것이다.

그런데 근대의 전쟁술은 군에 유기적인 구분을 부여했다. 이 구분에 의해서 군의 주요 부대는 각각 1개의 작은 전체로 간주되고, 따라서 또 전투에서는 커다란 전체, 즉 군의 모든 동작을 소규모이지만 형성할 수 있게 되었다. 단, 한 가지 차이라고 하면 동작을 지속하는 시간이 군의 그것보다 짧다는 것뿐이다. 그이래 총공격을 계획할 때조차 전투의 개시 전에 이들 종대를 서로 근접시켜둘 필요가 없어졌다. 이러한 집결은 전투 중에 충분히 할 수 있기 때문이다.

부대가 작을수록 그 부대의 움직임은 점점 가벼워져 분할할 필요도 적어진다. 부대를 행군 종대로 분할하는 것은 배치를 위한 구분 때문이 아니라, 큰 부대는 행군에 불편하다는 이유에 입각한 것이다. 그렇기 때문에 소부대 행군이라면 한 가닥의 도로만으로도 되고, 또 여러 가닥의 도로를 병진한다 해도 이러한 소부대의 필요를 충분히 충족시킬 만한 가까운 병행 도로를 쉽사리 찾을 수가 있는 것이다. 이와는 반대로 부대가 크면, 분할의 필요와 분할에 의해 생긴 부대의 수가 점점 커지고, 또 많은 부대에 알맞은 몇 가닥의 평탄한 도로 혹은 간선 도로의 필요성은 더욱더 커진다. 또 이에 따라 각기 다른 도로를 행진하는 종대 간의 간격도 갈수록 커지는 식이다. 즉, 분할의 필요와 그에 따른 위험은 산술적으로 말하자면 반비례한다. 요컨대 행군 종대가 작으면 이들 부대가 위급에 처해서 서로 원조할 필요도 더욱 커진다. 또 부대가 크면, 이들 부대는 더욱 장시간에 걸쳐 독립적으로 싸울 수가 있다. 이와 같은 점에 관해서 전편에서 말한 것을 상기하고, 또 경작지에서는 간선 도로에서 수 마일 떨어진 곳에 이와 병행하는 좋은 길을 반드시 찾아낼 수 있다는 것을 아울러 생각한다면, 행군 서열을 편성할 경우에 종대의 신속한 전진과 행군의 정확한 진행 예정을 방해해서 병력의 적시 집결에 지장을 초래할 수 있다는 난점이 존재하지 않는다는 것은 명백하다. 그런데 산지에서는 병행하는 도로가 거의 없다. 또 도로 간의 연락도 매우 곤란하지만, 각 종대의 저항 능력은 평지에서보다도 훨씬 크다.

행군에 관한 이들 사항을 보다 명확하게 이해하기 위하여, 이것을 구체적인 예를 들어 고찰해 보기로 한다.

병력 수 8000의 일개 사단이 포병 및 기타 약간의 차량을 동반할 때에는, 경험에 의하면 그 행군 장경(長徑)[3]은 한 시간 행정에 이르는 것이 통례이다. 따라서 2개 사단이 동일한 도로를 행진할 때에는, 제2 사단은 제1 사단보다도 한 시간 늦게 정해진 지점에 도달하게 된다. 그런데 앞서 제4편 제6장에서 말한 대로, 이만한 병력을 가진 1개 사단이라면 우세한 적에 대해서도 몇 시간의 전투에 견딜 수가 있다. 따라서 제1 사단이 불행하게도 일찍 전투를 개시하는 일이 있더라도, 제2 사단의 도착이 너무 늦는 일은 없을 것이다. 또 더 나아가서 중부 유럽의 농경국이라면 제1 사단이 행군하고 있는 가도의 좌우에는, 이곳으로부터 한 시간 행정(行程) 이내인 곳에 행군하기 좋은 병행 도로를 발견하기 쉽다. 따라서 7년 전쟁에서 자주 행한 것처럼 도로가 없는 교외 들판을 가로질러서 행군할 필요는 없다.

또 우리는 경험에 의해 다음과 같은 일을 알고 있다. 4개 사단과 기병의 예비로 이루어진 군은, 도로가 좋지 않을 경우에도 그 선두는 3마일을 8시간으로 행진한다. 또 각 사단의 행군 장경을 한 시간 행정으로 보고 기병 예비 및 포병 예비도 마찬가지로 행군 장경을 차지한다면, 전군의 행진은 13시간 계속하게 된다. 이것은 결코 긴 시간은 아니다. 더욱이 이만한 대군인 경우에는, 따로 몇 가닥의 병행 도로를 찾아서 이것을 이용할 수도 있으므로 행군 시간을 쉽사리 단축할 수가 있는 셈이다. 그런데 위에서 말한 군보다도 더 큰 군이 한 가닥의 가도를 행진하게 되면, 이 군이 모두 같은 날에 정해진 지점에 도달할 필요는

---

3) 한 행군 종대가 도로 위에서 차지하는 길이를 행군 장경(長徑)이라고 한다.

없어질 것이다. 이러한 대군은 적을 만나자마자 바로 전투를 시작하는 것이 아니라, 보통 이튿날이 되어서야 비로소 싸움을 시작하기 때문이다.

이처럼 약간의 구체적인 사례를 든 것은 이런 종류의 사정을 자상하게 말하기 위한 것이 아니라, 현대의 전쟁 지도에서는 행군의 실시에 옛날과 같은 심한 곤란이 따르지 않는다는 것, 또 매우 신속하고 정확한 행군이라 해도 7년 전쟁에서 프리드리히 대왕의 신속하고 정확한 행군처럼 독특한 기교나 토지에 관한 정밀한 지식이 필요하지 않음을 명백히 하고, 또 이것을 경험에 비추어서 예시하기 위함이었다. 오히려 오늘날 행군은 군을 유기적으로 구분함으로써 스스로 이루어진다고 해도 좋다. 적어도 대규모 행군 계획을 필요로 하지 않는 것이다. 지난날의 전쟁은 호령 하나로 지휘되었으나, 행군 계획에는 장고(長考)를 필요로 했다. 그런데 오늘날에는 전투 서열에 장고가 필요하고, 행군 그 자체에 대해서는 호령만으로 충분하게 되었다.

널리 알려진 바와 같이 행군이라고 하는 것은 적의 정면을 향하여 직각으로 이루어지는 직각 행군과, 옆에 있는 적의 정면에 평행해서 이루어지는 측면 행군으로 구별된다. 이 행군 방식에서는, 여러 부대의 기하학적 위치가 변경된다. 즉, 병렬로 배치되었던 부대는 행군에서는 전후에 위치하도록 변경되는데, 정황에 따라서는 그 반대의 경우도 있다. 그런데 직각 행군에서는 그 행진 방향이 직각 내의 여러 각도에 의해서 결정되는데, 일반적으로 행군 서열은 직각 행군과 측면 행군이라고 하는 두 행군 대형 가운데 어느 하나로 결정되어야 한다.

측면 행군 때 여러 부대의 기하학적 변경을 완전히 실시하는 일은 전술적으로만, 더욱이 전술이 열오(列伍) 행진[4]을 사용하는 경우에만 가능하고, 대부대에 대해서는 불가능하다. 하물며 전략이 이런 일을 할 수 있는 것은 아니다. 그런데 이와 같은 기하학적 관계를 변경하는 부대는 지난날 전투 서열에서는 날개와 전열에 한정되어 있었으나, 근대의 전투 서열에서는 군을 처음에 구분해서 생긴 대부대, 즉 군단·사단, 혹은 때로는 여단에도 주로 관계된다. 그러나 또 이러한 기하학적 변경에는, 근대의 유기적 전투 서열에서 생긴 결과도 영향을 미친다. 또 이 결과에 대해서는 위에서 말했다. 요컨대 오늘날에는 지난날

---

4) 좌우(열), 전후(오)에 배치된 한 조의 적은 병사들이 하는 행진을 말한다.

소부대 행군이라면 종대 대형으로 분할하는 것이 일반적이다.

과 달리 행동에 앞서서 전군을 집결해 둘 필요가 없고, 오히려 정돈된 대부대를 각기 하나의 작은 전체로서 사용하는 데 신경을 써야 하는 것이다. 그런데 2개 사단의 행군 배치에서, 그중 1개 사단을 정면에 배치한 다른 1개 사단의 후방에 예비로서 배치하여 이 2개 사단이 두 가닥의 도로로 적을 향해 전진하는 경우에, 각 사단을 둘로 나누어 그 반씩을 두 가닥의 도로에 따로 배당하려고 하는 사람은 없을 것이다. 이런 경우에는 반드시 각 사단에 각기 다른 도로를 배당하는 것은 명백하므로, 두 사단은 나란히 전진하여 도중에서 전투가 발생했을 경우에 각 사단장은 단독으로 자군(自軍)의 예비를 편성할 것이다. 그러나 명령의 통일은 당초에 규정된 기하학적 관계보다도 훨씬 중요하므로, 이두 사단이 행군 중에 적과 전투를 하는 일 없이 소정의 진지에 도착했다면 다시 애초의 관계로 돌아가는 셈이다. 하물며 병행하는 2개 사단이 두 가닥의 도로 위에서 측면 행군을 실시할 경우, 이 두 사단 그 자체에 한쪽의 도로를 주고 다른 한쪽 도로를 각 사단의 후방 전열 또는 예비에 줄 것을 생각하는 사람은 없을 것이다. 반드시 각 사단에 두 가닥의 도로를 각기 배당하여, 행군 중에는 한쪽 사단을 다른 사단의 예비로 간주할 것이다. 또 4개 사단으로 이루어진 군이 그중의 3개 사단을 정면에, 또 나머지 1개 사단을 예비로서 그 후방에 배치하여 행군 서열로 세 가닥의 도로를 적을 향해 전진할 경우에는, 정면의 3개 사단에 각기 별개의 도로를 지시하고, 또 예비 사단에는 중앙의 도로를 할당하는 것은 당연하다. 그러나 이와 같은 세 가닥의 병행 도로 간격이 너무 클 경우에는, 두 가닥의 도로를 행진해도 상관없고 또 그 때문에 크게 불리함이 생길 염려도 없다.

또 측면 행군의 반대 경우, 즉 직각 행군에 대해서도 사정은 이와 똑같다.

그런데 더 나아가서 한 가지 고려할 점이 있다. 그것은 행군을 개시하는 경우의 우방향 전환[5] 및 좌방향 전환이다. 측면 행군의 경우에는, 이 방향 전환은 측방에 있는 적에 대해서 저절로 이루어진다. 왼쪽으로 운동할 경우에 일부러 오른쪽으로 방향 변환을 시도하는 사람은 없을 것이다. 그러나 전진 또는 후퇴 때의 행진에서는, 종대의 행군 서열은 전선에서 개진(開進)[6]하는 경우의 선으로 향하는 도로의 상태에 따라 결정되어야 한다. 이러한 방향 변환은 전술에서 때때로 일어날 수 있는 일이다. 전술에 관계되는 공간은 비교적 좁으므로, 부대의 기하학적 관계는 쉽게 통관할 수 있기 때문이다. 그러나 방향 변환과 같은 일은 전략에서는 전적으로 불가능하다. 그럼에도 이에 준하는 생각이 전술에서 전략 안으로 도입되고 있는데, 이것은 전적으로 획일적인 견해에 지나지 않는다. 왕년의 행군 서열은 순전히 전술에 속해 있었다. 군은 행군 중에도 시종 하나의 불가분한 전체이고, 또 이러한 것으로서 단 일회의 전면적 전투를 바라고 있다. 군이 이와 같은 한 개의 전체였기 때문에, 예를 들어 슈베린[7]은 1757년 5월 5일에 브란다이스[8]에서 방향 변환을 할 때, 회전이 있을 지역이 오른쪽에 있

---

5) 우(좌)방향 변환이란, 부대가 어느 지점을 출발해서 행군 대형으로 이행(移行)하는 것을 말한다. 그 경우에 우(좌)방향 변환이라면 우(좌)익 부대가 우선 출발하고 다른 부대가 이를 따른다. 이렇게 해서 우(좌)방향 변환한 행군 종대는 개진(開進)에 의해 옆으로 길게 벌어진 대형(隊形)으로 전개(展開)하는 것이다.

6) 전투를 하기 위해 세로로 긴 대세(隊勢)에서 옆으로 넓은 상태 곧 정면선(正面線) 혹은 전선(戰線)으로 이행(移行)하는 동작을 말한다. 또는 행군 종대에서 전투 대형으로 옮긴다고 할 수도 있다.

7) 슈베린(Schwerin, Kurt Christoph von, 1684~1757). 프로이센의 원수. 프라하의 회전(1757. 5. 6)에서 전몰했다.

8) 브란다이스(Brandeis). 뵈멘의 도시. 엘베 강가에 있다.

는지 왼쪽에 있는지 알 수 없었기 때문에 저 유명한 배전(背轉) 행진9)을 하지 않을 수가 없었다.

구시대의 전투 서열로 4종대로 이루어진 군이 적을 향해 행진하는 경우에는 기병이 양 날개에서 각기 제1 및 제2 전열을 이루고, 보병은 중앙의 두 종대를 차지하여 제1, 제2 전열을 형성했다. 그런데 이들 종대는 모두 오른쪽 또는 왼쪽으로, 우익은 오른쪽으로 좌익은 왼쪽으로, 좌익은 오른쪽으로 우익은 왼쪽으로 방향을 변환할 수 있었다. 이 제3의 경우는 '중앙으로부터의' 방향 변환이라고 불려도 좋을 것이다. 이들 대형은 전투를 위한 개진에는 관계될지 모르나 본질적으로는 이러한 관계에서조차도 특별한 의의는 가지지 않았다. 프리드리히 대왕은 로이텐의 회전에서 4종대로 이루어진 군을 가지고 왼쪽 방향 변환 행진을 시도하여 매우 손쉽게 방향을 변환하여 전열로 이행하는 데 성공했다. 그리고 이 이행은 당시의 모든 전사가(戰史家)에 의해 높은 칭찬을 받았던 것이다. 그러나 프리드리히가 성공한 것은, 그의 공격을 가하려고 했던 날개가 우연히 적의 좌익이었기 때문이다. 만약에 그가 오스트리아군의 우익을 우회할 작정으로 있었다면 이것이야말로 프라하의 전철을 밟아 배전(背轉) 행위를 시도해야 했을 것이다.

이러한 대형이 당시에도 전투의 목적에 부합되지 않았다면, 오늘날에는 어린애 장난과 같다고 해도 좋을 것이다. 오늘날에도 회전이 이루어질 싸움터가, 군의 행진로에 대해서 어떠한 위치에 있는가를 알 수 없다는 것은 이전과 거의 다르지 않다. 그러나 예를 들어 전투 부대가 방향 전환을 잘못했다고 해도 거기에서 생기는 약간의 시간적 손실은, 오늘날에는 지난날에 비해 전혀 문제가 되지 않을 정도로 사소한 것이다. 실제로 근대의 새로운 전투 서열은 이 경우에도 유익한 영향을 주고 있다. 유기적인 전투 서열에서는 어느 사단이 먼저 도착하는가, 또 어떤 사단이 먼저 사격을 개시하는가 하는 것은 회전의 성과에 관계가 없기 때문이다.

이와 같은 사정에서 우방향 변환이나 좌방향 변환이 그 어떤 가치를 갖는다고 하면, 이러한 방향 변환을 서로 교대로 시도해 봄으로써 여러 부대의 부담

---

9) 전투 전 또는 전투 중에, 전투 서열을 변경하지 않고 군의 정면을 뒤로 해서 행군하는 일을 말한다.

을 평등하게 한다는 것뿐이다. 요컨대 이것이 유일한 가치로서, 이러한 두 가지 방향 변환 행진을 오늘날에도 대체로 보존하고 있는 중요한 이유이기도 하다.

따라서 중앙으로부터의 방향 변환 행진은 일정한 행진 서열로서는 전혀 쓸모가 없고, 비록 군이 이러한 대형을 취하는 일이 있어도 그것은 우연히 생긴 것일 뿐이다. 하물며 동일한 종대가 중앙으로부터의 방향 변환을 시도해 보는 것은 전략에서는 있을 수 없는 일이다. 이런 종류의 방향 변환은 오른쪽 또는 왼쪽으로 가는 이중의 도로를 전제로 하기 때문이다.

여하간 행진 서열은, 전략의 영역이라고 하기보다는 오히려 전술의 영역에 속한다. 행군 때 군을 약간의 행군 종대로 분할해도, 일단 행군이 끝나면 이들 종대는 서로 합쳐서 전체를 이루기 때문이다. 하지만 근대의 전쟁 술은 반드시 행군 부대의 정확한 집합을 기대하고 있는 것이 아니다. 오히려 이들 부대는 행군하는 동안에도 서로 멀리 떨어져서 전진하여 각자가 독립해서 행동하는 것이다. 그 결과 각 부대는 이전보다는 훨씬 손쉽게 독립된 전투를 하게 되었다. 그리고 이러한 개개의 전투가 총괄되어서 전체적 전투를 이룬다. 이러한 사정이 있어서 행군에 대해서 말을 많이 하지 않을 수 없었던 것이다.

본 편의 제2장[10]에서 말한 바와 같이, 따로 유력한 특수 목적이 있는 것이 아니면 군을 3개 부대로 구분해서 이것을 나란히 놓는 배치 방식이 가장 자연적이므로, 행군에서도 세 종대로 분할된 행군 서열이 가장 자연스러운 대형이라고 할 수 있다.

그런데 여기에서 주의해 두어야 할 한 가지가 있다. 종대 개념은 동일한 도로를 행진하는 하나의 부대에 대해서 말할 수 있을 뿐만 아니라, 전략적으로는 날을 달리 잡아서 동일한 도로를 행진하는 몇 개의 부대에도 해당된다는 것이다. 실제로 군을 몇 개의 행군 종대로 분할한다는 것은 주로 행군 시간을 단축하고 또 행군을 쉽게 하기 위함이다. 작은 부대는 큰 부대보다도 신속하고 경쾌하게 행진할 수 있기 때문이다. 그러나 이 목적은 부대를 분할해서 몇 가닥의 도로를 전진하게 하는 대신에, 날을 달리해서 동일한 도로를 행진하게 하는 것으로도 달성된다.

---

10) 제5장의 잘못일 것이다.

제11장
행군(이어서 1)

행군 행정(行程) 및 이에 필요로 하는 시간이, 경험에서 얻어진 약간의 통칙(通則)에 준한다는 것은 말할 것도 없다.

근대의 군에서는 3마일이 낮 동안 갈 수 있는 표준적인 하루 행군 행정이라는 것은 이미 확인했다. 그러나 행군 장경(長徑)이 긴 종대에 대해서는 이 행정을 2마일로 줄여 잡아야만 한다. 이것은 행군에 의해 다친 병사와 군비를 회복시키기 위해 필요한 휴식일을 더하기 위해서이다.

병사 8000의 1개 사단이 보통의 도로에서 위에 적은 행군을 실시한다면, 평지에서라면 8시간 내지 10시간이 필요하고 또 산지에서라면 10시간 내지 12시간이 필요하다. 또한 몇 개 사단이 한 종대를 이루고 행군하는 경우에는 후속 사단을 순차적으로 늦추어 출발시키는 시간을 빼더라도 여기에 몇 시간을 더해야 한다.

따라서 이러한 행진은 넉넉히 하루가 필요하다. 또 무거운 배낭을 지고 10시간 내지 12시간의 행군을 계속하는 병사의 노고는 같은 3마일을 짐 없이 하는 보통의 행진과는 비교할 수 없다. 실제로 단신이라면 3마일을 가는 데에는 길이 나쁘지 않는 한 5시간이면 충분하다.

단 한 번의 행군일 때 하루 행정이 5마일에서 많으면 6마일, 2일 이상에 걸치는 행군이라면 4마일이 되면 상당한 강행군에 속한다.

5마일의 행군은 이미 도중에 여러 시간의 휴식이 필요하다. 병사 8000의 1개 사단이라면, 아무리 좋은 길로 간다고 해도 16시간 이하로는 갈 수 없을 것이다. 그리고 여러 사단이 번갈아 6마일을 행진한다고 해도 적어도 12시간은 예상해야 한다.

여기서 문제가 되는 것은, 집합한 몇 개의 사단이 야영지에서 다른 야영지로 이동할 경우의 행군이다. 이것이 전쟁터에서 보통 사용되는 대형이기 때문이다. 몇 개 사단이 한 종대를 형성하여 행진하는 경우에는 선두 사단을 조금 빨리 출발시키게 된다. 그러면 이 선발 사단은 후속 사단보다 그만큼 빨리 야영지에 도착할 것이다. 그러나 이렇게 생긴 시간적 차이는 행진 중의 1개 사단이 행군 장경(長徑)에 대응할 행진 시간, 다시 말하면 이 1개 사단이(프랑스인이 적절하게 말한 것처럼) '조금씩 흘러나가기'(découlement)에 필요로 하는 시간에 이르는 일은 없다. 그렇기 때문에 야영지에 다른 사단보다 빨리 도착했다고 해서 병사의 고생이 그만큼 경감되는 것은 아니다. 오히려 부대가 크다고 하는 것이 행진 시간을 현저히 길어지게 만드는 원인이 된다. 그런데 이와 똑같은 방식이지만 어떤 사단이 소속된 여단을 각각 다른 시간에 집합시켜 순차적으로 출발시키는 방법은 거의 사용할 수 없다고 말할 수 있다. 우리가 사단을 회전에서 하나의 단위로 간주하는 이유가 여기에 있다.

군대가 소부대로 분할되어 어떤 사영지에서 다른 사영지로 오랜 기간 여차 행군을 실시할 경우, 이들 부대가 몇 가닥의 도로를 나누어 행진하고 더욱이 각 부대에게 각각 일정한 집합점이 지정되어 있지 않다고 한다면, 전 부대가 행진해야만 하는 여정 자체가 길어지는 것은 말할 것도 없다. 그리고 또 이들 부대의 행진은 사영지의 사정으로 우회로를 취하는 경우도 있을 수 있으므로, 이미 그것만으로도 행정이 길어지게 된다.

부대를 매일 집합시켜 여러 개 사단이나 군단으로 편성해야 하는 데에도, 전군의 사영을 목적으로 해서 실시하는 행군은 많은 시간을 필요로 한다. 그리고 이러한 행군은 사영 구역이 부유한 지방이고 부대도 그다지 크지 않은 경우에만 추천할 수 있다. 이러한 정황 아래에서라면 물자 공급이 쉽고 숙사(宿舍)에도 부족함이 없기 때문에, 장병은 종일 지친 몸을 충분히 쉴 수 있다. 그러나 프로이센군이 1806년에 행한 퇴각[1]에서, 물자 공급을 이유로 매일 밤 사영하게 한 것은 분명히 잘못된 방법이었다고 말하지 않을 수 없다. 물자는 야영(노영)을 할 때에도 조달할 수 있었을 것이고, 또 군대에 과도한 노고를 부담 지우는 50

---

1) 예나 회전(1806. 10. 14)에서 나폴레옹에게 패배한 프로이센군이 베를린 동북쪽의 도시 프렌츨 라우(Prenzlau)까지 퇴각하여 10월 28일 그곳에서 항복한 사실을 가리키는 것인가.

마일의 행군에 14일이나 소비할 필요는 없었을 것이다.

행군하는 부대가 험로 또는 산악 지대를 통과해야만 한다면 행군 시간 및 행군 행정(行程)에 관한 규정은 현저하게 달라지기 때문에, 어느 일정한 경우에 한해서 행군 시간을 정확하게 계산한다는 것은 어렵고 일반적인 규정을 설정한다는 것도 전적으로 불가능하다. 그렇기 때문에 이론적으로는 이러한 경우에 자칫 실수를 범할 우려가 있다는 것에 대해 주의해야 한다. 이러한 위험을 피하기 위해서는 면밀한 계산이 필요하고, 또 예상하지 못한 지연을 생각하여 충분한 여유를 두어야 한다. 또 이런 경우에는 기후나 부대의 상태 등도 고려할 필요가 있다.

막영(幕營)이 폐지되고 군대의 물자 공급과 양식조달이 현지에서 강제 징발에 의존하게 되고부터 군의 짐은 현저하게 경감되었다. 그래서 그 가장 현저한 영향을 무엇보다도 먼저 군의 이동 촉진과, 낮 동안에 하는 행군의 1일 행정 증가에서 구하려고 하는 것은 너무나 당연한 일이다. 그럼에도 이와 같은 이점은 결코 일반적인 것이 아니라, 어떤 종류의 정황에서만 생기는 데 지나지 않는다.

전쟁터에서 행군은 짐의 무게를 가볍게 하는 것에 의해 거의 촉진되지 않았다고 해도 과언은 아니다. 군사적 목적이 보통의 행정을 초과하는 행군을 필요로 하는 경우에는, 짐을 후방에 남겨두거나 그렇지 않으면 미리 전방에 수송하거나 하여 보통은 행군이 계속되는 동안 짐은 부대로부터 격리되어 있었다는 것은 널리 알려진 사실이다. 그렇기 때문에 짐은 군의 움직임에 영향을 미치지 않는 것이 통례였고, 또 짐은 부대의 행군에 방해가 되지 않는다면 어떠한 손해를 입더라도 상관없었다. 그렇기 때문에 7년 전쟁에서는, 오늘날 도저히 상상할 수 없는 강행군이 실시되었던 것이다. 이것을 증명하는 실례로서, 1760년 오스트리아의 원수 라시가 베를린에 육박한 러시아군을 지원하여 프로이센군의 견제를 배제하기 위해서 실시한 행군[2]을 들어보자. 이때 그는 슈바이드니츠[3]에서 라우지츠 지방을 경유하여 베를린까지 45마일의 길을 10일 만에 행진했다.

---

2) 2만의 러시아군은 10월 초순 베를린에 육박했기 때문에 프리드리히 대왕은 수도의 구원으로 향했다. 러시아군은 10월 10일에 베를린에 입성했으나, 프리드리히 내공(來攻)의 소식을 접하여 이튿날인 11일 급히 퇴거했다. 라시의 행군은 이때의 일로 여겨진다.

3) 슈바이드니츠(Schweidnitz), 하부 슐레지엔의 도시.

그러므로 하루 행정이 4.5마일에 이르렀으니 병사 1만 5000의 군단으로서는 오늘날에 생각해봐도 놀랄 만한 행진이 아닐 수 없었다.

그런데 지방에서는 군대의 보급 방식이 변화되었기 때문에 군의 움직임이 재차 억제되게 되었다. 짐이 감소되고 군대가 수요를 부분적이기는 하지만 스스로 조달하지 않으면 안 되게 되자, 식량 운반차에 저장되어 있는 양식을 그저 배급받는 것으로 끝났던 시대보다도 많은 시간을 필요로 하게 되었다. 게다가 장대한 행군 종대를 대부대 그대로 한 곳에 야영시키는 일은 불가능하기 때문에, 사단을 서로 분리하여 숙영의 편의를 도모해야만 한다. 또 군의 일부, 특히 기병은 사영시키는 것이 통례이다. 요컨대 이 모든 것이 행군을 지체시키는 원인이 된 것이다. 나폴레옹이 1806년[4]에 프로이센군을 추격하여 퇴로 차단을 노렸을 때라든가, 또 블뤼허가 1815년[5]에 이와 똑같은 의도를 가지고 프랑스군을 추격했을 때에는 이들 모두 30마일을 10일 동안 행군한다. 그러나 이 정도의 행군 속도라면, 막대한 짐을 가지고 작센과 슐레지엔 사이를 왕복 행군한 프리드리히 대왕도 능히 이것을 해낼 수 있었던 것이다.

그렇다고는 해도 짐의 감소에 의해, 전쟁터에서 대소 부대의 운동성과 이를 다루기 쉬운 점—이러한 말을 사용해도 좋다면—이 현저하게 증대했다는 것을 부정할 수가 없다. 그 이유의 하나는, 기병과 화포의 수가 기존과 다름없다 해도 짐 차량을 끄는 말이 줄었기 때문에 말을 위한 먹이에 그다지 신경을 쓰지 않았다는 점이다. 또 다른 이유는, 진지(陣地) 선정이 자유로워졌다는 것이다. 군의 뒤에 계속되는 짐의 행렬에 신경을 쓸 필요가 없기 때문이다.

프리드리히 대왕이 1758년에 올뮈츠[6]의 포위를 푼 뒤에 행한 행군에는 실로 4000의 짐차가 수반되었고, 이를 엄호하기 위해 군의 절반을 대대나 소대로 해체해야 했다. 이러한 행군은 아무리 약한 적을 상대한다고 해도 도저히 성공할

---

4) 예나 회전 뒤의 추격을 가리킨다.
5) 벨 알리앙스 회전(1815. 6. 18) 뒤의 추격을 가리킨다.
6) 올뮈츠(Olmutz)는 체코의 모라바(Morava)를 말한다. 메렌의 도시로 이전에는 요새였다. 프리드리히 대왕은 5월 초순부터 이 요새를 포위했으나 성과를 얻을 수 없었기 때문에 마침내 7월 3일에 포위를 풀고 퇴각했다.

수가 없을 것이다.

타호강[7]에서 니에멘강에 이르는 장도의 여차(旅次) 행군에서, 군의 경쾌한 운동이 더욱 현저하게 나타났다는 것은 두말 할 나위가 없다. 짐 이외의 차량을 동반했다고는 하지만 어쨌든 보통의 하루 행정은 한결같이 유지되었고, 또 정황이 절박한 경우에도 약간의 희생을 하면 1일 행정을 늘릴 수가 있었기 때문이다.

일반적으로 짐의 감소에 의한 효과는 군의 기동성을 촉진한 것보다는 오히려 병력의 절약에 있었다.

---

7) 타호강(Taxo 또는 Tagus). 포르투갈의 강으로 이베리아반도에서 가장 크다. 이 여차 행군을 언제, 누가 했는가는 알 수 없다.

제12장
행군(이어서 2)

　본 장에서는, 행군이 전투력에 미치는 파괴적 영향을 고찰해 보고자 한다. 이 영향이란 매우 크기 때문에, 전투에 못지않게 병력을 손상시키는 하나의 독특한 원리라고 보아도 될 정도이다.

　보통의 속도로 하는 단 한 번의 행진이라면 각별히 병력을 소모할 우려는 없다. 그러나 이런 보통의 행군이라도 매일 연속으로 행한다면 역시 병력을 소모하게 되고 또 고된 행군이 이어지면 그 소모가 더욱 심해질 것은 말할 필요도 없다.

　전쟁터에서는 보급과 숙영(宿營)의 부족, 거마에 의해 파괴된 불량한 도로, 부단한 전투 대비로 인한 긴장 상태 등은 장병들에게 절대적인 고난을 부과한다. 따라서 이와 같은 이유로 사람뿐만 아니라 말, 차량 및 피복 등이 심각한 손상을 입게 된다.

　그런데 세상에는 이러한 속설이 유포되고 있다. 즉 장기에 걸친 휴식은 장병의 신체 건강에 득이 되는 것이 아니다. 오래 쉬고 있는 군에는 적당한 활동을 계속하고 있는 경우보다 병이 발생하기 쉽다는 것이다. 병사가 좁은 사영 안에 들어앉아만 있다 보면 분명 병이 발생하기 쉽고 또 그럴 것이다. 그러나 그것은 행군 사영에서도 마찬가지이다. 따라서 신선한 공기와 적절한 운동의 부족이 반드시 병의 원인이 되는 것은 아니다. 게다가 이 두 가지가 필요하다면, 막사 밖에서 체조 등을 하면 언제라도 얻을 수가 있다.

　무거운 등짐을 지고 비를 맞으며 진흙 속을 행군하여 인가도 보이지 않는 길에서 발병하는 경우와 안전한 실내에서 발병하는 경우, 인간의 손상된 육체에 어떠한 차이를 불러일으킬지 생각해 보기 바란다. 병든 군인은, 가령 야영 중에 발병했다 해도 바로 인근 마을로 옮긴다면 치료받을 수 있다. 그러나 행군 중이라면 처치를 받지 못한 채 몇 시간이나 길 가에 방치되고, 그로부터 낙오병이 되어 몇 마일이나 질질 끌려가다시피 하여 옮겨지게 된다. 이래서는 가벼운 병이라 해도 곧 중병이 될 것이고, 또 중증이라고 하면 치명적인 병으로 악화될 수도 있다. 이러한 사례가 수없이 많다는 것을 잘 생각해 보기 바란다. 뿌연 먼지와 한여름의 뜨거운 햇빛 속에서는 보통의 행군이라도 일사병의 원인이 되기 쉽다. 이러한 더위 속에 내몰린 병사들은 타들어가는 갈증에 고통을 받고, 신선한 물을 찾게 되고 그 때문에 오히려 병과 죽음을 초래하는 결과가 될 것이다.

그렇다고 전쟁에서의 활동을 완화시켜야 한다고 말하는 것은 아니다. 도구는 사용하기 위해서 존재한다. 그리고 이 도구가 사용에 의해 손상된다는 것은 자연의 이치이다. 단지 우리는 모든 것이 제자리를 찾길 원할 뿐이다. 또 이론만을 내세운 공리공론에 반대하고 싶은 것이다. 이러한 논자는 질풍과 같은 기습, 신속한 움직임, 불면불휴(不眠不休)의 활동을 한 푼의 대가도 치르지 않고 얻을 수 있는 것, 말하자면 풍부한 광맥을 가진 광산과 같다고 지껄여대는 것이다.

그리고 이러한 광맥을 이용하지 않고 그대로 두는 것은 장수(將帥)의 태만이라고 나무라는 것이다. 그러면 이른바 군사적 광맥을 채굴하는 것은 금은이 나는 광산을 채굴하는 것과 같다는 이야기가 된다. 그렇다면 채굴된 산물에만 눈이 가고, 이 산물을 채굴하기 위해 들어간 수고가 얼마나 큰 가치를 갖는가 하는 것은 물으려 하지 않는 것이다.

전쟁터 밖에서 장도의 여차 행군(旅次行軍)을 하는 경우에는 행군의 조건은 확실히 느슨하고, 또 대부분 매일의 손실도 적다. 그러나 지극히 가벼운 증상을 가진 병사라도 일반적으로는 오랫동안 군에서 탈락하지 않을 수가 없다. 설령 그 병사가 치유된다고 하더라도 부단히 전진을 계속하는 군대를 쫓아가지 못할 것이기 때문이다.

기병의 경우는 안장에 의해 상처가 난 말과 다리에 부상을 입은 말이 늘어날 테고, 또 짐을 운반하는 종대의 경우는 다수의 차량이 정체되어 혼란이 가중된다. 그러기 때문에 100마일 이상을 행군한 군은 거의 기진맥진하여 목적지에 도착한다. 더욱이 이런 일은 특히 기병 및 수송 중대에서 심하게 나타난다.

이러한 행군을 전쟁터에서, 다시 말하면 적의 눈앞에서 실행한다고 하면 병사와 말, 그리고 차량의 손실이 모두 합쳐지고, 이 손실은 특히 대부대에서 다른 어떤 불리한 사정이 더해지면 엄청나게 증폭되는 것이다.

위에서 말한 견해를 명확하게 하기 위해서 두서너 가지 실례를 들어보기로 하자.

나폴레옹이 1812년 6월 24일에 니에멘강을 건넜을 때에는, 그가 인솔하여 모스크바로 향하는 거대한 주력군의 병력 수는 실로 30만 1000명이었다. 그 뒤 8월 15일에 스몰렌스크[1] 부근에서 1만 3500의 병력을 주력으로부터 떼어서 따로 파견했기 때문에, 원래라면 이 인원수를 빼면 28만 7500이 될 것이다. 그런데 주력군의 당시 인원은 18만 2000에 지나지 않았다. 그렇다면 손실은 10만 5500에 이른다는 이야기가 된다(이들 숫자는 샹브레의 저서에서 인용했다).[2] 그때까지 전투다운 전투는 2회뿐이었다. 첫 번째는 다부와 바그라치온[3]의 전투였고, 두 번째는 뮈라와 오스테르만 톨스토이[4]의 전투였다. 그러나 이들 전투에 의한 프랑스군의 손실은 기껏해야 1만이라고 추정할 수 있다.

이러한 것들을 아울러서 생각하면 프랑스군은 52일 동안에 약 70마일을 전진했지만 이 행군 동안에 부상병과 낙오병으로 인해 9만 5000, 즉 전군의 3분의 1을 잃은 셈이다.

3주 뒤에 있었던 보로디노 회전[5] 때에는, 이러한 손실이 이미(전투에 의한 사상자를 포함하여) 14만 4000에 이르고 있었다. 게다가 그 일주일 뒤에 모스크바에 도착했을 때[6]에는 19만 8000을 헤아렸다. 그러면 프랑스군의 전체 손실은 모스크바 원정 제1기에는 1/150, 2기에는 1/120, 또 제3기에는 실로 1/19에 이르렀던 것이다.

---

1) 스몰렌스크(Smolensk). 드네프르강에 걸쳐 있는 러시아의 도시. 이곳의 회전(1812.16~18)에서는 승패가 결정되지 않았다.
2) 샹브레는 《나폴레옹의 러시아 원정》이라는 저서를 썼는데, 프랑스측의 공평한 서술로 여겨지고 있다.
3) 바그라치온(Bagration, Peter, 1765~1812). 러시아의 장군. 다부와의 교전이 우크라이나의 도시 모길레프(Mogilef(Mohilew)) 부근에서 있었는데(7. 23), 그는 다부에게 패배했다.
4) 오스테르만 톨스토이(Osterman-Tostoi, Alexander Ivanovitch, 1770~1857). 러시아의 장군. 그와 뮈라의 전투는 7월 23일에서 8월 15일까지 벌였다고 추정되는데, 정확한 날짜와 장소는 미상.
5) 보로디노 회전(1812. 9. 7).
6) 모스크바 입성(1812. 9. 14).

니에멘강 도하에서 모스크바에 이르는 나폴레옹의 행군은, 확실히 연속 행군이라고 말할 수 있다. 그러나 82일[7]이 소요된 이 행군에 의해서 120여 마일밖에 전진하지 못했다는 것, 또 프랑스군은 2회에 걸쳐 휴식기를 가졌다는 것, 즉 첫 번째는 빌나[8]에서 약 반 달을, 두 번째는 비테프스크[9]에서 약 11일의 휴식이 있었고, 그 사이에 다수의 낙오병이 본대에 복귀할 시간적 여유를 얻었다는 것을 잊어서는 안 된다. 그런데 이 14주간의 전진 동안에 계절과 도로의 조건은 유별나게 최악의 상태라고 할 만한 것은 아니었다. 여름이었고 또 행진로는 대체로 모래땅이었다. 그러나 도로상에 집결한 대부대인지라 보급이 충분하지 못했다는 것, 또 적은 단순히 퇴각 중이었을 뿐 패주(敗走)한 것이 아니라는 점이 행군을 어렵게 만들었다.

여기서는 모스크바에서 니에멘강에 이르는 프랑스군의 퇴각에 대해서 말할 생각은 없다. 그러나 다음 한 가지만은 주의할 필요가 있다. 즉, 추격하는 러시아군이 칼루가[10] 지구에서 방향 전환 행진을 했을 때는 그 병력이 12만이었으나, 빌나에 도착했을 때는 겨우 3만으로 줄었다는 것이다. 이 추격군은 그동안에 몇 번의 전투를 벌였으나 이 전투에서의 손실이 얼마나 미미했는지는 여러 사람들이 잘 알고 있다.

또 한 가지, 1813년에 블뤼허가 슐레지엔과 작센에서 수행한 전역[11]에서의 실례가 있다. 이 전역은 장도의 행군이라고 하느니보다는 오히려 몇 차례의 전진과 퇴각으로 알려져 있다.

블뤼허의 지휘 아래 있는 요르크 군단이 8월 16일에 이 전쟁을 개시했을 때는 병력이 4만이었지만, 10월 19일의 라이프치히 회전 때는 불과 1만 2000으로 감소되어 있었다. 요르크가 골트베르크,[12] 뢰벤베르크[13]의 전투에서, 또 카츠바

---

7) 니에멘강의 도하(6. 24)에서부터 모스크바 도착(9. 14)까지.
8) 빌나(Wilna). 리타우엔의 도시.
9) 비테프스크(Witebsk). 현재 벨로루시 공화국의 도시. 여기에서 격렬한 전투가 있었다(1812. 7. 25~27).
10) 칼루가(Kaluga). 모스크바 서남쪽 도시. 오카강(Oka) 왼쪽에 위치한다.
11) 1813년 가을의 전역.
12) 골트베르크(Goldberg). 슐레지엔의 도시. 이곳 전투(8. 23)에서 프랑스군은 블뤼허가 이끄는 슐레지엔군을 무찔렀다.
13) 뢰벤베르크(Löwenberg). 슐레지엔의 도시. 이곳 전투(8. 28)에서 프로이센―러시아 동맹군은

흐[14] 하반(河畔)의 전투, 바르텐부르크[15]의 전투 및 뫼케른[16] 회전의 주 전투에서 잃은 병력 수는 믿을 만한 전사가(戰史家)의 기술에 의하면 약 1만 2000이다. 그렇다면 전투 이외의 손실은 8주 동안에 1만 6000, 즉 전 군단의 2/5에 달했다는 것이 된다.

그리고 보면 큰 기동성을 필요로 하는 전쟁을 수행하려는 장수는, 기동성에 의해 병력의 파괴도 크다는 것을 사전에 각오해야 한다. 그렇기 때문에 그 외의 계획을 세우는 경우에도 이러한 파괴에 의한 병력 손실을 계산에 넣어 둘 필요가 있다. 그리고 이 손실을 보충하기 위해서는 무엇보다도 증원부대의 후송을 고려해야 한다.

프랑스군을 무찔렀다.

14) 카츠바흐강(Katzbach). 오데르강 왼쪽의 지류. 이곳 회전(8. 26)에서 블뤼허가 이끄는 프로이센 —러시아 동맹군은 프랑스군을 무찔렀다.

15) 바르텐부르크(Wartenburg). 프로이센의 마을. 엘베강 오른쪽에 위치하고 있다. 이곳 회전(10. 3)에서 프로이센군은 프랑스군을 무찔렀다.

16) 뫼케른(Möckern). 작센의 마을. 라이프치히 서북쪽에 있다. 이곳 회전(10. 16)에서 블뤼허가 이끄는 프로이센군은 프랑스군을 무찔렀다. 또 이 회전은 라이프치히 회전의 일부로 여겨지고 있다.

제13장
사영

근대 전쟁술(戰爭術)에서 사영(舍營)은 다시 빼놓을 수 없는 것이 되었다. 천막과 그 운반에 필요한 차량은 군의 자유로운 움직임을 방해하기 때문이다. 또 창영(廠營)이나 노영(露營)은 아무리 만전을 기하여도 장병을 보호할 정상적인 방법이라고는 말할 수 없다. 풍토 차이로 해서 빠르고 늦는 차이가 있다 해도 결국은 각종 질병이 발생하여 병력이 소진되는 것이다. 1812년 나폴레옹의 러시아 원정은 매우 준엄한 풍토 속에서 군대가 만 6개월에 이르는 전투 동안에 거의 사영에 들지 않았다는 실례로서 매우 드물게 볼 수 있는 사례이다. 이러한 고난의 결과가 어떠한 것이었는가는 널리 알려진 대로이다.

이런 결과를 초래한 극도의 고난은 정상을 벗어난 일이라 할 수 있지만 정상을 벗어났다고 하는 이 말은 무모한 전투를 기획한 정치적 의도로 돌려져야 할 것이다.

군이 사영에 드는 것을 막는 사정이 두 가지 있다. 첫 번째는 적이 근처에 있는 경우이고, 두 번째는 신속한 운동을 필요로 하는 경우이다. 따라서 결전의 시기가 다가오면 사영은 바로 중단되어 결전이 끝날 때까지는 다시 사영에 들 수가 없다.

근대 전쟁에서는, 다시 말하면 우리가 25년 이래 경험했던 어떠한 전쟁에서도 전쟁 본래의 격렬한 힘이 유감없이 발휘되었다. 이러한 전쟁에서는 군사적 행동에 관해서나 또 군의 가차 없는 사역(使役)에 대해서도 가능한 한 모든 일이 다 이루어졌다. 그런데 이 전쟁들은 모두 단기간으로 끝났다. 전쟁이 그 목표에 달하기 위해 반 년이 소요되는 일은 드물고, 대개는 수개월을 넘기지도 않는다. 여기서 말하는 전쟁의 목표는, 패자가 휴전 혹은 강화를 강요당한다거나 혹은 승자 쪽에서 새로운 승리를 얻으려는 힘을 다 사용한 시점을 말한다. 극도의 고난을 필요로 하는 시기에는 사영과 같은 것은 전혀 문제가 되지 않는다. 승자가 추격 행진을 할 때조차도, 이미 위험을 벗어났는데도 불구하고 신속한 운동을 필요로 하는 사정이 사영에 의한 장병의 위안을 불가능하게 하는 것이다.

하지만 그 어떤 이유로 전쟁이 급격하게 진행되지 않을 경우, 혹은 오히려 병력이 균형을 유지하고 있을 경우에는, 군대의 숙박을 가옥 안에 구하는 것(사영)이 주요 관심사가 되어야 한다. 실제로 사영의 필요는 전쟁 지도 그 자체에도 다소의 영향을 미치게 된다. 그 이유의 하나는, 사영은 야영의 경우보다도 한층 강력한 전초 방식에 의해, 또 한층 유력한 전위 부대를 다시 전방으로 배치함으로써 시간적 여유를 얻음과 동시에 군의 안전을 기할 수 있기 때문이다. 또 다른 이유로는, 사영은 전술적으로 유리한 지형이나 점이나 선으로 이루어진 기하학적 관계 등에 의해서보다도 오히려 사영지에 있는 주민의 부와 풍부한 농산물을 주요 조건으로 한다는 것이다. 인구 2만 내지 3만의 상업 도시, 큰 부락과 번화한 마을 등이 이어지는 도로는 대부대의 집중적 배치에 알맞다. 또 대부대가 이렇게 집중적으로 사영에 든다면, 매사가 신속하게 진행되고 모든 일에 여유가 생긴다. 따라서 이러한 사영으로 인해 얻을 수 있는 유리함은 뛰어난 위치, 바꿔 말하면 좋은 야영지가 주는 유리함에 있다.

사영에서의 군 배치 형식에 대해서는 두서너 마디로 그치기로 한다. 이것은 대략 전술에 속하는 문제이기 때문이다.

군대의 사영은 그것이 주요 사항인가, 부차적 사항인가에 따라 두 가지로 구분된다. 전쟁 중에 군대의 배치가 단순히 전술적 혹은 전략적 이유에 의해 규정되어, 군대의 피로를 줄이기 위해 배치 지점 근처에 있는 숙사를 할당하는 일이 있다. 이러한 경우 사영은 부차적 사항이고 단순히 야영을 대신할 뿐이다. 따라서 이러한 사영은, 군이 기회를 놓치지 않고 배치에 임할 수 있는 근접 지역에서 구해야 한다. 이에 반해 군이 휴양 사영에 들어가는 경우에는 군대의 숙박 그 자체가 주요 사항이 된다. 그래서 여러 조치도, 또 배치 지점의 적절한 선택도 모두 이것을 기준으로 해서 결정되어야 한다.

이 경우에 우선 문제가 되는 것은 사영지의 모양이다. 이 모양은 주로 세로로 긴 직사각형을 이룬다. 즉 전술적인 전투 서열을 그대로 확대한 것과 같은 것이다. 그러면 군대의 집합점은 그 직사각형의 머리 부분에 있고, 본영은 그 뒤에 있다. 그러나 이렇게 집합점, 군대, 본영을 3단으로 배치하는 방법은 적이 공격을 하기 전에 전군을 확실하게 집합시키는 것을 현저하게 방해하고, 또 이 목적에 위배되는 일이 될지도 모른다.

그러나 사영지의 모양이 정사각형 또는 원에 가까워지면 군대는 더욱 빠르게 한 점, 즉 중심점을 향해 모일 수 있다. 또 집합점이 중심점보다도 후방에 놓이면 적이 이 지점에 도달할 때까지 더욱더 시간이 걸리고, 아군의 집합 시간은 그만큼 늘어나게 된다. 또 집합점이 사영 후방에 있으면 이 지점이 위험에 빠질 일은 전혀 없다고 할 수 있다. 그러나 이번에는 본영을 가능한 한 전방에 설치하면 보고는 그만큼 빨리 본영에 도착하고, 사령관은 모든 일에 대해 더욱 정확한 지식을 가질 수가 있다. 그렇다고 해도 처음에 말한 직사각형 사영지, 즉 삼단 배치라 해도 다소 고려할 만한 형상으로 전혀 존재 이유가 없는 것은 아니다.

사영을 세로로 긴 직사각형으로 구성하는 것은, 부근 토지를 보호하기 위한 것이다. 그렇지 않으면 적은 물자를 징발하기 위해 이 토지를 이용할지도 모르기 때문이다. 하지만 이 이유는 그다지 정확하지도 않으며 또 매우 중요한 일도 아니다. 이러한 이유는 가장 바깥쪽 날개에 대해서는 옳지만 사영이 든 부대가 집합점을 둘러싸고 있는 경우, 이웃해 있는 부대 사이에 남은 토지에 대해서는 해당되지 않는다. 적의 소부대가 이러한 틈에 억지로 끼어든다는 것은 생각할 수 없기 때문이다. 또 이것은 매우 중요한 이유도 아니다. 실제 사영지 부근의 토지를 적의 징발로부터 보호하기 위해서는 군 자체를 사역하는 것보다도 훨씬 간편한 방법이 있다.

집합점을 전방에 두는 것은 사영을 엄호하기 위해서이다. 거기에는 두 가지 이유가 있다. 첫 번째는 집합점을 후방에 설치하면 군대가 급히 집합하는 경우에 낙오병, 환자, 짐짝, 물자, 그 밖의 것을 사영 안에 남겨두게 되어 이것이 적의 수중에 들어갈 위험이 있다는 것이다. 두 번째는 적이 기병 부대를 앞세워 우리 전위 부대 옆을 통과하거나 또는 전위 부대를 돌파할 수도 있는데, 그렇게 되면 아군의 고립된 연대나 대대가 계속 습격을 당할 위험이 있다. 여기서 집합점을 전방에 두면 적이 여기에 배치된 아군의 한 부대를 공격했을 때, 비록 이 부대가 열세여서 결국은 전투에 패한다고 해도 그때까지 적을 저지하기 때문에 아군은 집합을 위한 시간을 벌 수가 있게 된다.

다음으로 본영의 위치에 대해 말하면, 본영은 가능한 한 안전한 곳에 설치해야만 한다는 것이 지금까지의 사고방식이었다.

하지만 위에서 말한 몇 가지 상황을 생각해 보면 다음과 같은 결론이 나오리라 생각한다. 즉 사영지의 형태는 정방형이나 원형에 가까운 직사각형이 가장 적당하고, 또 집합점을 중앙으로 정하여 본영을 가능한 한 전방에 설치하는 것이 가장 좋은 방식이다.

일반적인 배치의 경우, 날개 부대의 엄호에 대해 말한 것은 여기에도 들어맞는다. 즉 주력에서 오른쪽 혹은 왼쪽으로 분견된 부대, 즉 측위는 공동 공격을 의도하는 경우에도 각자 집합점을 가지지만, 이들 집합점은 주력과 동일 선상에 두어야 한다는 것이다.

그러나 토지 상태가 유리한 단절지로 군대의 자연적인 배치 지점을 규정하거나, 도시나 부락에 따라 사영지의 위치를 규정하는 경우를 아울러 생각하면, 기하학적 형상만으로 사영지를 결정할 수는 없다는 것이 명백하다. 그럼에도 기하학적 모양을 운운한 것은, 이것이 보편적 법칙으로 여겨져 일반적인 경우에 많건 적건 지배적인 영향력을 가지기 때문이다.

또 사영의 위치로서는 첫째, 사영을 엄호할 수 있는 단절지를 선택하는 것이 유리하다. 군대가 단절지 후방에서 사영에 들면 많은 지점에 배치된 소부대에 의해 적을 감시할 수 있기 때문이다. 또 사영지로서 하나의 유리한 위치는 요새의 배후이다. 여기서 사영에 들면 적은 요새 수비대 병력의 대소를 살필 수 없으므로, 이러한 의심이 적에게 불안감을 품게 하여 경계에 노력하게 하기 때문이다.

동영(冬營)을 위한 사영에 대해서는 따로 장(章)을 마련하여 논하기로 한다.

행군 사영은 주군(駐軍) 사영과는 뜻을 달리 한다. 우회로를 피할 필요성에서 정면 폭을 축소하여 한 가닥의 도로에 따라 설치되기 때문이다. 이 경우에 각 종대의 행군 길이가 하루를 넘지 않는 한, 신속한 집합에 조금도 불리함을 초래하는 것은 아니다.

군이 적전(敵前)에 있는 경우, 바꿔 말하면 피아의 전위(前衛)가 멀리 떨어져 있지 않은 경우에는 사영 구역의 넓고 좁음, 부대의 집합에 필요한 시간의 장단이 전위 및 전초 병력과 진지를 규정한다. 또 전위 및 전초의 병력과 진지가 적정(敵情)과 그 때의 정황에 따라 제약받고 있는 경우에, 사영 구역의 넓고 좁음을 규정하는 것은 전위가 행하는 저항에 의해 본군에게 주어지는 시간의 장단이다.

선진 부대의 저항에 대해 고려되어야 할 것은 이미 제3장[1]에서 말한 바 있다. 그런데 이 저항 시간으로부터는 사영 중 본군에 보고하는 시간과 이들 부대의 출동에 요하는 시간을 빼야 한다. 이렇게 해서 남은 시간이 부대의 집합에 사용될 수 있는 시간이다.

마지막으로 우리의 생각을 일반적인 조건 아래에서 생기는 결과와 맞추어 보면 이렇게 된다. ―전위와 본대와의 거리를 사위(舍衛) 구역의 반경으로 하고, 또 군의 집합점이 사영지의 중심 근처에 있으면 아군의 전위 부대가 적의 전진을 지체시킴으로써 얻을 수 있는 시간은, 본대에 대한 통보와 모든 부대 출동에 필요한 시간을 빼고도 남는다고 해도 좋다. 이 경우의 통보는 불이나 총포 발사에 의할 필요는 없고, 사람을 보내는 것만으로도 전혀 지장이 없다. 또 이것만이 가장 확실한 방법이다.

따라서 전위 부대가 본대로부터 3마일 전방에 배치된 경우, 사영은 약 30제곱 마일 지역을 차지할 수 있다. 인구가 중간쯤 되는 지방에서는 약 1만 세대를 예상할 수 있으므로 전위 부대를 뺀 5만의 본군이라면 1세대에 4명쯤은 손쉽게 수용할 수 있고, 그 배의 군이라면 1세대에 9명이 되지만 그래도 좁다고는 말할 수 없을 것이다. 이에 반해서 전위 부대가 본대로부터 1마일이 채 못 되게 전진하고 있다면, 본대는 4제곱미터 구역 안에서만 사영할 수 있다. 선진 부대의 저항에 의해 얻을 수 있는 시간은 반드시 전위 부대와 본대와의 거리에 정비례하는 것은 아니고, 또 그 거리가 1마일인 경우에도 여전히 6시간의 여유를 기대할 수 있다고는 해도, 적군이 이 정도로 가까이 있다면 경계의 필요성도 늘어나지 않을 수가 없다. 하지만 5만의 군을 불과 4제곱마일 지역에 사영시키는 것은 인구가 웬만큼 조밀한 지방이 아니면 어려울 것이다.

이것으로 보아도, 1만 내지 2만의 군을 거의 한 지점에 숙박시킬 수 있는 대도시, 혹은 적어도 상당히 큰 도시가 사영지 선정에 결정적인 역할을 할 수 있

---

1) 제8장의 잘못일 것이다.

다는 것을 잘 알 수가 있다.

이러한 결론으로 다음과 같은 일이 분명해진다. 즉, 아군이 적과 상당히 근접해 있지 않고 많은 병력을 가진 전위 부대를 배치하고 있다면, 집결된 적군과 대치하고 있어도 사영할 수 있다. 그 실례로서 프리드리히 대왕이 1762년 초에 브레슬라우 부근에서, 또 나폴레옹이 1812년에 비테프스크 부근에서 실시한 사영이 있다. 하지만 비록 집결된 적군과 꽤 거리를 두고 대치하고, 또 아군의 집합을 안전하게 하기 위해 적절한 방책이 강구되어 우려할 만한 아무런 사정이 없는 경우에도, 서둘러 집합하고 있는 군은 다른 일을 돌볼 시간이 없기 때문에 여러 가지 유리한 정황이 생겨도 이것을 당장에는 이용할 수가 없다. 따라서 군의 행동 능력 대부분이 집합 때문에 빼앗긴다는 것을 잊어서는 안 된다. 그렇게 되면 군에는 다음에 드는 세 가지 경우 외에는 사영의 완전한 실시가 허락되지 않게 된다.

1. 적 또한 아군과 마찬가지로 사영에 든 경우.
2. 군대의 상태가 사영을 절대적으로 필요로 하는 경우.
3. 군대의 행동이 강력한 진지의 방어에만 한정되고, 따라서 군대를 적시에 이 진지에 집결시키는 일만이 당면한 관심사인 경우.

1815년 전투[2]는 사영에 든 군의 집합에 관하여 매우 현저한 실례를 보여준다. 장군 치텐은 블뤼허군의 전위 3만과 샤를루아에서 사영 중이었다. 샤를루아는 블뤼허군의 집합점으로 예정된 송브레프[3]에서 불과 2마일 떨어진 곳에 있었다. 블뤼허군의 사영은, 한쪽은 시네[4]의 저편까지 뻗어 있었고 다른 쪽은 리에주[5] 방향으로 뻗었다. 가장 먼 사영지는 송브레프에서 8마일 떨어진 지점에 있었다. 그런데도 불구하고 시네 저편에 사영하고 있던 부대는 리니 전투가 시작하기 몇 시간 전에 송브레프에 집합했다. 또 리에주 방면에서 사영했던 부

---

2) 리니 회전(1815. 6. 16)을 가리킨다.
3) 송브레프(Sombreffe). 벨기에의 마을.
4) 시네(Siney). 벨기에의 마을.
5) 리에주(Liège). 벨기에의 도시. 독일 명칭은 뤼치히(Lüttich).

대(뷜로[6] 군단)도 우발적인 사건과 통보 전달상 결함이 없었다면 역시 같은 지역에 집합할 수 있었을 것이다.

당시 프로이센군의 안전이 충분히 배려되지 않았던 것은 부정할 수 없다. 하지만 이것을 설명하기 위해서는 두 가지 사정을 들어야 한다. 즉, 첫 번째로 프랑스군 또한 대규모 사영에 들었다는 점이다. 두 번째는 프로이센군의 잘못이라 한다면, 프랑스군의 움직임과 나폴레옹의 도착에 관한 첫 정보를 입수함과 동시에 바로 사영지를 변경해야 되는데, 이것을 게을리했다는 점이다.

그렇다고는 하지만 프로이센군이, 적의 공격 개시 전에 송브레프에 집합할 수 있었다는 것은 뭐니 뭐니 해도 훌륭한 업적이었다. 과연 블뤼허는 14일 밤, 즉 치텐이 실제로 공격을 받은 12시간 전에, 적의 전진에 관한 정보를 입수하여 군의 집합을 개시했다. 하지만 15일 오전 9시에 치텐은 이미 전투가 한창이었다. 또 이때 시네에 있는 틸만[7]에게는 나뮈르[8]로 향하라는 명령이 막 도착한 참이었다. 그래서 틸만은 그의 군단을 사단별로 집합시켜 송브레프까지 약 6마일 반을 행진해야만 했는데, 이 행진은 실로 24시간이나 걸렸던 것이다. 또 뷜로에게도 적시에 명령이 도착했더라면 그도 역시 같은 무렵에 송브레프에 도착했을 것이다.

그런데 나폴레옹이 리니의 공격을 시작한 것은, 실제로는 26일 오후 2시가 지나서였다. 한편으로는 웰링턴을, 또 다른 한편으로는 블뤼허를 적으로 해야 한다는 걱정, 바꿔 말하면 피아의 병력 불균형을 염려하는 마음이 나폴레옹의 행동을 이 정도로 느슨하게 만든 것이다. 실제로 결단력 있는 장군이라 해도 혼란한 사태에 대처해서는 피할 수 없는 신중한 모색 때문에 행동이 억제된다는 실례를 여기서 여실히 알 수가 있는 것이다.

위와 같은 고찰의 일부는 전략적이라기보다는 오히려 전술적인 성질의 것이다. 그럼에도 이에 언급한 것은 사영 문제를 불분명하게 그대로 두는 것은 위험하다고 생각했기 때문이다.

---

6) 뷜로(Bülow, Wilhelm Friedrich von, 1755~1816). 프로이센 장군.
7) 틸만(Thielmann, Johann Adolf, 1765~1824). 프로이센 장군.
8) 나뮈르(Namur). 벨기에의 도시이자 요새.

제14장
보급

　군의 보급(補給)은 근대 전쟁에서 옛날에 비해 매우 중요한 사항이 되었다. 더욱이 그것은 두 가지 이유에 의해서 그러하다. 첫 번째는, 일반적으로 근대의 군은 병사 수에서 중세의 군이나 고대 군에 비해 현저하게 거대해졌다는 것이다. 하기야 옛날에도 병사 수가 근대 군에 필적하거나 이것을 능가하는 군이 나타난 경우도 있었다. 하지만 그것은 매우 드문 한때 현상에 지나지 않았다. 그런데 근세 전쟁사를 보면, 루이 14세 이래 군은 막대한 병력을 거느리게 된 것이다. 두 번째 이유는, 이것보다도 훨씬 중요하고 또 근대에 특유한 것이다. 즉 근대 전쟁에서의 군사적 행동은 이전에 비해 매우 긴밀한 내적 연관을 유지하고, 또 전쟁 수행에 임하는 전투력은 부단히 전투 준비를 갖추고 있어야 한다는 것이다. 옛날 전쟁의 대부분은 서로 연락이 없는 고립된 전투로 이루어지고, 또 이들 전투는 중간의 휴식으로 서로 중단되어 있었다. 그리고 이러한 휴식 때에는 전쟁도 실제로 중지되어 정치적 의미로만 존재하거나, 그렇지 않으면 피아의 군이 서로 단절되어 있었기 때문에 어느 편이나 상대 군에 신경을 쓰는 일 없이 아군의 필요를 충당하는 데에 급급했다.

　근대의 전쟁, 다시 말하면 웨스트팔리아의 강화[1] 이후의 전쟁은 여러 나라 정부의 노력에 의해 보다 정규적인, 또 전체로서 연관성이 있는 형태를 취하게 되었다. 그리고 군사적 행동에서는 전쟁의 목적이라는 생각이 우위를 차지하게 되어, 이러한 목적은 군의 보급에 관해서도 이를 충분히 충족시키는 설비를 요구하게 되었다. 하기야 17세기 내지 18세기 전쟁에서도 장기에 걸친 휴전이 정

---

1) 웨스트팔리아(Westphalia)는, 베스트팔렌(Westfalen)의 영어 이름이다. 이 땅은 1946년까지 프로이센의 한 주였다. 웨스트팔리아의 강화는 30년 전쟁의 강화로서, 1648년에 독일 황제와 프랑스 및 그 동맹국 사이에 체결되었다.

기적으로 나타나서 이 휴전 동안에 전쟁은 전적으로 중지된 것과 같은 겉모습을 보였다. 예년의 동영(冬營)이 이것이다. 하지만 동영이라 해도 군사적 목적에 따르고 있었던 것이다. 이러한 휴전을 어쩔 수 없는 것으로 만든 것은, 날씨가 좋지 않은 계절탓이지 군대의 보급 문제는 아니었다. 동영은 여름이 시작됨과 동시에 철회되기 때문에, 적어도 날씨가 좋은 계절에는 끊임없는 군사적 행동을 필요로 했던 것이다.

어떤 상태에서 다른 상태로, 또는 어떤 방식에서 다른 방식으로의 이동은 점차적으로 이루어지지만 이 경우에도 마찬가지였다. 루이 14세와 동맹국들과의 전쟁[2]에서 동맹국들은 동영 기간 동안 편의를 위해 각각의 군을 멀리 떨어진 지방으로 보내 숙영하는 것을 관례로 삼았다. 그러나 이것은 슐레지엔 전쟁[3] 시대에는 이미 실시되지 않았다.

이와 같이 군사적 행동이 전쟁의 정상적인 형태를 취하고 긴밀한 내적 연관을 가지게 된 것은, 모든 나라가 예전의 봉건적 군제를 폐지하고 용병 제도를 채용함으로써 비로소 가능해졌다. 봉건 군주에 대한 의무는 조세로 변하고 국민의 병역 의무는 전적으로 폐지되어, 징집제도가 이것을 대신하든가 아니면 최하층 계급에만 남게 되었다. 귀족은 신병 조달(오늘날에도 러시아나 헝가리에서 행해지고 있다)을 하층민에서 구하고, 이것을 조세의 일종 즉, 인두세(人頭稅)로 간주한 것이다. 앞에서도 말한 바와 같이 어쨌든 군은 내각이 사용하는 이른바 도구이고, 따라서 이것을 유지하는 재원도 국고 혹은 정부의 세입이었다.

이렇게 해서 군의 건설과 끊임없는 보충은 정부가 하는 일이 되었으나, 그와 동시에 군의 보급 또한 정부가 해야 할 일이 되었다. 정부는 병역을 면제하는 대상(代償)으로 국민으로부터 돈을 징수한 이상, 군의 보급까지도 그들에게 부과할 수는 없었다. 따라서 내각, 즉 국고가 군의 보급을 부담하지 않을 수 없게 되고, 국민은 자국 내에서도 군을 자신의 비용으로 유지할 필요가 없게 되었다.

---

2) 루이 14세의 네덜란드 침략 전쟁(1672~1678)에서는, 네덜란드와 오스트리아 및 브란덴부르크 사이에, 또 팔츠(Pfalz) 계승 전쟁(1688~1697)에서는 독일 황제와 에스파냐, 스웨덴, 영국 사이에 동맹이 성립되었다.
3) 프리드리히 대왕이 오스트리아에 대해서 한 제1차(1740~1742) 및 제2차(1744~1745) 슐레지엔 전쟁.

그래서 정부로서는 군의 보급을 어디까지나 정부 자체의 일로 간주해야 했다. 이렇게 해서 군의 보급은 두 가지 방식으로 이전보다도 더 곤란하게 되었다. 첫째는 군의 보급이 정부가 하는 일이 되었다는 것이고, 두 번째로는 한 나라의 전투력은 항상 적의 전투력과 대치해서 한시도 방심할 수 없게 된 것이다.

이렇게 해서 독립된 군대가 건설되었을 뿐만 아니라, 이 군대에 대해서 독립된 보급 제도가 창설되었다. 그리고 이 보급 제도는 점점 커지는 군대에 따라 발달해 갔다.

정부는 보급 물자를 현금 구입 아니면 군주의 직할령으로부터의 물납에 의할 뿐만 아니라 멀리 떨어진 지역으로부터도 조달해서 이것을 창고에 저장하고, 이것을 창고로부터 특별 차량에 의해 군대로 운반하고 그 근처의 군대용 빵 공장에서 빵을 구어 그 군대에 부속된 차량을 이용해 군대로 배급했다. 여기서 왕년의 보급 제도에 언급한 것은, 이 조직이 당시 전쟁의 특성을 명백히 할 뿐만 아니라 이러한 조직을 완전히 폐지하는 것은 오늘날에도 불가능하고, 또 그 개별적인 구성 요소는 앞으로도 끊임없이 나타날 것으로 생각하기 때문이다.

어쨌든 이렇게 해서 전쟁의 여러 시설은 점점 국민 및 국토와 관계가 없는 방향으로 나아가게 된 것이다.

그 결과 군사적 행동의 내적 연관은 더욱더 긴밀해지고, 전쟁은 더욱더 정상적인 형태를 취하게 되었으며 전쟁의 목적, 즉 정치적 목적에 더욱더 종속되게 되었다. 그러나 또 그와 동시에 군의 운동은 이전에 비해 훨씬 제약받고 속박되어 전쟁의 수행력은 현저하게 줄어들게 되었다. 군은 창고에 속박되고, 군의 운동은 수송 차량의 활동 범위에만 제한되기 때문이다. 그래서 정부가 군의 보급을 가능한 한 절약하고자 하는 방침을 취한 것은 지극히 당연한 일이었다. 이렇게 해서 약간의 빵밖에 받지 못하는 병사는 그림자처럼 풀이 죽은 모습으로 헤매고, 궁핍해진 그들은 이미 행복이 다시 올 것이라는 희망으로 마음을 위안할 수도 없었던 것이다.

병사에게 빈약한 식량을 주는 것을 부끄러워하지도 않고, 오히려 프리드리히 대왕이 보급이 나쁜 군대를 이끌고 성취한 위업을 예로 든 것은 결코 식량 문제를 합리화시키기 위한 것이 아니다. 궁핍에 견디는 힘은 군인의 가장 뛰어난 미덕 중 하나이다. 만약 이것이 결여된다면 진정한 군인 정신을 가졌다고는 말할 수 없다. 그러나 이러한 궁핍은 일시적이어야 한다. 본디 빈약한 급여 방식이나 필수품 감축은 머릿속에서 계산된 결과이어서는 안 된다. 만약 그러한 짓을 한다면 개개의 병사의 힘은 신체적으로나 정신적으로 약해질 따름이다. 프리드리히 대왕이 보급이 부족한 군대를 이끌고 혁혁한 큰 공을 세웠다는 것은 결코 우리의 척도가 될 수는 없다. 그 이유의 하나는 당시의 적도 프리드리히 대왕과 같은 보급 방식을 따랐다는 것이다. 또 다른 이유는 나폴레옹이 그의 군대에게 생활을 즐기게 했던 것처럼 프리드리히 대왕도 정황이 허용하는 한 그의 군대에서 생활의 즐거움을 주었더라면, 그는 더욱 큰일을 성취할 수 있었을 것이다.

다만 마필(馬匹)의 유지에 관한 한 이제까지 교묘한 사육 방법을 고안한 나라는 없었다. 마량(馬糧)[4]은 용적이 크기 때문에 구량(口糧)[5]에 비해 그 조달이 매우 어려웠기 때문이다. 정량(定量)의 마량은, 정량의 구량의 약 10배이다. 그러나 군의 마필 수는 병사 수의 10분의 1이 아니라, 오늘날에도 4분의 1 내지 3분의 1이고, 또 이전에는 3분의 1 내지 2분의 1이었다. 따라서 마량의 무게는 구량의 그것보다도 3배, 4배 또는 5배에 이르는 것이다. 그래서 필수품을 가장 직접적 방식으로, 바꿔 말하면 현지에서의 강제 징발에 의해 충당하려고 했다. 그러자 마량의 이러한 강제 징발은 다른 면에서 전쟁 지도를 현저하게 속박하게 되었다. 그 첫 번째 이유는 전쟁을 적지에서 수행하는 것이 주된 일이 되었기 때문이고, 두 번째는 군이 한 지방에서 오랫동안 머무를 수 없기 때문이다. 하지만 이러한 강제 징발도 슐레지엔 전쟁 시대에는 이미 현저하게 쇠퇴하고 있었다. 이 방법은 지방을 심하게 황폐시켜 곤궁에 빠지게 하기 때문에, 그것보다는 필요한 양의 사료를 해당 지방에서 강제로 거두어들이는 편이 유리하다는 것을 알았기 때문이다.

프랑스혁명이 발발하여 국민의 힘을 단숨에 전쟁터로 내보내게 되자, 이제까지 모든 나라의 정부가 사용했던 상투 수단으로는 이제 충분한 것이 되지 못했다. 그래서 이러한 제한된 수단으로부터 생겼고, 또 이러한 제한이 있었기 때문에 안전했던 전쟁 방식은 모조리 분쇄되고 이와 함께 이러한 전쟁 방식의 일

---

4) 말 한 마리의 하루치 정량.
5) 한 사람의 하루치 정량.

부, 즉 여기서 문제로 삼는 보급 방식 또한 분쇄된 것이다. 혁명 지도자들은 이미 옛 창고 보급은 거들떠보지도 않았다. 그들은 지금까지의 보급 방식, 즉 여러 종류의 수송 차량을 톱니 장치처럼 회전시키고 있는 이 정교한 시계 장치를 무시하고 병사를 전쟁터로 보내고 장군을 파견해서 군대가 필요로 하는 것들을 징발과 탈취 및 약탈에 의해서, 군에 식량을 대고 장병의 기력을 격려하고 또 그들의 욕망을 자극했던 것이다.

이어 나폴레옹의 지휘 아래 이루어졌던 전쟁 및 그를 적으로 삼았던 전쟁은 이 양극단의 중간에 있었다. 바꿔 말하면, 이 시대의 전쟁은 여러 종류의 보급 방법 중에서 그때 그때의 전쟁에 가장 잘 들어맞는 방식을 사용했다. 이러한 사정은 아마도 앞으로의 전쟁에서도 마찬가지일 것이다.

근대 전쟁에서 군의 보급 방법의 목적은 무엇보다도 해당 지방에서 나오는 물자를, 소유자에 상관없이 빼앗아 이용하는 데 있다. 그런데 이와 같은 보급 방식에는 네 가지가 있다. 첫째는 숙사의 주인에 의한 보급, 두 번째는 군대 자체가 징발한 물자에 의한 보급, 세 번째는 일반적인 징발에 의한 보급, 네 번째는 창고 보급이다. 이들 네 가지 방법은 일반적으로 병행해서 사용되지만, 그러나 그 경우에도 어느 하나가 다른 것보다도 유력한 것이어야 한다.

1 사영 소유자에 의한 보급, 또는 시읍면에 의한 보급

시읍면(市邑面)의 주민이 대도시에서처럼 모두가 소비자라 할지라도 으레 며칠 치의 식량을 저장하고 있을 것이다. 따라서 인구가 매우 조밀한 도시라면 그 인구수에 가까운 병력 수의 부대에 하루 치 식량을 공급할 수 있고, 또 병력 수가 적으면 며칠 치의 보급에 견딜 수가 있을 것이다. 더욱이 이 경우에는 그 어떤 특별한 준비도 필요치 않다. 이 보급 방식은 대도시에서는 매우 만족할 만한 결과를 얻을 수 있다. 한 도시만으로 꽤 큰 부대에 식량을 공급할 수 있기 때문이다. 하지만 작은 마을이나 특히 시골에서는 좀처럼 만족한 결과는 얻지 못할 것이다. 1제곱 마일 지역에 주거하는 3000 내지 4000명의 인구는 그 자체로서는 조밀하지만, 이러한 읍면이 식량을 공급할 수 있는 것은 3000 내지 4000명 치에 지나지 않기 때문이다. 따라서 대부대의 경우에는 군대를 넓은 지역에 분배해야 한다. 그러나 그렇게 되면 다른 조건에 지장이 생길 것이다. 그런데 농경지가 많은 시골에서는, 작은 고을에서도 전쟁에서 소비되는 식량은 도시에 비해 훨씬 풍부하다. 세대주로서의 농민 한 사람이 가지고 있는 밀가루는, 어느 집에서나 가족 전체를 1주일 내지 2주일 먹이는데 충분하고 고기는 매일 조달할 수 있다. 또 채소는 다음 수확기까지 먹을 양이 저장되어 있다. 따라서 군대가 아직 사영한 일이 없는 새로운 사영지에서는, 그곳 인구의 3배 내지 4배의 병사에게 식량을 제공하는 일에는 아무런 곤란도 없다. 그렇게 되면 이것 또한 만족할 만한 결과라고 해도 좋다. 이렇게 보면, 병사 수 3만의 종대(縱隊)라면 1제곱 마일 당 2000 내지 3000명의 인구를 가진 마을에서는 근처의 대도시를 병용하지 않아도, 약 4제곱 마일의 사영지로 충분하다. 그러면 이 경우에 종대의 정면 폭은 2마일이 될 것이다. 따라서 7만 5000의 전투 병사를 포함한 병사 9만의 군대가 3종대를 이루고 나아가는 경우에, 만약 세 가닥의 길이 나란히 있다고 하면 이 3종대가 차지하는 정면 폭은 6마일로 충분할 것이다.

이러한 사영지를 몇 개의 종대가 차례로 사용하는 경우에 지방 관청은 특별한 준비를 해야 하지만, 그래도 이러한 지방이라면 하루 내지 며칠은 사영을 유지할 수 있다. 따라서 위에서 말한 9만의 군에 이어 또 같은 수의 군이 며칠 뒤에 이 사영지에 온다 하더라도 아직 식량이 부족하지는 않을 것이고, 15만을 가진 대부대일지라도 보급에 어려움이 없을 것이다.

마량(馬糧)의 조달은 군 보급에 비하면 훨씬 쉽다. 말의 먹이는 빵처럼 밀을 빻거나 또는 빻은 밀가루로 빵을 굽거나 하는 일은 없기 때문이다. 또 시골에서는 다음 수확기까지의 여물을 저장해 놓기 때문에 마구간 사육이 보급되지 않은 지방에서도 말 먹이가 부족한 일은 없을 것이다. 말할 것도 없이 마량은 지방 자치 단체에 요구해야 하는 것으로 사영 소유주에게 요구해서는 안 된다. 어쨌든 행군을 계획하는 경우, 토지의 상황을 잘 고려하는 것은 당연하다. 따라서 기병을 상공업 지구나 여물이 부족한 토지로 보내서는 안 된다.

이상은 매우 대략적인 고찰이지만 결론은 다음과 같다. 인구가 중간 정도인 시골, 즉 1제곱 마일에 2000~3000 인구를 가진 지방에서는 15만의 전투 병사를 가진 군에게 여러 부대에 의한 공동 전투를 불가능하게 할 만큼 좁은 정면 폭을 주어도, 하루 내지 이틀의 보급을 사영주 및 지방 자치 단체에 요구할 수 있다. 따라서 이러한 군은 창고 및 그 밖의 준비가 없어도 행진을 계속하는 데 지장이 없다.

혁명 전쟁에서 나폴레옹의 지휘 아래 있던 프랑스군의 군사 계획은 모두 위와 같은 결론에 입각해서 실시되었다. 프랑스군이 에치강[6]에서 도나우강 하류에 이르기까지, 또 라인강에서 바이크셀강[7]에 이르기까지 행진했을 때에는 어느 경우나 급여 방식은 사주(舍主)에 의존했음에도 불구하고, 양식의 결핍으로 고통받지는 않았다. 프랑스군의 군사적 의도는 물리적, 정신적 우월로 무장되고 꼭 이긴다는 신념이 있어서, 적어도 장수의 우유부단이나 경계심 때문에 주저하거나 망설이는 일은 없었다. 따라서 승리에 대한 길을 활보하는 운동은 대체로 끊임없는 행진 운동이었다.

정황이 그다지 유리하지 않고 사영지의 인구가 조밀하지 않으며, 인구가 조밀해도 주민이 농민보다는 상공업자가 많다든가, 토지가 메마르다든가, 혹은 그 지방이 이미 몇 번의 징발로 피폐해진 경우에는 만족할 만한 결과를 얻을 수 없는 것은 당연하다. 하지만 그러한 경우에도 행군 종대의 정면 폭을 2마일에서 3마일로 늘리면 바로 2배 이상의 면적, 바꿔 말하면 종래의 4제곱 마일 대신 9제곱 마일의 면적을 얻을 수 있다는 것, 또 정면 폭이 이 정도라면 보통의 경우라도 공동 전투가 가능하기에, 이러한 정황 아래에서 끊임없이 운동하는 경우에도 이 보급 방식이 여전히 가능하다는 것은 명백하다.

하지만 한 지점에 며칠 동안 머무는 경우에는, 보급에 관해 미리 준비해 두지 않으면 심한 궁핍에 빠질 것이다. 이에 대한 예방 수단으로는 두 가지 설비를 생각할 수가 있다. 만약 이 설비가 빠지면, 대군의 경우에는 오늘날에도 한 사영지에 며칠 동안도 머물 수 없다. 설비의 제1은 부대에 부속된 수송 차량이다. 이 차량은 가장 필요한 보급 부분으로서의 빵 혹은 빵을 만드는 밀을 며칠 분, 즉 3일 내지 4일분을 운반할 수 있다. 그래서 이것에 병사 자신이 휴대하고 있는 3일 내지 4일분을 합치면 일주일 정도의 필수 식량을 항상 확보할 수 있다.

---

6) 에치강(Etsch). 이탈리아 이름은 아디제강(Adige). 남 알프스에서 발원하여 포 평원을 지나 베네치아만으로 흘러든다. 여기에 인용한 것은 제1차 이탈리아 전쟁(196~197)에서 프랑스군의 기동을 말한다.

7) 바이크셀강(Weichsel). 폴란드의 강. 발트해의 단치히만으로 흘러든다. 여기에 적힌 것은 1806년 프로이센–러시아를 상대로 한 전쟁에서 프랑스군의 움직임을 가리키는 것으로 여겨진다.

두 번째는, 적당한 병참부[8]를 설치하는 것이다. 병참부는 군이 휴식함과 동시에 멀리 떨어진 토지로부터 저장 물자를 가져오므로 언제라도 사영 보급 방식에서 다른 보급 방식으로 바꿀 수 있다.

사영 보급은 수송을 전혀 필요로 하지 않고, 또 매우 단시간에 행해진다는 이점을 가지고 있지만 이 방법은 모든 부대가 예외 없이 사영에 든다는 것을 전제로 하고 있다.

2 군대 자체의 징발에 의한 보급

보병 1개 대대가 단독으로 야영을 할 경우, 야영지는 어쨌든 2, 3개의 부락 부근이 된다. 그래서 이들 부락에 식량의 제공이 지시되는 것이다. 그러면 이 보급 방법은 본질적으로는 위에서 말한 제1의 방법과 다른 점이 없다고 해도 좋다. 하지만 일반적으로 행해지듯이 한 지점에서 야영하는 부대가 더 크면, 예를 들어 여단이나 사단이라면 필수 물자를 공동으로 근처 지구로부터 징발하여, 이것을 각 부대에 배분하는 방법밖에 없다.

그러나 이 방법으로는, 대군을 먹일 만한 식량을 조달할 수 없다는 것은 분명하다. 군대 자체가 지방 물자를 징발해보았자 그 양은 이 부대가 같은 지구에서 사영하는 경우보다도 훨씬 적을 것이다. 30명 내지 40명의 병사가 농가에서 사영하면, 비록 가난한 세대라도 남겨둔 식량을 내게 할 수 있다. 그런데 식량을 징발하기 위해 몇 명의 병사와 함께 파견된 장교는, 농가의 저장 물자를 샅샅이 찾아낼 시간도 없고 그렇게 할 방법도 없다. 게다가 또 때로는 수송 수단이 없는 경우도 있다. 그러면 이 장교는 농민이 가진 물자 중에서 적은 양밖에 모을 수가 없을 것이다. 또한 대부대의 야영이 한 지점에 집중된 경우에는, 재빨리 식량을 징발할 수 있는 지역만으로는 전체 수요를 충당할 수 없을 것이다. 그러면 이렇게 된다. ―만약 3만의 군이 반경 1마일의 원, 바꿔 말하면 3 내지 4제곱 마일 면적의 원 안에서 식량을 징발한다 해도 필요한 만큼 모으는 것은 도저히 불가능할 것이다. 근처의 큰 부락에는 이미 소부대가 숙영하고 있어서 식량의 인도에 응하지 않기 때문이다. 또 이와 같은 방법으로는 식량의 낭비

---

8) 병참은 작전군의 활동력을 유지하는 것을 그 임무로 하며, 군의 보급, 군수품이나 마필, 운반, 보급 등을 관장한다.

가 심해진다. 부대 중에는 필요 이상의 양을 모아, 많은 식량이 다 이용되지 않고 버려지게 되는 일도 있기 때문이다.

그러면 결론은 이렇게 된다. 징발에 의한 보급이 성공하는 것은 너무 크지 않은 부대, 기껏해야 8000 내지 1만 정도로 제한한다. 또 그러한 경우에도 이 보급 방법을, 할 수 없이 하는 필요악으로만 사용해야 한다는 것이다.

그러나 이 방법을 꼭 써야 하는 경우가 몇 가지 있다. 그것은 첫째로, 전위나 전초처럼 적과 직면하고 있는 부대가 전진을 계속하는 경우이다. 이러한 선진 부대는 보급에 관해 전혀 준비를 하지 않은 지점을 향해 행진하고 있고, 또 본대를 위한 물자 저장고로부터 꽤 멀리 떨어져 있는 것이 통례이기 때문이다. 두 번째는 독립적으로 행동하는 별동대의 경우이고, 세 번째로는 우연한 사정에 의해서 다른 보급 방법을 채택할 시간도 방법도 없는 경우이다.

군대가 정규 징발을 실시하는 준비를 빈틈없이 갖추고 있으면, 또 이러한 보급 방법에 이행하는 시간과 정황에 충분한 여유가 있으면, 이에 따라 더욱더 좋은 결과를 얻을 수 있는 셈이다. 그러나 대부분의 경우, 그러한 시간적 여유가 없으므로 군대 자체가 직접 징발에 나서지 않을 수 없고, 그 편이 정규 징발보다도 훨씬 수월하다.

3 정규 징발에 의한 보급

이것은 말할 것도 없이 가장 간단하고 가장 효과적인 보급 방법이며, 근대 전쟁의 기초를 이루고 있다.

이 보급 방법이 위에서 말한 두 가지 방법과 다른 것은, 특히 지방 관청의 협력을 기대하는 점에 있다. 이 방법에 의하면 저장 물자를 보는 대로 힘으로 빼앗는 것이 아니라, 합리적인 할당에 의해 절차에 따라 공출할 수 있다. 그리고 이와 같은 공출 할당은 지방 관청이 아니면 도저히 할 수 없는 일이다.

이 방법의 성패는 군의 시간적 여유에 있다. 시간적 여유가 많으면 할당은 더욱더 멀리 고르게 펼 수 있고, 공출자의 부담은 더욱더 경감되어 정상적인 성과를 거둘 수 있다. 게다가 또 현금 매입 방법을 겸용할 수 있기 때문에, 그렇게 되면 이 방법은 다음에 말하는 네 번째 방법과 비슷하게 될 것이다. 그런데 이런 종류의 방법은 자국 내에서라면 군을 집결시키거나 퇴각시키는 경우라도 아무런 곤란이 따르지 않는다. 이와는 반대로 군이 아직 점령하지 않은 지방을 전진하는 경우에는, 이 보급 방법을 수배할 시간적 여유가 거의 없다고 할 수 있다. 보통은 기껏해야 하루 정도이다. 전위는 주로 본대보다도 하루 정도 앞서 가기 때문이다. 그래서 전위는 그 지방의 해당 관청에 필요한 만큼의 양의 구량(口糧)과 마량(馬糧)을 이러이러한 지점에 준비하도록 요구한다. 그러나 이만큼의 구량과 마량을 가까운 지점, 다시 말하면 일정한 지점을 중심으로 하는 주위 수 마일의 지역만으로 조달할 수 있는 것은 아니다. 따라서 군 자체가 며칠 치의 구량과 마량을 휴대하지 않는 한, 이렇게 급하게 모은 식량만으로는 적어도 대군일 경우에는 턱없이 부족하다. 그렇게 되면 입수한 식량을 관리하여, 식량이 없는 부대에만 배급하는 것이 병참부가 하는 일이 된다. 그러나 이러한 힘든 보급 상태도 매일 줄어들게 될 것이다. 하루하루가 지남에 따라 물자는 멀리서 조달하게 되고, 또 공출 지구의 면적도 늘어난다. 그러면 공출 물자도 나날이 기하급수적으로 커지게 된다. 즉 첫날에 공출 지구의 면적이 4제곱 마일이라 한다면, 둘째 날은 16제곱 마일, 셋째 날에는 36제곱 마일로 점점 확대된다. 그러면 둘째 날은 첫째 날보다 12제곱 마일, 또 셋째 날은 둘째 날보다 20제곱 마일 확대되는 셈이다.

　말할 것도 없이 위에서 말한 사정은 이런 종류의 보급 방법을 대략적으로 제시한 것에 지나지 않는다. 실제로는 여기에 여러 가지 제한이 더해진 상황이 얼마든지 나타나게 된다. 그 가장 현저한 상황을 말하자면, 군이 떠난 직후의 지방은 아직 군대가 통과하지 않은 지방과 같은 정도의 협력을 할 리가 없다는 것이다. 그러나 다른 한편으로는 공출 지구의 반경이 매일 2마일 이상 커지는 것이 가능하다는 점, 어쩌면 3마일 내지 4마일, 또 그 이상도 커질 수 있다는 것을 아울러 생각할 필요가 있다.

　정규 징발에 의한 공출이 적어도 반수 이상 성공하느냐의 여부는 지방 관청의 관리에게 부과된 지대(支隊)[9] 집행력의 능력에 달려 있다. 그보다도 해당 지방의 주민이 품는 책임, 처벌 및 가혹한 취급에 대한 공포심이 중요하다. 이때의 공포감은 일반적으로 모든 주민을 무겁게 짓누르기 때문이다.

---

9) 일시적으로 독립해서 특별 임무에 복무하는 부대를 말한다.

어쨌든 우리는 병참이나 보급에 관한 업무를 마치 시계 장치처럼 운행되는 정밀한 조직을 논술할 생각은 없고, 단지 결론에만 주목하면 된다.

그런데 이 보급 방식의 일반적 사정을 상식적으로 고찰하고, 또 이것을 프랑스혁명 이래의 전쟁 경험에 비추어서 얻은 결론은 다음과 같다. 즉 비록 대군이라도 며칠 치의 식량을 휴대하면, 군대가 도착하자마자 개시되는 정규 징발에 의해서 바로 식량을 조달할 수 있다는 것이다.

또 이 경우, 처음에는 징발령이 근처 지역에만 적용되지만 공출 지역이 확대됨에 따라 징발도 고등 관청에 의해 지령된다.

정규의 징발 보급은, 해당 지방이 피폐하거나 궁핍해지거나 파괴되지 않는 한 항상 적용할 수 있는 방법이다. 그런데 군의 주둔이 비교적 오래 걸리는 경우, 징발령은 그 지방의 최고 관청으로부터 발령된다. 그러면 이 지방 관청이 주민의 부담을 될 수 있는 대로 공평하게 할당하고, 구매에 의해 공출의 중압을 줄이는 등 필요한 처치를 강구하는 것은 말할 것도 없다. 적국의 군대라 할지라도 머무는 기간이 길어질 때에는, 보급의 부담을 모두 해당 지방의 주민에 부과할 정도로 무법적이고 가혹한 처치를 취하지 않는 것이 통례이다. 따라서 이런 종류의 보급 방식은 대부분 다음에 말하는 창고 보급으로 차차 근접해 간다. 하지만 그렇다고 해서 이 방식이 군의 운동력에 미치는 본래의 영향을 크게 변화시키는 것은 아니다. 해당 지방의 공출력은 멀리 떨어진 곳으로부터 수송되는 물자에 의해 보충된다고는 하지만, 그 지역 자체는 여전히 군대 보급의 본디 도구라는 것과 18세기 전쟁에서처럼 군이 국민과 국토에 관계없이 보급을 조달하고, 지방은 원칙적으로 군의 보급에 상관하지 않는 것 사이에는 근본적인 차이가 있기 때문이다.

정규의 징발 보급은 두 가지 특성에 의해 지난날 군대 보급과 구별된다. 그 첫째는 그 지방의 차량을 이용하는 것이고, 두 번째는 그 지방의 빵 제조소를 사용하는 것이다. 이전에는 군의 차량을 이용해서 막대한 물자를 수송해야 했기 때문에, 군 자체의 움직임이 원활하지 못했다. 하지만 이러한 불편은 이 새로운 보급 방법에 의해 사라진다.

확실히 오늘날 식량 차량이 한 대도 없는 군은 없을 것이다. 그러나 이런 종류의 차량은 매우 적고, 하루 식량의 남은 것을 다음 날로 미루기 위해 사용되는 것에 지나지 않다. 근대에도 특별한 사정이 있으면, 1812년 나폴레옹의 러시아 원정에서처럼 막대한 수송 차량을 가지고 가야 하며, 또 야전 빵 제조소도 있어야 한다. 하지만 이러한 행진은 전적으로 예외이다. 30만 대군이 거의 유일한 도로를 130마일이나 행진하고, 더욱이 그것이 폴란드나 러시아 같은 나라에서 수확기 직전에 이루어졌다는 것은 드문 경우에 속한다. 둘째로는 이러한 경우라 할지라도 수송에 따른 보급은 결국 보조 수단이고, 군이 통과하는 지방으로부터의 식량 징발이 보통 모든 보급의 바탕을 이룬다.

그래서 프랑스혁명전쟁 초기의 전역 이래, 프랑스군이 채용한 공출 방식은 항상 보급 방식의 바탕이 되었다. 그러자 프랑스군에 대항하는 동맹군도 이 방식으로 바꾸지 않을 수 없었다. 그렇게 되자 일단 채용한 이 방식을 버리고 본디 방법으로 돌아갈 수 없게 되었다. 전쟁 지도의 수행력 즉, 경쾌함과 자유를 가져오기 위해서는 이 보급 방식밖에 없다. 예를 들어 군이 어떤 방향으로 행진하더라도 이 방법에 의하면 보통의 경우 처음 3주간 내지 4주간은 식량 걱정이 없고, 또 그 뒤는 창고로 보충할 수 있기 때문에 전쟁은 바로 이 보급 방식에 의해 행동의 자유를 완전히 확보했다고 말할 수 있다. 하기야 이 보급 방법을 사용해도, 어떤 면에서는 다른 방법에 의한 것보다도 오히려 많은 곤란이 생기고, 그 때문에 다른 방법과 비교해 그 공과를 따지게 될지도 모른다. 그러나 정규적인 징발 보급이라고 하는 이 방법이 절대로 불가능하게 되는 일은 우선 없을 것이고, 또 과거와는 달리 보급에 관한 고려가 군사적 행동을 결정적으로 좌우하는 일도 없을 것이다.

단 하나의 예외적인 사정이라 하면 적국 안에서의 퇴각이다. 이 경우에는 보급에 대해 불리한 많은 조건이 한꺼번에 일어난다. 퇴각 운동은 지체할 수 없는 행진이어서 도중에 멈출 수가 없다. 따라서 물자를 모으는 시간이 없는 셈이다. 또 퇴각하지 않을 수 없는 정황 자체가 이미 매우 불리하기 때문에 군은 위험을 염려하여 항상 집합해 있어야 한다. 따라서 사영지에서 분숙(分宿)하거나 행진 정면을 확대하는 일은 논외의 일이다. 주민의 적대적 의식은 집행력을 가지지 않는 징발령만으로 물자를 모으는 것을 허락하지는 않는다. 게다가 그때야말로 주민의 반항과 악의가 발동하는 절호의 순간이다. 이러한 이유로 적국 내의 퇴각에는, 이미 준비된 병참선 및 퇴각선(退却線)만을 사용하는 것이 무난하다.

1812년에 나폴레옹이 모스크바로부터 퇴각했을 때 그가 왔던 길에만 의존한 것은, 오직 보급을 염려했기 때문이다. 그때 만약 그가 다른 길을 선택했다면, 그것이 어느 길이든 그의 몰락은 더 빠르고 확실했을 것이다. 그런데 프랑스 군사 평론가조차 이때 나폴레옹의 조치를 비난하는 것은 도리에 맞지 않는 일이라고 하지 않을 수 없다.

4 창고 보급

이 보급 방법을 위에서 말한 세 가지 방법으로부터 발생적으로도 구별하려고 한다면, 17세기 마지막 3분의 1기에서 시작되어 18세기를 통해 계속 이루어진 보급 시설로 거슬러 올라갈 수밖에 없다. 그런데 이러한 보급 시설은 도대체 부활할 가능성이 있는 것일까.

교전 양국이 함께 대군을 움직이는 전쟁이 7년, 10년 혹은 12년으로 오랫동안 한 장소에서 벗어나지 않는 경우, 예를 들면 이전에 네덜란드, 라인강변, 북부 이탈리아, 슐레지엔 및 작센 등에서 있었던 전쟁에서는, 창고 보급 외의 다른 방법을 거의 생각할 수 없었다는 것은 말할 필요도 없다. 그러나 이토록 장기에 걸쳐서 피아 두 군의 보급을 부담하는 도구가 되었고, 게다가 그 때문에 완전히 폐허가 되지도 않고 또 식량의 공출이 갈수록 적어지는 일도 없는 지방이 도대체 존재할 수 있었을까.

그러면 그에 따라 여기에서 문제가 생긴다. 즉 전쟁이 보급 방식을 규정하는 것인가, 아니면 보급이 전쟁을 규정하는 것인가 하는 문제이다. 이 문제에 대한 해답은 이렇다. ─전쟁 수행에 필요한 그 밖의 모든 조건이 허락하는 한, 우선 보급 방식이 전쟁을 규정할 것이다. 그러나 이들 조건이 종래의 보급 방식에 반대하기 시작하여, 이미 그 존속을 허락하지 않게 되면 반대로 전쟁이 보급 방식을 규정하게 될 것이다.

정규 징발에 의한 공출 방식과 현지 보급을 바탕으로 하는 전쟁이, 창고 보급에만 의존하는 전쟁보다 뛰어난 것은 말할 필요도 없다. 따라서 전쟁이라는 명칭은 같아도, 이 둘을 동일한 전쟁으로 볼 수는 없을 것이다. 실제로 그 어떤 국가도 새삼스럽게 전자를 바꾸기 위해 후자로 할 리는 없을 것이고, 또 어딘가 완고하고 무지한 육군 장관이 있어서 이러한 사정이 일반적으로 필연적이라는 것을 깨닫지 못하고 전쟁을 시작할 때, 군 보급에 옛 방식을 적용하려는 일이 있더라도, 현실의 엄격한 사태는 장군을 강요해서 이것을 버리게 할 것임에 틀림없다.

그렇게 되면 징발에 의한 공출 방식이 자연히 힘을 얻게 될 것이다. 게다가 또 창고 보급은 시설에 막대한 비용이 들기 때문에 아무래도 군의 장비와 전투력과의 수량을 줄이지 않을 수가 없다. 어느 국가라도 여분의 돈을 가지고 있을 리가 없기에 그렇게 되면 이러한 장비의 수량에 대해서는, 교전국 간에 외교적으로 협조하는 방법밖에 없을 것이다. 그러나 그러한 일은 관념의 놀이에 지나지 않을 뿐이다.

따라서 앞으로도 전쟁에서는 징발에 의한 공출 방식을 고수할 것이다. 여러 나라의 정부 중에는 이 보급 방식을 뭔가 더 정교하고 치밀한 보급 방법으로 보충하여 자국의 부담을 줄이려고 노력하는 곳도 있겠지만, 그것이 어느 정도까지 성공할지는 의문이다. 어쨌든 이러한 보조 수단의 성과는 결국 대단한 것은 아닐 것이다. 그것은 전쟁에서 긴급을 요하는 보급이라는 사항에 관해서는, 무엇보다도 우선 가장 절실한 필요를 만족시키는 것이 중요하므로, 정교하고 치밀한 보급 시설로는 도저히 이러한 필요에 응할 수 없기 때문이다.

그러나 전쟁의 승패가 결정적인 것이 아니고, 또 피아의 군사적 행동이 전쟁의 본성에 반해서 비교적 좁은 범위에 한정되어 있는 경우에는, 징발에 의한 공출 방식은 해당 지방을 심히 폐허화시키기 시작하므로 강화를 체결하든가, 아니면 지방의 부담을 줄이기 위해 독립된 보급 시설을 설계하든가, 둘 중 어느 하나를 선택해야 한다. 후자는 나폴레옹의 지휘 아래 있는 프랑스군이 에스파냐에서 사용했던 방법이다. 하지만 전자 쪽이 매우 빈번하게 실시된다. 전쟁을 계속하면 교전국의 피폐는 심해질 뿐이므로, 비용이 비싸게 드는 전쟁보다도 강화를 요구하는 것이 통례이다. 그래서 근대의 전쟁 지도는 이 방면에서도 전쟁 기간을 단축해서 속전속결로 처리하려고 하는 것이다.

그러나 우리는 옛날의 창고 보급을 가지고 하는 전쟁의 가능성을 전면적으로 부정할 생각은 없다. 교전국 서로의 사정이 이 옛 방식을 채용하지 않을 수 없거나, 혹은 또 이 방법으로 유리한 상황이 생긴다면 이 보급 방식은 아마도 반복해서 나타날 것이다. 그러나 이 방식을 자연의 이치에 맞는 시설로 볼 수는 없다. 오히려 이것은 특수한 정황에서 발생한 변태에 지나지 않는 것으로, 전쟁 본래의 의의로부터는 결코 생길 수 있는 것이 아니다. 하물며 이 보급 방식은 징발에 의한 공출 방식보다도 인도적이라는 이유로, 전쟁의 원만하고 부족이 없는 모습을 여기서 찾으려는 것은 큰 잘못이다. 전쟁은 그 자체가 결코 인도적이지 않기 때문이다.

하지만 위에서 말한 네 가지 보급 방식 중 어느 것을 고른다 하더라도, 부유하고 인구가 조밀한 지방의 보급은 토지가 메마르고 인구가 희박한 지방보다도 편하다는 것은 말할 필요도 없다. 여기서 인구의 많고 적음이 문제가 되는 까닭은, 인구가 그 토지에 저장되어 있는 물자에 대해 이중의 관계를 가지기 때문이다. 즉 첫째는 소비가 큰 토지에서는 저장 물자도 클 것이라는 것이다. 또 두번째로 인구가 많으면 그에 따라 생산량도 많기 때문이다. 주민의 대다수가 공장 노동자인 지역은 예외이다. 하물며 이 지역이 농산물을 생산하지 않는 토지에 둘러싸인 계곡 사이에 끼어 있는 경우에는 더욱 그러하다. 그리고 이러한 지역은 실제로도 드물지 않다. 그러나 일반적으로 말해서 군의 필수품을 조달하려면 인구가 조밀한 토지 쪽이, 인구가 희박한 토지보다도 훨씬 쉽다.

예를 들어 토지가 매우 비옥하더라도 40만의 인구를 가진 400제곱 마일 지역이 10만의 군을 보급하는 것은, 200만 인구를 가진 같은 400제곱 마일 지역만큼 쉽지 않을 것이다. 게다가 또 인구가 조밀한 지방은 인구가 희박한 지방에 비해 도로 및 하천의 연락로가 많고, 그 상태도 좋다. 그뿐만이 아니라 수송 수단도 풍부하며, 상업 행위도 쉽고 확실하다. 간단히 말하자면 군의 보급은 플랑드르 지방 쪽이 폴란드에서보다도 훨씬 쉽다.

말하자면 여러 파이프를 준비해서 막대한 물자를 흡수하는 전쟁이, 국도나 인구가 조밀한 도시, 비옥하고 광활한 계곡, 또는 항해가 가능한 해안을 전쟁터로 고르는 것은 이러한 사정 때문이다.

군 보급이 군사적 계획이 취하는 방향과 형태, 또 전쟁터와 병참선과의 선택에 전반적인 영향을 미치는 것은 이것으로 분명해진다.

그러나 군 보급이 미치는 영향이 어느 정도에 달하는가, 또 보급의 난이성이 전쟁의 계산에 어느 정도 가치가 있는가에 대한 결정은, 두말할 것도 없이 그때의 전쟁 성질을 규정하는 방식에 달려 있다. 전쟁이 그 본래의 정신을 안고 수

크림 전쟁(1853~1856) 종교적 분쟁이 주요 요인이 된 전쟁으로, 크림 반도를 중심으로 러시아가 영국, 프랑스, 오스만제국과 벌인 전쟁이다.

행되는 경우, 바꿔 말하면 그 어떤 것에도 구속되지 않는 격렬한 힘을 발휘하고 오로지 전투와 결전을 추구하는 경우에는, 군의 보급도 중요하기는 하지만 부속적인 사항이 된다. 이와는 반대로 피아 두 군의 병력이 균형을 가지고 동일한 지방에서 일진일퇴하면서 많은 세월을 보내는 경우에는 보급이 중요 사항이 된다. 그래서 경리 담당관이 장수의 역할을 하고 전쟁 지도는 식량 차량 관리로 옮아간다.

전쟁 중에 이렇다 할 사건이 일어나지 않고, 전쟁 목적이 소홀해지고, 피아의 전력이 헛되이 소비되고, 모든 비난이 식량 부족으로 귀결되는 전쟁이 무수히 많은 것은 이 때문이다. 이에 반해서 나폴레옹은 항상 이렇게 말했다.

"나에게 식량에 대해서 말하지 말라!(qu'on ne me parle pas des vivres!)"

그런데 1812년의 러시아 원정에서 식량에 대한 무관심이 너무 지나쳤다는 것을 증명한 것은 다른 사람이 아닌 바로 나폴레옹이었다. 물론 그의 러시아 원정은 식량 부족만으로 실패한 것은 아니다. 이렇게 주장한다면 비겁하다는 말을 면하지 못할지 모르지만, 전진 중에 그의 군이 급격하게 숫자가 줄고 또 퇴각 중에 군이 완전히 괴멸한 것은 의심할 필요도 없이 보급에 관한 그의 생각이 부족해서라고 해도 무방하다.

나폴레옹이 때로는 분방한 행동을 감히 저지르는 격정적인 군사적 도박꾼이라는 것을 부정할 수는 없다 해도, 나폴레옹뿐만이 아니라 그에 앞서 혁명전쟁을 지도한 장수들[10]도, 보급에 관한 예로부터의 뿌리 깊은 생각을 배제하고, 보급은 조건이라는 관점에서 고찰되어야지 목적으로 간주되어서는 안 된다는 것을 실증한 것은 훌륭한 공적이라고 할 만하다.

어쨌든 전쟁에서 식량의 부자유는 육체적 고생이나 위험과 동일하다. 장수가 휘하의 군에 부과하는 요구에는 이렇다 할 정해진 한도는 없다. 강렬한 성격의 장수는, 감정으로 움직이기 쉬운 연약한 장수보다도 요구하는 바가 크다. 또 군의 무공(武功)도 습관, 군인 정신, 장군에 대한 신뢰와 경애, 혹은 조국을 위해 목숨을 바치려고 하는 정열 등은 장병의 의지와 정신적, 신체적 여러 힘을 지지하는 정도에 따라 각각 달라진다. 그러나 보급의 부자유와 궁핍이 아무리 심해도 그것은 일시적인 상태로 보아야 한다는 것, 또 이러한 부자유와 궁핍은 이윽고 풍부한 보급—남아돌 정도의 보급—으로 보답되어야 한다는 것은 전쟁지도의 원칙에 넣어도 좋다.

수만 명의 병사가 누더기를 걸치고 30파운드 내지 40파운드[11]나 되는 무거운 배낭을 지고, 날씨나 도로 사정에 상관없이 무거운 발걸음으로 여러 날 행군을 계속하고, 끊임없이 건강과 생명을 위협받고 그 대가로는 마른 빵조차 배불리 먹을 수 없다면 이보다 비참한 일이 또 있을까? 따라서 장수는 이러한 불합리한 일이 전쟁 중에 자주 일어난다면 병사의 전의(戰意)나 심신의 힘은 마침내 약해진다는 것, 또 인간은 마음가짐만으로 이 정도 고생에 견뎌 낼 힘을 끌어내어 그것을 언제까지고 유지할 수는 없음을 충분히 알아두어야 한다.

따라서 보다 큰 목적을 요구하면서 병사에게 보급의 심한 부자유를 강요하

---

10) 뒤무리에(Dumouriez, Charles François, 1739~1823), 쥬르당(Jourdan, Jean Baptiste, 1762~1833), 마르소(Marceau, François Séverin Desgraviers, 1769~1796), 쥬베르(Joubert, Barthélemy Catherine, 1769~1799) 등을 가리킬 것이다.
11) 독일에서 19세기 중엽까지는 1파운드가 약 500g이었다.

는 장수는 병사를 소중히 여기는 마음에서이든, 혹은 인정의 기미를 이용한 약은 꾀에서든 병사들의 이러한 노고에 보답하는 대가를 항상 염두에 두어야 한다.

다음으로 우리는 공격할 때의 보급과 방어할 때의 보급의 차이에 대해 한마디 해두지 않을 수가 없다.

방어의 경우에는, 미리 준비해 두고 모든 종류의 보급 물자를 그대로 사용할 수 있기 때문에, 방어하는 쪽은 항상 필수품에 부족함이 없다. 자국에서 적을 방어하는 경우에는 항상 이렇지만, 적국에서 방어하는 경우에도 마찬가지이다. 이에 반해 공격하는 쪽은, 보급 기지로부터 멀리 떨어져 있기 때문에, 군의 전진이 계속되는 한, 혹은 주군(駐軍) 뒤의 처음 몇 주일까지도 매일매일 필요 물자를 스스로 조달해야 한다. 그리고 이 경우에 부족이나 궁핍이 생기는 것은 당연하다.

공격하는 쪽에서, 보급에 관한 곤란함이 최대에 이르는 경우가 두 가지 있다. 첫째는 아직 승패가 결정되지 않은 동안에 공격자가 전진을 계속하는 경우이다. 즉, 방어 쪽에는 아직 필수 물자가 있는데도, 공격자는 소유한 물자를 뻔히 알면서도 뒤에 남기지 않을 수 없다는 것이다. 또 공격자는 항상 군을 집합해 둘 필요가 있기 때문에 보급에 편한 넓은 지역을 차지할 수 없다. 게다가 일단 전쟁을 위한 움직임이 시작되면, 수송 차량은 이제 군을 따라갈 수가 없게 된다. 이렇게 중요한 때 미리 보급의 충분한 준비에 대한 대책을 세우지 않으면 공격하는 군대는 결전 전의 며칠 동안, 보급 부족과 궁핍으로 고통을 받게 될 것이다. 이런 이유로 인해 군대를 결코 좋은 상태로 전쟁에 참가시킬 수 없게 되는 것이다.

두 번째는, 공격자가 승리를 여세로 몰아 전진했기 때문에 병참선이 과도하게 연장되어 식량 부족이 일어나는 경우이다. 특히 땅이 메마르고 인구가 희박한, 그리고 주민들이 적의를 가진 지역에서 전쟁이 이루어지는 경우에는 더욱 그러하다. 비르나에서 모스크바로 향하는 병참선[12]과 쾰른[13]에서 리에주, 루

---

12) 1812년 러시아 원정에서 나폴레옹의 전진로.
13) 쾰른(Köln). 독일 라인강변의 도시.

뱅,[14] 브뤼셀, 몽스,[15] 발랑시엔,[16] 캉브레[17]를 거쳐 파리로 향하는 병참선[18] 사이에는 실로 심한 차이가 있었다. 전자는 한 차량의 식량을 조달하는데도 무력을 행사해야만 했는데 비해, 후자는 식량을 상인에게 발주해서 한 장의 어음을 발행하면 백만의 구량(口糧)을 조달하는 데 충분했다.

보급이 곤란했기 때문에 혁혁한 승리의 영광은 소멸되고, 군의 힘이 쇠퇴하여 퇴각이 필요해지며, 점차로 회복할 수 없는 패배의 모든 징후가 나타나게 된 사례는 이제까지 자주 일어났다.

마량(馬糧)은 전에 말한 대로 처음에는 부족하지 않아도 지방에 피폐가 시작되면 맨 먼저 부족해진다. 마량은 용적 관계로 먼 곳에서 운반하는 것이 매우 곤란하고, 또 말은 식량이 부족하면 인간보다 더 빨리 죽는다. 이러한 이유로 해서 지나치게 많은 기병이나 포병은 군의 큰 부담이 되고, 또 실제로 군을 약화시키는 원인이 되는 것이다.

---

14) 루뱅(Louvain). 벨기에의 도시. 독일 이름은 뢰벤(Löwen).

15) 몽스(Mons). 프랑스 북부의 도시.

16) 발랑시엔(Valenciennes). 프랑스의 도시.

17) 캉브레(Cambrai). 프랑스의 도시.

18) 해방 전쟁(1815)에서 동맹군의 전진로.

제15장
후방 기지

군이 군사적 작전을 실시하려고 할 때 아군이 적지에 있는 적과 그 전쟁터를 공격하든, 혹은 자국 국경에 군대를 배치하든 군은 급양 및 보급의 자원지(資源地)에 의존하지 않을 수 없다. 그래서 이들 자원지와 긴밀한 연락을 취하는 일이 필요해진다. 이러한 자원지는 군의 생존과 유지의 조건을 이루는 것이기 때문이다. 그런데 군이 이 자원지에 의존하는 정도는, 군의 병사 수가 많아짐에 따라, 물자의 종류나 그 양도 점점 커진다. 하지만 그 경우에 군이 모든 국토와 직접 연락한다는 것은 반드시 가능하지 않고, 또 그럴 필요도 없다. 다만 군은 배후에 이러한 자원지를 두고 이 지구가 군의 진지에 의해 보호되고 있으면 좋은 것이다. 그러면 이 지구에는 필요에 따라 물자를 저장하는 공공시설이 구축되고, 또 보충 물품을 규칙적으로 전송하는 조치가 마련된다. 그렇기 때문에 이 지구는 군과 군의 모든 계획의 기초이고, 군과 함께 하나의 전체를 이루는 것으로 간주되어야 한다. 또 저장 물자의 안전을 고려해 이것을 축성(築城)한 장소에 모아서 쌓아두면 후방 기지라는 개념은 이것으로 점점 명확해지지만, 이러한 설비가 없다고 이 개념이 성립하지 않는 것은 아니다. 대부분의 물자 축적장은 축성되지 않는다.

하지만 적국의 일부도 아군을 유지하는 바탕으로 간주해도 좋다. 적어도 그것은 아군의 후방 기지와 함께 이러한 바탕이 될 수 있다. 군이 적국 내에 진주했을 경우에는 다량의 군수품을 이 점령지로부터 징발할 수 있기 때문이다. 그러나 그 경우에는 진주군이 이 점령 지구를 실제로 제압하고 있다는 것, 바꿔 말하면 이 지구가 군의 명령을 확실히 준수해야 한다는 것이 조건이 된다. 그런데 이러한 보장은 작은 수비대나 순찰대를 사용해서 그 지구 주민을 복종시키는 한에서 할 수 있는 일이고 그 이상은 기대할 수 없으므로, 대개는 결국 그다지 확실하지 않다. 그러기 때문에 아군이 여러 종류의 필수품을 징발할 수 있는 지구는 군의 수요량에 비추어 매우 한정되기 때문에, 대부분의 경우는 아군의 수요를 충족시키지 못한다. 그렇게 되면 결국 자국으로부터 다량의 물자를 수송해야 한다. 그래서 군의 배후에 있는 자국의 자원지가 후방 기지의 필연적인 구성 요소로서 고려되어야 하는 것이다.

대체로 군수품은 두 가지로 구분된다. 첫째는 어떤 농경지에서나 산출되는 농산물이고, 두 번째는 본국의 자원지에서만 얻을 수 있는 자재이다. 전자는 주로 식량이고, 후자는 보충품이다. 따라서 전자는 적지에서도 징발할 수 있지만, 후자는 원칙적으로 본국에서만 공급할 수 있는 것, 예를 들어 병사, 무기 및 대부분의 탄약 등이다. 개개의 경우에는 이러한 구별에도 예외가 생기지만 그런 경우는 매우 드물고 그다지 중요하지도 않다. 그러나 이와 같은 구별은 중요하며, 군에서는 본국과의 연락을 빠뜨려서는 안 된다는 것이 여기서도 새삼 증명되고 있는 것이다.

식량은, 자국 내에서는 물론이고 적지에서도 대개는 방비가 없는 지역에 쌓아둔다. 그 이유의 첫째는, 본디 식량은 매일 여러 곳에서 대량으로 소비되어 이내 소모되는 것이지만, 이것을 수용하기에 충분한 많은 요새는 어디에도 존재하지 않기 때문이다. 두 번째는, 식량 소모는 쉽게 보충될 수 있기 때문이다. 이에 반해 보충품, 즉 무기, 탄약 및 여러 장비들은 전쟁터 부근의 무방비한 곳에 아무렇게나 저장되는 일이 없고 오히려 비교적 멀리 떨어진 곳으로부터 수송된다. 어쨌든 적지에서는 이 보충품을 요새 이외에 저장하는 일은 하지 않는다. 이러한 사정으로도 후방 기지의 중요성은 식량보다도 오히려 보충품에 있다는 것을 알 수 있다.

그러나 이 두 가지 군수품을 사용하기에 앞서 몇몇의 큰 창고에 쌓고, 또 국내의 모든 자원지를 적당히 정리하여 큰 저장소로 만들면, 이들 일체의 큰 창고와 큰 저장소는 모든 국토의 자원을 대표하는 것으로 간주해도 된다. 그렇게 되면 후방 기지의 개념은 이들 저장소와 점점 밀접한 관계를 지니게 된다. 하지만 이 저장소만을 후방 기지로 해석한다는 것은 지나친 처사이다.

급양 및 보급 자원이 매우 풍부하다고 하면, 바꿔 말하여 광대하고 풍부한 공급 지구가 있고 거기서 산출되거나 만들어지는 물자는 신속한 급여의 편의에 따라 많은 저장소에 집적된다. 또 이들 저장소는 그 어떤 방법으로 안전하게 보호받아 군 근처에 설치되고, 거기에는 도로가 통하고 다시 또 이들 도로는 군의 후방에서 사통팔달하여 때로는 군의 일부를 둘러싸는 일도 있다고 하면, 우선 군은 이에 의해서 발랄한 활기를 얻을 수 있고, 둘째로는 군의 움직임이 현저하게 자유로워진다. 그래서 어떤 논자는 군이 차지하는 위치에서 생기는 이러한 여러 가지 유리함을 총괄하여 하나의 개념으로 구성하려고 했다. 즉 '후방 기지의 양'이라는 개념이다. 요컨대 후방 기지와 작전 목표와의 관계, 바꿔 말하면 후방 기지의 양단(兩端)[1]과 이 목표(이것은 점이라고 여겨지고 있다)가 이루는 각에 의해서, 급양 및 보급 자원지의 위치 및 사정이 군에게 주는 유리한 점과 불리한 점의 총계를 모두 표시하자는 것이다.

　그러나 이와 같이 정연한 기하학적 도형이 단순한 놀이에 지나지 않는다는 것은 분명하다. 이러한 도형은 진실을 왜곡하지 않을 수 없는 일련의 바꿔치기에 입각하고 있기 때문이다. 앞에서 말한 대로 군의 후방 기지는 세 가지 단계로 이루어져 있고, 군은 그 어느 것과도 관계된다. 세 가지 단계란, 첫째는 지방의 자원, 두 번째는 여러 곳에 설치된 저장소, 세 번째는 이들 물자를 공급하는 지역이다. 이 세 가지 요건은 장소별로 분리되어 있기 때문에, 이것을 그중 어느 한 가지로 환원할 수는 없다. 하물며 후방 기지의 양쪽을 잇는 선을 바로 후방 기지 자체의 폭이라고 말하는 것은 그야말로 언어도단이라 하지 않을 수 없다. 이러한 선은 어떤 요새와 다른 요새를 잇는 선, 혹은 지방의 주요 도시와 다른 지방의 주요 도시를 잇는 선, 혹은 정치적으로 정해진 국경선[2] 등과 마찬가지로 대부분은 제멋대로 그은 인위적인 선에 지나지 않는 것이다. 또 이 세 가지 단계 사이에 일정한 관계를 확립한다는 것은 불가능하다. 이들 단계의 성질은, 실제로는 많든 적든 서로 섞여 있는 것이 통례이기 때문이다.

　따라서 여느 때라면 매우 멀리 떨어진 지역으로부터 수송되는 보충품이 주

---

1) 후방 기지를 직선으로 보는 생각이다. 그러면 후방 기지의 양쪽 끝에서 작전 목표를 향하여 직선을 그으면 일정한 삼각형이 생긴다. 그 경우에 목표를 정점으로 하는 꼭지각이 다음에 말하는 작선각(作線角)이다.
2) 자연적 국경, 즉 자연의 지세에 의해 규정되어 있는 국경선에 대치되는 인위적 국경선을 말한다.

변 토지에서 조달할 수 있는 경우가 있고, 또 식량조차도 멀리서 가져오는 경우도 있는 식이다. 한편으로는 가까운 요새 도시가 무기의 대저장고이자 항만이고 상업지로서, 한 나라의 전투력이 여기에 합쳐져 있는 것과 같은 곳이 있는가 하면, 또 다른 한편으로 요새 도시는 이름뿐이고, 그 요새 내의 수요조차 만족할 만큼 충족할 수 없는 빈약한 곳도 있다.

요컨대 후방 기지의 양이나 작전각의 각도와 같은 것으로부터 끌어 낸 일체의 결론이나, 또 이들 개념에 입각해서 조립된 전쟁지도 체계는 기하학적 성질에 구애되는 한 실제 전쟁에서는 전혀 가치도 없는 어리석은 생각이고, 개념의 세계에서 잘못된 노력을 하게 하는 데 지나지 않는다. 그럼에도 이러한 일련의 사고방식의 근거는 진실이고 단지 전개 방식이 잘못된 것에 지나지 않으므로, 이 견해는 어쩌면 앞으로 자주 나타나서 파렴치하게 이 문제에 개입할 것으로 생각한다.

여하간 우리로서는, 후방 기지는 군사적 계획에 일반적으로 영향을 미치는 것이라고 인정하는 데에만 머물지 않을 수 없다. 따라서 후방 기지라는 사상을 두서너 가지 개념으로 환원하여, 이것을 규칙으로서 사용할 생각은 없다. 오히려 우리는 현실의 그 어떠한 경우에도 위의 세 가지 요건을 모두 동시에 고려해야 한다는 것을 말하고 싶다.

군의 급양과 보급을 목적으로 하는 저장소가 일단 어떤 방향으로, 어떤 지역에 설치되면, 자국에 있어서조차도 특히 이 지역을 군의 후방 기지로 보지 않을 수가 없다. 후방 기지로서의 지역을 변경하려면 역시 시간과 노력을 필요로 하기 때문에, 자국 내에서도 후방 기지를 하루나 이틀 사이에 이전시킬 수 있는 것은 아니다. 그렇게 되면 또 군사적 계획을 실시하는 경우, 자국의 국경 전체를 아군의 후방 기지로 간주할 수 있을지도 모른다. 그러나 이러한 견해가 자국 안에서는 어디에서나 급양이나 보급 시설을 건설할 수 있다는 의미라면, 확실히 일반적으로는 그렇게 말할 수 있을 것이다. 그러나 어느 경우에도 그것은 타당한 생각이 아니다. 실제로는 자국 안에서조차도 어디에서나 이러한 시설을 설치할 수 있는 것이 아니기 때문이다.

1812년 나폴레옹의 러시아 원정 당초, 러시아군이 프랑스군을 피해 퇴각했을 때에는, 말할 것도 없이 러시아 온 지역을 러시아군의 후방 기지로 보아도

아일라우 전쟁터의 나폴레옹(1807)
북쪽으로 전진하던 나폴레옹군은 아일라우에서 러시아군과 격돌하여, 양측 전사자가 2만 5천 명이나 나오는 처절한 전투가 벌어졌다. 전투 후 전쟁터를 돌아보는 나폴레옹. 제리코 작품.

상관이 없었다. 이 국토의 광대한 면적은, 러시아군이 어느 방향으로 가도 광활한 평원을 제공했기 때문이다. 이러한 생각은 결코 근거 없는 견해는 아니다. 그로부터 수개월 뒤에 다른 러시아군이 여러 방향으로부터 프랑스군을 추격했을 때 훌륭하게 입증된 것이다. 하지만 이 전역의 어느 시기를 놓고 보아도 현실적인 회전에 관한 한 러시아군의 후반 기지가 온 국토라고 하는 광대한 것이 아니라, 수송 종대가 군과의 사이를 왕복하는 데 사용한 몇 가닥의 도로에 한정되어 있다. 이러한 제한이 있기 때문에 러시아군은 스몰렌스크 부군에서 3일간의 전투[3]를 한 뒤에 다시 퇴각하지 않을 수 없었을 때, 모스크바 이외의 방향을 선택할 수가 없었다. 바꿔 말하면, 당시에 제안된 것처럼 갑자기 칼루가를 향해 방향 전환을 시도하여, 적을 모스크바로 가는 행진로에서 벗어나게 하려는 계획을 실현할 수 없었던 것이다. 이러한 방향 전환은, 급양이나 보급에 대해 미리 오랫동안 준비되지 않는 한 불가능한 것이다.

---

3) 스몰렌스크 회전(1812. 8. 16~19).

앞서 우리는 군이 후방 기지에 의존하는 정도는, 군의 병사 수가 커짐에 따라 물자 종류에 대해서나 그 양에 관해서도 증대한다고 말했지만, 이것은 두말할 것도 없이 자명한 일이다. 시험 삼아 군을 나무에 비유해 보자. 나무는 그것이 나 있는 지면에서 살아갈 힘을 빨아올린다. 나무가 아직 작으면 쉽게 옮길 수 있다. 하지만 차차 성장함에 따라 옮기기가 더욱더 어려워진다. 병사의 수가 적은 군도 자신의 영양 흡수관을 갖추고 있다. 작은 군대인 만큼 어디에서나 자신이 놓여 있는 토지에 쉽게 뿌리를 내릴 수 있다. 하지만 병사의 수가 많은 군은 그렇게 되지 않는다. 따라서 후방 기지가 군사적 계획에 미치는 영향이 문제가 되는 경우에는, 이러한 고찰의 바닥에 병사의 수가 많고 적은 조건이 존재한다는 것을 염두에 두어야 한다.

또 당장의 필요를 충족시키는 것은 식량이지만, 군사적 행동이 어느 정도 장기간에 걸칠 경우에는 군의 전반적인 유지에 한층 중요한 것이 보충이라는 것은 이치적으로도 당연하다. 식량이라면 여러 방법을 사용해서 조달할 수 있지만, 보충품을 공급하는 것은 일정한 자원지에 한정되어 있기 때문이다. 이것도 또한 후방 기지가 군사적 계획에 미치는 영향을 더 상세하게 규정하는 요건이다.

그런데 후방 기지의 영향력이 아무리 크다고 하지만 이러한 영향이 실제로 결정적인 효과를 나타낼 때까지는 많은 시간이 필요하다는 것, 그러기 때문에 이 시간 내에 군은 무엇을 할 수 있는가 하는 문제가 여전히 남는다는 것을 잊어서는 안 된다. 후방 기지의 가치가 군사적 계획의 취사(取捨)를 미리 결정하는 것 등은 우선 있을 수 없는 일이다. 이 방면에서 생기는 여러 고난은, 다른 효과적인 수단과 견주어서 비교 검토되어야 한다. 실제로 이들 장애가 결정적인 승리의 위세 앞에 허무하게 소멸하는 사례도 종종 있다.

제16장
병참선(兵站線)

군의 주둔지와 식량 및 보충품 창고가 설치되어 있는 지점을 잇는 도로는, 일반적으로는 군이 퇴각로로서 선정한 도로이기도 하다. 그래서 이러한 도로는 두 가지 의미를 가지게 된다. 즉, 첫째는 군에게 끊임없이 식량을 공급하는 병참선이고, 두 번째는 퇴각로이다.

우리는 앞 장에서 다음과 같이 말했다. 근대 전쟁의 보급 방법으로 군은 식량을 오로지 현지에서 조달하지만, 그것은 그것대로 군과 그 후방 기지가 서로 하나의 전체를 이루는 것이라고 간주해야 한다고. 병참선은 이러한 전체에 속하여 후방 기지와 군을 연계하는 것이다. 즉 병참선은, 군에 영양을 운반하는 혈관과 같은 것이다. 따라서 이러한 도로를 끊임없이 이용하는 것은 여러 종류의 공급, 탄약 수송, 왕복하는 지대, 초소(哨所), 급사(急使), 야전 병원, 보충 창고, 탄약 준비, 경리부 등이고, 또 이들의 총체적 가치가 군에 결정적인 중요성을 가지는 것이다.

군의 생존을 유지하는 혈관으로서의 이러한 도로는 오래 차단되어서는 안 되고, 또 그 길이가 너무 길거나 어려운 길이어서도 안 된다. 길이 길면 여분의 힘이 소비되고 결국은 군을 쇠약하게 하기 때문이다.

다음에 이러한 도로는 두 번째 의의, 즉 퇴각로로서는 본래의 의미에서 군의 전략적 배후를 이룬다.

이 두 가지 의미의 어느 경우에서나 이러한 도로의 가치는 길이, 수, 위치, 즉 도로의 일반적 방향과 군 근처에서의 방향, 도로로서의 성질과 상태, 지형의 난이, 주민의 태도와 인기, 요새 혹은 천연 장애물에 의한 도로의 엄호 등의 요건에 의해 결정된다.

그렇더라도 군 주둔지로부터 급양 및 보급의 자원지에 이르는 모든 도로가 반드시 본래의 병참선은 아니다. 하기야 이들 도로는 어느 것이나 병참선으로 이용할 수 있고, 또 이것을 병참선 계통의 보조 도로로 간주해도 지장은 없다. 하지만 본래의 병참선 계통은, 특히 병참선으로서의 설비를 갖춘 도로에 한정되는 것이다. 요컨대 창고, 야전 병원, 병참, 야전 우체국이 설치되고, 병참사령관이 임명되고, 헌병 및 수비대가 배치되는 도로만이 진정한 병참선으로 간주될 수 있는 것이다. 하지만 군이 자국에 있는 것과 적국에 있는 것과는 매우 중대한 차이가 발생한다. 그런데 이 차이는 자칫 간과하기가 쉽다. 말할 것도 없이 군은 자국에서도 본래의 병참선을 갖는다. 그러나 군용 도로는 거기에만 한정되어 있는 것이 아니라, 어쩔 수 없는 경우에는 병참선을 벗어나 다른 길도 활용할 수가 있다. 자국에 있으면 군은 어디에 있어도 편하다. 어디에나 지방 관청이 있고, 또 어디에서나 주민의 호의를 받을 수 있기 때문이다.

따라서 병참선 이외의 도로가 군의 그때의 사정에 따라 달갑지 않으면 따로 도로를 선택할 수 없는 것은 아니다. 또 적에 둘러싸여 방향을 바꾸어야 하는 경우에도 이러한 방향 변환이 불가능하다고 생각하지 않을 것이다. 이에 비해 적지에 있는 군은, 그 군 자체가 전진에 사용했던 도로만을 병참선으로 보는 것이 통례이다. 또 이러한 경우에는 눈에 띄지 않는 작은 원인으로부터도 중대한 결과가 생기는 일이 있다. 적지를 전진하는 군은 전진하는 도중에 본래 병참선에 필요한 모든 설비를 해서 이것을 군 보호 아래에 두고, 또 군의 위풍을 보여 주어 주민의 마음에 불안과 공포를 환기시키고, 이 군사적 조치들은 변경을 허락하지 않는 필연적인 것이라는 인상을 주어 이러한 조치가 전쟁으로 인한 피해를 어느 정도 완화하는 수단이라고 믿도록 하는 것이다. 그리고 곳곳에 남겨둔 다수의 수비대가 모든 병참선의 유지와 안전을 맡는 것이다.

그러나 이들 수비대 병사의 수가 꼭 많을 필요는 없다. 이에 반해 병참부원, 병참사령관, 헌병, 야전우체국원 및 그 밖의 정비 기관을 군이 통과하지 않았던 멀리 떨어진 도로에 파견하여 여러 설비 건설을 시키려고 한다면 주민은 이 시설들을 쓸데없는 부담으로 여길 것이다. 이럴 경우에는 적 국민에게 당신들은 이미 만회할 수 없는 결정적인 패배를 당했기 때문에 이 정도의 불행은 어쩔 수 없다는 인상을 주어, 적국 전체를 공포 상태로 빠뜨리지 않는 한 이 방면에 파견된 관리들은 주민들로 하여금 적의를 가지고 얕잡아 보게 하고 호된 꼴을

병참로는 연결선이자 퇴각로이다. 이 도로를 군의 지배 아래 두기 위해서는 수비대가 필요하다. 그림은 1836년 전투에서, 후퇴하는 알제리아 기병대를 공격하는 프랑스 보병대.

당하여 쫓겨나게 될 것이다. 따라서 도로를 새로 군의 지배 아래 두기 위해서는 무엇보다도 먼저 수비대가 필요하다. 더욱이 이 경우에는 보통 때보다도 더 강력한 수비대가 아니면 안 된다. 그래도 주민들은 이러한 수비대에게 반항을 시도할지도 모른다는 위험이 사라지지 않는 것이다. 요컨대 적지를 전진하는 군은 주민을 복종시킬 수 있는 수단을 전혀 가지고 있지 않다. 이러한 군은 무력의 권위로 자신의 관청을 설치해야 한다. 그렇다고는 해도 군은 이것을 어디에서나 희생이나 고난 없이 그 자리에서 바로 실시할 수는 없다. 그래서 적지에 있는 군이 현재의 병참선 계통을 다른 계통으로 바꾸어 다른 후방 기지로 옮긴다는 것은, 자국에서와는 달리 거의 불가능에 가깝다는 것을 알게 된다. 이러한 전환도 자국에서라면 어떻게든 가능할 것이다. 이러한 이유로 해서 적지에서는 일반적으로 군의 움직임은 현저하게 제한되고, 또 병참선은 적 국민의 반항을 매우 예민하게 감지하게 된다.

하지만 병참선을 선정하거나, 또 이것에 본래의 병참선으로서의 설비를 하는 것도 이러한 선정이나 설비에 처음부터 제한을 가하는 많은 조건과 결부되어 있는 것이다. 일반적으로 말해 병참선은 평탄한 도로여야 하지만, 또한 도로 폭이 넓고 길가에는 인구가 조밀하고 풍부한 도시가 이어지며, 또 약간의 요새에 의해 보호되어 있으면 이러한 병참선이 더욱더 유리하다는 것은 말할 필요도 없다. 그러나 하천은 수로로서, 또 다리는 도하점(渡河點)으로서 병참선의 결정에 큰 역할을 한다. 즉, 병참선의 위치와 또 군이 공격할 때 취하는 도로는 하천이나 도로에 의해 제한되어, 자유로운 선택의 여지는 그다지 크지 않다. 또 도로의 위치도 역시 지리적 사정에 의해 구속을 받게 된다.

위에 든 모든 요건을 총괄한 것이, 군과 그 후방 기지와의 결합을 강하게 하기도 하고 또 약하게 하기도 한다. 따라서 피아 두 군이 각기 후방 기지와 결부되어 있는 정도의 강약이 어느 쪽이 빨리 상대 병참선을, 아니 상대 퇴각로를 차단할 수 있는가—이것을 일반적인 군대 용어로 말하자면—또는 퇴각로를 우회할 수 있는가를 결정한다. 지금 정신적 혹은 물리적 우세를 도외시한다면, 두군 중에서 병참선이 우수한 쪽이 적의 퇴로를 우회하는 데 성공할 것이다. 그렇지 않고 적측의 병참선이 강력하면, 비록 퇴로를 우회당해도 적은 곧 이를 격퇴해서 자기 부대의 병참선을 확보하기 때문이다.

이와 같은 우회는 도로가 갖는 두 가지 의의에 따라서 두 가지 목적을 갖게된다. 첫째는, 식량 및 보충품의 공급로로서의 병참선을 파괴하거나 차단한다고 하는 목적이다. 그렇게 되면 적은 이에 의해 전의(戰意)를 상실하여 퇴각하게 된다. 두 번째는 적의 퇴각로를 점령하여 퇴각 그 자체를 불가능하게 하는것을 목적으로 한다.

첫 번째 목적에서 주의해야 할 것은, 오늘날과 같은 보급 방법으로는 적의 병참선을 일시적으로 차단해도 그다지 효과가 없다는 것이다. 따라서 또 병참선에 반복해서 손해를 주고 상당한 효과를 얻기 위해서는 많은 시간이 필요하다는 것이다. 적의 병참선에 결정적인 측면 공격을 가해 큰 효과를 거둘 수 있었던 것은, 아직도 옛 보급 방식이 사용되어 수천 대의 식량차가 병참선을 왕래하던 시대의 일이다. 하지만 비록 이러한 측면 공격이 성공하더라도 오늘날에는 급양과 보급에 거의 아무런 지장을 주지 않는다고 할 수 있다. 이와 같은 측면공격은 기껏해야 적의 수송을 부분적으로 저해해서 군에 약간의 타격만 줄 뿐, 적으로 하여금 퇴각하게 할 정도로 유력한 것은 아니기 때문이다.

따라서 적의 병참선에 측면 공격을 가한다는 생각은 실제 전쟁에서보다도 책 속에서만 유행했고, 오늘날에는 비현실적인 것으로 여겨지게 되었다. 적지에서 아군의 병참선이 위험에 처하게 되는 것은 그 병참선이 매우 길고 상황이 아군에게 불리한 경우, 예를 들면 국민이 무장을 했거나 도처에서 또 어느 때라도 공격 준비를 하고 있는 경우라고 할 수 있을 것이다.

퇴각로의 차단에 대해서 말하자면, 아군의 퇴로 수가 제한되고 또 위협을 받는 위험은, 지금 말한 사정에 비추어 보아도 과대시되어서는 안 된다. 근대 전쟁의 경험에 의하면, 정예 군대와 대담한 지도자가 있으면 이러한 군을 우회하는 일은 이를 돌파하는 것보다도 더 힘들다.

적지에서의 장대한 병참선을 정비, 보전하기 위한 수단은 매우 적다. 빼앗은 적 진지 부근이나 후방 병참선으로서의 도로에 연해 있는 약간의 요새를 공략하고 또 요새가 없으면 적당한 지점에 축성하거나, 혹은 주민을 관대하게 대하고 군에서는 군기를 엄격하게 유지하며, 그 지방의 경찰을 지도하고 애써 도로를 개수하는 일이 전화(戰禍)를 어느 정도 줄이는 수단이 된다. 그러나 물론 이것으로 전쟁의 피해를 모조리 없앨 수는 없다.

어쨌든 앞에서 보급을 논할 때 군이 맨 먼저 선정해야 하는 도로에 대해 말한 것은, 병참선에도 적용해야 한다. 요컨대 부유한 도시를 잇고 비옥한 농경지를 관통하는 대 간선도로야말로 가장 좋은 병참선인 것이다. 이러한 도로는 비록 심하게 우회해 있어도 다른 길에 우선하며, 거의 모든 경우에 군의 배치를 자상하게 규정하게 되는 것이다.

제17장
토지와 지형

여기서는 군을 유지하고, 군의 급양을 마련하는 수단으로써의 토지에 대해서는 언급하지 않기로 한다. 하지만 여전히 토지 문제는 군사적 행동에 대해 매우 긴요하고 없어서는 안 되는 관계를 갖는다. 즉 토지와 지형은 전투의 준비와 실시에 대해서는 물론, 전투 경과에 관해 전투에 결정적인 영향을 미치게 된다. 이 점을 감안하여 프랑스 어로 'terrain(토지)'라는 말이 가진 모든 의미에서 토지 및 지형을 고찰해야 한다.

토지 및 지형의 효과는 대개 전술 영역에 속하지만, 이 둘에서 생긴 결과는 전략에도 나타난다. 산지에서의 전투는 그 결과에서 평지에서의 전투와는 그 취향을 완전히 달리하는 것이다.

그런데 우리는 아직 공격과 방어를 따로따로 논할 단계에는 이르지 못하고 따라서 이 두 전투 형식을 상세하게 고찰하지 않고 있으므로, 현재로서는 토지가 갖는 여러 주요한 성질이 갖는 효과에 대해 고찰할 수가 없다. 따라서 여기서는 토지의 일반적인 성격을 말하는데 그치기로 한다. 토지 및 지형이 군사적 행동에 영향을 주는 것은 세 가지 특성에 의한다. 첫째는 접근을 방해하는 장애물로서, 두 번째는 전망을 방해하는 장애물로서, 세 번째는 화포의 사격 효과를 무효로 만드는 엄호 수단으로써이다. 토지 및 지형에 관한 사항은 모두 이 세 가지로 환원된다.

지형이 미치는 이들 세 가지 영향은 자칫 군사적 행동을 다양하게 하고, 복잡하게 하고, 또 기교적인 것으로 만드는 데에는 의심할 여지가 없다. 이것은 군사적 행동의 조합에 새로 더해지는 세 종류의 양 때문이다.

완전한 평지 혹은 완전한 개활지(開闊地)라는 개념, 따라서 또 군사적 행동에 전혀 영향을 주지 않는 토지라는 개념은 실제로는 병사의 수가 매우 적은 부대에 대해서만, 또 이런 부대에 대해서도 극히 단시간의 전투에 대해서만 실재하는데 지나지 않는다. 비교적 큰 부대가 장시간에 걸쳐 전투하는 경우에는 토지의 여러 특성, 즉 지형이 군사적 행동에 개입하지 않을 수 없다. 또 피아의 군이 회전을 수행하게 되면 시시각각으로 행동에 영향을 미친다. 따라서 회전에서 지형이 전혀 영향을 주지 않았다고 하는 경우는 거의 생각할 수가 없는 것이다.

그렇다면 토지 및 지형의 이러한 영향은 항상 존재한다고 말해도 좋다. 그러나 이 영향이 토지의 성질에 따라 각기 강해지기도 하고 약해지기도 한다는 것은 물론이다.

대부분의 경우에 대해서 보면, 실제의 토지는 세 가지 방식에 의해 평탄한 개활지라는 개념으로부터 멀다는 것을 알 수 있다. 즉 첫째는 토지의 모양, 다시 말하면 지표면의 기복(起伏)과 고저(高低)에 의해, 두 번째는 자연 현상으로서의 삼림, 소택지 및 호소에 의해, 세 번째는 토지의 경작에 의한 것이다. 군사적 행동에 미치는 토지의 영향은 이들 세 경우 모두, 정도가 진행됨에 따라 커진다. 그리고 이들 방향을 각기 어느 정도까지 더듬어 가면 첫째는 산지, 두 번째는 삼림 및 소택지가 풍부하고 경작이 거의 이루어지지 않는 토지, 세 번째는 잘 경작된 토지가 된다. 따라서 이 세 가지 방법의 어느 경우에서나 전쟁은 그 때문에 복잡해지고 기교를 요하는 것이 되기도 하는 것이다.

농경지에 대해 말하면, 모든 경작 방법이 군사적 행동에 똑같은 영향을 주는 것은 아니다. 그러나 그중에서도 특히 심한 것은 플랑드르,[1] 홀슈타인,[2] 그 밖의 지방에서 이루어지고 있는 방식이다. 이들 지방에서 토지는 많은 해자, 통나무, 생 울타리, 말뚝 울타리 등에 의해 절단되고, 또 여러 곳에 다수의 고립 가옥이나 작은 숲이 산재해 있다.

따라서 전쟁 지도는 평탄한 농경지에서는 가장 경쾌하게 이루어질 것이다. 그러나 이것은 전적으로 일반적 관점에서의 견해이고, 방어자가 천연 장애물을 이용하는 경우는 문제 밖이다.

이 세 종류의 토지는 모두 접근, 전망 및 엄호에 각기 독자적인 방법으로 영

---

1) 플랑드르(Flandre). 독일 이름은 플랑데른(Flandern). 북해 연안의 지방으로서 벨기에와 프랑스에 걸쳐 있다.
2) 홀슈타인(Holstein). 독일 서북단 지방 슐레스비히-홀슈타인(Schleswig-Holstein)의 일부.

향을 미치게 된다.

삼림지에서는 전망을 방해하는 장애가, 또 산지에서는 접근을 방해하는 장애가 특히 유력하고 경작이 잘 된 곳에서는 이 두 장애가 반반씩 차지하고 있다.

삼림지에서는 토지의 꽤 많은 부분이 운동을 불가능하게 한다. 접근을 곤란하게 할 뿐만 아니라, 전망이 전혀 트이지 않기 때문에 통과 수단을 마음대로 사용할 수가 없기 때문이다. 그러나 또 다른 지형에서는 아주 곤란한 행동이 삼림지에서는 단순화되는 이점도 있다. 따라서 삼림지에서는 전투를 위해 병력을 모으는 일이 곤란하다고는 하지만, 산지나 대단절지에서 흔히 있는 병력의 심한 세분(細分)은 아직 일어나지 않는다. 다시 말하면 확실히 삼림지에서도 병력의 분할은 피할 수 없지만, 그러나 그 정도는 아직 크지 않은 것이다.

산지에서의 주된 장애는 접근을 방해한다는 것인데, 이 장애는 두 가지 방식으로 그 효력을 발휘한다. 즉 첫째는 어디나 마음대로 통과할 수 없다는 것이고, 두 번째는 비록 통과가 가능해도 운동은 느려지고 또 큰 고난을 수반한다는 것이다. 따라서 산지에서는 운동력은 심히 제한되고, 어떠한 동작에도 많은 시간을 필요로 한다. 그러나 또 산지는, 다른 지형에는 없는 유리한 특성을 갖추고 있다. 즉 높은 지점에서 아래 지점을 제압할 수 있다는 것이다. 이에 대해서는 다음 장에서 따로 다루게 되므로, 여기서는 산지에서 병력 세분을 필수적인 것으로 만드는 것은 바로 이 특성이라는 것만을 지적해 두기로 한다. 실제로 이 제고(制高) 지점은 단지 높다는 것만으로 중요할 뿐만 아니라 아래쪽 여러 지점에 미치는 영향 때문에 중요하다.

이들 세 종류의 토지 및 지형은 각기 그 정도에서 극단으로 기울어짐에 따라 전투의 성과에 미치는 최고 사령관의 영향은 약화되고, 이에 반비례해서 하급 지휘관으로부터 병사에 이르기까지 더욱더 자력(自力)을 발휘하게 된다. 산지에서 병력이 더욱더 세분되고 삼림지에서 전망이 더욱 불가능해짐에 따라 장병에게 더욱 독단 전행의 여지가 주어지는 것은 분명하다. 하기야 군이 세분화되어 그 결과 행동이 광범위하고 여러 갈래에 걸치게 되면, 일반적으로 지성의 영향력이 커지기 때문에 최고 장수도 더욱 뛰어난 지력을 발휘할 수 있지만, 우리는 이전에 말했던 견해를 여기서 다시 반복하지 않을 수 없다. 그것은—전쟁에서 궁극적인 승리를 결정하는 것은 개개의 전투에서 얻어진 성과의 총계이지, 이들 성과가 서로 관련되고 관계하는 형식이 아니라는 것이다. 따라서 우리가 지금 시도하고 있는 고찰에 극단적인 형태를 부여하여 군을 하나의 큰 산병선(散兵線)으로 분해하고, 모든 병사가 각기 작은 전투를 하는 광경을 생각한다면, 이 경우에 궁극적인 승리를 결정하는 것은 모든 병사가 각자 얻은 승리의 총계이지 이들 승리가 서로 관련하고 있는 형식이 아니라는 점이다.

실제로 전투의 뛰어난 조합 효과는 소극적 성과, 즉 개개의 승리가 서로 관련되는 형식에서가 아니라 적극적 성과, 즉 개개의 승리 총계에서만 생길 수 있는 것이다. 따라서 이와 같은 경우에는, 무엇보다도 먼저 각자의 용기, 숙달 및 전투적 정신이 모든 것을 결정할 것이다. 장수의 재능과 지력이 결정적인 역할을 하는 것은 두 군이 동등한 가치를 가지든가, 혹은 두 군이 갖추고 있는 여러 특성이 균형을 유지하고 있는 경우뿐이다. 그러면 결론은 이렇게 된다. —국민 전쟁이나 국민 총무장에서는 개인의 숙달이나 용기는 꼭 뛰어난 것은 아니지만, 적어도 각자의 전투적 정신은 왕성하다. 그래서 이런 경우에 병력이 세분화되고 또 대단절지의 도움을 받아 유리한 상황에 놓이면, 전투는 그 위력을 발휘할 수 있다. 그러나 군이 전투를 유지할 수 있는 것은, 이러한 단절지에 의하는 경우에만 한정된다. 이런 종류의 전투력은 병사의 수가 약간 많은 부대가 서로 모여 전투하는 경우에 빠질 수 없는 군사적 특성이나 군인으로서의 여러 덕목을 갖추고 있지 않는 것이 통례이기 때문이다.

하지만 전투력의 성질에 두 극단이 있다고 해도 차차 서로 접근하게 된다. 따라서 비록 상비군이라 해도 외적 침략에 대해 조국을 보호하는 단계가 되면, 분할을 꺼리지 않고 또 고립을 두려워하는 일 없이 어디까지나 자력에 의존해 적에게 전투를 거는 것이다.

그런데 이들 특성이나 사정이 한쪽 군에는 빠져 있는데 상대 군에는 모두 갖추어져 있다고 한다면, 전자는 분할과 고립을 두려워하여 단절지를 피하려고 할 것이다. 그러나 단절지를 피하는 것은 자신의 생각만으로 결정할 수 있는 것은 아니다. 전쟁터를 어디로 결정하는가는 많은 견본 중에서 상품을 임의로 선택하는 일과는 다르기 때문이다. 그래서 군의 성질로 미루어 보아 여러 병종의 조합을 유리하다고 인정하는 군은, 토지의 성질, 즉 지형에 상관없이 모든 수단을 다 써서 할 수 있는 한 이 방식을 관철하는 것이 통례이다. 그러면 이러한 군은 다른 모든 불리한 사정, 예를 들면 급양의 궁핍과 곤란, 숙영의 불미, 또 전투 중에는 사방으로부터의 빈번한 습격 등을 참아야만 한다. 그럼에도 이 군이 맨 처음에 유리하다고 인정한 방식을 버리지 않는 것은, 이러한 유리함에 비하면 불리함은 대단한 것이 못되기 때문이다.

전투력의 집중과 분산이라는 상반되는 두 경향은, 각 군의 성질이 어느 쪽으로 기울어져 있는가에 따라 결정된다. 하지만 승패의 갈림과 관계되는 위급한 경우에는 집중을 목적으로 하는 군이 집중한 채로 있을 수는 없을 것이고, 또 분산을 원칙으로 하는 군이라 해도 성과를 분산에 의한 효과만으로 기대할 수는 없을 것이다. 에스파냐에서의 프랑스군[3]은 병력을 분할하지 않을 수 없었고, 또 국민이 총 무장을 하고 자국을 방어하는 입장의 에스파냐군은, 광대한 전쟁터에서 병력의 일부를 집중해야만 했던 것이다.

토지와 지형이 군대의 일반적 성질 및 특히 그 정치적 성질에 대해 중요한 관계를 갖는다는 것은 앞에서 말한 대로이지만, 이에 중요한 것은 군의 세 가지 병종, 즉 보병, 기병, 포병 사이의 비율에 대한 관계이다.

산지, 삼림지, 농경지를 불문하고 접근이 매우 곤란한 토지에서는, 기병의 대부대가 쓸모없는 것은 당연하다. 또 마찬가지 일은 삼림지에서의 포병에 대해서도 말할 수가 있다. 삼림지에서는 포병을 유리하게 사용할 수 있는 장소가 없고, 또 포차가 지나다닐 수 있는 길도 없고, 마량도 없기 때문이다. 그러나 농경지는 포병에게 그다지 불리하지 않고, 또 산지라면 거의 불리함이 따르지 않는다. 하기야 농경지이든 산지이든 사격을 무효로 만드는 많은 엄호물이 있기 때문에, 사격에 의해 현저한 효과를 거두려고 하는 포병에게는 불리하다. 게다가 또 농경지도 산지도, 진출이 자유로운 적 보병에게 다루기 어려운 화포를 궁지에 빠지게 하는 수단을 주게 되는 것이다. 그래도 이러한 토지에서는 다수의 포병을 사용하는 장소에 부족함이 없고, 또 산지만이 가지는 적의 느린 운동을 이용하여 포격의 효과를 배가하는 큰 이점도 있다.

그렇다고는 해도 운동이 곤란한 토지에서는 보병이 다른 두 병종에 비해 결

---

3) 나폴레옹의 피레네반도 전쟁(1807~13)에서의 반란을 말한다. 이 전쟁에서 본디 프랑스군이 집중을, 또 에스파냐군이 분산을 주요 방식으로 삼은 것은 물론이다.

정적으로 뛰어나다는 것, 따라서 또 이러한 토지에서는 보병의 수가 평소 비율보다 초과되어도 지장이 없다는 것은 지극히 명백한 사실이다.

제18장
제고(制高)

'제고'라는 말은 전쟁술에서 특수한 매력을 갖추고 있다. 실제로도 지형이 전투력 사용에 미치는 영향이 매우 큰 부분, 아니 그 대부분은 이 말의 매력에서 유래한다. 예를 들면 제고 진지, 관건(關鍵) 진지,[1] 전략적 기동 등은 모두 그 근원이 여기서 생겨난 것이다. 그래서 논의가 복잡해지지 않는 범위 안에서 이 문제를 명확하게 하고 진실과 거짓, 실제와 과장을 식별해야 한다.

대체로 아래에서 위로 물리력을 쓴다는 것은 반대 경우보다도 곤란하며, 이것은 전투에서도 마찬가지이다. 그리고 여기에는 세 가지 원인이 있다. 첫째, 높은 곳은 접근을 방해하는 장애물로서 간주되기 때문이다. 두 번째는 위에서 아래로 사격하는 경우에는 그 반대의 경우보다도 확실히 사거리가 특별히 크지는 않지만, 기하학적 관계를 모두 고려에 넣으면 명중률은 훨씬 양호하기 때문이다. 또 세 번째로 고지는 전망이 좋다는 이점을 갖추고 있기 때문이다. 이 세 가지 요건이 전투에서 어떻게 조합되느냐 하는 문제는 여기서는 우리와 상관이 없다. 우리는 높은 곳에 위치한다는 것으로부터 끌어낼 수 있는 여러 이점을 모두 합하여 이것을 가장 큰 전략적 이점으로 간주하는 것만으로 족하다.

그런데 이 세 가지 유리한 점 중에서 첫 번째와 세 번째는 전략적으로 유리한 점이기도 하다. 행군과 감시는, 전술에서뿐만 아니라 전략에서도 중요한 사항이기 때문이다. 따라서 높은 곳에 위치한다는 것이 낮은 곳에 있는 군에게 접근을 방해하는 장애라고 한다면, 이것은 전략에서의 두 번째 이점(利點)이고, 또 높은 곳의 좋은 전망은 전략을 끌어 낼 수 있는 세 번째 이점이다.

제고의 위력은 이들 요소로부터 구성된다. 약간 높은 산자락에 위치하여 눈

---

1) 지형이 전쟁 지도에 현저한 영향을 준다고 여겨졌던 시대의 개념으로, 전투의 승패 결정에 특히 중요하다고 여겨지는 지점에 마련된 진지를 말한다.

아래 적을 내려다보는 자가 품는 우월감과 안전감, 또 산 아래에 있는 자가 품는 무력감과 불안은, 모두가 이 원천에서 생기는 것이다. 그래서 이러한 사정 아래에서는 제고가 주는 전체적 인상은 실제보다도 강렬할 것이다. 비록 제고의 이점이 실제로는 그다지 크지 않더라도 적이 높은 곳에서 유리한 위치를 차지하고 있다고 하는 눈앞의 사실은, 감각적 직관과 잘 합치되기 때문이다. 따라서 이 인상은 아마도 실제 이상으로 강하게 작용할 것이고 또 그럴 경우에는 상상력이 왕성해지기 때문에, 이것이 또한 제고의 영향을 강화하는 새로운 요인으로 간주된다.

그런데 운동이 수월하다는 것은 절대적인 이점은 아니고, 또 높은 곳에 있는 자가 반드시 유리하다고는 할 수 없다. 이 이점은 낮은 곳에 있는 군이 높은 곳에 있는 군에게 접근하고자 하는 경우에만 한정된다. 피아 두 군을 분리하는 큰 계곡이 있다면 이 이점은 소멸하고, 만약에 두 군이 평지에서의 전투를 바란다면 낮은 곳에 있는 군이 유리한 경우까지도 있다(호엔프리트베르크[2]의 전투). 따라서 제고에도 역시 커다란 제한이 있다. 산 아래의 삼림지나 때로는 군이 위치하는 산지 그 자체의 형상이 제고의 이점을 거부하는 경우가 있다. 따라서 미리 지도를 살피고 제고 진지를 선정하여 이러한 진지가 갖추고 있어야 할 이점을 찾았다 하더라도, 실제로는 그 지형이 오히려 불리한 경우가 무수히 많다. 그러나 이러한 제한이나 제약이 있다 하더라도, 고지에 있는 군이 공격에서나 방어에서 우위를 차지한다는 것은 부정할 수 없다. 그래서 공격 및 방어에서 이러한 이점이 어떻게 생기는가 하는 문제를 살펴보고자 한다.

제고의 전략적 이점은 첫째는 전술적으로 매우 유력하다는 것, 두 번째로 접근이 힘들다는 것, 세 번째로 전망이 좋다는 세 가지이다. 그중 처음 두 가지는 본디 방어자에게만 주어지는 이점이고, 이것을 이용할 수 있는 것은 진지에 머무는 자이며, 산 아래에서 움직이는 공격자에는 주어지지 않는다. 하지만 세 번째 이점은 공격자도 방어자도 함께 누릴 수 있다.

제고가 방어자에게 얼마나 중요한지는 이로써 분명해졌을 것이다. 그리고 제고가 산지에서의 진지만의 것이라는 것도 명백하다. 그래서 이러한 진지의 현

---

2) 호엔프리트베르크(Hohenfriedberg). 슐레지엔의 마을. 이곳 회전(1745. 6. 4)에서 프리드리히 대왕은 오스트리아군을 무찔렀다. 이때 오스트리아군은 첫 번째 고지에 포진하고 있었다.

저한 장점은 방어자만이 유리하다고 생각할지도 모른다. 하지만 실제로는 여러 다른 사정 때문에 반드시 그대로는 되지 않는다. 이에 대해서는 나중에 산지 방어의 장[3]에서 말하기로 하겠다.

일반적으로 어떤 단독 지점에서의 제고, 예를 들면 한 진지(陣地)의 제고만을 문제로 하는 경우와, 넓은 지역의 제고를 생각하는 경우를 구별할 필요가 있다. 한 진지에서 제고의 전략적 이점은, 단 한 번의 유리한 회전이라는 단독의 전술적 이점 속으로 거의 모두 해소되어 버린다. 이에 반해서 상당히 넓은 지역, 예를 들면 어떤 지방 전체가 장대한 분수령의 한쪽으로 경사진 사면을 이루는 경우를 생각해 보면, 이 지역의 범위는 수일간의 행군 행정에 상당하고, 또 항상 산 아래의 토지에 대해서 제고를 유지하고 있기 때문에 전략적 유리함은 그만큼 커진다. 이러한 경우의 제고는 단독적인 전투의 병력 조합에 유리할 뿐 아니라, 약간의 전투 조합에도 유리한 영향을 주기 때문이다. 이상의 논술은 방어에 관련된 것들이다.

다음으로 공격에 대해 말하면, 공격자도 대체적으로 방어자가 제고에 의해 얻는 것과 같은 유리함을 누린다. 전략적 공격은 전술적 공격과는 달리 개개의 행동으로 이루어지는 것은 아니기 때문이다. 전략적 공격에서의 전진은 톱니바퀴처럼 연동으로 움직이는 동작은 아니고, 부대는 제각기 행군을 실시하고, 또 그 사이에는 크고 작은 휴식이 있다. 그래서 휴식을 실시하는 지점에서는, 공격자도 방어자와 마찬가지로 방어 태세를 취한다.

좋은 전망이라는 이점에서 공격자에 대해서나 방어자에 대해서, 제고의 적극적 효과라 할 수 있는 것이 생긴다. 그래서 이 효과에 대해 한마디 할 필요가 있다. 요컨대 그것은—본대로부터 분리되어 독립으로 행동하는 여러 부대의 동작이 경쾌해진다는 것이다. 군이 이러한 제고 진지로부터 끌어 내는 이점은 다름 아닌 그 군 모두의 이점이기도 하다. 그러므로 독립적으로 행동하는 크고 작은 부대는 이러한 이점이 결여된 부대보다도 강력하고, 이러한 부대 배치는 제고 진지를 갖지 않는 경우보다도 위험을 저지르지 않아도 될 것이다. 그러나 이러한 부대로부터 어떠한 이점이 생기는가 하는 문제는 따로 논해야만 한다.

---

3) 제6편 제15장 참조.

보어 전쟁(1899~1902) 트란스발(남아프리카) 전투에서 영국군 병사들.

아군의 제고가 피아 두 군의 관계에서 생기는 여러 가지 지리적 이점과 결부되면, 적의 운동은 제고 그 자체와는 다른 이유로도 제한받지 않을 수가 없다. 예를 들어 적이 큰 강 부근에 포진하여 있다고 하자. 그러면 이러한 위치에 따른 여러 가지 불리함이 결국 결정적인 것이 되어, 마침내 이들 불리함으로부터 급속히 이탈할 수 없는 경우가 있다. 이런 때에는 그 어떤 군도 큰 강을 형성하는 계곡을 향해 경사진 산자락을 점령하지 않는 한, 이 계곡에 머무를 수가 없는 것이다.

이렇게 해서 제고라는 개념은 실제로도 지배적인 것이 되었다. 이 개념의 실재성은 결코 부정될 수 없다. 그러나 '제고지(制高地)', '엄호 진지', 혹은 '국토의 관건' 등과 같은 거창한 말이 토지의 기복과 고저를 근거로 하는 한, 대개는 알맹이가 없는 껍질에 지나지 않는다는 사실과 모순되는 것은 아니다. 군사적 행동의 조합은 얼핏 보기에 신기할 것도 없어서 호사가들이 이러한 조합에, 말하자면 양념을 치기 위해 전쟁 이론에서 이러한 그럴 듯한 개념 몇 가지를 거론한 것이다. 그래서 이들 개념은 박식한 군인들이 즐겨 다루는 주제가 되었고,

또 전략 달인들의 마법 지팡이가 되었다. 그리하여 이러한 관념 놀이의 허망함을, 또 이들 개념이 경험과 모순되어 있다는 것을 그들이 하는 일이 마치 물이 새는 다나이데스⁴⁾의 단지에 물을 붓는 것 같은 허무한 일임을 저자에게나 독자에게도 납득시키지 못했다. 이렇게 해서 조건이 사물 그 자체로 간주되고, 도구가 이것을 사용하는 손과 동일시된다.

이 사람들은 이러한 토지나 진지의 탈취를 무력 행사로 보고 적에 가한 공격과 타격으로 간주하며, 또 지형이나 진지 그 자체를 전쟁에서 계산에 이용할 수 있는 현실적인 양으로 보았다. 하지만 본디 토지나 진지의 공략은 상대에 타격을 가하기 위해 팔을 들어 올리는 동작에 지나지 않는다. 또 토지나 진지 그 자체는 생명이 없는 단순한 도구이며, 전투라고 하는 실제의 대상에서 실현되어야 할 단순한 성질이며, 현실의 분량을 수반하지 않는 플러스(正) 또는 마이너스(負)의 기호에 지나지 않는다. 이 공격이나 타격, 이 대상(對象), 이 양(量)이란, 모두 승리를 획득한 전투 바로 그것을 말한다. 이러한 전투만이 실제로 계산되는 것이다. 우리는 이러한 전투를 가지고서만 계산할 수 있다. 따라서 전사(戰史)의 기사(記事)를 판단할 경우에도 또 전쟁터에서 행동하는 경우에도 이 한 가지, 즉 승리한 전투를 항상 염두에 두어야 한다.

따라서 승리를 얻은 전투 수와 이러한 전투의 중요성만이 결국 전쟁을 결정한다고 하면, 이 경우에도 피아 두 군의 병사 수 비례와 지휘관이 가진 재능의 우열성이 우선 고려되어야 한다는 것, 또 토지와 지형이 다하는 역할은 이에 비하면 부대적인 것에 지나지 않는다는 것이 분명해진다.

---

4) 그리스 신화에 나오는 아르고스 왕 다나오스(Danaos)의 50명의 딸 다나이데스(Danaides). 그중 49명이 남편 살해죄로 지옥에 떨어져, 물이 새는 단지에 끊임없이 물을 붓는 고역에 처해졌다. 쓸모없는 일에 비유된다.

허문순

춘천사범 졸업. 경남대학 불교학 수학. 1954년 공군장교 임관 공군 제1훈비 작전처 복무. FS S.O.P. 제정에 참여하여 미국 은성무공훈장을 받다. 월간 희망 편집인. 1962년 동아일보신춘문예 세 번째 사람 당선. 지은책 역사소설 《대신라기》 미스터리 《백설령》 《너를 노린다》 하드보일드 《번개탐정시리즈 총30권》, 옮긴책 세이어스 《나인 테일러스》, 데안드리아 《호그 연쇄살인》, 메클린 《여왕폐하 율리시즈호》, 하긴스 《독수리는 날개치며 내렸다》, 모리무라 세이치 《모래그릇》. 나카이 히데오 《허무에의 제물》 등이 있다.

세계사상전집028
Karl von Clausewitz
VOM KRIEGE

전쟁론 I

클라우제비츠/허문순 옮김
동서문화사창업60주년특별출판
1판 1쇄 발행/2016. 9. 9
1판 2쇄 발행/2024. 4. 1
발행인 고윤주
발행처 동서문화사
창업 1956. 12. 12. 등록 16-3799
서울 중구 마른내로 144 동서빌딩 3층
☎ 546-0331~2 Fax. 545-0331
www.dongsuhbook.com
잘못된 책은 구입하신 곳에서 바꾸어드립니다.
＊
사업자등록번호 211-87-75330
ISBN 978-89-497-1436-3 04080
ISBN 978-89-497-1408-0 (세트)